엑스포지멘터리

이사야 I

Isaiah

엑스포지멘터리 이사야 I

초판 1쇄 발행 2012년 7월 25일
2판 2쇄 발행 2022년 3월 15일

지은이 송병현

펴낸곳 도서출판 이엠
등록번호 제25100-2015-000063
주소 서울시 강서구 공항대로 220, 601호
전화 070-8832-4671
E-mail empublisher@gmail.com

내용 및 세미나 문의 스타선교회: 02-520-0877 / EMail: starofkorea@gmail.com / www.star123.kr

ISBN 979-11-86880-05-0 93230

※ 가격은 표지 뒷면에 있습니다.

「이 도서의 국립중앙도서관 출판시도서목록(CIP)은 서지정보유통지원시스템 홈페이지(http://seoji.nl.go.kr)와 국가자료공동목록시스템(http://www.nl.go.kr/kolisnet)에서 이용하실 수 있습니다. (CIP제어번호:CIP2015000753)」

엑스포지멘터리

이사야 I

Isaiah

| 송병현 지음 |

EXPOSItory comMENTARY

EM Exposi Mentary

한국 교회를 위한 하나의 희망

저의 서재에는 성경 본문 연구에 관한 많은 책이 있습니다. 그중에는 주석서들도 있고 강해서들도 있습니다. 그러나 그 중에 송병현 교수가 시도한 이런 책은 없습니다. 엑스포지멘터리, 듣기만 해도 가슴이 뛰는 책입니다. 설교자와 진지한 성경학도 모두에게 꿈의 책이 아닐 수 없습니다. 이런 책이 좀 더 일찍 나올 수 있었다면 한국 교회가 어떠했을까를 생각해 봅니다. 저는 이 책을 꼼꼼히 읽어 보면서 가슴 깊은 곳에서 큰 자긍심을 느꼈습니다.

이 책은 지금까지 복음주의 교회가 쌓아 온 모든 학문적 업적을 망라하고 있을 뿐만 아니라 한국 교회 강단이 목말라하는 모든 실용적 갈망에 해답을 던져 줍니다. 이 책에서는 실제로 활용할 수 있는 충실한 신학적 정보가 일목요연하게 제시됩니다. 그러면서도 또한 위트와 감탄을 자아내는 감동적인 적용들도 제공됩니다. 얼마나 큰 축복이며 얼마나 신나는 일이며 얼마나 큰 은총인지요. 저의 사역에 좀 더 일찍 이런 학문적 효과를 활용하지 못한 것이 아쉽기만 합니다. 진실로 한국 교회의 내일을 위해 너무나 소중한 기여라고 생각합니다.

일찍이 한국 교회 1세대를 위해 박윤선 목사님과 이상근 목사님의 기여가 컸습니다. 그러나 이제 한국 교회는 새 시대의 리더십을 열어야 하는 교차로에 서 있습니다. 저는 송병현 교수가 이런 시점을 위해 준비된 선물이라고 생각합니다. 진지한 강해 설교를 시도하고자 하는 모든 이와 진지한 성경 강의를 준비하고자 하는 모든 성경공부 지도자에게 어떤 대가를 지불하고서라도 우선 이 책을 소장하고 성경을 연구하는 책상 가까운 곳에 두라고 권면하고 싶습니다. 앞으로 계속 출판될 책들이 참으로 기다려집니다.

한국 교회는 다행스럽게 말씀과 더불어 그 기초를 놓을 수 있었습니다. 이제는 그 말씀으로 어떻게 미래의 집을 지을 것인가를 고민하고 있습니다. 이 〈엑스포지멘터리 시리즈〉는 분명한 하나의 해답, 하나의 희망입니다. 이 책과 함께 성숙의 길을 걸어갈 한국 교회의 미래가 벌써 성급하게 기다려집니다. 더 나아가 한국 교회 역사의 성과물 중의 하나인 이 책이 다른 열방에도 나누어졌으면 합니다. 이제 우리는 복음에 빚진 자로서 열방을 학문적으로도 섬겨야 하기 때문입니다. 이 책을 한국 교회에 허락하신 우리 주님께 감사와 찬양을 드립니다.

이동원(지구촌교회 원로목사)

총체적 변화를 가져다 줄 영적 선물

교회사를 돌이켜 볼 때, 교회가 위기에 처해 있었다면 결국 강단에서 하나님의 말씀이 제대로 선포되지 못한 데서 그 근본 원인을 찾을 수 있습니다. 영적 분별력이 있는 사람이라면 모두 이에 대해 동의할 것입니다. 사회가 아무리 암울할지라도 강단에서 선포되는 말씀이 살아 있는 한, 교회는 교회로서의 기능이 약화되지 않고 오히려 사회를 선도하고 국민들의 가슴에 희망을 안겨 주었습니다. 백 년 전 영적 부흥이 일어났던 한국의 초대교회가 그 좋은 예입니다. 이러한 영적 부흥은 살아 있는 하나님의 말씀이 강단에서 영적 권위를 가지고 "하나님께서 이렇게 말씀하셨다"라고 선포되었을 때 나타났던 현상입니다.

오늘날에는 날이 갈수록 강단에서 선포되는 말씀이 약화되거나 축소되고 있습니다. 이런 상황 속에서 출간되는 송병현 교수의 〈엑스포지멘터리 시리즈〉는 한국 교회와 전 세계에 흩어진 7백만 한인 디아스포라에게 주는 커다란 영적 선물이 아닐 수 없습니다. 이 시리즈는 하나님의 말씀을 쉽게 이해할 수 있도록 풀이한 것으로, 목회자와 선교사는 물론이고 평신도들의 경건생활과 사역에도 큰 도움이 될 것입니다. 무엇보다도 저는 이 시리즈가 강단에서 원 저자이신 성령님의 의도대로 하나님 나라 복음이 선포되게 하여 믿는 이들에게 총체적 변화(total transformation)를 다시 경험할 수 있는 계기를 마련해 주리라 확신합니다.

송병현 교수는 지금까지 구약학계에서 토의된 학설 중 본문을 석의하는 데 불필요한 내용들은 걸러내는 한편, 철저하게 원 저자가 전하고자 하는 메시지를 현대인들이 가장 잘 이해할 수 있도록 전하고자 부단히 애를 썼습니다. 이 시리즈를 이용하는 모든 이에게 저자의 이런 수고와 노력에 걸맞은 하나님의 축복과 기쁨과 능력이 함께하실 것을 기대하면서 이 시리즈를 적극 추천합니다.

이태웅(GMTC초대 원장, 글로벌리더십포커스 원장)

주석과 강해의 적절한 조화를 이뤄낸 시리즈

한국 교회는 성경 전체를 속독하는 '성경통독' 운동과 매일 짧은 본문을 읽는 '말씀 묵상(QT)' 운동이 세계 어느 나라 교회보다 활성화 되어 있습니다. 얼마나 감사한 일인지 모릅니다. 그러나 상대적으로 책별 성경연구는 심각하게 결핍되어 있는 것이 사실입니다. 때때로 교회 지도자들 중에도 성경해석의 기본이 제대로 갖춰 있지 않아 성경 저자가 말하려는 의도와 상관없이 본문을 인용해서 자신이 하고 싶은 말을 하는 분들이 적지 않음을 보고 충격을 받은 일도 있습니다. 앞으로 한국 교회가 풀어야 할 과제가 '진정한 말씀의 회복'이라면 이를 위해 가장 중요한 것은 바른 말씀의 세계로 인도해 줄 좋은 주석서와 강해서를 만나는 일일 것입니다.

좋은 주석서는 지금까지 축적된 다른 성경학자들의 연구 결과가 잘 정돈되어 있을 뿐 아니라 저자의 새로운 영적·신학적 통찰이 번뜩이는 책이어야 합니다. 또한 좋은 강해서는 자기 견해를 독자들에게 강요하는(impose) 책이 아니라, 철저한 본문 석의 과정을 거친 후에 추출되는 신학적·실제적 교훈을 잘 드러내는(expose) 책이어야 합니다. 또한 독자가 성경의 교훈을 자기 상황에 적용할 수 있도록 안내해 주는 인문학적·사회과학적 연구가 배어 있는 책이어야 할 것이며, 글의 표현이 현학적이지 않은, 독자들에게 친절한 저술이어야 할 것입니다.

그러나 솔직히 말씀드리면, 저는 서점에서 한국인 저자의 주석서나 강해서를 만나면 한참을 망설이다가 내려놓게 됩니다. 또 주석서를 시리즈로 사는 것은 어리석은 행동이라는 말을 신학교 교수들에게 들은 뒤로 여간해서 시리즈로 책을 사지 않습니다. 이는 아마도 풍성한 말씀의 보고(寶庫) 가운데로 이끌어 주는 만족스러운 주석서를 아직까지 발견하지 못했기 때문일 것입니다. 그러나 제가 처음으로 시리즈로 산 한국인 저자의 책이 있는데, 바로 송병현 교수의 〈엑스포지멘터리 시리즈〉입니다.

송병현 교수의 〈엑스포지멘터리 시리즈〉야말로 제가 가졌던 좋은 주석서와 강해서에 대한 모든 염원을 실현해 내고 있습니다. 이 주석서는 분명 한국 교회 목회자들과 평신도 성경 교사들의 고민을 해결해 줄 하나님의 값진 선물입니다. 지금까지 없었던, 주석서와 강해서의 적절한 조화를 이뤄낸 신개념의 해설주석이라는 점도 매우 신선하게 다가옵니다. 또한 쉽고 친절한 글이면서도 우물 깊은 곳에서 퍼 올린 생수와 같은 깊이가 느껴집니다. 이 같은 주석 시리즈가 한국에서 나왔다는 사실에 저는 감격하지 않을 수 없습니다. 이 땅에서 말씀으로 세상에 도전하고자 하는 모든 목회자와 평신도에게 이 주석 시리즈를 적극 추천합니다.

이승장(예수마을교회 목사, 성서한국 공동대표)

시리즈 서문

"50세까지는 좋은 선생이 되려고 노력하고, 그 후에는 좋은 저자가 되려고 노력해라." 이 말은 내가 시카고 근교에 있는 트리니티 복음주의 신학교(Trinity Evangelical Divinity School)에서 박사과정을 시작할 즈음에 지금은 고인이 되신 스승 맥코미스키(Thomas E. McComiskey)와 아처(Gleason L. Archer) 두 교수님께서 주신 조언이었다. 너무 일찍 책을 쓰면 훗날 아쉬움이 많이 남는다며 하신 말씀이었다. 박사학위를 받고 1997년에 한국에 들어와 신대원에서 가르치기 시작하면서 나는 이 조언을 마음에 새겼다. 사실 이 조언과 상관없이 당시에 내가 당장 책을 출판한다는 일은 불가능한 일이었다. 중학교에 다니던 70년대 중반에 캐나다에 이민을 갔다가 20여 년 만에 귀국하여 우리말로 강의하는 일 자체가 나에게는 매우 큰 도전이었으며, 책을 출판하는 일은 사치로 느껴졌기 때문이다.

세월이 지나 어느덧 나는 선생님들이 말씀하신 50을 눈앞에 두었다. 1997년에 귀국한 후 지난 10여 년 동안 나는 구약 전체의 강의안을 만드는 일을 목표로 삼았다. 나 자신에게 동기를 부여하기 위하여 내가 몸담은 신대원의 학생들에게 매학기 새로운 구약 강해 과목을 개설해 주었다. 감사한 것은 지혜문헌을 제외하고 본문 관찰을 중심으로 한 구약 모든 책의 강의안을 13년 만에 완성할 수 있었다는 점이다. 앞으로 수년에 걸쳐 이 강의안들을 대폭 수정하여 매년 두세 권씩 책으로 출판하려 한다. 지혜문헌은 잠시 미루어 두었다. 시편 1권(1-41편)에 관한 강의안을 만든 적이 있었는데, 본문 관찰과 주해는 얼마든 할 수 있었지만, 무언가 아쉬움이 남았다. 삶의 연륜이 가미되지 않은 데서 비롯된 부족함이었다. 그래서 나는 지혜문헌에 대한 주석은 60을 바라볼 때쯤 집필하기로 작정했다. 삶을 조금 더 경험한 후로 미루어 놓은 것이다. 아마도 이 시리즈가 완성될 때쯤이면, 자연스럽게 지혜문헌에 관한 책들을 출판할 때가 되지 않을까 싶다.

이 시리즈는 설교를 하고 성경공부를 인도해야 하는 목회자들과 평신도 지도자들을 마음에 두고 집필한 책들이다. 나는 이 시리즈의 성격을 엑스포지멘터리(Exposimentary)라고 부르고 싶다. 엑스포지멘터리('해설주석')라는 단어는 내가 만들어 낸 용어로 해설/설명을 뜻하는 엑스포지터리(expository)라는 단어와 주석을 뜻하는 코멘터리(commentary)를 합성한 것이다. 대체로 엑스포지터리는 본문과 별 연관성이 없는 주제와 묵상으로 치우치기 쉽고 코멘터리는 필요 이상으로 논쟁적이고 기술적일 수 있다는 한계를 의식해, 이러한 상황을 의도적으로 피하고 가르치는 사역에 조금이나마 실제적으로 도움이 되는 교재를 써 내려가려고 만들어 낸 개념이다. 나는 본문의 다양한 요소와 이슈들에 대하여 정확하게 석의하면서도 전후 문맥과 책 전체의 문형(literary shape)을 최대한 고려하여 텍스트의 의미를 설명하고 우리의 삶과 연결하려고 노력했다. 또한 히브리어 사용은 최소화했다.

이 시리즈를 내놓으면서 감사할 사람이 참 많다. 먼저, 지난 25년 동안 내 인생의 동반자가 되어 아낌없는 후원과 격려를 해주었던 아내 임우민에게 감사한다. 아내를 생각할 때마다 참으로 현숙한 여인을(cf. 잠 31:10-31) 배필로 주신 하나님께 감사할 뿐이다. 아빠의 사역을 기도와 격려로 도와준 지혜, 은혜, 한빛에게도 고마운 마음을 표한다. 평생 기도와 후원을 아끼지 않는 친가와 처가, 친지들에게도 감사하다는 말을 전하고 싶다. 항상 옆에서 돕고 격려해 준 평생 친구 장병환 · 윤인옥, 박선철 · 송주연 부부들에게도 고마움을 표하며, 시카고 유학 시절에 큰 힘이 되어주셨던 이선구 장로님 · 최화자 권사님 부부에게도 이 자리를 빌려 평생 빚진 마음을 표하고 싶다. 우리 가족이 20여 년 만에 귀국하여 정착할 수 있도록 배려를 아끼지 않으신 백석학원 설립자 장종현 목사님께도 감사를 전한다. 우리 부부의 영원한 담임 목자이신 이동원 목사님께도 고마움을 표하고 싶다. 마지막으로 이 시리즈를 출판할 수 있게 해준 국제제자훈련원 편집장님 외 모든 분에게도 감사를 전한다.

- 2009년 겨울 방배동에서

감사의 글

엑스포지멘터리 이사야서 1-33장을 허락해주신 하나님께 감사드립니다. STAR선교회의 사역에 물심양면으로 헌신하여 오늘도 하나님의 말씀이 온 세상에 선포되는 일에 기쁜 마음으로 동참하시는 김성남, 김형국, 백영걸, 안맹원, 임우민, 이명순, 장병환, 정진성, 조선호 이사님들께 감사의 마음을 전하고 싶습니다. 이사님들의 헌신이 있기에 세상은 조금 더 살맛 나는 곳이 되고 있습니다.

- 2012년 라일락 향기 가득한 5월 방배동에서

선별된 약어표

개역	개역한글판
개역개정	개역개정판
공동번역	공동번역
새번역	표준새번역 개정판
BHK	Biblica Hebraica Kittel
BHS	Biblica Hebraica Stuttgartensia
TNK	Jewish Publication Society Bible
KJV	King James Version
LXX	칠십인역(Septuaginta)
MT	마소라 사본
NAB	New American Bible
NAS	New American Standard Bible
NEB	New English Bible
NIV	New International Version
NRS	New Revised Standard Version
AAR	*American Academy of Religion*
AB	Anchor Bible
ABD	*The Anchor Bible Dictionary*
ABRL	Anchor Bible Reference Library

AJSL	*American Journal of Semitic Languages and Literature*
ANET	J. B. Pritchard, ed., *The Ancient Near Eastern Texts Relating to the Old Testament.* 3rd. ed. Princeton: Princeton University Press, 1969.
ANETS	Ancient Near Eastern Texts and Studies
AOTC	Abingdon Old Testament Commentary
ASORDS	American Schools of Oriental Research Dissertation Series
BA	*Biblical Archaeologist*
BAR	*Biblical Archaeology Review*
BASOR	*Bulletin of the American Schools of Oriental Research*
BBR	*Bulletin for Biblical Research*
BCBC	Believers Church Bible Commentary
BDB	F. Brown, S. R. Driver & C. A. Briggs, *A Hebrew and English Lexicon of the Old Testament.* Oxford: Clarendon Press, 1907.
BETL	Bibliotheca Ephemeridum Theoloicarum Lovaniensium
BibOr	Biblia et Orientalia
BibSac	*Bibliotheca Sacra*
BibInt	Biblical Interpretation
BJRL	*Bulletin of the John Rylands Library*
BJS	Brown Judaic Studies
BLS	Bible and Literature Series
BN	Biblische Notizen
BO	Berit Olam: Studies in Hebrew Narrative & Poetry
BR	Bible Review
BSC	Bible Student Commentary
BT	The Bible Today
BV	Biblical Viewpoint

BZAW	Beihefte zur Zeitschrift für die alttestamentliche
CAD	*Chicago Assyrian Dictionary*
CBC	Cambridge Bible Commentary
CBSC	Cambridge Bible for Schools and Colleges
CBQ	*Catholic Biblical Quarterly*
CBQMS	Catholic Biblical Quarterly Monograph Series
CB	Communicator's Bible
CHANE	Culture and History of the Ancient Near East
DSB	Daily Study Bible
EBC	Expositor's Bible Commentary
ECC	Eerdmans Critical Commentary
EncJud	Encyclopedia Judaica
EvQ	*Evangelical Quarterly*
ET	*Expository Times*
ETL	*Ephemerides Theologicae Lovanienses*
FOTL	Forms of Old Testament Literature
GCA	Gratz College Annual of Jewish Studies
GKC	E. Kautszch and A. E. Cowley, *Gesenius' Hebrew Grammar*. Second English edition. Oxford: Clarendon Press, 1910.
GTJ	*Grace Theological Journal*
HALOT	L. Koehler and W. Baumgartner, *The Hebrew and Aramaic Lexicon of the Old Testament*. Trans. by M. E. J. Richardson. Leiden: E. J. Brill, 1994-2000.
HBT	Horizon in Biblical Theology
HSM	Harvard Semitic Monographs
HUCA	*Hebrew Union College Annual*
IB	Interpreter's Bible

ICC	International Critical Commentary
IDB	Interpreter's Dictionary of the Bible
ISBE	G. W. Bromiley (ed.), The *International Standard Bible Encyclopedia*. 4 vols. Grand Rapids: 1979-1988.
ITC	International Theological Commentary
J-M	P. Joüon-T. Muraoka, *A Grammar of Biblical Hebrew*. Part One: Orthography and Phonetics. Part Two: Morphology. Part Three: Syntax. Subsidia Biblica 14/I-II. Rome: Editrice Pontificio Istituto Biblico, 1991.
JAAR	*Journal of the American Academy of Religion*
JANES	*Journal of Ancient Near Eastern Society*
JBL	*Journal of Biblical Literature*
JBQ	*Jewish Bible Quarterly*
JJS	*Journal of Jewish Studies*
JNES	*Journal of Near Eastern Studies*
JSOT	*Journal for the Study of the Old Testament*
JSOTSup	Journal for the Study of the Old Testament Supplement Series
JPSTC	JPS Torah Commentary
LCBI	Literary Currents in Biblical Interpretation
NAC	New American Commentary
NCB	New Century Bible
NCBC	New Century Bible Commentary
NEAEHL	E. Stern (ed.), *The New Encyclopedia of Archaeological Excavations in the Holy Land*. 4 vols. Jerusalem: Israel Exploration Society & Carta, 1993.
NIB	New Interpreter's Bible
NICOT	New International Commentary on the Old Testament

NIDOTTE	W. A. Van Gemeren, ed., *The New International Dictionary of Old Testament Theology and Exegesis*. Grand Rapids: Zondervan, 1996.
NIVAC	New International Version Application Commentary
Or	Orientalia
OTA	*Old Testament Abstracts*
OTE	Old Testament Essays
OTG	Old Testament Guides
OTL	Old Testament Library
OTM	Old Testament Message
OTS	Old Testament Series
OTWAS	Ou-Testamentiese Werkgemeenskap in Suid-Afrika
PBC	People's Bible Commentary
RevExp	*Review and Expositor*
RTR	*Reformed Theological Review*
SBJT	*Southern Baptist Journal of Theology*
SBLDS	Society of Biblical Literature Dissertation Series
SBLMS	Society of Biblical Literature Monograph Series
SBLSymS	Society of Biblical Literature Symposium Series
SHBC	Smyth & Helwys Bible Commentary
SJOT	*Scandinavian Journal of the Old Testament*
SJT	*Scottish Journal of Theology*
SSN	Studia Semitica Neerlandica
TBC	Torch Bible Commentary
TynBul	*Tyndale Bulletin*
TD	Theology Digest
TDOT	G. J. Botterweck and H. Ringgren (eds.), *Theological Dictionary*

	of the Old Testament. Vol. I-. Grand Rapids: Eerdmans, 1974-.
THAT	*Theologisches Handwörterbuch zum Alten Testament.* 2 vols. Munich: Chr. Kaiser, 1971-1976.
TJ	*Trinity Journal*
TOTC	Tyndale Old Testament Commentaries
TS	*Theological Studies*
TUGOS	Transactions of the Glasgow University Oriental Society
TWAT	*Theologisches Wörterbuch zum Alten Testament.* Stuttgart: W. Kohlhammer, 1970-.
TWBC	The Westminster Bible Companion
TWOT	R. L. Harris, G. L. Archer, Jr., and B. K. Waltke (eds.), *Theological Wordbook of the Old Testament*, 2 vols. Chicago: Moody, 1980.
TZ	*Theologische Zeitschrift*
UBT	Understanding Biblical Themes
VT	*Vetus Testament*
VTSup	Vetus Testament Supplement Series
W-O	B. K. Waltke and M. O'Connor, *An Introduction to Biblical Hebrew Syntax*. Winona Lake: Eisenbrauns, 1990.
WB	Westminster Bible Companion
WBC	Word Biblical Commentary
WEC	Wycliffe Exegetical Commentary
WJT	*The Westminster Theological Journal*
ZAW	*Zeitschrift für die Alttestamentliche Wissenschaft*

선별된 참고문헌

(Select Bibliography)

Achtemeier, E. "Isaiah of Jerusalem: Themes and Preaching Possibilities." pp. 23-37 in *Reading and Preaching the Book of Isaiah*, ed. Christopher R. Seitz. Philadelphia: Fortress, 1988.

Ackerman, S. *Under Every Green Tree: Popular Religion in Sixth-Century Judah*. HSM. Atlanta: Scholars Press, 1992.

Ackroyd, P. R. "An Interpretation of the Babylonian Exile: A Study of 2 Kings 20, Isaiah 38-39." *SJT* 27 (1974): pp. 328-52.

_______. "Isaiah I-XII: Presentation of a Prophet." pp. 16-48 in *Congress Volume: Göttingen 1977*. Ed. by J. Emerton. VTSup 29. Leiden: Brill, 1978.

_______. "Theological Reflections on the Book of Isaiah: Three Interrelated Studies (pts. 1-3)." *King's Theological Review 4* (1981): pp. 53-63; 5 (1982): pp. 8-13, 43-48.

_______. "The Biblical Interpretation of the Reigns of Ahaz and Hezekiah (2 Kings 16; 18-20; 23:12; 2 Chron 28; 28:19; 29-32; Isa 7:1, 3, 10, 12; 14:28; 36-39)." pp. 247-59 in *In the Shelter of Elyon*. Ed. by W. Barrick, and J. Spencer. JSOTSup 31. Sheffield: JSOT Press, 1984.

Ahlstrom, G. W. "Notes to Isaiah 53:8f." *BZ* 13 (1969): pp. 95-98.

Alexander, J. *Commentary on the Prophecies of Isaiah*. New York/London: Wiley & Putnam, 1847.

Alonso-Schökel, L. "Isaiah." pp. 165-83 in *The Literary Guide to the Bible*. Ed. by R. Alter, and F. Kermode. Cambridge, MA: Belknap, 1987.

Andersen, F. I. "God with Us- In Judgment and in Mercy: The Editorial Structure of Isaiah 5-10(11)." pp. 230-45 in *Canon, Theology, and Old Testament Interpretation: Essays in Honor of Brevard S. Childs*. Ed. by Gene M. Tucker, David L. Petersen, and Robert R. Wilson. Philadelphia: Fortress, 1988.

Baltzer, K. *Deutero-Isaiah: A Commentary on Isaiah* pp. *40-55*. Hermeneia. Louisville: Fortress, 2001.

Barré, M. L. "A Rhetorical-Critical Study of Isaiah 2:12-17." *CBQ* 65 (2003): pp. 522-34.

Bartelt, A. H. *The Book Around Immanuel*. Winona Lake: Eisenbrauns, 1996.

Barton, J. *Isaiah 1-39*. OTG. Sheffield: Sheffield Academic Press, 1995.

Ben Zvi, E. "Who Wrote the Speech of Rabshakeh and When?" *JBL* 109 (1990): pp. 79-92.

_______. "Isaiah 1:4-9, Isaiah, and the Events of 701BCE in Judah: A Question of Premise and Evidence." *SJOT* 1 (1991): pp. 95-111.

Beuken, W. A .M. "Isaiah Chapters 65-66." pp. 204-21 in *Congress Volume: Jerusalem, 1986*. VTSup 40. Ed. by J. Emerton. Leuven: Brill, 1989.

_______. "Isaiah Chapters 65-66: Trito-Isaiah and the Closure of the Book of Isaiah." In *Congress Volume: Jerusalem 1989*. Ed. by J. Emerton. Leuven: Brill, 1991.

_______. *Isaiah Part II*. Vol. 2. HCOT Leiden: Peeters, 2000.

Blank, S. *Prophetic Faith in Israel*. New York: Harper and Row, 1958.

Blenkinsopp, J. *Isaiah 1-39*. AB. New York: Doubleday, 2000.

_______. *Isaiah 40-55*. AB. New York: Doubleday, 2002.

_______. *Isaiah 56-66*. AB. New York: Doubleday, 2003.

Blocher, H. *Songs of the Servant*. 5th ed. Downers Grove: InterVarsity, 1975.

Blue, K. *Authority to Heal*. Downers Grove: InterVarsity, 1987.

Bock, D. L.; Glaser, M., ed. *Gospel According to Isaiah: The Identity and Mission of the Messiah in Isaiah 53*. Grand Rapids: Kregel Publications, 2011.

Bogaert, P-M. "L'organisation des grands receuils prophétiques." pp. 147-53 in *The Book of Isaiah*. Ed. by Jacques Vermeylen. BETL 81. Leuven: University Press, 1989.

Brinkman, J. A. "Merodach-Baladan II." pp. 6-41 in *Studies Presented to A. Leo Oppenheim: From the Workshop of the Chicago Assyrian Dictionary*. Chicago: University Press, 1964.

Brueggemann, W. "Unity and Dynamic in the Isaiah Tradition." *JSOT* 29 (1984): pp. 89-107.

Budde, K. F. R. "Isaiah." *Die Heilige Schrift des Alten Testaments*. 4th ed. Tübingen: Mohr, 1922.

Buksbazen, V. *The Prophet Isaiah: New Translation and Commentary*. Collingwood, NJ: Collingwood, 1971.

Bultema, H. *Commentary on Isaiah*. Trans. by Cornelius Lambregtse. Grand Rapids: Kregel, 1981.

Calvin, J. *Commentary on the Book of the Prophet Isaiah*. Trans. by W. Pringle. Edinburgh: Calvin Translation Society, 1850.

Carr, D. M. "Reaching for Unity in Isaiah." *JSOT* 57 (1993): pp. 61-80.

_______. "Reading Isaiah from Beginning(Isaiah 1) to End(Isaiah 65-66): Multiple Modern Possibilities." pp. 188-218 in *New Versions of Isaiah*. Ed. By R. F. Melugin; M. A. Sweeney. JSOTSup. Sheffield:

Sheffield Academic Press, 1996.

Cate, R. L. "We Need to Be Saved (Isaiah 1:1-20; 5:1-12; 6:1-13)." *RevExp* 88 (1991): pp. 137-51.

Chavasse, C. L. "Suffering Servant and Moses." *Church Quarterly Review* 165 (1964): pp. 152-63.

Ceresko, A. R. "The Rhetorical Strategy of the Fourth Servant Song (Isaiah 52:13-53:12), Poetry and the Exodus-New Exodus." *CBQ* 56 (1994): pp. 42-55.

Cheyne, T. K. *The Prophecies of Isaiah: A New Translation With Commentary and Appendices*, 2 vols. revised. New York: Thomas Whittaker, 1888.

Childs, B. S. *Isaiah and the Assyrian Crisis*. Naperville, IL: Alec R. Allenson, 1967.

_______. *Isaiah*. OTL. Louisville: Westminter John Knox, 2001.

Clements, R. *Isaiah and the Deliverance of Jerusalem*. JSOTSup 13. Sheffield: JSOT Press, 1980.

_______. *Isaiah 1-39*. NCB. Grand Rapids: Eerdmans, 1980.

_______. "The Unity of the Book of Isaiah." *Interpretation* 36 (1982): pp. 117-29.

_______. "Beyond Tradition-History: Deutero-Isaianic Development of First Isaiah's Themes." *JSOT* 31 (1985): pp. 95-113.

Clifford, R. J. *Fair Spoken and Persuading: An Interpretation of Second Isaiah*. New York/Toronto: Paulist, 1984.

_______. "Narrative and Lament in Isaiah 63:7-64:11." pp. 93-102 in *To Touch the Text: Biblical and Related Studies in Honor of Joseph A. Fitzmyer. S. J.* Ed. by M. P. Horgan, and P. J. Kobelski. New York: Crossorad, 1989.

_______. "The Unity of the Book of Isaiah and Its Cosmogonic Language," *CBQ* 55 (1993): pp. 61-80.

Clines, D. J. A. *I, He, We, & They: A Literary Approach to Isaiah 53*. JSOTSup 1. Sheffield: JSOT Press, 1976.

Cobb, W. H. "The Integrity of the Book of Isaiah." *BibSac* 39 (1882): pp. 519-54.

Cogan, M. *Imperialism and Religion: Assyria, Judah and Israel in the Eighth and Seventh Centuries B. C. E.* Missoula, MT: Scholars Press, 1974.

Collins, J. J. "The Suffering Servant: Scapegoat or Example?" *Procession of the Irish Biblical Association* 4 (1980): pp. 59-67.

Conrad, E. W. "The Royal Narrative and the Structure of the Book of Isaiah." *JSOT* 41 (1988): pp. 67-81.

_______. *Reading Isaiah*. OBT. Minneapolis: Fortress, 1991.

Cook, P. M. *A Sign and A Wonder: The Redactional Formation of Isaiah 18-20*. VTSup. Leiden: Brill Academic Publishers, 2011.

Culver, R. D. *The Sufferings and the Glory of the Lord's Righteous Servant*. Moline, IL: Christian Service Foundation, 1958.

Daniels, D. R. "Is There a 'Prophetic Lawsuit' Genre?" *ZAW* 99 (1987): pp. 339-60.

Darr, K. P. *Isaiah's Vision and the Family of God*. LCBI. Louisville: Westminster John Knox, 1994.

Davies, G. "The Destiny of the Nations in the Book of Isaiah." pp. 93-120 in *The Book of Isaiah*. Ed. by J. Vermeylen. Leuven: University Press, 1989.

Delitzsch, F. J. *Biblical Commentary on the Prophecies of Isaiah*. Edinburg: T. & T. Clark, 1873.

Van Dijk, T. A. *The Structures and Functions of Discourse. Introduction to Textlinguistics and Discourse Studies*. Amsterdam: University of Amsterdam, 1978.

Driver, G. R. "Isaiah 52:13-53:12: The Servant of the Lord." pp. 90-105 in *In Memoriam Paul Kahle*. Ed. by M. Black, and G. Fohrer. BZAW 103. Berlin: Töpelmann, 1968.

Duhm, B. *Das Buch Jesaja*. HKAT 3.1. Göttingen: Vandenhoeck & Ruprecht, 1892.

Dumbrell, W. J. "The Purpose of the Book of Isaiah." *TynBul* 36 (1985): pp. 111-28.

_______. "The Role of the Servant in Isaiah 40-55." *RTR* 48 (1989): pp. 105-13.

Eaton, J. H. "The Origin of the Book of Isaiah." *VT* 9 (1959): pp. 138-57.

_______. *Festal Drama in Deutero-Isaiah*. London: SCM, 1979.

Ellis, R. R. "The Remarkable Suffering Servant of Isaiah 40-55." *SWJT* 34 (1991): pp. 20-30.

Emmerson, G. *Isaiah 56-66*. Sheffield: Sheffield Academic Press, 1992.

Engnell, I. "The 'Ebed Yahweh Songs and the Suffering Messiah in Deutero Isaiah." *BJRL* 31 (1948): pp. 54-93.

Evans, C. "On the Unity and Parallel Structure of Isaiah." *VT* 38 (1988): pp. 129-47.

_______. *To See and Not Perceive*. JSOTSup 64. Sheffield: JSOT Press, 1989.

Firth, D.; Williamson, H. G. M., ed. *Interpreting Isaiah: Issues and Approaches*. London: InterVarsity Press, 2009.

Fitch, W. *Isaiah*. NBC. Cambridge: Cambridge University Press, 1953.

Fohrer, G. *Introduction to the Old Testament*. Nashville: Abingdon, 1968.

Forbes, J. *The Servant of the Lord in Isaiah XL.-LXVI. Reclaimed to Isaiah as the Author from Argument, Structure, and Date*. Edinburgh: T & T. Clark, 1890.

Franke, C. *Isaiah 46, 47, and 48: A New, Literary-Critical Reading*. Winona Lake, IN: Eisenbrauns, 1994.

Gaiser, F. J. "Remember the Former Things of Old: A New Look at Isaiah 46:3-13." pp. 53-63 in *All Things New: Essays in Honor of Roy A. Harrisville*. Ed. by Arland J. Hultgren, Donald H. Juel, and Jack Dean Kingsbury. Word & World Sup 1. St. Paul: Word & World, 1992.

Gileadi, A. *The Literary Message of Isaiah*. New York: Hebraeus, 1994.

Gitay, Y. "Deutero-Isaiah: Oral or Written?" *JBL* 99 (1980): pp. 185-97.

_______. *Prophecy and Persuasion: A Study of Isaiah 40-48*. Bonn: Linguistica Biblica, 1981.

_______. *Isaiah and His Audience: The Structure and Meaning of Isaiah 1-12*. SSN. Assen, The Netherlands: Van Gorcum, 1991.

Goldingay, J. *Isaiah*. NIBCOT. Grand Rapids: Hendrickson, 2001.

_______. *The Message of Isaiah 40-55*. Edinburg: T. & T. Clark, 2005.

Goldingay, J.; D. Payne. *Isaiah*. 2 vols. ICC. Edinburg: T. & T. Clark, 2006.

Gray, G. B. *Isaiah: A Critical and Exegetical Commentary of the Book of Isaiah I-XXXIX*. ICC. New York: Charles Scribner's Sons, 1912.

Grogan, G. W. *Isaiah*. EBC 6. Grand Rapids: Zondervan, 1986.

Hanson, P. D. *Isaiah 40-66*. Interpretation. Louisville: John Knox, 1995.

Harrison, R. K. *Introduction to the Old Testament*. Grand Rapids: Eerdmans, 1969.

Hayes, J. H.; and S. A. Irvine. *Isaiah, the Eighth-Century Prophet: His Times and His Preaching*. Nashville: Abingdon, 1987.

Herbert, A. S. *The Book of Isaiah Chapters 1-39*. CBC. New York: Cambridge University Press, 1973.

_______. *The Book of Isaiah Chapters 40-66*. CBC. New York: Cambridge University Press, 1975.

Hoffmon, H. B. "The Covenant Lawsuit in the Prophets." *JBL* 78 (1959): pp. 285-95.

Holladay, W. M. *Isaiah: Scroll of a Prophetic Heritage*. Grand Rapids: Eerdmans, 1978.

Horn, S. H. "Did Sennacherib Campaign Once or Twice Against Hezekiah?" *AUSS* 4 (1966): pp. 1-28.

Huey, F. B. "Great Themes in Isaiah 40-66." *SWJT* 11 (1968): pp. 45-57.

Janzen, W. *Mourning Cry and Woe Oracle*. BZAW. Berlin: Walter de Gruyter, 1972.

Jensen, J. *The Use of tôrâ by Isaiah: His Debate with the Wisdom Tradition*. CBQMS 3. Washington: Catholic Biblical Association, 1973.

_______. *Isaiah 1-39*. OTM 8. Wilmington, Delaware: Michael Glazier, 1984.

Kaiser, O. *Isaiah 13-39*. OTL. Trans. by R. A. Wilson. Philadelphia: Westminster, 1974.

_______. *Isaiah 1-12*. OTL. 2d ed. Trans. by R. A. Wilson. Philadelphia: Westminster, 1981.

Kapelrud, A. S. "The Identity of the Suffering Servant." In *Near Eastern Studies in Honor of W. Albright*, ed. H. Goedicke, pp. 305-14. Baltimore: Johns-Hopkins University Press, 1971.

Kissane, E. J. *The Book of Isaiah*. Vol. 1. Doublin: Browne and Nolan, 1960.

Knight, G. A. F. *Prophets of Israel (1)*: Isaiah. Bible Guides. London: Lutterworth, 1962.

_______. *Isaiah 40-55: Servant Theology*. ITC. Grand Rapids: Eerdmans, 1984.

_______. *Isaiah 56-66: The New Israel.* ITC. Grand Rapids: Eerdmans, 1985.

Konkel, A. H. "The Sources of the Story of Hezekiah in the Book of Isaiah." *VT* 43 (1993): pp. 462-82.

Koole, J. *Isaiah III, Volume 1, Isaiah 40-48*. Netherlands: Pharos, 1997.

_______. *Isaiah III, Volume 2, Isaiah 49-55*. Leuven: Peeters, 1998.

______. *Isaiah III, Volume 3, Isaiah 55-66*. Leuven: Peeters, 2001.

Kruse, C. G. "The Servant Songs: Interpretive Trends Since C. R. North." *Studia Biblica et Theologica* 8 (1978): pp. 3-27.

Laato, A. "Hezekiah and the Assyrian Crisis in 701 BC." *SJOT* 2 (1987): pp. 49-68.

_______. *Who is Immanuel? The Rise and The Founding of Isaiah's Messianic Expectations*. Gummerrus Oy Kirjapaino, Yugoslavia: Åbo Academy Press, 1988.

_______. "The Composition of Isaiah 40-55." *JBL* 109 (1990): pp. 207-28.

Leupold, H. C. *Exposition of Isaiah*, 2 vols. Grand Rapids: Baker, 1968, 1971.

Liebreich, L. J. "The Position of Chapter Six in the Book of Isaiah." *HUCA* 25 (1954): pp. 37-40.

_______ "The Compilation of the Book of Isaiah. Part 1." *JQR* 46 (1955): pp. 259-77.

_______. "The Compilation of the Book of Isaiah. Part 2." *JQR* 47 (1956): pp. 114-38.

Lindblom, J. *The Servant Songs in Deutero-Isaiah. A New Attempt to Solve an Old Problem*. Lund: Lund Universitets, 1951.

_______. *A Study on the Immanuel Section in Isaiah, Isa7, 1-9, 6*. Lund: Gleerup, 1958.

Lindsey, F. D. *The Servant Songs: A Study in Isaiah*. Chicago: Moody, 1985.

Love, J. "The Call of Isaiah." *Interpretation* 11 (1957): pp. 282-96.

Mackay, J. L. *Isaiah, vols. 1, 2*. EP Study Commentary. Darlington, UK: Evangelical Press, 2008, 2009.

Mauchline, J. *Isaiah 1-39*. Torch Bible Commentaries. New York: Macmillan, 1962.

McKenzie, J. L. *Second Isaiah: Introduction, Translation, and Notes*. AB. Garden City, NJ: Doubleday, 1968.

Melugin, R. *The Formation of Isaiah 40-55*. BZAW 141. Leiden: Brill, 1991.

_______. *New Visions of Isaiah*. JSOTSup. Sheffield: Sheffield Academic Press, 2009.

Merrill, E. "The Literary Character of Isaiah 40-55, Part 1: Survey of a Century of Studies." *BibSac* 144 (1987): pp. 24-43.

_______. "The Literary Character of Isaiah 40-55, Part 2: Literary Genres." *BibSac* 144 (1987): pp. 144-56.

Mettinger, T. *A Farewell to Servant Songs: A Critical Examination of an Exegetical Axiom*. Lund, Sweden: CWK Gleerup, 1983.

Milgrom, J. "Did Isaiah Prophecy During the Reign of Uzziah?" *VT* 14 (1964): pp. 164-82.

Minn, H. R. *The Servant Songs: Excerpts from Isaiah 42-53. Introduction Translation and Commentary*. Christchurch, New Zealand: Presbyterian Bookroom, 1966.

Mischall, P. D. "Isaiah: The Labyrinth of Images." *Semeia* 54 (1991): pp. 103-21.

_______. "Isaiah: New Heavens, New Earth, New Book." In *Reading Between Texts*, ed. D. N. Fewell, pp. 41-56, LCBI. Louisville: Westminster/John Knox, 1993.

_______. *Isaiah*. Sheffield: JSOT Press, 1993.

Motyer, J. A. *The Prophecy of Isaiah: An Introduction and Commentary*.

Downers Grove, IL: InterVarsity, 1994.

Muckle, J. Y. *Isaiah 1-39*. London: Epworth, 1960.

Muilenburg, J. "Isaiah 40-66." In *Interpreter's Bible*, vol. 5, ed. G. Botterick et al., pp. 381-773. Nashville: Abingdon, 1956.

Niditch, S. "The Composition of Isaiah 1." *Bib* 61 (1980): pp. 509-29.

Nielsen, K. *Yahweh as Prosecutor and Judge: An Investigation of the Prophetic Lawsuit (Rîb-Pattern)*. JSOTSup 9. Sheffield: JSOT Press, 1978.

_______. *There is Hope for a Tree: The Tree as Metaphor in Isaiah*. JSOTSup 65. Sheffield: JSOT Press, 1989.

North, C. R. "The 'Former Things' and the 'New Things' in Deutero-Isaiah." In *Studies in Old Testament Prophecy: Presented to Professor Theodore H. Robinson by the Society for Old Testament Study on His Sixty-fifth Birthday, August 9, 1946*, ed. Harold H. Rowley, pp. 111-26. Edinburgh: T. & T. Clark, 1950.

_______. *The Suffering Servant in Deutero-Isaiah*. Oxford: Oxford University Press, 1948.

_______. *The Second Isaiah: Introduction, Translation, and Commentary to Chapters XL—LV*. Oxford: Clarendon, 1964.

O'Connell, R. H. *Concentricity and Continuity: The Literary Structure of Isaiah*. JSOTSup 188. Sheffield: JSOT Press, 1994.

Ollenburger, B. C. *Zion the City of the Great King: A Theological Symbol of the Jerusalem Cult*. JSOTSup 41. Sheffield: JSOT Press, 1987.

Orlinsky, H. M. *The So-Called Suffering Servant in Isaiah 53*. Cincinnati: The Hebrew Union College Press, 1964.

Orlinsky, H. M.; Norman H. Snaith. *Studies on the Second Part of the Book of Isaiah*. VTSup 14. Leiden: Brill, 1967.

Oswalt, J. N. *The Book of Isaiah: Chapters 1-39*. NICOT. Grand Rapids: Eerdmans,1986.

_______. *The Book of Isaiah: Chapters 40-66*. NICOT. Grand Rapids: Eerdmans,1998.

_______. *Isaiah*. NIVAC. Grand Rapids: Zondervan, 2003.

Paton, D.; W. P. Williams. "The Servant Songs in Deutero-Isaiah." *JSOT* 42 (1988): pp. 79-102.

Payne, D. F. "The Servant of the Lord: Language and Interpretation." *EvQ* 43 (1971): pp. 131-43.

Pieper, A. *Isaiah II: An Exposition of Isaiah 40-66*. Trans. by Erwin E. Kowalke. Milwaukee: Northwestern Publishing House, 1979.

Polan, G. J. *In the Ways of Justice Towards Salvation. A Rhetorical Analysis of Isaiah 56-59*. American University Studies VII. 13. New York: Peter Lang, 1986.

Raabe, P. R. "The Effect of Repetition in the Suffering Servant Song," *JBL* 103 (1984): pp. 77-81.

Rendtorff, R. "How to Read Isaiah 1-39 Against Its Historical Background: Some Hermeneutical Reflections." *OTE* 1 (1988): pp. 1-10.

_______. "The Book of Isaiah: a complex unity: synchronic and diachronic reading." In *SBL 1991 Seminar Papers*, ed. E. Lovering, pp. 8-20. Chico, CA: Scholars Press, 1991.

Ridderbos, J. *Isaiah*. BSC. Grand Rapids: Zondervan, 1985.

Rignell, L. G. "Isaiah Chapter 1: Some Exegetical Remarks With Special Reference to the Relationship Between the Text and the Book of Deuteronomy," *ST* 11 (1957): pp. 140-58.

Robinson, C. S. *The Gospel in Isaiah*. New York: Fleming H. Revell, 1895.

Rosenberg, R. A. "Jesus, Isaac, and the 'Suffering Servant.'" *JBL* 84 (1965):

pp. 381-88.

_______. "The Slain Messiah in the Old Testament." *ZAW* 99 (1987): pp. 259-61.

Rosenbloom, J. R. *The Dead Sea Isaiah Scroll: A Literary Analysis*. Grand Rapids: Eerdmans, 1970.

Rowley, H. H. *The Servant of the Lord and Other Essays on the Old Testament*. London: Lutterworth, 1952.

Sawyer, J. F. A. *Isaiah*. Vol. 1. DSB. Louisville: Westminster John Knox, 1984.

_______. *Isaiah*. Vol. 2. DSB. Louisville: Westminster John Knox, 1986.

Schmitt, J. J. *Isaiah and His Interpreters*. New York/Mahwah: Paulist Press, 1986.

Scott, R. B. Y. "The Book of Isaiah, Chapters 1-39: Introduction and Exegesis." pp. 149-381 in *Interpreter's Bible*. Vol. 5. New York: Abingdon, 1956.

Scullion, J. *Isaiah 40-66*. OTM. Wilmington: Michael Glazier, 1982.

Seitz, C. R. "Isaiah 1-66: Making Sense of the Whole." pp. 105-26 in *Reading and Preaching the Book of Isaiah*. Ed. by Christopher R. Seitz. Philadelphia: Fortress, 1988.

_______. "The One Isaiah//The Three Isaiahs." pp. 13-22 in *Reading and Preaching the Book of Isaiah*. Ed. by Christopher R. Seitz. Philadelphia: Fortress, 1988.

_______. "The Divine Council: temporal transition and new prophecy in the book of Isaiah." *JBL* 109 (1990): pp. 229-47.

_______. *Zion's Final Destiny*. Minneapolis: Fortress, 1991.

_______. "On the Question of Divisions Internal to the Book of Isaiah." pp. 260-66 in *1993 SBL Seminar Papers*. Ed. by Eugene H. Lovering.

Atlanta: Scholars, 1993.

_______. *Isaiah 1-39*. Interpretation. Louisville: John Knox, 1993.

_______. "The Book of Isaiah 40-66: Introduction, Commentary, and Reflection." pp. 307-552 in *New Interpreter's Bible* Vol. 6. Nashville: Abingdon, 2001.

Shalom, P. *Isaiah 40-66*. Jerusalem: The Hebrew University Press, 2008.

Sheppard, G. T. "The Anti-Assyrian Redaction and the Canonical Context of Isaiah 1-39." *JBL* 104 (1985): pp. 193-216.

_______. "The Book of Isaiah: Competing Structures According to a late Modern Description of its Shape and Scope." pp. 549-82 in *1992 SBL Seminar Papers*. Ed. by E. H. Lovering. Atlanta: Scholars, 1992.

_______. "The Book of Isaiah as a Human Witness to Revelation Within the Religions of Judaism and Christianity," pp. 549-82 in *1993 Society of Biblical Literature Seminar Papers*. Ed. by E. H. Lovering. Atlanta: Scholars, 1993.

Skinner, J. *The Book of the Prophet Isaiah, Chapters 1-39*. CBSC. Cambridge: Cambridge University Press, 1905.

Slotki, I. W. *Isaiah*. Soncino Books of the Bible. London: Soncino Press, 1949.

Smart, J. D. *History and Theology in Second Isaiah: A Commentary on Isaiah 35, 40-66*. Philadelphia: Westminster, 1965.

Smelik, K. A. D. "Distortion of Old Testament Prophecy: The Purpose of Isaiah xxxvi and xxxvii." pp. 70-93 in *Crises and Perspectives*. Ed. by J. de Moor et al., Leiden: Brill, 1986.

_______. "King Hezekiah Advocates True Prophecy: Remarks on Isaiah xxxvi // II Kings xviii and xix." pp. 93-128 in *Converting the Past: Studies in Ancient Israelite and Moabite Historiography*. OTS 28.

Leiden: Brill, 1992.

Smith, G. V. *Isaiah 1-39*. NAC. Nashville: Broadman & Holman, 2007.

_______. *Isaiah 40-66*. NAC. Nashville: Broadman & Holman, 2009.

Snaith, N. H. "Isaiah 40-66: A Study of the Teaching of the Second Isaiah and Its Consequences." In *Studies on the Second Part of the Book of Isaiah*. VTSup 14. Leiden: Brill, 1967.

Song, T. B. "The Loftiness of God, the Humility of Man, and Restoration in Isaiah 57:14-21: A Textlinguistic Analysis of Their Convergence." Ph. D. Dissertation, Trinity Evangelical Divinity School, Deerfield, Ill., 1997.

Stromberg, J. *Introduction to the Study of Isaiah*. T. & T. Approaches to Biblical Studies. Edinburg: T. & T. Clark, 2011.

_______. *Isaiah After Exile: The Author of Third Isaiah as Reader and Redactor of the Book*. Oxford: Oxford University Press, 2011.

Stuhlmueller, C. *Creative Redemption in Deutero-Isaiah*. Rome: Biblical Institute, 1970.

Sweeney, M. A. *Isaiah 1-4 and the Post-Exilic Understanding of the Isaianic Tradition*. BZAW 171. Berlin: de Gruyter, 1988.

_______. "On Multiple Settings in the Book of Isaiah." pp. 267-73 in *1988 SBL Seminar Papers*. Ed. by E. H. Lovering. Atlanta: Scholars, 1988.

_______. "Textual Citations in Isaiah 24-27: Toward an Understanding of the Redactional Function of Chapters 24-27 in the Book of Isaiah." *JBL* 107 (1988): pp. 39-52.

_______. *Isaiah 1-39*, FOTL. Grand Rapids: Eerdmans, 1996.

Thiele, E. *The Mysterious Numbers of the Hebrew Kings*. 3rd ed.; Grand Rapids: Zondervan/Kregel, 1983.

Tomasino, A. J. "Isaiah 1.1-2.4 and 63-66, and the Composition of the

Isaianic Corpus," *JSOT* 57 (1993): pp. 81-98.

Torrey, C. C. *The Second Isaiah*. New York: Scribner's Sons, 1928.

_______. "Some Important Editorial Operations in the Book of Isaiah." *JBL* 57 (1938): pp. 109-39.

Tucker, G. M. "The Book of Isaiah 1-39: Introduction, Commentary, and Reflections." pp. 25-306 in *New Interpreter's Bible* Vol. 6. Nashville: Abingdon, 2001.

Tull, P. K. *Isaiah 1-39*. SHBC. Macon, GA: Smyth and Helwys, 2010.

Van der Meer, M., ed. *Isaiah in Context: Studies in Honour of Arie van der Kooij on the Occation of his Sixty-Fifth Birthday*. Leiden: Brill Academic Publishers, 2010.

Van Ruiten, J., ed. *Studies in the Book of Isaiah*. Leiden: Peeters, 1997.

VanGemeren, W. *Interpreting the Prophetic Word*. Grand Rapids: Zondervan, 1990.

Vermeylen, J., ed. *The Book of Isaiah*. Louvain: Leuven University, 1989.

Vriezen, Th. C. "Essentials of the Theology of Isaiah." pp. 128-46 in *Israel's Prophetic Heritage. Essays in Honor of James Muilenburg.* Ed. by Bernhard W. Anderson, and Walter Harrelson. New York: Harper & Brothers, 1962.

Walker, L. L.; E. A. Martens. *Isaiah/Jeremiah and Lamentations*. Cornerstone Biblical Commentary. Wheaton, Ill.: Tyndale House, 2005.

Walton, J. H. et al., ed. *Isaiah, Jeremiah, Lamentations, Ezekiel, Daniel*. ZIBBC. Grand Rapids: Zondervan, 2009.

Watts, J. D. W. *Isaiah 1-33*. WBC. Waco, TX: Word, 1985.

_______. *Isaiah 34-66*. WBC. Waco, TX: Word, 1987.

Watts, R. E. "Consolation or Confrontation? Isaiah 40-55 and the Delay of the New Exodus." *TynBul* 41 (1990): pp. 31-59.

Webb, B. G. "Zion in Transformation: A Literary Approach to Isaiah." pp. 65-84 in *The Bible in Three Dimensions*. Ed. by D. J. A. Clines et al. JSOTSup 87. Sheffield: JSOT Press, 1990.

Webster, E. C. "The Rhetoric of Isaiah 63-65." *JSOT* 47 (1990): pp. 89-102.

Westermann, C. *Basic Forms of Prophetic Speech*. Philadelphia: Fortress, 1967.

_______. *Isaiah 40-66*. OTL. Trans. by D. G. M. Stalker. Philadelphia: Westminster, 1969.

Whedbee, J. W. *Isaiah and Wisdom*. Nashville: Abingdon, 1971.

Whybray, R. N. *Isaiah 40-66*. NCB. Grand Rapids: Eerdmans, 1981.

Wiklander, B. *Prophecy as Literature: A Text Linguistic and Rhetorical Approach to Isaiah 2-4*. Stockholm: Liber Tryck, 1984.

Widyapranawa, S. H. *Isaiah 1-39: The Lord Is Our Savior*. ITC. Grand Rapids: Handsel, 1990.

Wildberger, H. *Isaiah 1-12*. CC. Philadelphia: Fortress, 1991.

_______. *Isaiah 13-27*. CC. Philadelphia: Fortress, 1997.

_______. *Isaiah 28-39*. CC. Philadelphia: Fortress, 2002.

Willey, P. T. "The Servant of YHWH and Daughter Zion: Alternating Visions of YHWH's Community." pp. 267-303 in *1995 SBL Seminar Papers*. Ed. by E. Lovering. Atlanta: Scholars Press, 1995.

Williams, P. H. "The Poems About Incomparable Yahweh's Servant in Isaiah 40-55." *SWJT* 11 (1968): pp. 73-87.

Williamson, H. G. *Isaiah 1-5*. ICC. Edinburgh: T. & T. Clark, 2006.

_______. *The Book Called Isaiah: Deutero-Isaiah's Role in Composition and Redaction*. Oxford: Oxford University, 1994.

Willis, J. T. "On the Interpretation of Isaiah 1:18." *JSOT* 25 (1983): 35-54.

_______. "The First Pericope in the Book of Isaiah." *VT* 34 (1984): 63-77.

Wilshire, L. "The Servant City: A New Interpretation of the 'Servant of the Lord' in the Servant Songs of Deutero-Isaiah." *JBL* 94 (1975): pp. 356-67.

Wolf, H. M. *Interpreting Isaiah: the Suffering and Glory of the Messiah*. Grand Rapids: Zondervan, 1985.

Wong, G. C. I. "Deliverance or Destruction? Isaiah X 33-34 in the Final Form of Isaiah X-XI." *VT* 53 (2003): pp. 544-52.

Young, E. J. "The Origin of the Suffering Servant Idea (Isa 53)." *WTJ* 13 (1950): pp. 19-33.

_______. *The Book of Isaiah*. 3 vols. NICOT. Grand Rapids: Eerdmans, 1965-1972.

차례

이사야서

한 아기가 우리에게 났고
한 아들을 우리에게 주신 바 되었는데
그의 어깨에는 정사를 메었고
그의 이름은 기묘자라, 모사라, 전능하신 하나님이라,
영존하시는 아버지라, 평강의 왕이라 할 것임이라
그 정사와 평강의 더함이 무궁하며
또 다윗의 왕좌와 그의 나라에 군림하여
그 나라를 굳게 세우고 지금 이후로
영원히 정의와 공의로 그것을 보존하실 것이라
만군의 여호와의 열심이 이를 이루시리라

(9:6–7)

그가 찔림은 우리의 허물 때문이요
그가 상함은 우리의 죄악 때문이라
그가 징계를 받으므로 우리는 평화를 누리고
그가 채찍에 맞으므로 우리는 나음을 받았도다
우리는 다 양 같아서 그릇 행하여 각기 제 길로 갔거늘
여호와께서는 우리 모두의 죄악을 그에게 담당시키셨도다

(53:5–6)

1. 선지자

선지자의 히브리어 이름 "예사야후"(יְשַׁעְיָהוּ)는 "여호와는 구원이시다" 라는 의미다. 그는 유다의 운명이 풍전등화(風前燈火)와 같았던 주전 701년 아시리아 왕 산헤립의 유다 침략 때 매우 중요한 역할을 했던 선지자다. 우리는 하나님의 말씀을 대언하는 선지자가 정치인을 포함한 사회 지도층을 상대로 사역을 하다 보면, 때로 어쩔 수 없이 정치에 개입하게 되는 상황에 처할 수 있음을 생각할 수 있다. 이사야가 이러한 사례의 대표적인 선지자라 할 수 있다. 이사야 선지자가 유다 정치에 깊이 관여했다는 것은 그가 나단처럼 왕궁을 자유자재로 드나들었다는 점에서 알 수 있다.

이사야가 선지자 사역을 시작한 때부터 유다 정치에 깊이 관여했지만, 아하스의 외교 정책에 개입한 이후로(cf. 7장) 히스기야 왕 때까지는 더 이상 정치에 관여하지 않은 것으로 생각된다. 그는 다른 선지자들처럼 유다가 다른 나라, 즉 아시리아(cf. 7장), 이집트(cf. 2장, 20장), 바빌론(cf. 39장)과 동맹하거나 연합하지 말 것을 주장했다. 그는 이스라엘은 하나님만을 의지하며 그분만이 구원자라는 것을 외교 정책을 통해서도 고백해야 한다고 생각했던 것이다. 선지자 이사야는 시온, 유다/예루살렘, 그리고 다윗 자손의 왕위 계승의 미래에 깊은 관심을 표하며 책을 전개한다.

상당수의 그리스도인은 교회나 교인들이 정치에 참여해서는 안 된다고 생각한다. 우리가 추구하는 왕국이 이 세상의 나라가 아니기 때문이며, 이 세상의 정치와 사회는 갈수록 부패할 수밖에 없기 때문이라는 논리를 펼친다. 그러나 제도를 개혁해 나감으로써 사회가 부패하는 것을 예방하거나 속도를 억제할 수 있다면 그것도 세상에서 빛과 소금이 되는 일이 아니겠는가? 물론 교회나 교단, 혹은 목회자가 정치에 개입하는 것은 옳지 않다. 그러나 교회와 목회자는 훌륭한 성도들을 양육하여 세상에서 그들이 좋은 정치를 할 수 있도록 도울 수 있어야 한다.

이사야는 예루살렘에서 태어나 자랐고 그곳에서 교육을 받은 것으로 추정된다. 유대인들의 전승에 의하면 이사야의 아버지 아모스(אָמוֹץ)는 아마샤(אֲמַצְיָה, 주전 796-767년) 왕의 형제였다. 사실성이 있는 주장일까, 아니면 선지자 이사야가 자유자재로 왕궁을 드나들었던 것을 보고 추정한 것일까? 정확히 알 수는 없지만 그가 유다의 정치에 깊이 연관되어 있었던 것은 사실이다.

이사야는 웃시야 왕이 죽은 해인 주전 740년에 선지자로서 소명을 받았다(cf. 6장). 그는 예루살렘에서 50년을 사역했으며, 이 기간에 북왕국 이스라엘이 아시리아의 손에 멸망하는 것을 목격했다. 또한 남 왕국 유다도 산헤립에 의해 건국 이후 가장 큰 위기를 맞는 것을 지켜보았고, 곤경에 처한 히스기야를 하나님의 말씀으로 위로했다.

선지자는 결혼을 했고(cf. 8:3), 최소한 두 명의 아들을 두었다. 그의 아내도 "여 선지자"(נְבִיאָה, 우리말 성경에는 "아내"로 해석됨)로 불렸다(8:3). 그녀가 선지자 활동을 해서였는지, 아니면 단지 남편이 선지자이기 때문에 주어진 명칭("사모"라는 의미로)이었는지(Smith) 확실치는 않다. 그러나 성경에서 선지자의 아내가 결혼 때문에 여 선지자라고 불리는 예가 없다는 것을 감안하면, 이사야의 아내도 선지자 사역을 했던 것으로 해석하는 것이 바람직하다.

선지자의 두 아들의 이름은 상징적인 예언을 의미했다. 첫째 아들 "스알야숩"(שְׁאָר יָשׁוּב)은 "남은 자는 돌아오리라"(remnant will return)라는 뜻을 지닌 이름이다. 표면적으로는 회복을 약속하는 좋은 이름이지만, 남은 자가 있으려면 먼저 전쟁과 심판이 있어야 하는 점을 감안할 때, 심판 후에 임할 하나님의 구속을 예언하고 있는 이름이다. "마헬살랄하스바스"(מַהֵר שָׁלָל חָשׁ בַּז)는 "먹이가 급히 사라진다, 노획물이 빨리 없어진다"(prey hastes, spoil speeds)라는 의미다. 이사야는 유다가 바빌론의 손에 망할 것이라고 하는데, 바빌론은 유다를 대적해서 싸우러 오는 것이 아니라 약탈하러 올 것을 암시한다. 유다는 결코 강대국 바빌론을 상대로 싸워 자신을 보호할 수 없다는 사실을 경고하고 있는 것이다.

이사야가 선지자의 소명을 받기 전에는 어떤 일에 종사했을까? 또한 그가 사역을 하는 동안에도 다른 일을 겸하고 있지는 않았을까? 앤더슨(Anderson)은 이사야가 서기관이었다는 설을 내놓았는데 상당히 설득력이 있어 보인다. 성경을 살펴보면 여러 선지자들이 왕들에 대한 실록을 남긴 사실이 기록되어 있다(대하 12:15; 13:22; 20:34). 이사야도 웃시야 왕의 역대기를 정리했다(대하 26:22). 만일 그가 웃시야 왕의 서기관이었다면, 그는 왕실의 아이들을 가르치는 선생(tutor) 역할을 했을 가능성이 크다.

그렇다면 8:16에서 언급하고 있는 "제자들"은 누구인가? 그가 가르치던 왕족의 아이들인가? 할로(Hallo)는 28:9-13 내용의 요지인 "이사야가 사람들 대하기를 선생이 어린아이들을 가르치는 것같이 하려 한다"는 말씀을 그의 직업을 비꼬는 말로 해석한다. 또한 젠센(Jensen)은 "이사야는 자신을 선지자보다는 하나님의 율법(Torah)을 가르치는 선생으로 보았다"라고 평가하고 있다.

유대인들의 전승(바빌론 탈무드와 예루살렘 탈무드)에 의하면 이사야는 므낫세 왕 초기에 왕의 명령에 따라 톱으로 두 동강이 나 순교했다. 위경에 이사야의 승천기(The Ascension of Isaiah)라는 책이 있는데, 이 책 역시 므낫세가 이사야를 죽인 것으로 기록하고 있다. 이 문헌들에 기록되어 있는 상황을 종합해 보면, 이사야는 다음과 같이 죽음을 맞이한다. 히스기야가 나이 들어 죽게 되었을 때 이사야는 히스기야의 아들 므낫세가 결코 아버지와 같지 않을 것이며 하나님께 반역할 것이라고 경고했다. 이때 이사야는 백발이 성성한 노인이었다. 히스기야가 죽자 왕위에 오른 어린 므낫세는 이사야가 예언한 대로 악한 왕이 되었다. 당시 이사야와 몇몇 선지자들은 광야에서 생활하고 있었는데, 거짓 선지자 벨키라가 이사야가 역모를 꾸미고 있다고 고발했다. 므낫세는 부하들에게 그를 잡아들이라 했다. 므낫세의 부하들로부터 도주하던 이사야는 길가에 거목이 있는 것을 보게 되는데, 그 거목의 가운데는 텅 비어 있었다. 그래서 선지자는 그 거목 안으로 몸을 피했다. 그런데 신기한 일이 일어났다. 거목의 껍질이 자라나 이사야를 숨겨 준 것이다.

부하들은 왕에게 돌아가서 이사야가 거목에 숨어 있다는 사실을 알렸다. 므낫세는 그 거목을 통째로 잘라오라고 명령했다. 부하들이 그 나무를 잘라왔으며, 므낫세는 이사야가 들어 있는 부분을 찾아 가운데를 자르라고 했다. 이렇게 해서 이사야는 므낫세의 종들이 휘두르던 톱에 의하여 두 동강이 나 죽었다는 것이다. 어디까지가 사실이고 어디서부터 허구인가? 히브리서 11:37은 톱에 잘려 순교한 사람에 대해 언급한다. 그가 혹시 이사야가 아닐까? 오늘날까지 알려진 유대인들의 전승 중에서 톱에 잘려 순교한 것으로 기록된 사람으로는 이사야가 유일하다는 점을 고려할 때 히브리서가 이사야의 순교를 염두에 두고 이같이 기록했을 가능성이 높다.

2. 이사야서와 비평학

구약 연구에서 비평학이 가장 큰 영향을 미친 것은 오경이며, 그 다음이 이사야서다. 이사야서를 읽다 보면 39장과 40장 사이에 깊은 간극이 있음을 발견할 수 있다. 두 장의 분위기, 주제, 스타일의 차이가 드러난다. 이러한 차이가 시발점이 되어 많은 학자들은 이사야서가 한 사람의 작품이 아니라 여러 사람의 작품이라는 입장을 취했다. 이사야서를 관심 있게 연구해 본 사람이라면 "이사야서는 역사적으로 독립적이고 저자가 다른 세 권의 책이 하나로 합해져서 형성된 책이다"라는 주장을 들어 보았을 것이다. 이 주장은 독일 학자 둠(Duhm)에게서 유래한 것이다. 그는 1892년에 출판된 주석에서 1-39장을 제1이사야서(Proto-

Isaiah), 40-55장을 제2이사야서(Deutero-Isaiah), 56-66장을 제3이사야서(Trito-Isaiah)라 불렀다. 둠은 이 책들이 각기 다른 시대와 공동체에서 살았던 저자들에 의하여 집필된 것이라 주장했다.[1] 구약학계는 그의 주장을 곧바로 받아들였고, 그것은 모세오경의 문서설과 함께 비평학의 가장 으뜸가는 정설로 자리잡기에 이르렀다.

둠에 의하면 이사야서에서 제일 먼저 문서화된 부분은 제2이사야서(40-55장)다. 이 책은 바벨론에 형성된 유대인 포로민 촌에 살았던, 이름이 알려지지 않은 선지자에 의하여 주전 538년 이전에 문서화되었다. 이 선지자가 40-55장을 집필하고 편집한 목적은 주전 538년에 있었던 고레스 왕의 "포로민들은 각자의 고국으로 돌아가 선조들의 신(神)을 섬길 수 있다"는 선포(cf. 대하 36:22-23; 스 1:1-4) 때문이었다. 선지자는 바벨론에 살고 있는 이스라엘 사람들 중 최대한 많은 사람이 이 칙령에 힘입어 조상의 나라 유다로 돌아가도록 선동하기 위해서 책을 저술했다. 이스라엘 사람들은 포로 신분으로 바벨론까지 끌려왔지만, 상당수가 바벨론에 정착하여 비교적 잘살고 있었다. 이 때문에 대다수의 이스라엘 사람들은 예루살렘으로 돌아가려 하지 않았다. 이 상황에서 선지자는 되도록이면 많은 사람이 유다로 돌아가도록 선동했던 것이다. 선지자는 제2이사야서에서 바벨론을 떠나 예루살렘으로 가는 길은 제2의 출애굽 사건과 같으므로, 첫 번째 출애굽 사건처럼 하나님의 큰 축복이 속히 임할 것이라는 메시지를 책의 중심 테마로 삼았다.

그 다음 문서화된 부분은 제3이사야서(56-66장)다. 이 책은 바벨론에서 돌아와 예루살렘을 재건하려 했던 귀향민들 가운데 이름이 알려지지 않은 어느 선지자에 의해 주전 5세기경에 저작되었다. 귀향민들은 여호와의 도성 예루살렘으로 돌아왔지만, 제2이사야서 저자의 예언과

1 둠의 이러한 주장은, 이미 18세기 후반부터 이사야서의 단일성에 대하여 문제를 제기하기 시작했던 비평학계의 분위기를 체계적으로 정리한 것이다. 도더라인(Döderline)이 1775년에, 아이혼(Eichhorn)이 1780년대에 이미 이사야서의 단일 저작권에 대하여 문제를 제기했다.

는 달리 하나님의 축복은 임하지 않았다. 오히려 바빌론에서 경험하지 못했던 혹독한 빈곤과 고통이 그들을 맞이했을 뿐이다. 귀향민들은 곧 실의의 늪에 빠졌다. 이때 선지자는 걷잡을 수 없는 좌절감에 사로잡힌 하나님의 백성들에게 이 세상의 것이 삶의 전부가 아니라는 새로운 비전을 제시했다. 선지자는 이 세상에서 끝까지 신실한 자는 다음 세상을 기대할 수 있다는 소망으로 귀향민들에게 도전한 것이다. 그러므로 이 책에서는 새 하늘과 새 땅 등 앞으로 임할 것들로 중심 메시지가 형성되었다.

세 이사야서들 중 가장 나중에 문서화된 것은 제1이사야서(1-39장)다. 이 책의 상당 부분은 주전 8세기 선지자 이사야로부터 유래되었지만, 오랜 세월이 지나면서 새로운 메시지가 더해졌는가 하면, 수많은 편집과 수정 과정을 거쳤다. 그리고 마카비 시대(주전 2세기 중반)에 이르러서야 최종적으로 정리되었다. 이 책의 최종 편집 목적은 마카비 정권—주전 170-164년에 있었던 시리아의 안티오쿠스 4세의 만행으로부터 이스라엘을 해방시켰던 마카비 집안을 중심으로 출범함—이 구약의 오랜 전통을 통해 형성된 메시아 사상의 실체라는 것을 암시함으로써 그 정권에 종교적인 정당성을 부여하기 위함이었다. 이런 이유로 이 책은 메시아 사상이 매우 중요한 테마로 발전되고 있다는 것이다.

이와 같이 각기 다른 시대를 살았던 저자들에 의하여 저작된 세 권의 책이 특별한 편집을 거치지 않고 한 권으로 묶여 현재의 이사야서가 되었다. 이것이 둠의 100여 년 전의 "세 이사야서 설"의 골자다. 둠이 "세 이사야서 설"을 제시한 후 이 학설은 최근까지 이사야서 비평학계를 지배하다시피 했다. 이사야서 연구의 새로운 돌파구를 모색하고 있던 비평학계가 그의 주장을 전적으로 수용했기 때문이다.

둠의 영향은 이사야서 연구를 세분화하는 결과를 초래했다. 그 한 예로, 지난 100년 동안 출판된 이사야서 주석들을 살펴보면, 이사야서 전체를 범위로 삼은 주석들보다는 위에 언급된 세 부분(1-39; 40-55; 56-66

장) 중 한 부분만을 연구하여 출판한 것이 훨씬 더 많다. 또한 이 주석가 중 대다수는 자신들이 연구한 이사야서 섹션의 내용을, 연구하지 않은 다른 이사야서 섹션들과 역사적으로나 신학적으로 연결시켜야 한다는 필요를 느끼지 못했다. 결국 이사야서는 삼등분이 되어 서로 연관성이 전혀 없는 책으로 취급되고 만 것이다.

둠의 "이사야서는 오랜 세월에 걸쳐 발전된 책"이란 학설은 이사야 학계의 양식비평(Form Criticism)의 시작을 예고했다. 양식비평가들은 둠의 주장을 근저로 하여 주전 8세기에 예루살렘에서 살았던 아모스의 아들 이사야로부터 유래되었을 구절들을 찾아 나섰다. 그들은 이사야서는 여러 시대와 출처에서 비롯된 글들을 특별한 편집을 거치지 않고 모아 놓은 책이므로 면밀하게 연구하면 이사야의 원(原) 메시지를 찾을 수 있을 것이라고 믿었다. 그들은 또한 선지자의 메시지는 매우 간단명료한 문장들로 이루어졌으며, 몇 가지 통상적이고 형식적인 틀에 준하여 메시지를 구성했다고 전제했다.

이러한 학문적 선입관으로 이사야서를 연구한 결과는 긍정적인 면도 있지만, 실망스러운 부분이 더 많았다. 양식비평가들은 미리 정의된 양식을 도구로 사용하여 본문을 관찰했다. 만약에 양식에 맞지 않는 부분이 포착될 경우, 훗날 삽입된 불순물로 단정하고 그 부분에 대한 신뢰성을 부인했다. 그러나 양식비평가들의 이러한 편견은 저자/편집자의 창의력을 부인하는 것에 불과했다. 어떠한 '삶의 정황'(Sitz im Leben)을 기초로 삼은 양식이라 해도 특별한 의미를 부여하기 위해서는 편집자가 의도적으로 틀을 벗어난 형태를 사용할 수 있다는 사실을 인정하려 들지 않은 것이다. 결국, 양식비평가들은 이사야서 안에서 발견되는 여러 디스코스(discourse)의 독특성을 부인하기에 이르렀다.

양식비평이 지나간 자리에는 너무나도 많은 문장들이 신뢰성을 거부당한 채 버려져 있었다. 양식비평은 이사야서 텍스트를 시대적으로 세분화하는 데는 일가견이 있었지만, 모든 텍스트를 분해한 후에 다시 원

상태로 복구하여 이사야서 전체의 메시지를 간파하는 일에서는 무력했다. 이것이 양식비평의 한계였다. 이러한 양식비평의 한계점을 보완하려는 것이 편집비평(redaction criticism)이다.

편집비평가들은 양식비평가들이 불순물로 여겼던 문장들에 각별한 관심을 표했다. 그들의 논리에 의하면, 양식비평가들이 식별할 수 있었던 시대적-상황적으로 서로 다른 텍스트들이 모여 이사야서를 형성하는 과정에서, 이 불순물들이 여러 텍스트를 묶는 '띠' 혹은 '실밥' 역할을 했다는 것이다. 그러므로 이 '실밥'들을 한데 모아 연구하여 이사야서를 정리한 편집자(들)의 의도와 신학적 필요를 밝히는 것이 편집비평의 목적이었다.

이사야서 연구에서 편집비평가들은 세 부류로 나눌 수 있다. 첫째, 둠의 "세 이사야서" 구분을 전적으로 수용한 학자들이다. 그들은 편집자(들)가 텍스트를 많이 편집했다고 생각하지 않으며, 각 책의 경계 부분에 특별한 관심을 두었다. 예를 들면 1-35장과 40장 이후를 하나로 묶어주는 36-39장의 역할에 이들은 가장 큰 관심을 두었던 것이다. 둘째, 둠의 "세 이사야서" 구분을 거의 논하지 않으며, 각 책들이 서로에게 상당 수준의 편집적인 영향을 미쳤다고 주장하는 학자들이다. 이들이 이사야서를 연구하면서 인식했던 것은 세 권의 이사야서가 둠이 주장한 것만큼 문맥적으로나 신학적으로 독립적이 아니며, 각 책이 다른 책들을 의식하며 상당 수준의 편집을 거쳤다는 것이다. 예를 들면 광야가 꽃밭으로 변하고 그곳에 시온으로 향하는 대로가 있을 것이라고 노래하는 35장은 아무리 연구해 보아도 제1이사야서보다는 제2이사야서와 더 가깝다는 것이 학자들의 결론이다. 그래서 일부 학자들은 35장의 저자를 제2이사야라고 한다(Tucker; cf. Childs; Clements). 이 외에도 이사야서 전체를 배경으로 진행, 발전되는 주제들, 반복적으로 사용되는 단어들, 심지어 반복되는 동일한 구조들을 감안할 때 이 세 권의 책이 서로 독립적으로 존재했다가 임의로 하나가 되었다고 보기는 어렵다는 것이 학자들의 결론이다. 결과적으로 이들의 연구는 둠의 "역사적으로 볼 때 독립적으로 존재했던 세 이사야서"설의 기초를 흔들기 시작했다. 셋째, 세 이사야서는 처음부터 주전 8세기에 예루살렘에서 사역했던 이사야 선지자의 가르침을 보완하기 위하여 그의 예언을 염두에 두고 저작되었다고 주장한 학자들이다. 클레멘츠(Clements)는 심지어 "제2이사야서 저자는 이미 문서화된 이사야 선지자의 예언을 참조하면서 자신의 책을 저술했다"라고 주장했다. 그러므로 이들은 세 권의 이사야서는 처음부터 서로를 의식하며 읽도록 구상된 책들이므로 각 책의 독립성을 강조하는 것은 저자들의 의도와 상충된다는 것이다.

처음에는 둠의 "독립적인 세 이사야서" 주장을 대환영했던 비평학계가 왜 점차로 그의 주장을 멀리하며 독립성보다는 이사야서의 통일성과 각 책의 상호적 의존도를 강조하게 되었는가? 그것은 세 이사야서를 독립적으로 이해하기에는 너무나 많은 문제들이 제기되었기 때문일 것이다. 한 예를 생각해 보자. 40-66장에서는 우상 숭배의 어리석음이 매우 중요한 테마로 부각되고 있다. 둠에 의하면 이 부분은 바빌론 포로 시대와 포로 후기 시대에 저작되었다. 그러나 그 당시(포로 시대-포로 후기) 바빌론에 형성된 이스라엘 공동체나 예루살렘으로 돌아온 귀향민들이 우상 숭배를 완전히 버렸다는 사실은 역사적으로 쉽게 입증할 수 있다. 그렇다면 저자가 더 이상 문제가 되지 않는 주제에 온갖 관심과 공간을 할애한다는 것을 어떻게 납득할 수 있겠는가? 한편 우상 숭배의 무모함은 1-39장에서도 중요한 위치를 차지하는 테마다. 따라서 이 테마는 책에 상당한 통일성을 부여하는 역할을 하고 있는 것이다.

또 하나의 중요한 예는 1장과 65-66장의 관계다. 대부분의 학자들이 공감하는 것은 이 두 텍스트의 구조와 주요 단어들의 반복 순서가 우연이라고 하기에는 심각할 정도로 지나치게 일치한다는 것이다. 이 때문에 이 두 텍스트는 서로 맞물리게 편집되었다는 것이 학자들의 견해다. 이 외에도 많은 테마와 반복되는 개념, 단어들이 비평가들로 하여금 점차로 둠의 주장을 멀리하게 만든 것이다.

둠 이후의 상황을 정리해 보자. 편집비평은 편집자의 '바느질'이 서툴다는 것을 전제로 시작되었다. 그렇기 때문에 대개의 경우 어느 부분이 실밥인지를 한눈에 파악할 수 있다는 것이 그들의 주장이었다. 그러나 편집비평가들은 시간이 지날수록 편집자의 바느질이 아주 잘되어 있으며 '실밥'과 '헝겊'을 구분하는 것이 쉽지 않음을 인식하게 되었다. 급기야 편집자를 자유롭고 창조적인 '저자'라는 관점에서 논하게 되었다. 편집자가 저자만큼이나 창의력을 발휘하여 그들에게 전수된 텍스트를 창조적으로 재해석하면서 편집했다는 것이다. 처음에는 편집비평이 양식비평을 보완하고자 시작되었다가 결과적으로 두 방법론이 대립하게 되었던 것이다. 양식비평은 많은 '불순물'을 분류해 냈고 편집비평은 이 불순물들을 연구하기 시작했다. 차츰 시간이 지나면서 이들을 자세히 연구한 결과 이것들은 불순물로 취급할 수 없을 뿐만 아니라, 분류 작업 자체에 문제가 있다는 것을 발견하게 되었다. 따라서 최근의 편집비평가들은 편집자들이 저자와 다를 바가 없다고 주장한다. 그리하여 편집비평에서 편집자는 사라져 버렸다. 편집비평은 바튼(Barton)의 표현을 빌리자면 "편집자가 사라지는 요술"(the trick of disappearing redactor)을 목격하게 된 것이다.

결국 비평학계는 둠이 "세 이사야서"를 주장한 이후 100년 만에 제자리로 돌아온 셈이다. 물론 그것이 비평학자들이 이사야서의 단일 저작권을 수용하게 되었다는 말은 아니다. 그들은 아직도 각기 다른 시대에 다른 저자들에 의하여 제작된 둘, 혹은 세 권의 책들로 구성되었다고 주장한다. 그러면서 동시에 그들은 이사야서가 결코 세 권의 독립적인 책으로 이해되고 연구되는 것은 의미가 없다는 것을 시인한다. 처음부터 서로를 보완하며 집필되었다는 것이다. 즉, 저자가 몇 명이었던 간에 우리에게 전수된 책을 구성하고 있는 66장 전체를 한 권으로 취급하고 해석하는 것을 전제로 한다는 것이다.

처음부터 이사야서의 일부를 저작했다는 저자의 수는 설득력 있는 자료에 의해 수립된 것이 아니라 학자들의 편견에 의한 상상력에 의하여 좌우되었다. 예를 들면, 스위니(Sweeney)는 1장을 여섯 부분으로 나누어 이 중 세 부분만이 이사야 선지자에게서 비롯된 것이라고 주장했는가 하면, 빌드버거(Wildberger)는 같은 장을 다르게 나눌 뿐만 아니라 각 부분의 저자들에 대하여도 뚜렷한 견해 차이를 두고 있다. 이러한 현상은 학자들의 판단이 객관적인 근거에 의한 것이 아니라 매우 주관적인 판단에 의한 것이라는 점을 잘 보여준다. 그동안 이사야서 연구에서 보수적 진보적 성향의 학자들로 갈라 놓았던 책의 통일성 문제, 즉 섹션별 독립성 논란은 통일성 주장에 의해 학계가 평정되었다고 볼 수 있다.

이사야서 66장이 한 권으로 취급되고 연구되어야 한다는 학계의 분위기는 차일즈(Childs)의 대표작(magnum opus) 『구약개론』에서 큰 힘을 얻었다. 그는 양식비평, 편집비평 등의 공헌을 절대 무시할 수는 없지만 근본적으로 우리가 전수받은 성경의 최종적인 형태와 내용을 포괄적으로 수용하여 메시지를 찾아야 한다고 주장했다. 이렇게 활성화된 "이사야서의 통일성 강조"는 매우 인상적인 결과를 초래했다. 최근에 사이츠(Seitz)는 둠이 이사야서를 삼등분한 것은 "매우 불행한 일"이라고 하는가 하면, 어떤 학자는 "제1, 제2, 제3 이사야서는 잘못 붙여진 이름"이라고까지 선언하기에 이른 것이다. 비평학자들의 이러한 이해는 지난 2천 년 동안 이사야서 전체는 한 저자에 의하여 집필되었고, 한 권으로 취급되며, 한 권으로 해석되어야 한다는 전제하에 책을 연구해 온 보수적인 학자들의 입장과 크게 다르지 않은 것이다. 이로써 결국 이사야서의 비평학계는 100년 만에 제자리로 돌아온 셈이 되고 말았다. 역사주의 비평(historical criticism)이 한계에 도달하면서 새로운 돌파구를 찾으려는 학자들의 갈망은 날이 갈수록 더해갔다.

둠의 학설에 대한 문제 제기는 사해 사본(Dead Sea Scrolls)의 등장과도 어느 정도 연관이 있다. 1947년부터 발굴된 사해 사본들 중에서 완벽하게 보존된 이사야서 두루마리가 발견되었다. 이 사본은 주전 2세기에 제작된 것으로 간주되었으며, 학자들은 둠의 주장을 테스트하는 좋은 기회로 삼았다. 학자들은 둠이 주장한 대로 주전 2세기 중반까지 세 이사야서가 한 권으로 묶여 순환되지 않았다면, 이 사본에는 그러한 사실을 암시하는 힌트가 있을 것이라는 기대를 했던 것이다. 특히 39장과 40장 사이에서 무엇인가 발견될 것이라는 생각이 지배적이었다. 그러나 실제로 이렇다 할 단서는 전혀 발견되지 않았다. 39장과 40장 사이에도 증거가 될 만한 것은 아무것도 없었다. 오히려 33장과 34장 사이에 마치 책을 두 부분으로 구분하는 듯한 많은 공간(6줄)이 있을 뿐이었다.

브라운리(Brownlee)는 1960년대에 사해 사본의 33장과 34장 사이에 큰 공간이 있다는 점에서 힌트를 얻어 이사야서의 구조를 1-33장과 34-66장이 테마적으로 평행을 이루고 있다는 "2등분설"(bi-fid structure)을 내놓기에 이르렀다. 에반스(Evans)는 80년대에 그의 주장을 수용했으며, 90년대에 와서는 길리아디(Gileadi)가 자신의 주석에서 그것을 활성화시켰다. 물론 브라운리의 주장은 많은 문제를 안고 있다. 그러나 일단 이사야서를 1-39장과 40-66장으로 구분짓던 학계의 정서에 정면으로 도전했다는 점에 그 중요성이 있다. 그리고 80년대에 WBC의 이사야서 주석 집필자 왓츠(Watts)가 자신의 주석을 두 권으로 나눌 때 1-33장과 34-66장으로 구분했다는 점은 이사야서 학계의 미래의 방향을 예고하는 듯한 상징적 의미를 내포한다는 것이 몇몇 학자들의 견해다. 앞으로 출판될 주석들의 상당수가 이사야서를 1-39장, 40-66장으로 구분하지 않고 1-33장, 34-66장으로 구분한다 하더라도 전혀 의아해할 필요는 없다.

역사주의적 비평(historical criticism)의 한계가 드러나면서 이 방법의 학계 평정 시대는 막을 내렸다. 그리고 그 비평의 뒤를 이어, 온 학계를 주도해 나갈 만한 방법은 나타나지 않았다. 설령 그러한 방법이 있다 하더라도 학자들은 더 이상 한두 가지 방법이 학계를 주도해 나가는 것을 용인하려 들지는 않을 것이다. 다양성을 미덕으로 생각하는 포스트모던(post-modern)시대의 분위기가 결코 한 가지 방법론이 군림하는 학계를 용납할 수 없게 된 것이다.

현 이사야 학계의 지평선에는 여러 가지 새로운 본문 해석 방법이 떠오르고 있다. 새롭게 부각되는 방법들은 매우 다양하다. 그러나 이 방법들의 공통점이 있다면 과거의 방법들보다 더 많은 관심을 텍스트 자체에 집중한다는 점이다. 또한 새로이 형성되고 있는 방법들 중 대부분이 문예비평의 영향을 받았다는 것이다. 과거의 방법들이 저자의 사고와 그의 세계에 관심을 두고 텍스트를 해석했다면, 새로운 방법들은 텍스트 자체와 독자에게 더 큰 비중을 두고 있다.

이사야 학계는 둠이 제시했던 "세 이사야서" 이후 시대(post-Tripartite Isaiah)를 맞이했다. 물론 모세오경 연구에서 문서설이 더 이상 많은 영향력을 발휘하지 못하고 있지만 아직도 JEDP 용어 체계가 사용되는 것같이, 앞으로도 제1, 제2, 제3 이사야서라는 용어들이 사용될 것이다. 그러나 둠이 이 용어들에 부여한 의미와는 상관없이 사용될 것이다.

현재 이사야 학계는 구약학계 전체와 같이 방법론적인 변화를 경험하고 있다. 물론 혼란스럽게 느껴질 수도 있다. 그러나 변화는 가능성을 의미한다. 특히 다양성을 추구하는 포스트모던의 시대적 분위기가 비(非)서양적(non-Western) 해석과 연구에 정당성을 더하고 있다. 이제는 한국 신학도 세계 기독교 학계에 기여할 수 있는 시대가 되었다. 한국 신학과 정서에 기초한 새로운 해석 방법, 새로운 본문 이해 등이 정정당당하게 세계에 제시될 시대가 온 것이다. 이렇게 흥분된 시대를 살아가는 우리는 참으로 할 일이 많다. 한국 교회가 유능하고 참신한 신학자들을 배출하는 데 많은 기여를 했으면 한다.

3. 역사적 정황

학자들은 이사야가 활동했던 시대에 유다를 통치했던 왕들의 연대에 현저한 차이가 존재한다고 문제를 제기한다. 경우에 따라 학자들 사이에 10년 이상의 차이가 나는데, 이 문제는 히스기야의 통치를 어떻게 보느냐에 달려 있다. 히스기야는 산헤립이 주전 701년에 유다를 침략했을 때 가까스로 살아남게 된 왕이었다. 그즈음에 그는 심하게 앓아누웠으며, 하나님의 특별한 배려로 15년의 수명을 연장받게 된다. 그렇다면 히스기야는 주전 685년 정도까지는 살아있어야 한다. 성경은 그가 왕이 되었을 때가 북 왕국의 호세아가 통치를 시작한 지 3년째 되던 해(주전 730년)였으며, 그의 나이 25세였을 때라고 한다. 히스기야는 29년 동안 유다를 통치했다고 하는데(왕하 18:1-2), 만일 그의 29년 통치의 끝맺음을 주전 685년에 맞춘다면 그가 왕으로 취임하던 해는 주전 714년이 된다. 그러나 이 연도는 이미 북 왕국이 주전 722년에 멸망했다는 점을 감안할 때 잘 맞지 않는다. 만일 히스기야의 29년 통치를 주전 730년에 시작한 것으로 간주한다면, 그는 701년에 죽어야 한다. 그러나 그렇다면 그가 하나님의 말씀에 따라 생명을 15년 연장받아 주전 687년경에 죽는 것과 맞지 않게 된다. 히스기야의 즉위 기간을 시작과 끝에 맞추는 것에 따라 연대는 현저한 차이가 나는데, 그 차이는 어떠한 계산과 방법으로도 설명되지 않는다. 이렇듯 학자들의 견해에 따라 현저한 차이가 나타난다. 다음을 참고하라.

왕	Hayes/Hooker	Thiele	Bright	Cogan/Tadmor
아사랴(웃시야)	785–760(734)	792–740	783–742	785–773
요담	759–744	750–732	750–735	758–743
아하스	743–728	735–716	735–715	743–727
히스기야	727–699	716–687	715–687/6	727–698
므낫세	698–644	697–643	687/6–642	698–642

보수적인 학자들이 가장 선호하는 연대는 틸레(Thiele)의 연대이다. 가장 큰 이유는 그의 연대가 고대 근동의 역사를 조명하는 일에서 성경에 기록된 정보를 최대한 반영했던 올브라이트(Albright)의 연대와 가장 비슷하기 때문이다. 또한 아시리아 왕 산헤립의 유다 침략(cf. 36-37장) 사건은 지금까지 발굴된 역사적 자료들을 통해 주전 701년에 있었던 일로 밝혀졌으며, 그 사건을 근거로 히스기야가 15년의 수명을 연장받게 된 점을 반영하고 있기 때문이다. 고대 근동의 역사적 자료들에서 밝혀진 이사야서와 연관 있는 연대들은 다음과 같다.

사건	연대(주전)
아시리아 왕 디글랏빌레셀 통치	744-727
시리아-이스라엘 대 유다 전쟁	734-732
아시리아 왕 살만에셀(Shalmaneser V) 통치	726-722
아시리아 왕 사르곤(Sargon II) 통치	721-705
히스기야가 앓아 누움	704
바빌론의 므로닥발라단 왕의 사절단 방문	703
북 왕국 이스라엘의 멸망	722
아시리아 왕 산헤립 통치	704-681
산헤립의 유다 공략	701

이사야가 사역한 주전 8세기 말 근동 지역에서는 아시리아가 제국을 형성하며 군림하고 있었다. 아시리아는 대체로 외국인들에게 매우 혹독한 정책을 펼쳤던 것으로 알려져 있다. 그들은 정복하는 곳마다 민족성을 말살시키려고 갖은 노력을 했다. 그러다 보니 많은 악을 자행하게 되었으며, 그들의 만행과 잔인성은 전 근동 지역에 잘 알려진 사실이었다. 아시리아 군은 정복한 나라의 임신부들의 배를 갈라 아이를 죽이기도 하고, 산 사람의 가죽을 벗기기도 하였으며, 날카로운 창을 세워둔 다음 그 위에 사람을 매달아 놓은 끈을 조금씩 풀어서 창이 묶인 사

람의 항문에서부터 등까지 관통하도록 하여 최고의 고통을 당하게 하기도 했다. 그러므로 혹 한 나라가 아시리아에 대하여 반역을 꾀하려면 최악의 경우를 각오해야만 했다.

이 시대 유다의 영적 삶은 완전히 초비상 상태에 접어들었다. 나라의 주체성을 위협하고 국가종교를 뿌리째 흔들어 놓는 상황이 전개되고 있었던 것이다. 특히 여호와를 유일신으로 인정하지 않고 동시에 다른 신들을 섬기는 영적 혼합주의(syncretism)가 자리를 굳히고 있었다. 이러한 영적 몰락은 주전 722년에 북 왕국을 멸망시키고 남 왕국의 생존까지 위협하게 되었다. 그러나 유다 사람들은 그들의 자매 나라의 운명에서 그 어떠한 교훈도 배우지 못했다. 회개하고 여호와께 돌아오지 않았던 것이다.

이러한 영적 분위기는 아하스 왕이 아시리아의 신들을 숭배하면서 더 악화되었다. 시내 산 언약을 중심으로 이루어졌던 유다 종교의 도덕적, 종교적, 사회적 책임은 점점 잊혀 갔다. 유다 사람들의 종교생활에서 여호와는 단순히 유다 땅의 수호신으로 군림할 뿐이며, 그의 축복과 보호를 받기 위해서는 모세오경에 기록된 예배의식에 따라 절기와 헌물을 잘 지키고 드리기만 하면 된다는 생각이 자리를 잡았다(cf. 사 1:10-20). 이 불미스러운 영적 불이 타오를 때 옆에서 이 불에 부채질을 하는 요인들이 있었다. 바로 잘못된 신학들이었다. 무엇보다도 시온의 불가침(inviolability)설과 다윗 언약의 영원 불변성이 가장 큰 걸림돌이 되었다.

첫째, 시온의 불가침 사상을 생각해 보자. 이스라엘 사람들은 자신들의 영적 생활이나 상태와는 상관 없이 예루살렘은 결코 적군에게 망할 리 없다는, 안일하다 못해 교만한 생각에 사로잡혀 있었다. 예루살렘은 여호와의 성전이 있는 곳이므로 어떤 상황에서도 결코 무너지지 않을 것이라고 자부했던 것이다. 여호와께서 지키실 것이기 때문이었다. 실제로 마치 이러한 설을 뒷받침이나 하듯 예루살렘은 적은 수로도 많은 군대를 물리칠 수 있는 천연의 요새였다.

둘째, 다윗 언약의 영원 불변성을 생각해 보자. 예루살렘이 결코 무너질 수 없는 또 하나의 이유는 하나님이 다윗에게 주신 언약 때문이었다(cf. 삼하 7장). 그들은 다윗과 그의 후손이 영원히 이스라엘을 통치한다는 의미는, 중간에 공백 기간이 없이 다윗 왕조가 지속되는 것을 말한다고 생각했다. 그래서 그들은 하나님이 다윗과의 약속을 지키기 위해서라도 결코 예루살렘을 망하게 하시지 않을 것이라고 확신했다. 나라의 존재 여부가 더 이상 광야에서 세워진 언약에 근거한 것이 아니라, 다윗에게 주어진 무조건적인 약속에 근거를 둔 것으로 생각하게 되었던 것이다.

물론 모두 옳은 주장이다. 그러나 이들의 가장 기본적인 문제는 이 모든 것이 여호와와 그들의 관계가 정상적일 때에만 가능하다는 사실을 무시한 채 자신들이 편리한 대로 하나님이 주신 축복과 약속을 해석하고 이용했다는 점이다. 일종의 영적 편식이었던 것이다. 자신들의 책임은 나 몰라라 하고, 오직 하나님의 보호와 은혜만을 기대하는 이기주의적 신학 사상인 것이다. 그러나 그들의 문제가 진정 그들에게만 제한된 문제는 아닐 것이다. 역사는 오늘도 되풀이되고 있다. 우리 주변에도 '입'과 '머리'만 살아있는 자들이 얼마나 많은가! 이사야 시대에 국제 정세가 급속히 악화되면서 "여호와께서 다윗과 맺으신 언약이 이 나라의 장래를 보장하겠는가?"라는 질문이 사람들 사이에서 일기 시작했다.

이사야는 웃시야 왕이 죽던 해에 사역을 시작했다(6:1). 유다는 웃시야 왕의 통치하에 획기적인 경제 부흥을 경험했다(cf. 대하 26:6-15). 웃시야의 통치는 주전 792-740년 동안 지속되었으며(Thiele), 이 기간 동안 유다는 안정적인 정치를 기반으로 모든 분야에서 눈부신 발전을 이룰 수 있었다. 유다가 이 시대에 이처럼 놀라운 성장을 이룬 것은 당시 근동의 슈퍼파워였던 아시리아의 내부적 갈등이 일조했기 때문이었다. 웃시야가 유다를 다스리는 동안 아시리아를 지배했던 살만에셀(Shalmaneser IV, 783-773년), 아술단(Asshur-dan III, 773-754년) 아술니라리(Asshur-nirari V, 754-746년) 등은 매우 약한 리더십의 소유자들이었다(Smith). 게다가 기근, 반역 등이 끊이지 않으므로 아시리아는 국제무대로 눈 돌릴 여력이 없었다. 이 같은 상황이 웃시야가 마음껏 활동할 수 있는 여건을 조성해 주었던 것이다.

웃시야는 경제적 부흥에 박차를 가하기 위하여 엘랏이라는 항구를 새로이 개발했으며(왕하 14:22) 농업을 적극적으로 권장했다(cf. 대하 26:10). 이스라엘의 경제가 부흥하자 웃시야는 예루살렘 성벽과 성문들을 수리했고(대하 26:9), 30만 명 이상의 훈련된 정예군을 두었다(대하 26:13). 또 온갖 새 무기도 만들었다. 히스기야는 국제무대에서도 유다의 입지를 구축하고자 했다. 그는 블레셋, 마온 사람들(Meunites), 아랍 사람들, 암몬 지역 등을 쳐서 복종시켰다(대하 26:6-8). 성경은 웃시야의 성공적인 통치에 대한 신학적인 이유를, 그가 스가랴 선지자를 통해 선포된 하나님의 말씀에 순종했기 때문이라고 한다(cf. 대하 26:5). 하나님이 순종하는 웃시야를 축복하신 것이다.

그러나 웃시야는 말년에 문둥병에 걸려 비참한 종말을 맞이한다. 그는 왜 문둥병을 앓게 되었는가? 제사장 역할을 자신이 하겠다고 고집하다가 하나님께 심판을 받았다! 그의 일을 생각하면 마음이 아픈 이유는 통치 초기의 그는 열심히 여호와를 섬기던 왕이었다는 점이다. 그랬던 그가 자신의 분수와 위치를 망각하고 다른 것을 넘보자 이러한 운명을 맞게 되었던 것이다.

이어 이사야는 요담 왕(주전 750-732년) 시대에도 사역했다. 요담은 문둥병을 앓은 아버지 웃시야와 같이 통치했고, 나중에는 그의 아들 아하스와 같이 통치를 했던 것으로 알려졌다(Thiele). 요담은 물질적으로는 풍요로운, 그러나 도덕적으로나 종교적으로는 타락한 나라를 물려받았다. 요담은 이렇다 할 획기적인 종교개혁을 시도하지 않았고, 계속 악화되어 가는 유다의 영성을 방관하기만 했다. 요담의 뒤를 이어 왕이 된 아하스(주전 735-716년)는 종교적으로 매우 타락한 왕이었다. 이런 불신이 유다가 당면하고 있던 국제적 문제의 원인이 되었다. 역대기 저자는 아하스의 통치에 대하여 다음과 같이 기록하고 있다.

> 아하스가 왕위에 오를 때에 나이가 이십 세라 예루살렘에서 십육 년 동안 다스렸으나 그의 조상 다윗과 같지 아니하여 여호와 보시기에 정직하게 행하지 아니하고 이스라엘 왕들의 길로 행하여 바알들의 우상을 부어 만들고 또 힌놈의 아들 골짜기에서 분향하고 여호와께서 이스라엘 자손 앞에서 쫓아내신 이방 사람들의 가증한 일을 본받아 그의 자녀들을 불사르고 또 산당과 작은 산 위와 모든 푸른 나무 아래에서 제사를 드리며 분향하니라 그러므로 그의 하나님 여호와께서 그를 아람 왕의 손에 넘기시매 그들이 쳐서 심히 많은 무리를 사로잡아 다메섹으로 갔으며 또 이스라엘 왕의 손에 넘기시매 그가 쳐서 크게 살륙하였으니 이는 그의 조상들의 하나님 여호와를 버렸음이라 르말랴의 아들 베가가 유다에서 하루 동안에 용사 십이만 명을 죽였으며 에브라임의 용사 시그리는 왕의 아들 마아세야와 궁내대신 아스리감과 총리대신 엘가나를 죽였더라(대하 28:1–7).

아하스는 또한 하나님의 약속보다는 자신의 정치적인 능력과 활동에 나라의 운명을 맡긴 사람이었다. 그는 시리아 왕 르신과 이스라엘 왕 베가가 연합군을 형성하여 주전 738년부터 가나안 국가 대부분에게 씌워진 아시리아의 멍에를 벗어버리고 독립국이 되자는 계획에 동조할 것을 요청하자, 이를 거부하고 독자적으로 친아시리아 정책을 펴나갔다. 당시 유다는 아시리아의 종속국이 아니었기 때문에 이들의 음모에 동조할 필요를 느끼지 못했던 것이다. 그래서 시리아와 이스라엘은 아하스를 몰아내고 그의 자리에 다른 인물을 세우려고 유다를 침략했다. 이에 아하스는 무척 두려워했다(7장). 선지자 이사야가 그를 찾아가서 두려워 말라고 권면하지만 그는 선지자와 그의 하나님을 무시하고 아시리아의 왕 디글랏(Tiglath-pileser)에게 사신과 돈을 보내 도움을 청했다(대하 28:16). 디글랏이 그를 도와(왕하 16:7) 다마스크스를 파괴하고 북 왕국 이스라엘에게는 엄청난 벌금을 요구했다(cf. 왕하 15:29; 16:7-9; 대하 28:19; 사 8:7-8). 또한, 욕심 많은 디글랏은 아하스와 유다 마저도 속국으로 삼아 조공을 바칠 것을 요구했다(대하 28:20-21). 훗날 호세아 왕이 아시리아에게 조공을 바치지 않자 디글랏의 아들 살만에셀(Shalmaneser V, 주전 727-722년)이 주전 725년에 북 왕국을 점령하고 사마리아를 포위했다. 사마리아가 포위된 상황에서 살만에셀이 죽고 그의 아들 사르곤(Sargon II)이 대를 이었으며, 그는 주전 722년에 사마리아를 완전히 초토화시키고 백성들을 강제로 끌고 갔다. 이때 이스라엘 백성 중 많은 사람들이 아시리아의 진노를 피해 남 왕국 유다로 피난해 왔다. 얼마나 많은 사람이 이주해 왔는지 이때 유다의 인구수가 상당히 늘었다고 한다(Broshi).

히스기야(주전 716-687년) 왕은 이사야서에서 마지막으로 모습을 드러내는 유다의 왕이다. 히스기야는 하나님을 경외하는 왕이었으며 정치적으로나 개인적으로 어려운 시대에 이사야를 찾으며 하나님의 뜻을 구한 믿음의 모범이 되는 왕이었다. 그는 대대적인 종교개혁을 추진했다(왕하 18:4, 22). 망해버린 북 왕국 백성을 예루살렘으로 초대하여 성대하게 지킨 유월절(대하 30장) 행사는 히스기야의 하나님을 향한 믿음을 드러내는 대표적인 사건이었다.

히스기야는 아시리아 왕 사르곤(Sargon II)(주전 721-705년)에게 조공을 바쳤다. 사르곤이 죽자 이집트의 "군사적 도움 약속"에 힘입어 블레셋과 합세하여 아시리아에 반역했다(왕하 18:7). 그래서 사르곤의 아들 산헤립(Sennacherib)이 주전 703-701년에 유다 땅을 침범했고 46개 도시를 점령했다. 산헤립은 한 문서에서 이때의 일을 이렇게 기록하고 있다. "유다 왕 히스기야는 나에게 반기를 들었으며 그 대가로 내가 46개 도시를 빼앗았고 20만 150명과 수없이 많은 짐승을 노획물로 접수했다"

(ANET). 그러나 산헤립이 히스기야의 항복을 받지는 못한 것이 확실하다. 산헤립은 다음과 같이 회고한다. "나는 히스기야를 예루살렘에 새장에 새를 가두듯이 가두었다. 성 둘레로 파수꾼들을 세워 그 누구든 성을 빠져 나오는 자는 다 죽였다." 그러나 정작 그가 성읍에 들어갔다는 기록은 없다. 과장이 심했던 그 당시 기록의 성향을 감안할 때, 산헤립이 예루살렘 성에 입성하지 못했던 것은 확실하다는 것이 학자들의 일반적인 견해다.

4. 신학적 이슈들

이사야서를 정확하게 해석하려면 여러 가지 신학적 이슈들에 대한 이해가 필요하다. 그 중 몇 가지를 정리해 보고자 한다.

(1) 7장과 36-39장의 관계

이사야는 웃시야, 요담, 아하스, 히스기야, 므낫세 등 유다의 여러 왕들이 군림하던 시대에 사역을 했지만, 유독 아하스(7장)와 히스기야(36-39장)에 대해서만 자세하게 언급하고 있다. 또한 이 두 왕의 이야기는 여러 가지 공통점과 차이점을 보이는 한 쌍(pair)이 되어 이사야가 전하고자 하는 중요한 메시지를 구성하고 있다. 두 이야기의 가장 기본적인 공통점은 이야기가 같은 장소에서 진행된다는 점이다. 7:3은 "윗못 수도 끝 세탁자의 밭 큰 길"을 언급한다. 36:2 역시 "세탁업자의 터의 대로 윗못 수도구 곁"(개역)이란 구체적인 장소를 회고한다. 이 장소는 두 이야기의 진행에서 중요한 위치를 차지한다. 이 장소는 예루살렘 포위와 연관이 있기 때문이다. 또한 이 장소는 두 이야기를 대조하는 계기를 제공하기도 한다.

더 나아가 콘라드(Conrad)는 이 두 왕의 이야기를 "두려워 말라"라는

"전쟁 오라클"(war oracle)의 한 부분으로 연구한 후, 서로 많은 연관성이 있음을 인식하게 되었다. 그의 연구 결과 중 주목할 만한 점은 히스기야 이야기에서 중요한 발언들을 하는 랍사게(cf. 36장)가 10장에 기록되어 있는 아시리아 사람들의 교만을 그대로 드러내고 있다는 것이다. 그는 다음과 같은 공통점을 발견했다.

1. 두 이야기 속에서 모두 유다 땅이 외국군에게 침략을 받았으며 이 외국군은 예루살렘을 위협하고 있다.
2. 유다의 왕 아하스와 히스기야에게 이러한 사실이 전해지자 그들은 심히 두려워한다.
3. 이러한 군대를 통한 예루살렘 성읍의 위협과 왕들의 두려움에 대응하여 이사야가 "두려워 말라"는 위로의 메시지를 두 왕에게 전한다.
4. 두 왕에게 하나님의 계획이 그대로 이루어질 것을 보장하는 징표(אוֹת)가 주어진다(7:10-16; 37:30-32). 히스기야에게는 또 하나의 징표가 주어지며(38:7) 그는 또 다른 하나의 징표를 구한다(38:22).
5. 왕과 예루살렘 성은 화를 면한다. 그러나 두 이야기 모두 불길한 선언으로 끝을 맺는다. 두 이야기를 맺으면서 이사야는 지금 이 왕들이 당면하고 있는 위기보다 훨씬 더 커다란 위기가 침략하는 왕들에 의하여 올 것을 선언한다.

이 외에 콘라드는 히스기야 이야기에서 선포되는 여러 가지 사항들이 아하스 이야기에서 예상되고 있음을 포착했다. 첫째, 아시리아 군에 의한 유다의 파괴가 아하스 이야기(7:14-25)에 예고되었으며, 다시 한 번 하나님이 이사야에게 확인한 적이 있다(8:6-8). 둘째, 랍사게가 백성들의 마음을 동요시키기 위하여 "여호와께서 보내서 왔다"라고 발언한 것(36:10)은 하나님이 "나의 진노의 막대기 아시리아의 왕"을 보내서 유다를 파괴하고 노략하게 하겠다는 말씀(10:5-6)의 성취다. 셋째, 아시리아 왕의 "혹시 히스기야가 너희에게 이르기를 여호와께서 우리를 건지시리라 할지라도 속지 말라. 열국의 신들 중에 자기의 땅을 앗수르 왕의 손에서 건진 자가 있느냐… 열방의 신들 중에 어떤 신이 자기의 나라를 내 손에서 건져냈기에 여호와가 능히 예루살렘을 내 손에서 건지겠느냐 하셨느니라"(cf. 36:18-20; 37:10-13)는 교만한 발언은 산헤립이 등장하기 오래 전인 10:8-14에 벌써 예고되었다. 넷째, 여호와의 아시리아에 대한 심판 선포(37:22-29)는 아하스 이야기에서 예고되었다(10:15-19). 마지막으로 10:15-19의 여호와의 선포(특히 16절)는 37:36-38에서 언급되는 아시리아 왕의 멸망을 예측하고 있다.

이와 같은 아하스, 히스기야 이야기의 공통점은 이 두 이야기가 한 쌍으로 읽혀지게 하려는 저자의 의도였던 것으로 간주된다. 물론 서론에서 살펴 보았듯이 각 사건은 본문의 주변 상황에서 중요한 역할을 하고 있다. 그러나 동시에 이 두 사건은 많은 공통점을 지닌 한 쌍의 이야기로서 이사야서의 전체적인 기록 목적을 암시하는 듯하다.

이 두 이야기는 많은 공통점을 지니고 있기도 하지만 다른 점도 많다. 가장 큰 차이점은 등장인물들이 어떻게 묘사되는가이다. 유다의 왕들—히스기야와 아하스—과 침략군의 왕들—르신과 베가, 그리고 랍사게의 발언을 통하여 묘사되는 산헤립—의 모습이 대조를 이루고 있다. 36-39장에 등장하는 산헤립과 히스기야는 확실한 주연(fully developed characters 혹은 rounded character)으로서 무대의 중앙에서 대사 분량도 많다. 반면에 르신과 베가는 무대에 등장도 못한다. 이 두 왕들의 무기력함은 아하스 이야기의 첫 부분에 언급된다. "웃시야의 손자요 요담의 아들인 유다 왕 아하스 때에 아람의 르신 왕과 르말리야의 아들 이스라엘의 베가 왕이 올라와서 예루살렘을 쳤으나 능히 이기지 못하니라"(7:1). 비록 연합군을 이끌고 예루살렘으로 쳐들어 왔지만 이들의 위협은 결코 심각한 것이 아니었다. 이것을 이야기의 첫 부분에서 밝히는 것은 그만큼 이들의 침략은 볼품없었을 뿐만 아니라 이 침략을 주도한 자들도 중요한 인물은 못 된다는 것을 의미한다.

위 왕들과 대조를 이루고 있는 산헤립과 히스기야가 본문에서 어떻게 묘사되고 있는가를 생각해보자. 히스기야 이야기의 첫 부분부터 산헤립은 그의 대변인 랍사게를 통하여 무대의 중앙을 장악하며 사건을 주도하고 있다. 그는 히스기야와 예루살렘 거주민들에게 항복을 권할 뿐만 아니라 자신은 그들이 섬기는 여호와의 명령을 받고 이 땅을 침략했다고 주장한다(36:4-10). 그는 또한 예루살렘 사람들에게 히스기야에게 속지 말라고 경고한다(36:14-17). 더 나아가 산헤립은 유다 주민들에게 여호와께 속지 말라는 망언을 한다(36:18-20). 그러다가 에티오피아 왕 디르하가가 자신을 대적해서 싸우러 온다는 전갈을 받고 산헤립은 예루살렘 포위를 포기해야 했다(37:8-9). 그러나 그는 조용히 물러간 것이 아니라 히스기야에게 여호와께 속지 말라고 권면하고 떠난다(37:10-13). 즉, 그는 많은 양의 대사를 소화하고 무대에서 내려오는 것이다. 랍사게, 르신과 비교될 수 없는 주요 등장인물이다.

히스기야 역시 아하스보다 훨씬 더 활동적이다. 아하스는 등장 후 겨우 한 마디만 하고 무대에서 내려온다. “나는 구하지 아니하겠나이다. 나는 여호와를 시험하지 아니하겠나이다”(7:12). 반면에, 아시리아의 위협을 전해 들은 히스기야는 성전을 통하여 하나님께 나아가고(37:1), 이사야에게 메시지를 보낸다(37:2-4). 이사야로부터 메시지를 전해 들은 그는 다시 성전을 찾으며, 산헤립의 위협이 서신을 통하여 새로이 제시될 때 그는 하나님께 기도한다(37:16-20). 또한 질병으로 죽게 되었을 때도 여호와께 눈물로 기도함으로(38:3) 자신의 생명을 15년 간 연장시킨다(38:5). 또한 회복의 약속이 주어졌을 때 그는 잠잠하지 않고 여호와께 감사의 노래를 드린다(38:10-20). 아하스는 하나님이 허락하시는 하나의 징표를 거부했다(7:12). 히스기야는 징표를 받고도(38:38:7-8) 또 하나의 징표를 원한다(38:22). 아하스는 한 마디의 대사 후 즉시 무대에서 사라지지만 히스기야는 이야기의 마지막 대사까지 다하고 무대에서 내려온다(39:8). 그러므로 산헤립과 히스기야는 둘 다 베가, 르신, 그리고 아하스보다 이야기의 세계 속에서 더 중요한 위치를 차지하고 있다.

두 사건을 묶고 있는 또 하나의 단서가 38:8에서 발견된다. 이사야가 히스기야가 죽지 않고 다시 회복될 것이라고 선포한 후 그에게 징표로 주는 것은 "아하스의 해시계에 나아갔던 해 그림자를 뒤로 십 도를 물러가게 하는 것"이었다. 정확히 해시계가 어떤 것인지, 이 해시계가 시간의 흐름을 어떻게 표시했는지 알 수는 없다. 필자가 질문하고 싶은 것은 "하필이면 왜 '아하스'의 해시계인가?"라는 점이다. 물론 우연의 일치라 생각할 수도 있다. 이 해시계는 히스기야의 아버지 아하스 시대에 만들어졌던 것이기 때문에 그의 이름과 연결되어서 언급되고 있다고 생각될 수도 있다는 것이다.

반면에 우연이 아닐 수도 있다는 점을 배제할 수는 없다. 차후에 설명하겠지만 이사야서 구조에서 이 두 사건은 매우 중요한 역할을 한다. 이 상황에서 간단히 "앞 뜰에 있는" 해시계라 할 수도 있는데 구체적으로 "아하스의" 해시계라고 밝히는 것은 저자가 다른 의도를 갖고 있는 듯하다. 아하스의 해시계가 십도가 되돌아가는 것은 마치 아하스의 불신으로 시작된 하나님의 심판이 잠시 동안 보류되었다는 점을 암시한다. 그러나 뒤로 돌아간 해시계의 그림자가 그 순간부터 다시 지기 시작하는 해의 움직임을 알려주는 것같이 유다에 임할 하나님의 심판 역시 계속 그 시간을 향해 가고 있음을 의미한다.

만약에 이런 해석이 가능하다면 너무 비약한다는 비평이 있을 만하다. 그러나 히스기야의 생명 연장을 생각해 보자. 먼저 본문의 놀라운 점은 히스기야는 자신의 생명 연장을 위하여 기도했고, 이사야를 통하여 전해진 하나님의 응답은 그의 생명뿐만 아니라 예루살렘의 생명까지 연장을 해 주고 있다는 점이다. "내가 네 기도를 들었고 네 눈물을 보았노라. 내가 네 수한에 십오 년을 더하고 너와 이 성을 앗수르 왕의 손에서 건져내겠고 내가 또 이 성을 보호하리라"(38:5-6). 이 발언에 근거해서 많은 학자들이 히스기야의 질병과 회복은 예루살렘의 운명의 모형(type)이라고 생각한다(Seitz). 그러나 여기서 중요한 것은 왜 "15년인가?"하는 점이다. 간단히 "회복하리라"로 끝날 수 있었을 텐데 구체적으로 15년을 언급한 이유는 무엇일까?

히스기야의 운명과 예루살렘의 운명이 모형적으로(typologically) 묶여 있기 때문이다. 1장에서부터 계속 선포된 내용을 살펴보면 유다는 돌이킬 수 없는 운명에 접어들었다. 이 나라의 미래에 다가올 것은 오직 심판뿐이다. 그러므로 히스기야의 믿음은 다가오는 심판을 잠깐 보류할 수는 있어도 완전히 없앨 수는 없다. 15년의 새 삶을 받았지만 그 15년이 지나면 어떻게 되는가? 또한 연장된 15년은 이 말씀을 받는 순간부터 흐르기 시작하지 않는가? 이와 같이 예루살렘의 운명은 잠시 동안 화를 면하지만, 하나님이 벌써 오래 전부터 선포하신 심판은 이 성읍의 앞날에 꼭 임할 것을 암시하고 있다.

이 두 왕의 이야기에서 드러나는 차이점들이 강조하는 것은 비록 이 두 이야기가 다같이 외부군의 침략에 의하여 발단이 되는 공통점을 지녔지만 그 강도(强度)는 비교될 수 없는 차이를 지녔다는 점이다. 이사야서는 아시리아 군의 침략이 아람-에브라임(이스라엘) 연합군의 침략보다 훨씬 더 심각한 위기를 가져왔던 사건이었다고 표현하고 있다. 그러므로 이 두 사건을 통하여 가르치고자 하는 점은 확실하다. 여호와를 의지하지 않은 자(viz., 아하스)는 심각하지 않은 위기 앞에서도 그의 마음이 "숲이 바람에 흔들림같이 흔들렸던 것"(7:2)을 체험했다. 반면에 여호와를 신뢰하고 의지한 자(viz., 히스기야)는 유다가 한 나라로서 가장 큰 위기를 맞이하고도 전혀 요동이 없었으며 이 모든 것은 하나님이 그를 보호하셨기 때문이었다는 점이 분명히 드러나고 있다. 선지자는 아하스와 히스기야 이야기를 통해 유다를 지배하고 있는 다윗 왕조에게 하나님을 의지하는 일이 얼마나 중요한 것인가를 강조하고 있는 것이다.

(2) 선지자의 소명(6장)

선지자들은 보통 책의 첫머리에 하나님께 받은 소명을 언급한다. 그런데 이사야의 경우에는 6장에 가서야 자신이 어떻게 소명을 받았는가를 회고한다. 이사야서는 왜 이처럼 6장에 가서야 소명에 대해 언급하는 것일까? 일부 주석가들이 주장하는 것처럼 사본을 필사하는 과정에서 실수로 순서가 뒤바뀐 것일까? 혹은 이사야가 선지자 사역을 시작한 지 한참 지난 후 있었던 재(再)소명일까?

모든 것을 고려할 때 6장은 선지자가 사역을 시작하기 전에 받았던 소명을 회고하고 있는 것이 확실하다. 그렇다면 왜 이사야의 소명은 1장이 아니라 6장에 가서야 실려 있는 것일까? 무엇보다도 선지자의 소명이 너무 충격적이기 때문에 소명의 배경적인 설명(1-5장)이 필요했기 때문이다. 하나님이 선지자에게 주신 소명의 근본적인 문제는 그분의 백성들에게 회개할 기회조차 주지 않으시고 심판이 계획되었으니, 백성들로 하여금 그들의 하나님께로 돌아오는 것을 막으라는 여호와의 일방적이고 확고부동한 의지에 있다.

하나님의 강한 의지는 이사야서를 읽어 내려가는 독자들에게 심각한 신학적 질문들을 낳게 한다. 하나님은 이스라엘이 회개하는 것을 원하지 않으시는가? 만약에 원하신다면, 이스라엘의 죄가 얼마나 심각하기에 하나님이 그들에게 아예 회개할 기회조차 주시지 않는가? 이사야 선지자에게 주시는 이 소명은 구약 성경의 다른 곳에서 묘사되고 있는 무한한 용서와 자비의 하나님의 이미지를 손상시키고 있는 것은 아닌가? 1-5장의 내용이 선지자가 플롯 제시(plot presentation)를 하는 단계에서 어떤 위치를 차지하고 있는가를 파악한다면 이와 같은 질문들은 아주 적절한 답을 통하여 해결될 것이다. 따라서 1-5장과 6장의 관계를 생각해 볼 필요가 있다.

하나님은 왜 이스라엘이 회개하는 것을 원하지 않으시는가, 하는 질문을 생각해 보자. 선지자는 책이 시작되는 1장에서 이 백성이 회개하고 돌아오기만 하면 여호와께서는 분명히 용서와 자비로 그들을 대하실 것을 강조한다. 선지자는 책의 서두에서 이스라엘이 마치 평생을 사랑과 은혜로 양육해 온 부모에게 등을 돌리는 반역의 자식과 같이 그들의 은인이신 여호와께로부터 등을 돌렸다고 한다(1:2-4). 이 일은 자연의 이치에도 어긋날 정도로 어이없는 일이라는 것이 여호와의 평가였다(1:3). 이들의 반역은 그들과 그들의 영토까지 황폐하게 하는 결과를 초래하였다(1:5-9).

이 같은 상황에서 그들은 여호와께 제물을 드리고, 종교적인 모임을 갖고, 심지어 기도까지 해 보지만 하나님은 이들의 모든 종교 행위를 가증스러운 것으로 여기셨다(1:10-15). 의로운 삶이 동반되지 않은 종교 행위는 마치 여호와 종교를 부적과 같이 사용하는 것과 같기 때문이다. 그러므로 이들의 종교 행위는 여호와의 인격을 완전히 모독하는 것에 불과했다. 그러나 하나님은 이러한 모독을 당하시면서도 그들이 돌아오기를 간절히 바라셨다. "오라 우리가 서로 변론하자 너희의 죄가 주홍 같을지라도 눈과 같이 희어질 것이요, 진홍같이 붉을지라도 양털 같이 희게 되리라"(1:18).

하나님은 이들을 이미 이 땅에서 포로로 내보내실 것을 작정하셨음에도 불구하고, 이 순간에라도 그들이 회개하고 돌아온다면 그들은 "땅의 아름다운 소산을 먹을 것"을 약속하신다(1:19). 이와 같은 선언은 아직도 심판을 피할 수 있는 길이 열려 있음을 의미한다. 또한 1-5장이 거의 모두 다가오는 심판을 경고하고 있지만, 도중에 작은 회복과 소망의 메시지가 비치는 것은 분명 회개를 유도하려는 목적도 포함하고 있음이 틀림없다(1:25-27; 2:2-4; 4:2-6). 만약에 여호와께서 이들을 용서하실 의향도 없으시면서 이러한 메시지를 주셨다면 하나님은 이사야의 청중들을 우롱하고 계신 것이다.

하나님이 이 백성을 용서하실 뜻을 가지고 있으심은 1-5장에 전개되어 있는 경고들의 역할에서도 역력하게 드러난다. 여호와께서 백성들에게 다가오는 심판에 대하여 경고하시는 목적은 무엇인가? 단순히 이들의 운명에 대하여 미리 예언하시고자 한 것뿐인가? 그렇지 않다. 그들로 하여금 회개하여 깨어진 관계를 회복하시려는 목적에서 경고하신다. 만약에 하나님이 백성들의 회개를 전혀 바라지 않으시면서 미래의 심판에 대하여 말씀하신다면 하나님은 성경의 다른 부분에서 비쳐지는 것과는 달리 아주 잔인한 징벌의 신에 불과한 분이 된다. 하나님이 이스라엘 백성들이 회개하는 것을 원하신다면, 이스라엘의 죄가 얼마나 심각하기에 그들에게 아예 회개할 기회조차도 주지 않으시는가? 이 질문에 대하여 선지자의 대답은 확고부동하다. 이스라엘은 소돔과 고모라를 방불케 할 정도로 심각하게 부패했으며, 또한 소돔과 고모라의 모든 사람들이 타락한 것같이 이스라엘의 남녀노소 모두가 범죄했다는 것이다(1:10). 여호와의 영광으로 가득 차야 할 이스라엘의 땅이(cf. 6:3; 2:2-4) 온갖 가증스럽고 하나님이 싫어하는 것으로 가득 찼다(2:6-9a). 여호와께서는 가장 좋은 땅에 가장 좋은 포도나무 종자를 심으시고 정성스럽게 그 나무들을 가꾸시며 좋은 포도가 생산되기를 기대하는 농부처럼 이스라엘을 보살피셨다(cf. 5:1-7). 그러나 하나님의 기대와는 달리 이스라엘은 악과 폭행으로 가득 찬 들포도를 생산할 뿐이었다(5:4; cf. 5:8-24).

들포도는 질이 좋지 못한 포도보다 더 나쁘다. 들포도는 사람의 보살핌이 없이도 저절로 자라고 열매를 맺는다. 그렇다면 이스라엘이라는 포도나무가 "들포도"를 맺은 것은 농부인 하나님의 모든 정성과 노력을 완전히 시간 낭비로 돌려버리는 일이다. 이 일은 하나님의 사역에 대한 모독이다. 그러므로 포도원 비유를 통해 선지자는 이스라엘의 죄의 심각성을 극적으로 묘사하고 있다. 이들의 죄가 얼마나 큰지 선지자는 하나님께 탄원한다. "그들〔이스라엘〕을 용서하지 마옵소서"(2:9). 선지자는 이스라엘 죄의 심각성을 생각할 때 결코 하나님이 그들을 용서해서는 안 된다고 생각하는 것이다. 만약에 이런 자들을 용서하시면 공의와 정의의 하나님으로 알려진 여호와의 명예가 훼손되기 때문이다.

선지자의 발언은 이스라엘의 타락이 어느 정도인지를 극명하게 드러내고 있다. 이스라엘의 타락의 정도는 더 이상 하나님의 용서를 바랄 수 없을 정도가 되어 버렸던 것이다. 이러한 상황은 또한 1장에서 하나님이 이스라엘을 칭하는 단어의 변화에서도 역력히 드러난다. 하나님은 1:2에서 이스라엘을 "내가 양육한 자식들" 1:3에서 "나의 백성"으로 부르신다. 사랑과 애정의 표현들이다. 그러나 1:24에 와서는 "나의 대적들", "나의 원수들"이라 부르고 있다. 어느 새 이스라엘은 하나님의 백성이 아니라 원수가 되어 있었던 것이다. 모두가 그들의 죄 때문이다.

이와 같은 맥락에서 1-5장을 이해하고 해석할 때, 6장에서 선지자 이사야에게 주어지는 여호와의 일방적인 "회개하지 못하도록 하라"는 소명을 이 책을 읽어내려 가는 독자들은 특별한 거부 반응을 보이지 않고 기꺼이 수용할 수 있게 되는 것이다. 하나님은 모든 가능한 방법을 동원해서 이들을 돌이키려 하셨지만, 자신의 죄를 회개할 필요를 못 느끼는 자들에게는 아무런 도움이 되지 못했다. 그러므로 이들의 미래에는 심판만이 기다리고 있을 뿐이다. 그 심판을 속히 진행하기 위하여 하나님은 이들이 회개하고 돌아오는 것을 원하지 않으셨던 것이다.

그렇다고 해서 모든 것이 절망적인 것은 아니다. 마치 모든 것이 불타 까맣게 변해 버린 숲에 생기 가득한 새싹들이 파릇파릇 솟아나오듯, 심판이 휩쓸고 간 자리에 회복을 기대하는 소망이 싹튼다. 선지자를 통하여 혹독한 심판이 선언된 직후 여호와께서는 "밤나무와 상수리나무가 베임을 당하여도 그 그루터기는 남아 있는 것같이, 거룩한 씨가 이 땅의 그루터기라"라는 소망을 주셨다(6:13). 하나님은 심판을 위한 심판을 염두에 두고 계시지 않는다는 것이다. 심판이 지난 후 이스라엘을 회복하시려는 하나님의 계획은 이미 1:21-27에 적절하게 묘사되어 있다. 먼저 이 부분의 구조를 살펴보자.

내용	인칭
A. 시온이 창녀가 되었다(21절)	3
B. 너희와 너희 지도자들은 모두 썩었다(22-23절)	2
C. 해결책: 그러므로 내가 심판하리라(24절)	1
B'. 너희는 회복되리라(25-26절)	2
A'. 시온이 구속되리라(27절)	3

위 텍스트는 분명히 심판을 중심으로 형성되었다(C). 그러나 중요한 것은 이 심판이 가져오는 결과다. 이스라엘의 부패가 심판을 초래했지만 심판이 있은 후 이스라엘은 회복되고 있다. 즉, 선지자 이사야를 통해 선포된 심판은 궁극적으로 회복을 위한 하나님의 자비로우신 배려라는 것을 이미 1장에서 암시하고 있다. 그러나 이스라엘이 과거의 모습으로 돌아가기 전에 먼저 모든 것이 파괴되고 정화되어야 한다. 그러므로 하나님은 더 이상 그의 백성들에게 돌아올 시간을 주기를 원하지 않으신다. 심판이 빨리 이루어질수록 회복도 그만큼 빨라질 것이기 때문이다.

(3) 므낫세에게 헌정된 이사야서

마소라 사본이나 텍스트를 장르에 따라 다르게 표기해 놓은 번역본을 살펴보면 이사야서의 거의 모든 부분이 시가체(poetry)로 구성되어 있음을 알 수 있다. 주류를 이루고 있는 시가체 텍스트 사이에 간간히 이야기체 섹션이 삽입되어 있으며 이 섹션들은 책의 구조에 상당한 영향을 미친다. 그 대표적인 예이면서 이사야서에서 발견되는 가장 긴 이야기체 섹션은 히스기야 이야기(36-39장)이다.[2] 학자들은 36-39장에 펼쳐져 있는 히스기야 이야기는 1-35장의 적절한 결론 역할을 함과 동시에

2 36-39장 전체가 다 이야기체로 기재되지는 않았다. 중간에 시가체가 사용되고 있다. 히스기야 이야기를 포함하고 있는 6-9장도 마찬가지로 중간에 시가체를 포함하고 있다.

40장 이후를 바르게 해석하도록 준비케 하는 역할을 한다고 생각한다. 이사야 1-35장에서 지속적으로 언급되어온 하나님의 "진노의 막대기 아시리아"(10:5)를 통한 심판의 날이 36-37장에 임했다. 그러나 아시리아 왕의 망언으로 인하여 하나님은 예루살렘이 그들의 손에 망하는 것을 막으시고 아시리아의 자리에 대신 바빌론을 세우심으로, 앞으로 예루살렘의 멸망은 바빌론 군을 통해서 임할 것임을 선포하신다(39:5-7). 40장 이후의 내용은 이 바빌론 군을 통한 심판이 이미 진행된 것을 전제로 하고 전개된다.

두 번째로 긴 이야기체 섹션은 흔히 "이사야의 회고"(Memoir of Isaiah)라고 불리는 6-9장이다. 이 부분 역시 1-5장의 적절한 결론 역할을 할 뿐만 아니라, 특히 7-9장은 6장의 선지자 소명에서 구체적으로 언급되며 책 전체의 중요한 사상으로 전개되는, "이스라엘의 맹인 테마"(Blind Motif)의 실제적인 예를 제시하고 있는 것으로 평가된다. 1-5장은 "하나님의 백성인 유다에게 왜 여호와의 심판이 임해야만 하는가?"라는 질문에 답하고 있다. 도저히 개혁의 가능성이 없기에 철저한 심판을 통하여 이 나라를 파괴하고 새로이 시작할 수밖에 없는 상황이 전개되고 있다.

6장은 이 심판이 매우 혹독할 것이며 하나님의 백성은 회개하고 싶어도 쉽게 회개할 수 없게 될 것을 강조한다. "가서 이 백성에게 이르기를 너희가 듣기는 들어도 깨닫지 못할 것이요 보기는 보아도 알지 못하리라 하여 이 백성의 마음을 둔하게 하며 그 귀가 막히고 눈이 감기게 하라 염려하건대 그들이 눈으로 보고 귀로 듣고 마음으로 깨닫고 다시 돌아와 고침을 받을까 하노라"(9-10절).

이 같은 이사야의 소명의 적용되는 한 대표적인 예로 제시되는 것이 바로 7장 이후의 아하스 왕 사건이다. 유다의 왕으로서 그는 하나님 앞에 그의 백성을 대표하며, 그가 다스리는 백성들에게는 여호와의 통치를 상징한다. 그는 하나님의 말씀을 들어도 깨닫지 못하고 보아도 알지 못함으로 여호와의 은혜를 거부하고 불신한다. 그리고 그의 불신은 이스라엘 역사에 치명적인 과오를 남긴다.

이사야서에 대한 이 같은 이해는 책이 언제 편집되었는가를 추정할 수 있도록 한다. 이사야서는 선지자의 사역이 약 50여 년 동안 지속되었음을 밝히고 있다.[3] 이사야는 노년에 자신의 사역을 정리하며 이사야서를 편집한 것으로 추정된다. 그는 자신이 50여 년의 사역을 통하여 선포한 메시지들을 최종 정리하여 이 책을 하나님을 사랑하는 모든 자들이 읽고 삶에 적용할 수 있도록 남겼다. 동시에 그는 자신의 책을 한 특정한 인물에게 하나님을 믿고 의지하라는 권면으로 헌정했을 것이다.[4] 바로 므낫세 왕이다.

므낫세는 열두 살 때 왕이 되었다(왕하 21:1). 어린 므낫세에게 노년의 선지자는 죽기 전 최후의 권면을 했던 것이다. 이 책을 그에게 헌정하면서 이사야는 어린 므낫세에게 그의 아버지 히스기야와 할아버지 아하스를 예로 들어 믿음에 대하여 다음과 같이 교훈하고 있다. "어린 왕이여, 당신의 할아버지 아하스는 여호와를 의지하는 믿음이 없어서 아람-에브라임 군대가 쳐들어 왔을 때 그다지 심각한 위기가 아니었는데도 심히 두려워하였으며 앗수르 군을 이 땅으로 끌어들여 유다를 그 나라의 속국으로 바치는 결과를 초래했습니다. 반면에 왕의 아버지 히스기야를 보십시오. 그는 건국 이후 최악의 위기를 맞았지만 여호와를 의지하고 믿음으로 하나님의 축복과 보호하심으로 그 위기를 모면했습니다. 어린 왕이여, 지금 국제 정세는 매우 혼란스럽고 이 나라에는 앞으로도 계속 위기가 올 것입니다. 누구와 같이 되시겠습니까? 믿음이 없어서 두려움 속에 떨던 할아버지 아하스같이, 아니면 여호와를 의지함으로 모든 일을 다 그분의 능력으로 해결했던 아버지 히스기야같이 되기를 원하십

---

3 6:1은 그가 웃시야 왕이 죽던 해에 소명을 받았으며 1:1은 그가 요담, 아하스, 그리고 히스기야 시대에 사역했음을 밝히고 있다. 이 왕들의 연대는 학자들마다 현저한 차이가 있기는 하지만 대체로 50여 년을 사역했다는 점에는 거의 모두 동의한다.

4 비슷한 설이 Seitz에 의하여 주장되었다. 그의 Destiny of Zion을 참고하라.

니까?" 물론 므낫세는 이사야의 이런 권면을 받아들이지 않았다. 위경(Pseudepigrapha)에 의하면 이사야는 므낫세에 의해 순교당했다.

필자의 이와 같은 주장은 해명해야 할 부분이 있다. 만약에 이사야서가 므낫세 통치 초기에 그에게 헌정된 책이라면 왜 1:1에서 그의 이름이 언급되어 있지 않은가 하는 점이다. 이 문제에 대하여 필자는 다음과 같이 생각한다. 이사야는 50여 년 동안 사역을 했으므로, 그가 젊었을 때 소명(6장 참조)을 받았다 하더라도 므낫세가 왕위에 오를 무렵에는 이미 고령이 되었을 것이다. 40-50세가 당시 평균 수명이었던 점을 고려하면, 이때 선지자의 거동이 불편한 상태에까지 이르렀으리라는 것을 우리는 충분히 상상할 수 있다. 또한 이런 상황에서 실제적이고 지속적인 사역을 한다는 것은 불가능했을 것임을 생각할 수 있다. 므낫세 통치 초기에 인생의 종말을 맞이한 이사야는 그의 저서를 통하여 마지막으로 이 어린 왕이 신앙으로 살도록 권면하였다. 그러나 그가 므낫세 시대에 지속적인 사역을 하지는 못하였을 것이므로 아마도 이 왕의 이름이 이사야서 안에 기록되지 않았을 것이라 생각된다.

(4) 선지서의 관문인 1장

이사야서 1장은 구약 선지서 전체의 관문 역할을 한다. 마치 시편 1-2편이 시편 전체에 대한 서론 역할을 담당하듯이 말이다. 선지자는 1장에서 이스라엘이 하나님께 등을 돌렸다고 탄식하며 여호와와의 언약을 준수하지 않음에 대해 탄식한다(1:2-4). 주의 백성들이 하나님과의 언약을 준수하지 않았기 때문에 그들의 삶은 하나님의 징계와 심판으로 인한 황폐함과 아픔으로 가득하게 되었다(1:5-9). 선지자는 이스라엘이 하나님과의 언약을 어떻게 파괴했는가에 대하여 세 가지 증거를 제시한다. (1) 형식화된 여호와 종교(1:10-20), (2) 부패한 사회 정의(1:21-27), (3) 성행하는 우상 숭배(1:28-31)가 그것들이다. 그런데 이사야서 1장이 제시하는 이러한 문제들은 실제로 구약의 선지자들이 가장 문제로 삼았던 것들이기도 하다. 즉, 이사야 1장은 방대한 구약의 선지서 문헌들에 대한 기본적인 오리엔테이션 역할을 하고 있다. 그렇기에 이사야서 1장을 읽다 보면 "미니 선지서" 혹은 "선지서 요약본"을 읽고 있는 느낌이 드는 것이다. 1장의 내용을 간략하게 살펴보자.

1장의 전반적인 메시지는 이스라엘의 죄에 대한 고발과 이미 진행되고 있으며 앞으로 더욱더 혹독하게 임할 하나님의 심판에 대한 선언들이 대부분이다. 그러나 희미하나마 용서와 회복의 빛이 두꺼운 심판의 구름을 뚫고 1장의 분위기를 소망적으로 유도하고 있다. 책 전체의 표제이자 1장의 표제인 1절을 제외한 서른 절 중에서 심판에 관한 분량은 스물한 절에 달하는 데 반해 소망에 관한 내용은 9절에 불과하다. 그나마 9절도 심판에 대한 내용으로 얼룩져 있다. 1장의 심판과 소망에 대한 메시지를 분류해 보면 다음과 같다.

심판(2–8절)	소망(9절)
심판(10–17절)	소망(18–20절)
심판(21–23절)	소망(24–28절)
심판(29–31절)	

① 하나님의 고발(1:1–9)

1장은 하늘 법정에서 펼쳐지는 재판에 대한 묘사다. 원고인 하나님이 피고인 이스라엘을 고발하신다. 먼저 배심원 역할을 할 하늘과 땅이 부름을 받는다(2절). 하늘과 땅이야말로 가장 공정한 판결을 할 수 있을 것이다. 그들은 이스라엘이 하나님과 언약을 맺을 때부터 가장 가까이서, 가장 정확하게 그들을 지켜봐 왔기 때문이다. 그래서 선지자들은 이스라엘과 하나님 사이에 소송이 진행될 때 자주 하늘과 땅을 증인으로 채택한다.

하나님의 진술(opening speech)은 이스라엘이 언약에 신실하지 않고 파괴했다는 내용을 골자로 한다(2-4절). 하나님은 이스라엘을 마치 아비가 자식을 양육하듯이 사랑과 인자로 보살펴 왔는데, 그의 백성은 고마워하기는커녕 오히려 그에게서 등을 돌렸다는 것이다. "아비-자식"은 부자관계를 말하지만, 고대 근동의 언약에서 자주 사용되던 표현이었다. "나라, 백성, 종자, 자식"(4절) 역시 언약과 관련 있는 단어들이다. 하나님이 이스라엘과 언약을 맺으면서 축복으로 주셨던 것들을 상징하고 있다. 그러나 이 단어들의 관형구인 "범죄한, 허물 진, 행악의, 행위가 부패한"은 이스라엘이 하나님이 허락하신 특권을 가차없이 악을 행하는 데 사용했음을 고발한다. 이스라엘의 선지자들은 백성들의 특권 남용을 맹렬하게 비난한다.

그렇다면 하나님은 이스라엘이 타락하는 것을 지켜보고만 계셨는가? 하나님은 이 순간까지 이스라엘을 회개케 하기 위하여 꾸준히 징계해 오셨다. 5-6절은 이스라엘을 맞을 대로 맞아서 몸 어느 한 구석도 성한 곳 없는 한 인간의 모습으로 은유하고 있다. 물론 가해자는 하나님이시다. 하나님이 이스라엘을 회개케 하기 위하여 이만큼 징계를 했건만, 그의 백성은 회개하고 돌아올 기미도 보이지 않았다. 징계가 한계점에 와 있는 것이다. 그러므로 이사야서를 읽으며 우리는 이러한 질문을 하게 된다. "하나님이, 아무리 징계를 해도 돌아오지 않는 그의 백성을 과연 어떻게 하실 것인가?" 이 질문은 이사야서의 메시지를 이해하는 데 매우 중요한 질문이며 후반부(40-66장)에 가서야 구체적인 답이 제시된다. 다른 선지서들도 역시, 징계가 아닌 새롭고 획기적인 '죄 해결책'이 주의 백성에게 임할 날을 노래한다.

② 첫 번째 증거: 남용되고 있는 율법(1:10-15)

하나님이 이스라엘이 그와의 언약을 파괴한 것을 고발하셨다. 이제부터는 여호와의 주장을 뒷바침할 만한 물증들이 제시된다. 그 첫째가 바로 이스라엘이 율법을 오용했다는 것이다. 이러한 율법 오용은 사회의 한 부류에만 제한된 것이 아니었다. 선지자는 '관원들'과 '백성'을 동시에 비난함으로써 이스라엘 사회 전체가—신분에 상관없이 남녀노소를 총망라하여—하나님의 율법을 잘못 사용하고 있음을 강조하고 있다(10절). 이스라엘 사람들은 하나님께 제물과 예배만 제때 잘 드리면 본인들의 책임은 다한 것으로 간주했다. 하나님은 세 가지 예를 들어 삶에서 동떨어진 이스라엘의 신앙생활을 총체적으로 거부하신다.

첫째, 하나님은 그들이 가져온 제물을 거부하신다. 구약에서 이 구절들처럼 각종 제물들에 대한 언급으로 가득 찬 곳도 없다. 다음 문구들을 생각해 보라. 무수한 제물(11절), 숫양의 번제물(11절), 살진 짐승의 기름(11절), 수송아지의 피(11절), 어린 양의 피(11절), 숫염소의 피(11절), 제물(13절), 분향(13절). 하나님은 이 모든 것을 거부하셨다. 오늘날의 용어로 하면 각종 헌금들을 의미한다.

둘째, 하나님은 이스라엘의 각종 예배를 거부하신다. 다음 문구들을 생각해 보라. 내 앞에 보이러 오는 것(12절), 월삭(13, 14절), 안식일(13절), 대회로 모이는 것(13절), 성회(13절), 정한 절기(14절). 오늘날의 교회생활에서 평행을 찾는다면 각종 예배, 부흥회, 사경회 등이 될 것이다.

셋째, 하나님은 이들의 기도에 귀 기울이시기를 거부하신다. 기도는 모든 종교의 가장 순수한 행위라는 점을 감안하면 이 일은 이스라엘 사람들에게 가장 큰 충격을 안겨 주었을 것이다. 다음 문구들을 생각해 보라. 손을 펴고 기도하는 것(15절), 많은 기도를 하는 것(15절). 오늘날의 신앙생활에 비교한다면 각종 기도 모임과 묵상생활(QT) 등이 될 것이다.

하나님은 이스라엘의 종교행위를 거부하심으로써 그들이 율법을 잘못 이해하고 있거나 오용하고 있음을 지적하신다. 그러므로 선지자는 여호와의 "말씀"과 "하나님의 법(율법)"에 귀를 기울이라고 두 번씩이나 훈계하는 것이다(10절). 이 이슈 역시 모든 선지자들이 문제 삼는 것이기도 하다.

③ 올바른 율법 준수(1:16-20)

그렇다면 하나님이 이스라엘에게 요구하시는 '율법 이행'은 어떤 것인가? 바로 16-17절에서 설명하고 있다. 16-17절은 문장 중에 가장 간단명료한 명령문 9개로 형성되어 있다. 이 중 16절을 구성하고 있는 4개의 명령문은 모두 지금까지의 삶의 방식을 정리하라는 의도가 담겨져 있다. "스스로 씻으라", "스스로 깨끗케 하라", "내 목전에서 악한 행실을 버리라", "악행을 그치라" 반면에 17절을 구성하고 있는 5개의 명령문은 모두 이 순간부터의 삶의 방향을 제시해 주고 있다. "선행을 배우라", "정의를 구하라", "학대받는 자를 도와주라", "고아를 위하여 신원하라", "과부를 위하여 변호하라". 목회자들이 성도들에게 전해야 할 메시지 역시 이처럼 과거를 정리하는 것과 이후의 삶의 방향을 제시하는 것이 균형을 이루어야 하지 않을까?

비록 심각한 상황에 처한 이스라엘이지만 그들에게 아직은 하나님과의 관계를 회복할 수 있는 기회는 있다. 하나님은 간곡하다 못해 애절하게 그의 백성에게 회개하고 돌아오라는 권면을 하신다. 하나님은 이스라엘이 돌아오기만 하면 그들의 죄를 용서해 주실 뿐만 아니라(18절), 땅의 소산물을 먹게 될 것이라는 약속을 하신다(19절). 땅의 소산물을 먹게 된다는 것은 백성들이 이스라엘 땅에 거하게 될 것을 암시하는 것이다. 이미 오래 전에 이 백성의 포로생활을 작정하셨던 것을 감안하면 아주 파격적인 은혜다.

④ 두 번째 증거: 윤리를 상실한 사회(1:21-27)

4절에서 슬픔의 노래로 이스라엘의 반역을 슬퍼하셨던 하나님이 21절에서는 탄식의 노래를 부르며 두 번째 고소 자료로 윤리가 무너져 내린 이스라엘 사회를 지적하신다. 이 부분은 주제와 인칭 사용에서 다음과 같은 구조를 보이고 있다.

A. 시온의 창녀질(21절) 3인칭
B. "너희가 썩었다"(22-23절) 2인칭
C. 대책: 그러므로 내(여호와)가 심판하리라(24절) 1인칭
B'. "너희가 회복되리라"(25-26절) 2인칭
A'. 시온이 구속되리라(27절) 3인칭

위의 구조를 보면 이사야가 외치는 메시지는 근본적으로 심판의 메시지가 아니라 회복의 메시지라는 것을 알 수 있다. 이것은 이사야서만의 메시지가 아니라 모든 선지서들이 갖는 공통적인 것이다.

이스라엘의 부패는 하나님이 직접 개입하셔야 할 정도로 심각하다(24절). 이 과정에서 하나님은 이스라엘을 "내 대적"과 "내 원수"로 부르신다. 2절에서 이들을 "내 아들," 3절에서는 "내 백성"이라 부르시던 것과는 너무나도 대조적이다. 그만큼 하나님의 감정이 격해지셨다는 의미다. 그러나 하나님의 심판은 그들을 망하게 하기 위한 것이 아니다! 하나님이 그의 백성을 심판하기 시작하시니 두 가지 놀라운 결과가 초래된다. 첫째, 이스라엘 사회가 도덕성을 회복하게 된다(25-26절). 가치관이 회복되며 공의가 옛날과 같이 자리를 잡게 된다(25-26절). 둘째, 시온의 신실함이 회복되며, 하나님이 이 백성을 구속하신다(26절). 즉, 하나님의 심판은 위장된 하나님의 축복인 것이다.

⑤ 세 번째 증거: 종교적 혼합주의(1:28-31)

하나님의 백성에 속해 있다고 해서 모두 하나님의 구속을 체험하는 것은 아니다. 분명히 회개한 자들만이 하나님의 구원을 체험한다. 이러한 측면에서 볼 때, 의미심장한 것은 1장이 끝나면서 모든 죄는 불의 심판을 받을 것을 경고하는가 하면 이사야서의 마지막 절(66:24)에서 선지자의 끊임없는 경고에도 불구하고 끝까지 회개하지 않아서 불에 타 죽는 자들의 모습이 그려지고 있다는 것이다.

29절에 제시되는 상수리나무와 동산은 가나안 사람들의 다산(多産) 종교들(fertility cults)과 연관되어 있는 것들이다. 이스라엘에 이러한 종교들이 자리 잡고 있다는 것이다. 물론 이들이 전적으로 여호와를 버린 것은 아니다. 11-15절에서 본 것같이 그들은 하나님께도 꾸준히 제물을 드렸다. 따라서 하나님은 지금 이스라엘의 종교적 혼합주의를 세 번째 법정 증거물로 내놓으신다. 이스라엘은 전심으로 여호와를 사랑하라는, 모세오경에서 거듭 강조되는 경고를 저버리고 종교적 혼합주의를 추구했던 것이다. 이스라엘의 선지자들이 끊임없이 문제를 삼은 것은 백성들의 종교적 혼합주의였다. 이스라엘이 완전히 하나님께 등을 돌리고 오로지 우상만 좇은 때는 그렇게 많지 않다. 그들은 내내 여호와와 우상을 함께 숭배했다. 선지자들은 이 같은 이스라엘의 이중성을 맹렬하게 비난했던 것이다.

5. 주요 신학적 메시지

이사야서는 일명 "구약의 신학책"으로 불리기도 한다. 또한 많은 진보적 성향의 신학자들은 이 책의 신학사상, 사용된 용어 등이 저작권을 주전 8세기로 간주하기에는 매우 발전되어 있을 뿐 아니라 정교하기까지 하다고 한다. 그만큼 이사야서의 신학적 주제와 깊이가 놀랍다는 것이다. 이사야 선지자가 제시하고 발전시킨 몇 가지 신학적 주제들을 생각해 보고자 한다.

(1) 메시아

크리스마스 시즌이면 울려 퍼지는 클래식 중에 헨델(George Fredrick Handel)의 오라토리오 "메시아"를 한 번쯤은 들어보았을 것이다. 장장 세 시간 가까이 진행되는 이 오라토리오는 구약을 인용하여 예수 그리스도의 탄생, 사역, 수난, 승천을 묘사하고 있다. 이 대작(大作)의 막을 올리는 첫 솔로는 이사야 40:1 말씀을 노래한다. “위로하라! 위로하라! 내 백성을 위로하라!” 메시아를 작사한 사람이 예수 그리스도가 이 세상에 오신 것을 선지서의—특히 이사야서의—예언과 연관시키는 것은 매우 의미심장한 일이라 할 수 있다. 그가 연주의 시작을 알리는 곡으로 이사야서의 말씀을 인용하는 것은 주전 8세기에 살았던 선지자 이사야는 하나님으로부터 온(全) 인류의 구원을 위하여 이 세상에 태어나실 구세주에 대하여 그 어느 선지자보다도 많은 계시를 받아 기록하고 있음을 시사하고 있다고 할 수 있다. 실제로 이사야는 메시아가 누구이시며 어떤 상황에서 오실 것인가에 대하여 많은 예언을 하고 있다. 그 중 몇 가지만 요약적으로 살펴보자.

첫째, 선지자는 메시아가 매우 연약한 사람의 모습으로 오실 것이라고 한다. 이사야 선지자는 메시아를 생각하며 “싹”과 “아이”라는 이미지를 자주 사용한다(4:2; 7:14; 9:6; 11:1; 53:2). 싹과 아이는 새로움을 의미하기도 하지만 연약함을 뜻하기도 한다. 싹이 줄기보다 연약하고, 아이가 어른보다 힘이 없는 것처럼 말이다. 메시아가 왜 이렇게 연약한 자의 모습으로 와야 하는 것인가? 무엇보다도 그분이 구원하실 연약한 인간들이 매일 겪는 고통을 충분히 체험하기 위해서다. 만일 메시아가 인간의 연약함과 고통에 대한 충분한 이해 없이 사람들에게 구원을 베푸신다면, 그것은 죄 많고 연약한 인간과는 질적으로 다른 존재가 인류를 불쌍히 여겨 베풀어 준 자선사업에 지나지 않을 것이다. 이렇게 되면 구원의 대상이 되는 사람들도 자신들의 구원에 대하여 많이 고마워하지 않을 수도 있다. 실제로 우리도 나보다 훨씬 더 잘살고 능력 있는 윗사람으로부터 선물을 받을 때보다, 나와 같은 처지에 있는 친구에게 선물을 받을 때 더 값진 것으로 생각하지 않는가? 그러므로 구원과 연관된 모든 것을 생각할 때, 메시아는 연약한 자로 오셔서 “우리와 같은 분”이 되셔야 했다.

메시아가 연약한 사람으로 오시는 것은 세상을 겸손하게 하는 효과를 발휘하기도 한다. 우리 사회는 "이런 사람만이 대통령이 될 수 있다"는 조건을 규정하고 있지는 않다. 그러나 대통령 하면 일단 각 개인이 기대하는 바가 있다. 경력, 학력, 나이, 고향, 신체 조건, 심지어 어느 당에 소속되어 있는가 하는 것까지 유권자들의 기대와 결정에 영향을 미친다. 구약 시대를 살았던 유대인들도 마찬가지였다. 그들도 "메시아는 이런 분이실 것"이라는 기대를 가졌다. 그들의 생각을 잠시 살펴보면 메시아는 매우 박식하고 정치적으로 뛰어난 능력을 겸비한 군사적인 전략가이자 지도자이어야 했다. 이런 메시아가 속히 오셔서 자신들을 괴롭히는 이방 국가들로부터 구원하실 것을 기대했던 것이다. 그러나 이사야는 메시아가 유대인들의 기대와는 달리 인간들 중에서도 매우 연약하고 보잘것없는 자의 모습으로 오심으로써 세상의 모든 사람들을 놀라게 할 것을 예언한다(53:2-3). 전혀 예상치 못한 곳으로부터의 메시아의 출현에 얼마나 놀랐는지 세상의 왕들이 도대체 입을 다물 줄 모른다(52:14-15).

이처럼 메시아가 기대와는 달리 세상이 전혀 예측하지 못한 연약함과 비천함의 옷을 입으시고 오신 것은 하나님의 가치관과 세상의 기준이 많이 다르다는 것을 암시한다. 또한 이 같은 사실은 우리에게도 가능성을 기대하게 한다. 흔히 사람들은 능력과 외모로 가능성을 판단한다. 그러나 메시아가 전혀 예측하지 못한 연약하고 비천한 인간으로 오셨다는 것은, 하나님 앞에서는 이 사회가 요구하는 조건이 전혀 갖추어지지 않은 사람들도, 모든 것을 갖춘 사람들과 동등한 가능성을 가졌다는 의미다. 그렇다면 하나님은 어떤 기준에 의하여 사람의 가능성을 판단하시는 것일까? 무엇보다도 하나님을 향한 진실한 마음과 하나님 나라의 확장을 위하여 자신을 내놓는 유용성(availability)일 것이다. 하나님은 그분의 비전을 함께 나눌 진실한 마음의 소유자를 찾으신다. 그러나 아무리 하나님의 비전과 함께한다 해도 그 비전을 실현하기 위하여 물심양면으로 노력하겠다는 의지와 시간이 없다면 아무런 소용이 없다. 그래서 하나님은 이 두 가지를 염두에 두고 사람을 찾고 계신다.

둘째, 이사야는 메시아가 다윗의 후손으로 오실 것이라고 한다(11:1; 9:6). 메시아가 다윗의 후손으로 오시는 것은 이스라엘의 선조 야곱의 예언을 성취하는 일이다. 야곱이 죽기 전에 열두 아들을 모아 놓고 메시아가 유다 지파의 혈통을 통해서 태어나실 것이며, 그분이 오셔서 이스라엘을 통치하실 때까지 유다 지파가 형제들을 다스릴 것을 예언했기 때문이다(창 49:8-12). 또한 메시아가 다윗의 후손으로 오신다는 것은 그의 왕족 신분을 암시하고 있다(9:6). 비록 비천하고 연약한 인간의 모습으로 오시지만, 동시에 이분은 이 세상 그 누구도 무시할 수 없는 위엄 있는 왕으로 오시는 것이다.

이사야는 메시아가 이 세상에 왕으로 오셔서 평등과 정의로 모든 민족들을 다스리실 것이라고 한다(9:7; 61:10; 63:1). 선지자가 이처럼 메시아가 통치하는 세상을 공평과 정의로 가득 찬 곳으로 예언하는 것은 하나님의 의지를 반영하고 있을 뿐만 아니라 메시아는 세상의 권력가들과는 질적으로 다르다는 것을 암시한다. 메시아는 우리 주변에서 흔히 볼 수 있는 권력을 남용하는 자가 아니라 정의와 평등을 지팡이로 삼아 세상을 공평하게 다스리며 희생적으로 섬기는 분이신 것이다. 그러므로 하나님 닮기를 원하고 이 세상에 작은 메시아가 되기를 원하는 사람이라면 공평과 정의를 이행하는 것을 삶의 중요한 부분으로 받아들여야 한다.

셋째, 메시아는 하나님이시다. 메시아는 비천하고 연약한 인간으로 오신다. 그러나 메시아가 인간이신 만큼 그분은 또한 하나님이시라고 선지자는 주장한다. 선지자는 이 사실을 명백하게 기록하고 있다. "한 아기가 우리에게서 태어났다. 우리가 한 아들을 얻었다. 그는 우리의 통치자가 될 것이다. 그의 이름은 '기묘자, 모사, 전능하신 하나님, 영존하시는 아버지, 평화의 왕'이라고 불릴 것이다"(9:6, 새번역). "기묘자,

모사, 전능하신 하나님, 영존하시는 아버지, 평화의 왕" 등은 성경 안에서 유일하게 하나님께만 적용될 수 있는 호칭들이다. 이러한 이름들이 메시아에게 적용되는 것은 비록 그분이 인간으로 오시지만 하나님과 동일하신 매우 특별한 분이심을 암시하고 있다.

이사야는 메시아가 "이새의 줄기"이자 "그의 뿌리"라고 한다(11:1). 이새는 다윗의 조상으로 메시아가 그의 줄기라는 것은 그분이 다윗의 후손이자 인간이심을 강조한다. 그러나 메시아는 이새의 뿌리이기도 하다. 이새, 혹은 인간의 뿌리는 누구인가? 처음 인간은 아담과 하와였으며, 그들이 하나님께로부터 비롯되었으니 인간의 뿌리는 바로 하나님이시다. 그러므로 선지자는 이 예언을 통하여 메시아의 이중적인 정체성을 다시 한 번 강조하고 있다. 메시아는 분명히 사람이지만 동시에 하나님이시라고 선지자는 선언한다. 메시아에 대한 예언 외에도 기독교는 우리가 쉽게 이해할 수 없는 신비하고, 경우에 따라서는 모순으로 생각되는 진리들을 선포하고 있다. 하나님은 한 분이시자 셋이라고 가르치는 삼위일체론, 마리아가 예수님을 잉태할 때에는 남자와 전혀 관계를 갖지 않았던 처녀였다는 예수님의 동정녀 탄생설 등을 세상의 눈에는 모순이라고 생각될 수 있다.

넷째, 메시아는 인간의 죄를 대속하기 위하여 오신다. 메시아는 세상에 공의와 정의를 실현하기 위하여 오신다. 그러나 그가 이 일을 실현하기 전에 해야 할 일이 있다. 죄로 인하여 깨어져 버린 하나님과 인간의 관계를 회복하는 것이다. 그러므로 메시아가 받은 첫 임무는 하나님과 인간 사이의 간격을 좁혀 둘이 하나 되게 하는 것이다. 그렇다면 메시아는 과연 이 일을 어떻게 감당할 것인가? 이사야 선지자는 메시아가 백성들의 죗값을 치르기 위하여 스스로 죽음을 맞이할 것이라고 한다(53:4-5). 이 일은 메시아가 자청한 일이기도 하지만(53:7-9), 또한 하나님의 계획이었다고 선지자는 선언한다(53:10).

(2) 예배와 영성

이사야는 현실에 감사하면서도 항상 더 나은 세상을 갈망하는 비전가(visioneer)였다. 이사야가 사역하던 시대는 히스기야라는 훌륭한 왕이 통치하던 시대였다. 히스기야는 대대적인 종교개혁을 단행한 자로서 대단한 믿음의 소유자였다. 그래서 열왕기 저자는 그를 "전무후무한 왕"이라고 극찬하였다(cf. 왕하 18:5). 그런데 정작 이사야는 그에 대해 한 마디의 칭찬도 하지 않는다. 오히려 그의 외교정책을 맹렬하게 비난하였고(cf. 30장), 더 나아가 그의 자손들이 바빌론으로 끌려가 바빌론 왕을 섬기게 될 것이라고 예언하였다(39:5-7).

선지자는 왜 이스라엘 역사에 길이 빛나는 왕 히스기야에 대하여 칭찬은 고사하고 오히려 그의 정책을 비난하는 것일까? 무엇보다도 이사야가 더 나은 세상을 꿈꾸는 자였기 때문이다. 히스기야처럼 훌륭한 왕이 믿음으로 통치하는 것은 참으로 감사한 일이지만, 선지자는 더 나은 왕이 더 나은 세상을 통치해 나가는 시대를 꿈꾸었던 것이다. 마치 선지자 나단이 다윗의 통치에 대하여 하나님께 감사했지만, 이에 만족하지 않고 더 나은 세상을 꿈꾸었던 것처럼 말이다.

선지자들의 이 같은 비전은 메시아가 이 땅을 통치하실 때 비로소 실현된다. 그때까지 이사야 선지자 역시 현실에 감사할 뿐, 결코 안주하지 않고 더 좋은 세상을 꿈꾸는 영성을 유지했다(cf. 2:1-4; 11:1-9; 12:1-19:25; 66:1-24). 우리가 1인자가 되는 데 가장 큰 방해 요소는 다름아닌 2인자로 안주하는 사실이라는 점을 의식하면, 선지자들이 왜 지속적으로 더 나은 세상을 꿈꾸었는지 이해가 갈 것이다. 우리의 영성도 마찬가지다. 안주하는 순간 우리는 죽어가기 시작한다. 그러므로 우리는 "죽는 날까지 하늘을 우러러 한 점 부끄러움이 없도록" 최선을 다해야 한다.

이사야는 "구약의 신학자"로 불릴 정도로 메시지가 정교하고 체계적이며 논리적이라고 학자들은 평가한다. 그는 대단한 신학적 체계를 확립한 성경 저자로 자리매김했던 것이다. 그러나 그의 신학은 이론에서 멈추지 않았다. 그는 철저한 이론가이면서 동시에 현실의 문제에 매우 민감했던 실천가였다. 상인들이 저울을 속이고 술에 물을 타면 분노했고(1:22), 권세자들이 사회적 약자를 착취하거나 직위를 이용해 나쁜 짓을 할 때는 하나님의 진노를 쏟아냈다(1:23-26; 2:13-15; 5:8-30). 그는 우리의 믿음과 영성이 삶에서 열매로 나타나지 않으면 무용지물이라는 것을 그 누구보다도 잘 알고 강조했던 선지자였던 것이다. 이사야는 신학을 하나의 탁상공론 혹은 생명력 없는 이론 정도로 간주하는 자들에게, 신학은 삶에 영향을 미치는 영적인 행위가 되어야 한다는 사실을 상기시킨다.

하나님을 아는 지식은 반드시 실천으로 이어져야 한다는 선지자의 주장은 그의 예배에 대한 교훈에서 가장 뚜렷하게 드러난다. 우리는 성도의 믿음이나 영성을 평가할 때 예배에 얼마나 자주 참석하고, 헌금은 얼마나 드리며, 기도는 또 얼마나 하는가를 기준으로 삼는 경우가 많다. 그러나 이사야의 영성은 이 같은 기준을 거부한다. 이사야서에서 백성들이 드리는 예배와 제물에 대한 하나님의 거부감이 가장 강력하게 표현된 곳은 1:10-15이다. 선지자는 자신들은 여호와의 율법의 요구에 따라 합당한 예배와 제물을 제때 드리고 있다고 자부하던 백성들의 안일한 생각에 핵폭탄을 던졌다. 나름대로 여호와의 율법을 잘 준수하며 살아가고 있다고 자부하는 이스라엘 사람들이 남녀노소, 빈부귀천을 막론하고 하나같이 "율법의 '율'자도 모른다"는 것이다(1:10). "너희 소돔의 관원들아 여호와의 말씀(דָּבָר)을 들을지어다 너희 고모라의 백성아 우리 하나님의 법(תּוֹרָה)에 귀를 기울일지어다." 이어지는 말씀(11-15절)을 통해 선지자는 하나님이 이스라엘의 예배와 신앙생활을 총체적으로 거부하셨다는 사실을 예배, 제물, 기도 세 가지를 거부하셨다는 사실로 설명한다(cf. 신학적 이슈 섹션의 "선지서의 관문" 부분).

비록 이사야가 이스라엘이 하나님께 드리는 제사에 대하여 강력하게 불만과 비난을 표시했다고 해서 예배의 중요성을 인정하지 않은 것은 아니다. 오히려 그는 순수하고 진정한 예배의 중요성을 인정하고 갈망했다. 선지자의 예배에 대한 이해는 이사야서를 통해 다양하게 전개되고 있지만, 무엇보다도 미래에 회복될 공동체의 모습에 대한 예언에서 자세하게 드러난다. 이사야는 자신의 책을 통해 이스라엘과 인류의 미래에 대한 여호와의 위대한 비전(grand vision)을 전개해 나가고 있다(2:1-4; 11:1-9; 12:1-19:25 등). 이 비전은 이스라엘의 회복뿐만 아니라 온 인류가 여호와께 예배하는 것을 전제한다. "그 날에 애굽 땅 중앙에는 여호와를 위하여 제단이 있겠고… 그들〔이집트인들〕이 그 압박하는 자들로 말미암아 여호와께 부르짖겠고 여호와께서는 그들에게 한 구원자이자 보호자를 보내사 그들을 건지실 것임이라…그 날에 애굽이 여호와를 알고 제물과 예물을 그에게 드리고 경배할 것이요"(19:19-21).

선지자의 비전이 정점에 다다르면서 최종적으로 제시되고 있는 66장 역시 여러 가지 예배와 연관된 언어와 이미지를 사용하며 미래를 묘사하고 있는데(특히 18-23절), 그는 이 위대한 비전을 마무리하며 이렇게 선언하고 있다. "여호와가 말하노라 매월 초하루와 매 안식일에 모든 혈육이 내 앞에 나아와 예배하리라"(23절). 이사야는 자신의 위대한 비전의 핵심을 열방과 이스라엘이 하나되어 여호와께 예배드리는 것으로 묘사하고 있는 것이다.

이사야가 이스라엘의 예배를 문제삼은 근본적인 이유는, 예배가 백성의 경건하고 의로운 삶의 연장이 아니라 그들의 부도덕한 행위를 덮어주고 액운이나 때워주는 수단으로 이용되고 있었기 때문이다. 모세를 통해 선포된 율법은 이스라엘 백성들이 하나님께 드리는 예배에 대한 규정과 격식만을 논한 것이 아니라 세상에서 하나의 공동체를 형성하여 어떻게 서로를 대하고 질서를 유지할 것인가에 대한 규례와 원칙들을 함께 제시했다.

이스라엘은 사회적 집단이기 전에 종교적 목표와 의미를 지니고 형성된 공동체였다는 점을 감안할 때, 이 공동체에 속한 모든 사람들은 사회 운영에 필요한 원칙들과 질서에 대한 규례들을 철저히 준수해야만 했다. 한 백성으로서 함께 모여 여호와께 격식과 규례에 따라 제사를 드리는 것만큼 일상생활에서 한 공동체로서 서로를 공의와 공평으로 대하는 것도 중요했던 것이다. 그러나 이스라엘은 곧 서로에 대한 도덕적, 공동체적 책임을 등한시하거나 회피하기 시작했다. 반면에 예식과 제사에 관한 율법만을 중요시하는 풍조가 예배를 드리던 성소들을 중심으로 온 나라에 팽배해졌고, 마침내 예배와 제사가 율법의 모든 것처럼 여겨지기 시작했다.

삶에서 신앙을 배제시키는 행위는 모세율법의 목적과 의도를 망각하는 것이고 이스라엘 공동체의 본질을 위협하는 요소였다. 그러므로 선지자는 잠잠할 수 없었던 것이다. 이사야는 공동체에 속해 있는 가난하고 불쌍한 자들에게 긍휼을 베풀지 않고 인색하며 배려하지도 않으면서, 오히려 세상에서 가장 연약한 자들에게서 착취한 것들을 여호와께 드릴 제물로 둔갑시켜 성전에 들여놓았던 자들에게 하나님의 거룩한 진노를 쏟아 부었다. 이사야는 의롭고 경건한 삶이 뒷받침하지 않는 예배는 믿음이나 영성이 아니라 위선이요 가증함이라고 선포하며 이런 이유로 위선적인 삶을 사는 자들에게 차라리 예배를 드리지 말 것을 권면했던 것이다.

선지자는 예배는 삶의 연장이요 결정체여야 한다고 간주했기에 예배는 순수하고 정결하며, 하나님께 열납되려면 드리는 자의 신실하고 의로운 삶이 함께해야 한다고 생각했다. 이사야는 백성들에게 다음과 같이 요구하고 있다. "너희는 스스로 씻으며 스스로 깨끗하게 하여 내 목전에서 너희 악한 행실을 버리며 행악을 그치고 선행을 배우며 정의를 구하며 학대 받는 자를 도와주며 고아를 위하여 신원하며 과부를 위하여 변호하라"(1:16-17). 예배나 제물, 심지어 기도보다 더 중요한 것은 의를 추구하는 삶의 자세이다. 예배자가 하나님께 드리는 제물은 바로 그의 삶의 표징이 되어야 했다.

이사야가 이스라엘의 제사에서 제기했던 또 하나의 문제는 형식과 절차가 예배의 본질과 의도를 대체하고 있다는 점이다. 예배의 본 목적은 평소에 경건하게 살려고 노력하는 자들이 그렇게 살 수 없는 자신의 한계를 시인하여 상한 마음을 안고 나아와 용서와 치유를 경험하고, 이러한 은혜를 베푸시는 여호와 하나님의 임재를 체험하는 것이다. 그러나 세월이 지나면서 예배의 본 의도는 잊혀져 갔고 어떤 제물이 언제, 어디서, 어떤 예식에 따라 드려지는가가 사람들의 관심사가 되었다. 하나님은 이러한 이스라엘의 모습을 보시며 "이 백성이 입으로는 나를 가까이 하며 입술로는 나를 공경하나 그들의 마음은 내게서 멀리 떠났다"라고 탄식하실 수밖에 없었다(29:13). 외형적인 것들이 내면적인 것들을 대신해버린 것이다. 다시 말하면 결코 그 무엇으로도 바꿀 수 없는 무형적인 것들의 자리를 유형적인 것들이 차지한 것이다. 물론 밖으로 드러나는 형식이 전혀 중요하지 않다고 말하는 것은 아니다. 그러나 외형적인 것들이 내면적인 것들을 대체하는 예배를 통해서 더 이상 예배가 추구하고자 하는 효과를 거둘 수 없다. 이에 이사야는 분노했던 것이다.

선지자는 이처럼 외형적인 것에 치우치지 않고, 결코 그 무엇으로도 대체할 수 없는 것을 추구하는 예배를 갈망했다. 또한 경건한 삶의 연장선이라는 차원에서 일상생활 가운데 끊임없이 공평과 의를 추구하는 사람들이 드리는 제물로 가득 찬 제사를 요구했다. 이사야는 인간의 연약함과 죄를 초월할 수 없는 본성을 인정하기를 거부하는 매정한 이상주의자였기에 고결하다 못해 비현실적이기까지 한 예배를 강요했는가? 그가 남긴 글이 인간의 한계와 본능적인 문제들에 대한 깊은 이해를 반영하고 있는 점을 감안할 때, 이사야가 고지식한 원칙론자이므로 이러한 예배를 추구한 것은 아니었음을 알게 된다. 아무리 좋은 세상에서 살더라도 더 좋은 세상을 꿈꾸는 것이 그의 본능이었던 것처럼 이사야는 더 이상적이고, 더 순수한 예배를 끊임없이 갈망했던 것이다. 음악 용어로 말하자면 그들은 항상 세상 사람들보다 한 옥타브 위의 노래를 불렀다고 말할 수 있다. 선지자는 결코 포기할 수 없는 열망을 그의 예배관을 통해 불태웠던 것이다. 이사야 선지자의 예배관은 곧 그의 믿음의 표출이면서, 우리에게 예배와 영성이 어떤 조화로운 관계를 유지해야 하는가를 잘 보여주고 있다.

(3) 소명과 희생

이사야는 자신의 소명과 선포한 메시지를 희생과 헌신으로 뒷받침하는 영적으로 매우 성숙한 모습을 보인다. 그는 하나님의 명령에 따라 이집트에 임할 운명을 경고하면서 3년 동안 벌거벗은 채 혹은 속옷만 걸친 모습으로 거리를 활보했다(20장). 선지자의 벌거벗은 모습을 본 사람들 가운데 하나님을 믿지 않는 사람들은 이사야를 정신이상자로 취급했을지도 모른다. 또한 하나님은 이스라엘에게 임할 포로생활에 대해 지속적으로 경고하기 위해 이사야의 아들들에게 '스알야숩'(lit., "남은 자가 돌아올 것이다")과 '마헬살랄하스바스'(lit., "노략이 속히 올 것이다")라는 이름을 주셨다. 이사야의 아내가 밖에서 뛰놀고 있는 아이를 부르는 것을 상상해 보라. "'남은 자가 돌아올 것이다'야! '노략이 속히 올 것이다'야! 이제 그만 놀고 들어와 밥 먹어라!" 아이들의 이름이 불릴 때마다 다가올 민족의 운명을 경고하는 것은 좋지만, 아이들의 이름이라고 하기에는 억양이 좋지 않고, 마음도 편안하지가 않은 것이 사실이다. 아마도 아이들은 이름으로 인해 놀림을 당하거나 구설수에 오르는 일도 허다했을 것이다.

그러나 이 모든 것 중에서 이사야가 소명에 부합한 삶을 살기 위해 감수해야 했던 가장 큰 희생은 아마도 세상적인 성공을 포기하는 일이었을 것이다. 우리는 모두 성공하기를 원한다. 우리는 하나님이 주신 소명을 성공적으로 이행하기를 희망하면서 동시에 세상의 눈에도 성공한 사람으로 평가되기를 원한다. 만일 하나님의 요구와 세상의 기준이 일치할 때는 일석이조의 결과를 기대할 수 있다. 그러나 만약에 하나님이 주신 소명을 성공적으로 감당하기 위해서 세상적인 성공을 버려야 한다면 상황은 달라진다. 이사야에게 바로 이러한 소명이 주어졌다. "너는 가서 이 백성에게 '너희가 듣기는 늘 들어라. 그러나 깨닫지는 못한다. 너희가 보기는 늘 보아라. 그러나 알지는 못한다'하고 일러라. 너는 이 백성의 마음을 둔하게 하여라. 그 귀가 막히고, 그 눈이 감기게 하여라. 그리하여 그들이 볼 수 없고, 들을 수 없고 또 마음으로 깨달을 수 없게 하여라. 그들이 보고 듣고 깨달았다가는 내게로 돌이켜서 고침을 받게 될까 걱정이다"(6:9-10, 새번역).

하나님이 선지자에게 주신 소명은 확고하다. "사람들이 회개하고 돌아오는 것을 막고 훼방하라!" 이 말씀은 우리뿐만 아니라 이사야 자신에게도 매우 충격적이었을 것이다. 더 나아가 이 말씀은 이사야에게 세상적인 관점에서의 성공을 포기하라는 요구를 내포하고 있다. 왜인가? 누가 회개를 방해하는 메시지를 좋아하겠는가? 이사야가 선포한 설교는 사람들이 좋아할 메시지가 결코 아니었기 때문에 결국 청중은 그의 곁을 떠났을 뿐만 아니라, 심지어 그를 기피하기에 이르렀다. 실제로 이사야는 훗날 자신은 "실패한 사역자"라고 고백한다(49:4). 이사야는 하나님의 눈에 성공한 자가 되기 위하여 세상의 눈에는 실패한 자의 길을 선택했던 것이다.

많은 성도들과 목회자들이 세상에서 성공하는 것이 곧 하나님의 눈에도 성공하는 것이라고 억지를 쓰고 착각하는 오늘날, 우리는 이사야를 통해 신선한 충격을 받는다. 이사야는 진정한 성공은 곧 하나님께 인정받는 것이라는 사실을 알고 하나님을 갈망하는 영성을 가진 자였던 것이다. 우리도 이사야처럼 생각하고 살았으면 좋겠다. 세상의 인정을 받기보다는 하나님께 인정받는 일을 더 귀중하게 여기고, 세상의 가치관으로 판단하는 것이 아니라, 하나님이 주신 가치관으로 판단하는 영적으로 맑고 깊은 사람들이 되었으면 좋겠다.

(4) 하나님

이사야에게 가장 강한 인상을 남긴 하나님의 모습은 "이스라엘의 거룩하신 이"(קְדוֹשׁ יִשְׂרָאֵל)로서의 하나님이시다. 이사야의 소명 체험이 이 사상의 기초를 세우고 있다(6장). "거룩, 거룩, 거룩"을 생각해 보라. 구약에서 "거룩" 이란 단어가 세 번 반복되는 곳은 여기뿐이다. "이스라엘의 거룩하신 이"라는 표현은 이사야서에서 총 25회 사용되었다(1-39장[×12]; 40-55장[×11]; 56-66장[×2]). 그 외 구약의 다른 부분에서는 단지 6번밖에 사용되지 않았다. 즉, 이사야가 '특허를 낸' 표현인 것이다.

"거룩하다"(קדשׁ)의 기본적인 개념은 "구분하다, 분류하다"이다(cf. 레 11:44-45; 19:2; 20:7). "내가 거룩한 것같이 너희도 거룩하라." 거룩함은 이스라엘과 하나님의 언약관계에 근거하여 새롭게 형성된 이스라엘의 신분을 기초로 한 개념이다. 하나님은 이스라엘을 열방에서 구분하여 그의 백성으로 삼아 "거룩하게" 하셨던 것이다. 그러므로 이스라엘은 더 이상 열방처럼 살아서는 안 되며, 분별된 삶을 통하여 하나님께 선택받은 백성의 복된 신분을 드러내야 하는 것이다.

광야생활과 모세 이후 시대에 '거룩'은 여호와 종교의 예식에 포함하게 되었다. 이스라엘은 열방이 우상들을 숭배하는 것과 다른 차원의 예배를 여호와께 드려야 했던 것이다. 이후에는 '거룩'이 도덕적, 윤리적 의로움을 포함하게 된다(LaSor, Hubbard, Bush). 하나님의 선민인 이스라엘은 세상 민족들과 구분된 도덕적-윤리적 기준에 따라 살 것을 강요받았던 것이다. 이사야 6:5은 "나는 부정한 자"(도덕적인 용어)라는 고백을 통하여 하나님의 도덕적, 윤리적 완전성을 드러낸다. 자신은 하나님의 높은 윤리적 기준에 따라 살지 못하는 백성 중에 거하고 있음을 고백한 것이다. 이사야의 소명(6장)은 예배와 순종을 '거룩' 개념을 통하여 하나로 묶는다. "거룩한 나라"의 죄는 여호와의 말씀을 듣고 순종하지 않으려는 데 있었다(6:9; 1:2-6, 10-17). 이스라엘에 임한 하나님의 심판은 그들의 ‘부정함’ 때문이었다.

“이스라엘의 거룩하신 이”이신 여호와는 유일하신 최고의 통치자(Supreme and Only Ruler)이시기도 하다. 이사야서의 최고 신학은 확고한 유일신론(monotheism)이다. 그래서 이사야서의 저작권을 포로기 이후 시대로 주장하는 학자들은 이사야서의 신학이 “주전 8세기의 것으로 생각하기에는 너무 발전된 것이다”라고 말한다.

유일하시고 최고의 통치자이신 여호와에 대한 선언은 하나님의 영광이 온 천하에 가득한 것에 바탕(6:3)을 두고 있다. 절대적인 통치자이신 하나님에 비하면 다른 신들은 자연히 아무것도 아닐 수밖에 없다(2:8, 18, 20; 37:19). 여호와는 이스라엘의 하나님이실 뿐만 아니라 모든 열방을 지배하는 통치자이신 것이다(40:11, 13-17). 그래서 하나님은 이스라엘의 영역을 벗어난 동쪽에 한 지도자를 세우셨다(41:2). 이스라엘을 지으신 분(44:21)이 고레스 왕도 창조하셨던 것이다(44:28). 북쪽에서도 한 지도자를 부르셨다(41:25). 바빌론을 하나님의 백성을 치리하는 막대기로 임명하셨다(43:14). 또한 여호와는 지친 영혼에게 생기를 불어넣어 주시는 창조주이시다(40:28f; 42:5). 그는 빛과 어두움을 창조하시는 분이시다(45:7). 하나님은 또한 마지막 때에 새 하늘과 새 땅을 창조하실 것이다(66:22).

(5) 남은 자

하나님의 심판을 견디어 내고 살아 남는 소수의 사람들이 남은 자들의 중심을 이룬다. 이들은 인류를 계승하거나 족속을 계승하게 된다. 여호와께서는 남은 자를 통해 하나님의 백성 중 “진짜와 가짜”를 가려내신다. 남은 자 사상은 하나님의 거룩하심을 강조한다. 이스라엘의 거룩하신 이가 죄인들을 곧 심판하리라는 예언적 의미를 내포하고 있다. 심판이 오지 않는다면 남은 자가 있을 수가 없기 때문이다. 그러므로 남은 자 사상이 한편으로는 불투명한 주의 백성의 장래를 암시한다. 참외밭의 원두막(1:8-9), 잘린 나무의 밑동(6:13), 올리브 나무 꼭지에 남은 몇 개의 열매(17:4-6)로 표현된다.

남은 자는 또한 하나님의 은혜를 강조한다(4:2-3; 11:1-16). 혹독한 심판 후에도 남은 자들은 돌아올 것이며 이들은 하나님께 의지할 것이다(10:20-23). 모든 것이 끝나버렸다는 생각에 사로잡힐 수 있는 순간에 바로 새로운 역사가 시작될 것이라는 점을 강조하는 것이 남은 자 사상인 것이다. 심판이 지난 후 남은 자들은 예루살렘을 신실하고 의로운 도시로 만들어 나갈 것이다(1:21-26). 그들은 땅에 뿌리를 내리며 풍성한 삶을 이룩할 것이다(37:30-32). 이 사상과 연결해서 이사야의 아들들의 이름의 중요성을 생각해 보라.

(6) 시온 사상

시온 사상은 시편 46, 48, 76편 등에 바탕을 둔 사상이다(cf. Ollenburger). 노트(Martin Noth)와 폰라드(Gerhard von Rad)가 처음 제시했으며 폰라드의 제자 로랜드(Edward Rohland)에 의하여 크게 발전되었다. 시온 사상의 주요 골자는 다음과 같다. 첫째, 시온은 북방(צָפוֹן) 산 중 가장 높은 산이다(시 48:3-4[2-3]). 둘째, 그곳에서부터 강이 흐른다(시 46:5[4]). 셋째, 여호와께서 그곳에서 흉용한 물("flood of chaos waters")을 누르셨다(시 46:3[2-3]). "땅이 변하든지, 산이 흔들려 바다 가운데에 빠지든지, 바닷물이 솟아나고 뛰놀든지 그것이 넘침으로 산이 흔들릴지라도 우리는 두려워하지 아니하리로다." 넷째, 시온에서 여호와께서 열방과 그들의 왕을 이기셨다(시 46:7[6]; 48:5-7; 76:4, 6-7). 빌트베르거(Wildberger)와 융커(Junker)는 "만국의 순례"(pilgrimage)가 시온 사상의 다섯 번째 요소라고 주장한다. 이들의 주장은 이사야 2:1-4에 근거를 두고 있으나 대부분의 학자들은 이들의 주장을 받아들이지 않는다.

로랜드(Rohland)는 위 네 가지 중 마지막 사항이 시온 사상의 가장 중요한 요소라고 주장했다. 여호와가 시온 성을 침략하는 열방을 물리치는 방법도 다양하다. 첫째, 하나님의 직접적인 출현(theophany)(시 48:6[5])으로 열방을 물리치신다. 하나님의 인격적인 개입을 강조하는 것이다. 둘째, 때로는 꾸짖음으로 열방을 물리치신다(시 46:7[6]; 76:7). 그분의 권위를 강조하는 것이다. 셋째, 아침이 오기 전에 모든 적을 물리치신다(시 46:6[5]). 오랜 시간이 아니라 짧은 시간 안에 적을 물리치는 능력을 강조한다. 넷째, 하나님은 전쟁 무기들을 다 부수시고 전쟁을 없애신다(시 76:3). 주님의 정의로운 통치를 의미한다. 나라들이 왜 싸우는가? 욕구불만이 있어서가 아닌가. 여호와께서 전쟁 무기를 부수시면 강조되는 것은 그의 통치가 너무나도 공정하고 의롭기 때문에 더 이상 전쟁을 할 필요가 없다는 것이다. 그러므로 시온 사상은 하나님의 왕권에 그 기초를 두고 형성되었다.

시온 사상은 언제 시작된 것인가? 두 개의 유력한 주장이 있다. 첫째, 다윗이 예루살렘을 점령하기 전부터 여부스 족(Jebusites) 사이에 유행했다. 이스라엘 민족은 가나안 정복 시대에 예루살렘을 빼앗지 못했거나 빼앗은 후 얼마 안 되어 다시 이방인들에게 빼앗겼다. 이스라엘은 다윗의 시대에(주전 1003?) 가서야 드디어 예루살렘을 완전히 소유할 수 있었다. 이 성이 천연의 요새였기 때문에 예루살렘은 결코 무너지지 않는다는 믿음이 신화가 되어 여부스 족 사이에 나돌았을 가능성을 부각시키고 있는 것이다. 둘째, 통일 왕국 시대, 특히 다윗 시대에 이 사상이 발전되기 시작했다. 다윗이 여부스 족을 물리치고 예루살렘을 취한 다음에 그곳에서 이스라엘을 통치했다. 이 과정에서 다윗의 왕권, 예루살렘의 존속성, 하나님의 보호 등을 주요 골자로 해서 이 사상을 발전시킨 것으로 추정하는 설이다.

이사야서에서 시온 사상은 여러 곳에서 보인다(cf. 28-32장). 그러나 이사야서에 나타나는 시온 사상은 구약의 시온 사상과 비교할 때, 다음과 같은 차이를 지니고 있다(von Rad). 첫째, 열방을 심판하시는 하나님이 이스라엘을 심판하는 분으로 변할 수 있는 가능성을 포함한다(29:1-

8). 이스라엘 사람들은 이 점을 인정하지 않았다. 그러므로 선지자는 확실한 믿음을 요구하고 있다(7:1-9). 시온 사상은 거룩한 전쟁(Holy War)과 연결된다. 하나님이 우리를 대신하여 싸워주시는 행위인 거룩한 전쟁의 필수 조건은 우리의 흔들리지 않는 믿음이다. 둘째, 이사야서는 그의 청중들에게 신학적 허세에 불과한 잘못된 시온 사상보다는 비밀스럽고 놀라운 하나님의 섭리와 계획을 믿으라는 것을 강조하고 있다(5:12, 19; 14:24-27; 28:21). 시온 사상의 성향과 중요성이 이사야서에서 변화하고 있는 것이다(Wildberger).

6. 구조와 개요

많은 사람들은 이사야서가 히스기야 이야기(36-39장)를 기점으로 두 섹션으로 나뉜다고 생각했다(cf. Seitz; Childs). 전반부(1-35장)는 주의 백성의 죄에 대한 비난과 심판을 선포하고 있으며, 히스기야 이야기(36-39장)를 전환점으로 삼아 후반부(40-66장)에서는 위로와 회복에 대한 메시지를 선포하고 있다는 것이다. 39장을 기점으로 책을 두 섹션으로 구분하는 것은 둠(Duhm)이 이사야서를 세 권의 책으로 구분한 일을 통해 더욱더 확고해졌다.[5] 그래서 이사야서는 다음과 같은 구조를 지닌 것으로 간주해 왔다(cf. Jensen).

5 둠은 이사야서를 1-39, 40-55, 56-66장 세 권의 독립된 책으로 구분했다. 대부분의 학자들은 1-39장을 따로 다루는 것에는 동의했지만, 더 나아가 40-66장을 두 권으로 구분하는 것에는 처음부터 이의를 제기했다. 그래서 상당수의 학자들이 이사야서를 세 권이 아닌 1-39장, 40-66장 두 권으로 구분하기에 이르렀다.

<table>
<tr><td>초점</td><td colspan="4">비난의 예언</td><td>역사적 삽입</td><td colspan="3">위로의 예언</td></tr>
<tr><td>성구</td><td colspan="8">1:1 – 13:1 – 24:1 – 28:1 – 36:1 – 40:1 – 49:1 – 58:1 – 66:24</td></tr>
<tr><td rowspan="2">구분</td><td colspan="2">심판 예언</td><td colspan="2">예언</td><td rowspan="2">히스기야의 구원, 병, 죄</td><td colspan="3">이스라엘의</td></tr>
<tr><td>유다</td><td>열방</td><td>주의 날</td><td>심판과 축복</td><td>구원</td><td>구원자</td><td>영화로운 미래</td></tr>
<tr><td rowspan="2">주제</td><td colspan="4">예언적</td><td>역사적</td><td colspan="3">메시아적</td></tr>
<tr><td colspan="4">심판</td><td>변환</td><td colspan="3">소망</td></tr>
<tr><td>위치</td><td colspan="8">이스라엘과 유다</td></tr>
<tr><td>시대</td><td colspan="8">주전 740–680년경</td></tr>
</table>

앞에서 언급한 것처럼 사해에서 책 전체가 보존된 이사야서 사본이 발견되었을 때 학자들은 이 사해 사본에 비상한 관심을 갖게 되었다. 만일 이사야서를 1-39장과 40-66장으로 구분하는 것이 자연스러운 일이라면, 사해 사본에 어떤 힌트가 있지 않겠냐는 추측 때문이었다. 게다가 둠은 세 권의 독립적인 책이 주전 2세기에야 하나로 묶여 이사야서가 되었다고 주장했고, 이사야서의 사해 사본이 주전 2세기의 것이었기 때문에 둠의 주장을 테스트해 보는 기회가 되었던 것이다. 그래서 많은 사람들의 시선은 39장과 40장, 그리고 55장과 56장 사이에 집중되었다. 이사야서가 역사적으로 본래 세 권의 독립된 책이었다는 것을 증명할 만한 물질적 증거가 있는 것은 아닐까 하는 호기심 때문이었다.

그러나 이 두 곳에는 특이할 만한 사항이 하나도 표시되어 있지 않았다. 반면에 33장과 34장 사이에 상당한 공간이 존재했다. 이사야서 사본을 구성하고 있는 글자 크기와 줄 간격을 바탕으로 계산해 보니 최소한 6줄 이상을 더 수록할 수 있는 공간이 33장과 34장 사이에 삽입되었으며, 이 사본에서 이러한 물리적 현상을 보이는 곳은 여기뿐이었다. 그래서 상당수의 학자들은 이 사실을 만약에 주전 2세기 유대인들이 이사야서를 두 권 내지는 두 부분으로 나눌 수 있는 것으로 간주했다면 그들은 1-33장과 34-66장으로 나누었을 가능성을 제시하는 증거로 받아들였다.

이와 같은 가정에 힘입어 브라운리(Brownlee)는 이사야서 1-33장과 34-66장이 내용과 테마 전개에서 평행적인 구조를 이루고 있다는 이분 구조설(bi-fid theory)을 주장하기에 이르렀다. 브라운리의 주장을 바탕으로 길리아디(Gileadi)는 더 나아가 다음과 같이 이사야서의 전체적인 구조를 제시한다.

Ⅰ. 패망과 새 탄생(Ruin and Rebirth—1-5장; 34-35장)
Ⅱ. 반역과 순응(Rebellion and Compliance—6-8장; 36-40장)
Ⅲ. 심판과 구출(Punishment and Deliverance—9-12장; 41:1-46:13b)
Ⅳ. 굴욕과 높임(Humiliation and Exaltation—13-23장; 46:13c-47:15)
Ⅴ. 수난과 구원(Suffering and Salvation—24-27장; 48-54장)
Ⅵ. 불충성과 충성(Disloyalty and Loyalty—28-31장; 55-59장)
Ⅶ. 권한 박탈과 상속(Disinheritance and Inheritance—32-33장; 60-66장)

그동안 브라운리의 설이 칼라웨이(Callaway), 해리슨(Harrison), 에반스(Evans) 등에 의하여 지지를 받아오다가 최근에 와서 길리아디(Gileadi)의 저서를 통하여 구체화된 것이다. 조금 더 자세한 구조 제시에서 길리아디는 6-8장과 36-40장의 연관성을 다음과 같이 표현하고 있다.

a—선지 소명(prophetic commission)(6:1-11)
  b—역사적 서론(historical preface)(6:12-13)
    c_1—왕의 반역(king's rebellion)(7장)
      d_1—백성의 반역(people's rebellion)(8장)
      d_2—백성의 순응(people's compliance)(36장)
    c_2—왕의 순응(king's compliance)(37-38장)
  b—역사적 서론(historical preface)(39장)
a—선지 소명(prophetic commission)(40장)

물론 길리아디의 제안을 그대로 받아들이기에는 너무도 많은 문제점들이 있다. 예를 들면 그가 제시하는 구조가 나름대로 반복되는 중요단어(leitwort)와 테마의 발전이라고 주장하는 것은 어느 정도의 설득력이 있는 것으로 생각한다. 그러나 그의 주장이 지닌 약점은 많은 분량의 본문을 각 부분에 묶고 있다는 점이다. 예를 들면 그는 c_2의 제목을 "왕의 순응"이라 하고 있으며 37-38장을 묶고 있다. 내용면에서 이 부분을 "왕의 순응"이라고 부르기에는 어려운 점들이 있다.[6] 또한 본문의 분량이 너무 광범위하기에 객관성이 결여되는 위험이 따르고 있다. 그러나 중요한 것은 최소한 그는 이 두 사건의 일관성을 지적하고 있다는 점이다. 즉, 상당수의 학자들이 이 두 사건이 이사야서의 전체적인 구조 안에서 독특한 위치를 차지하고 있다는 것을 인식하고 있다.

브라운리(Brownlee)와 길리아디(Gileadi) 같은 학자들의 제안이 기초가 되어 오늘날에는 이사야서를 1-33장, 34-66장 두 섹션으로 구분하는 일이 자주 목격된다. 대표적인 예가 WBC시리즈에 이사야서를 기고한 와츠(Watts)이다. 그는 주석을 1-33장과 34-66장을 기준으로 두 권으로 나누고 있다. 사이츠(Seitz)도 책을 이렇게 두 파트로 구분할 것을 제안한다. 필자도 책을 이처럼 두 섹션으로 구분하는 것이 1-39장과 40-66장으로 구분하는 것보다 더 설득력이 있다고 생각한다. 그러므로 이 책에서는 이사야서를 1-33장과 34-66장 두 섹션으로 구분되는 한 권의 책이라는 점을 전제하고, 편리상 다음과 같이 섹션화하여 본문을 주해해 나가고자 한다.

---

6 히스기야가 처음에 부하들을 보내 산헤립과 협상하려 했던 점은 그를 길리아디가 주장하는 만큼 순수하게 보는 것을 어렵게 한다. 그는 이 부분의 중심점을 사람들의 반역(d1)과 순응(d2)에 두고 있다. 그러나 이런 그의 입장은 수용되기가 어렵다. 대부분의 학자들은 메시지의 중심은 히스기야의 운명과 함께하는 예루살렘의 장래에 있다고 생각한다(cf. Seitz, Ackroyd, Clements, Conrad, Childs).

Ⅰ. 유다와 예루살렘에 선포된 심판과 구원(1:1-12:6)

1장. 서론(1:1-31)

2장. 위대하신 하나님과 교만한 백성(2:1-4:6)

3장. 하나님의 기대와 실망(5:1-30)

4장. 선지자의 소명(6:1-13)

5장. 임마누엘 아이(7:1-9:7)

6장. 심판(9:8-10:19)

7장. 구원과 회복(10:20-12:6)

Ⅱ. 열방 심판(13:1-23:18)

1장. 바빌론과 왕(13:1-14:27)

2장. 블레셋(14:28-32)

3장. 모압(15:1-16:14)

4장. 시리아와 에티오피아(17:1-18:7)

5장. 이집트(19:1-20:6)

6장. 해변 광야(21:1-10)

7장. 두마(21:11-12)

8장. 아라비아(21:13-17)

9장. 환상의 골짜기(22:1-25)

10장. 두로(23:1-18)

Ⅲ. 이사야의 종말 환상(24:1-27:13)

1장. 세상에서 진행되는 하나님의 추수(24:1-13)

2장. 세상 사람들 중 남은 자들의 노래(24:14-16a)

3장. 악한 세상이 파괴됨(24:16b-20)

4장. 기다리는 세상(24:21-23)

5장. 파괴된 도시의 노래(25:1-5)

6장. 시온 산(25:6-12)
7장. 강건한 도시의 노래(26:1-27:1)
8장. 백성들 중 남은 자들의 노래(27:2-6)
9장. 백성 중에서 진행되는 하나님의 추수(27:7-13)

Ⅳ. 아시리아 침략 전야(前夜)(28:1-33:24)
1장. 이스라엘과 유다 비유(28:1-29)
2장. 예루살렘의 위기(29:1-14)
3장. 인간과 하나님의 계획(29:15-24)
4장. 어리석은 동맹과 심판(30:1-33)
5장. 예루살렘 보호(31:1-9)
6장. 약속과 경고(32:1-20)
7장. 소망(33:1-24)

Ⅴ. 에돔과 시온(34:1-35:10)
1장. 에돔에 대한 경고(34:1-17)
2장. 영화로운 시온(35:1-10)

Ⅵ. 이사야, 히스기야, 예루살렘(36:1-39:8)
1장. 산헤립의 위협과 여호와의 응답(36:1-37:38)
2장. 히스기야의 병(38:1-22)
3장. 바빌론 사절단(39:1-8)

Ⅶ. 귀향과 회복(40:1-31)
1장. 하나님의 큰 길(40:1-11)
2장. 회복 보장(40:12-31)

Ⅷ. 소송과 판결(41:1-48:22)

1장. 유일하신 하나님(41:1-29)

2장. 종의 소명(42:1-9)

3장. 여호와의 구원(42:10-17)

4장. 구원받는 어리석은 백성(42:14-25)

5장. 출애굽 재현(43:1-28)

6장. 창조주(44:1-23)

7장. 고레스와 열방(44:24-48:22)

Ⅸ. 여호와의 종과 열방의 빛(49:1-53:12)

1장. 종과 시온(49:1-26)

2장. 훈련받은 종(50:1-11)

3장. 종의 마지막 노래(51:1-52:12)

4장. 종의 순종과 희생(52:13-53:12)

Ⅹ. 여호와께서 인정하신 종(54:1-62:12)

1장. 종이 이룬 결과(54:1-17)

2장. 은혜로운 반전(55:1-13)

3장. 거룩한 연합(56:1-8)

4장. 백성의 무능함이 치료됨(56:9-57:21)

5장. 의로운 파수꾼의 선언(58:1-59:21)

6장. 시온의 영화(60:1-62:12)

Ⅺ. 언약 백성(63:1-66:24)

1장. 여호와의 승리(63:1-6)

2장. 회고와 미래에 대한 기도(63:7-64:12)

3장. 최후 심판과 비전(65:1-66:24)

Ⅰ. 유다와 예루살렘에 선포된 심판과 구원

(1:1-12:6)

선지서의 특성 중 하나는 저자의 의도에 따라 책을 이해하려면 책의 첫 부분을 신중하게 관찰하고 해석해야 한다는 점이다. 선지자가 책의 첫 부분에 자신의 메시지를 이해하는 데 필수적인 정보를 제공하기 때문이다. 이사야서도 예외는 아니다. 이사야서 전체를 정확하게 해석하려면 1-12장을 주의 깊게 관찰하고 해석해야 한다. 이 섹션에는 선지자가 책 전체를 통해 전하고자 하는 메시지의 핵심 요소들이 모두 포함되어 있기 때문이다.

메시지 구성 차원에서 살펴보면 이사야서 1-12장은 전형적인 선지서 형태를 지니고 있다. 선지자들은 대체로 강력한 비난과 온갖 심판에 대한 경고로 메시지를 시작하며, 처음에는 회복과 소망에 대하여 거의 언급하지 않는다. 그러다가 책이 전개되어 가면서(viz., 시간이 흐르면서) 심판과 비난이 차지하는 비중은 점차로 줄어들며, 끝에 가서는 회복과 소망이 메시지의 중심이 된다. 그래프로 표현하면 심판(비난)과 회복(소망)의 관계는 다음과 같다.

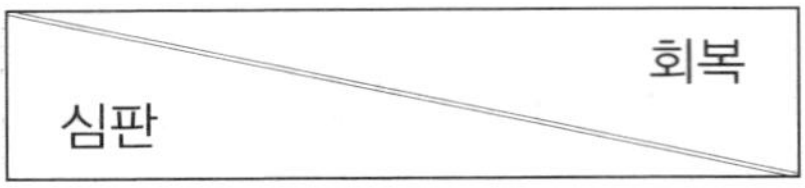

이사야서 1-12장에서도 동일한 현상이 목격된다. 선지자는 1장에서 유다의 하나님에 대한 배은망덕과 죄를 맹렬하게 비난하지만 소망과 회복에 대하여는 거의 언급하지 않는다. 분위기를 매우 절망적으로 이끌어 가는 것이다. 이사야 선지자의 이러한 방법은 일종의 충격 요법이라고 할 수 있다. 이사야는 자신들은 어느 정도 신앙생활을 잘하고 있다고 자부하는 사람들에게 메시지를 전하고 있다. 그러므로 그들의 관심을 끌려면 "당신들은 믿지 않는 사람들 보다는 낫고, 하나님을 섬기며 살아가는 삶에서 어느 부분은 잘 하고 있지만, 다른 부분에서는 분발하여야 합니다"라는 어조로는 부족하다. 선지자가 선포하는 하나님의 메시지에 사람들의 관심을 집중시키기 위해서는 한마디로 "그것도 신앙생활이라고 하는가?"라는 충격이 필요한 것이다. 이사야는 1장에서 분명히 이 같은 어조로 메시지를 선포한다.

실제 상황보다 더 과장되고 극단적인 상황 묘사로 청중의 관심을 휘어잡은 선지자는 메시지를 전개하면서 점차로 심판과 비난이 차지하는 비중을 줄여 나가고, 대신 회복과 소망에 더 큰 비중을 할애한다. 이사야서 1-12장도 이 같은 흐름을 반영하고 있다. 이사야서 11장은 온통 회복에 대한 메시지로 구성되어 있는 것이다. 순수한 심판 메시지(1장)가 시간이 지나면서 어느덧 순수한 소망 메시지(11장)가 되었다. 더 중요한 것은 이 같은 변화를 이루어내는 데 주의 백성이 한 일은 하나도 없다는 사실이다. 하나님이 일방적으로 주신 용서와 축복의 결과다. 그러므로 이 같은 사실을 깨닫고 감격한 선지자는 12장에서 오직 감격의 노래를 부르며 하나님을 찬양한다. 이사야서 1-12장의 흐름은 선지서의 전형적인 모습을 반영하고 있다. 책의 첫 부분을 구성하고 있는 이 섹션은 다음과 같이 구분될 수 있다.

A. 서론(1:1-31)

B. 위대하신 하나님과 교만한 백성(2:1-4:6)

C. 하나님의 기대와 실망(5:1-30)

D. 선지자의 소명(6:1-13)

E. 임마누엘 아이(7:1-9:7)

F. 심판(9:8-10:19)

G. 구원과 회복(10:20-12:6)

1장. 서론(1:1-31)[1]

선지서 연구에서 통일성이 있고 흐름이 있는 하나의 메시지 범위를 디스코스(discourse)라고 한다.[2] 이사야서의 첫 디스코스의 범위는 어디까지인가? 일부 학자들은 2:1-4을 1장 메시지의 한 부분으로 간주한다. 이유는 1장의 "심판과 소망" 패턴(Pattern)이 2:1-4이 포함될 경우 적절한 균형을 이루기 때문이다. 1장 - 2:4까지는 네 사이클(cycle)의 "심판—소망" 패턴으로 형성되어 있다는 것이다(Luc).

사이클	심판	소망
1	1:2–8	1:9
2	1:10–17	1:18–20
3	1:21–23	1:24–28
4	1:29–31	2:1–4

그러나 2장 1절의 표제가 어려움을 준다. 이 표제가 1:1-31과 2:2 이후의 섹션을 분리하는 역할을 하기 때문이다. 어떤 학자들은 이 표제가

1 필자는 시카고 지역에 있는 트리니티 복음주의 신학교(Trinity Evangelical Divinity School)에서 밴게머렌(W. VanGemeren) 박사의 지도 아래 "텍스트언어학"(textlinguistics)이라는 방법론을 사용하여 박사 논문을 썼다. 필자가 졸업할 당시(1997년)에도 이 방법론은 계속 변화하고 있었으며, 지금은 여러 형태의 텍스트언어학이 존재한다. 필자는 이사야서의 서론인 1:1-31을 주해하면서 이 방법론을 어느 정도 자세히 적용해 보고자 한다. 필자가 적용할 방법론에 따르면 본문을 본격적으로 주해하기 전에 (1) 디스코스 범위 결정, (2) 디스코스의 역사적 정황 파악, (3) 장르 규명, (4) 디스코스의 전체적인 흐름과 괄목할 만한 사항들에 대한 관찰 등이 선행되어야 한다. 필자는 이 서론 섹션에서 이 세 가지를 정리한 다음 본문 주해로 이어갈 것이다.

2 다소 한계는 있지만, 디스코스(discourse)를 가장 쉽게 정의하면 "한 편의 통일성 있는 설교 요약문"이라고 할 수 있다.

1:1과 함께 1:2-31을 감싸는 일종의 괄호(inclusio)로 사용된다고 하지만, 성경에서 표제가 괄호의 도구로 사용되는 예는 없다. 물론 예외는 항상 있을 수 있지만 본문의 성향을 보면 이 표제는 2장을 1장에서 분류하기 위하여 사용되었을 가능성이 더 크다. 그러므로 2장 1-4절은 첫 번째 디스코스의 범위에서 제외시키는 것이 바람직하다.

또한 전개되고 있는 주제와 논리를 생각해 볼 때 1장은 심판에 강조점을 주고 있으므로 꼭 "심판—소망" 균형을 유지할 필요는 없다. 선지자가 1장에서 소망을 몇 곳에서 암시하고 있지만, 근본적인 강조점은 심판에 두고 있다. 위에 제시된 구조를 살펴보면 심판과 소망이 대칭적인 균형을 이루는 것은 사실이지만, 심판이 훨씬 더 많은 분량의 텍스트와 비중을 차지하며 강조되고 있다. 더 나아가 2:1-4은 앞에 있는 1장이 아니라, 뒤따라오는 2-4장과 더 잘 어울리는 듯하다. 다음 구조를 생각해 보라(Wiklander).

A. 회복(Restoration)(2:1-4)
 B. 전환(Conversion)(2:5)
  C. 전환과 회복을 위한 소송(2:6-3:26)
 B'. 전환(Conversion)(4:1)
A'. 회복(Restoration)(4:2-6)

디스코스의 범위가 결정되었으니, 디스코스의 역사적 배경을 생각해 보자. 이 디스코스가 배경으로 하고 있는 역사적 시점을 정확하게 규명하는 것은 상당히 어려운 일이다. 표제(1:1)가 유다의 네 왕을 나열함으로써 상당히 범위가 넓은 시대를 암시하고 있기 때문이다. 표제에 의하면 이사야의 선지자 사역은 최소한 50여 년 동안 진행되었던 것을 알 수 있다. 만일 우리가 이사야의 50년 사역 기간 중에서 1장에 기록된 말씀이 언제 선포/정리되었는지를 알 수 있다면, 선지자의 메시지를 그만큼 더 확실하게 해석할 수 있다.

현실적으로 생각할 때 1장 본문 안에는 구체적으로 어느 한 때를 제시해 줄 만한 시제(時制)에 대한 힌트가 거의 없다. 양식비평가들은 1장을 여러 개의 작은 단위(units)로 나누며 이 단위들은 각자 시대와 저자의 배경이 다른 것으로 간주한다(cf. Wildberger; Sweeney). 그러나 이들의 주장은 큰 의미가 없을 뿐 아니라 1장이 지니고 있는 여러 가지 확실한 짜임새와 통일성에 대한 증거들을 부인하는 처사다. 설령 그들이 주장하는 것처럼 1장이 여러 조각의 시대적으로 다르고 독립된 상황에서 유래한 텍스트들로 구성되었다 하더라도 오늘날 우리에게는 1장 전체가 하나의 디스코스로 전달되었다. 그렇다면 여러 조각의 텍스트가 하나로 묶여서 통일된 메시지를 구성하며 우리에게 전수되어 온 것에 대한 중요성이 본문을 이해하는 데 중요한 비중을 차지해야 한다. 그러나 양식비평은 1장을 여러 개의 독립적이고 연관성이 없는 텍스트로 구분하다 보니 1장이 제시하는 전체적인 메시지의 중요성을 인식하지 못한다.

이사야서에서 첫 번째 디스코스의 구체적인 역사적 시기를 암시하는 텍스트는 7-9절이다. 이 섹션에 기록된 다음 사항들을 생각해 보라. (1) 유다는 폐허가 되어 있다, (2) 도시들은 불에 탔다, (3) 침략군이 있었다, (4) 시온[예루살렘]은 겨우 살아 남았다, (5) 전멸이 거의 현실화되었다. 유다가 외부의 침략을 받아 풍전등화의 위기를 경험한 지 얼마 되지 않은 상황을 묘사하고 있는 것이다. 이 사항들에 근거하여 1장의 역사적 시대에 대하여 크게 3가지 해석이 제시되어 왔다.

첫째, 웃시야 시대 때 팔레스타인을 강타한 지진(주전 750년대)이 있은 직후다(Hayes & Irvine). 이 지진에 대하여서는 아모스 1:1, 스가랴 14:5도 언급하고 있다. 시대적으로는 이들이 주장하는 시기와 맞을 수 있다. 그러나 분명히 외부에서부터 온 침략군이 있었으며(cf. 7-8절), 유다의 어려움이 자연적인 재앙의 결과도 아니다. 또한 시온이 유일한 생존자란 말은 침략군에게 더 어울린다. 그러나 아직까지 학자들은 이 시대에 유다를 친 외국 군의 습격에 대한 역사적 증거를 발견하지 못했다. 그러므로 설득력 있는 추측이 되지 못한다.

둘째, 시리아-이스라엘 연합군의 침략 직후(주전 730년경) 아하스가 즉위하던 시대다(Delitzsch; Gitay). 이사야 7장은 이 사건을 상당히 심각한 위기로 묘사한다. 아하스가 통치하던 시대는 유다에게 대내외적으로 매우 어려운 시대였다(Bright). 이러한 정황에서 1:9-31에 언급된 우상 숭배의 만연은 종속국들에게 자신의 종교를 강요했던 종주국 아시리아의 외교정책과 잘 어울린다. 국내적으로 유다는 아시리아에게 바치는 공물 때문에 경제적으로 큰 어려움을 겪고 있었다. 그러나 부자들은 약자를 착취하여 더 많은 부를 누렸다(cf. 21-23절). 이 해석은 상당한 가능성을 지니고 있다. 그러나 몇 가지 문제가 있다. 연합군의 침략이 심각한 것은 사실이나 7-8절에 제시된 것만큼 위협적이지는 않았다(cf. 7:1). 그러므로 하나님이 "남은 자"를 두셨다는 것(9절)은 이 시대에 큰 의미가 없다. 또한 본문이 묘사하고 있는 성전에서의 화려하고 성대한 예배와 예식(10-15절)은 아하스 시대와 어울리지 않는다. 아하스는 공개적으로 여호와 종교를 배척한 사람이었기 때문이다(cf. 왕하 16:3-4).

셋째, 주전 701년에 있었던 산헤립의 침략 직후 히스기야 시대다(Wildberger; Seitz; Sweeney). 이들은 7-9절에 묘사된 유다와 예루살렘의 모습은 701년 외에 다른 것이 될 수가 없다고 단정한다. 가장 가능성이 높은 추측이다. 그러나 완전히 몰락한 사회의 정의와 질서(cf. 21-23절)는 의로운 왕 히스기야의 통치와 맞지 않는 것 같다. 몰락한 지도자들(cf. 10, 23절) 역시 이 시대에는 맞지 않는다. 선지자가 문제삼고 있는 포괄적인 우상 숭배(cf. 28-31절)는 하나님을 사랑하여 포괄적인 종교개혁을 단행했던 히스기야 시대와 더욱더 어울리지 않는다. 히스기야의 종교개혁은 그의 원수들 사이에도 잘 알려져 있었다(36:7). 이 같은 문제를 해결하기 위하여 사이츠(Seitz)는 701년 사건이 있은 지 얼마 안 되어 히스기야는 죽었고, 본문이 기록된 때는 그의 아들 므낫세가 유다를 통치하기 시작했던 때라고 한다. 그러나 사이츠의 주장은 므낫세가 왕위에 즉위한 해를 대부분 학자들이 인지하는 주전 687년이 아니라(Thile; Albright; cf. Tucker; Smith), 10여 년 정도를 앞당겨야 하는 어려움을 안고 있다.

넷째, 1장이 묘사하고 있는 일은 이사야 시대에 이미 일어난 일이 아니라, 주전 586년에 있게 될 예루살렘 파괴를 예언하고 있다(Kissane). 그러나 이 주장은 이사야의 책을 지나치게 예언적으로 해석하려 하는 것이다. 그래서 학자들은 이를 여러 학설들 중 가장 설득력이 약한 것으로 결론짓는다(Smith).

필자는 본문이 주전 680년대 초 므낫세가 통치를 시작한 지 얼마 되지 않은 때와 잘 어울린다고 생각한다. 이 때는 유다가 아직까지 산헤립의 침략(주전 701년)에서 비롯된 폐허로부터 회복하지 못한 시대였다. 히스기야의 아들 므낫세의 통치는 이런 역사적 정황에서 시작되었다. 안타깝게도 8세에 등극한 어린 므낫세는 하나님을 의지하지 않고 즉위한 순간부터 온갖 악행을 저질렀다. 결국 아버지 히스기야 시대와는 달리 므낫세의 시대에는 유다의 사회질서와 정의가 순식간에 무너졌고 법정은 완전히 썩어 있었다. 므낫세 시대는 매우 타락한 시대였던 것이다. 본문이 언급하는 타락한 지도자들의 모습은 이러한 시대적 상황을 잘 반영하는 듯하다. 반면에 히스기야처럼 거룩하고 하나님의 도를 따르려는 왕이 부정을 일삼는 지도자들을 그대로 놓아둘 리 없었을 것이다. 본문은 유다에 만연한 우상 숭배에 대해서도 언급하는데, 히스기야처럼 경건하고 하나님을 사랑한 왕이 우상 숭배를 용납했을 리가 없다. 이러한 정황들을 고려할 때, 본 텍스트는 므낫세가 통치를 시작한 지 얼마 되지 않은 690년대 말 혹은 680년대 초를 역사적 배경으로 하고 있음이 확실하다. 책의 전체적인 서론 역할을 하고 있는 1장은 이사야가 말년에 가장 마지막으로 선포한 메시지 중 하나일 가능성이 매우 높다(cf. Smith).

그러나 필자의 해석에는 풀어야 할 문제가 하나 존재한다. 만일 이사야가 므낫세 시대에도 사역을 했다면, 분명 므낫세의 이름이 표제(1:1)에 포함되어야 하는데, 그의 이름이 언급되어 있지 않다는 사실이다. 이 같은 상황을 설명하는 것은 그리 어렵지 않다. 아마도 므낫세가 왕이 되었을 때 이사야가 나이가 많고 늙어서 더 이상 공식적인 선지자 활동을 하지 않았기 때문일 것이다(cf. 서론; Seitz). 선지자가 자신의 사역을 되돌아보며 회고록을 정리한 것이 이사야서며, 회고록을 집필한 시대에 적절한 역사적 정황을 바탕으로 한 서문을 저작했을 가능성이 다분하다. 책 전체의 서론 역할을 하는 1장은 바로 이런 정황에서 집필된 것이다.

디스코스의 범위, 역사적 정황을 파악했으니 이제 1장의 장르를 규명할 차례다. 1장의 내용을 살펴보면 마치 법정에서 전개되는 재판처럼 생각된다. 검사(재판관)가 피고를 세워놓고 그의 죄를 고발하며(2-10절), 죄를 입증할 증거를 제시한다(11-24절). 이어서 회개하고 돌아오는 자에 대한 판결(25-27절)과 끝까지 회개하지 않으면 피고에게 임할 형벌이 선포되고 있다(26-31절). 이 같은 디스코스의 흐름을 근거로 많은 학자들이 이 섹션의 장르를 선지적 언약 소송(prophetic covenant lawsuit; byri-Form)으로 규명한다(cf. Gitay; O'Connell; Smith). 양식비평가들에 의하면 선지적 언약 소송은 다음 요소를 갖고 전개되는 장르다(Huffmon).

1. 역사적/소송의 배경 설명
2. 원고의 탄원
3. 하늘과 땅이 배심원/증인으로 등장
4. 피고(판사) 부름
5. 피고에게 2인칭으로 발언
6. 질문으로 피고를 질타

7. 피고의 변명/변호에 반박
8. 구체적 고발

실제로 선지적 언약 소송에서 주로 사용되는 용어들이 1장에 많이 쓰이고 있다. "거역"(פשׁע)(1:2, 28), "나의 백성"(עמי)(1:3), "만홀이 여기다"(נאץ)(1:4, 28), "버리다"(עזב)(1:4). 그러나 비록 1장의 상당 부분이 선지적 언약 소송과 일치하지만 100퍼센트 동일하지는 않다. 또한 선지자가 어떠한 양식/장르를 사용하든 간에 저자의 창의력이 인정되어야 한다. 저자에게는 이미 존재하는 양식을 자신들의 필요에 따라 개조하거나 변형해서 사용할 특권과 권리가 있기 때문이다. 이사야 선지자도 이 같은 특권을 발휘하여 조금은 변형된 언약 소송 양식을 사용하고 있다. 선지자가 전통적인 양식에 어느 정도의 변화를 주어 사용하는 가장 큰 동기는 아마도 그가 언약 소송 양식에 지혜사상(wisdom motif)을 곁들이고 있기 때문일 것이다. 이 같은 사실은 1장 곳곳에서 지혜사상과 연관된 언어와 이미지들이 사용되고 있는 점에서 알 수 있다(cf. 2-3, 10, 16-17, 26절). 이 디스코스가 지혜사상과 연관하여 보여주는 핵심 메시지는 다음 도표에서 확실히 드러난다(Song).

1:3 알지 못하고 깨닫지 못함	1:10 말씀을 들어라 법에 귀를 기울이라	1:16–17 하나님의 율법을 안다는 것

섹션의 장르를 규명했으니 이제는 이 디스코스의 흐름에 대한 전반적인 관찰을 해 볼 때이다. 첫째, 선지자는 동사를 매우 전략적으로 사용하고 있음이 역력하게 드러난다. 이사야는 2-9절에서 대부분 완료형(perfect)을 사용하다가 중간 섹션인 10-20절의 전반부는 완료형을, 후반부는 미완료형(imperfect)을 주로 사용한다. 동사의 형태가 이 섹션을 지나면서 완료형에서 미완료형으로 변하고 있는 것이다. 이어 다음 섹션

인 21-31절에서는 미완료형이 주류를 이룬다.[3] 다음 도표를 참고하라 (Song).

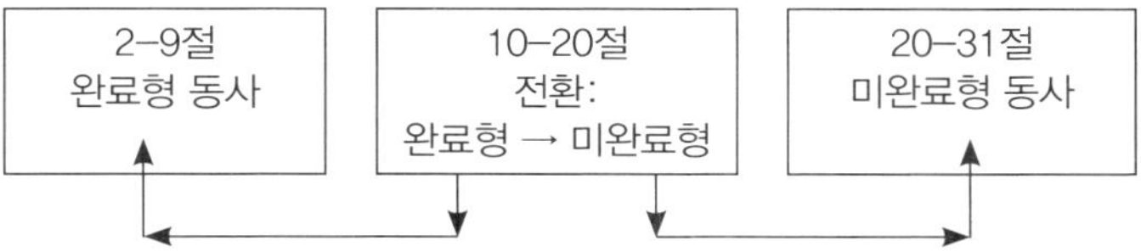

전통적으로 히브리어 동사에서 완료형과 미완료형은 과거와 미래에 관한 것들로 구분되어 왔지만, 최근에는 히브리어 동사에는 과거, 현재, 미래 시제(時制)가 없다는 것이 학자들의 일반적인 견해가 되었다 (cf. Waltke & O'Connor; Joüon & Muraoka). 히브리어 동사 형태는 동사가 묘사하고 있는 행동(action)의 시제(timing)보다는 질(quality)과 연관되어 있다. 완료형은 보편성/일반성(generality)을 표현한다. 반면에 미완료형은 구체성(specificity)을 묘사한다.

이 같은 히브리어 동사에 대한 이해를 본문에 적용하면, 선지자는 2-9절을 통해 마치 법정에 선 검사/판사가 처음에는 구체적인 내용을 피하며 피고가 왜 재판에 오게 됐는가에 대한 전반적인 설명을 제시하는 것처럼 이야기를 진행한다. 마지막 섹션인 21-31절에서는 피고를 법정에 세울 수밖에 없었던 구체적인 범죄들을 증거로 제시한다. 중간 섹션인 10-20절은 전반적인 고소(2-9절)에서 구체적인 증거 제시(21-31절)로 가는 변환(transition)이기에 이 섹션에서는 두 시제가 동시에 사용되고 있다.

둘째, 주요 인칭 사용에서도 위 세 섹션은 변화를 보이고 있다. 첫 번째 섹션인 2-9절과 세 번째 섹션인 21-31절에서는 2인칭("you")이 주로 사용되었으며, 중간에 위치한 두 번째 섹션인 10-20절에서는 하나님

3 완료형이 많이 사용되었으나 완료형을 미완료형으로 간주하게 하는 바브연계형(w-consecutive)의 형태를 취하기 때문에 미완료형으로 간주해야 한다.

의 신적(神的) 1인칭("I")이 사용되었다. 첫 번째와 세 번째 섹션이 중간 섹션을 감싸고 있는 것이다. 이 같은 구조는 중간에 위치한 10-20절이 이 디스코스의 핵심 메시지이며, 그 핵심 메시지는 하나님이 자기 백성 이스라엘을 버리셨다는 선언이다. 선지자 이사야는 첫 번째 디스코스에서 매우 충격적인 메시지를 선포하고 있는 것이다.

셋째, 메시지 전개 방식에서 첫 번째 섹션(2-9절)과 두 번째 섹션(10-20절)은 평행 구조를 지니고 있다. 첫 번째 섹션은 피고를 법정에 세우게 된 전반적인 경위를 설명했는데, 두 번째 섹션에서는 첫 번째 섹션의 전개 순서에 따라 구체적인 증거를 제시하고 있는 것이다. 다음 사항을 생각해 보라.

	첫 번째 섹션(2-9절)	두 번째 섹션(10-20절)
A	소환/호출(2a)	소환/호출(10)
B	거절: 백성이 하나님을(2b-4)	거절: 하나님이 백성을(11)
C	2개의 질문(5a)	2개의 질문(11a)[4]
D	거절 설명(elaboration)(5b-8)	거절 설명(11b-18)
E	현실의 기회(present opportunity)(9)	현실의 기회: 돌아오라(18-20)

넷째, 디스코스가 진행되면서 하나님의 백성에 대한 감정에 변화가 포착된다. 처음에는 여호와께서 유다를 "나의 자식, 나의 백성"의 애정 어린 표현으로 부르신다. 그러나 후반부에 접어들어서는 그들을 "내 대적, 원수"로 부르시며 불편한 심기를 드러내신다. 백성을 향한 하나님의 사랑이 어느덧 애증으로 변한 것이다. 우리가 하나님의 백성이라 할지라도 하나님께 순종하지 않으면 주님으로부터 원수 취급을 받을 수 있다는 사실을 기억해야 한다. 다행히 우리가 죄의 길에서 돌이키면 하나님은 다시 우리를 사랑하신다. 다음 도표를 참고하라(Song).

4 11절 전반부와 12절 후반부의 질문들이 한 쌍을 이룬다.

애정의 언어	변환(transition)	심판의 언어
나의 자식들(1:2) 나의 백성(1:3)	나라(1:4) 백성(1:4) 종자(1:4) 자식(1:4) 고모라의 백성(1:10)	내 대적(1:24) 내 원수(1:24)

마지막으로 1:1-31과 65-66장의 관계에 대한 언급이 필요하다. 이미 많은 학자들이 1장과 65-66장이 특별한 관계를 유지하고 있는 것을 관찰했다(Liebreich; Lack; Sweeney; Carr). 이 두 섹션에서 사용되는 단어, 이미지, 주제 등이 비슷하고 심지어 구조까지 비슷하다. 학자들은 이 두 섹션에 대하여 다음과 같이 구체적인 연관성을 제시했다(Liebreich; Carr; cf. Tomasino).

공통 요소	1장	65–66장
하늘과 땅 쌍(Merismus)	1:2	65:17; 66:1, 22
"반역하다/범죄하다"	1:2, 28	66:24
다루는 주제의 순서	1:10–20	66:1–6
"나는 기뻐하지 않는다"	1:11	66:4
"찾으라/구하라"	1:12	65:1
제물, 향, 소, 양	1:11, 13	65:3, 7; 66:3
혐오스러움	1:13, 17	66:3; 65:4
"여호와의 말씀을 들으라"	1:11	66:5
여자 시온	1:21, 26	66:7–13
사람을 죽임	1:21	66:3
"반역한 자들"	1:23	65:2
축복과 저주	1:27–28	65:9–12
"배반하다"	1:4, 28	65:11
예식 오용	1:29–31	65:3; 66:17
악인들이 수치를 당함	1:29	65:13; 66:5
"정원"	1:29	66:4
너희의 "선택"	1:29	66:4
악인들이 불에 탐	1:31	65:15–16, 24
"꺼지지 않는 불"	1:31	66:24

이사야서를 시작하고 있는 1장은 책을 마무리하는 66장과 한쌍이 되어 책 전체를 감싸고 있는 것이다. 이 같은 구조는 이 두 섹션이 책의 시작과 끝에서 중간 부분을 지탱하는 받침대(bookends) 역할을 하며 책 전체에 어느 정도의 통일성을 부여한다. 구약에는 이와 비슷한 구조를 지닌 책이 여럿 있다(cf. 사사기, 사무엘서, 욥기).

한 주석가는 책의 첫 디스코스의 일부에 대한 구조를 다음과 같이 제시했다(Watts). 그러나 자세히 살펴보면 그가 제안한 구조의 한계가 역력히 드러난다. 예를 들자면 "상처만 남았도다"(D, 1:6-7b)와 "무익하고 비어 있는 예배"(D', 1:10-15a)가 어떻게 대칭이 될 수 있는지 납득이 가지 않는다.

A. "내가 자식을... 나를 거역 하였도다"(1:2)
  B. "소는 아는데 이스라엘은 알지 못하는 도다"(1:3)
    C. "아, 범죄한 나라여... 어찌하여 더 맞으려 하느냐"(1:4-5)
      D. "상처만 남았도다"(1:6-7b)
        Keystone: "황폐한 시온의 딸: 남은 자가 없었다면"(1:7c-9)
      D'. "무익하고 비어 있는 예배"(1:10-15a)
    C'. "피가 가득 찬 손, 씻어라"(1:15b-17)
  B'. "오라, 우리가 변론하자"(1:18-20)
A'. "신실하던 성읍이 창기가 되다니"(1:21-23)

선지자의 첫 번째 디스코스는 다음과 같은 구조를 지녔다(Song).

표제(1:1)
A. 고소: 이스라엘이 여호와를 거역했다(1:2-3)
  A'. 증거물: 징계를 받아 초췌해진 나라(1:4-9)

B. 여호와가 원하시는 것: 율법을 배우라(1:10-17)

B'. 여호와가 원하시는 것: 회개하고 용서를 받으라(1:18-20)

C. 형벌 선언: 시온이 정제되리라(1:21-27)

C'. 형벌 선언: 여호와가 패역한 자를 심판하리라(1:28-31)

이중 B, C, C'은 주의 백성이 하나님이 그들에게만 내려주신 특별한 은혜(viz., 언약과 율법)를 오용하고 남용하는 데서 비롯된 죄로부터 회개하고 돌아오기를 바라며 권면하는 내용이다. 이 섹션은 이스라엘이 하나님을 반역한 구체적인 사례 세 가지를 언급하고 있는 것이다. 그래서 중간에 끼어있는 B'은 노골적으로 주의 백성에게 돌아오기를 호소한다. 그러므로 이 섹션이 이스라엘의 범죄 사례를 나열한다는 측면에서 다음과 같이 세분화될 수도 있다. 이 구조를 바탕으로 본문을 주해해 나갈 것이다.

1. 범죄 사례 1: 종교 오용(1:10-17)
2. 권면: 회개하고 돌아오라!(1:18-20)
3. 범죄 사례 2: 윤리적 부패(1:21-27)
4. 범죄 사례 3: 노골적인 우상 숭배(1:28-31)

1. 표제(1:1)[5]

[1]유다 왕 웃시야와 요담과 아하스와 히스기야 시대에 아모스의 아들 이사야가 유다와 예루살렘에 관하여 본 계시라

---

5 필자는 1장에 상당한 공간을 할애하여 자세히 주해하려 한다. 이사야서와 구약의 선지서에서 1장이 차지하는 위치가 중요한 이유도 있지만, 동시에 필자가 이 주석 시리즈의 정체성과 이름을 "엑스포지멘터리"(Exposimentary)라고 규정했을 때 어떤 해석과 묵상과 적용을 마음에 두었는지를 한 예를 들어 설명하기 위한 이유도 있다.

이 표제가 이사야서의 어느 부분을 소개하고 있는가에 대하여 다소 논란이 있다(cf. Childs). 어떤 이들은 2:1에 다시 표제가 등장한다는 이유로, 이 표제가 1:2-31의 서론이라고 한다. 다른 사람들은 1-12장, 혹은 1-39장의 서론이라고 하기도 한다(cf. Oswalt; Tucker). 그러나 이 표제의 기능을 한 섹션으로 제한할 필요는 없다. 이 표제는 1장뿐만 아니라 책 전체에 대하여 역사적 배경을 소개하고 있는 것이다(Seitz; Young). 학자들은 이 표제가 히스기야 왕 시대에 책에 붙여진 것이라고 생각한다(Freedman).

이사야는 자신을 아모스(אָמוֹץ)의 아들이라고 밝힌다. 우리말 번역본에서는 아모스서를 남긴 선지자 아모스(עָמוֹס)와 이사야의 아버지가 동일하게 "아모스"라고 표기되지만, 히브리어로는 서로 다른 철자를 사용한다(cf. 암 1:1). 이사야가 다른 조상들의 이름은 나열하지 않고 간단히 "아모스의 아들"로 기록한 것은 아마도 그가 매우 유명한 〔집안〕 사람이었기 때문일 것이다. 바빌론 탈무드에 반영된 유대인들의 전승에 의하면 아모스는 아마샤 왕(주전 796-767년)의 조카, 곧 왕족이었다고 한다(Megilla 10b; Sota 10b). 아마도 이사야가 왕궁을 자유로이 출입할 수 있었던 사실을 근거로 한 추측으로 생각된다(cf. 7, 39장). 오늘날 사실 여부를 파악하기는 불가능하지만, 선지자가 50여 년 동안 예루살렘에서 사역했던 점을 감안할 때, 그가 이 책을 출판했을 때쯤에는 예루살렘 종교계에서 설명이 필요 없는 유명 인사가 되어 있었을 것이다.

대부분의 선지자들은 책을 시작하자마자 제일 먼저 자신의 사역 시대를 알려 주는데, 이사야도 예외는 아니다(cf. 렘 1:1-3; 겔 1:1-2; 단 1:1-2; 호 1:1). 선지자들이 자신들이 살았던 시대를 독자들에게 밝히는 것에는 중요한 이유가 있다. 자신들이 선포하는 메시지와 예언을 문맥과 역사를 무시한 채 해석하지 말고 그들이 살았던 시대를 배경으로 해석하라는 점을 강조하기 위해서다. 유대인들도 이 같은 선지자들의 의도를 의식했기에 역사서(여호수아서-열왕기하)를 전(前)선지서, 예언서(이사야서-

말라기서)를 후(後)선지서라고 부르며 역사서와 예언서를 하나로 묶었다 (cf. 필자의 『엑스포지멘터리 선지서 개론』).

이사야는 지금부터 자신이 이책을 통해 선포할 메시지는 웃시야, 요담, 아하스, 히스기야 왕 등이 유다를 다스리던 시대에 본 환상들이라고 한다. 딜레(Thile)의 연대에 따르면 웃시야는 주전 792-740년에, 요담은 주전 750-732년에, 아하스는 주전 735-716년에, 히스기야는 주전 716-687년에 유다를 통치한 왕들이다. 만일 이사야가 웃시야 왕이 죽은 해(주전 740년)에 사역을 시작했다면(cf. 6장), 그는 아마도 50년 동안 사역을 했을 것이다. 우리는 이 역사적인 시대를 배경으로 이사야서를 해석해 나갈 것이다(cf. Childs).

이사야 선지자가 자신이 접했던 네 왕들 중 한 명이 아니라 모두를 지적하는 것은 그의 책의 성격을 암시해준다. 이사야서는 선지자가 짧은 시간에 선포했던 메시지를 정리해 놓은 것이 아니라, 오랜 세월(아마도 40-50년) 동안 진행된 사역을 통해 선포했던 메시지들 중 일부를 선별해 정리해 놓은 것이다.[6] 즉, 이사야서는 선집(選集, anthology)인 것이다. 이러한 성향은 이사야서에 국한되어 있는 것이 아니라, 대부분의 선지서들이 같은 성향을 지니고 있다(cf. 필자의 『엑스포지멘터리 선지서 개론』). 이사야서는 선지자의 오랜 사역의 결정체이자 그 사역을 요약하고 있는 것이다.

우리도 선지자처럼 주님께서 주신 사역을 마무리하며 평생 해온 사역을 대표할 만한 회고록을 남길 수 있었으면 좋겠다. 그러기 위해서는 먼저 조급한 마음을 갖지 말고 느긋하게 그리고 묵묵히 사역해야 한다. 사역은 장거리 마라톤이지 단거리 달리기가 아니기 때문이다. 한 프로젝트나 이벤트에 모든 것을 거는 일도 하지 않아야 한다. 오래, 지속적

---

6 이 사실과 아울러 우리는 또한 이사야의 첫 번째 메시지인 1:1-31이 선지자가 가장 마지막으로 선포한 메시지 중 하나라는 것을 알 수 있다(Smith; cf. 필자의 『엑스포지멘터리 선지서 개론』).

으로 하나님의 말씀을 선포하고 성도들을 사랑하고 섬기는 일에 모든 노력을 쏟아야 한다. 그렇게 한다면 사역을 마무리하면서 각자의 사역을 되돌아보며 "마이 웨이"(My Way)를 노래할 수 있을 것이다. 우리 함께 거리낌도, 미련도 없이 자신 있게 각자의 "마이 웨이"를 부를 그날을 꿈꾸자. 이사야는 자신의 책 전체를 "계시/환상"(חָזוֹן)이라고 부른다(cf. Kaiser). 책 전체에 이 같은 이름을 붙이는 것은 이사야서, 오바댜서, 나훔서뿐이다. 이사야가 자신의 저서를 계시라고 부르는 것은 앞으로 이 책에서 전개될 메시지는 선지자 자신으로부터 비롯된 것이 아니라 여호와로부터 받은 것이라는 점을 강조하기 위해서다. 선지자는 하나님이 그에게 주신 계시를 백성들에게 중계할 뿐, 그 어느 것도 자신의 창의력을 발휘하여 만들어 낸 것은 없다는 것이다.

이처럼 이사야 자신은 단순히 "보고 들은 대로" 선포하고 글로 남겼다는 점을 강조함으로써, 그가 한 일은 단지 주신 메시지를 이스라엘 백성들에게 그대로 전한 것 뿐이라는 사실을 선언한다. 우리의 사역도 하나님이 하라는 대로만 하는 것이어야 할 것이다. 인간적인 차원에서 시작되는 것은 어떤 것이라도 오래 지속될 수 없다. 또한 인간적인 가치관으로 사역을 평가하는 것은 어리석은 일이다. 세상의 눈에는 실패한 자가 하나님의 눈에는 진정으로 성공한 사람일 수 있고, 세상의 눈에는 성공한 자가 오히려 하나님을 거역한 사람일수도 있기 때문이다(cf. 6장 주해). 목회의 성공 여부는 하나님이 각 개인에게 주신 소명을 얼마나 잘 완수하고 있느냐로 평가되어야 한다. 목회는 방법론이 아니라 가슴이며, 성공은 숫자가 아니라 순종이다.

비록 우리는 창의적으로 메시지를 전하도록 부르심을 받았지만, 전해야 하는 메시지를 만들어 낼 필요는 없을 뿐만 아니라, 만들어 내서도 안 된다. 오직 하나님이 이미 성경을 통해 주신 말씀만을 전하는 일에 최선을 다해야 한다. 그러므로 사역자들은 열심히 성경을 연구하고 묵상해야 한다. 만일 사역자가 하나님으로부터 받은 메시지가 없다면,

어떤 메시지로 사역에 임할 것인가? 또한 사역자의 길로 나서는 사람은 자신의 사명이 결코 개인적인 욕망이나 착각에서 비롯된 것이 아니라, 하나님의 소명으로부터 비롯되었음을 확신할 수 있어야 한다. 세상의 모든 직업은 모방할 수 있어도, 사역만큼은 하나님이 허락하셔야만 행복하고 보람 있게 할 수 있기 때문이다.

선지자는 또한 자신의 책이 앞으로 일어날 일을 보여주고 있으므로 "환상"(חָזוֹן)으로 부르고 있다. 목회자는 항상 미래에 대한 기대와 안목이 있어야 한다. 현실을 바라보면 얼마나 실망스럽고 낙심할 일이 많은가? 또한 그러한 세상을 살아가는 성도들에게 어떤 메시지를 전할 것인가? 기독교는 미래를 기대하는 종교이며, 그리스도인은 소망을 먹고 산다. 그러므로 목회자들은 성도들이 맞이하게 될 미래에 대하여 확신을 가지고 가르쳐야 할 뿐만 아니라, 현실에 지쳐있는 백성들을 소망으로 위로하고 비전으로 권면해야 할 것이다.

이사야가 받은 계시는 예루살렘과 유다에 관한 것이다. 그러므로 선지자가 1장에서 여호와께 받았다고 하는 환상의 범위는 상대적으로 좁은 것이라고 할 수 있지만, 책이 전개되면서 선지자가 하나님께 받는 환상의 범위는 점차로 넓어지며 나중에는 온 우주를 포함하게 된다. 우리들의 비전과 사역 범위도 비슷해야 한다. 비록 한 교회를 섬기는 좁은 범위의 사역이지만, 항상 넓은 안목을 가지고 세상을 포용해야 한다. 열심히 사역하며 기다리면 적절한 때에 하나님이 우리의 비전을 키워주실 것이다. 또한 세상을 껴안고 기도하는 한, 하나님이 우리를 특별한 방법으로 쓰실 것이라는 기대를 가질 수 있다. 영어에 이런 말이 있다. "생각은 세계적으로, 실천은 지역적으로!"(Think globally, act locally!). 항상 큰 비전과 사고를 품되 그 비전과 사고를 이루기 위하여 작은 일부터 실천으로 옮기라는 뜻이다.

2. 고소: 이스라엘이 여호와를 거역했다(1:2-3)

2 하늘이여 들으라
땅이여 귀를 기울이라
여호와께서 말씀하시기를
내가 자식을 양육하였거늘
그들이 나를 거역하였도다
3 소는 그 임자를 알고
나귀는 그 주인의 구유를 알건마는
이스라엘은 알지 못하고
나의 백성은 깨닫지 못하는도다
하셨도다

이사야는 자신의 책 전체를 "환상"이라 부르지만, 특별히 1:2-31에 기록된 내용을 환상이라고 부른다(cf. Tucker). 선지자는 이 환상에서 법정에 재판장으로 서 있는 여호와를 보았다. 한 학자는 하늘과 땅이 재판장이고 하나님이 검사 역할을 한다고 하지만(Gitay), 하나님을 재판장으로 간주하는 것이 더 설득력 있다(Smith). 이 법정에 유다가 피고로 불려 나왔다(cf. Tucker).

하나님이 피고인석에 앉아 있는 유다를 상대로 소송을 시작하기 위하여 증인들/배심원들을 채택하신다. 그런데 누가 배심원/증인들로 부름을 받는가? 하늘과 땅이다(2절). 하늘과 땅이 배심원으로 부름받는 것은 그들이 이스라엘의 하나님에 대한 반역을 처음부터 지켜 보아왔기 때문이다. 또한 하늘과 땅은 하나님이 이스라엘과 언약을 세우시고 그 언약에 따른 축복과 저주를 선언하실 때 증인으로 세워졌기 때문이다(신 31:28; 32:1). 이러한 이유에서 하늘과 땅은 성경의 다른 곳에서도 증인으로 종종 사용된다(cf. 욥 20:27; 시 50:4). 우리는 하나님이 증인으로 세우신 하늘과 땅에 부끄럽지 않은지 항상 반성하는 자세로 삶을 돌아보아야 할 것이다.

선지자 이사야가 자신의 책에서 제시하고 사실성을 증명하고자 하는 총론이 2절에 기록되어 있다. 유다가 여호와의 언약을 파괴했다는 것이다. 선지자는 하나님과 유다의 관계를 아버지와 아들의 친밀한 관계에 비교하여 설명한다(cf. 호 11:1-2). 여호와께서는 아비가 사랑과 정성으로 아들을 양육하듯 주의 백성 유다를 양육하셨다. 이사야는 출애굽 이후 하나님이 이스라엘을 어떻게 대우했는가를 이렇게 묘사하고 있다(cf. 출 4:22). 그러나 아들 유다는 고마워하기는커녕 오히려 아버지 하나님을 거역했으며(פשׁע) 등까지 돌렸다! 이스라엘과 하나님의 관계가 매우 현실적으로, 또한 슬프게 묘사되고 있다. 선지자는 책 전체를 통해 지속적으로 반역하는 자에게 경고하지만(cf. 1:28), 계속되는 경고에도 불구하고 끝까지 하나님을 거역해서 비참한 종말을 맞이하는 자들이 있다(66:24). 사람들이 스스로 심판과 죽음의 길을 고집한다면, 하나님도 그들의 선택과 결정을 결코 꺾지 않으신다.

유다가 여호와께 반역한 것은 자연의 질서나 이치를 보더라도 있을 수 없는 어이없는 일이다(3절). 선지자는 주의 백성을 비난하기를, 사람보다 훨씬 못한 짐승들도 주인을 알아보는데, 그들은 정작 주인이신 하나님을 알지 못한다고 한다. 또한 말 못하는 짐승들도 주인을 배반하지 않는데, 유다는 여호와를 배반했으니 주의 백성이라고 자부하는 유다는 짐승만도 못하다고 말한다. 이사야의 메시지를 듣고 있는 사람들은 대부분 가축을 기르는 사람들이었다. 그러므로 선지자가 언급하는 소와 나귀가 얼마나 미련하고 고집이 센지를 익히 알고 있었다(Smith). 실제로 소와 나귀는 가축들 중에서 주인 말을 가장 안 듣는 짐승들로 알려져 있다(Nielsen). 그런데 선지자가 그들보고 가축들 중 가장 미련하고 고집이 센 짐승들보다 못하다고 한다! 아마도 상당히 충격적이었을 것이다.

저자는 주의 백성의 반역이 얼마나 어리석고 어이없는 것인지를 지적하기 위하여 평행구조를 사용하여 같은 내용을 두 차례 반복한다. 동시에 이 말씀은 지혜사상(wisdom motif)을 잘 드러내고 있으며(Whedbee), 지혜사상에서 흔히 사용되는 언어로 표현되었다(Gitay; Tucker).

A. 소는 그 임자를 알고
　B. 나귀는 그 주인을 알건만
A'. 이스라엘은 알지 못하고
　B'. 주의 백성은 깨닫지 못한다.

선지자가 사용하고 있는 "알다"(יָדַע)와 "깨닫다"(בִּין) 동사는 구약에서 매우 다양한 의미를 지녔다(cf. HALOT). 이사야서 안에서 주의 백성이 하나님을 알지 못한 것은 그들이 타국으로 끌려가고 고통 받는 이유가 된다(5:13). 반면 안다는 것은 옳고 그름을 판단할 줄 아는 판단력을 뜻하며(7:15-16), 지적인 성숙을 의미하기도 한다(8:4). 하나님을 안다고 자부하는 주의 백성은 하나님을 알지 못해서 포로가 될 것이다. 무엇이 옳고 그른지에 대한 판단력을 잃었다고 선지자는 비난한다. 선지자의 비난은 이스라엘이 짧은 시간 동안 저지른 죄에 근거한 것이 아니다. 그들은 오랜 세월 동안 하나님의 선민(選民)이라고 자부하면서도 주님께 실망을 주는 죄를 저질러 왔다(Tucker). 안타깝게도 이와 같은 하나님에 대한 반역과 배은망덕은 이사야 시대 이스라엘의 문제만은 아니다. 하나님께 반역하는 주의 백성의 이야기는 역사 속에서 끊임없이 반복되어 왔고, 오늘날에도 우리 한국 교회의 일부에서 이미 현실이 되었다. 그러므로 남을 비난할 것이 못 되며, 선지자의 시대에 주의 백성이었던 유다를 손가락질할 이유는 더욱이 없다.

왜 이렇게 되었는가? 10절을 살펴보면 그들이 하나님의 "율법"(תּוֹרָה)

을 남용하기 시작하면서 이런 일들이 진행되어 왔음을 짐작할 수 있다. 하나님이 축복으로 내려주신 것이 어느덧 유다에게는 그들의 영성을 죽이는 독이 되었던 것이다. 축복이나 특권을 남용하거나 무책임하게 사용하면 이러한 결과를 초래한다. 우리 주변에서도 이러한 원리가 반복되는 것을 간혹 보지 않는가! 그러므로 우리가 바라고 기도해야 할 것은 하나님께 복을 내려달라는 염원이 아니라, 주님이 정작 우리가 바라는 복을 주실 때 어떻게 그것을 잘 활용하여 하나님께 영광을 돌리고 주의 자녀들과 세상에 복을 끼칠 것인가하는 것이다.

3. 증거물: 징계를 받아 초췌해진 나라(1:4-9)

4 슬프다 범죄한 나라요
허물 진 백성이요
행악의 종자요
행위가 부패한 자식이로다
그들이 여호와를 버리며
이스라엘의 거룩하신 이를 만홀히 여겨
멀리하고 물러갔도다
5 너희가 어찌하여 매를 더 맞으려고
패역을 거듭하느냐
온 머리는 병들었고
온 마음은 피곤하였으며
6 발바닥에서 머리까지 성한 곳이 없이
상한 것과 터진 것과
새로 맞은 흔적뿐이거늘

그것을 짜며 싸매며
기름으로 부드럽게 함을 받지 못하였도다
7 너희의 땅은 황폐하였고
너희의 성읍들은 불에 탔고
너희의 토지는 너희 목전에서 이방인에게 삼켜졌으며
이방인에게 파괴됨 같이 황폐하였고
8 딸 시온은 포도원의 망대 같이,
참외밭의 원두막 같이,
에워 싸인 성읍 같이 겨우 남았도다
9 만군의 여호와께서 우리를 위하여
생존자를 조금 남겨 두지 아니하셨더면
우리가 소돔 같고 고모라 같았으리로다

본문은 이스라엘과 하나님의 언약이 어떻게 파괴되었는가를 회고하고 있다(4절). 한 마디로 이스라엘은 하나님이 내려주신 축복을 오히려 자신들이 걸려 넘어지는 걸림돌로 만들어 버렸다고 선지자는 주장한다. 이처럼 믿기 어려운 일이 벌어졌다는 사실을 강조하기 위하여 이사야는 "슬프다"(הוֹי)라는 탄식으로 이 섹션을 시작한다(Tucker). 일부 주석가들은 하나님의 탄식이 4절에 국한되어 있다고 하지만(Blenkinsopp), 대부분 학자들은 9절까지 계속된다고 생각한다(Niditch; cf. Westermann; Clements). 중요한 것은 여기에 묘사된 하나님의 감정이다. 백성들에게 배반당하신 하나님의 마음은 진노로 가득한 것이 아니라, 오히려 슬픔과 실망으로 차 있다. 많은 사람들이 죄인을 바라보시는 하나님은 분노와 증오로 가득하다고 생각한다. 그러나 이사야 선지자가 제시하는 하나님의 모습은 아들의 죄 때문에 상처받고 신음하며 그를 바라보시는 아버지의 모습이다. 섹션을 시작하는 "슬프다"(הוֹי)는 또한 애가의 대표적인 표현이며, 이 같은 하나님의 안타까움과 슬픔을 묘사한다.

이사야는 이스라엘의 범죄 성향을 네 가지로 표현한다(4절). 성경에서 숫자 4는 총체성(completeness)을 상징한다. 주의 백성의 삶에 죄가 만연해 있다는 뜻이다. 선지자가 지적하는 이스라엘과 죄의 관계는 다음과 같다. 첫째, 그들은 쉬지 않고 범죄하는 나라(גּוֹי חֹטֵא)이다. 저자는 이 같은 사실을 지속성을 의미하는 분사(participle)를 사용하여 강조하고 있다(cf. Oswalt). 주의 백성의 하루는 죄로 시작하여 죄로 끝난다는 것이다. 둘째, 그들은 계속 죄를 쌓아간다. 개역개정이 "허물 진 백성"으로 번역한 히브리어 문구(עַם כֶּבֶד עָוֹן)는 날이 갈수록 죄의 무게감을 더해 간다는 뜻이다(Motyer). 바로 앞에서 하나님은 이스라엘을 "나의 백성"(עַמִּי)이라며 애정을 가지고 바라보셨는데(3절), 허물 진 "백성"(עָם)으로 전락했다. 그들은 경건과 거룩이 아니라 죄로 충만한 자들이다. 셋째, 그들은 남을 죄로 이끄는 자들이다. 선지자는 그들을 "행악의 종자"(זֶרַע מְרֵעִים)라고 하는데, 죄의 씨앗을 주변에 퍼뜨리는 사람들이라는 뜻이다. 넷째, 그들은 마치 죄를 짓기 위하여 태어난 자들처럼 행동한다. 개역개정이 "행위가 부패한 자식"으로 번역한 히브리어 문구(בָּנִים מַשְׁחִיתִים)를 문자적으로 풀이하면 "부패의 아들들"(viz., 부패를 저지르기 위하여 태어난 자들)이다. 하나님의 아들로 사는 것이 싫다며 주님을 떠난 "아들들"(בָּנִים)(2절)이 타락하고 부패한 "아들들"이 되어 있다. 어떠한 이유든지 하나님을 떠나는 사람들의 비참한 모습이다.

이사야가 이들의 죄짓는 성향을 비난하면서 사용하는 단어들이 예사롭지 않다. [범죄한] 나라,[7] [허물 진] 백성, [행악의] 종자, [행위가 부패한] 아들 등 네 단어는 모두 언약과 관련된 개념들이다(Oswalt). 시내

7 일부 주석가들은 "나라"(גּוֹי)가 구약에서 주로 이방 국가를 뜻하며 사용된다고 하여 이 개념이 하나님과 이스라엘 사이의 거리감을 강조하는 것으로 해석한다(Smith). 이스라엘이 어느덧 하나님께 이방 국가와 다를 바가 없게 되었다는 것이다. 그러나 그렇지 않다. 하나님이 이스라엘에게 제사장의 나라와 "거룩한 백성"(גּוֹי קָדוֹשׁ)이 되라고 하실 때에도 이 용어를 사용하셨으며(출 19:6), 모세를 통해서 큰 나라를 만드시겠다는 의지를 표현하실 때에도 이 단어를 사용하셨다(출 32:10). 그러므로 이 단어에는 이방 국가만을 의미하는 그 어떠한 부정적인 의미가 내포되어 있지 않다.

산에서 여호와와 언약을 맺고 그의 백성이 된 이스라엘은 하나님이 세우신 제사장의 나라요, 거룩한 백성이며, 옥토에 심은 종자이며, 하나님의 아들들이다. 세월이 지나면서 선민 이스라엘은 안타깝게도 하나님이 주신 특권을 남용하는 천민으로 전락했다. 한때 그들의 특별한 지위와 위치를 부각시켜 주었던 아름다운 표현들은 온데간데없고 어느덧 "범죄한, 허물 진, 행악의, 행위가 부패한" 등이 그들의 신분을 수식하고 있다.

우리 죄의 가장 크고 심각한 결과는 하나님으로부터 우리를 분리시키는 결과를 초래한다는 사실이다. 선지자는 죄가 인간과 하나님 사이에 어떤 결과를 초래하는가를 세 가지 표현으로 묘사한다. (1) "여호와를 버렸다", (2) "이스라엘의 거룩하신 분을 업신여겼다", (3) "〔하나님께〕 등을 돌렸다"(4절). "이스라엘의 거룩하신 이"(קְדוֹשׁ יִשְׂרָאֵל)라는 하나님의 성호는 이사야서를 벗어나서는 거의 사용되지 않는, 선지자가 카피라이트(copyright)한 것이며 주님의 거룩하심을 가장 극적으로 강조하는 표현이다(cf. 6:3, 5). 안타깝게도 이스라엘은 죄로 하나님의 거룩하심을 침해했다. 물론 이스라엘은 죄를 지을 때 자신들의 죄가 이런 결과를 초래할 것이라고 생각하지 못했을 것이다. 그러나 우리를 하나님으로부터 단절시키는 것이 모든 죄가 초래하는 가장 심각한 결과이다. 그러므로 다음에 죄를 짓게 될 때에는 이 같은 사실을 한 번 더 깊이 묵상해 보자.

죄의 수렁에서 헤어나지 못하는 이스라엘의 모습을 통해 우리는 좋은 것을 주시는 하나님의 은혜에 감사하지 않고 그 은혜를 남용하고 오용하여 죄를 합리화시키고 남에게 피해를 입히는 한국 교회의 폭력적인 모습도 보아야 한다. 오늘날 사회의 지탄을 받고 있는 한국 교회의 도덕적 타락을 주도한 자들은 누구인가? 불신자들인가? 결코 아니다. 하나님이 주신 특권과 축복을 오용하고 남용하고 있는 우리 자신들이다. 주의 백성이 하나님의 부르심에 합당한 도덕적인 삶을 살지 못하면, 오히려 하나님을 욕되게 한다는 사실을 기억해야 한다.

행위가 부패한 자식이 되어버린 하나님의 백성이 주님을 버리고, 그를 만홀히 여기기까지 한다(4절). 그들은 여호와께 등을 돌리기까지 하였다! 하나님의 상심이 얼마나 크겠는가? 이사야서는 가장 사랑하는 백성에게 버림받고 괴로워하시는 하나님의 신음 소리인 것이다. 죄는 우리를 사랑하시는 하나님의 마음을 아프고 상하게 하는 것이라는 사실을 기억해야 한다.

백성들에게 만홀히 여김을 받으신 하나님은 후에 백성들을 버리심으로써 그들을 만홀히 여길 것이다(1:24). 이스라엘이 심은 대로 거두게 하시는 것이다. 또한 백성에게 등을 돌리신 하나님의 이미지는 64:12에도 등장한다. 이 같은 이미지는 하나님이 내려주신 은혜가 남용되는 것을 지켜만 보시지 않을 것을 경고하심이다. 때가 되면 주님은 우리에게 모든 것에 대한 책임을 물으실 것이기 때문이다.

이스라엘이 이렇게 범죄하는 동안 그들의 주인이신 여호와께서는 그들의 죄 문제를 해결하기 위하여 무엇을 하셨는가? 만일 하나님이 손을 놓으시고 주의 백성이 죄짓는 것을 지켜만 보셨다면, 하나님께도 직무유기의 책임이 있다. 여호와께서 시내 산 언약을 통해 이스라엘의 하나님이 되셨다는 것은 만일 주의 백성이 죄를 지으면 그들을 쳐서라도 돌이키도록 한다는 책임을 전제하기 때문이다.

이 점에 대하여 선지자는 두 개의 수사학적 질문들을 사용하여 이스라엘이 죄짓는 동안 하나님은 무엇을 하셨는가를 설명한다(5절). "어찌하여 너희는 더 맞을 일만 하느냐? 어찌하여 여전히 배반을 일삼느냐?"(새번역). 개역개정은 하나의 질문만을 반영하고 있지만, 새번역처럼 두 개의 질문으로 번역하는 것이 히브리어 텍스트에 더 가깝다(cf. NIV; NRS). 성경에서 수사학적인 질문은 사실을 강조하기 위하여 자주 사용된다. 이사야는 두 개의 수사학적인 질문을 통해 하나님이 이스라엘의 탈선을 막고 그들을 회개시키기 위하여 갖은 방법을 동원하여 심하게 징계하셨으나 이렇다 할 효과가 없었다는 사실을 두 차례나 강조한다. 숫자 2는 확신의 숫자다. 율법에 의하면 심각한 범죄는 최소한 2명의 증인이 있어야 처벌할 수 있다. 선지자는 하나님이 이스라엘을 회개시키기 위하여 하실 수 있는 것은 다 하셨지만 그들이 끝까지 돌아오지 않았다는 사실을 고발하는 것이다. 그러므로 모든 책임은 하나님의 온갖 징계에도 불구하고 끝까지 죄의 길에서 돌이키지 않은 주의 백성에게 있으며, 하나님은 직무유기를 하신 적이 없음을 선언한다.

선지자는 하나님이 주의 백성을 돌이키게 하시려고 노력하셨는가를 이스라엘의 온몸이 상처와 종기로 가득한 병자에 비유하는 것을 통해 강조한다(5b-6절). 하나님이 주의 백성이 죄의 길에서 돌아오기를 얼마나 바라며 지속적으로 그들을 징계하셨는지 이스라엘의 몸에 성한 틈이 없다. 발끝에서 머리끝까지 온통 상처투성이다(6a절). 머리까지 병들었다는 것은 그들에게 하나님을 아는 지식이 부족하다는 것을 뜻한다. 또한 병자의 마음이 피곤하다. 하나님의 말씀에 대한 깨달음이 없다는 것이다. 요즈음 말로 하나님은 유다를 "물에서 땀나도록, 비 오는 날 먼지 나도록" 때리셨다. 그러나 그들은 끝내 돌아오지 않았다. 주님께 돌아와야 할 필요성을 느끼지 못했고, 돌아오는 길도 알지 못했기 때문이다. 저자는 이 같은 사실을 주의 백성이 자신의 몸에 난 상처를 싸매지도 못하고, 종기에 기름(viz., 약)을 바를 힘과 의지도 없다는 점을 통해 선언한다(6b절). 만일 주의 백성에게 스스로 문제를 해결할 능력이 없다면, 이 문제는 하나님이 해결해 주셔야 한다. 여호와의 종이 주의 백성을 치료하기 위해 대신 고난을 당하는 일(cf. 53장)이 이 섹션에 암시되어 있는 것이다.

오늘날 일부 교회에는 반지성주의적 분위기가 조성되어 있다. 많은 사람들이 목회와 신앙생활에는 지식이 필요 없으며 깨달음도 필요 없고, 오직 믿음만 있으면 되는 것으로 착각을 한다. 물론 지식 자체가 사람을 변화시키거나 구원하지는 못한다. 그러므로 지식이 모든 문제의 해결책이라고 주장하는 것은 분명 문제가 있다. 그러나 믿음이란 하나님에 대한 올바른 지식에서 시작된다. 그러므로 하나님에 대한 지식을 무시한 신앙은 위선이며 뿌리가 깊지 못하다. 오늘날 한국 교회가 이단들의 손아귀에 놀아나고 있는데, 일이 이렇게 된 것에는 분명 목회자들의 무지함이 한몫하고 있다. 하나님에 대한 올바른 지식을 가르치지 않는 한 이단 문제는 결코 통제되거나 사라지지 않을 것이다.

만약 나라가 중병을 앓고 있는데 병에서 비롯된 증상만을 치료한다면 무슨 소용이 있겠는가. 병의 원인을 찾아 치유해야 문제가 해결될 것이다. 그러나 이스라엘은 너무나 심한 병을 앓고 있어서 스스로 자신을 치료하거나 간호할 수 없는 상황에 처해 있다. 지금 그들이 가장 아픈 곳은 "심장/마음"(לֵבָב)이다(5절). 또한 아픔으로 인하여 "성한 곳/온전함"(מְתֹם)이 없다(6절). 온전함을 뜻하는 이 히브리어 단어(מְתֹם)는 히브리어에서 가장 완벽한 평안을 뜻하는 샬롬(שָׁלוֹם)과 비슷한 말이다. 이스라엘이 하나님의 샬롬을 잊은 지 오래라는 것이다. 57:14-15을 살펴보면 이 두 개의 단어가 비슷한 말로 사용되면서 하나님이 치유하시는 이미지를 구상한다. 1장에서 이미 57장에서 일어날 치료를 암시하고 있는 것이다. 또한 57장의 "내가 그의 〔죄악의〕 길을 보았노라"(57:18)는 성한 곳이 없으면서도 끝까지 고집을 부리는 이스라엘의 모습을 상기시키고 있다.

우리는 오늘날 병든 교회와 성도들이 많다는 사실을 시인한다. 그렇다면 이 병든 교회와 성도들을 어떻게 치료할 것인가? 심장에 병이 들었는데 배에 반창고를 붙인다면 치유가 될까? 마음이 병들었는데 겉치장에 신경을 쓴다고 회복될 수 있을까? 교회가 건강하지 못한데 성장만 추구한다면 근원적인 문제가 해결될까? 우리의 사역 목표는 성장이 아니라 건강한 공동체를 만들어 나가는 것이 되어야 한다. 숫자에 치중하지 말고 건강한 교회를 만들어 나가는 데 온 정열을 쏟아야 한다. 1만 명이 모이는 교회보다 50명이 모이는 교회가 더 알찰 수 있고 건강할 수 있다. 숫자가 늘어나면 감사하고 교회가 건강해지면 하나님을 찬송해야 한다. 건강한 생명체는 자연히 성장하게 되어 있기 때문이다. 그러나 성장 자체가 목회의 목적이 되어서는 안 된다.

선지자는 하나님이 주의 백성을 회개시키기 위하여 머리 끝에서 발끝까지 계속 치셨는데도 그들이 돌아오지 않았다며 유다를 온갖 질병과 상처로 만신창이가 된 사람으로 묘사한다. 과연 그들의 현실에서는 하나님의 징계가 어떤 모습으로 나타났을까? 선지자는 외국군의 침략으로 황폐해진 나라가 바로 병든 사람으로 묘사된 유다의 실체라고 한다(7-8절). 유다의 영토는 황폐해졌고, 성읍들은 불탔으며, 그들의 밭에서 난 것은 침략자들이 그들이 지켜보는 앞에서 먹고 약탈해 갔다(7절). 침략자들이 얼마나 강했는지, 유다의 모든 영토가 그들의 손에 넘어가고 유일하게 남은 것은 시온(예루살렘)뿐이다(8a절). 그나마 유다의 수많은 성읍들 중에서 유일하게 생존한 도성 시온마저 안전하지 못하다. 시온은 마치 약탈자들이 습격한 포도원과 참외밭의 원두막처럼, 또한 적들에게 포위된 성읍처럼 위태롭다(8b절).

하나님의 거처가 있는 산이 위치한 영광스러운 도시였던 시온(cf. 시 48:1-2)이 이렇게 처량한 신세가 되었다. 병든 사람 이미지는 단순히 비유가 아니라 유다가 경험하고 있는 역사적 사실을 의인화(擬人化)한 것이다. 뿐만 아니라 유다의 안전은 이 순간에도 보장될 수 없는 긴급한 상황이다. 유다가 이처럼 큰 재앙을 경험하고도 주님께 돌아오지 않았다는 사실이 쉽게 이해가 되지 않을 수도 있지만, 이것이 또한 우리의 모습이 아니겠는가? 그러므로 때로는 우리의 노력으로 구원을 받고, 축복을 누리는 것같이 느껴질지라도 결국에는 모든 것이 하나님의 은혜였음을 고백하게 되는 것이다.

일부 주석가들은 본문이 묘사하고 있는 파괴된 유다의 모습이 웃시야 왕 시대(760년쯤)에 가나안을 강타한 지진이 남긴 결과라고 하기도 하고(Hayes & Irvine), 북 왕국 이스라엘을 멸망시켰던 아시리아의 주전

722년 침략 직후인 721년경에 있었던 일이라고 하기도 하지만(Watts), 유다가 건국 이래 가장 큰 위기를 맞이했던 701년의 예루살렘을 배경으로 하고 있음이 확실하다(Wildberger; Seitz; Smith; cf. ANET 287-288; 36-37장). 물론 유다는 죄로 인하여 오랜 세월 동안 하나님께로부터 수많은 징계(viz., 이방인들의 침략)를 받아왔지만, 이 사건이 하나님의 징계의 결정타가 된 것이다. 아시리아의 산헤립이 이스라엘을 침략해 왔을 때 이스라엘의 운명은 풍전등화와 같았다. 그러나 이 상황에서 히스기야가 기도하자 하나님은 그의 생명을 연장하시고 예루살렘을 아시리아 사람들로부터 보호하실 것을 약속하셨다(38:6). 히스기야 이야기는 하나님이 예루살렘에게 위기를 주신 분이라는 사실을 암시하기도 하지만(cf. 37:26), 본문은 이와 같은 사실을 명백하게 선언하고 있다. 하나님의 도움으로 가까스로 위기를 모면했던 유다는 다시 죄의 길로 들어섰고, 결국 하나님의 심판을 받아 주전 586년에 멸망하게 되었다.

비록 이스라엘 백성들 중 대다수가 배은망덕(背恩忘德)하고 있지만 그 중 몇 명은 하나님의 은혜를 시인한다(9절). 이 구절이 바로 선지서에서 매우 중요한 "생존자/남은 자"(שְׁאֵרִית/שָׂרִיד)개념을 이해하는데 도움을 줄 수 있는, 이사야서에서 처음으로 언급되는 부분이다(cf. Wildberger). 하나님이 "생존자를 조금 남겨 두지 아니하셨다면 우리는 소돔 같고 고모라 같았으리로다"(9절)라고 고백하는 것을 보면 남은 자의 숫자가 결코 그리 많지는 않음이 확실하다. 또한 소돔과 고모라는 하나님의 심판을 받아 롯과 두 딸만을 제외하고는 모두 멸망하여 한 명의 생존자도 남기지 못하고 세상에서 사라진 성읍이다(cf. 창 19장). 본문에서 소돔과 고모라는 완전한 멸망을 상징하는 도성들이다. 선지자를 포함한 믿음의 사람들은 그나마 유다에 생존자가 있어 나라가 명목이라도 유지할 수 있게 된 것은 전적으로 하나님의 능력에서 비롯된 은혜임을 고백하고 있다. 소돔과 고모라처럼 멸망했어야 할 예루살렘이 생존할 수 있었던 것은 예루살렘 주민들이 소돔과 고모라의 백성들보다 더 훌륭해서가 아니라는 것이다(Smith). 이 같은 사실을 강조하기 위하여 남은 자들은 유다에 생존자를 주신 분을 "만군의 여호와"(יְהוָה צְבָאוֹת)(9절), 곧 능력에 있어서 비교할 자가 없는 위대하신 분이라고 부른다. 유다에 생존자가 있는 것은 전쟁에 능하신 하나님의 힘이 이루어내신 업적인 것이다.

어떻게 생각하면 유다의 대부분의 백성이 멸망하고 소수만 남았다는 것이 상당히 불안하다. 그러나 역사를 살펴보면 하나님은 항상 신실한 소수를 사용하여 믿음 공동체를 유지하셨다. 온갖 죄와 신성모독이 지배하는 세상에도 하나님은 항상 "바알에게 무릎 꿇지 않은 7천 명"을 두시며, 이들을 통해서 하나님의 뜻을 펼쳐 나가신다. 하나님이 보존하시는 이 소수가 세상의 빛과 소금이다. 오늘날 한국에서 많은 사람들이 "온 백성과 온 나라의 복음화"를 외치고 있지만, 이것이 정말 하나님의 뜻인가 한 번쯤 생각해 보아야 한다. 우리가 희망하는 것은 온 민족의 복음화이지만, 현실과 하나님의 뜻은 우리가 바라는 것과 다를 수 있기 때문이다. 또한 대한민국 국민이 100퍼센트 그리스도인이 된다 해서 한국 교회와 사회가 하나님과 더 가까이 동행하게 될 것인가는 별개 문제다.

Ⅰ. 유다와 예루살렘에 선포된 심판과 구원(1:1-12:6)
1장. 서론(1:1-31)

4. 범죄 사례 1: 종교 오용(1:10-17)

10 너희 소돔의 관원들아
여호와의 말씀을 들을지어다
너희 고모라의 백성아
우리 하나님의 법에 귀를 기울일지어다
11 여호와께서 말씀하시되
너희의 무수한 제물이 내게 무엇이 유익하뇨

나는 숫양의 번제와 살진 짐승의 기름에 배불렀고
나는 수송아지나 어린 양이나 숫염소의 피를 기뻐하지 아니하노라
12 너희가 내 앞에 보이러 오니
이것을 누가 너희에게 요구하였느냐
내 마당만 밟을 뿐이니라
13 헛된 제물을 다시 가져오지 말라
분향은 내가 가증히 여기는 바요
월삭과 안식일과 대회로 모이는 것도 그러하니
성회와 아울러 악을 행하는 것을
내가 견디지 못하겠노라
14 내 마음이 너희의 월삭과 정한 절기를 싫어하나니
그것이 내게 무거운 짐이라
내가 지기에 곤비하였느니라
15 너희가 손을 펼 때에 내가 내 눈을 너희에게서 가리고
너희가 많이 기도할지라도 내가 듣지 아니하리니
이는 너희의 손에 피가 가득함이라
16 너희는 스스로 씻으며
스스로 깨끗하게 하여
내 목전에서 너희 악한 행실을 버리며
행악을 그치고
17 선행을 배우며 정의를 구하며
학대 받는 자를 도와 주며
고아를 위하여 신원하며
과부를 위하여 변호하라 하셨느니라

지금까지 선지자는 책의 핵심 메시지(viz., 이스라엘이 하나님과의 언약을 파괴했다는 사실)와 하나님이 그들을 죄의 길에서 돌이키게 하기 위하여

어떻게 하셨는가를 회고했다. 이제부터는 주의 백성이 하나님과의 언약을 파괴한 사실을 입증할 구체적인 증거 세 가지를 10-31절에서 제시한다. 아마도 주의 백성이 하나님께 등을 돌렸다는 선지자의 선언(4절)을 들은 사람들 중에는 "무슨 소리냐? 우리는 잘하고 있다!"라며 반발하는 자들이 있었고, 본문은 이들에 대한 선지자의 반론으로 생각된다(Oswalt). 선지자가 제시하는 첫 번째 이스라엘의 죄는 주의 백성이 하나님이 주신 율법에 규정된 종교적 삶을 악용한 것이다.

선지자는 자신들은 하나님을 잘 섬기기 때문에 소돔과 고모라 같은 운명은 맞지 않게 되었다고 자부하는 청중들에게 "당신들은 소돔의 백성과 고모라의 지도자들!"이라는 충격인 말로 이 섹션을 시작한다(10절). 이스라엘의 부패가 소돔과 고모라의 도덕적 타락에 비교되고 있다. 선지자는 이미 9절에서 소돔과 고모라를 "완전한 멸망의 상징"으로 사용했다. 이제 10절에서는 이스라엘의 "완벽한 타락"을 강조하기 위하여 다시 사용한다. "통치자들"과 "백성"은 한 쌍이 되어 지도자들이나 그들을 따르는 백성이 모두 부패하여 한통속이라는 것을 상징한다. 한 쌍이 되어 한 나라나 단체가 부패하면 지도자들의 책임이 막중하지만, 백성들/단원들에게도 책임이 있다. 우리는 지금 남녀노소, 귀족 평민 할 것 없이 모두 타락해 버린 한 백성을 보고 있다. 매우 비참한 모습이다.

선지자는 소돔과 고모라처럼 타락한 주의 백성에게 하나님의 "율법/토라"(תּוֹרָה)에 귀를 기울이라고 명령한다(10절). 그는 이들이 하나님의 법을 모르고 있다고 주장하고 있다. 그러나 이스라엘은 이미 시내 산에서 모세를 통해 율법을 받았기 때문에 여호와의 율법/토라를 분명히 알고 있었다. 여기서는 주의 백성이 "하나님의 법을 어떻게 이해하고 있는가?"가 이슈화 되고 있다. 그래서 일부 학자들은 본문을 하나님에 대한 올바른 지식을 논하는 지혜사상과 연결하여 이해한다(Wildberger). 선지자는 이스라엘을 "'토라'의 '토'자도 모르는 사람들"이라며 맹렬히 비난하고 있다.

이사야는 이스라엘의 종교 남용을 지적한다(11-15절). 백성들은 모세의 율법에 규정된 대로 여호와께 제물과 예배를 드리고 기도하면 주께서 그들에게 주신 율법이 요구하는 모든 종교적인 삶을 잘산 것으로 생각했다. 이스라엘은 율법(תּוֹרָה)을 잘못 이해하여 엉뚱하게 적용하고 있었던 것이다. 하나님은 그들이 지향해 온 종교적인 삶에서 구체적으로 세 가지를 지적하며 거부하신다. 본문이 지적하는 세 가지—예물, 예배, 기도—는 여호와 종교에서 가장 중요한 요소들이다. 또한 숫자 3은 만수(滿數)/완전수(完全數)이다. 하나님이 이스라엘이 행하고 있는 종교 행위를 총체적으로 거부하시는 것을 의미한다. 물론 이 세 가지가 본질적으로 나쁜 것들이라는 뜻은 아니다(Hyatt; Clements). 이것들은 좋은 것이며, 백성이 하나님께 드려야 할 것들이다. 의로운 삶과 올바른 신앙을 동반하지 않아서 문제가 되고 있을 뿐이다. 학자들은 이런 성향의 신탁을 "율법 지시"(torah instruction)라고 하며(Tucker), 본문과 아모스 5:21-27, 미가 6:6-8은 이 유형의 대표적인 예이다(cf. Jensen).

하나님이 거부하시는 것들 중 첫 번째는 백성들이 하나님께 드리는 갖가지 제물들이다. 비록 이 문단이 상대적으로 짧지만, 제물들에 대하여 구약의 그 어느 부분보다 빈도수가 높고 포괄적으로 나열하고 있다. "많은 제물"(11절), "수양의 번제물"(11절), "살진 짐승의 기름기"(11절), "수송아지의 피"(11절), "어린 양의 피"(11절), "숫염소의 피"(11절), "제물"(13절), "분향"(13절)들이다. 선지자는 11-13절에서 제물을 8차례나 언급하고 있는 것이다. 오늘날 교회 상황에 비하자면 성도들의 각양각색의 이유와 근거로 드리는 다양한 종류의 헌금이다. 안타깝게도 하나님은 이 모든 헌금을 거부하신다. 하나님이 이 모든 예물을 "헛되다"(שָׁוְא)(13절)고 하시는데, 이는 이것들이 어떠한 효력도 발휘하지 못한다는 의미다(Sawyer; cf. HALOT). 여호와 종교는 예배자가 드리는 예물은 다소 부족한 감이 있더라도 도덕성에 있어서는 높은 수준을 요구한다. 안타깝게도 이스라엘 사람들은 예물은 넉넉하게 드리고 있었지만, 도덕적인 삶이 그 예물을 뒷받침하지 못하고 있다(Motyer). 예물은 하나님의 주권을 인정하는 종교적인 행위이며, 주님을 사모하고 닮아 가려는 삶의 연장선에서 드려져야 하는데, 온갖 죄로 얼룩진 삶을 사는 사람들이 삶을 개혁하려는 노력 없이 드리는 예물은 위선이기 때문에 하나님을 감동시킬 만한 효력이 없다. 또한 백성이 하나님께 드리는 예물은 주님과의 관계 연장을 위한 수단인데, 하나님이 그 수단인 예물을 거부하시는 것은 곧 이들과의 관계를 정리하시겠다는 여호와의 의지를 암시하기도 한다(Brueggemann).

하나님이 거부하시는 두 번째 종교 행태는 온갖 예배 모임이다. 선지자는 11-14절에서 갖가지 예배와 종교적 모임을 7차례나 언급하며 하나님이 이스라엘의 예배를 열납하길 거부하신다고 한다. "나의 앞에 보이러 오는 것"(11절), "초하루"(13, 14절), "안식일"(13절), "대회로 모이는 것"(13절), "거룩한 집회"(13절), "정한 절기들"(14절)이 그것들이다. 오늘날 상황에 비교하면 매주 교회에서 열리는 갖가지 행사와 예배 모임들이다. 정기적으로 드려지는 예배와 기도모임, 성경공부, 구역모임 등을 연상시킨다. 우리가 정기적으로 예배를 드리는 것도 중요하지만, 왜 예배를 드리는지, 예배를 통해 무엇을 추구해야 하는지를 곰곰이 생각해 보아야 한다. 예배는 죄인들이 거룩하신 하나님을 만나 교제하고 그분의 말씀을 듣고 마음에 새기는 행위다. 반복되는 예배를 통해 들은 말씀을 삶에서 실천하려고 노력하지 않으면서 계속 예배만 드리는 것 역시 위선이다. 의를 추구하지 않는 삶을 사는 사람은 결코 하나님이 기뻐하시는 예배를 드릴 수 없는 것이다. 더 나아가 하나님은 이런 상황에서 드려지는 예배와 제물을 "가증한 것"(תּוֹעֵבָה)이라고 하신다(13절). 성경에서 이 단어는 이방 신들에게 바치는 예물을 의미한다(cf. 왕하 21:2, 11). 이스라엘은 어느덧 이교도들이 우상들을 예배하는 것처럼 하나님을 예배하고 있다(Wildberger). 그러므로 하나님은 이스라엘의 예배를 거부하신다.

하나님께 거부당한 세 번째 종교 행위는 기도다. 기도는 종교적인 삶의 가장 순수한 실천이다. 하나님이 의를 추구하며 살지 않는 백성들이 드리는 예물과 예배를 거부하시는 것은 이해가 가지만, 그들의 기도까지 거부하시는 것은 큰 충격이 아닐 수 없다. 얼마나 화가 나셨으면, 이스라엘의 기도까지도 거부하고 계시는 것일까! 본문은 하나님이 그들의 기도를 거부하셨다는 것을 두 차례나 강조하고 있다. "팔을 벌리고 기도하는 것"(15절), "많은 기도를 하는 것"(15절)을 거절하셨다. 하나님은 불의한 피가 묻은 손이 드리는 기도를 듣지 않으신다(15c절). 이웃의 눈에서 피눈물이 나게 하는 사람의 기도를 하나님이 들으실 리 없다.

이처럼 하나님은 백성의 모든 종교활동(신앙을 고백하는 행위)을 역겹게 생각하시고 거부하신다. 그 이유가 명확하게 제시되어 있다. "너희의 손에는 피가 가득하다"(15c절). 도덕적인 삶이 이들의 신앙생활을 뒷받침해 주지 못하고 있다는 의미다. 이사야의 고발은 "오직 믿음"이라는 허울 아래 하나님의 백성으로 감당해야 할 사회적-도덕적 책임에 눈을 감아버리는 일부 한국 교회에게 큰 도전이 되어야 한다. 앞으로도 잘못할 일이 많겠지만, 그래도 경건하고 거룩하게 살려는 의지와 노력이 없으면 우리는 하나님을 기쁘게 해 드릴 수 없다.

미가 선지자가 던졌던 질문은 본문에서 이사야가 하고자 하는 말과 평행을 이룬다. "내가 무엇을 가지고 여호와 앞에 나아가며 높으신 하나님께 경배할까 내가 번제물로 일 년 된 송아지를 가지고 그 앞에 나아갈까?"(미 6:6). 아니다. 하나님은 제물이 아닌 다른 것을 기뻐하신다. 만일 예물과 예배와 기도만으로 하나님을 기쁘게 할 수 없다면, 하나님이 백성에게 원하시는 것은 무엇인가? 또한 선지자는 이스라엘이 실천하고 있는 종교 행위들이 율법대로 사는 것이 아니라고 하는데, 그렇다면 주의 백성이 율법을 알고 그 율법대로 산다는 것은 무엇을 의미하는가? 이 두 질문에 대한 답은 동일하며, 16-17절이 그 답을 제시하여 준다. 저자는 하나님의 율법은 이런 것이며, 하나님이 기뻐하시는 종교 행위는 이런 것이라고 선포한다. 여호와 종교의 핵심을 논하는 16-17절은 다음과 같이 9개의 간결한 명령문으로 구성되어 있다.

구절	명령	시제(reference)
16절	스스로 씻어라	과거
	스스로 깨끗하게 하라	과거
	내 목전에서 악한 행실을 버리라	과거
	행악을 그치라	과거
17절	선행을 배우라	미래
	정의를 구하라	미래
	학대받는 자를 도와주라	미래
	고아를 위하여 신원하라	미래
	과부를 위하여 변호하라	미래

이 아홉 개의 명령문은 두 가지로 구분될 수 있다. 16절에 기록된 네 개의 명령문은 모두 이 순간까지의 삶을 반성하고 정리하라는 지나온 과거에 대한 권면이다. "스스로 씻어라, 스스로 깨끗하게 하라, 내 목전에서 악한 행실을 버리라, 행악을 그치라." 지금까지의 삶을 돌아보고 잘못된 것은 바로잡고, 회개할 것은 회개하라는 것이다. 이 말씀을 통해 하나님은 여호와 종교가 예배자에게 가장 기본적으로 요구하는 것은 그의 내부적 변화임을 확실히 하신다(Oswalt). 하나님을 믿는 자들은 평생에 걸쳐 자신의 삶을 변화시켜 갈 의무가 있다.

반면에 17절을 구성하고 있는 다섯 개의 명령문은 모두 이 순간부터는 이렇게 살아가라며 미래를 의식하고 있다. "선행을 배우라, 정의를 구하라, 학대받는 자를 도와 주라, 고아를 위하여 신원하라, 과부를 위하여 변호하라." 하나님이 가장 기뻐하시는 종교는 바로 선을 행하며 공평과 정의를 추구하며, 약자들을 돌보는 것이다(cf. 약 1:16-27). 이 같은 가르침은 이사야가 새롭게 시작한 것이 아니다. 이스라엘이 하나님과 언약을 맺고 그의 백성이 된 이후 그들이 경험한 수많은 역사적 사건과 계시를 통해 확인된 진리일 뿐이다(Childs). 또한 고대 근동 사회 대부분이 지향해 오던 가치관이기도 하다(Fensham; Leclerc). 오래된 진리가 주의 백성에게 새로이 선포되고 있다. 그들이 하나님이 옛적에 그들에게 주신 이 진리대로 살지 못했기 때문이다.

악한 세상에서 선을 행하는 것은 곧 선하신 하나님을 닮아가는 것을 뜻하며 하나님을 닮고 싶어하는 그의 자녀들은 선을 실천하며 살아야 한다. 우리가 끊임없이 선을 행하면 세상에는 하나님의 공평과 정의가 하수처럼 흐르게 된다(cf. 암 5:24). 공평과 정의가 지배하는 세상이 되면 고아와 과부 등 사회의 약자들의 인권은 유린되지 않을 것이다(cf. 렘 22:3). 그러므로 하나님이 주의 백성에게 요구하시는 토라에 대한 올바른 지식은 세상에서 선을 행하여 정의로운 사회를 만들어 가는 것과 분리될 수 없다. 하나님은 그 무엇보다도 정의를 사랑하시기 때문이다(렘 9:24).

이사야에 의하면 회개는 지난날의 잘못을 반성하고 주님께 용서를 비는 것으로 그치는 행위가 아니다. 더 나아가 주께서 지난날의 죄를 용서해 주시면 앞으로는 이렇게 살겠다는 의지와 결단을 동반해야 진정한 회개라고 할 수 있다(cf. 눅 3:8). 그동안 한국 교회 강단에서 선포된 수많은 설교들은 성도들이 지난날에 저지른 죄를 상기하고 회개하도록 했다. 그러나 과거의 잘못을 시인하고 하나님의 용서를 구한 순간부터는 어떻게 살아가야 하는가에 대해 적합한 대안이나 도전은 상대적으로 부족했다고 생각한다. 이제부터라도 우리는 회개가 과거를 돌아보고 바로잡는 것에서 끝나는 것이 아니라, 오늘 이 순간부터의 삶에 영향을 미쳐야 하며 더 나아가 우리의 미래를 좌우하게 된다는 사실을 가르치고 강조해야 한다. 성도들의 삶에서 윤리적인 문제가 해결되고, 교회가 바뀌려면 사역자들이 공동체와 구성원들의 삶 전체를 의식화하도록 가르쳐야 할 것이다. 결코 반복되는 회개만으로는 건전한 신앙생활을 할 수 없으며, 회개에 합당한 삶의 개혁이 회개하는 순간부터 이루어져야 한다는 것을 기억해야 한다.

갖가지 헌금과 예배와 기도를 나열하며 묘사한 11-15절은 문법적으로 매우 복잡하고 섬세하게 구성되어 있으며 동사는 많이 사용되지 않았다. 반면에 여호와 종교의 핵심을 선언하는 16-17절은 9개의 명령문으로 형성되어 있으며 매우 간결한 문법으로 구성되어 있다. 저자가 이 같이 대조적인 문법으로 이 두 섹션을 구성한 것은 우리에게 하나의 중요한 교훈을 주기 위해서다(Oswalt). 이사야는 하나님의 뜻에 따라 살아가는 것은 복잡한 것이 아니며(cf. 11-15절), 어린아이도 이해할 수 있는 단순명료한 것(cf. 16-17절)이라고 선언한다. 사실 우리를 향한 하나님의 뜻을 몰라서 주님의 뜻대로 살지 않는 사람이 몇이나 되는가? 대부분 사람들은 알면서도 그분의 뜻대로 살지 않는 것이 현실이다.

오늘날 많은 사람들이 복음을 거부하는 이유는, 복음은 너무 간단하고 단순해서 세상의 복잡한 문제와는 잘 어울리지 않으며 또 해결할 수도 없다고 생각하기 때문이다. 성경에도 이러한 예가 있다. 문둥병을 앓던 시리아 장군 나아만이 병을 치료하고자 이스라엘의 선지자 엘리사를 찾았다(cf. 왕하 5장). 엘리사는 그를 만나주지 않았으며 종을 통해 요단 강에 가서 7번 씻으면 나을 것이라고 했다. 나아만은 시리아에 강이 없어서 여기까지 왔는지 아느냐며 화를 내며 본국으로 돌아가려 했다. 그의 생각에 자신이 앓고 있는 병은 엘리사 선지자가 제시한 단순한 해결책으로는 결코 치유될 수 없는, 매우 크고 복잡한 문제라고 생각했던 것이다. 그러나 기독교가 추구하는 진리와 삶은 어린아이도 충분히 실천할 수 있는 단순명료한 면을 지니고 있다. 영어에도 다음과 같은 말이 있다. "단순한 것이 아름다운 것이다"(Simple is beautiful).

선지자가 하나님이 주신 토라를 안다는 것의 의미를 16-17절의 명령문들이 전제하는 것은 윤리와 하나님의 계시는 이분화될 수 없다는 사실이다. 하나님의 계시는 주님의 성품과 인격에 기초한 것이며, 하나님의 인격은 결코 불의를 행하거나 용납하실 수 없기 때문이다. 그렇다면, 하나님의 계시를 믿고 따르는 자들에게도 윤리적인 삶을 추구해야 할 책임이 있다.

5. 권면: 회개하고 돌아오라!(1:18-20)

18 여호와께서 말씀하시되
오라 우리가 서로 변론하자
너희의 죄가 주홍 같을지라도 눈과 같이 희어질 것이요
진홍같이 붉을지라도 양털같이 희게 되리라
19 너희가 즐겨 순종하면 땅의 아름다운 소산을 먹을 것이요
20 너희가 거절하여 배반하면 칼에 삼켜지리라
여호와의 입의 말씀이니라

본문에서 법정 이미지가 한껏 더 강화되고 있다(Watts). 그러나 분위기는 위압적이거나 법률적이지 않다. 재판장이신 하나님이 죄인에게 나오라고 호소하신다(18a절). 회개는 뒤로 미루더라도 일단 주님께로 나와 잘잘못을 가리자는 의미다. 잘잘못을 가리다 보면 죄인이 저절로 회개하며 하나님께 고개를 숙이게 되지 않겠는가! 그만큼 하나님은 죄지은 백성에게 은혜 베푸시기를 원하신다. 이것이 성경, 특히 선지서에서 제시되는 하나님의 모습이다. 우리의 하나님은 결코 그의 백성들을 벌하시는 것을 즐기시는 분이 아니다.

하나님의 간곡한 초청에 응하는 자에게 두 가지 약속이 주어지는데, (1) 죄 사함(18b절)과 (2) 포로생활 면제(19절)가 그것이다.

첫째, 죄 사함에 대하여 생각해 보자. 선지자는 하나님의 초청에 임

하는 사람의 죄가 "주홍"(שָׁנִי) 같고 "진홍"(תּוֹלָע) 같을지라도 하나님이 그들의 죄를 모두 다 용서하시고 눈처럼 희게 하실 것이며, 양털같이 희게 하실 것이라고 한다(18절).[8] 물감이 발달하지 않았던 사회에서 이 색깔들(viz., 주홍, 진홍)은 가장 자극적이고 눈에 띄는 색이었다. 또한 선지자가 죄를 묘사하면서 이처럼 빨간색 계통을 언급하는 것은 이 색깔들은 무고하게 흘린 피의 색이기도 하기 때문이다(cf. 1:15; 63:1-3). 이처럼 자극적인 색을 하나님은 눈처럼, 양털처럼 하얗게 하신다. 눈과 양털은 가장 자연스럽고 얼룩지거나 오염되지 않은 색이다. 하나님이 백성의 죄를 용서하시면 모든 것이 원점으로 돌아가 다시 시작할 수 있음을 뜻한다(Smith). 또한 눈과 연관된 이미지는 아름답다. 흰눈이 내리면 세상을 모두 덮어 모든 것을 하얗게 보이게 하는 것처럼, 하나님은 세상에서 가장 흉악한 죄라도 "눈에 띄지 않게 덮어" 용서하시는 분이시다. 그러므로 세상에서 주님의 용서를 받을 수 없는 죄는 없다.

둘째, 하나님께 돌아오면 그들은 땅의 가장 좋은 소산을 먹게 될 것이다(19절). 표면적으로는 매우 평범한 축복의 약속처럼 보이지만, 사실은 매우 파격적이고 의미심장한 약속이다. 1장을 포함한 책 전체의 분위기를 감안하면 백성의 포로생활이 임박했음을 알 수 있다(cf. 5:13; 39:6). 그러나 이렇게 긴박한 상황에서 "땅의 소산물을 먹는 것"이 회개하는 자들에게 약속된다는 것은 이스라엘이 회개하고 하나님께 돌아온다면, 그들은 끌려가지 않고 이 땅에서 영원히 살 수 있는 기회가 여전히 있다는 것을 암시한다. 만일 주의 백성이 회개하고 돌아와 이 땅에서 영원히 살게 된다면, 이미 선지자들(viz., 호세아, 아모스)을 통해 이스

---

8 이 문장의 의미에 대하여 학자들 사이에 다소 논란이 있다. 일부 주석가는 본문을 수사학적인 질문으로 해석하여 선지자가 용서의 가능성에 대하여 말하는 것이 아니라, 주홍 같은 이스라엘의 죄는 절대 용서받지 못한다는 사실을 확인할 뿐이라고 한다(cf. Kaiser; Wildberger; Gray; Willis). 그러나 문맥과 정황은 선지자가 백성들에게 하나님의 용서를 구하라고 권면하고 있음을 말하고 있다(cf. NIV; NAS; NRS; TNK). 하나님이 이스라엘을 용서하기를 원하시는 것이다(Goldingay; Oswalt; Motyer). 그렇지 않다면 바로 뒤따르는 19-20절의 의미도 부자연스럽게 된다.

라엘의 필연적인 포로생활을 여러 차례 선언하신 하나님의 명예가 훼손될 수도 있다. 약속하신 것을 지키시지 않는다는 비난이 하나님을 괴롭힐 수 있는 것이다. 그러나 하나님은 자신의 명예가 훼손되어도 좋으니 제발 돌아오라며 죄인들에게 파격적인 약속을 하신다. 끝까지 그의 백성들에게 살 길을 주시기를 원하는 여호와 하나님의 모습이다.

상황이 이렇게 되면 이성과 합리성을 지닌 사람이라면 모두 회개하고 돌아와 하나님의 용서와 축복을 누릴 것이다. 그러나 그렇지 않은 것이 현실이다. 끝까지 죄를 짓다가 하나님의 심판을 받아 멸망할 사람들이 있다(1:31; 66:24). 이것이 영적 세계의 실체다. 영적 세계는 논리와 이성으로 설명될 수 없는 부분이 많다. 죄는 사람의 눈을 어둡게 하며, 비(非)논리적으로 만드는 힘이 있기 때문이다. 우리 자신의 경험을 돌아보아도 죄를 지을 때는 우리의 삶에서 논리와 상식이 결여되어 있음을 깨닫지 않는가? 결과적으로 모든 사람은 하나님의 초청에 임하지 않을 것이며, 그러므로 모든 사람이 이 땅에서 좋은 소산을 먹지는 않을 것이다. 그래서 선지자는 듣든지 듣지 않든지 간에 불순종에 대하여 경고한다. 하나님의 권면에 불응하는 자들은 "칼날이 그들을 삼킬 것"이라고 한다(20절). 전쟁이 올 것을 경고하고 있는 것이다. 하나님이 본문을 통해 제시하시는 선택이 대조적이다. 회개하고 이 땅의 소산을 먹든지(אכל)(19절), 반역하고 칼에 삼키든지(אכל)(20절) 둘 중 하나를 선택하라는 것이다. 여기서 우리가 깨달아야 할 또 한 가지 중요한 사실은 인간에게는 하나님을 섬기든지, 거부하든지 둘 중 하나의 선택만이 가능하지, 중립을 지키는 것은 합당한 선택이 될 수 없다는 사실이다(Smith).

선지자는 "여호와께서 친히 하신 말씀이다"라며 이 섹션을 마무리한다. 선지자는 다시 한 번 자신이 선포하는 메시지의 출처가 누구에게 있는지를 분명히 하고 있다. 이스라엘의 거룩하신 이가 바로 그가 선포하는 말씀의 근원이라는 것이다. 또한 이 선언을 통해 하나님은 지금까지 선지자가 선포한 말씀을 자기 명예를 걸고 실현하실 것을 단언하신다. 그러므로 선지자의 청중은 회개하는 사람에게는 하나님이 복을 주실 것이지만, 회개하지 않는 사람에게는 혹독한 심판을 내리실 것을 인정해야 한다. 하나님이 그렇게 될 것을 말씀하셨기 때문이다. 선지자는 강력하게 죽음(반역)을 버리고 삶(회개)을 선택할 것을 호소하지만, 끝까지 죽음을 선택하는 자들이 있다(cf. 66:24). 하나님도 이 같은 현실에 대하여 매우 안타까워하시지만, 그들의 선택을 존중하신다(Tucker).

> I. 유다와 예루살렘에 선포된 심판과 구원(1:1-12:6)
> 1장. 서론(1:1-31)

6. 범죄 사례 2: 윤리적 부패(1:21-27)

21 신실하던 성읍이 어찌하여 창기가 되었는고
정의가 거기에 충만하였고
공의가 그 가운데에 거하였더니
이제는 살인자들뿐이로다
22 네 은은 찌꺼기가 되었고
네 포도주에는 물이 섞였도다
23 네 고관들은 패역하여 도둑과 짝하며
다 뇌물을 사랑하며 예물을 구하며
고아를 위하여 신원하지 아니하며
과부의 송사를 수리하지 아니하는도다
24 그러므로 주 만군의 여호와 이스라엘의 전능자가 말씀하시되
슬프다
내가 장차 내 대적에게 보응하여
내 마음을 편하게 하겠고
내 원수에게 보복하리라
25 내가 또 내 손을 네게 돌려

네 찌꺼기를 잿물로 씻듯이 녹여 청결하게 하며
네 혼잡물을 다 제하여 버리고
26 내가 네 재판관들을 처음과 같이,
네 모사들을 본래와 같이 회복할 것이라
그리한 후에야 네가 의의 성읍이라,
신실한 고을이라 불리리라 하셨나니
27 시온은 정의로 구속함을 받고
그 돌아온 자들은 공의로 구속함을 받으리라

이스라엘이 하나님께 등을 돌려 반역한 것에 대한 증거 제시를 잠시 멈추고 회개를 권면했던 선지자가 다시 본론으로 돌아왔다. 이번에는 이스라엘이 하나님을 거역한 두 번째 증거로, 파괴된 가치관과 윤리를 문제삼는다. 이스라엘은 하나님의 율법이 요구하는 도덕적/윤리적 기준에 따라 살지 못했다는 것이다. 선지자가 주의 백성들로부터 받은 충격과 실망이 본문의 분위기를 조성하고 있다(Brueggemann). 이 섹션은 다음과 같은 구조를 보이고 있다.

A. 신실하던 성읍의 타락(1:21a)
B. 과거와 현재 비교: 공평과 정의가 악으로 대체됨(1:21b)
C. 은유법: 찌끼가 된 가치관(1:22)
D. 패역한 지도자들(1:23)
D'. 여호와의 심판(1:24)
C'. 은유법: 찌끼를 제하리라(1:25)
B'. 과거와 미래 비교: 신실한 사사들이 다시 세워짐(1:26a)
A'. 신실한 성읍 회복(1:26b-27)

위 구조의 중심에 서 있는 D와 D'을 생각해 보자. 여호와께서 고관

〔지도자〕들의 역할을 감당하실 것을 암시하고 있다(cf. 2:1-4). 이사야서를 살펴보면 전반부에는 지도자들에 대한 비난이 많이 발견된다. 그러나 후반부에는 지도자들에 대한 언급이 거의 없다. 회복된 세상에서는 하나님이 직접 이스라엘을 통치하게 되기 때문이다. 즉, 하나님이 직접 백성의 지도자 역할을 하시는 것이다. 이사야의 소명(6장)에서 하나님이 보좌에 앉으신 왕으로 모습을 보이신 것도 별로 놀랄 일이 아니다. 주님은 이사야서 전체에서 이스라엘의 진정한 통치자로 군림하기를 원하신다. 이스라엘의 지도자들의 타락이 얼마나 심각한지 하나님의 직접적인 통치가 아니면 문제 해결이 안 될 것을 암시하는 것이다. 그렇다면 이 하나님의 통치는 언제, 어떻게 시작되는가? 전반부에서는 "임마누엘"을 통하여서 성취될 것을 예고한다(cf. 7-9장). 후반부에서는 "여호와의 종"을 통해서 이루어질 것을 예언한다(cf. 52-53장).

이 섹션을 텍스트가 사용하는 인칭에 따라 구분해 보면 다음과 같은 균형적인 대칭을 이루고 있다.

1. 창녀가 된 시온(1:21)	3인칭
2. "너희가 썩었다"(1:22-23)	2인칭
3. 대책: "내가(여호와) 심판하리라"(1:24)	1인칭
2'. "너희는 회복되리라"(1:25-26)	2인칭
1'. 시온이 구원을 받으라(1:27)	3인칭

위 구조에서 확실하게 드러나는 것은 하나님이 주의 백성에게 내리시는 심판의 성향이다. 하나님의 심판이 시작되니(24절) 부패한 이스라엘(22-23절)이 회복되고(25-26절), 창녀가 되었던 시온(21절)이 구원을 받는다(27절). 하나님의 심판으로 인하여 주의 백성이 멸망하고 죽는 것이 아니라, 오히려 회복되고 구원을 받게 된 것이다! 하나님은 결코 자기 백성을 죽이시는 심판을 하시는 분이 아니시며, 항상 회복과 축복을 목적으로 한 심판을 하시는 분이라는 사실을 확실하게 드러내는 텍스

트다. 그러므로 선지자들은 하나님의 징계를 받았다고 탄식하는 백성들에게 오히려 하나님께 돌아가라고 권면한다(cf. 호 6:1).

우리말 번역본들에는 반영되어 있지 않지만, 이 섹션을 시작하는 히브리어 단어(אֵיכָה)(21절)는 애가를 시작하는 전문 용어다(cf. Tucker). 저자는 주의 백성들에 대한 도저히 믿기 어려운 일을 목격하고 망연자실해서 극도로 슬픈 노래를 부르고 있는 것이다(Brueggemann). 선지자는 이미 4절에서도 애가를 시작하는 다른 단어(הוֹי)를 사용하여 하나님의 슬픔을 극적으로 묘사한 적이 있다. 애가는 원래 장례식에서 죽은 자를 기념하며 부르던 슬픈 노래다. 선지자는 지금 시온에 사는 사람들 앞에서 시온이 죽은 것을 슬퍼하며 애가를 부른다! 선지자의 애가가 청중들에게 얼마나 충격적일지 상상해 보라. 이사야가 애가를 시작하는 이유는 주의 백성의 윤리적 타락이 아니라 하나님에 대한 불순종 때문이다. 이사야는 한때 하나님께 참으로 신실하던 성읍 시온이 어느덧 창녀로 전락했다며 한탄한다(21a절). 구약에서 나라나 성읍이 창녀가 된다는 것은 하나님을 버리고 우상을 숭배하는 것을 의미한다. 이스라엘이 시내 산에서 하나님과 언약을 맺은 것은 곧 신부가 되어 하나님을 남편으로 맞이한 것을 의미한다. 그래서 선지자들은 주의 백성이 하나님을 배신하는 것을 간음으로 비유하는 것이다. 본문에서도 하나님께 등을 돌린 예루살렘 주민들이 창녀로 전락한 것으로 묘사된다. 또한 그들이 하나님께 등을 돌린 것은 곧 그들의 얼굴이 우상을 향하고 있음을 암시한다. 그들은 거룩하신 하나님께 드려야 할 마음을 우상에게 준 것이다.

하나님을 떠난 이스라엘의 종교적 타락은 자연히 도덕적인 타락으로 연결된다. 하나님께 신실하던 성읍이 우상을 숭배하자, 정의와 공의로 가득하던 사회가 악인들로 가득하게 되었다(21b절). 이것이 이스라엘의 사회적 타락의 시작이다. 사회의 문제나 악의 근본이 바로 여기에 있다. 한때는 정의와 공의가 지배하던 시온에 어느덧 살인자들이 판을 친다. "정의"(מִשְׁפָּט)는 주로 공평하고 합리적인 판결을 의미하는 법정과 연관된 개념이다(HALOT). "공의"(צֶדֶק)는 사회가 추구하는 가치관과 연관된 용어다. 이 두 개념은 하나님의 거룩하심에 기초를 두고 있으며(5:16), 성경에서 쌍(pair)을 이루는 단어로 자주 등장한다(cf. 창 18:19; 삼하 8:15; 왕상 10:9; 시 33:5; 잠 2:9). 이 단어들은 하나님이 기뻐하시는 가장 이상적인 사회를 묘사하며 우리 모두가 꿈꾸는 하나님 나라의 실현이다. 시온이 하나님 앞에서 신실했을 때 그 사회의 가치 기준은 하나님이 기뻐하시는 공의와 정의였다. 선지자들에 의하면 사회의 죄와 부패는 본질적으로 종교적 부패에서 시작된다.

선지자는 이어 썩어 가는 경제 풍토를 한탄한다(22절). 은에 "불순물"(סִיג)(cf. 25절)이 섞이고 술에 물이 섞였다. 상인들이 속여 부당한 이익을 취하고 있음을 뜻한다. 상인들이 속이면 누가 가장 큰 피해를 보겠는가? 서민들이다. 부자와 권력자들은 상인들의 농간에 놀아날 사람들이 아니다. 상인들이 농간을 부리면 권력자들은 오히려 더 큰 부를 누린다. 상인들이 권력자들의 묵인 없이 어떻게 이런 일을 할 수 있겠는가? 그러므로 상인들이 썩었다는 것은 벌써 그들과 권력자들 사이에 이해관계가 형성되어 뇌물이 오가고 있음을 암시한다(cf. 23b절). 권력가들은 상인들의 뇌물을 받고 그들의 범죄를 묵인해 주고, 상인들은 마음껏 서민들을 속여 부당한 이득을 챙기는 것이다. 이해가 되지 않거든 한국의 경제 실태를 생각해 보라. 결국 경제가 어렵다는 것은 서민들만 힘들다는 뜻이다.

어떻게 이런 불법 행위가 성행할 수 있는가? 이미 언급한 것처럼 상인들이 정치인, 지도자들을 업고 부정 행위를 하기 때문에 가능하다(23절). 상인들은 권력가들에게 끊임없이 뇌물을 바치고 있다. 이스라엘의 지도자들은 뇌물을 좋아하며 법정에서 고아와 과부의 억울함을 변호하거나, 그들에게 정당한 판결을 내릴 생각을 하지 않는다(23b절; cf. 17절). 하나님의 권위를 위임받아 공평한 판결을 내려야 할 이스라엘 법정에 돈이 있으면 무죄, 돈이 없으면 유죄라는 풍토가 조성되어 버린 것이다. 이러한 상황에 분노하신 하나님이 이스라엘의 지도자들과 재판관들을 "반역자들"(סוֹרְרִים), "도둑놈들의 짝"(חַבְרֵי גַּנָּבִים)이라며 맹렬하게 비난하신다(23a절). 한 주석가는 본문이 묘사하고 있는 부패한 나라는 아하스 왕이 다스리던 유다라고 한다(Clements). 충분히 가능한 추측이다.

뇌물은 사람의 눈을 멀게 한다(출 23:8; 신 16:19). 어느 사회든지 경제문제가 단순히 경제인들의 비윤리적인 행동에서 비롯된 것만은 아니라는 사실을 익히 알고 있을 것이다. 경제적 부패 행위는 항상 정계(政界)와 관계(官界)가 연관되어 행해진다. 그래서 정계와 관계는 개혁되기가 거의 불가능하다. 왜? 대부분의 경우 뇌물을 수수한 사람들이 정계와 관계의 주도권을 가지고 있고, 그들에게 필요한 정치자금은 부패한 경제인들이 지원하기 때문이다.

이런 관점에서 한국 사회의 각계 지도층을 보면 그저 마음이 답답하다. 사무엘의 회고를 묵상해 보자. "나는 뇌물을 받은 적이 없다"(삼상 12:2). 우리의 인생에 종지부를 찍을 때, 하나님 앞에서 이 고백을 자신있게 할 수 있게 되기를 바랄 뿐이다. 불행하게도 교회 안에서도 직접적이거나 간접적인 "뇌물 수수"가 이루어지고 있다. 다만 방법만 세상에서 행해지는 것보다 더 '거룩'해졌을 뿐이다.

우리가 추구해야 할 참종교(true religion)(cf. 1:17; 약 1:27)는 어떤 것인가? 사역자는 평생 자신과 싸워 이겨야 할 시험이 있다. 바로 강자 편에 서고 싶은 충동이다. 실제로 강자 편에 서면 얻는 게 많다. 그러나 사역자들은 아주 명확하게 옳고 그름의 문제가 아니라면 연약한 자의 대변인이 되어야 한다. 강자들에게는 목회자가 아니더라도 항상 그들을 대변할 '친구'가 있기 때문이다. 반면에 약자에게는 사역자가 그의 유일한 '친구'일 가능성이 높다.

거룩하신 하나님이 온갖 악으로 얼룩진 사회, 주께서 주신 아름다운 가치들을 남김없이 내팽개친 이스라엘을 방관하실 리 없다. 여호와께서 그들을 심판하실 것을 선언하신다(24절). 하나님이 얼마나 분노하셨는지, 자기 백성(cf. 2-3절)을 향해 "나의 대적"(צָרַי), "나의 원수"(אוֹיְבָי)에게 분노를 쏟겠다고 하신다. 성전(聖戰)에서 하나님이 치시는 이스라엘의 원수들에게나 어울리는 표현들이다(Tucker). 한때는 하나님이 가장 귀한 보물(출 19:5; 신 26:18)로 대하셨던 주의 백성이 어느덧 주님의 원수와 대적이 되어 있다. 참으로 충격적인 일이 벌어지고 있다! 주의 백성이 주의 원수가 되었다! 이 모든 것은 주의 백성이 하나님의 부르심에 합당한 삶을 살지 않고 주님이 주신 말씀에 순종하지 않았기 때문이다.

자신이 가장 사랑하는 백성을 "원수, 대적"이라고 부르시는 하나님의 심정은 어떠할까? 이 모든 상황을 즐기시고 계실까? 아니면 특별한 감정 없이 묵묵히 형을 집행하는 재판관의 마음이실까? 아니다. 하나님의 마음은 요동치며 감정이 격해져 있으시다. 이 같은 사실은 하나님의 "내가 나의 대적, 나의 원수를 심판하겠다"라는 선언이, 4절에서 애가를 시작했던 "슬프다/아이고!"(הוֹי)로 시작하고 있다는 것에서(24b절) 확실히 드러난다. 백성에게 심판을 선언하시는 하나님의 마음은 더없이 아프고, 그분의 눈에는 눈물이 고여 있는 것이다. 그래서 필자는 선지서를 "〔하나님의〕 눈물로 쓴 편지"라고 말한다. 표면적으로는 하나님이 분노하시고 심판하시기 때문에 심판을 받는 주의 백성이 피해자이고, 심판하시는 하나님이 가해자로 보일 수 있다. 그러나 실제로는 백성들의 죄로 인해 신음하시고 눈물짓는 하나님이 피해자이며, 자신들의 죄가 하나님께 어떤 상처를 안겨 주는지도 모르고 마냥 죄를 짓는 주의 백성이 가해자다. 그래서 학자들은 선지서를 논할 때 "하나님의 고뇌"(suffering of God)를 중요한 주제로 인식하고 논한다. 우리의 죄가 하나님께 어떤 아픔이 되는지를 의식한다면 죄짓는 일이 많이 줄어들 텐데!

하나님은 이처럼 아파하시면서 백성에 대한 심판을 시작하신다. 그러나 이게 웬일인가! 하나님의 심판이 시작된 이후 주의 백성에게 임하는 변화는 세 가지로, 전혀 기대하지 못했던 일들이다. 또한 이 일들은 죄지은 백성과 하나님이 함께 노력하여 이루어내는 결과가 아니라 전적으로 하나님이 하시는 일이다(Childs).

첫째, 하나님이 손을 들어 자기 백성을 치시니(וְאָשִׁיבָה יָדִי עָלַיִךְ)(25a절; cf. NIV; NAS; TNK), 하나님께 맞은 백성이 죽는 것이 아니라 오히려 정결해진다! 그동안 주의 백성들의 삶을 오염시켰던 "불순물"(סִיג)(viz., 죄악)이 제거된다(25절). 선지자는 앞에서 제시된 구조의 C섹션(22절)에서 이스라엘의 은에 "불순물/찌꺼기"(סִיג)가 섞였다며 비난했는데, 하나님이 심판을 시작하시자 이스라엘의 "불순물"(סִיג)이 제거되는 것이다. 이것이 선지자가 본문에서 사용하고 있는 세 가지 반전 중 그 첫 번째이다. 하나님의 심판으로 인하여 불순물로 가득한 자들의 삶에서 강제로 불순물이 제거된다. 저자는 이 사실을 선포하면서 용광로에서 은의 불순물을 제거하는 이미지를 사용하고 있다. 욥의 고백이 생각난다. "그가 나를 단련하신 후에는 내가 순금 같이 되어 나오리라"(욥 23:10). 그러나 백성에게서 불순물이 제거되어 그들이 다시 순결한 은이 되려면 용광로의 불을 지나가야 한다. 혹독한 재앙이 임할 것을 암시하는 것이다(Tucker).

하나님이 때로 자기 백성을 심판하시는 것은 그들을 죽이기 위해서가 아니라 살리기 위해서다. 더 이상 죄를 방치할 수 없어서 그 죄 문제를 해결해 주시려고 치시는 것이다. 우리의 삶에서 죄 문제가 해결되면 우리는 하나님의 은총과 자비를 다시 누리며 주님과 함께 동행할 수 있기 때문이다. 하나님은 다시 우리와 함께할 수 있는 기반을 만드시기 위하여 우리를 징계하신다. 그렇다고 해서 하나님의 심판을 소망할 필요는 없다. 주님의 징계가 있은 후에는 좋은 일들이 기다리지만, 정작 심판은 용광로 같은 경험이기 때문이다. 그러므로 처음부터 하나님의 말씀에 순종하며 심판을 받지 않을 삶을 사는 것이 더 좋고 행복한 일이다.

둘째, 하나님의 심판에서 불순물을 제거하는 단계가 끝나니 주의 백성을 인도하는 리더십이 옛날처럼 경건하고 지혜롭게 된다(26절). 선지자는 D섹션(23절)에서 이스라엘의 리더십이 부패했다며 맹렬히 비난했다. "지도자들은 반역하는 자들이며, 도둑의 짝이다!" 이제 하나님은 부패한 리더들을 내치시고 옛날처럼 훌륭한 리더들을 주실 것을 약속하신다(Sweeney). 주께서 새롭게 세우는 리더들은 하나님을 경외하고 지혜로운 사람들이 될 것이다. 하나님이 이루신 두 번째 반전이다.

이스라엘은 한때 다윗의 통치 아래 매우 이상적인 하나님의 나라를 건설해 나가는 듯했다. 그러나 다윗의 후손들 중에는 다윗만한 왕이 없었다. 선지자 이사야가 사역하던 시대까지 유다에는 리더십 위기가 지속되었다. 결국 이스라엘에게 남은 유일한 소망은 하나님이 직접 오셔서 모든 것을 원래 모양대로 회복(치유)하시는 것이었다. 선지자는 본문에서 옛적 다윗과 같은 지도자들이 주의 백성을 다스릴 날이 머지않았음을 노래하고 있다(cf. Wildberger; Oswalt).

위에서 하나님은 지도자들이 과부와 고아를 공평하게 대하지 않는다고 비난하셨다(23b절). 그러므로 우리는 하나님이 세우실 새 리더십이 고아와 과부(viz., 사회의 약자들)의 인권을 존중하고 그들을 공평하게 대할 것을 기대할 수 있다. 이처럼 경건한 지도자들이 다스리는 공동체가 다시 "의의 성읍"(עִיר הַצֶּדֶק)이라고 불리는 것은 당연한 일이다(26c절). 살인자와 온갖 범법자들로 가득하던 시온이(cf. 21b절) 다시 원래 모습을 회복한 것이다. 오늘날 한국 교회가 경험하고 있는 리더십 공백(leadership vacuum)도 이 땅에 회개 운동이 임할 때 해결될 것이다. 하나님이 회개하는 자들 중에서 주님을 경외하고 약자들을 변호하는 참된 지도자들을 세우실 것이기 때문이다.

야고보 사도는 성도들에게 환난과 징계가 그들의 삶에 임하거든 그것은 축복이니 감사하며 기쁘게 받으라고 했다(약 1:2, 12). 하나님의 백성들은 왜 환난과 징계를 기쁘게 받을 수 있는가? 환난과 징계가 지나면 회복이 오기 때문이다. 어떻게 확신할 수 있는가? 하나님은 결코 징계를 위한 징계를 하시는 분이 아니시며, 우리를 더 온전히 세우시기 위하여 징계하시는 분이기 때문이다. 그래서 선지자들은 심판과 환난에 대하여 부정적으로 생각하지 않았다. 심판이 임하면 회복과 축복이 뒤따르기 때문이다. 여기서도 동일한 원리가 포착되고 있다. 주의 백성에게는 환난일 수밖에 없는 하나님의 심판이 지나고 나니 회복이 왔다. 우리의 삶에서도 죄로 인해 무너지고 깨어진 부분을 보수하여 온전하게 하기 위해서는 창조적인 고통이 선행되어야 한다. 심판이 지난 후 우리가 누리게 될 축복과 기쁨은 이 과정에서 우리가 견디어야 할 고통보다 몇 배나 크다. 한때 구창모라는 가수는 "아픔만큼 성숙해지는 진실을 알게 했어요"라는 가사의 노래를 불러 히트한 적이 있다. 매우 성경적인 고백이라고 생각한다.

셋째, 하나님의 심판의 결과로 시온은 정의로 구속함을 받게 된다(27절). 불순물이 제거되고 경건한 지도자들이 지배하는 사회가 된 시온과 주민들을 하나님이 구원하신다. 시온이 창녀가 되어 팽개쳐졌는데(21a절), 하나님이 이제 정결해진 도성과 주민들을 다시 구원하신다. 이것이 하나님의 심판이 이루는 세 번째 반전이다. 물론 모든 사람이 하나님의 구원을 입는 것은 아니다. 하나님이 주의 백성들 중 "은과 불순물"를 구별하신다는 것이 이 섹션의 핵심 메시지다(Kaiser). 오직 회개한 백성만이 하나님의 은혜를 입을 것이며(cf. 새번역), 회개하지 않는 자들은 제거하실 것이다. 앞으로 임할 심판을 통해 제거될 "불순물"은 대부분 이스라엘의 지도층이다(Tucker).

시온의 "돌아온 자들"(שָׁבֶיהָ)(viz., 회개하고 주님께 돌아온 자들)만이 "정의"(מִשְׁפָּט)와 "공의"(צְדָקָה)로 구속받게 될 것이다(27절). 선지자는 정의와 공의가 시온에서 사라진 지 오래되었다고 했다(21절). 이제 하나님이 시온에 다시 정의와 공의를 회복시키실 것이다. 그리고 그 정의와 공의로 회개한 자들을 구속하신다. 그런데 이 정의와 공의는 주의 백성의 것인가, 아니면 하나님의 것인가? 일부 주석가는 구속받는 자들의 정의와 공의라고 한다(Brueggemann; Motyer). 이들은 고아를 보살피고 과부들을 변호해 준 자들이라는 것이다(cf. 17절). 이렇게 해석할 경우 이 사람들은 자신들의 노력으로 구원에 이르게 되었다. 그러나 대부분 주석가는 시온에서 사라진 공의와 정의는 사람들의 것이지만, 다시 회복되는 공의와 정의는 하나님의 것이라고 한다(Blenkinsopp; Wildberger; Oswalt; Sweeney; Smith). 사람이 스스로 구원에 이를 만한 의를 행할 수 없기 때문에 하나님이 새로운 기준을 시온에게 주실 것을 암시한다는 뜻이다. 거룩한 도성 시온을 최대한 많은 사람들로 채우는 것이 하나님이 원하시는 것이다(Smith). 주님은 죄인들이 심판을 받아 죽는 것을 기뻐하지 않으시는 분이다.

이미 16-17절과 연관하여 언급한 것처럼 이사야 선지자는 회개란 지난날의 잘못을 정리하는 것으로 끝나는 것이 아니라 이제부터 하나님의 백성으로서 어떻게 정의를 추구하며 의롭게 살 것인가에 대한 굳은 의지도 포함되어 있다고 했다. 그러므로 여기서 선지자가 "회개한 자"라고 할 때는 단순히 입으로 잘못을 시인하는 차원을 말함이 아니다. 삶에서 회개의 열매(공의와 정의를 추구하는 것)를 맺기 위하여 최선을 다하는 사람들을 뜻한다.

그렇다고 해서 그들이 선행과 노력으로 구원에 이르렀다고 하기에는 다소 무리가 있다. 하나님이 이들을 구속하실 것이라고 하는데, 성경에서 "구속하다"(פדה)는 흔히 억압된 사람들을 해방시키는 일을 의미한다. 그래서 하나님이 이집트에서 종살이하던 이스라엘을 구원하신 일을 이 동사로 묘사한다(출 9:25; 신 15:15; 24:18). 하나님이 곤경에 처한 사람들에게 도움의 손길을 내미신 것을 뜻한다. 본문에서도 회개한 자들이 스스로 구원을 얻은 것이 아니라, 하나님이 죄의 심각성을 의식하고 고민하는 사람들을 그들의 죄에서 구원하신 것을 의미한다. 이들이 구속을 받은 것은 하나님의 은혜인 것이다.

교회의 역사를 살펴보면 교회는 항상 순수성에 대해 위협받아 온 것을 알게 된다. 수없이 많은 교회들이 예수님의 이름으로 세워졌고 존재하다가 사라졌다. 모두 다 하나님이 세우신 교회라고 생각할 수 없다. 그렇다면 무엇이 진짜 교회와 가짜 교회를 구분하는가? 무엇으로 교인들과 교회에 숨어 있는 사탄의 자식들을 구분하겠는가? 참목회자와 예수의 이름과 기독교를 개인적인 이익을 위하여 이용하는 자들을 어떻게 구분할 수 있는가? 초대 교회부터 이런 "양의 탈을 쓴 늑대들"이 교회의 내부에서 성도들을 괴롭혀 왔다. 선지자 이사야는 그들의 삶을 보면 알 수 있다고 한다. 예수님도 나무를 판단하는 잣대는 오직 그 열매라고 하셨다(마 12:33). 참성도와 거짓 성도, 하나님이 세우신 교회와 가짜 교회, 참목자와 거짓 목자를 구분하는 가장 기본적인 잣대는 과연 이들이 어떤 열매를 맺느냐인 것이다.

안타깝게도 이같은 놀라운 반전들이 있기 전에 먼저 죄에 대한 하나님의 심판이 임해야 한다(cf. 24절). 본문이 노래하고 있는 회복은 죄의 쓰라림을 경험한 후에 오는 축복인 것이다. 만일 불의가 심판을 받지 않는다면 세상은 너무 불공평하다. 또한 세상에서 가장 거룩하신 하나님이 죄인들과 함께할 수는 없다. 그러므로 죄인이 하나님과 함께하려면 먼저 자신의 죄를 해결해야 한다. 그러나 죄지은 인간이 스스로 자신의 죄 문제를 해결할 수 있는가? 인간은 결코 스스로 죄 문제를 해결하지 못한다. 그러므로 하나님이 인간의 죄 문제 해결의 실마리를 제시하셔야 한다. 본문은 그 실마리가 다름아닌 심판이라고 한다.

인간의 죄에 대한 하나님의 심판은 분명히 있고 정의는 승리할 것이다. 물론 현실이 이러한 창조의 이치를 부인할 때도 있다. 이 문제를 놓고 선지자 하박국도 많은 고민 끝에 하나님께 항의한 적이 있다. "왜 악인들은 성행하고 의인들은 고난을 당합니까?"(합 1:13) 그러나 자신의 책 끝부분에 가서는 선지자의 질문이 신앙 고백으로 바뀐다.

비록 무화과나무가 무성하지 못하며,

포도나무에 열매가 없으며,

감람나무에 소출이 없으며,
밭에 먹을 것이 없으며,
우리에 양이 없으며,
외양간에 소가 없을지라도
나는 여호와로 말미암아 즐거워하며
나의 구원의 하나님으로 말미암아 기뻐하리로다
(합 3:17-18)

하나님께 항의하던 선지지가 이렇게 변화된 이유가 무엇인가? 무엇보다도 그가 하나님을 직접 체험하게 된 것이 이 같은 변화를 가져왔다. 하나님을 직접 만나니 이 세상의 모든 부조리와 악의 문제가 더 이상 문제가 되지 않았다. 선지자는 하나님이 이러한 상황을 알고 계신다는 사실을 깨닫는 순간, 이 문제는 더 이상 자신이 고민할 것이 아니라는 것을 스스로 깨달았다. 하나님이 이 문제에 대하여 한 마디도 대답하지 않으셨지만, 창조주가 알고 계시면 된다는 확신이자 고백이었다. 문제의 해결을 바라기 전에 이제 이 문제는 더 이상 이슈가 되지 않고 녹아 버린 것이다.

우리는 이러한 현상을 욥기에서도 접하게 된다. 욥은 하나님을 직접 대면하여 자신이 왜 고통을 당하고 있는가를 알고 싶어 했다. 드디어 하나님이 그에게 나타나셨다. 그러나 재미있는 것은 하나님은 일종의 동문서답을 하셨을 뿐 정작 욥이 왜 고통을 당했는지에 대하여는 답하지 않으셨다는 것이다. 그런데도 욥은 "이제 더 이상 나의 문제는 문제가 되지 않습니다. 평소에 귀로만 듣던 분을 이렇게 직접 만났으니 무엇이 문제가 되겠습니까!"라는 반응을 보였다(욥 42:5-6). 하나님을 만나면 이렇게 된다. 우리가 고민하는 모든 문제와 질문에 대해 적절한 답을 얻는 것은 아니지만, 그것이 더 이상 문제가 되지는 않는다. 그러므로 현실에서 이해가 되지 않거나 하나님이 창조하신 원리와 순리에 역행하는 일들을 겪게 될 때, 그것들을 이해하기 위하여 지나치게 노력할 필요는 없다. 전능하신 하나님을 만나기만 하면 된다. 또한 세상의 불의에 시달리는 주의 백성들이 하나님을 직접 만날 수 있도록 여건을 조성해 주는 것이 우리 사역의 목적이 되어야 할 것이다.

또한 어떠한 불의를 경험한다 해도 좌절하지 말고 하나님을 바라보자. 하나님의 사역은 현실을 초월하는 것이요, 그분의 역사는 한순간보다 훨씬 더 긴 시간이라는 것을 기억해야 할 것이다. 이러한 생각을 바탕으로 현실의 악을 이겨낸 사람들이 있다. 바로 미국의 인권 운동가들이었다. 기독교 지도자들을 중심으로 이루어졌던 흑인 인권 투쟁은 1950-60년대 미국을 뜨겁게 달아오르게 했다. 결국 불가능해 보이던 싸움에서 그들은 승리했다. 그들이 시위 행진을 하면서 항상 부르던 노래는 다음과 같이 시작된다. "우리는 이기리라. 내 마음 깊은 곳에서 우리는 확신하네. 언젠가는 우리가 이기리라는 것을…."

7. 범죄 사례 3. 노골적인 우상 숭배(1:28-31)

28 그러나 패역한 자와 죄인은 함께 패망하고
여호와를 버린 자도 멸망할 것이라
29 너희가 기뻐하던 상수리나무로 말미암아
너희가 부끄러움을 당할 것이요
너희가 택한 동산으로 말미암아
수치를 당할 것이며
30 너희는 잎사귀 마른 상수리나무 같을 것이요
물 없는 동산 같으리니
31 강한 자는 삼오라기 같고

그의 행위는 불티 같아서
함께 탈 것이나 끌 사람이 없으리라

앞에서 선지자는 회개하는 사람을 정제된 은에 비교했으며(cf. 25절), 그들은 하나님의 구속을 받을 것이라 했다(27절). 저자는 이제 패역한 자와 주님을 버린 자는 멸망할 것이라고 경고한다(28절). 그러므로 이 섹션은 하나님에 의해 제거될 "찌꺼기/불순물"(악인들)에 관한 내용이다. 하나님의 "은과 찌꺼기"에 대한 차별화가 본문에서 극에 달하고 있다. 이 섹션은 다음과 같은 구조로 이뤄졌다. 이번에도 사용하는 인칭의 변화가 핵심 메시지(B)를 가리키고 있다.

A. 패역한 자와 죄인은 함께 패망하리라(28절) 3인칭
    B. 너희는 부끄러움을 당하리라(29-30절) 2인칭
A'. 그들은 모두 불에 탈 것이다(31절) 3인칭

위의 구조에 의하면 이 섹션의 초점은 우상 숭배에 있는 것이 아니라 우상 숭배자의 미래에 있다. 하나님의 구속함을 받는 사람들과는 달리 본문에 묘사된 악인들은 하나님의 심판을 통해 엄청난 수치를 당할 것이다. 1장에는 불에 대한 언급이 3차례나 있다(7b, 25b, 31절). 불은 앞으로 다가올 하나님의 심판의 심각성을 드러낸다. 또한 꺼지지 않는 불이 책이 끝날 때까지 타오르고 있다(cf. 66:24; 1:31).

선지자는 악인들이 상수리나무를 즐거워했다고 하는데(29절), 일부 학자들은 고대 사회가 지도자들을 큰 나무에 비유했다고 하여 이 상수리나무가 당시 지도자들이라고 한다(Gitay; cf. Nielsen). 그러나 잘못된 해석이다. 상수리나무는 정원과 함께 우상 숭배와 연관된 것들이다(29절). 우기와 건기가 뚜렷하게 구분되는 가나안 지역 광야에서 크고 푸르른 나무는 흔히 볼 수 있는 것이 아니다. 그래서 당시 사람들은 왕

성하게 자란 나무들을 보면 그곳에는 신(들)이 머무는 곳이라 생각하여 제단을 세우고 우상을 숭배했다. 건기에도 물이 있는 곳에는 정원을 만들고 그곳에서 "그 정원의 주인"(viz., 우상)을 숭배했다(Ackerman; cf. Nielsen). 가나안 사람들은 이런 일을 즐겨 했다. 그래서 모세는 이스라엘이 가나안에 입성하거든 이것들을 모두 없애라고 명령했다(신 12:2). 안타깝게도 주의 백성이라고 자칭하는 자들 중 일부가 스스로 이런 짓을 하고 있다(cf. 왕하 16:4; 17:10; 21장; 대하 33장; 렘 2:20; 3:6, 13; 겔 6:13).

하나님은 그들이 즐거워하는 상수리나무를 시들게 하실 것이며, 그들이 기뻐하는 정원을 메마르게 하실 것이다(30절). 본문이 제시하는 이미지는 확실하다. 성냥개비 하나만 있으면 모든 것이 걷잡을 수 없이 타오를 터인데, 곧 모든 것이 바짝 마른 상황이다. 이것이 우상의 실체다. 우상은 사람들에게 생기와 푸르름을 줄 것 같고, 메마른 삶에 생수를 줄 것 같지만, 실제는 해 줄 수 있는 것이 아무것도 없다. 신이 아니기 때문이다. 오히려 사람에게서 생기와 물을 공급받지 못하면 생존할 수 없는 것이 우상이다. 게다가 하나님이 우상들을 제거하기로 결정하시면 누가 주님이 하시는 일을 막을 수 있겠는가?

하나님이 "바짝 말린" 우상들에게 심판의 불을 지피셔서 모두 태우신다(31절). 숭배자들이 우상에 붙은 불을 끄기는커녕 자신들도 함께 불에 타 죽는다! 이들은 자신의 삶에 생명을 더하기 위하여 우상을 숭배했는데, 오히려 우상들 때문에 죽게 되었다(Tucker). 강한 자마저도 "삼오라기같이 탈 것"이라고 하신다. 그 누구도 자신을 구할 수 없을 것이라는 경고다. 만일 우상들이 신이었다면, 이런 일은 없었을 것이며 하나님을 대항하여 싸웠을 것이다. 그러므로 우상들이 하나님에 의해 잿더미가 된다는 것은 이것들은 실존하는 존재가 아니라, 인간의 경건하지 못한 상상력이 만들어낸 피조물에 불과하다는 것을 암시한다(cf. 2장 주해). 이것이 우상들의 실체다.

또한 심판받아 타 죽는 자들의 과거에 저지른 일들이 그들을 사르는 불이 될 것이라고 하신다(31절). 성경은 우리가 평소에 선을 행하고 살아야 하는 이유 중 하나가 심판과 환난이 임하는 날, 우리의 선이 우리를 변호하고 보호하는 역할을 하기 때문이라고 한다. 그런데 이들의 경우에는 지난날의 일들이 그들을 사르는 "불에 기름을 더하고 있다!" 물론 하나님이 지피신 불이니 그 누구도 끌 수 없다.

성경은 우리가 장차 받을 심판을 불에 비교하기도 한다. 우리가 일생 동안 이룬 업적이 불의 심판을 받을 것이라는 의미다. 이 같은 사실을 의식하며 살아가는 우리는 오늘 이 순간 무엇을 하고 있으며, 어떤 업적을 남기고자 하는가에 대하여 한 번 더 생각해 보아야 한다. 불에 타 없어질 것들이 아니라, 하나님 나라에 영원히 기여하는 그런 것을 남겨야 할 것이다. 하나님은 일단 한 번 불이 지펴지면 걷잡을 수 없이 탈 것을 경고하신다.

우리는 종종 우상 숭배는 과거에나 있었던 일이거나, 믿지 않는 자들이 갖는 문제라고 생각한다. 그러나 그렇지 않다. 주님의 자녀들도, 심지어 교회 지도자들도 항상 우상 숭배의 가능성에 노출되어 있다. 오늘날 우상 숭배는 어떤 모습으로 나타나는가? 사탄은 간교해서 더 이상 우리 눈에 보이는 우상으로 성도들을 유혹하지 않는다. 많은 성도들이 눈에 보이는 우상에게 절하느니 차라리 순교를 택하겠다는 각오로 살아가기 때문이다. 문제는 눈에 보이지 않는 우상, 곧 우리가 우상이라고 생각하지 못하는 우상들이다. 무의식적으로 갖게 된 세속적인 가치관, 돈, 자녀, 명예, 권력 등이 우상이 되어 교인들과 목회자들을 괴롭힌다. 우리의 삶에서 하나님이 차지하셔야 할 자리를 그 무엇인가가 차지한다면, 그것이 바로 우상이다. 하나님의 나라를 위한 것이라며 사람들이 추구하는 비전 역시 하나님이 허락하지 않으신 것이면 우상이 될 수 있다. 또한 우리가 마음속에 새긴 하나님의 형상이 성경이 제시하는 하나님 형상에서 조금이라도 벗어난다면 우리가 섬긴다는 하나님 역시 하나의 우상에 불과하다.

2장. 위대하신 하나님과 교만한 백성(2:1-4:6)

저자는 2:1을 새로운 표제로 시작하여 1장과 이 섹션을 구분한다. 많은 비평학자들이 2:1이 원래 이사야서의 시작이었는데, 훗날 누군가가 1:1-31을 첨부한 것이라고 주장한다(Kaiser; Wildberger; Seitz; Sweeney; cf. Tucker). 이 같은 가능성을 완전히 배제할 수는 없다. 그러나 정확한 사실을 알 수 없는 상황에서 이 같은 추측은 본문을 이해하는 데 크게 도움이 되지 않을 뿐만 아니라, 소모적인 논쟁을 유발할 뿐이다.

이 섹션(2:1-4:6)은 9:1-11:16과 구조와 내용면에서 비슷하다. 다음 도표를 생각해 보라.

A. 하나님의 나라가 세워질 것이다(2:1-5)	A. 의로운 왕의 통치(9:1-7)
B. 교만 비난(2:6-22)	B. 이스라엘의 교만 비난(9:8-10:4)
B'. 교만 비난(3:1-4:1)	B'. 아시리아의 교만 비난(10:5-34)
A'. 하나님의 나라가 세워질 것이다(11:1-16)	A'. 의로운 왕의 통치(11:1-16)

중간에 위치한 5:1-30과 7:1-8:18은 유다가 죄로 인하여 이방인 군대들의 침략을 받은 일들에 관한 것들이다. 그러므로 이 섹션을 2:1-11:16의 일부로 간주하여 다음과 같은 구조가 제시되기도 한다(Smith).

A. 주님의 높임과 교만한 자들의 낮아짐(2:1-4:6)

B. 유다 파괴(5:1-30)

C. 거룩하신 왕이 이사야를 부르심(6:1-13)

B'. 유다 파괴(7:1-8:18)

A'. 의로운 왕의 높임과 교만한 자들의 낮아짐(9:1-11:6)

이사야 2:1-11:6에서 지속적으로 대조되는 것은 하나님의 위대하심(높으심)과 인간의 교만(낮음)이다. 또한 하나님 나라의 위대함과 사람들 나라의 어리석음이다. 그래서 학자들은 종종 이사야서를 "대조의 책"(book of contrasts)이라고 부르기도 한다(Oswalt). 1-11장에서 대조되고 있는 이 하나님의 나라와 사람들 나라의 차이는 다음과 같이 요약될 수 있다(Smith).

하나님의 나라/통치(God's Kingdom)	사람들의 나라/통치(Man's Kingdom)
2:1-4 사람들이 하나님의 법을 배우러 몰려옴	5:24; 10:1-2 사람들이 하나님의 법을 거부함
2:4 전쟁이 멈춤	5:28; 7:1; 10:6 국가들 사이에 전쟁이 있음
2:18-20 사람들이 금과 우상을 버림	2:7-8 사람들의 땅이 금과 우상으로 가득함
2:11, 17; 5:16; 12:4 하나님이 높임을 받으심	2:7-16 사람들과 부(富)가 높아짐
2:11, 17; 5:15; 10:12 사람들이 낮아짐	2:11, 17; 3:16; 5:15; 9:8; 10:12 사람들이 교만함
7:9; 8:17; 10:20; 12:2 하나님을 의지함	2:22; 7:12; 10:13 인간을 의지함
4:2-3 시온이 거룩하고 정결함	3:9; 5:8-24; 6:5; 8:6, 19 시온이 죄로 얼룩짐
6:3; 8:13 하나님이 거룩하심	6:5, 9-10 인간이 거룩하지 못함
9:1-2; 10:17 하나님이 빛이 되심	8:22-9:1 땅이 어두워짐
9:3; 12:3, 6 기쁨	5:8-24; 8:22; 10:1, 5 재앙과 슬픔
9:6-7; 11:4-5 공평하고 정의로운 왕	7:12; 9:14-17; 10:12 악한 왕들
11:3; 8:13; 12:2 하나님을 경외함	5:12; 7:2; 8:12 하나님을 두려워하지 않음; 인간을 두려워함
11:9; 12:4-5 하나님을 알게 됨	5:19; 6:9 하나님을 알지 못함

본 주석에서는 이사야 2:1-11:6의 첫 단원(Unit)인 2:1-4:6을 다음과 같이 다섯 섹션으로 나누어 주해해 나갈 것이다.[9]

A. 장차 임할 평화의 시대(2:1-5)
  B. 여호와의 날(2:6-22)
  B'. 예루살렘 지도자들에 대한 심판(3:1-15)
  B". 예루살렘 여인들에 대한 심판(3:16-4:1)
A'. 예루살렘이 평화의 시대를 맞음(4:2-6)

I. 유다와 예루살렘에 선포된 심판과 구원(1:1-12:6)
2장. 위대하신 하나님과 교만한 백성(2:1-4:6)

1. 장차 임할 평화의 시대(2:1-5)

1 아모스의 아들 이사야가 받은 바 유다와 예루살렘에 관한 말씀이라
2 말일에 여호와의 전의 산이
모든 산 꼭대기에 굳게 설 것이요
모든 작은 산 위에 뛰어나리니
만방이 그리로 모여들 것이라
3 많은 백성이 가며 이르기를
오라 우리가 여호와의 산에 오르며

9 이 섹션을 더 세부적으로 분석하면 다음과 같은 구조로 구성되었음을 알 수 있다(Wilklander).
A. 회복(2:1-4)
  B. 변환(2:5)
    C. 소송(2:6-8)
      D. "신들"에 대한 논쟁(2:9-10)
        E. 하나님의 현현(Theophany)(2:11-21)
      D'. "인간들"에 대한 논쟁(2:22)
    C'. 소송(3:1-26)
  B'. 변환(4:1)
A'. 회복(4:2-6)

야곱의 하나님의 전에 이르자
그가 그의 길을 우리에게 가르치실 것이라
우리가 그 길로 행하리라 하리니
이는 율법이 시온에서부터 나올 것이요
여호와의 말씀이 예루살렘에서부터 나올 것임이니라
4 그가 열방 사이에 판단하시며 많은 백성을 판결하시리니
무리가 그들의 칼을 쳐서 보습을 만들고
그들의 창을 쳐서 낫을 만들 것이며
이 나라와 저 나라가 다시는 칼을 들고 서로 치지 아니하며
다시는 전쟁을 연습하지 아니하리라
5 야곱 족속아 오라 우리가 여호와의 빛에 행하자

이사야 2장은 "여호와의 날"을 주제로 삼아 전개된다. 구약에서 여호와의 날은 양면성을 가졌다. 이 날은 하나님을 사랑하는 자들에게는 위로와 회복의 날이다. 그러나 하나님을 대적하는 자들에게는 심판과 재앙의 날이다. 선지자는 먼저 본문(1-5절)에서 하나님이 열방을 구원하실 그 날에 대하여 노래한다. 다음 섹션인 2:6-22은 왜 심판과 재앙의 날이 주의 백성에게 임할 수밖에 없는가(6-9절)와 이 날이 얼마나 두려운 날이 될 것인가를 선언한다(10-22절). 두 섹션은 매우 대조적인 "그 날"(말일)을 노래하고 있는 것이다.

일부 학자들은 2장을 2:1-4(cf. 미 4:1-4)과 2:5-22로 나누며 2:1-4의 역사적 배경을 포로 시대, 혹은 그 후로 본다(Wildberger; Kaiser). 심지어 이 섹션이 페르시아 시대에 하나님의 통치가 지연되는 것에 대하여 실망한 사람이 집필한 것이라는 주장도 있다(Sweeney). 2:1-4에 반영된 신학이 포로 시대 이전의 것으로 보기에는 너무 미래지향적이고 진보적이라는 것이다. 그러나 이 같은 주장은 자료나 증거를 제시하며 논리적으로 입증된 것이 아니라, 선입견을 전제로 순환논리를 펼치는 것에 불과

하기 때문에 그다지 설득력은 없다. 게다가 한 학자는 2:1-6:13이 모두 웃시야 왕 시대에 유래한 것이라고 한다(Milgrom). 학자들 사이에도 공통적인 의견이 모아지지 않은 것이다. 2:5-22의 경우에는 더욱더 논란이 많다. 학자들은 주전 8세기부터 4세기까지 다양한 견해를 내놓았다(cf. Childs). 그러나 거의 모든 학자들이 인정하는 것은 이 텍스트가 언제 제작된 것이든 간에 역사적 배경이 주전 8세기 후반으로 읽혀지는 것을 전제로 하고 있다는 점이다(Childs).

이사야 2:1-5이 처음에 북 왕국에 선포된 것을 누군가 남 왕국의 상황에 적용시킨 것이라고 주장하는 학자들도 있다(Davidson; cf. Kaiser). 그 이유는 "야곱의 족속"(5절)은 성경에서 주로 북 왕국을 뜻하며 사용된다는 것이다(Watts). 이렇게 해석할 경우 본 텍스트는 북 왕국이 망하게 된 주전 722년 이전에 선포되었을 것이다. 실제로 왓츠(Watts)는 이 말씀이 웃시야 혹은 요담 시대에 선포된 것이라고 생각한다. 그러나 빌트베르거(Wildberger)는 "야곱의 족속"이란 표현에서 "야곱"이 3절의 "야곱의 하나님"과 연결되어서 해석되어야 한다고 주장한다. 이 주장에 따르면 "야곱의 족속"이 항상 북 왕국을 뜻한다는 좁은 해석은 설득력을 잃게 된다. 게다가 시온에 관한 시편들 중에서 야곱은 두 왕국을 합쳐서 부르는 데 자주 사용된다. 물론 표제(2:1)가 훗날 임의로 첨부되었다고 주장하지만(Childs; Tucker), 논리적으로 생각할 때 만약에 이 말씀의 대상이 북 왕국이었다면 왜 "유다와 예루살렘"(2:1)에 관한 것이라 했겠는가? 그러므로 "야곱의 족속"이 북 왕국만을 지목한다는 주장은 설득력이 별로 없다. 본문은 1장과 마찬가지로 남 왕국 유다 사람들을 상대로 선포된 말씀이다(Oswalt; Smith).

이사야는 책의 첫 번째 표제인 1:1에서 자신에게 임한 하나님의 말씀을 "계시/환상"(חזון)이라 했는데, 두 번째 표제인 이곳에서는 "말씀"(דָּבָר)(word)이라고 표현한다. 그러나 동사는 1:1에서와 마찬가지로 "[환상을] 보다"(חזה)를 계속 사용함으로써 계시에 기준한 말씀이란 것을 강조한다. 받은 말씀은 1:1에서처럼 유다와 예루살렘에 관한 환상이다. 이미 1:1에서 표제가 제시된 상황에서 다시 이곳에 표제가 등장하는 것이 다소 부자연스럽다고 해서 2:1에 표제가 새로이 등장하는 것은 2-12장이 원래 독립적으로 존재하다가 훗날 1장이 더해진 것이라고 하는 학자들도 있고(Goldingay; Smith), 이 표제가 훗날 책이 편집되면서 삽입된 것이라고 생각하는 학자들도 있다(Ackroyd; Tomasino).

선지자가 받은 말씀은 "말일/세상의 끝 날"(בְּאַחֲרִית הַיָּמִים)에 시온에 관한 예언이다(2절). 하나님이 세상 끝 날에 시온의 모습에 대하여 말씀하시는 것은 원래 주님의 시온에 대한 기대는 이러했는데, 이스라엘의 현실(cf. 1:21)은 그렇지 않음에 대한 안타까움을 내포하고 있다. 선지자가 본 시온 환상의 핵심은 하나님의 임재와 사역이다. 본문은 시온에 관한 것이지만, 실제로 시온이 하는 일은 없으며, 하나님이 모든 것을 주도하신다. 즉, 시온은 하나님께 사용만 받으면 되는 것이다. 우리의 사역도 이런 것이 아닐까 싶다.

이 비전은 미가서 4:1-3에도 기록되어 있다. 미가서 4:1-3은 이사야 2:2-4과 거의 흡사하다. 누가 누구를 인용한 것인가? 학자들마다 의견이 분분하다. 이사야가 원조이고 미가가 인용한 것으로 해석하는 학자들이 있고(Ackroyd; Wildberger), 미가가 선포한 것을 이사야가 인용한 것이라고 주장하는 주석가들도 있지만(Cannawurf), 대체로 두 선지자가 우리에게 전수되지 않은 제3의 출처를 인용하고 있다고 생각한다(von Rad; Roberts; Oswalt; Smith). 더 나아가 하나님이 이 두 선지자에게 동일하게 주신 계시라고 생각하는 학자도 있으며(Archer), 훗날 다른 사람이 두 선지서에 이 비전을 공통적으로 삽입한 것이라고 주장하는 학자들도 있다(Mays; Blenkinsopp; Sweeney).

누가 누구를 인용하고 있는지를 규명하는 것은 현실적으로 불가능한 일이다(Tucker). 다행히 이 이슈는 해석에 중요한 영향을 미치지 않으며, 이 비전이 두 선지서에서 감당하는 기능적 역할은 확연히 다르기 때문에 둘 다 오리지널 텍스트처럼 간주되어야 한다. 미가서에서 이 말씀은 이스라엘과 열방을 차별화하는 데 사용된다. 열방은 자신들의 우상을 섬기지만(미 4:5), 주의 백성은 다윗 왕조에 속한 왕의 지도 아래 여호와를 섬긴다. 반면에 본문에서 이 비전은 하나님의 백성이지만 이방인보다도 올바르게 살지 못하는 이스라엘을 책망하는 데 사용된다. 그래서 선지자는 야곱/이스라엘에게 시온에 몰려와 하나님의 주권을 인정하는 열방의 대열에 합류하라고 권면한다. "오너라, 야곱 족속아! 주의 빛 가운데서 걸어가자!"(2:5, 새번역)

한때는 엄청난 수치와 수모를 겪었던 시온이 온 세상의 선망의 대상이 될 것이다. 시온이 세상의 중심이 되는 것은 곧 여호와의 통치가 세상의 중심이 될 것을 시사하고 있다. 시온은 무엇 때문에 세상의 중심이 되는가? 세상에서 가장 높은 산이기 때문인가? 일부 학자들은 그날이 되면 시온의 위상뿐만 아니라 실제적인 높이가 높아질 것이라고 한다(Delitzsch; Barker). 그렇지 않다. 가나안 지역에는 예루살렘 성보다 높은 산들이 많다. 바로 "여호와의 전"(בֵּית־יְהוָה)(2절)이 그곳에 있기 때문이다.

고대 근동에서 신전이 있는 산은 그곳에서 숭배되는 신을 대표했으며 여러 가지 종교적인 상징을 지녔다. (1) 신이 그의 백성과 함께함, (2) 혼돈(chaos)에 대한 신의 지속적인 군림, (3) 하늘 처소로 가는 신의 관문, (4) 신이 다스리는 영토에서의 주권(Clifford; Waltke)들이다. 이러한 정서에서 시온이 세상에서 으뜸가는 산이라는 사실은 이곳에 거하시는 하나님의 위대하심이 으뜸이라는 뜻으로 산 자체가 높아져야 한다는 것을 전제하지는 않는다. 시온에 누가 계시는가에 의해 그곳을 으뜸되게 만들었던 것이다. 시온의 위대함은 곧 여호와의 위대함인 것이다(Wolff; cf. 시 48).

그러므로 이 말씀은 비유로서 시온이 세상의 중심이 되어 모든 민족의 관심을 받게 될 것을 의미한다. 열방이 시온 산을 볼 수 있다. 시온이 온 열방의 관심을 받는 영광스러운 위치에 있지만 이 비전의 주인공은 되지 못한다. 시온은 하나님의 위대하심이 펼쳐지는 무대(stage)에 불과하다. 선지자는 열방이 시온으로 몰려드는 것은 여호와께서 그곳에 계셔서이지 그 장소가 특별해서는 아니라는 사실을 명백히 한다. 우리의 교회와 사역도 마찬가지다. 하나님이 교회와 함께하실 때 세상이 관심을 갖고 교회를 찾을 것이다.

예수님이 우리에게 "세상의 빛"이라고 하신 말씀이 생각난다(마 5:14). 예수님이 하신 말씀에서 이 빛은 언덕 위에 세워진 빛이라고 하셨다. 주의 백성이 원하든, 원하지 않든 그들의 공동체와 각 개인의 삶이 온 세상에 드러날 것을 말씀하신 것이다. 우리는 과연 어떤 빛을 발하고 있는지 반성해 보아야 한다. 또한 "언덕 위의 빛"은 신앙 때문에 미국으로 이주했던 청교도들의 초기 비전(vision)이었으며 그들이 실현코자 했던 이상이었다. 오늘날 한국 교회의 위치를 사회적으로 비추어 본다면 과연 어디에 있는가? 언덕 위는 아닌 것이 확실하다는 생각이 든다. 우리는 하나님이 우리에게 주신 첫 비전을 회복해야 한다.

모든 열방이 여호와께 가르침을 받기 위하여 그 산으로 모여들고 있다(2절). 일명 시온의 노래(Psalms of Zion)라고 불리는 시편들에서는 열방이 적대적인 감정을 가지고 주님과 그의 백성과 싸우기 위하여 시온으로 몰려오고, 하나님이 그들을 물리치는 일을 묘사하는데, 여기서는 매우 우호적인 자세로 성지순례를 오고 있다(Willis; cf. Ollenberger). 열방이 어떤 열심을 가지고 하나님께 나아오는가는 "몰려가다"(נהר)(2절)라는 표현에서 확실하게 드러난다. 이 동사는 물이 흐르는 것을 묘사하며, 파생 명사는 '강'을 뜻한다. 이 표현은 가나안 지형에 잘 어울리지 않지만, 열방이 어떤 각오와 열심을 가지고 하나님께 나아오는가를 적절하게 묘사하고 있다. 그들은 마치 범람하는 강물이 밀려오듯 예루살렘으로 오고 있는 것이다(Barker). 하나님의 말씀과 가르침에 대한 갈증이 그들로 하여금 단숨에 예루살렘으로 몰려오게 한다.

"올라가다"(עלה)(3절), "야곱의 하나님"(אֱלֹהֵי יַעֲקֹב)(3절)은 이스라엘 백성이 성전으로 순례갈 때 자주 사용하던 제의적(cultic) 표현들이다(Waltke). 열방은 이스라엘 사람들처럼, 그들의 길을 따라 여호와의 전이 있는 곳으로 순례의 길을 가고 있다. 갓 출애굽한 이스라엘이 율법을 받기 위하여 광야를 지나 하나님의 산으로 알려진 시내 산으로 순례를 갔던 것처럼, 열방이 야곱의 하나님의 처소로 순례를 오고 있다(Kaiser). 한때는 이스라엘에게만 제한되었던 특권이 이제 온 열방에게 주어지고 있는 것이다. 선지자는 누구든지 하나님을 경외하면 옛날 이스라엘 백성이 누리던 특권을 누릴 수 있게 될 시대를 예고한다.

열방이 시온으로 몰려온다는 것은 여호와께서 통치하실 백성이 결코 이스라엘로만 제한되지 않았음을 의미한다. 세상의 모든 민족들이 하나님의 백성이 될 수 있다. 선지자들이 계속해서 선포하는 것처럼 미래에 형성될 하나님의 백성은 국경과 민족을 초월하여 누구든지 여호와를 경외하고 사랑하는 자들이다. 심지어 고레스와 같은 이방인 왕도 이 부류에 속할 수 있다(44:28; 45:1). 초청에 임하는 것은 열방의 선택이다(cf. 3절). 초청에 임하면 그들은 하나님과 복된 삶을 누리게 될 것이나, 초청에 임하지 않으면 자신들만 손해인 것이다. 열방이 여호와의 초청에 임한다는 것은, 그들이 드디어 그들을 창조하신 분의 권위에 복종한다는 의미다. 그러므로 열방이 하나님의 초청에 응한다는 것은 창조의 완성이라 생각할 수 있다(Sweeney).

열방이 시온으로 몰려온다는 것은 또 어떤 의미를 지녔을까? 열방이 시온으로 몰려와 그곳에서 여호와를 왕으로 섬긴다는 것은 자신들이 숭배하던 신들에게서 왕관을 벗긴다는 뜻이다(Brueggemann). 이 일을 위하여 그들은 예루살렘으로 순례를 와야 한다. 열방이 순례의 길에 오른다는 것은 자신들의 본거지를 떠나야 한다는 것을 전제한다. 떠나지 않고는 얻을 수 없는 것이다. 성도의 삶도 그렇지 않은가! 때로는 그가 가장 익숙하고 편안한 자리를 떠나야 한다. 그리고 때때로 이러한 변화가 '희생'으로 혹은 하나님을 사랑하기 때문에 치러야 할 '대가'로 느껴질 때도 있다. 그러나 모든 것이 끝나고 "얻은 것과 잃은 것"에 대하여 정산하게 될 때, 그때 우리는 잃은 것에 비하여 얻은 것이 훨씬 더 많다는 것을 알게 될 것이다. 즉 넘치게 부어 주신 하나님의 은혜를 의식하게 되는 것이다. 이처럼 열방도 자신의 거처를 떠나 여호와의 산으로 순례를 오지만, 돌아갈 때는 그들이 치렀던 대가보다 몇십 배의 축복을 누리게 되는 것이다.

편안하고 익숙해져 있던 자신들의 거처를 떠나 시온으로 순례를 온 민족들이 하나님의 "도"(דֶּרֶךְ)를 배우고 주의 "길"(אֹרַח)로 행하는 것에 대하여 훈련을 받고 솔선수범하여 의로운 삶을 살기를 원한다(3절). 열방에게 시온은 양육받고 훈련받기 위하여 잠시 머무는 장소였던 것이다. 여기서 우리가 생각해 보아야 할 교훈이 있다. 열방은 진리를 배우기 위하여 자신들의 "거처"를 떠나 시온으로 갔다. 그들이 시온으로 몰려와 진리를 배운 것은 그 진리 안에서 "걷기"(walking) 위해서였다(3절). 즉, 삶에 직접 적용하기 위함이었다. 자신의 만족스럽고 안전한 거처를 떠나지 않는 사람은 하나님의 진리를 배우지 못할 것이다. 또한 우리는 하나님의 진리를 배우는 목적이 일상생활에서 그 진리대로 살기 위해서라는 사실을 기억해야 한다. 우리의 신앙생활의 소망과 간구도 여기에 있어야 할 것이다.

양육이 끝나자 열방은 시온에 머물지 않고 하나님의 말씀과 율법을 가지고 세상을 향해 간다(3c절). "율법이 시온에서 나오며, 주의 말씀이 예루살렘에서 나온다"(새번역). 이사야는 1장에서 주의 백성이 "율법의 '율'자도 모른다"며 율법(תּוֹרָה)에 대하여 다시 배우라고 맹렬히 야단친 적이 있다(cf. 1:10-17 주해). 그러므로 이곳에서 그 율법(תּוֹרָה)이 이방인들에게 주어진다는 사실을 주의 백성은 매우 강력한 경고로 받아들여야 한다. 물론 이 비전의 근본적인 취지는 마지막 때는 이스라엘이 율법을 독점하지 않을 것이며, 열방과 공유하게 될 것이라는 데 있다. 그러나 이사야 시대의 이 말씀은 만일 이스라엘이 계속 율법을 등한시하면, 하나님이 율법을 이스라엘에게서 빼앗아서 열방에게 주실 것이라는 경고를 내포하고 있는 것이었다.

열방이 훈련이 끝난 다음에 율법을 들고 세상으로 나간다는 것은 시온이 아니라 세상이 그들의 사역지였음을 뜻한다. 예수님은 믿는 자들을 "세상의 소금과 빛"으로 부르셨다. 문제는 상당수의 그리스도인이 "교회의 소금과 빛"은 될지 모르나 세상의 소금과 빛은 되지 못한다는 것이다. 주변에서 종종 일주일 내내 교회를 중심으로 생활하고 교회 행사를 중심으로 삶을 꾸려 나가는 성도들을 목격하게 된다. 이들은 교회생활에 너무 바쁘고 익숙해져서 세상 사람들에게 하나님의 말씀을 전할 시간이 없다. 교회생활이 너무 보람 있고 재미있어서 그렇다고 한다. 일종의 "교회 중독증"을 앓고 있는 것이다. 물론 교회생활을 즐기는 것 자체를 문제 삼을 수는 없다. 그러나 교회생활이 현실에서의 도피나, 성도가 이 세상에서 감당해야 할 일을 대체하는 것이 되어서는 안될 것이다. 우리말에 "배워서 남 주랴?"라는 말이 있다. 그리스도인은 남에게 주기 위하여 배워야 한다. 우리는 또한 부활하신 예수님이 승천하신 후 예루살렘 교회가 세상에 대한 의무를 감당하지 않고 자신들의 신앙생활에만 치중했을 때, 하나님이 그 교회를 흩으셨던 것을 기억해야 할 것이다.

시온에서 훈련받은 열방은 가는 곳마다 만나는 사람들에게 하나님의 말씀과 율법을 가르친다(4절). 한때는 부러운 눈으로 제사장의 나라 이스라엘을 바라보았던 열방이 어느덧 하나님 나라의 선교사/전도자가 되었다! 오늘날 온 세상에 퍼져서 선교하고 있는 이방인 선교사들을 생각나게 한다. 열방이 전도자/선교사 역할을 잘 감당함으로써 온 열방은 여호와의 법을 알게 되고, 하나님은 이들이 선포한 말씀을 통해 민족들 사이에서 일어나는 어려운 문제들에 대해 판결하신다.

열방의 가르침은 하나님의 말씀이 온 세상을 충만하게 하며, 세상을 가득 채운 하나님의 말씀은 여호와가 세상을 통치하는 효과를 발휘한다. 그렇다면 하나님의 말씀이 통치하는 세상은 과연 어떤 곳인가? 무엇보다도 본문에서 직접 공평(מִשְׁפָּט)과 정의(צְדָקָה)라는 단어를 사용하지는 않지만, 이것들이 지배하는 세상이다. 하나님이 말씀으로 많은 민족 중에 심판하고 판결하시니 그의 판결을 받은 모든 민족은 하나님의 심판에 매우 만족해하며 스스로 전쟁 무기인 칼/창(חֲנִית)을 쳐서 농기구인 보습(מַזְמֵרָה)을 만든다!(4절) 보습은 농부들이 포도나무 등 가지치기가 필요한 과실나무들의 가지를 치는 데 사용하는 칼이다. 오늘날로 말하면 핵무기를 개조하여 사람들을 치료하는 방사선 기계로 사용한다는 의미다. 한때는 사람을 죽이는 데 사용된 무기가 사람을 살리는 연장으로 바뀌는 것이다(Tucker).

하나님의 통치에 대하여 이보다 더 확실한 신임 투표(vote of confidence)는 없다. 대체로 국가들이 서로를 대적해서 싸우는 것은 무언가 욕구불만이 있기 때문이다. 그러나 하나님의 말씀이 세상을 통치하게 되는 날, 말씀에 의한 그분의 판결이 얼마나 공정하고 공평한지 세상의 모든 나라들이 더 이상 전쟁의 필요성을 느끼지 못한다. 이 환상에서 강조되는 하나님의 성품은 도덕, 공의, 거룩 등이다. 그의 판결은 의롭고 공평해서 불평이 없다. 그러므로 그들이 자발적으로 무기를 농기구로 바꾸고 있는 것이다.

공평과 정의는 선지자들이 예언하는 하나님 통치의 가장 기본적인 주춧돌이다. 이 사실이 교회에 시사하는 바는 무엇인가? 만일 교회가 하나님의 나라를 이 세상에서 실현하려고 노력하는 곳이요, 예수 그리스도의 통치를 갈망하는 곳이라면, 교회의 가장 기본적인 바탕은 공평과 정의여야 한다. 가장 연약하고 소외되기 쉬운 자들이 결코 무시되거나 짓밟히지 않는 곳이 바로 영적으로 성숙한 교회요, 하나님이 인정하시는 교회다. 교회의 행정과 성도의 교제가 공평과 정의에 기초를 둘

때, 그 교회는 건강한 교회, 하나님이 기뻐하시는 교회가 될 수 있다.

하나님이 통치하시는 세상에 임할 참 평안은 우리에게 한 가지 교훈을 주고 있다. 하나님의 말씀이 이 세상에 강물처럼 흘러 넘칠 때까지 진정한 평안은 오지 않을 것이라는 점이다. 간혹 우리는 UN, 혹은 어느 특정한 NGO가 마치 이 세상에 참 평안을 안겨줄 것이라는 착각에 빠진다. 그러나 성경은 분명히 하나님의 말씀이 온 세상을 지배하지 않는 한, 참 평안은 없다고 선언한다. 실제로 UN이 소말리아, 르완다, 보스니아, 아프가니스탄, 그리고 최근의 이라크 사태에서 어떤 역할을 했는가? 그들의 활동은 매우 미미했으며 지구촌의 모든 주민들에게 실망만 가져다 주었을 뿐이다. 이것만 보아도 성경의 주장이 설득력이 있다는 것을 쉽게 알 수 있다. 세상의 여러 기관들을 기대하지 말자. 오히려 이 세상에 참 평화가 임할 것을 갈망한다면, 더욱더 열심히 전도하고 하나님의 말씀을 가르침으로써 온 세상에 그분의 말씀이 소용돌이치도록 해야 한다. 그때 비로소 진정한 평화가 이 세상에 임할 수 있다.

한 가지 충격적인 것은 1-4절에 묘사된 열방의 순례와 사역 환상에 이스라엘에 대한 언급이 없다는 사실이다. 그러므로 열방이 "야곱 족속아 오라 우리가 여호와의 빛에 행하자"(5절)라며 그들을 권면한다. 학자들은 "여호와의 빛"(אוֹר יְהוָה)을 하나님의 구원 혹은 섭리로 해석하기도 하지만(Goldingay), 본문에서는 하나님의 계시(말씀)로 간주하는 것이 더 바람직하다(Williamson; Smith). 야곱을 향한 권면은 열방이 서로에게 여호와의 전이 있는 시온으로 가자고 권면했던 3절과 매우 비슷한 형태를 취하고 있다(Sweeney). 제사장의 나라인 이스라엘이 열방에게 함께 율법을 배우자고 해야 옳다. 그런데 주객이 전도된 것이다. 선지자의 메시지를 듣고 있던 이스라엘 사람들은 매우 강력한 시기와 질투를 느꼈을 것이다(Delitzsch).

이스라엘은 자신들이 토라를 가지고 있다고 자부했다. 그러나 선지자는 명백히 선언한다. 이들이 토라를 가지고 있었던 것은 사실이지만,

그대로 살지 못하고 오히려 남용했으므로 토라를 모르는 것과 다름없다(cf. 1:10-17). 그러므로 오히려 이방인들이 함께 율법을 배우자며 그들을 자극하고 있다. 예수님의 "처음 된 자가 나중 되고 나중 된 자가 처음 된다"는 경고가 새롭게 들린다. 선지자는 어떻게 이런 일이 일어났는지에 대하여 5-9절에서 설명한다.

Ⅰ. 유다와 예루살렘에 선포된 심판과 구원(1:1-12:6)
2장. 위대하신 하나님과 교만한 백성(2:1-4:6)

2. 여호와의 날(2:6-22)

이사야 2장은 무엇보다도 하나님의 높으심(loftiness)을 나타내는 장이다. 첫 환상(2-5절)은 시온에서 세상을 다스리시는 하나님의 위대하심을 노래했다. 이 섹션에서는 절대적인 심판자이신 하나님의 높으심과 한없이 초라한 인간의 낮음을 대조한다. 하나님이 모습을 드러내자마자 만물의 모든 것—생명이 있는 것, 없는 것—이 다 낮아지고 비천해진다. 이러한 현상들은 모두 "여호와의 날"의 일부로 표현된다. 하나님이 여호와의 날에 이스라엘은 무조건 축복하시고, 그들의 적은 일방적으로 벌하신다는 생각이 한때 주의 백성들 사이에 유행했다. 자신들이 어떤 삶을 살든 간에 상관없이 이렇게 될 것이라고 기대했다. 이 같은 생각에 철퇴를 가한 선지자가 아모스다. 아모스는 여호와의 날을 갈망하는 이스라엘에게 그날을 기대하지 말라고 경고했다. 그날은 빛의 날이 아니라 어두움의 날이며, 위로의 날이 아니라 심판의 날이라고 했다(cf. 암 5:18-20). 이사야도 동일한 메시지를 전하고 있다. 여호와의 날의 재앙은 이방인들에게만 임하는 것이 아니라, 주의 백성에게도 임할 것이라는 경고다.

일부 학자들은 이 텍스트가 웃시야 왕 시대에 유래한 것이라고 한다(Smith). 그러나 이사야가 웃시야가 죽던 해에 사역을 시작했던 점을 감안하면 가능성이 그다지 높아 보이지는 않는다. 다른 주석가는 이 텍스트가 히스기야가 유다를 통치하던 주전 715-701년 사이에 쓰인 것이라고 주장한다(Sweeney). 이 말씀의 역사적 배경은 히스기야가 아시리아를 대적하기 위하여 다른 나라와 동맹을 맺은 것에 대한 강력한 비난이라는 것이다. 그가 이러한 주장을 하게 된 것은 병거/수레(מֶרְכָּבָה)(7절)가 이집트를 상징하는 것이라는 해석에서 비롯된 것이다. 그는 "동방에서 온 것들"(동방 풍속)(מִקֶּדֶם)(6절)을 히스기야가 손을 잡은 동방의 여러 나라(viz., 바빌론, 모압, 에돔, 암몬)의 영향력을 상징하는 것으로 이해한다. 스위니는 또한 높은 망대와 견고한 성벽(15절)을 히스기야가 단행했던 일부 성읍들의 요새와 성벽 보수 공사로 해석한다.

그러나 언어나 문체가 스위니의 주장을 입증할 정도로 구체적이지 않다. 여기서 사용되는 단어들은 매우 평범하고 일반적인 것들이다. 그러므로 구체적으로 본문의 역사적 배경을 해석하는 것은 다소 무리가 따른다. 또한 이 메시지는 온 인류를 대상으로 삼고 있다. 스위니 주장의 가장 큰 문제는 본문이 "우상"으로 채워져 있다는 사실이다. 이사야서에서 제시하는 히스기야는 결코 우상을 수용하거나 용납할 사람이 아니다. 매우 건전하고 신실한 사람이었다(cf. 36-37장). 필자는 본문이 1장처럼 므낫세가 왕이 된 지 얼마 되지 않은 시대에 쓰여진 것으로 간주한다. 이사야는 므낫세가 저지르고 있는 온갖 교만한 일들에서 영감을 얻어 언젠가는 하나님이 세상을 심판하실 "여호와의 날"에 대하여 선포하고 있는 것이다.

한 주석가는 이 섹션이 이사야서 안에서 가장 혼란스럽고 난해한 부분에 속한다고 탄식한다(Blenkinsopp; Gray; cf. Childs). 무엇보다도 히브리어 텍스트가 잘 보존되지 않았기 때문이다. 그래서 텍스트를 부분적으로 볼 때는 혼란스러울 수 있지만, 전체가 제시하고 있는 메시지를 파악하는 것은 전혀 어렵지 않다. 중심 메시지는 여호와의 날에 임할 우상 숭배자들에 대한 심판인 것이다. 우상 숭배와 연관된 단어들을 생각해 보라. “블레셋 술객”(עֹנְנִים כַּפְּלִשְׁתִּים)(6절), “우상”(אֱלִילִים)(8, 18절), “은으로 만든 우상들”(אֱלִילֵי כַסְפּוֹ)(20절), “금으로 만든 우상들”(אֱלִילֵי זְהָבוֹ)(20절). 또한 심판과 연관된 단어들도 본문에서 많이 사용되고 있다. “〔하나님의 심판에 의하여〕 낮아지다”(שׁחח)(9, 11, 17절), “굴복하다”(שׁפל)(9, 11, 12, 17절), “눈이 높은 자”(עֵינֵי גַּבְהוּת)(11절), “자고한 자”(גַּבְהוּת הָאָדָם)(17절), “인간들의 교만”(רוּם אֲנָשִׁים)(17절), “인생을 의지함”(לָכֶם מִן־הָאָדָם)(22절).

선지자는 여호와의 날에 인간의 교만은 모두 낮아지고 오직 하나님의 영광만이 높아질 것이라 한다. 그래서 본문에는 하나님의 영광과 연관된 단어들도 많다. “여호와의 영광”(פַּחַד יְהוָה)(10, 19[×2], 21절[×2]), “광대하심”(הָדָר)(10, 19, 21절), “그의 위엄”(גְּאֹנוֹ)(10, 21절). 여호와의 날에는 무엇보다도 인간의 보잘것없는 “영광과 귀하게 여기는 것들”이 하나님의 “영광과 위엄”과 극명한 대조를 이룰 것이다. 여호와의 날에 세상을 가득 채울 하나님의 임재 자체가 인류의 모든 것을 자동적으로 심판하는 역할을 한다. 이사야 6장과 연결해서 생각해 보면 이 같은 사실을 쉽게 이해할 수 있다. 이사야는 맨 처음 하나님을 보는 순간 자신의 죄를 스스로 고백하며 자기는 죽게 되었다고 탄식한다(6:5). 하나님은 아무 일도 하시지 않은 상황이다. 그런데도 같은 공간에서 하나님과 함께 있는 자체가 선지자로 하여금 공포를 느끼게 한 것이다. 하나님의 거룩하심이 죄로 얼룩진 인간이 함께하기에는 너무 두려웠던 것이다.

또한 이스라엘이 시내 산에서 하나님과 언약을 맺을 때, 산 정상에 임한 하나님의 영광을 먼발치에서 바라보던 백성이 하나님의 영광을 계속 접하고 있으면 자신들이 죽을 것 같다며, 모세에게 주님의 말씀을 대언해 주면 자신들이 순종하겠다고 애원하던 때를 생각해보라(cf. 출 20:18-21). 이처럼 두려움을 자아내는 하나님의 임재가 본문이 묘사하고 있는 여호와의 날을 가득 채우고 있다. 종종 천국에 가서 하나님을 뵙고 왔다면서도 별별 악을 행하는 성도들과 사역자들을 접하게 된다. 그들의 주장이 진실인가? 하나님을 만나 본 사람은 계속 죄 속에 거할 수 없다는 것이 성경의 가르침이다. 하나님의 거룩하심이 사람들에게 경건하나 두려운 공포감을 각인시켜 주기 때문이다. 일부 주석가는 본문이 6-9절, 10-19절 등 두 섹션으로 구성되어 있으며, 20-22절은 훗날 첨부된 것이라고 하지만(Williamson), 다음과 같이 흐름과 통일성이 있는 세 파트로 구분될 수 있다. (1) 여호와의 날이 임하게 된 이유(2:6-9), (2) 여호와의 날(2:10-21), (3) 여호와의 날을 대비하라는 권면(2:22).

I. 유다와 예루살렘에 선포된 심판과 구원(1:1-12:6)
2장. 위대하신 하나님과 교만한 백성(2:1-4:6)
2. 여호와의 날(2:6-22)

(1) 여호와의 날이 임하게 된 이유(2:6-9)

6 주께서 주의 백성 야곱 족속을 버리셨음은
그들에게 동방 풍속이 가득하며
그들이 블레셋 사람들같이 점을 치며
이방인과 더불어 손을 잡아 언약하였음이라
7 그 땅에는 은금이 가득하고 보화가 무한하며
그 땅에는 마필이 가득하고 병거가 무수하며
8 그 땅에는 우상도 가득하므로
그들이 자기 손으로 짓고
자기 손가락으로 만든 것을 경배하여
9 천한 자도 절하며 귀한 자도 굴복하오니
그들을 용서하지 마옵소서

---

10 한 학자는 12-17절에 대하여 다음과 같은 교차대구법적 구조를 제시한다(Barré).
a) a day in 2:12
b) against things of wood in 2:13
c) against things of earth or stone in 2:14
c) against things of earth or stone in 2:15
b) against things of wood in 2:16
a) a day in 2:17

앞 섹션(1-5절)에 기록된 환상은 시온이 언젠가는 영광스러운 모습을 갖게 되며 온 세상의 중심이 될 것이라고 했다. 가장 이상적인 것은 주의 백성이 시온으로 밀려드는 이방인들을 잘 안내하여 함께 주님의 말씀을 배우는 일이다. 그러나 주의 백성은 열방의 순례가 진행되는 동안 그 어디에서도 모습을 찾을 수 없다. 그래서 열방이 오히려 이스라엘에게 주님의 빛 가운데서 함께 걸어가자고 권면하기에 이르렀다(5절). 어떻게 이 놀라운 일에서 이스라엘이 배제되었는가? 하나님이 이들을 버렸기 때문이다(6a절). 열방이 하나님께 나아오게 된 것은 열방이 스스로 깨닫고 야곱의 하나님을 찾게 되었다기보다는 하나님이 이스라엘을 버린 결과인 것이다(Goldingay).

왜 하나님이 이들을 버리셨는가? 그들은 하나님이 경건한 것들로 채우라며 주신 땅에 부정한 것들을 가득 채웠기 때문이다. "동방 풍속"으로 번역된 히브리어 단어(מִקֶּדֶם)(6절)를 문자적으로 풀이하면 "동쪽에서 온 것들"이라는 의미를 지녔지만, 정확히 무엇을 뜻하는지는 알 수 없다. 다만 이것이 이스라엘을 종교적으로 타락시킨 것들이었다는 것은 확실하다. 더 나아가 이스라엘 사람들은 이방인들과 손을 잡았다(6절). 주의 백성이 이방인들과 동맹을 맺고 그들의 신들을 숭배하고 있는 것을 의미하거나(Oswalt), 이스라엘이 이방인들과 함께 우상들을 숭배하고 있는 것을 뜻하는 것으로 해석될 수 있다(Motyer).

부정한 것들이 6절부터 나열되다가 8절에서 절정(climax)에 이른다. 동방 풍속, 술객, 이방인들의 영향, 은, 금, 보화, 마필, 우상. 이스라엘의 부정함의 절정은 바로 우상인 것이다. 율법은 이스라엘에게 이것들을 의지하거나 가까이 해서는 안 된다고 경고했다. 이것들은 그들을 하나님께로부터 멀어지게 하기 때문이다.

그러므로 하나님의 관점에서 볼 때 이 땅의 "가득함"은 가증한 것일 수밖에 없다. 하나님의 임재와 율법으로 가득해야 할 땅이 하나님을 제외한 모든 것으로 가득하다! 이러한 상황에 대하여 하나님은 개입하지 않으시고 그저 지켜만 보셨는가? 만일 그렇다면 하나님의 방관도 문제가 될 수 있다. 선지자는 하나님이 이들을 돌이키게 하기 위하여 그들을 천하게 하셨고 굴복시키셨다고 한다(9절). 9절은 개역개정이 암시하는 것처럼 이스라엘이 우상에 절함으로써 스스로 천하게 된 것이 아니라, 그들이 하나님의 심판을 받아 천해졌다고 하는 것이다. 학자들에 따라서 이스라엘을 굴복시킨 사건에 대하여 몇 가지 해석이 제시된다. 어떤 이들은 아모스 1장 1절이 언급하는 대지진이라고 하기도 하지만(Hayes & Irvine), 구체성을 배제한, 과거에 이스라엘에게 임했던 재앙들을 회상하는 것이라는 해석이 가장 유력하다(Wildberger; Kaiser; Smith).

이스라엘은 온갖 재앙을 통해 자신들의 연약함을 의식했을 텐데도 하나님께 돌아오지 않았다. 또한 이사야가 보아도 그들의 행실은 너무 가증스럽다. 그래서 선지자는 "그들을 용서하지 마옵소서"라며 이 문단을 마친다(9절). 선지자는 거룩하신 하나님과 죄인들 사이에서 중재하는 것을 소명으로 받은 사람이다. 이사야는 이 같은 사실을 잘 알고 있다. 그럼에도 불구하고 그는 이스라엘의 죄에 대하여 매우 큰 분노를 느끼고 있다. 그들의 죄가 너무 지나치기 때문이다.

이사야는 이스라엘의 죄가 얼마나 심각한지 아무리 용서와 자비가 크신 하나님이라도 그들을 용서하지 않아야 한다고 선언하고 있다. 여호와는 공평과 정의의 하나님이시므로 이 백성을 용서해서는 안 된다는 논리다. 만일 하나님이 그들을 용서하신다면 하나님의 명예에 손상이 갈 수 있기 때문이다. 그러나 자신의 명예 손상을 감수하시면서 인간을 용서하기를 원하시는 분이 바로 하나님이시다. 이상적인 시온(2-5절)과 선지자 시대 유다의 현실(6-9절)을 비교해 보면 다음과 같다.

이상적인 시온(2:2-5)	유다의 현실(2:6-9)
세계가 시온으로	하나님의 백성은 세상으로
세계가 영적인 것 추구/ 영적인 것으로 가득	시온은 물질을 추구/ 세속적인 것으로 가득
결과: 평화	결과: 무기 비축
세계가 하나님을 알기를 원함	하나님의 백성은 우상 만드는 일에 분주
주님의 보좌가 세계를 환영	하나님의 백성은 버림받고 용서받지 못함

또한 7-8절의 진행 상태를 생각해 보자. 보화(재산)… 병거(안전, 보장)… 우상(영성). 이스라엘의 왕에 대한 규례를 정리하던 모세는 신명기 17:16-17에서 바로 이러한 것들을 추구하거나 이스라엘에 쌓아두지 말라고 경고했다. 솔로몬 몰락 원인의 상당 부분은 그가 이것들을 추구했기 때문이다(cf. 왕상 10:26-11:8). 또한 이것은 각 나라가 밟아가는 과정이기도 하다. 나라가 가난할 때는 부를 얻기 위하여 노력한다. 우리나라도 70-80년대에 잘살아보겠다고 새마을 운동, 경제 5개년 계획 등 많은 노력을 기울였다. 그리고 드디어 부가 어느 정도 쌓이면 이제 그것들을 지킬 궁리를 하게 된다. 우리나라도 부강해지면서 군사력, 경찰력도 막강해졌지만 온갖 복지 제도들을 갖추기 시작했다. 그러나 그 부를 지킬 수 있게 된 상황에서 우리가 정신을 차리지 않으면 부는 어느덧 우리의 우상이 되어 있을 것이다(cf. Kaiser).

필자가 1980년대 말에 트리니티 복음주의 신학교(TEDS)에서 목회학 석사(M. Div.) 과정을 밟고 있었을 때, 은사이셨던 아처(Gleason L. Archer) 교수님이 주신 권면이 생각난다. 당시 현대자동차가 미국 시장에 처음으로 차를 수출하여 수입 차종으로는 최다 판매 기록을 세우고 있던 상황이었다. 아처 교수님은 필자가 한국에서 온 이민자라는 것을 알고 한국 교회의 영적 건강을 위해서 기도를 시작하라고 하셨다. 그러나 필자는 이해할 수 없었다. 그 당시 한국 교회는 기독교 역사상 최고의 성장률을 보이며 세계 교회의 부러운 시선을 즐기고 있었기 때문이다.

이 상황에서 한국 교회가 타락하지 않도록 기도할 필요가 어디에 있겠는가라고 생각했던 것이다. 의아해하는 필자를 향해 아처 교수님은 본문을 보여주시면서 "이제 한국이 부를 축적하기 시작했으니, 머지않아 타락하기 시작할 것이다. 그러니 그날이 속히 오지 않도록 주님께 기도해라." 30여 년이 지난 오늘 교수님이 우려하셨던 일이 한국 교회의 현실이 된 것 같아서 안타깝다. 오늘날 많은 교회에서 돈의 신 맘몬(Mammon) 혹은 풍요의 신 바알을 여호와로 숭배하지 않는가? 여호와의 가면을 쓴 우상들을 숭배하고 있는 것이다. 이미 고인이 되신 교수님이 많이 그립다.

(2) 여호와의 날(2:10-21)

10 너희는 바위 틈에 들어가며 진토에 숨어
여호와의 위엄과 그 광대하심의 영광을 피하라
11 그 날에 눈이 높은 자가 낮아지며
교만한 자가 굴복되고
여호와께서 홀로 높임을 받으시리라
12 대저 만군의 여호와의 날이
모든 교만한 자와 거만한 자와
자고한 자에게 임하리니
그들이 낮아지리라
13 또 레바논의 높고 높은 모든 백향목과
바산의 모든 상수리나무와
14 모든 높은 산과 모든 솟아 오른 작은 언덕과
15 모든 높은 망대와 모든 견고한 성벽과
16 다시스의 모든 배와 모든 아름다운 조각물에 임하리니

17 그 날에 자고한 자는 굴복되며
교만한 자는 낮아지고
여호와께서 홀로 높임을 받으실 것이요
18 우상들은 온전히 없어질 것이며
19 사람들이 암혈과 토굴로 들어가서
여호와께서 땅을 진동시키려고 일어나실 때에
그의 위엄과 그 광대하심의 영광을 피할 것이라
20 사람이 자기를 위하여 경배하려고 만들었던
은 우상과 금 우상을 그 날에 두더지와 박쥐에게 던지고
21 암혈과 험악한 바위 틈에 들어가서
여호와께서 땅을 진동시키려고 일어나실 때에
그의 위엄과 그 광대하심의 영광을 피하리라

결국 하나님은 경건하지 못한 이들을 심판하시겠다고 선언하신다(10-21절). 죄가 심각한 만큼 처방도 어려울 수밖에 없다. 이스라엘처럼 중병을 앓는 자들을 위한 처방은 온 우주의 기초마저 흔들어 놓는 하나님의 임재밖에는 없다. 이 섹션은 2-4절과 매우 강력한 대조를 이루고 있다. 2-4절에서 시온은 "높임"을 받았다. 여기서는 마치 세상에 솟아오른 모든 것이 망치에 맞아 완전히 평평하게 되는 땅의 이미지를 연상케 한다.

모든 교만한 자들과 높이 세워진 것들이 낮아지게 될 여호와의 날을 묘사하고 있는 10-21절의 특징은 거의 동일한 문장이 후렴처럼 반복되는 것이다. 이 같은 반복은 이날의 공포감을 극대화한다. 하나님이 심판하시기 위하여 이 땅에 임하는 날이 얼마나 두려운지 그저 작은 틈이라도 있으면 숨는 것이 최선이라며 세 차례나 피하라고 권면하고 있다. 또한 선지자가 같은 내용을 세 차례 반복하는 것은 본문이 노래처럼 여겨지도록 하는 효과를 발휘한다. 다음 사항을 생각해 보라.

10절	너희는 바위 틈에 들어가며 진토에 숨어 여호와의 위엄과 그 광대하심의 영광을 피하라
19절	사람들이 암혈과 토굴로 들어가서 여호와께서 땅을 진동시키려고 일어나실 때에 그의 위엄과 그 광대하심의 영광을 피할 것이라
21절	암혈과 험악한 바위 틈에 들어가서 여호와께서 땅을 진동시키려고 일어나실 때에 그의 위엄과 그 광대하심의 영광을 피하리라

사용하는 이미지와 언어에서 11절과 17절은 평행을 이루며 일종의 괄호(inclusion)를 형성하여 중간의 내용(12-16절)을 감싸고 있다. 쌍을 이루고 있는 이 구절들을 통해 이 섹션이 선포하고자 하는 내용이 확실하게 드러난다. 교만한 사람들은 모두 낮아질 것이며, 오직 하나님 만이 홀로 높임을 받는 날이 여호와의 날이라는 것이다. 다음 사항을 생각해 보라(cf. 2:9; 5:15).

11절	17절
눈이 높은 자가 낮아짐 교만한 자가 굴복됨 여호와께서 홀로 높아짐	자고한 자가 굴복됨 교만한자는 낮아짐 여호와께서 홀로 높아짐

이 두 구절(11, 17절)이 형성하고 있는 괄호 사이에는 10개의 "모든 … 것을 〔낮추실 것이다〕"(עַל כָּל־; "against every…")가 반복된다. 하나님이 교만한 자들뿐 아니라 심지어 자연히 높아진 것(viz., 산, 언덕)(13-14절)과 인간의 손으로 의하여 〔높이〕 솟게 된 것(15-16절)도 모두 낮추실 것이다. 여호와의 날이 이 세상에 임하는 날, 인간이 쌓아 올린 모든 것이 무너져 내릴 것이라는 경고다. 우리는 무엇을 쌓아 올리고 있는가? 하나님이 심판하시는 날 무너져 내릴 것을 쌓아 올리는 어리석은 짓은 하지 말아야 한다. 하나님이 귀하게 여기셔서 심판 후에도 영원히 남아 있을 것을 쌓아 가야 한다.

하나님의 임재가 얼마나 두려운지 선지자는 계속 피하라고 권면한다

(10, 19, 21절). 그가 오실 때 마치 온 우주를 녹이는 것처럼 높이 솟아 있는 모든 것(인간의 교만도 포함)이 녹아 내려 낮아진다. 서 있는 모든 것이 무너져 내리는 모습이다. 하나님의 높고 위대하심은 상대적인 것이 아니라 완전하고 절대적인 것이다. 바위 틈, 토굴에 숨는 것은 요한계시록 6:15-17을 연상케 한다. 얼마 전까지도 우쭐대며 "높아졌던" 사람들이 하나님이 등장하자마자 평지보다 더 낮은 곳을 찾아 몸을 숨긴다! 매우 대조적인 이미지가 사용되고 있다.

이들은 얼마나 두려웠는지 자신들의 신(神)들을 내팽개치고 숨는다(20절). 이 신들은 은(כֶּסֶף), 금(זָהָב)으로 만들어진 우상들이다. 선지자는 7절에서 경건과 거룩으로 채워져야 할 온 땅이 은과 금으로 가득하다며 탄식했다. 그는 이어서 8절에서는 하나님의 임재로 충만해야 할 땅에 우상이 가득하다고 했다. 이제 20절에서는 "은과 금 + 우상 = 은우상(אֱלִילֵי כֶּסֶף)과 금 우상(אֱלִילֵי זָהָב)"이란 결론이 제시되고 있다. 재물은 잘 관리하지 못하면 결국에는 우상화된다는 현실을 지적하는 듯하다. 예수님이 재물이 있는 곳에 마음이 있다고 경고하신 것도 이런 면모를 포함한 것이다(마 6:21; 눅 12:34).

여호와의 날이 얼마나 두려운 날인지 20절을 보면 더욱더 실감난다. 우상과 재물을 숭배하던 자들이 그렇게 소중하게 여기던 은 우상, 금 우상들을 쥐와 박쥐에게 던진다. 쥐와 박쥐는 사람들이 가장 싫어하는, 어디서 만나면 소스라칠 정도로 징그럽게 여기는 것들이 아닌가? 그러므로 이들이 자신들의 우상들을 박쥐와 쥐에게 던진다는 것은 두 가지 의미를 지닌 듯하다. 첫째, 그들이 얼마나 생명의 위협을 느끼고 있는지 금은보화들도 거추장스러울 뿐이다. 그래서 그들은 금과 은으로 만든 우상들을 모두 내팽개치고 숨는다. 둘째, 그들은 환난을 겪고 나서야 비로소 자신들의 우상들이 얼마나 가증스러운 무용지물이라는 것을 깨닫게 되었다. 인간이 신(들)을 숭배하는 것은 어려울 때(환난을 맞았을 때)에 도움을 받고자 하는 염원에 있다. 그런데 정작 환난을 겪는 순간에 그들이 숭배하던 우상들은 그 어떤 도움도 되지 않는다. 그래서 화가 나서 우상들을 내팽개치고 있는 것이다. 세상이 끝나는 날, 아마도 많은 사람들이 이 사람들처럼 후회하게 될 것이다.

하나님이 땅을 진동시키시는 일(21절)은 얼마 전에 이스라엘이 경험해본 적이 있는 큰 지진(Hayes & Irvine) 혹은 폭풍을 배경으로 할 수 있다(Blenkinsopp). 그때 얼마나 두려웠는지 모두 숨기에 급급했던 사건을 회상시키는 것이다. 이 이미지가 선지자의 청중들이 생생하게 기억하는 사건을 바탕으로 하고 있다면, 메시지의 수사학적인 효과는 더욱더 극대화되었을 것이다.

(3) 여호와의 날을 대비하라는 권면(2:22)

22 너희는 인생을 의지하지 말라
그의 호흡은 코에 있나니 셈할 가치가 어디 있느냐

여호와의 날에 대하여 경고하고 있는 10-21절은 하나님이 이 땅에 임하실 때 얼마나 두려운 일이 있을 것인가를 경고한다. 그렇다면 독자들은 이렇게 두려운 미래를 예비하는 마음에서 "우리는 오늘 이 순간을 어떻게 살아야 할 것인가?"라는 질문을 던질 수 있다. 즉, 여호와의 날에 대비하기 위해서 오늘 이 순간 어떻게 살아야 하는가? 재미있는 사실은 10-21절의 중요한 주제가 우상임에도 불구하고 선지자는 이 디스코스의 결론을 지으면서 "우상을 믿지 말라"가 아니라 "사람을 의지하지 말라"(22절)고 권면한다는 사실이다. 훗날 책의 편집자가 '우상'과 '사람' 두 주제를 혼돈한 결과인가?

상당수의 학자들은 그렇게 생각한다. 그들의 주장에 의하면 2:22은 원본에 없는 것을 누군가가 나중에 삽입한 것이며, 2장의 결론이 아니라 3장의 시작이라고 한다(Wildberger; Williamson; Sweeney). 이들이 이런 결론을 내리는 것은 칠십인역(LXX)에서도 오래된 사본에서는 이 구절이 누락되어 있기 때문이다. 그러나 마소라 사본들은 하나같이 이 구절을 지니고 있다. 그러므로 이 구절이 원래부터 2장의 일부였다고 보는 것이 바람직하다.

2:22이 앞의 내용이 아니라 뒤따르는 내용을 시작하는 것으로 간주하는 학자들은 3:1을 시작하는 "그러므로/왜냐하면"(כִּי)이 2:22과 직접 연결된다고 본다(Wildberger). 이렇게 해석할 경우 2:22은 2장의 주제인 인류에서 이 인류의 범위를 유다로 제한하여 언급하는 3장으로 넘어가는 전환(transition) 역할을 한다. 그러나 "인류/사람"(הָאָדָם, 2:22)은 2장과 3장의 전환이나 3장과 연계하기보다는 2장의 결론으로서 매우 강력하고 의미심장한 메시지를 선포한다.

다음 사항을 생각해 보라. 지금까지 이사야는 우상 숭배의 어리석음을 중심으로 여호와의 날에 대하여 메시지를 선포했다(10-21절). 이 상황에서 선지자는 사람을 의지하지 말라고 경고한다. 왜? 선지자는 우상 숭배의 근본적인 문제를 지적하고 있기 때문이다. 우상이 무엇인가? 실제로 존재하는 신 혹은 살아 있는 신을 상징하는 이미지인가? 이사야는 전혀 아니라고 한다. 우상은 신(들)이 아니며 사람들의 손에 의해 만들어진 조형물에 불과하다는 것이 선지자의 가르침이다(40:19-20). 본문도 우상은 사람이 만들어 낸 것이라고 한다(20절). 선지자들은 우상이 사람을 타락시키는 것이 아니라, 타락한 인간이 우상을 만들어 낸다는 사실을 잘 알고 있다. 그러므로 이사야는 여기까지 우상에 대하여 말하다가 결론으로 22절에서 우상을 의지하는 것은 곧 인간의 손이 만들어낸 것을 의지하는 것이며, 사람의 손이 만들어 낸 것을 의지하는 것은 곧 사람을 의지하는 것이라는 논리에서 인생을 의지하지 말라고 권면하고 있다.

선지자는 이 말씀을 통해 "그렇다면 우리는 누구를 의지해야 하는가?"라는 수사학적인 질문을 유발한다. 이 질문에 대한 당연한 답은 "창조주 하나님을 의지해야 한다"이다. 선지자는 이 절호의 기회를 놓치지 않고 "이렇게 살라"고 방향을 제시하고 있는 것이다. 우리의 사역, 설교, 성경공부도 성도들에게 이렇게 실제적이고 현실적인 적용을 계속 제시해 주어야 한다. 선지자가 전하는 메시지는 간단하다. "인생을 의지하지 말라." 왜? 하나님이 지켜주지 않으시면 사람의 삶이란 숫자를 셀 필요도 없을 정도로 허무하기 때문이다. 우리는 자신에게 항상 질문해야 한다. "나는 누구를/무엇을 의지하고 살아가고 있는가?"

그런데 선지자는 여기서 우리 각자뿐만 아니라 그 외 누구를 "인생"이라고 하는가? 1장에서 하나님의 진노의 대상이 되었던 그룹이 있었다. 권력가들과 지도자들이었다(1:23). 이곳 2장에서도 권력 앞에 굴복하고 착취당하는 사람들은 교만/높아짐에 대하여 염려할 필요가 별로 없다. 그들이 높아질 이유가 없기 때문이다. 선지자가 백성이 의지하는 '인생'이라고 할 때는 아마도 "권력을 행사하는 자들/지도자들"을 의지하지 말라는 의미일 것이다. 정치인들한테 기대지 말고, 경제인들한테 의지하지 말라는 권면이다. 우리가 의지해야 할 지도자는 바로 여호와이시기 때문이다.

선지자는 3장에서 더욱더 구체적으로 유다의 지도자들을 비난하게 된다. 이스라엘의 총체적 타락의 책임은 대부분 리더들에게 있다는 것이 선지자의 주장이다. 뿐만 아니라 이 지도자들은 개혁이 될 수 없는 상태에 이르렀다. 그러므로 매우 포괄적이고 절대적인 수술로밖에는 이스라엘의 문제를 해결할 수 없다.

3. 예루살렘 지도자들에 대한 심판(3:1-15)

선지자는 하나님이 유다와 예루살렘으로부터 기대하셨던 이상적인 역할을 2장 첫 부분에 수록된 환상을 통하여 선언했다. 온 열방이 율법을 배우기 위하여 여호와의 산으로 순례를 오면 이미 하나님의 율법을 알고 있는 이스라엘이 제사장의 나라가 되어 그들을 인도하고 안내하는 역할을 해 주기를 바라셨다(2:2-4). 그러나 이스라엘은 제사장의 나라는 고사하고 자신들 스스로가 하나님의 토라를 멀리하고 있었다(2:5). 게다가 이스라엘은 하나님의 거룩하신 임재로 가득해야 할 땅을 주님이 싫어하시는 가증한 것들로 가득 채웠다(2:6-9). 이스라엘이 받은 거룩한 소명과 죄로 가득한 그들의 현실이 팽팽하게 대립하고 있었던 것이다. 결국 선지자는 이 갈등의 해결책은 여호와의 날이 임하는 것이라고 선포했다(2:10-21).

학자들은 이 섹션을 구성하고 있는 구절들이 다양한 시대에서 유래한 것이라고도 한다(Sweeney). 이 디스코스의 역사적인 정황이 아하스 시대인 주전 730년대 말에 있었던 시리아-북 왕국 이스라엘의 침략이라고도 하고(Clements; Wildeberger), 더 거슬러 올라가 웃시야 시대라고도 하며(Smith), 586년에 예루살렘이 파괴된 이후라고 하기도 한다(Childs). 그러나 본문 자체가 시대를 단정할 만한 정보를 제공하지 않으니 모두 추측에 불과할 뿐이며, 굳이 이사야 선지자가 사역하던 시대임을 부인할 필요는 없다.

또한 본 텍스트가 어떤 과정을 통해 오늘날의 형태를 취하게 되었는지는 알 수 없지만, 메시지 전개는 2장과 자연스러운 문맥을 유지하고 있음이 확실하다. 선지자는 이곳에서 유다에 임박한 심판에 대하여 구체적으로 언급한다. 바로 앞 구절인 2:22은 유능한 지도자들을 포함하여 "인생을 의지하지 말라"고 했다. 이제 하나님은 그들이 의지하는 인생이 얼마나 허무하며 의지할 만한 것이 못 되는지를 보여주신다. 하나님의 심판은 주의 백성이 의지하는 각계각층의 지도자들을 제거하심으로 시작되는 것이다. 선지자는 리더십의 공백이 생긴 사회에 가치관의 혼란과 무질서의 소용돌이가 닥칠 것이라고 경고한다. 이것이 하나님이 주의 백성에게 경험하게 하시는 여호와의 날의 본보기다. 앞으로 주의 백성은 최종적인 여호와의 날이 이 땅에 임할 때까지 몇 차례 더 여호와의 날의 모형(type) 혹은 부분적 성취를 경험하게 될 것이다.

이 섹션은 여호와의 날을 중심으로 주의 백성의 미래를 매우 암울하게 묘사하지만, 4장에서는 다시 구원을 중심으로 한 비전이 2장 첫 부분의 환상과 평행을 이룰 뿐만 아니라, 환난 중에도 소망이 있을 것이니 절망하지 말고 하나님을 바라라고 권면한다. 이 텍스트는 또한 하나님이 어떤 목적으로 그의 백성을 혹독하게 심판하시는지를 분명히 가르쳐주고 있다. 이미 1장에서 언급된 것처럼 주의 백성이 거룩하신 하나님 앞에서 온전하게 살 수 있게 하기 위함이다. 이 섹션은 (1) 지도력을 상실한 사회(3:1-7), (2) 지도자들에 대한 심판(3:8-15), 두 파트로 구분된다.

Ⅰ. 유다와 예루살렘에 선포된 심판과 구원(1:1–12:6)
2장. 위대하신 하나님과 교만한 백성(2:1–4:6)
3. 예루살렘 지도자들에 대한 심판(3:1–15)

(1) 지도력을 상실한 사회(3:1-7)

1 보라 주 만군의 여호와께서
예루살렘과 유다가 의뢰하며 의지하는 것을 제하여 버리시되
곧 그가 의지하는 모든 양식과
그가 의지하는 모든 물과
2 용사와 전사와 재판관과 선지자와 복술자와 장로와
3 오십부장과 귀인과 모사와 정교한 장인과
능란한 요술자를 그리하실 것이며
4 그가 또 소년들을 그들의 고관으로 삼으시며

아이들이 그들을 다스리게 하시리니
5 백성이 서로 학대하며 각기 이웃을 잔해하며
아이가 노인에게, 비천한 자가 존귀한 자에게 교만할 것이며
6 혹시 사람이 자기 아버지 집에서
자기의 형제를 붙잡고 말하기를
네게는 겉옷이 있으니 너는 우리의 통치자가 되어
이 폐허를 네 손아래에 두라 할 것이면
7 그 날에 그가 소리를 높여 이르기를
나는 고치는 자가 되지 아니하겠노라
내 집에는 양식도 없고 의복도 없으니
너희는 나를 백성의 통치자로 삼지 말라 하리라

선지자는 2:22에서 "인생을 의지하지 말라"고 권면했다. 이제 이스라엘에 임하는 하나님의 심판은 "인생이 의지하는 것들"을 제거함으로써 시작된다(1절). 선지자가 사용하는 이미지는 지팡이를 의지하고 서 있는 사람에게서 지팡이를 빼앗는 일이다(Tucker). 지도자들은 사회에서 백성들이 의지하고 설 수 있는 지팡이 같은 존재라는 것을 암시한다(cf. Clements). 하나님이 먼저 백성들의 삶에서 "모든 양식과 모든 물"을 없애신다(1절). 사람이 살기 위해서 꼭 필요한 것들을 제거하실 것이라는 의미다. 출애굽 때 이스라엘에게 순종하면 풍요를 주시겠다고 약속하셨던 하나님이 어느덧 그들의 생계를 위협하시는 분이 되셨다. 주의 백성이 하나님께 순종하는 삶을 살지 못했다는 증거다. 하나님이 구체적으로 어떤 방법으로 이스라엘의 생계를 위협하실 것인가? 선지자는 2절에서부터 이 질문에 답하는데, 한마디로 말해서 리더십의 부재를 통해 이스라엘을 위협하실 것이라고 한다.

선지자는 용사, 전사, 재판관, 선지자, 복술자, 장로, 오십부장, 귀인, 모사, 공교한 장인, 능란한 요술자 등 그 당시 유다가 의존하고 있

던 모든 것들을 제거하실 것이라고 한다(2-3a절). 스위니(Sweeney)는 이 섹션이 주전 701년에 있었던 산헤립의 침략을 배경으로 하고 있다고 하지만, 그때는 유다 사회에서 리더들이 제거되지 않았던 때인지라 그 때라 할 수 없다. 본문이 정확하게 언급하지 않으니 어떤 구체적인 역사적 정황을 배경으로 해석하기보다는 하나님의 심판에 대한 전반적인 가르침으로 간주하는 것이 바람직하다.

하나님은 그의 백성에게 기회를 주셔서 각 개인의 삶과 공동체의 삶을 원래 하나님이 주신 소명에 따라 개혁하기를 원하신다. 그러나 만일 백성이 스스로 정리하지 않거나 못할 경우에는 주님이 직접 개입하여 심판하실 것을 경고한다. 심판이라 해서 무조건 나쁘거나 부정적으로 생각해서는 안 된다. 하나님의 심판 의지는 주의 백성을 향한 사랑과 은혜에서 비롯된다는 것을 의식해야 할 것이다(cf. 4:2ff.).

본문이 묘사하고 있는 하나님의 심판 과정을 생각해보자. 먼저 노련한 리더십이 사라지면서 리더십 공백이 생긴다(1-3절). 노련한 리더십의 부재로 생긴 공백을 무능하고 경험이 부족한 지도자들이 채운다(4절). 예측했던 대로 이들은 올바른 리더십을 발휘하지 못한다. 결국 사회적 불신만 야기되고, 급기야 무정부 상태의 혼란이 사회를 몰락시킨다. 훌륭한 리더십은 그 어떠한 위기에 처한 공동체도 구할 수 있지만, 무능한 리더십은 한순간에 공동체를 몰락시킬 수 있는 것이다.

이사야는 구체적으로 사회 각층을 지도하는 네 종류의 지도력 상실에 대하여 언급한다. 첫째, 군사적인 리더십이 사라진다. "용사"(גִּבּוֹר)(2절), "전사"(אִישׁ מִלְחָמָה)(lit., "전쟁의 사람")(2절), "오십부장"(שַׂר־חֲמִשִּׁים)(lit. "50명을 지휘하는 자")(3절)은 모두 이스라엘의 군사 제도에서 사용하는 용어였다. 용맹스러운 전사와 지휘관들이 제거된다는 것은 하나님이 유다의 군사력을 완전히 무능하게 만드실 것을 경고하는 것이다. 군사적 리더십이 흔들리면 당장 외부의 침략에 적절하게 대응할 수 없는 위험에 빠진다. 하나님이 군사적 리더들을 제거하시니 이스라엘은 자신을 방어할 수 없게 되었다.

둘째, 정치적 리더십에 공백이 생긴다. "재판관"(שׁוֹפֵט)(2절), "장로"(זָקֵן)(2절), "귀족"(נְשׂוּא פָנִים)(3절), "모사"(יוֹעֵץ)(3절)는 공동체를 이끌어 가는 사회적 리더들이다. 재판관은 법정을, 장로는 사회적 여론과 정서를, 귀족은 이스라엘 정치를 주관하던 사람들이다. 새번역은 모사(יוֹעֵץ)를 "군사 고문관"이라고 번역했는데, 바람직하지 않다. 귀족들과 함께 정치를 주도하는 전략가들이다(cf. HALOT). 이들의 근본적인 임무는 군사적인 것이 아니다. 정치가들은 권력을 지향하고, 권력을 가진 자는 부패하게 되어 있다. "절대적인 권력은 절대적으로 부패한다"는 말도 있다. 끝까지 부패하지 않는 훌륭한 정치가를 찾는 것은 거의 불가능한 일이라는 것이다. 그럼에도 불구하고 정치가 없는 공동체는 이 세상에 존재하지 않는다. 어떻게 생각하면 정치는 우리가 사회를 형성하고 살아가는 일에 있어서 필연적인 악이라고 할 수 있다. 그래서 "독재가 무정부보다는 낫다"(Dictatorship is better than anarchy)는 말이 있지 않은가? 그런데 하나님이 이스라엘에서 정치 지도자들을 제거하신다. 그렇다면 결과는 뻔하다. 하나님의 심판이 시작되면 무정부 상태의 혼란이 이들을 엄습할 것을 경고하는 것이다.

셋째, 종교적 리더십이 없어진다. "선지자"(נָבִיא)(2절), "복술자"(קֹסֵם)(2절), "능란한 요술자"(נְבוֹן לָחַשׁ)(3절) 등이 제 역할을 하지 못하는 시대가 온다. 일부 주석가들은 본문에서 제사장(כֹּהֵן)과 왕(מֶלֶךְ)이 빠진 것에 대하여 의아해한다(Wildberger). 제사장이 제외된 것에서 힌트를 얻어 본문이 훗날 제사장들에 의하여 수정된 것이라고 주장하는 학자도 있다(Kaiser). 그러나 추측일 뿐 증거는 없다. 이 목록 중 선지자를 제외하면 성경이 금하는 자들이다. 그런 자들이 이스라엘 사회에서 버젓이 활동하고 있다는 것은 이스라엘이 하나님의 율법을 거역하고 있을 뿐만 아니라, 그들의 사회가 종교적인 복합주의를 지향하고 있음을 암시한다. 그러나 선지자는 이곳에서 어떠한 가치 판단을 하지 않으면서 단순히 그들이 의지하고 있는 종교적 리더십 전체가 하나님의 심판을 받아 사라질 때가 임할 것을 경고한다. 이 날이 임하면 하나님만 침묵하시는 것이 아니라 "우상들도 침묵할 것이다." 평소에는 복술자들과 요술자들이 거짓으로 사람들을 현혹했는데, 이때가 되면 이들의 거짓마저도 사라질 것이기 때문이다.

넷째, 경제적인 리더십도 사라진다. 개역개정이 "정교한 장인"으로 번역한 히브리어 문구(חֲכַם חֲרָשִׁים)(3절)를 공동번역과 새번역은 "능숙한 마술사"로 번역해 놓았다.[11] 영어 번역본들의 경우 대부분 "정교한 장인"(skillful artisan)이 주류를 이루지만(NAS; NIV; TNK), "능숙한 마술사"(skillful magician)도 있다(NRS). 이 같은 혼란은 "마술사들/장인들"로 번역되는 히브리어 단어(חֲרָשִׁים)가 성경에서 이곳에 한 차례밖에 사용되지 않기 때문에 빚어진 일이다.

만일 "마술사"로 해석할 경우, 정황과 문맥을 감안할 때, 이미 다양한 종교인들을 언급한 상황에서 다른 유형의 종교인들을 추가할 필요가 없다고 보여진다. 또한 선지자는 하나님이 심판을 시작하시면 온 사회가 혼란에 빠져들 것이라고 하는데, 실제로 사람들이 가장 염려하는 것은 경제적인 혼란이다. 자신들의 의식주에 가장 크고 직접적인 영향을 미치기 때문이다. 또한 선지자는 이미 1절에서 하나님이 유다에서 "양식과 물"을 모두 없애실 것이라고 했다. 이런 상황에서 공교한 장인들의 부재는 어떻게 유다에서 "양식과 물"이 사라질 것인가에 대한 설명이라 할 수 있다. 또한 현실적으로 경제적인 파탄이 동반하지 않는 심판과 혼란은 상상하기가 어렵다. 그러므로 "공교한 장인들"이 제거되어 사회가 돌이킬 수 없는 곤경에 빠질 것을 뜻하는 것으로 해석하는 것이 바람직하다. 선지자가 경고하고 있는 총체적인 지도력 상실은 아

11 종교적 지도자들에 대한 언급은 이미 2절에서 끝이 났고, 4절은 다른 유형의 지도자들을 나열하고 있다며 "능숙한 마술사"뿐만 아니라 "능란한 요술쟁이"(נְבוֹן לָחַשׁ)도 다르게 해석해야 한다는 주장이 있다(Tucker).

시리아(주전 701년)가 예루살렘을 침략하고, 바빌론(주전 586년)이 성을 함락시켰을 때 상당 부분 성취되었다(cf. 왕하 24:14).

능숙하고 유능한 지도자들이 제거되어 공백이 생기자 생각이 짧고 경험이 없는 자들이 그 자리를 채워 이스라엘을 다스린다(4절). "소년들"(נְעָרִים)(4절)이 선지자 시대에 유다를 다스리던 무능한 정치인들을 비유하는 것으로 해석되기도 한다(Darr). 이렇게 해석할 경우 하나님의 이스라엘에 대한 심판은 이미 시작된 것임을 뜻한다. 그러나 어느 특정한 시대를 배경으로 본문을 해석하기보다는 하나님의 심판에 대한 전반적인 원리를 말씀하시는 것으로 해석하는 것이 바람직하다.

오스월트(Oswalt)는 본문이 독재자를 뜻한다고 하지만, 새번역이 본문의 의미를 정확하게 전달하고 있다. "내가 철부지들을 그들의 지배자로 세우고, 어린 것들이 그들을 다스리게 하겠다." 이런 사람들이 다스리는 세상은 어떠할까? 이런 곳에서 산다는 생각만해도 두렵다. 옛적에 솔로몬이 죽고 난 후에 르호보암이 지혜롭고 경험 많은 노인들의 충고를 듣지 않고 어리석고 경험이 부족한 젊은 사람들의 조언을 따르다가 나라가 둘로 나누어진 때를 연상케 한다(cf. 왕상 12장).

유능한 리더들을 대신해서 철이 없고 경험이 없는 철부지들이 나라를 다스리니 사회가 분열하고 몰락한다(5절). 선지자는 이들이 인도하는 사회를 다음과 같이 묘사하고 있다. 첫째, 사람들이 서로 학대하며 억압하는 사회가 되었다(5a절). 하나님이 시내 산에서 이스라엘에게 각자의 인권과 재산을 존중해 주는 사회를 만들라며 그 규범으로 율법을 주셨다. 그러나 선지자가 묘사하는 사회는 사람들이 각자의 이익을 위하여 이웃을 해하는 것을 서슴지 않는 부도덕한 사회가 되었다. 둘째, 이웃끼리 서로 싸우는 사회가 되었다(5b절). 국가나 개인이 서로를 상대로 싸우는 것은 불만이 있다는 뜻이다. 하나님이 심판을 시작하시니 이 사회는 서로에 대한 불만으로 가득 찬 사람들의 집단이 되었다. 셋째, 세대 간의 갈등이 극심한 사회가 되었다(5c절). 어린아이들이 노인에게 대들고 교만을 떠는 시대가 되었다. 오늘날처럼 고대 사회도 젊은 사람들이 어른들을 존중하는 것이 미덕이었는데, 이 같은 미덕은 더 이상 찾아볼 수가 없다. 물론 기성 세대는 젊은 세대를 무시하고 짓밟았을 것이다. 선지자가 묘사하는 사회는 이처럼 세대간의 갈등이 고조되어 있다. 넷째, 가치관과 질서가 무너진 사회가 되었다(5d절). 천한 자가 존귀한 자에게 거드름을 피우며 무례하게 대든다. 노인을 공경하고 존귀한 자를 귀히 여겼던 그 당시 사회에는 매우 충격적으로 들렸을 것이다. 결국 사람마다 각기 자기 소견대로 행하는 사사 시대처럼 막가는 사회가 되어 버린 것이다.

더 비극적인 것은 이처럼 몰락해 가는 사회를 개혁하고 회복시킬 만한 사람들이 그 어디에도 없다는 사실이다(6-7절). 다급해진 사람들이 자기보다 조금이라도 형편이 낫다 싶으면 아무라도 붙잡고 지도자가 되어 몰락한 사회를 다시 세워달라고 간구한다(6절). 지도자를 세우는 일이 통치를 위해서가 아니라 몰락해 가는 사회를 조금이라도 통제하여 몰락해 가는 속도를 줄이기 위해서다. 그러므로 어떠한 지도자가 나와도 문제가 해결되지 않을 것을 암시한다. 부탁을 받은 사람들은 자신들에게는 이렇다 할 묘안이 없을 뿐만 아니라, 먹고사는 것도 힘들며 대중 앞에 입고 나갈 변변한 옷 하나 없다면서(Smith) 아무도 절박한 백성의 부름에 응하지 않는다(7절). 평소에는 서로 지도자가 되겠다고 야단법석일 텐데, 선지자가 경고하고 있는 때는 얼마나 상황이 다급한지 서로 지도자가 되지 않으려고 한다.

선지자는 2장을 마무리하면서 "인생을 의지하지 말라"(22절)고 분명히 경고했다. 본문은 "인생을 의지한 결과"를 전하고 있다. 여호와를 의지하지 않고 "인생을 의지하는 데"서 비롯되는 문제를 적나라하게 묘사하고 있는 것이다. 사람에 의존해서 세워진 나라와 공동체는 지도력이 상실될 때 망할 수밖에 없다. 그러나 오직 하나님만을 의지하고 바라는 사회는 어떠한 상황에서도 보호받을 것이다.

목회자의 사역을 어떤 기준에 따라 성공, 혹은 실패로 평가할 것인가? 여러 가지 방법이 있겠지만, 가장 중요한 기준은 그가 교회를 떠난 후 그 교회가 어떻게 되느냐이다. 만일 교회가 그 목회자 없이도 잘 유지된다면 그는 목회에 성공한 사람이다. 충분히 그의 뒤를 이어갈 리더들을 양육하고 세워 두었기 때문이다. 그러나 만일 그가 떠나자 교회가 혼란에 빠진다면, 그는 실패했다고 볼 수 있다. 그가 했던 목회는 결국 원맨쇼(one man show)밖에 되지 않았기 때문이다.

오늘의 사회를 이 말씀에 비추어 볼 때, 본문은 상당한 예언적인 요소를 담고 있다. 인류가 21세기에 접어들면서 당면하고 있는 가장 커다란 문제는 리더십 위기라고 할 수 있다. 우리는 지금 정치, 경제, 사회, 교육, 종교 등 우리 삶의 모든 영역에서 리더십 위기를 맞고 있다고 해도 과언은 아닐 것이다. 사역자는 교회의 지도자다. 우리가 지도자가 되고 안 되고는 이슈가 아니다. 우리는 이미 지도자가 되어 있기 때문이다. 그러므로 이슈는 우리가 어떤 지도자가 되는가이다. 우리는 소명을 소중히 여기며 좋은 지도자가 되어야 할 사명과 책임이 있다.

Ⅰ. 유다와 예루살렘에 선포된 심판과 구원(1:1–12:6)
2장. 위대하신 하나님과 교만한 백성(2:1–4:6)
3. 예루살렘 지도자들에 대한 심판(3:1–15)

(2) 지도자들에 대한 심판(3:8-15)

선지자가 앞 섹션에서 묘사한 것처럼 유다의 상황이 절박해진 것은 모든 사람이 책임져야 할 일이다. 그러나 만일 이 일에 대하여 누군가에게 책임을 추궁해야 한다면, 분명 지도자들이다. 지도자들이 백성을 잘못 인도하여 일이 이 지경에 이르렀기 때문이다. 그래서 선지자는 이 섹션에서 지도자들에 대하여 맹렬한 비난을 쏟아내고 그들에게 심판을 선언한다. 본 텍스트는 다음과 같이 두 파트로 구분될 수 있다. (1) 사회에 대한 전반적인 비난(3:8-11), (2) 지도자들 비난(3:12-15).

① 사회에 대한 전반적인 비난(3:8-11)

8 예루살렘이 멸망하였고 유다가 엎드러졌음은
그들의 언어와 행위가 여호와를 거역하여
그의 영광의 눈을 범하였음이라
9 그들의 안색이 불리하게 증거하며
그들의 죄를 말해 주고 숨기지 못함이 소돔과 같으니
그들의 영혼에 화가 있을진저
그들이 재앙을 자취하였도다
10 너희는 의인에게 복이 있으리라 말하라
그들은 그들의 행위의 열매를 먹을 것임이요
11 악인에게는 화가 있으리니
이는 그의 손으로 행한 대로 그가 보응을 받을 것임이니라

선지자는 예루살렘이 "멸망하였고", 유다가 "엎드러졌다며" 주의 백성이 처한 상황에 대해 탄식한다(8a절). 이스라엘은 절망적인 상황을 맞이하였으며, 회복의 가능성이 전혀 보이지 않아 절망적이다. 이어 그는 유다가 멸망하게 된 이유를 구체적으로 나열한다(8-9절). 첫째, 그들의 언어가 하나님의 뜻을 거역하고 거슬렀다(8b절). 마치 술에 취한 사람이 아무 말이나 책임 없이 내뱉듯이 하나님의 백성들이 하나님께 거침없이 망언을 하고 있었던 것이다. 둘째, 그들의 삶이 하나님을 거역했다(8b절). 일부 주석가들은 이스라엘이 한 말과 행실 중 어떤 것이 하나님을 자극했는지에 대하여 호기심을 갖지만(Tucker), 본문은 전반적으로 이스라엘의 행실을 비난하고 있다. 그들의 말과 행동에서 구체적인 내용을 찾기는 불가능하다. 그들은 거룩하게 살기 위하여 택함을 받

은 백성이었다. 그러나 그들의 삶이 결코 이러한 소명에 적절한 삶이 되지 못했던 것이다. 셋째, 그들은 하나님의 명예를 훼손했다(8c절). 그들은 말과 행실을 통하여 그들의 하나님 여호와의 얼굴에 먹칠을 한 결과를 초래했던 것이다.

이런 상황에서도 그들은 자신들의 죄에 대하여 뉘우치지 않는다(9절). 참으로 위선적이고 악한 언행을 일삼으면서 전혀 거리낌이나 양심의 가책을 느끼지 못한다. 모든 것을 정당화하고, 모든 것을 합리화하다 보니 아마도 회개의 필요성을 느끼지 못하였을 것이다. 결국 주의 백성은 자신들의 죄에 대하여 수치를 느끼기는커녕 오히려 당당했던 소돔 사람들과 한통속이었다(9b절). 이사야서에서 소돔이 세 번째로 언급되는 순간이다. 맨 처음에는 완전한 멸망을(1:9), 두 번째는 절대적인 타락을(1:10), 이곳에서는 죄에 대한 뻔뻔함을 상징하면서 소돔이 언급되고 있다. 선지자는 이스라엘이 여러 면에서 소돔과 구분이 되지 않는 지경에 이르렀다고 한탄한다. 하나님이 이스라엘을 자기 백성으로 삼으셨을 때에 세상의 민족들과 다르게 살아가라는 소명을 주셨는데, 이스라엘은 열방과 같아졌을 뿐만 아니라, 더 나아가 열방 중에서도 죄와 교만의 상징인 소돔처럼 되었다! 믿기 어려운 일이 벌어지고 있는 것이다.

사람이 오랫동안 죄를 짓다 보면 어느 순간에는 뻔뻔해지기 시작한다. 이스라엘 백성에게 이런 일이 벌어지고 있었던 것이다. 또한 이 같은 현상은 오늘날에도 오랫동안 신앙생활을 했다는 그리스도인이 범할 수 있는 죄이기도 하다. 처음에는 작은 죄 때문에 금식하고 괴로워하다가, 신앙의 연륜을 쌓아감에 따라 심각한 죄를 짓고도 "인생이란 다 그런 것이다"로 합리화시킨다. 그리고 조금 더 지나면 아주 심각한 죄를 짓고도 담대하게 "BJR(배째라)"을 외친다. 우리의 영성을 어떻게 판단할 것인가? 죄에 대하여 얼마만큼 심각하게 생각하고 회개하는지가 하나의 좋은 기준이 될 것이다.

그렇다면 하나님은 이스라엘 공동체에 속한 모든 사람에게 동일한 재앙을 내리실 것인가? 아니다. 선지자는 여호와께서 의인에게는 상을 주시고, 악인만 심판하실 것이라며 하나님의 의로우심을 선언한다(10-11절). 하나님의 심판이 임하는 날, 의인은 그의 행위에 합당한 열매를 먹고 누리게 될 것이다(10절). 반면에 악인은 자신이 행한 죄에 따라 대가를 치르게 될 것이다(11절). 물론 이러한 심판이 순간적으로 이루어질 것이라는 보장은 없다. 그러나 하나님은 우주를 창조하실 때 본능적으로 악을 배척하고 선을 선호하도록 만드셨다. 이와 같이 "악이 심판을 받고 의는 축복을 받는 것"은 지혜사상에 근거를 두고 있다.

언제 이 말씀이 성취될까? 예수님이 다시 이 땅에 임하실 때이다. 그렇다면 우리는 현시대에 성행하는 악에 대하여 어떤 입장을 취해야 하는가? 악인이 성행하는 것을 우리는 어떠한 마음자세를 가지고 지켜보아야 하는가? 하나님의 의로우심을 신뢰하며 기다려야 한다. 주님이 악을 심판하시겠다고 약속하신 것을 믿고 기다려야 한다. 특히 사역자들은 가능한 한 악을 자기 힘으로 응징하려 들지 말고 하나님이 적절한 때에 심판하실 것을 믿고 기다려야 한다. 정의는 꼭 승리한다. 이것이 선하신 하나님의 약속이다.

그러나 우리는 필요에 따라서 언제든지 하나님의 심판이 임할 수 있다는 사실을 의식하며 살아야 한다. 실제로 하나님이 즉결 심판을 내리시는 경우를 주변에서 종종 목격하지 않는가? 심판뿐만 아니라 모든 부분에서 오늘도 하나님께 구하면 그분의 뜨겁고 확실한 역사를 체험할 수 있다. 우리가 하나님과 동행할 때 하나님의 능력이 우리에게 임하기 때문이다.

I. 유다와 예루살렘에 선포된 심판과 구원(1:1–12:6)
2장. 위대하신 하나님과 교만한 백성(2:1–4:6)
3. 예루살렘 지도자들에 대한 심판(3:1–15)
(2)지도자들에 대한 심판(3:8–15)

② 지도자들 비난(3:12–15)

12 내 백성을 학대하는 자는 아이요

다스리는 자는 여자들이라
내 백성이여 네 인도자들이 너를 유혹하여
네가 다닐 길을 어지럽히느니라
13 여호와께서 변론하러 일어나시며
백성들을 심판하려고 서시도다
14 여호와께서 자기 백성의 장로들과 고관들을 심문하러 오시리니
포도원을 삼킨 자는 너희이며
가난한 자에게서 탈취한 물건이 너희의 집에 있도다
15 어찌하여 너희가 내 백성을 짓밟으며
가난한 자의 얼굴에 맷돌질하느냐
주 만군의 여호와 내가 말하였느니라 하시도다

이사야 시대에 유다를 통치하는 지도자들이 어른을 학대하는 어린 아이로 표현된다(12a절; cf. 3:5).[12] 만약에 이사야서가 므낫세 시대 때 최종적으로 정리되었다면 므낫세 정권을 규탄하는 말이 될 수 있다. 그러나 일반적으로 학자들은 이 표현이 무책임하고 무능력한 정권을 표현하는 것으로 이해한다. 선지자가 앞에서 경고한 대로 하나님의 심판이 시작되면 유능한 리더십이 사라지고 경험 없고 생각 없는 철부지들이 이스라엘을 다스릴 것이다.

이스라엘은 또한 부녀자들의 다스림을 받는다(12b절). 남편의 권력을 이용하여 남을 착취하는 여인의 모습일 수도 있고(cf. 암 4:1의 "바산의 암소들"), 실제로 여자들이 사회를 다스리는 것을 의미할 수도 있다. 확실

12 일부 옛 번역본들(Old Greek; Vulgate; Targum) 등이 "아이들" 대신 "착취하는 자들"을, "여자들" 대신 "이자를 받고 돈을 빌려주는 자들"로 번역해 놓았다. 그래서 일부 주석가들은 아이들 대신 "독재자들," 여자들 대신 "착취자들"을 선호한다(Wildberger). 그러나 선지자가 이미 유능한 리더십 대신 철없는 아이들이 주의 백성을 다스릴 시대가 올 것이라고 한 것(3:4)과 잠시 후 여자들이 맹렬한 비난을 받을 것을 감안할 때(3:16-26), 문맥은 "아이들"과 "여자들"을 그대로 유지하는 것이 바람직하다.

한 것은 남자들의 리더십이 효과적이지 못하다는 사실이다(Webb). 고대 근동 사회에서는 여자들이 사회를 주도한다는 것은 상상조차 하기 어려운 일이었다. 그러므로 여자들이 지배한다는 것은 대형 사고이자 수치다(Tucker). 아마도 16절 이후부터 언급되는 "시온의 딸들"이 이들을 두고 하는 말인 듯싶다.

장로(원로)들을 중심으로 움직였던 그 당시 사회에서 철부지들과 여자들이 이스라엘을 다스린다는 것은 충격적으로 들릴 수밖에 없다. 지도자들이 제 구실을 못하니까 엉뚱한 사람들이 날뛰고 있는 모습이다. 이사야서는 장로들과 왕들의 막강한 권력을 중심으로 한 리더십을 매우 강도 높게 비판한다(7:1-17; 14:4-21; 22:15-25; 28장; 29장; 32:3-8). 이 같은 사실에서 우리가 마음에 새겨야 할 진리는 교회의 모든 문제는 잘못되고 못된 평신도들에 의하여 시작되지 않는다는 점이다. 근본적으로 지도자인 사역자에게 더 큰 책임이 있다.

이사야는 지도자가 잘못 인도하고, 백성이 가는 길에 혼란을 야기한다고 비난한다(12b절). 앞에서 하나님의 심판이 주의 백성에게 형편없는 리더십을 안겨줄 것이라고 했는데, 여기서는 리더 자신들이 문제를 일으킨다(Tucker). 예수님이 말씀하신 "소경이 소경을 인도하는 일"(눅 6:39)의 실제적인 예다. 우리 주변에서 이런 목회자를 종종 목격하고 있지 않는가? 하나님의 이름을 빙자해서 생명의 길을 벗어나 엉뚱한 길로 신도들을 인도하는 사람들이 아직도 우리 주변에 많이 있다. 1998년 11월 속초에서 기독교 이단에 소속되어 있던 7명이 집단 자살한 기록이 있다. 잘못된 종말론이 초래한 결과였다. 그 목사를 믿고 따르던 성도들에게는 그들의 믿음이 생명이 아니라 독이 된 것이다. 바로 며칠 전(2012년 2월)에는 한 목사가 독감에 걸린 세 아이들을 귀신을 내쫓는다며 때려서 결국 모두 죽었다는 뉴스가 세상에 알려졌다. 참으로 안타깝고, 하나님이 분노하실 일들이 벌어지고 있다.

드디어 하나님이 권력을 남용하여 약자들을 괴롭히고 사람들을 잘못 인도한 지도자들을 문책하기 위하여 법정으로 들어오신다(13절). 선지자가 사용하는 이미지는 재판장이신 하나님이 피고인석에 앉아 있는 이스라엘의 지도자들을 향해 다가가시는 모습이다(cf. Hayes & Irvine). 신정통치를 지향하던 이스라엘에서 리더들의 권세는 그들의 것이 아니라, 이스라엘의 왕이신 하나님이 그들에게 잠시 위임하신 것이다. 그러므로 하나님께는 그들의 권력 남용을 책망할 수 있는 권한이 있으시다. 그들이 남용한 권력이 바로 하나님의 권력이었기 때문이다. 하나님의 문책은 충격적이다. "내 포도원〔유다〕을 삼킨 자들은 바로 너희들이다!" 포도원인 이스라엘을 잘 가꾸라며 포도원의 주인이신 하나님이 그들에게 권력을 위임해 주셨지만, 그들은 포도원 주인의 의지와 상관없이 행동했을 뿐만 아니라, 오히려 주인의 뜻에 상반되는 경영을 해 포도원을 망쳤다. 하나님의 책망은 우리 사역자들을 두렵게 한다.

무엇이 그들이 권력을 남용했다는 사실을 입증하는가? 선지자는 그들이 가난한 자들에게 착취한 것들로 자신들의 집을 가득 채웠다고 한다. 무슨 의미인가? 그들의 밥상에 가난한 자들로부터 착취한 생선이 올라오고, 그들의 집은 뇌물과 서민들의 피눈물로 얼룩진 장식들로 가득하다는 것이다. 사람들의 눈에는 평범한 부유함으로, 심지어 "주께서 허락하신 축복"으로 보일지 몰라도, 하나님의 눈에는 억울한 사람들의 피로 얼룩진 부정한 풍요일 뿐이다. 억울하게 죽은 아벨의 피가 하늘을 향해 부르짖었던 것처럼(cf. 창 4장), 약자들이 흘린 무고한 피가 권력가들의 집에서 하늘을 향해 부르짖고 있다.

하나님은 권력을 남용하여 남을 착취는 일을 주님의 백성을 "짓밟는 것"(דכא)이라고 한다(15절; cf. 53:5, 10). 이 이미지는 사람의 머리가 땅보다 낮아질 때까지 밟는 것이다(Oswalt). 그러므로 이 단어는 가장 심한 학대를 뜻한다. 착취는 또한 가난한 자의 얼굴을 "맷돌질 하는"(טחן) 행위다(15절; cf. 민 11:8). 얼굴을 맷돌에 갈듯이 간다는 것은 부자들과 권력가들이 경제적인 이익을 위하여 가난한 사람들이 지닌 인간의 존엄

성까지 파괴하고 있음을 뜻한다. 하나님의 권력 위임은 책임이지 특권이 아니다. 목회자는 권리를 포기한 사람들이다. 섬김을 받는 사람들이 아니라 섬기는 자들이다. 즉, 사역은 책임이고 노동인 것이다. 목회는 특권을 누리는 것이 아니다. 세상에서 소외당하고 무시당하는 약자들을 하나님의 사랑과 자비로 보살피고 섬겨서 그들이 지닌 존엄성을 회복시켜 주는 것이 목회의 본질이다. 그들 모두 창조주 하나님의 모양대로, 형상대로 지음을 받았기 때문이다.

권력을 남용하여 약자들을 착취하는 사람들이 하나님의 심판을 피할 수 없는 또 하나의 이유는 그들의 "보호자" 때문이다. 구약은 하나님이 가난한 자와 고아와 과부를 특별히 보호하신다고 한다(cf. 출 22:22; 신 10:18; 14:29). 이 세상에서 가장 착취당하기 쉽고 권력에 희생되기 쉬운 자들을 하나님은 매우 소중히 여기신다는 뜻이다. 권력이 부패할수록 이들이 가장 쉬운 희생물이 된다. 그래서 한 사회나 공동체가 어떻게 이 약자들을 대접하는가는 곧 그 사회와 공동체의 경건성을 말해주는 지표라고 할 수 있다.

그렇다면 교회가 얼마나 경건한가를 가늠하는 일에서 가장 좋은 방법은 무엇일까? 아마도 그 교회에서 가난한 자, 고아, 과부 등 사회적인 약자들의 인권이 어떻게 존중되는가를 평가하면 될 것이다. 물론 교회에서 학식과 재력을 가진 자들이 존중받을 수 있다. 그러나 가난한 자들과 소외된 자들의 의사도 잘 반영되어야 하는 것이다.

4. 예루살렘 여인들에 대한 심판(3:16-4:1)

16 여호와께서 또 말씀하시되
시온의 딸들이 교만하여 늘인 목,

정을 통하는 눈으로 다니며 아기작거려 걸으며
발로는 쟁쟁한 소리를 낸다 하시도다
17 그러므로 주께서 시온의 딸들의 정수리에 딱지가 생기게 하시며
여호와께서 그들의 하체가 드러나게 하시리라
18 주께서 그 날에 그들이 장식한 발목 고리와 머리의 망사와 반달 장식과 19 귀 고리
와 팔목 고리와 얼굴 가리개와 20 화관과 발목 사슬과 띠와 향합과 호신부와 21 반지와
코 고리와 22 예복과 겉옷과 목도리와 손 주머니와 23 손 거울과 세마포 옷과 머리 수
건과 너울을 제하시리니
24 그 때에 썩은 냄새가 향기를 대신하고
노끈이 띠를 대신하고
대머리가 숱한 머리털을 대신하고
굵은 베 옷이 화려한 옷을 대신하고
수치스러운 흔적이 아름다움을 대신할 것이며
25 너희의 장정은 칼에, 너희의 용사는 전란에 망할 것이며
26 그 성문은 슬퍼하며 곡할 것이요
시온은 황폐하여 땅에 앉으리라
4:1 그 날에 일곱 여자가 한 남자를 붙잡고 말하기를
우리가 우리 떡을 먹으며 우리 옷을 입으리니
다만 당신의 이름으로 우리를 부르게 하여
우리가 수치를 면하게 하라 하리라

2장 6절에서 시작된 대조(contrast)가 이곳에서도 계속된다. 본문은 인간이 스스로 이룩한 영화가 하나님에게는 인간의 어리석음과 낮음을 입증하는 것으로밖에 여겨질 수 없음을 강조한다. 인간 수치의 근본적인 원인은 자신을 높이려는 데에 있다. "무릇 스스로 높이는 자는 낮아질 것"이란 말씀이 생각난다. 먼저 낮아지면 더 이상 내려갈 곳이 없으니 수치를 당하지 않을 텐데, 우리 마음에는 높은 자리에 대한 열망이 왜

이렇게도 많을까!

인간의 영화-수치의 대조가 본문에서 절정에 이르고 있으며, 아모스 4:1-3과 예레미야 44:15-30에도 언급된 내용으로서 이스라엘의 부유층 여자들에 관한 것이다. 아무리 나라가 어려워도 사치를 부리는 일부 상류층은 때와 장소를 막론하고 있기 마련이다. 본문은 그들에 관한 이야기다(Blenkinsopp). 또한 이 대조의 은유적인 의미(figurative meaning) 역시 중요하다. 예루살렘의 부유층 여자들뿐만 아니라 대부분 인간은 사치와 호화로움을 좋아하기 때문이다. 그러므로 2:6 이후로 계속되고 있는 포괄적인 "심판과 낮춤"의 문맥과 잘 어울린다.

선지자는 교만과 오만으로 가득 찬 여인의 모습을 아주 적나라하게 묘사한다(3:16). "시온의 딸들이 교만하여 목을 길게 빼고 다니며, 호리는 눈짓을 하고 다니며, 꼬리를 치고 걸으며, 발목에서 잘랑잘랑 소리를 내는구나"(새번역). 이 여인들이 왕족 여자들이라고 하는 해석이 있지만(Blenkinsopp), 유다의 상류층 여인 대부분을 뜻하는 듯하다. 이 여인들의 모습은 사람들에게는 요염하게(?) 걷는 섹시한 여인의 것이겠지만, 하나님의 눈에는 요란한 창녀의 모습에 불과하다. 이 이야기는 상반된 관점에 관한 것이다(Smith). 하나님의 관점과 인간의 관점은 이처럼 다를 수 있다는 것이다. 미(美)에 대한 기준이 하나님의 것과 인간의 것이 확연한 차이를 보이기 때문이다. 선지자가 지적하는 신체 부위들을 생각해 보라. 머리끝(목, 눈)에서 발끝(걸음, 발)까지 온갖 오만과 불손으로 가득 찼다. 하나님의 심판을 피할 수 없는 모습이다.

하나님이 요란스러운 창녀들 같은 이스라엘 상류층 여인들에게 보는 이들로 하여금 혐오감을 갖게 하는 것으로 심판하신다(3:17). 하나님이 눈에 가장 잘 띄는 이마에 딱지(종기)가 생기게 하실 것이다. 대부분 번역본들이 "정수리"라고 번역하고 있는 히브리어 단어(קָדְקֹד)는 "이마"로 번역하는 것이 문맥과 더 잘 어울린다(Oswalt). 사람의 머리에서 가장 잘 보이는 부분이 이마이기 때문이다. 또한 "딱지"(שׂפח)는 레위기

13:2 등에서 문둥병으로 일그러진 살을 뜻한다. 상황이 이렇게 되면 여인들이 요염한 자태를 갖기 위하여 온갖 노력과 치장을 했음에도 불구하고 남자들은 이들을 보자마자 매력을 느끼기는커녕, 이마에 있는 문둥병 딱지를 보고 혐오감을 갖게 될 것이다. 또한 하나님이 문둥병 딱지가 들어선 여자의 이마가 아주 잘 보이도록 삭발을 하게 하신다. 개역개정과 새번역 등은 하나님이 그들의 "하체"를 드러낼 것이라고 번역하고 있는데(cf. NRS), 이는 히브리어 단어(פֹּת)를 잘못 번역한 것이다. 이 히브리어 단어(פֹּת)는 하체가 아니라 머리, 이마 등을 뜻한다(HALOT; cf. NAS; NIV; TNK). 또한 "이마"가 첫 번째 행의 "이마에 붙은 딱지"와 더 정확한 평행을 이룬다(cf. Tucker).

선지자는 잠시 노래를 멈추고 당시 상류층 여인들이 치장하기 위하여 사용했던 온갖 장신구들을 나열한다(18-23절). 이 섹션은 시가체가 아니라 단순히 목록을 제시하는 내러티브로 구성되어 있다(cf. 새번역). 이 목록이 나열하고 있는 온갖 장식품들의 정확한 번역과 용도를 파악하는 것은 어려운 일이다. 그러나 선지자가 선포하는 메시지는 분명하다. "하나님이 모든 치장들을 그들의 몸에서 제거하여 거의 나체로 만들 것이다!" 본문이 나열하고 있는 장식품들을 생각해보라! 당시 상상을 초월하는 사치품들이었다. 발목 고리, 머리의 망사, 반달 장식, 귀고리와 팔목고리, 얼굴 가리개와 화관, 발목 사슬과 띠, 향합과 호신부, 반지와 코 고리, 예복과 겉옷, 목도리와 손 주머니, 손 거울과 세마포 옷, 머리 수건과 너울 등이다. 아마 우리말로 성경을 번역한 번역자들도 이 부분에서 많은 수고를 했을 것이다.

2:22의 "인생을 의지하지 말라"는 테마가 계속되고 있다. 하나님이 상류층 여인들의 자신들을 돋보이게 하기 위하여 치장하고 의존했던 모든 것을 벗기신 후 그들에게는 무엇이 남았을까? 알몸뚱이 하나가 아닌가? 오늘날도 사람들은 자신을 치장하고 숨기기 위하여 별의별 호화스러운 사치를 한다. 유명 디자이너 옷, 목걸이, 팔찌, 명품 백 등 값

비싼 것을 선호한다. 죽을 때는 모든 것을 두고 가야 한다는 사실을 알면서도 인간은 왜 호화스러움과 사치를 갈망할까? 갑자기 최희준님의 "인생은 나그네길"이란 노래가 생각난다. 왜? 우리의 인생도 치장을 제거하면 별것 아니기 때문이다. 우리는 하나님을 만날 때 어떤 모습으로 만나는가? 모든 치장을 벗고 만나야 할 것이다.

하나님이 상류층 여인들에게서 모든 장신구를 벗기신 다음, 그들에게 착용할 "다른 치장들"을 주신다(3:24). 썩은 냄새와 향, 노끈과 띠, 대머리와 숱한 머리털, 굵은 베옷과 화려한 옷, 수치스러운 흔적과 아름다움이 그것이다. 이 대체된 치장들은 전쟁에서 패한 나라의 백성이 포로로 끌려가는 모습을 상징한다(cf. Tucker). 썩은 냄새, 노끈, 대머리, 굵은 베옷, 수치스러운 흔적 등은 모두 포로생활과 연관되어 해석될 수 있기 때문이다(Oswalt; Motyer). 선지자가 유다가 전쟁에 패한 후 있을 일을 이렇게 묘사하고 있다면(cf. 25-26절), 이 여인들이 이렇게 초라하게 끌려가기 전에 이미 강간 등 전쟁과 연관된 온갖 만행이 저질러진 후의 일일 것이다(Clements; Childs). 오늘의 귀족들이 머지않아 포로가 되어 끌려갈 것을 암시한다. 이것이 바로 하나님을 버리고 인간을 의지하는 교만한 사람들의 종말이다.

지금까지 선지자는 이스라엘의 상류층 여인들이 강간을 당하고 포로가 되어 끌려갈 것이라고 경고했다. 25절에서부터 어떻게 이런 일이 그들에게 임할 것인가를 말한다. 이사야는 무시무시한 전쟁이 하나님의 심판이 되어 이스라엘을 삼킬 것이라고 한다(25-26절). 이 전쟁에서 이스라엘의 용사들이 대부분 죽을 것이다(25절). 오늘날까지 변하지 않은 사실은 전쟁은 여자보다는 남자를 죽인다는 것이다. 그렇기 때문에 남자의 숫자가 여자의 숫자보다 많아지면 전쟁이 일어난다는 말이 있다. 이스라엘에게 임할 전쟁이 얼마나 무시무시하고 가혹한 전쟁인지 전쟁이 끝난 후 남자 대 여자의 비율이 1대 7이다(4:1). 물론 7은 완전수이며 그만큼 남자가 귀하게 될 것이라는 사실을 강조한다.

한때는 요염한 옷차림과 치장으로 자신을 장식하고 남자를 유혹하며 "나 잡아 봐—라!" 하며 꼬리치던 여자들이 모든 자존심을 버리고 한 남자에게 매달려 애걸복걸한다. 그것도 일곱 여자가 한 남자에게 매달린다! 의식주는 모두 자신들이 스스로 해결할 테니 제발 자기와 결혼해달라고 애원한다. 기둥서방 역할이라도 해 달라는 것이다. 여자가 결혼하지 못하는 것을 가장 큰 수치로 생각했던 고대 근동 사회의 정서에서 여인이 당할 수 있는 최고의 수치를 잘 반영하고 있다. 역시 이것도 교만한 인간의 비참한 종말이다. 하나님의 말씀은 확고하다. "부정과 교만은 반드시 심판을 받을 것이다."

Ⅰ. 유다와 예루살렘에 선포된 심판과 구원(1:1–12:6)
2장. 위대하신 하나님과 교만한 백성(2:1–4:6)

5. 예루살렘이 평화의 시대를 맞음(4:2-6)

2 그 날에 여호와의 싹이 아름답고 영화로울 것이요
그 땅의 소산은 이스라엘의 피난한 자를 위하여
영화롭고 아름다울 것이며
3 시온에 남아 있는 자,
예루살렘에 머물러 있는 자
곧 예루살렘 안에 생존한 자 중
기록된 모든 사람은 거룩하다 칭함을 얻으리니
4 이는 주께서 심판하는 영과 소멸하는 영으로
시온의 딸들의 더러움을 씻기시며
예루살렘의 피를 그 중에서 청결하게 하실 때가 됨이라
5 여호와께서 거하시는 온 시온 산과 모든 집회 위에
낮이면 구름과 연기,

밤이면 화염의 빛을 만드시고
그 모든 영광 위에 덮개를 두시며
6 또 초막이 있어서 낮에는 더위를 피하는 그늘을 지으며
또 풍우를 피하여 숨는 곳이 되리라

하나님은 결코 심판을 위한 심판을 하는 분이 아니시기에 이스라엘이 죄에 대한 대가를 치르고 나면 그들을 위하여 새로운 시대를 열어 주신다. 이스라엘의 복된 미래에 대하여 노래하는 본 텍스트에서 이사야서뿐만 아니라 성경 전체에서 전개되는 여러 가지 중요한 테마가 한 데 모여 있다. 종말론, 메시아, 남은 자, 회복, 거룩, 출애굽 사상 등이다(cf. Tucker). 선지자는 다가오는 메시아의 통치를 가장 중요한 테마로 부각시키며 본문을 전개한다. 이스라엘은 죄를 지어 열방으로 끌려가서 다시 노예로 살아야 하는 신세가 되었다. 이후 그들이 죗값을 모두 치른 다음에 경험하게 될 새로운/제2의 출애굽은 과거에 하나님이 모세를 통해 이루신 첫 번째 출애굽보다 훨씬 더 인격적인 면모를 갖추고 있다. 열방으로 끌려간 이스라엘이 돌아올 때는 전에 없었던 큰 은혜를 경험하게 될 것임을 암시한다.

하나님이 주의 백성을 회복시키시는 일은 "여호와의 싹"(צֶמַח יְהוָה)을 통하여 시작된다(2절). 상당수의 주석가들은 본 텍스트를 메시아와 연관시키지 않고 단순히 언젠가 하나님이 이 땅을 다시 풍요롭게 하실 것을 예언하는 것으로 해석한다(Calvin; Delitzsch; Sweeney; Childs; cf. NRS; TNK). 가장 큰 이유는 다음 연(stanza)에서 이 문구와 평행을 이루고 있는 "땅의 소산"에 대해 해석상 어려움이 있기 때문이다. 만일 첫 연에서 "싹"이 메시아라면, 다음 연에서 이 싹과 평행을 이루고 있는 "땅의 소산"의 의미가 무엇인지 밝혀져야 하는데 분명하지 않다는 것이다. 또한 성경에서 메시아를 싹으로 표현할 때에는 "다윗 혹은 이새의 싹"으로 묘사되지 "여호와의 싹"이라고 하지 않는다는 것이 두 번째 이유

가 된다(cf. Childs). 그래서 이 구절이 페르시아 시대 때에 유래한 것으로 생각하는 주석가는 "싹"이 메시아를 뜻하는 것이 아니라, 단순히 유다가 언젠가는 강대국으로부터 자유로울 뿐만 아니라 매우 풍요로운 삶을 누릴 것을 의미하는 것으로 해석한다(Clements; cf 10:20-23).

반면에 탈굼(Targum)은 이미 오래 전부터 이 싹을 메시아로 해석해 왔다(Baldwin). 교부들도 이 전통에 따라 당연히 메시아로 해석해 왔다(Roberts). 오늘날에 이르러서는 영어 번역본들 중에서도 싹을 메시아로 간주한 것들이 많으며 "싹"(branch)이라는 단어에서 첫 글자를 대문자로 표시하여(viz., Branch) 이 같은 해석을 반영하고 있다(NAS; NIV).

필자는 "이새의 싹"과 "여호와의 싹"의 차이는 크게 문제될 것이 없다고 생각한다. "이새의 싹"은 메시아의 인간적 근원을 강조하며, "여호와의 싹"은 누가 이 싹을 세우시고 양육하셨는가를 강조하는 것으로 생각할 수 있기 때문이다. 반면에 "싹"과 평행을 이루고 있는 "땅의 소산"은 설명하기 다소 어려운 점이 있다. 그러나 "땅의 소산"을 이 싹의 인간적 근원, 혹은 메시아는 이 땅이 내 놓을 수 있는 최고의 열매라는 뜻으로 해석할 수 있다고 생각한다. 신약이 예수님의 부활을 "첫 열매"라고 하는 것도 이 같은 해석의 가능성을 암시한다.

또한 만일 4절을 "싹"의 사역으로 해석한다면 이 "싹"은 메시아가 될 수밖에 없다(Young; Nielsen; Oswalt; Motyer; Smith). 이사야서를 포함한 선지서들을 살펴보면 "싹"은 상당히 일반화되어 있는 메시아 이미지이다. 공의와 정의로 세상을 다스릴 메시아는 이새의 줄기에서 피어난 "싹"이다(11:1). 온 인류에게 죄 사함과 치유를 가져다 줄 이사야의 "수난 받는 종" 역시 "싹"으로 표현된다(53:2). 예레미야 역시 앞으로 오실 메시아를 "다윗의 싹"으로 묘사하고 있다(렘 23:5; 33:15). 스가랴 또한 여호와의 종인 "싹"에 대한 예언을 남겼다(슥 3:8; 6:12). 선지자들은 이미 오래 전부터 싹을 뜻하는 단어들로 메시아를 표현하는 데 익숙해져 있었던 것이다.

이 싹은 아름답고 영화롭다(2b절). 선지자는 2장에서 인간이 스스로 아름다워지고 영화로워지려는 모든 노력을 강력히 비난했다. 또한 3장에서는 "시온의 딸들"이 자신들을 영화롭고 아름답게 보이려고 많은 노력을 했다. 그러나 역시 이들의 노력도 헛된 것이었다. 이제 본문에서는 인간이 그렇게 추구하던 "아름다움"(צְבִי)과 "영광"(כָּבוֹד)이 메시아의 것이 될 것을 선언한다(2절). 이런 개념들이 식물에게는 잘 어울리지 않지만, 사람에게는 잘 어울린다는 사실도 메시아적인 해석을 지지한다(Nielsen). 또한 하나님은 2-3장에서 인간의 모든 "아름다움"과 "영광"을 경멸과 멸시로 바꾸셨다. 이러한 배경에서 이 싹이 아름다움과 영광을 한 몸에 받는 것을 보면 이 싹이 범상치 않은 이라는 것은 쉽게 짐작할 수 있다. 또한 이 메시아와 함께하는 자들은 땅의 소산물 중 가장 아름답고 풍요로운 것을 먹게 된다(2c절). 선지자가 첫 번째 메시지에서 이스라엘이 회개하면 타국으로 끌려가지 않고 땅에서 나는 가장 좋은 소산을 먹을 수 있다고 했던 말씀을 상기시킨다(cf. 1:19).

선지자는 시온에 남아 있는 자들에 대하여 말하는데(3절), 그들은 누구인가? 시온과 예루살렘에 남아 있는 자들 중 기록된 자들이라고 한다. 즉, 전쟁과 환난에서 생존한 모든 사람들이 아니라 그들 중 일부에 불과하다. 그들은 하나님께로부터 "거룩하다"고 칭함을 받는다(3c절). '칭의'인가? 아니다. 칭의라면 "의"(צְדָקָה)와 연결되어야 한다. 반면에 여기에서는 "거룩"(קָדוֹשׁ)과 연결되고 있다. 이들은 하나님이 거룩하게 하신 자들(분별한 자들)이요, 주변 사람들과 다른 생활 방식에 따라 사는 거룩한 사람들이다(Oswalt). 선지자는 이들의 이름이 〔책에〕 기록되어 있다고 한다(3절). 성경은 종종 주의 백성의 이름을 담고 있는 "생명의 책"을 언급한다(출 32:32-33; 시 69:28; 단 12:1; 말 3:16). 실제 책을 뜻할 수도 있지만, 비유일 수도 있다(cf. Paul; Blenkinsopp).

메시아(싹)가 시온과 예루살렘에 남아 있는 자들 중 하나님이 거룩하게 하신 사람들 가운데 오면 어떤 일이 일어나는가? 메시아가 오면 시온의 딸들의 더러움을 씻기실 것이다(4절).[13] 예루살렘의 피를 정결케 할 때가 온 것이다. 메시아는 이 사역을 어떻게 하는가? “심판하는 영”(רוּחַ מִשְׁפָּט)과 “소멸의 영”(רוּחַ בָּעֵר)으로 이스라엘을 정결케 한다(4b절). 둘 다 불과 연관된 이미지라 할 수 있다(cf. Clements). 그렇다면 불로만 정결하게 하시는가? 그것은 아닌 것 같다. 지금 본문에서 사용되고 있는 동사 “씻다”(רחץ)는 물 혹은 피를 사용하는 것을 암시하기 때문이다. 구약에서 죄인은 자신의 죄를 스스로 해결할 수 없어서 다른 사람/짐승이 대속해 주어야 한다(cf. 레 1:4; 사 53:4, 5). 이 대속의 짐은 피를 통하지 않고는 성취될 수 없다(레 16:11-19; 17:11; 사 53:12; 마 26:28). 그러므로 선지자는 물 혹은 피를 사용하는 것을 전제로 하는 동사와 불을 상징하는 명사를 사용하여 매우 절묘한 이미지를 구상하고 있는 것이다. 일반적으로 불이 죄를 태우고, 물/피가 죄를 씻는다고 생각한다. 선지자는 본문에서 “메시아가 불로 죄를 씻는 날이 오고 있다”라고 선언한다. 본문이 성령의 시대를 예고하는 것은 아닌가? 성령은 불로 죄를 태우기도 하고 물로 죄를 씻어내기도 하시므로 불로 죄를 씻어내신다고 해도 큰 문제는 없기 때문이다.

메시아의 사역으로 죄가 해결된 후에는 하나님의 영광이 거룩해진 백성과 함께한다(5-6절). 하나님이 거하시는 시온 산이 영화롭게 되는 장면이 연출되고 있다(5절). 예루살렘의 영광은 2:1-4을 연상케 한다. 더 구체적으로는 제2의/새로운 출애굽의 영광이다(cf. 민 9:15-23). 이 출애굽의 영광을 재현하는 일에서 강조되는 것은 하나님의 창조 사역이다. 저자는 하나님이 구름과 불기둥을 “만드신다/창조하신다”(ברא)고 한다(5절). 창세기 1장에서 여러 차례 사용된 이 동사는 성경에서 오직 하나

---

13 칠십인역(LXX)은 “아들들”(τῶν υἱῶν)을 첨부하여 “시온의 아들들과 딸들의 더러움을 씻기신다”라고 한다. 예루살렘이 망하게 된 이유를 여자들에게뿐만 아니라 남자들에게도 돌리고자 하는 노력이라고 할 수 있다(Wildberger).

님의 창조 사역과 연관되어 사용된다. 본문에서 묘사하고 있는 새로운 출애굽은 하나님의 새로운 창조 사역인 것이다(cf. Tucker; Smith).

처음 출애굽 때 하나님은 이스라엘에게 낮에는 구름기둥을, 밤에는 불기둥을 주셨다(출 13:21-22). 낮에는 내리쬐는 햇볕으로부터 그들을 보호하시기 위하여 그늘을 주셨고, 밤에는 사막의 추위에서 그들을 보호하시기 위하여 난로를 주셨다(출 40:34-38). 옛 출애굽 사건은 하나님의 영광이 장막의 '천막'으로 제한되었으며 이스라엘 사람들이 독점했으나(cf. 출 40:34), 새 출애굽이 실현되면 시온에서 그를 경배하는 〔이방인들을 포함한〕 모든 사람들(cf. 2:2-4)을 보호하실 것이다. 온 도시에 보호막이 쳐져 있다. 또한 매우 인격적이고 자상한 요소가 새로운 출애굽에 더해진다. 주님이 계시는 시온은 폭풍과 비를 만난 사람들이 피하는 피난처가 된다(5절). 전에는 더위를 피하는 곳이었을 뿐이었다.

이 섹션은 하나님의 심판 목적을 잘 나타내 주고 있다. 앞으로 이 백성에게 임할 심판은 결코 하나님이 이들을 버렸다는 의미가 아니다. 더 아름다운 것을 주시기 위한 과정이다. 거룩하신 하나님은 죄지은 백성과 함께 거하시기 위하여 그들을 심판하신다. 그들의 죄 문제가 해결되어야만 하나님이 그들 중에 거하실 수 있기 때문이다. 심판 이후 매우 자상하고 인격적인 지도와 인도하심이 뒤따를 것이다. 그러므로 하나님의 백성은 환란 중에도 감사할 수 있는 비법을 지니고 있어야 한다.

책이 시작된 이후 지금까지 불은 심판, 두려움의 상징이었다. 그러나 여기서는 하나님이 백성이 두려워하는 불을 이용하여 자신의 사랑을 표현하신다. 밤마다 예루살렘 지붕을 불로 덮으셔서 남은 자들을 추위로부터 보호하시는 것이다. 일종의 "불 사용"의 반전이다. 하나님이 창조하신 물질은 가치중립적이다. 이것을 누가 어떻게 사용하느냐에 따라 좋게 사용될 수도 있고, 나쁘게 사용될 수도 있다. 같은 불이라도 어떻게 사용하느냐에 따라서 해가 되고 덕이 될 수 있는 것이다.

3장. 하나님의 기대와 실망(5:1-30)

본 텍스트는 이사야서 첫 부분(1:1-4:6)과 책의 나머지 부분을 연결시키는 연결고리 역할을 한다. 1장은 책 전체를 소개했다. 2-4장은 이스라엘의 현재 모습과 원래 하나님이 이들에게 기대하셨던 모습을 대조한다. 이제 5장은 이스라엘의 현재 상태로 돌아와서 사회의 죄를 구체적으로 지적하며 드러낸다. 일부 주석가는 본문이 북 왕국 이스라엘을 상대로 선포된 9:8-10:4과 비슷하다는 이유 등을 들어 이 말씀이 북 왕국을 상대로 한 것이라고 한다(Watts; Blenkinsopp). 그러나 이사야가 두 자매 국가가 공통적으로 지니고 있는 문제에 대하여 남 왕국 유다를 상대로 선포한 것으로 간주하는 것이 바람직하다(Childs; Wildberger).

본문은 하나님이 선지자의 소명(cf. 6장)을 통해 왜 주의 백성에게 더 이상 회개의 기회를 주시지 않고 무조건 심판을 강행하시겠다는 굳은 의지를 표현하시는가를 설명한다. 이 섹션은 하나님이 6장에서 선지자에게 가혹하게 느껴지는 소명을 주시는 정황을 설명하고 있다. 그러므로 5장은 나머지 책에 반복되는 심판의 필연성을 이해하는 데 필수적이다. 1-4장에서 누누이 암시되었던 것은 하나님이 얼마나 참으시며 이스라엘이 회개하기를 기다리셨는가 하는 점이다. 그러나 하나님은 회개할 줄 모르는 이스라엘의 계속되는 죄로 인하여 심판이 더 이상 지연될 수 없다고 하신다. 이 정황하에서 이사야는 "가서 회개하지 못하도록 하라"는 매우 독특한 소명을 받게 된 것이다(6:9-10). 이러한 하나님의 심정이 가장 적절하게 표현되었고 동시에 절정(climactic)에 달한 곳이 바로 본문이다. 이 섹션은 먼저 하나님을 지극정성으로 보살핀 포도원에 실망한 농부로 묘사하며(1-7절), 농부를 실망시킨 포도와 실망한 농부가 이 포도원을 어떻게 처리할 것인가를 논한다(8-30절).

하나님의 이스라엘에 대한 실망은 4절에서 극에 달한다. 여호와께서 "내가 더 이상 이 포도원을 위하여 할 수 있는 것이 무엇이냐?"라는 수사학적인 질문을 통해 자신은 온갖 정성을 다해 포도원을 돌보았는데, 결과가 너무나도 실망스러운 사실을 탄식하신다. 하나님의 실망 이후에는 오직 심판이 있을 뿐이다. 백성에게 내려주셨던 사랑과 자비가 한계에 도달했음을 시사하는 것이다. 이사야는 25절 후반에 등장하는 "그래도 주께서는 진노를 풀지 않으시고, 심판을 계속하시려고 여전히 손을 들고 계신다"(새번역)라는 말씀을 책에서 여러 차례 반복함으로써 하나님의 분노가 결코 쉽게 풀릴 수 없음을 암시하고 있다(cf. 사 9:12, 17, 21; 10:4).

또한 5장은 앞으로 이 심판이 누구에게서 시작되며 어떤 형태를 통하여 이들에게 올 것인가를 암시해 준다. 하나님은 이스라엘이 가나안에 입성하기 전부터 만약에 이들이 하나님을 멀리하면 분명히 그들을 벌하실 것이며, 심지어 하나님 스스로 그들을 그 땅에서 몰아낼 것을(cf. 신 28장) 분명하게 경고하셨다. 여호수아서도 같은 사실을 여러 번 경고한다. 이사야는 드디어 이 경고가 이스라엘의 삶에서 현실로 드러날 것을 선언한다. 선지자에 의하면 이스라엘에게 임할 심판은 외부 세력의 야망이나 욕심에서 비롯되는 것이 아니라, 하나님으로부터 시작된다(cf. 5-6절; 25절). 하나님의 심판은 외국군(아시리아 군대)을 통해서 이스라엘에게 임할 것이다(cf. 26-30절). 본 텍스트는 다음과 같은 구조를 보이고 있다.

A. 농부가 포도원을 경작함(5:1-7)
　B. 다섯 종류의 "들포도"(5:8-23)
A'. 농부가 포도원을 파괴함(5:24-30)

Ⅰ. 유다와 예루살렘에 선포된 심판과 구원(1:1–12:6)
3장. 하나님의 기대와 실망(5:1–30)

1. 농부가 포도원을 경작함(5:1-7)

1 나는 내가 사랑하는 자를 위하여 노래하되
내가 사랑하는 자의 포도원을 노래하리라
내가 사랑하는 자에게 포도원이 있음이여
심히 기름진 산에로다
2 땅을 파서 돌을 제하고 극상품 포도나무를 심었도다
그 중에 망대를 세웠고 또 그 안에 술틀을 팠도다
좋은 포도 맺기를 바랐더니 들포도를 맺었도다
3 예루살렘 주민과 유다 사람들아 구하노니
이제 나와 내 포도원 사이에서 사리를 판단하라
4 내가 내 포도원을 위하여 행한 것 외에
무엇을 더할 것이 있으랴
내가 좋은 포도 맺기를 기다렸거늘
들포도를 맺음은 어찌 됨인고
5 이제 내가 내 포도원에 어떻게 행할지를 너희에게 이르리라
내가 그 울타리를 걷어 먹힘을 당하게 하며
그 담을 헐어 짓밟히게 할 것이요
6 내가 그것을 황폐하게 하리니
다시는 가지를 자름이나 북을 돋우지 못하여
찔레와 가시가 날 것이며
내가 또 구름에게 명하여
그 위에 비를 내리지 못하게 하리라 하셨으니
7 무릇 만군의 여호와의 포도원은 이스라엘 족속이요
그가 기뻐하시는 나무는 유다 사람이라
그들에게 정의를 바라셨더니 도리어 포학이요
그들에게 공의를 바라셨더니 도리어 부르짖음이었도다

하나님의 백성에 대한 실망을 노래하고 있는 이 섹션은 다음과 같은 구조를 지녔다(Motyer).

A. 포도원 소개(5:1, 4연으로 구성)
　B. 포도원 가꾸기(5:2ab, 5개의 동사 사용)
　　C. 평가/결과(5:2c)
　　C'. 판단 요청(5:3-4, "이제")
　　C''. 결론 발표(5:5, "이제")
　B'. 포도원 버리기(5:6, 5개의 동사)
A'. 포도원 설명(5:7, 4연으로 구성)

선지자의 포도원 비유는 나단이 다윗에게 밧세바 사건에 대하여 말한 것과 비슷하다(cf. 삼하 12:1-7). 나단은 다윗에게 마치 그가 다스리는 나라에서 있었던 일처럼 이야기를 해 주고 왕에게 판단을 요구했다. 다윗은 나단의 비유를 듣고 나서 자신의 이야기인 줄도 모르고 "이런 자는 꼭 죽어야 마땅하다"라고 했다. 이사야도 하나님과 이스라엘의 관계를 하나의 이야기로 꾸며 청중들에게 들려주고는 스스로 판단하도록 한다. 자신의 잘못을 부인하거나 합리화하려는 생각을 가진 사람들에게 가장 효과적으로 권면하는 방법이다. 이런 방법도 사역 현장에서 사용할 수 있는 하나의 지혜가 될 수 있다. 직접 부딪칠 필요가 없을 때에는 피하는 것도 현명한 일이다.

이 비유는 이사야가 사랑하는 자(viz., 하나님)를 위하여 노래한 것이다(1절). 선지자가 이 노래는 "나의 사랑하는 자를 위한"(לִידִידִי) 것이라고 하는데, 이 같은 표현은 결혼식에서 신랑의 친구가 신랑을 부를 때 사용하는 말이다(Clements; Wildberger). 선지자는 결혼식에서 신랑을 위하여 축가를 불러주는 친구처럼 하나님을 위하여 노래를 부르고 있는 것이다(Tucker). 그러므로 우리는 당연히 "아가"(Song of Solomon)처럼 사랑

노래를 기대하게 된다(Emerton).

선지자가 부르는 노래의 주제는 농부이신 하나님이 온갖 정성을 다하여 가꾸신 포도원에 대한 것이다. 농부는 세상에서 가장 아름답고 생산적인 포도원을 만들기 위하여 많은 수고를 했다(1c-2ab절). 농부는 매우 기름진 언덕에 터를 만들었다. 포도가 자라기에 가장 좋은 땅을 일구며 돌을 제거하였다. 농부는 그곳에 세상에서 가장 좋은 포도나무 종자를 구해서 심었다. 포도원에 원두막을 세우고 거기에 거하며 포도나무들을 보살피고 보호했다. 최고의 땅에 최고의 종자를 가져다 심었을 뿐만 아니라 최고의 농법으로 나무들을 돌본 것이다. 농부는 자신이 할 수 있는 최선을 다했기 때문에 당연히 좋은 포도가 생산될 것을 기대하며 포도원에 포도주 짜는 틀도 만들었다.

그러나 농부의 정성과 노력에도 불구하고 포도원이 그에게 안겨준 열매는 참으로 실망적이었다(2c절). 좋은 포도를 기대했는데 그의 포도나무들은 "들포도"(בְּאֻשִׁים)만 생산했다. 야생 포도라고도 하는 들포도는 알이 작고 시어서 상품 가치가 전혀 없다(HALOT). 이것은 우리나라의 머루에 비교할 수 있다. 그러나 머루는 익으면 달기라도 하지만, 가나안 지역의 들포도는 사람이 먹을 수 없는 것이라 한다. 또한 머루는 사람이 가꾸지 않아도 자생하여 열매를 맺는다. 이런 면에서 들포도는 나쁜 포도보다 더 나쁜 열매다. 농부의 모든 노력을 무의미하게 만들기 때문이다. 선지자가 부르기 시작한 "사랑의 노래"가 어느덧 분노와 실망의 노래가 되어 있다(Tucker).

주의 백성은 하나님이 건강하게 자라 많은 열매를 맺으라고 시냇가에 심으신 나무와 같은 사람들이다(cf. 시 1편). 예수님은 그 열매로 나무를 판단하라고 하셨다. 우리는 어떤 열매를 맺고 있는가를 생각해 보아야 한다. 하나님이 온갖 정성을 쏟아 우리를 보살피시는데, 정작 우리는 어떤 열매로 그분을 경배하고 있는지를 묵상해 보아야 한다. 우리가 좋은 열매를 맺는 것은 선택 사항이 아니라 필수 사항이다. 좋은 열매를 통해 우리를 심으신 농부를 기쁘게 하는 것이 우리의 사명이자 예배다.

극도로 실망한 농부가 청중들에게 자신과 포도원 사이에서 판결해 줄 것을 요청한다. 나단이 다윗의 마음을 동요시켰듯이 이사야가 유다 사람들을 동요시키고 있다. “예루살렘 주민아, 유다 사람들아, 이제 너희는 나와 나의 포도원 사이에서 한 번 판단하여 보아라”(3절, 새번역). 누가 보아도 농부는 최선을 다했다. 농부가 좋은 포도를 기대한 일은 절대 지나치다 할 수 없다. 농부의 실망이 수사학적 질문을 통해 절정에 이른다. “내가 이 포도원을 위하여 더 할 수 있었던 것이 무엇인가?”(4절) 혹시라도 포도원을 가꾸는 농부로서 자신이 빠뜨린 일이 있으면 알려달라는 뜻이다. 만일 자신이 포도나무들을 위하여 해야 할 일을 한 가지라도 하지 않았다면, 이 모든 결과에 대하여 자신에게 책임이 있음을 인정하겠다는 것이다.

농부(하나님)의 질문에 대한 당연한 답은 “아무것도 없습니다”(nothing!)이다. 그러므로 이 비유는 앞으로 이스라엘에게 더 이상 회개의 기회를 주지 않으실 것을 경고하는 6장의 소명 내용을 전하기 전에 독자들을 준비시키고 있다. 독자들이 하나님의 질문에 “아무것도 없습니다”라고 답한다면, 하나님이 왜 죄에서 헤어나지 못하는 주의 백성이 회개하는 것을 원하지 않으시는지 충분히 이해할 수 있을 것이다. 그 어떠한 것도 계속 죄만 짓는 그들을 멈추게 하거나 구원할 수 없기 때문이다.

이런 상황에서는 심판을 통해 정리할 것은 정리하고 새로이 출발하는 것이 가장 현명한 문제 해결책이 아니겠는가? 그러므로 선지자는 심판은 하나님이 이스라엘의 죄에 대하여 제시할 수 있는 최선이라는 것을 의식하고 있었다. 하나님은 이미 2절에서 하신 말씀을 4절에서 반복하시며 이스라엘에 대한 실망과 그 실망에서 오는 상처를 표현하신다. “내가 좋은 포도 맺기를 기다렸거늘 들포도를 거둠은 어찌 됨인고?” 선지자는 잠시 후 8절에서부터 구체적으로 이스라엘이 맺은 들포도가 어떤 것인지를 설명한다.

농부는 가장 좋은 환경과 최고의 농법에도 불구하고 들포도를 내놓은 이 포도원을 어떻게 할 것인가? 단순히 포도원을 버리는 일에서 끝나지 않고 포도원을 보호하는 울타리를 훼손하여 포도나무들이 약탈자들과 들짐승에게 짓밟히도록 한다(5-6절). 울타리를 거둔다는 것은 당시 포도원은 과수들을 짐승들로부터 보호하기 위하여 담 위에다 가시덩굴들을 심어 자라게 했는데, 이 같은 보호막을 제거한다는 뜻이다(Oswalt). 만약에 하나님이 농부이고 유다가 그의 포도원이라면 담이 헐린 후 포도원을 약탈하고 짓밟는 들짐승들은 누구인가? 유다가 외국군의 침략을 받을 것을 의미한다(Motyer). 앞으로 유다에게 임할 심판이 하나님께로부터 올 것임을 암시하고 있다.

포도원은 좋은 열매를 맺지 못한 까닭에 농부의 버림을 받았을 뿐만 아니라 황무지가 된다(6a절). 농부는 더 이상 이 포도원을 가꾸지 않을 것이다. 더 이상 나무 사이의 밭갈이, 가지치기, 북을 돋아 주는 일이 없다(6b절). 한때는 세상에서 가장 아름다운 포도원으로 알려졌던 밭에 찔레나무와 가시나무만 무성하게 자라게 된다. 더 나아가 농부(하나님)는 하늘에게 명령하여 포도원에 비가 내리지 않도록 한다(6c절). 우리는 여기서 좋은 열매를 맺지 않는 나무에 대한 농부의 분노를 목격하고 있다.

그렇다면 농부는 누구며 포도원은 무엇을 의미하는가? 선지자는 독자들이 착각하거나 그가 강조하고자 하는 교훈을 놓칠까 봐 정확하게 알려준다(7절). 포도원은 이스라엘이다. 농부는 하나님이시다. 하나님이 이스라엘을 옥토에 심으시고 좋은 포도를 기대하셨는데, 그들이 들포도를 맺음으로써 하나님의 기대를 완전히 저버렸다. 선지자는 더 구체적으로 하나님이 이스라엘에게 기대했던 좋은 포도와 그들이 맺은 들포도가 어떤 것인지를 설명한다. "주님은 그들이 선한 일 하기를 기대하셨는데, 보이는 것은 살육뿐이다. 주님은 그들이 옳은 일 하기를 기대하셨는데, 들리는 것은 그들에게 희생된 사람들의 울부짖음이다" (7b절; 새번역). 하나님은 주의 백성에게 공평(מִשְׁפָּט)과 의(צְדָקָה)를 기대하셨는데, 그들의 삶은 온갖 포악함(מִשְׂפָּח)과 착취당한 자들의 울부짖음(צְעָקָה)으로 가득하다는 뜻이다. 선지자는 언어유희를 사용하고 있다. 다음 히브리어 단어들의 소리를 생각해 보라. 의미는 정반대지만, 소리는 비슷하다. 하나님이 "선한 일/공평"(מִשְׁפָּט)(mishphat)을 기대하셨는데, "포악함"(מִשְׂפָּח)(mishphak)이 있을 뿐이며, "옳은 일/의"(צְדָקָה)(zedakah)를 기대하셨는데 "울부짖음"(צְעָקָה)(zeaqah)이 있을 뿐이다. 이 같은 언어유희는 죄는 선을 이루는 일에 실패한 것이며 또한, 선이 부패함으로 생긴 것이라는 사실을 상기시키는 듯하다.

잠시 하나님의 기대에 대하여 생각해보자. 하나님은 예수님의 보혈로 우리를 구원하시고 이 땅에서 하나님 백성 공동체를 이루며 살도록 해 주시면서 우리에게 무엇을 기대하시는가? 하나님은 우리가 함께 노력하여 이 땅에 하나님의 공평(מִשְׁפָּט)과 의(צְדָקָה)를 실현할 것을 기대하신다. 칼빈주의자들의 언어를 빌려서 말하면 하나님이 우리의 구원을 예정하신 것은 공평과 의를 생산하도록 하기 위함이다. 복음은 우리에게 이 땅에 공평과 의를 하수(河水)처럼 흘려 세상을 하나님 나라화하라는 사명을 준 것이다. 그러므로 예수님은 나무는 열매로 판단하라고 하셨으며(마 7:16), 더 나아가 열매를 맺지 않는 나무는 잘라 버리겠다고 하셨다(마 7:19). 우리는 지금 어떤 열매를 맺고 있는가?

어떤 사람들은 '교회'라는 테두리가 마치 모든 위험에서 우리를 보호할 것처럼 가르친다. 그러나 성경은 그렇게 말하지 않는다. 하나님의 뜻대로 행하지 않는 교회는 하나님이 이 땅에 세우기를 원하신 공동체가 아니다. 신앙이란 이름으로 믿지 않는 사람들도 하지 않는 상식밖의 일들을 해서 하나님을 분노케 하는 집단들도 있다. 이런 교회는 빨리 망하는 것이 주님의 뜻이다. 성경은 심판 때에 하나님이 세상을 심판하시기 전에 먼저 교회를 치실 것이라고 한다(cf. 벧전 4:17).

2. 다섯 종류의 "들포도"(5:8-23)

선지자는 바로 앞에서 포도원 비유를 통해 이스라엘이 하나님의 기대를 저버리고 들포도를 맺었다며 맹렬히 비난했다. 이제 그는 이 섹션에서 주의 백성이 저지른 죄를 다섯 가지로 구분하여 나열한다. 이스라엘이 생산한 들포도가 어떤 것인지를 설명하는 것이다. 각 들포도(죄)에 대한 비난은 모두 "화 있을진저!/아이고!"(הוי)로 시작한다(8, 11, 18, 20, 22절; cf. 21절). 애가를 시작하는 전문 용어인 이 단어는 이미 1장에서 하나님의 상한 마음을 표현하면서 두 차례 사용되었다(1:4, 24). 하나님은 이스라엘의 죄를 맹렬하게 비난하시지만, 주님의 마음은 정죄와 분노보다는 실망과 안타까움으로 채워져 있음을 뜻한다(cf. Janzen).

본문에서 자주 등장하는 "화 있을진저!/아이고!"(הוי)가 10:1-14에서도 사용된다. 이 외에도 이 두 본문은 서로 연관된 점들이 많이 있어 학자들의 특별한 관심을 받기도 했다(Sweeney). 또한 다음 섹션인 5:24-30이 하나님의 "들린 손"을 언급하고 있는데(5:25), 이 이미지는 9:8-21에서도 몇 차례 사용된다. 그래서 학자들은 일명 "이사야의 회고"(Isaiah's Memoir)라고도 하는 6:1-9:7을 제외한 5:8-10:14이 하나의 통일성 있는 텍스트였는데, 훗날 중간에 선지자의 "회고"가 삽입된 것이라는 주장을 내놓기도 했다(Clements; Vermeylen). 한 주석가는 이 같은 정황을 감안하여 다음과 같은 구조를 제시한다(Smith). 이 섹션과 10:1-14은 내용적인 면에서 평행을 이루고 있는 것이다.

A. 심판/재앙 신탁(5:8-23)
  B. 하나님의 들린 손(5:24-30)
    C. 이사야의 회고(6:1-9:7)

B'. 하나님의 들린 손(9:8-21)

A'. 심판/재앙 신탁(10:1-14)

위에서처럼 5:8-23을 독립적인 것으로 간주해도 뒤따르는 텍스트와 어울려 의미 있는 구조를 제시할 수 있다. 그러나 필자가 다음 섹션에 포함한 5:24-25을 본 텍스트와 함께 묶어 구조를 분석하면, 또 다른 구조를 볼 수 있다. 선지자가 본문에서 반복적으로 사용하는 "화 있을진저!/아이고!"(הוֹי)와 "그러므로"(לָכֵן)를 바탕으로 구조를 분석해 보면 다음과 같이 통일성 있는 구조가 보이는 것이다(Anderson).

A. 두 개의 재앙 신탁(5:8-12)

B. 두 개의 "그러므로" 선언(5:13-14)

C. 여호와의 의로움이 높임을 받음(5:15-17)

B'. 네 개의 재앙 신탁(5:18-23)

A'. 두 개의 "그러므로" 선언(5:24-25)

선지자는 처음 두 죄를 언급한 다음 13-17절에서는 잠시 죄 추궁을 멈추고 다가올 심판에 대하여 경고한다. 이 섹션은 다음과 같이 구분될 수 있다.

A. 첫 번째 들포도: 욕심(5:8-10)

B. 두 번째 들포도: 방탕(5:11-12)

C. 심판: 다가오는 포로생활(5:13-17)

D. 세 번째 들포도: 교만(5:18-19)

E. 네 번째 들포도: 왜곡(5:20-21)

F. 다섯 번째 들포도: 부정(5:22-23)

(1) 첫 번째 들포도: 욕심(5:8-10)

8 가옥에 가옥을 이으며
전토에 전토를 더하여
빈 틈이 없도록 하고
이 땅 가운데에서 홀로 거주하려 하는 자들은
화 있을진저
9 만군의 여호와께서 내 귀에 말씀하시되
정녕히 허다한 가옥이 황폐하리니
크고 아름다울지라도 거주할 자가 없을 것이며
10 열흘 갈이 포도원에 겨우 포도주 한 바트가 나겠고
한 호멜의 종자를 뿌려도 간신히 한 에바가 나리라 하시도다

선지자는 이스라엘이 맺은 첫 번째 들포도로 지나친 욕심을 지적한다. 이 비난의 대상은 많은 부동산을 소유하고 있는 자들(viz., 부유층)이다. 율법에 의하면 땅은 하나님의 소유다. 물론 소작민들이 땅 주인에게 빌려 경작하는 것처럼, 이스라엘은 땅을 사용할 수 있다. 그러나 결코 자기 마음대로 재산권을 행사할 수는 없다(cf. 레 25:23; 26:14-20; 신 28:15-35; 미 6:12-16). 아합이 취한 나봇의 포도밭 이야기에서도 이 같은 사실이 역력하게 드러난다(cf. 왕상 21장). 희년이 되면 압류한 땅을 원주인에게 돌려주어야 했다. 그러나 본문에 따르면 희년 제도는 하나의 이상적인 바람일 뿐 실제로 실천되지 않았던 것이 확실하다. 희년 제도에 관한 법을 집행해야 할 사람들이 바로 본문에서 비난을 받는 지주들이었기 때문이다. 이사야 선지자는 주전 8세기에 자본주의를 지향하기 시작한 이스라엘의 경제 구조를 비난하고 있다(Tucker).

이미 많은 부동산을 소유한 사람들이 왜 더 많은 밭과 집을 소유하

기를 원하는가? 결코 성화될 수 없는 인간의 욕심 때문이다. 아무리 많은 부를 쌓아도 결코 만족할 줄 모르고 오히려 더 많은 것을 갈망하는 것이 인간의 본능인 것이다. 그래서 욕심을 채우기 위한 노력은 갈증을 달래려고 소금물을 마시는 것과 같다. 드디어 욕심을 채우고 나면 더 큰 욕심이 생기는 것이다. 이 같은 인간 심리를 의식했던 모세는 십계명의 마지막 계명에서 욕심에 대하여 말한다. 남의 것은 그 무엇도 탐하지 말라는 것이다(출 20:17; 신 5:21). 바울 역시 욕심이 우상 숭배의 근원이라고 선언한다(골 3:5).

선지자는 욕심을 부리는 자들이 끝에 가서는 비참하게 몰락할 것이라고 경고한다(9-10절). 욕심을 부려 건축하고 타인에게서 빼앗았던 허다한 가옥들은 황폐하게 된다(9절). 그들의 욕심이 세운 크고 아름다운 집에 거할 자가 없게 된 것이다. 다가올 전쟁에 대한 경고다. 그들이 욕심을 부려 사들인 땅이 제대로 생산하지 못한다. 다가올 흉년에 대한 경고다. 열흘 갈이 포도원이란 소 두 마리가 열흘을 갈아야 하는 아주 커다란 땅을 의미한다(cf. Watts). 이같이 넓은 땅에서 겨우 한 바트(약 30리터)의 포도주가 생산될 것이다(10절). 한 호멜지기 땅이란 약 210리터의 씨앗을 뿌려야 하는 제법 큰 땅을 의미한다(Oswalt; cf. Wildberger). 이 땅에서 한 에바(27리터)의 곡식이 생산된다. 씨앗으로 뿌린 곡식의 1/10밖에 거두어들이지 못한다! 도저히 농사를 지을 수가 없는 상황이다. 하나님이 이들의 욕심을 심판하실 것이기 때문이다.

오늘날과 마찬가지로 고대 사회도 부동산 투기로 인해 서민들은 피해를 입기 쉬웠다. 심지어 자기가 소유했던 땅에서 종살이를 하는 사람들도 허다했다. 중요한 것은 이러한 투기가 합법적이지만 도덕적으로는 옳지 않다는 점이다. 어느 사회든 부도덕한 행위들을 합법화시키려는 성향을 지니고 있다. 오늘날 한국 사회도 합법적인 것들 중 얼마나 많은 것들이 비윤리적인가를 생각하고 비판해 볼 필요가 있다.

(2) 두 번째 들포도: 방탕(5:11-12)

11 아침에 일찍이 일어나 독주를 마시며
밤이 깊도록 포도주에 취하는 자들은
화 있을진저
12 그들이 연회에는 수금과 비파와 소고와 피리와
포도주를 갖추었어도
여호와께서 행하시는 일에 관심을 두지 아니하며
그의 손으로 하신 일을 보지 아니하는도다

이스라엘이 생산해낸 두 번째 들포도는 방탕이다. 선지자는 계속 부유층에게 경고하고 있다. 본문이 비난하는 사람들은 아침부터 저녁까지 마음껏 술을 퍼마시면서 즐겨도 "표가 나지 않는" 부자들이다(11절). 문제는 이 소수의 방탕이 그들의 몰락으로 끝나는 것이 아니라, 사회의 모든 사람들의 고통으로 이어진다는 점이다. 선지자는 두 가지 술을 언급하고 있는데, 포도주(יַיִן)는 포도를 원료로 하는 것이고, 독주(שֵׁכָר)는 곡물을 원료로 한 일종의 맥주였으며(Tucker), 독주가 포도주보다 알코올 함량이 더 높았지만, 오늘날의 술에 비해 그다지 독하지 않았다(Kaiser). 이들은 하루 종일 술을 마신다. 그들의 술자리에 수금과 비파와 소고와 피리(음악 도구들)가 있다(12절). "악단/밴드부"를 동원한 사치스러운 파티다.

문제는 이들이 영적인 혼수상태(coma)에 빠져 있다는 점이다. 물론 방탕 자체도 나쁘지만 선지자는 무엇보다도 이런 방탕 생활이 가져오는 하나님과 그의 사역에 대한 냉담함을 비판한다(12절). 이들은 하나님이 지금까지 무슨 일을 하셨는지에 대해서, 또한 앞으로 어떤 일을 하실 것인지에 대하여 전혀 관심이 없다(Clements). 인간은 자신의 쾌락만 추구하다 보면 영적인 것에는 자연스럽게 관심이 없어지게 된다. 쾌락을 추구하는 사람의 삶에는 하나님에 대한 열정이 퇴색된다(Oswalt). "좋은 음식이나 술에 중독되는 것은 우리의 마음을 생명의 저자이신 하나님께 향하는 것이 아니라 오히려 자진해서 난폭한 짐승이 되는 것이다"(Calvin). "배부른 돼지보다 배고픈 소크라테스가 더 낫다"는 말이 어떤 의미로 들리는가? 예수님이 말씀하신 것처럼 사람은 떡으로만 살 수 없는 존재들이다. 그러나 이미 1:3에서 언급된 것같이 이스라엘의 감수성은 짐승들만도 못하다. 그들은 깨닫지 못하는 것이다.

(3) 심판: 다가오는 포로생활(5:13-17)

13 그러므로 내 백성이 무지함으로 말미암아 사로잡힐 것이요
그들의 귀한 자는 굶주릴 것이요
무리는 목마를 것이라
14 그러므로 스올이 욕심을 크게 내어
한량 없이 그 입을 벌린즉
그들의 호화로움과 그들의 많은 무리와 그들의 떠드는 것과
그 중에서 즐거워하는 자가 거기에 빠질 것이라
15 여느 사람은 구푸리고 존귀한 자는 낮아지고
오만한 자의 눈도 낮아질 것이로되
16 오직 만군의 여호와는 정의로우시므로 높임을 받으시며
거룩하신 하나님은 공의로우시므로 거룩하다 일컬음을 받으시리니
17 그 때에는 어린 양들이 자기 초장에 있는 것같이 풀을 먹을 것이요
유리하는 자들이 부자의 버려진 밭에서 먹으리라

이들이 욕심을 부려 많은 땅을 소유하고 더 나아가 방탕한 삶을 추

구해서 얻게 된 결과는 무엇인가? 죽임을 당하거나 타국으로 포로가 되어 끌려가는 것이다. 이유는 그들에게 하나님을 아는 지식이 없어서다(13절). 이스라엘은 출애굽 때부터 하나님을 알 수 있는 특권과 영광을 가졌다(출 6:7). 그러나 그들은 하나님을 제대로 알지 못했다. 만약 그들이 하나님을 알았다면 결코 착취와 부정이 정의와 공의를 대체하지 못했을 것이라는 것이 선지자의 생각이다.

하나의 아이러니(irony)가 암시되어 있다. 이 땅에서 영원히 살겠다며 욕심을 부려서 필요 이상의 땅과 집을 사들였던 소유주들이 하나님의 심판을 받아 그 땅을 제대로 누려보지도 못하고 포로가 되어 끌려간다. 또한 잘먹고 잘살겠다고 욕심을 부렸던 자들이 굶주리고 목마르게 된다(13절). 사람이 죽으면 가는 스올은 입을 활짝 벌려 주의 백성을 삼키고도 만족하지 못한다(14절). 참으로 많은 사람들이 죽을 것이라는 의미다. 만일 그들이 포로로 끌려갈 것을 알았다면 여전히 땅 투기를 했을까? 죽임을 당할 줄 알았다해도 여전히 방탕한 삶을 살았을까? 아마도 다시 한 번 생각했을 것이다.

교만했던 그들이 낮아져 수치를 당한다(15절). 그렇다면 이스라엘이 알지 못하는 하나님은 어떤 분이신가? 선지자는 세 가지로 하나님의 성품을 제시한다. (1) 공평하신(מִשְׁפָּט) 분, (2) 거룩하신(קָדוֹשׁ) 분, (3) 의로우신(צְדָקָה) 분이시다. 우리가 아는 하나님은 어떤 분이신가를 묵상해 보자. 그분은 자기 백성이 이 땅에서 공평과 정의를 실천하며, 거룩한 삶을 추구하기를 원하시는 분이시다. 우리가 이 땅에서 그렇게 사는 것이 하나님 아버지를 닮고자 하는 그의 자녀들의 모습이기 때문이다.

선지자는 장차 유다에 임할 혹독한 심판을 강력한 이미지로 묘사하고 있다(17절). 이 땅에 살던 사람들은 죽임을 당하거나 타국으로 끌려갈 것이며 온 땅은 폐허가 될 것이다. 그래서 평소에는 제한된 장소에서 풀을 뜯던 양들이 아무 곳에서나 풀을 뜯는다. 또한 과거에 부자들이 소유하던 밭에 아무나 들어가 열매를 따 먹어도 저지할 사람이 없다. 모두 다 끌려가거나 죽었기 때문이다.

(4) 세 번째 들포도: 교만(5:18–19)

18 거짓으로 끈을 삼아 죄악을 끌며
수레 줄로 함 같이 죄악을 끄는 자는
화 있을진저
19 그들이 이르기를
그는 자기의 일을 속속히 이루어 우리에게 보게 할 것이며
이스라엘의 거룩한 이는 자기의 계획을 속히 이루어
우리가 알게 할 것이라 하는도다

이제부터는 처음 두 가지보다 더 심각한 죄들이 비난받는다. 앞으로 언급될 죄들은 살아 계신 하나님을 의식하거나 두려워하지 않는 것에서 시작되는 죄들이다. 온 세상의 심판관이며 공의의 표본인 하나님이 더 이상 이 세상에서 활동하지 않는다고 생각하는 데서 시작되는 죄악들인 것이다. 선지자가 본문에서 문제삼는 것은 교만이다. 히브리어 텍스트를 정확하게 번역하고 해석하는 것이 쉽지 않아 일부 학자들은 많은 본문 수정을 제안한다(cf. Clements). 그러나 가능하면 텍스트를 수정하지 않고 해석하는 것이 바람직하다.

본문은 12절에 대한 사람들의 반응을 내포하고 있는 듯하다. 선지자는 12절에서 이들은 방탕한 생활을 할 뿐만 아니라 더 나아가 "주께서 하시는 일에는 관심이 없고, 주께서 손수 이루시는 일도 거들떠보지 않는다"라고 비난했다. 그들은 선지자의 비난을 받고 양심의 가책을 받기는커녕 오히려 "하나님더러 서두르시라고 하여라. 그분이 하고자 하시는 일을 빨리 하시라고 하여라. 그래야 우리가 볼 게 아니냐 계획을

빨리 이루시라고 하여라. 이스라엘의 거룩하신 분께서 세우신 계획이 빨리 이루어져야 우리가 그것을 알 게 아니냐"(새번역)라면서 선지자와 하나님을 조롱하고 있다. 한 주석가는 이런 사람들을 자신들의 눈으로 보지 않는 한 절대 믿지 않는 "실제적 무신론자"(practical atheist)라고 부른다(Young).

이 죄의 심각성은 하나님을 무시하는 망언을 하는 것도 모자라 "와서 어떻게 해보라"라며 하나님을 조롱하는 데 있다. 구약은 이런 행위를 "손을 높이 들고 지은 죄"(תַּעֲשֶׂה בְּיָד רָמָה)(sinning with high hand)라고 한다(민 15:30). 우리말 번역본들은 이 말을 제대로 번역하지 못했는데, 이 문구의 표현은 사람이 죄를 지으면서 전혀 양심의 가책도 없는 뻔뻔함을 보이는 상태를 뜻한다. 자신이 지은 죄에 대하여 회개할 필요성을 느끼지 못하며, 미안해하지도 않는 양심에 화인 맞은 사람에 어울리는 말이다. 성경은 이런 사람은 외국인이든 내국인이든 공동체에서 아예 쫓아내라고 한다. 죄를 상습적으로 짓다 보면 생기는 자연적인 현상이다.

이들은 자신의 죄를 정당화할 뿐 아니라 자랑까지 하고 있다. "거짓으로 끈을 만들어 악을 잡아당기며, 수레의 줄을 당기듯이 죄를 당기고" 있다. 선지자는 분명히 경고한다. "재앙이 닥칠 것이다! 재앙이 닥치면 당신은 하나님의 심판을 받아 죽을 것이다."

(5) 네 번째 들포도: 왜곡(5:20-21)

20 악을 선하다 하며 선을 악하다 하며
흑암으로 광명을 삼으며 광명으로 흑암을 삼으며
쓴 것으로 단 것을 삼으며 단 것으로 쓴 것을 삼는 자들은
화 있을진저
21 스스로 지혜롭다 하며

스스로 명철하다 하는 자들은 화 있을진저

이스라엘의 방종이 절정에 달한다. 그들은 “좋은 것”(טוֹב)을 나쁘다고 말한다. 또한 “악한 것”(רַע)을 선하다고 주장한다. “어두움”(חֹשֶׁךְ)을 빛이라 하고 “빛”(אוֹר)을 어두움이라고 한다. “쓴 것”(מַר)을 단 것이라고 하고, “단 것”(מָתוֹק)을 쓰다고 한다. 죄인들이 의도적으로 하나님이 주신 거룩한 가치관을 흔들어 놓은 것이다. 그래서 더 이상 옳고 그름이 구분되지 않는 세상이 되었다. 죄는 결코 의와 함께 같은 공간에 공존하는 것으로 만족하지 않는다는 사실을 인식해야 한다. 죄가 만족할 때는 정의와 공의가 완전히 무너지고 죄가 그 공간을 독점할 때다.

왜곡은 어디서 시작되는가? 절대적인 것을 인정하지 않는 것에서 시작된다. 포스트모더니즘(Post-modernism)은 우리에게 새로운 가능성을 많이 제시하여 준다. 그중 어떤 것들은 매우 긍정적이고 고무적이다. 그러나 본문은 다양성이 신념이 되어 있는 포스트모던 시대의 위험을 지적한다. 포스트모더니즘이 다양성을 추구하는 과정에서 절대적인 것을 인정하지 않기 때문이다. 반면에 본문은 하나님이 주신 가치관은 영원하고 절대적이라는 사실을 전제한다. 하나님이 “좋은 것”이라고 하신 것은 영원히 좋고 아름다우며, 악하다고 하신 것은 영원히 악한 것이지 이 둘이 자리를 바꾸는 것을 결코 용납해서는 안 된다.

참으로 어이가 없는 것은 이 가르침이 누구에게서 시작되는가 하는 것이다. 스스로 지혜롭다고 하는 자, 스스로 슬기롭다고 하는 자로부터 비롯된다(21절). 왜곡은 하나님을 소외시킨 인간의 지혜와 슬기의 한계인 것이다. 많은 학자들이 20절과 21절을 따로 구분하여 다섯 개가 아닌 여섯 개의 악을 논한다(cf. Smith; Tucker). “화 있을진저!”(הוֹי)로 이 두 구절이 각각 시작하기 때문이다. 그러나 만일 21절을 배경으로 20절을 해석할 수 없다면, 20절의 정확한 의미를 파악하는 것은 쉽지 않다(cf.

Wildberger). 21절이 20절에 묘사된 죄의 정황을 이야기해 주기 때문이다. 그러므로 이 두 구절을 하나로 간주하는 것이 바람직하다.

세상의 많은 지식과 학문의 성격이 이렇다. 학문은 인간의 슬기와 지혜로움을 과시하지만, 하나님을 경외하지 않는 학문의 결말은 자신의 멸망을 가져 오는 것이다. 하나님의 도우심 없이는 참 지혜, 참 슬기로움이 존재할 수 없기 때문이다. 왜곡은 인간의 교만에서 비롯된다는 점에서 이 들포도는 세 번째 것과 같은 맥락이다(Tucker).

Ⅰ. 유다와 예루살렘에 선포된 심판과 구원(1:1–12:6)
3장. 하나님의 기대와 실망(5:1–30)
2. 다섯 종류의 "들포도"(5:8–23)

(6) 다섯 번째 들포도: 부정(5:22-23)

22 포도주를 마시기에 용감하며
독주를 잘 빚는 자들은 화 있을진저
23 그들은 뇌물로 말미암아 악인을 의롭다 하고
의인에게서 그 공의를 빼앗는도다

다섯 번째 죄는 그동안 나열된 네 가지의 죄를 요약하고 있다. 투기, 방탕, 교만, 왜곡은 결국 부정을 낳는다. 남을 보살피고 섬겨야 할 지도자들의 타락한 모습을 보라. 여기서 사용되는 단어 "용감한 자들"(גִּבּוֹרִים), "유력한 자들"(אַנְשֵׁי־חָיִל)은 원래 용맹스럽고 유능한 군인들을 뜻한다. 하나님은 이 단어들을 사용하셔서 이스라엘의 지도자들이 술을 마시는 데 "명장들"이라며 비아냥거리신다. 더 이상 용맹이나 명성이 전쟁에서 빛을 발하는 것이 아니라 술과 방탕에서 실력을 과시한다. "포도주쯤은 말로 마시고, 온갖 독한 술을 섞어 마시고도 끄떡도 하지 않는 자들"(새번역). 두 번째 들포도(5:11-12)와 맥을 같이하는 죄다.

이런 사람들이 재판관이 되고 정치인이 되어 다스리는 나라는 어떠할까? 이런 사람들은 자신의 방탕한 생활을 유지하기 위해서 뇌물을 받아야 한다. 공평과 정의보다는 자기의 이익이 가장 중요한 것으로 평가되는 사회에서는 이렇게 될 수밖에 없다. 악인을 의롭다 하고(cf. 20절), 의인의 정당한 권리를 박탈한다. 뇌물은 통찰력을 박탈하고 판단을 흐리게 하는 힘이 있다.

I. 유다와 예루살렘에 선포된 심판과 구원(1:1-12:6)
3장. 하나님의 기대와 실망(5:1-30)

3. 농부가 포도원을 파괴함(5:24-30)

선지자는 위 섹션에서 이스라엘이 하나님이 기대하신 좋은 포도 대신 맺은 들포도 5가지를 지적하며 그들을 비난했다. 이 들포도들은 경건하고 거룩한 제사장의 나라가 되었어야 할 이스라엘이 얼마나 타락해 있는지를 단면적으로 보여 주었다. 이런 나라가 개혁된다는 것은 불가능하게 생각될 정도로 사회가 총체적으로 부패했다. 그러므로 이제부터 하나님은 이 백성을 어떻게 심판하시든 간에 그분의 심판은 정당하다. 선지자는 왜 하나님이 이스라엘에게 더 이상 회개의 기회를 주실 수 없었는가를 설명하고 있는 것이다(cf. 9-10절). 농부이신 하나님이 외국 군대를 이용하여 들포도를 맺은 포도원을 파괴하실 것을 선언하는 이 섹션은 (1) 심판: 망가지는 포도원(5:24-25), (2) 심판의 도구: 외국 군대(5:26-30) 두 파트로 구분될 수 있다.

I. 유다와 예루살렘에 선포된 심판과 구원(1:1-12:6)
3장. 하나님의 기대와 실망(5:1-30)
3. 농부가 포도원을 파괴함(5:24-30)

(1) 심판: 망가지는 포도원(5:24-25)

24 이로 말미암아 불꽃이 그루터기를 삼킴같이,
마른 풀이 불 속에 떨어짐같이
그들의 뿌리가 썩겠고 꽃이 티끌처럼 날리리니

그들이 만군의 여호와의 율법을 버리며
이스라엘의 거룩하신 이의 말씀을 멸시하였음이라
25 그러므로 여호와께서 자기 백성에게 노를 발하시고
그들 위에 손을 들어 그들을 치신지라
산들은 진동하며 그들의 시체는 거리 가운데에 분토같이 되었도다
그럴지라도 그의 노가 돌아서지 아니하였고
그의 손이 여전히 펼쳐져 있느니라

하나님이 정성 들여 가꾸신 포도원이 들포도만 내놓았으므로 하나님이 나무의 생명력을 완전히 거둔 뒤 불에 태우실 것이다(24절). 선지자는 이렇게 된 이유를 두 가지로 말한다. 첫째, 그들이 하나님의 율법(תּוֹרָה)을 버렸다. 둘째, 그들은 “이스라엘의 거룩하신 이”의 말씀을 멸시했다. 하나님의 백성이라고 자부했던 이스라엘에 더 이상 하나님의 말씀은 없었던 것이다.

그러므로 하나님이 직접 손을 들어 그들을 치신다. 손을 드셨다는 것은 화가 나셨다는 뜻이다. 또한 전쟁을 불러오신다. “산이 진동하고 사람의 시체가 거리 한가운데 버려진 쓰레기와 같다.” 이러한 심판을 행하는 하나님의 감정이 25절에 잘 묘사되어 있다. “진노하셔서”, “주께서는 진노를 풀지 않으시고”, “심판을 계속 하시려고 여전히 손을 들고 계신다”(cf. 9:12, 17, 21; 10:4). 아모스 선지자는 하나님을 만날 준비를 하라고 하는데(암 4:12), 죄인이 주님을 만나는 것은 이처럼 두려운 일이다. 분노하신 하나님의 감정에 대한 본문은 이사야의 소명(6장)을 준비시키고 있다.

(2) 심판의 도구: 외국 군대(5:26-30)

26 또 그가 기치를 세우시고 먼 나라들을 불러
땅 끝에서부터 자기에게로 오게 하실 것이라
보라 그들이 빨리 달려올 것이로되
27 그 중에 곤핍하여 넘어지는 자도 없을 것이며
조는 자나 자는 자도 없을 것이며
그들의 허리띠는 풀리지 아니하며
그들의 들메끈은 끊어지지 아니하며
28 그들의 화살은 날카롭고 모든 활은 당겨졌으며
그들의 말굽은 부싯돌 같고 병거 바퀴는 회오리바람 같을 것이며
29 그들의 부르짖음은 암사자 같을 것이요
그들의 소리지름은 어린 사자들과 같을 것이라
그들이 부르짖으며 먹이를 움켜 가져가 버려도 건질 자가 없으리로다
30 그 날에 그들이 바다 물결 소리같이 백성을 향하여 부르짖으리니
사람이 그 땅을 바라보면 흑암과 고난이 있고
빛은 구름에 가려서 어두우리라

분노하신 하나님이 이스라엘을 칠 외국 군대를 친히 부르신다(26절). 이 군대는 먼 곳, 땅 끝에서 온다. 하나님이 그들에게 깃발을 들어 흔들며, 휘파람을 불어 이스라엘 땅으로 부르신다. 하나님의 부르심을 받은 군대가 달려온다. 선지자는 이스라엘의 심판이 곧 임할 것을 예언하고 있는 것이다. 진군하는 침략군의 모습을 생각해 보라.

첫째, 이 군대의 군기는 참으로 경이롭다(27절). 그 누구도 지쳐 있거나 비틀거리는 사람이 없다. 졸거나 잠자는 사람도 없다. 허리띠가 풀리거나 신발끈이 끊어진 사람도 없다. 즉, 군기가 확실히 잡혀 있는 훌

륭한 군대를 표현하고 있다. 정예군 중에서도 엘리트들을 연상시키는 이미지가 사용되고 있다.

둘째, 이 군대의 살상 무기는 사람들을 두렵게 한다(28절). 화살촉이 예리하다. 활시위는 쏠 준비가 되어 있다. 달리는 말발굽은 부싯돌과 같다. 병거 바퀴는 회오리바람과 같이 구른다. 역시 최고의 살인 무기들이 빈틈없이 준비되어 있는 모습이다.

셋째, 이 군대의 사기가 하늘을 찌른다(29절). 그들의 함성은 암사자의 포효와 같고, 고함은 새끼 사자의 으르렁거림과 같다. 이렇게 함성을 지르며 물건을 탈취하면 빼앗을 자가 없다. 사기가 하늘을 찌르는 모습이다.

넷째, 가장 두려운 것은 이 군대가 유다를 향해서 오고 있다는 것이다(30절). 그들은 성난 파도 같은 소리로 주의 백성의 땅을 침략한다. 그들이 지나간 곳은 모두 폐허가 되고 불탄다. 빛마저 구름에 가려져 어두운 날이 될 것이다. 전쟁의 결과로 온 땅이 불타게 되고 이 불에 의하여 발생하는 연기로 하늘이 자욱한 것을 말하고 있다. 전쟁의 살기가 현실로 다가오고 있다는 것이다. 7-8장에 가서는 이 군대가 아시리아 군으로 밝혀진다. 본문은 또한 이방 군대까지 통치하는 하나님의 능력을 전제한다. 13장 이후부터는 이방의 심판이 시작된다. 비록 하나님이 이스라엘을 선택하셨지만, 그의 능력은 이스라엘을 초월하여 온 세상을 다스리신다는 점을 강조한다.

4장. 선지자의 소명(6:1-13)

주석가들 사이에서 6장의 위치는 꾸준히 논란이 되어 왔다. 대부분의 선지서는 선지자들의 소명을 맨 처음에 기재한다(cf. 렘 1장; 겔 1-2장). 반면에 이사야는 5장이 지난 다음에야 6장에서 비로소 자신의 소명을 회고한다. 그러므로 각 성경 책에 기록된 사건들이 모두 시간적인 순서에 의하여 수록된 것이라고 생각하는 사람들에게는 문제가 될 수밖에 없다. 만일 이사야 선지자가 모든 일을 시간적인 순서에 따라 기록했다고 전제한다면 "재앙이 나에게 닥치겠구나! 이제 나는 죽게 되었구나! 나는 입술이 부정한 사람인데, 입술이 부정한 백성 가운데 살고 있으면서, 왕이신 만군의 주님을 만나뵙다니!"(새번역)라는 탄식을 어떻게 해석해야 하는가? 이 고백을 1-5장과 연결한다면, 1-5장은 이사야가 부정한 입술로 전한 메시지란 말인가? 그렇다면 1-5장은 정당한 하나님의 말씀인가? 이 문제를 해결하기 위하여 그동안 몇 가지의 학설이 제시되어 왔다.

칼빈(Calvin)은 이 이야기가 이사야의 "소명"(commission)이 아니라 "위임"(re-commission)으로 이해했다. 예수님이 부활하신 후 그를 배반했던 제자들을 다시 사도로 세우신 일을 성경적 근거로 삼았다(cf. 요 20:21-22; 행 2:3). 최근에도 이 같은 해석을 주장하는 학자들이 있다(Ginsberg; Evans). 그러나 6장의 언어는 위임보다는 소명으로 보는 것이 더 자연스럽다. 또한 1-5장의 내용은 책 전체에 전개될 테마들을 소개하고 요약하는 느낌을 준다. 무엇보다도 이사야가 자기는 입술이 부정한 사람이고, 부정한 사람들 사이에 사는데 거룩하신 하나님을 뵈었다며 좌절하는 6:5-7과 그의 이전 사역을 어떻게 해석할 것인가? 그러므로 이 주장은 문제가 있다.

영(Young)은 이사야의 소명이라고 한다. 그렇다면 왜 1장이 아니라 6장에 위치하는가? 영은 1-5장을 통해 이사야의 핵심 메시지를 요약하고 소개하기 위해서라고 설명한다. 그 뒤에 소명이 등장하는 것은 자신의 메시지의 요약을 뒷받침하기 위해서다. 선지자의 메시지를 듣고 있던 백성이 "누구의 권위로 예언을 하느냐?"라고 질문하자 이 질문에 답하고 있다는 것이다. 사람들의 질문에 이사야는 "전에 나는 이런 체험을 했다"라며 지난날을 회고하고 있다. 그래서 일부 주석가들은 이 장을 "이사야의 회고"(Isaiah's Memoir)의 일부라고 한다(cf. Childs).[14] 그러나 다른 선지자들도 청중들로부터 동일한 문제 제기를 경험했을 텐데, 그들은 처음부터 소명을 이야기하는 반면, "이사야는 왜 다른 방식을 취하고 있는가?"라는 질문에 그는 설득력 있는 답을 제시하지 못하고 있다. 순서대로라면 먼저 자신의 권위를 내세우고 메시지를 선포하는 것이 더 당연한 것 아니겠는가? 만약 자신의 메시지를 권위로 뒷받침하기 위하여 6장에서 소명을 언급하는 것이라면, 오히려 1장에서 언급했을 때 동일하거나 혹은 더 설득력 있는 권위를 주장할 수 있을 것이다. 그러므로 영이 주장하는 차원에서의 선지자 소명 위치는 1장에 오든지 6장에 오든지 큰 차이가 없다.

카이저(Kaiser)도 소명이라고 생각한다. 그는 먼저 6장을 7-9장과 연결하여 하나로 묶는다. 6-9장은 시리아-북 왕국 이스라엘 연합군이 유다를 침략했을 때 이사야의 사역이 성공적이지 못했던 이유를 설명하고 있다는 것이다. 더 나아가 카이저는 6장은 1-5장과 아무런 관계가 없다고 생각한다. 6장은 뒤따르는 텍스트와는 연관이 있으나 앞부분과는 전혀 연관성이 없다는 것이다. 그러나 6장의 내용을 살펴보면 1-5장

---

14 학자들은 "이사야의 회고" 범위를 6-9장으로 제한하며, 이 회고록은 선지자가 어떻게 소명을 받게 되었는가 하는 것과 아하스 왕을 상대로 한 그의 첫 번째 사역의 실패(cf. 7장)를 중심으로 형성되었다고 한다.

에 나타나는 테마와 단어가 상당 부분 연계성을 지니고 있기 때문에 전혀 다른 텍스트들로 떼어 놓을 수 없다. 1-5장에서 핵심 주제였던 심판, 구원, 하나님의 높으심과 왕권 등이 계속 전개되고 있다. 6장이 뒷부분과만 연관성이 있고 앞부분은 무관하다는 것은 매우 주관적인 판단에 지나지 않는다.

빌트베르거(Wildberger)도 소명으로 간주한다. 그도 카이저와 비슷하게 6장을 1-5장과 무관하다고 주장한다. 다만 그는 카이저와 달리 이사야가 자신의 선지자 자격을 입증하기 위하여 이곳에 삽입한 것이라고 주장한다. 카이저에게 적용된 비판이 빌트베르거에게도 그대로 적용된다. 또한 선지자로서 자격을 입증하기 위하여서는 1장이 더 좋은 위치일 수도 있다.

스위니(Sweeney)는 본문이 이사야의 소명에 대하여 회고하고 있는 것이 아니라 그가 선지자 소명을 받은 후 한 구체적인 사역을 위하여 명령을 받은 것이라고 한다. 스위니는 북 왕국 이스라엘과 시리아가 연합군을 이끌고 유다를 치러왔던 주전 734-732년에 아하스를 상대로 한 사역에 대하여 명령을 받은 것이라고 한다(cf. 7장). 이 해석에 따르면 아하스가 선지자 이사야의 말씀에 순응하지 않은 것이 본문에 기록된 명령 때문이라는 것이다. 블렌킨솝(Blenkinsopp)도 비슷한 주장을 펼친다.

오스월트(Oswalt)는 6장을 1-5장에서 7-12장으로 넘어가는 부드러운 전환이라고 생각한다(cf. vanGemeren). 그는 6장이 1-5장의 결론 부분으로, 또한 7-12장의 서론 역할을 한다고 주장한다. 어떤 식으로 1-5장의 결론 역할을 하는가? 1-5장은 죄에서 헤어나지 못하는 이스라엘이 언젠가는 거룩해질 것이라는 소망을 제시하고 있다. 그렇다면 어떻게 이 일이 실현될 것인가? 바로 6장이 그 해답이라는 것이다. 본 텍스트에서 죄 사함을 받는 이사야의 모습이 온 나라에 주어지는 하나의 모델이 된다.

그렇다면 6장이 어떻게 7-12장의 서론 역할을 하는가? 백성들이 회개하지 못하게 하라는 이사야의 소명의 첫 사례가 아하스 왕에게 적용된다는 것이다. 필자도 오스월트의 6장이 1-5장의 결론과 7-12장의 서론 역할을 동시에 한다는 주장에 동의한다(cf. Smith). 그러나 6장에 기록되어 있는 이사야의 체험을 단순히 하나의 모델로만 해석하는 것에는 문제가 있다. 6장에 나타나는 하나님의 모습을 생각해 보라. 주변이 흔들리고 연기가 가득 차는 것은 출애굽 때 시내 산에 내려오신 하나님의 모습과 흡사하다(cf. 출 19장). 하나님은 또한 '왕'으로 모습을 드러내신다. 그는 다른 장소도 아닌 성전에 임하신다. 주님이 등장하실 때 온 세상이 뿌리째 흔들리고 있다. 고작 인간의 죄를 해결할 수 있는 하나의 방식(모델)을 제시하기 위해서 하나님이 이렇게까지 웅장한 모습으로 임하신다는 것이 조금은 납득이 가지 않는다.

필자는 새로운 제안을 하고자 한다. 필자도 이 장이 재소명이 아니라 하나님이 처음으로 이사야를 선지자로 부르시는 소명이라고 생각한다. 여기까지는 위에서 소명이라고 주장한 대부분 학자들과 생각이 같다. 그렇다면 왜 이곳에 위치하는가? 여기서부터 필자는 의견을 달리한다. 이사야의 소명은 동기 설명이 필요하다. 그가 하나님께로부터 받은 소명의 내용을 살펴보면 매우 혹독하고 잔인한 면모가 있다. "회개하지 못하도록 하라"(9-10절). 만일 어떠한 배경 설명 없이 선지자에게 이 같은 소명을 주셨다면, "사랑과 온유, 그리고 오래 참으시는 하나님이 이러실 수 있는가?" 하는 신학적 반론이 제기될 수 있다. 그러나 1-5장이 말하는 대로 하나님의 헌신적 돌봄에도 불구하고 하나님께 돌아오지 않고 계속 죄만 짓는 유다를 생각하면 왜 이사야에게 이런 소명을 주셨는지 납득이 간다. 선지자의 소명을 회고하는 6장은 다음과 같은 평행적 구조를 지녔다.

1–7절	8–13절

A. 왕의 출현(1–2)
  a. 내가 왕을 보았다(1)
  b. 천사들의 출석(2)
B. 선포(3–5)
  a. 메시지(3)
  b. 결과(4–5)
C. 치료: 정화(6–7)
  a. 예식(6)
  b. 선포(7)
	A'. 왕의 출현(8)
	  a'. 내가 왕을 들었다(8a)
	  b'. 인간의 출석(8b)
	B'. 선포(9–12)
	  a'. 메시지(9)
	  b'. 결과(10–12)
	C'. 치료: 정화(13)
	  a'. 예식(13a)
	  b'. 선포(13b)

1. 왕의 출현(6:1-2)

[1]웃시야 왕이 죽던 해에 내가 본즉 주께서 높이 들린 보좌에 앉으셨는데 그의 옷자락은 성전에 가득하였고 [2]스랍들이 모시고 섰는데 각기 여섯 날개가 있어 그 둘로는 자기의 얼굴을 가리었고 그 둘로는 자기의 발을 가리었고 그 둘로는 날며

이사야가 이 환상을 보게 된 시기는 웃시야 왕이 죽던 해라고 한다(1절). 웃시야 왕은 유다의 국제적 위상을 한껏 올리고, 내부적으로도 국가에 엄청난 경제 부흥을 안겨준 훌륭한 정치인이었다. 그는 신앙적으로도 훌륭한 왕으로 시작했다(cf. 대하 26:3). 그러나 그가 많은 축복을 누리게 되자 교만해져서 스스로 자신을 파멸에 이르게 했다고 한다(대하 26:16). 웃시야는 하나님의 심판을 받아 문둥병을 앓다가 비참한 죽음을 맞았다. 그의 인생은 비참하게 용두사미(龍頭蛇尾)로 끝났다.

웃시야의 죄는 제사장의 사역을 탐한 것에 있었다. 그는 제사장들의 반대에도 불구하고 향을 들고 제단에 들어가 하나님께 드렸다. 하나님은 진노하시고 그를 문둥병으로 치셨다. 결국 그는 수년 동안 격리된 상태에서 문둥병을 앓다가 외롭게 죽었다. 오랫동안 안정적인 통치와 번영을 안겨 준 위대한 정치인의 죽음은 온 나라에 큰 불안감을 조성한다. 백성들은 웃시야 왕이 죽은 유다는 앞으로 어떻게 될 것인가에 대해 질문을 주고 받으며 하나같이 나라의 미래를 걱정했을 것이다. 이처럼 혼란스러운 상황에서 하나님의 말씀이 이사야에게 임했던 것이다. 시국이 어려울 때, 미래가 가장 불안정할 때, 우리 옆에서 확실한 위로와 강한 확신을 주는 이는 누구인가? 특히 "왕"의 보좌에 앉으신 하나님의 모습은 이사야에게 유다의 진짜 왕이 누구인지를 확인해 주는 것이기도 하다(cf. 7장). 그러므로 하나님의 권위를 위임받아 주의 백성을 다스리는 인간 왕이 죽어 사회가 극도로 불안해 하는 상황에서 선지자의 소명은 그들의 참 왕이자 영원하신 왕은 하나님이시라는 점을 상기시킴으로써 그들의 불안을 해소해 준다.

웃시야 왕은 정확히 언제 죽었는가? 학자들에 따라 상당히 다른 견해가 제시된다. 브라이트(Bright)는 주전 742년으로, 딜레(Thiele)는 740년, 헤이즈와 후커(Hayes and Hooker)는 760년 혹은 734년, 터커(Tucker)는 736년, 코간과 타드모(Cogan and Tadmor)는 773년이라 한다. 상당히 광범위한 제안이 제시되는 것이다. 보수적 성향을 지닌 학자들은 딜레의 연대를 가장 선호한다. 딜레는 성경이 제시하는 연대와 숫자들을 최대한으로 수용하려고 노력했기 때문이다.

이사야가 환상에서 본 하나님은 높이 들린 보좌에 앉아 계셨다. 그분의 옷자락이 성전을 가득 채웠다. 이 환상이 진행되고 있는 장소가 하늘이라고 하고(Wildberger), 성전이라고 하기도 한다(Seitz; Knierim). 선지자가 구체적으로 성전을 언급하고 있고, 날개를 단 스랍들이 법궤의 뚜껑인 속죄소의 모습을 닮은 것을 고려할 때, 성전으로 보는 것이 더 설득력 있어 보인다.

고대 근동에서는 사람의 신분을 옷 색깔과 길이로 나타내기도 했다. 색은 물감을 구하기가 귀한 색일수록, 옷의 길이가 길수록 높은 신분을 뜻했다. 가장 귀한 색은 제사장의 옷에 포함되었던 청색이었다. 이 색은 바닷가에 서식하는 일종의 달팽이에서 채취했는데, 매우 희귀하여 무척 비쌌다고 한다. 본문에서는 왕이신 하나님이 입으신 옷의 색깔을 말하지는 않지만, 아마도 이 계통이었을 것이다. 또한 하나님이 입고 계신 옷이 얼마나 길었는지 그 옷자락이 성전을 가득 채웠다고 한다. 하나님이 가장 화려하고 우아한 왕복을 입으신 왕으로 나타나셨던 것이다. 세상에서 최고로 존귀하신 왕이 오셨음을 암시한다.

이사야가 보니 하나님의 보좌 주변에서 스랍들이 시중을 들고 있었다. "스랍"(שָׂרָף)은 원래 뱀을 뜻하는 단어에서 유래한 것으로서(Provencal) 독이 있는 뱀에 물리면 경험하게 되는 "타오르는 불 같은 경험"을 내포하고 있다(HALOT). 그래서 일부 학자들은 이 스랍들은 이집트 왕이 주권의 상징으로 사용했던 뱀에서 유래한 것이라고 하지만(Joines), 입증할 만한 증거가 있는 주장은 아니다. 그러므로 이들이 언급되는 것은 하나님이 연기와 불로 무성한 곳에 임하신 것(cf. 4절)을 한층 더 강화시키는 효과를 발휘한다. 스랍들은 각각 날개 여섯 개를 지니고 있었다. 두 개로는 얼굴을 가리고 있다. 하나님이 얼마나 거룩한지 그분을 시중드는 천사들마저 차마 직접 볼 수가 없는 모습이다. 두 개로는 발을 가리고 있다. 대부분의 학자들은 "발"(רֶגֶל)은 성기를 의미하는 완곡(euphemism)한 표현으로 간주한다(Clements). 사울이 다윗을 추격하다가 "그의 발을 가리러"(לְהָסֵךְ אֶת־רַגְלָיו) 굴에 들어갔다가 죽을 뻔한 적이 있는데(삼상 24:3), 이것 역시 "용변을 보러" 갔다는 뜻이다. 그렇다면 천사들에게 성기가 있다는 의미인가? 정확히 알 수 없지만, 이 날개들은 인간의 신체적 구조로 말하자면 성기가 있는 부분을 가렸다는 뜻이다. 스랍들의 나머지 두 개는 날아다니는 데 사용한다.

스랍들은 하나님 곁에 머물기 때문에 세상에서 가장 거룩하다. 그런데도 날개 여섯 개 중에 두 개만 활동하는(하나님을 섬기는) 일에 사용하고 나머지 네 개는 거룩하신 하나님 앞에 드러난 자신의 부끄러움을 가리는 데 사용한다는 것은 우리에게 어떤 교훈을 주는가를 생각해 보자. 하나님이 얼마나 거룩하신 분이신지 평생 그분 주변에서 섬기는 거룩한 천사들마저도 하나님을 직접 쳐다볼 수 없다(Oswalt). 그들은 자신들의 부끄러움을 가리기에 급급하다. 하나님이 우리에게 원하시는 것이 사역인가, 경건인가를 생각하게 한다. 그분은 우리가 사역의 열매로 주님을 기쁘게 하는 것보다, 우리가 경건하게 사는 것을 더 원하신다.

Ⅰ. 유다와 예루살렘에 선포된 심판과 구원(1:1–12:6)
4장. 선지자의 소명(6:1–13)

2. 선포(6:3-5)

3 서로 불러 이르되

거룩하다 거룩하다 거룩하다

만군의 여호와여

그의 영광이 온 땅에 충만하도다

하더라 4 이같이 화답하는 자의 소리로 말미암아 문지방의 터가 요동하며 성전에 연
기가 충만한지라 5 그 때에 내가 말하되 화로다 나여 망하게 되었도다 나는 입술이
부정한 사람이요 나는 입술이 부정한 백성 중에 거주하면서 만군의 여호와이신 왕을
뵈었음이로다 하였더라

천사들(스랍들)은 입을 떼자마자 하나님의 "거룩"을 세 번 반복한다. 날개 6개 중 4개를 거룩하신 하나님 앞에서 드러나는 자신들의 부끄러움을 가리기 위하여 사용한 천사들이 더 나아가 이렇게 외친다는 것 역시, 하나님은 그 어느 것과는 비교할 수 없는 절대적으로 거룩하신 분이심을 선포하기 위해서다.[15] 또한 "거룩"(קָדוֹשׁ)을 세 차례 연속 반복하

15 이사야의 신학에서 하나님의 거룩하심이 얼마나 중요한 위치를 차지하는가는 서론의 신학 부분을 참조하라.

는 것은 구약 그 어디에서도 볼 수 없는 특이한 현상이다. 그래서 학자들은 이 구절에 "세 말씀"(Trisagon)이라는 고유의 이름을 붙였다. 한 학자는 천사들의 외침을 거룩하신 하나님의 심판이 곧 임할 것을 암시하는 "심판 찬가"(doxology of judgment)라고 하지만(Knierim), 본문에서 천사들의 노래는 단순히 하나님의 거룩하심을 최고조로 찬양할 뿐 어떠한 심판도 암시하고 있지는 않다.

천사들은 이어 하나님을 "만군의 여호와"(יְהוָה צְבָאוֹת)라고 부른다. 이 성호는 하나님이 전쟁에 능숙하심을 강조하는 것으로서 그 누구도 하나님을 대적할 수 없다는 것을 상징한다(cf. HALOT). 여호와가 이스라엘뿐만 아니라 온 열방의 주님이심이 책 안에서 강조될 것을 암시한다. 천사들의 세 번째 선포는 온 땅이 하나님의 영광으로 가득하다는 것이다. 하나님의 영광이 온 땅에 가득한 것은 주님이 이스라엘에게 기대하셨던 이상적인 모습이다. 그러나 그들은 자신의 땅을 무엇으로 가득 채웠는가? 이 세상의 것, 그것도 하나님이 가장 싫어하시는 것들로 가득 채우지 않았는가(cf. 2:6-9)! 그렇다면 심판은 이스라엘이 피할 수 없는 현실로 다가오고 있다.

동사 "[가득] 채우다"(מלא)가 1-4절에서 세 차례 사용된다. 여호와의 옷자락이 성전을 가득 채웠고(1절), 천사들은 하나님의 영광이 온 땅을 가득 채웠다고 한다(4절). 또한 선지자가 보니 거룩한 연기가 성전을 가득 채웠다(5절). 하나님의 영광이 성전과 온 세상을 가득 채운 이상적인 모습을 상기시키고 있다. 그러나 2장에서 유다와 유다 사람들의 삶을 가득 채운 것들이 무엇이었는가? 하나님이 가장 가증하게 여기시는 것들이 아니었는가! 즉, 여기에 제시되는 이미지는 이스라엘의 죄를 강력하게 비난하고 있는 것이다.

천사들이 외치니 성전 문지방의 터가 요동하고 연기가 가득하다(4절). 땅의 요동과 연기는 시내 산의 임재를 상기시킨다(cf. 출 19장). 이사야가 만난 하나님은 이스라엘이 가장 두렵고 떨리는 모습으로 바라보았던 시내 산 체험의 바로 그분이라는 것이다. 또한 시내 산에서 이스라엘과 언약을 맺으셨던 바로 그분이 왕으로, 또한 불로 사르는 거룩하심으로 임하셨다는 것은 이스라엘이 하나님과 세운 언약을 파괴했기 때문에 그들을 심판하러 오신 것을 시사한다.

하나님의 거룩하심에 압도된 선지자가 "나는 죽은 목숨이다!"라며 절망적인 탄식 소리를 낸다(5절). 하나님을 대면할 때 결코 주님이 우리를 정죄해서가 아니라, 하나님의 엄청난 거룩하심에 압도되어 이런 느낌을 갖는 것은 당연하다. 하나님을 보자마자 힘이 쭉 빠져서 쓰러졌던 에스겔, 요한을 생각해 보라. 오늘날 많은 사람들이 입신해서 하나님을 만나고 왔다고 주장한다. 그러나 좀 의심스러운 것은 우리가 보는 순간 죽음의 위협과 공포감을 느끼게 하시는 거룩하신 하나님을 직접 경험한 사람들이 어떻게 엉망으로 살 수 있을까 하는 점이다. 거룩하신 하나님을 만난 죄인이 어찌 그분을 두려워하는 삶을 살지 않을 수 있단 말인가?

선지자는 자신의 입술이 부정한 것을 고백한다(5절). 자신은 죄인이라는 것이다. 하나님을 처음 만나면, 우리가 가장 심각하게 의식하게 되는 것이 바로 우리 자신의 죄다. 현대 그리스도인의 가장 큰 문제는 죄의 심각성을 의식하지 못하는 데 있다. 머리로는 죄를 인정해도 그 죄를 가슴에 끌어안고 기도하며 고민하는 자들은 몇 명이나 되는가? 머리에서 가슴은 가장 짧은 거리(고작 30센티미터에 불과한 거리)이지만 또 가장 먼 거리가 아닌가? 우리가 아는 것의 10퍼센트만 삶에 적용한다 해도 세상은 달라질 텐데… 또 교인들 중에 "회개에 합당한 열매를 맺으려는" 사람들은 얼마나 될까? 우리가 생각하는 것보다 많지 않을 수 있다.

이사야는 또한 자신이 입술이 부정한 백성 가운데 살고 있다고 고백한다(5절). 이사야의 고백을 생각해 보자. 그는 세상을 저버리고 살지 않았다. 그는 죄 많은 세상의 한 일원으로 살았다. 중세기의 죄 많은 세상을 등진 수도승과는 많이 다르다. 오늘날 교회는 너무 거룩해졌다. 많은 교회들과 교인들이 더 이상 "죄인들" 사이에 거하지 않는다. 술 마시고 담배 피는 죄인들은 교회에 들어오려고 하지 않는다. 제사를 드리는 죄인들 역시 교회의 문턱에 걸려 넘어진다. 어느덧 우리도 모르는 사이에 교회의 문턱이 너무 높아져 버린 것이다.

기독교 서적, 노래를 보급하는 것은 좋은 일이다. 그러나 우리가 염두에 두어야 할 점은 기독교 문화를 보급하는 것은 좋으나 "제 기능을 못하는 기독교인을 만들고 있지는 않는가?" 하는 것이다. 우리는 세상에 기독교 문화를 활짝 피우라는 사명을 받았다. 그러므로 우리는 "교회 안의 빛과 소금이 아니라 세상의 빛과 소금"이 되어야 한다.

하나님이 이곳에 '왕'으로 출현하신다. 웃시야는 능력 있는 왕이었다. 하나님의 '왕'으로서의 출현은 그의 죽음으로 소란해질 수 있는 정국에 안정을 주고 있다. 3-11장에 전개되는 심판의 주요 대상은 집권자들이다. 이런 상황에서 하나님이 이스라엘의 왕으로 등장하시는 것은 이스라엘의 집권자들이 '왕 노릇'을 하여 정권을 남용한 데에 대한 심판이다. 하나님이 이스라엘의 진정한 왕이기에 여기서 왕으로서 모습을 드러내신다(cf. 7장). 또한 언젠가 이스라엘에 회복이 임할 때에 하나님이 왕/지도자로 임하실 것을 암시한다.

I. 유다와 예루살렘에 선포된 심판과 구원(1:1–12:6)
4장. 선지자의 소명(6:1–13)

3. 치료: 정화(6:6-7)

6 그 때에 그 스랍 중의 하나가 부젓가락으로 제단에서 집은 바 핀 숯을 손에 가지고
내게로 날아와서 7 그것을 내 입술에 대며 이르되 보라 이것이 네 입에 닿았으니 네
악이 제하여졌고 네 죄가 사하여졌느니라 하더라

선지자가 죄로 인해 죽게 되었다며 좌절하자 스랍들이 불로 선지자의 입술을 지진다(6절). 이 불은 제단에서 가져온 것이다. 그러나 성전 뜰에 있는 번제단의 불인지(Gray), 성전 안에 있던 분향단의 불인지(Wildberger) 확실하지 않다. 게다가 선지자가 보좌에 앉으신 하나님을 보았을 때(1절)의 장소는 분명 세상에 있는 성전이었는데, 이제는 분명하지 않다. 하늘에 있는 성전과 세상에 있는 성전이 융합되었기 때문이다(Childs). 스랍이 제단에서 불을 가져온 사실은 이 불이 인간의 것이 아닌 하나님의 불을 의미한다. 또한 선지자의 입술을 지지는 것은 그가 선지자 사역을 할 수 있도록 하기 위함이다. 그의 입술이 하나님의 말씀을 전하는 데 부족함이 없도록 하는 것이다. 그렇다면 왜 유독 입술을 성화시키는가? 입은 말씀을 전하는 데 가장 필요한 도구일 뿐만 아니라, 가장 쉽게 죄를 지을 수 있는 기관이기 때문이다. 만일 우리가 말실수만 줄일 수 있다면, 죄의 상당 부분이 해결될 것이다.

스랍들이 선지자의 입을 제단 불로 정결하게 한 다음에 그의 죄가 용서받았다고 선언한다(7절). 선지자가 죄 사함을 경험한 것이다. 하나님의 백성은 사역을 시작하기 전에 누구나 자신의 죄를 씻는 계기가 필요하다. 이사야는 이 경험을 통해 선지자로 세움을 받게 되었다(Seitz). 구약에서 죄를 사함받는 일은 흔하지 않다. 그러므로 이사야는 참으로 특별하고 감격스러운 일을 경험하게 되었다. 그러므로 그는 매우 흥분했을 것이다.

Ⅰ. 유다와 예루살렘에 선포된 심판과 구원(1:1–12:6)
4장. 선지자의 소명(6:1–13)

4. 왕의 출현(6:8)

8 내가 또 주의 목소리를 들으니 주께서 이르시되 내가 누구를 보내며 누가 우리를 위하여 갈꼬 하시니 그 때에 내가 이르되 내가 여기 있나이다 나를 보내소서 하였더니

죄를 용서받은 선지자가 감격해하고 있는데, 하나님의 음성이 들려왔다. 하나님은 백성에게 보낼 만한 사람을 찾고 계셨고, 이사야는 자신이 가겠다고 자원했다. 하나님의 말씀과 선지자의 반응은 다음과 같은 구조를 가졌다.

A. 내가 누구를 보낼까?
B. 누가 우리를 위하여 갈까?
B'. 내가 여기 있나이다
A'. 나를 보내소서

일부 주석가들은 하나님은 "우리[를 위하여]"(לָנוּ)를 사용하시는 것을 삼위일체로 보기도 한다(Young). 그러나 이렇게 평가하기에는 증거가 너무 부족하다. 다른 사람들은 "왕권적 복수"(plurality of majesty)(Oswalt), "통치적 복수"(plural of government)(Brueggemann)라고 하기도 한다.

이 사건이 묘사되는 정황을 보면 이사야가 직접 하나님의 명령을 받는 것이 아니라, 마치 옆에서 하나님의 독백을 듣고 자원하는 듯한 분위기다(cf. Tucker). "내가 여기 있나이다. 나를 보내소서." 대체로 선지자들이 하나님께 소명을 받으면 안 가겠다고 하는데(cf. 예레미야, 에스겔) 이사야는 하나님의 직접적인 명령이 아닌 독백을 듣고도 스스로 가기를 청한다. 선지자 사역에 매우 적극적인 자세를 취하고 있는 것이다. 선지자는 아마도 죄를 용서받은 자신의 경험이 그의 백성 모두에게 실현될 수 있기를 기대하면서 이 같은 반응을 보였을 것이다. 그러나 그는 곧 실망하게 된다. 용서의 은혜는 그의 경험으로 제한되기 때문이다.

Ⅰ. 유다와 예루살렘에 선포된 심판과 구원(1:1-12:6)
4장. 선지자의 소명(6:1-13)

5. 선포(6:9-12)

9 여호와께서 이르시되 가서 이 백성에게 이르기를
너희가 듣기는 들어도 깨닫지 못할 것이요
보기는 보아도 알지 못하리라 하여
10 이 백성의 마음을 둔하게 하며
그들의 귀가 막히고 그들의 눈이 감기게 하라
염려하건대
그들이 눈으로 보고 귀로 듣고 마음으로 깨닫고
다시 돌아와 고침을 받을까 하노라 하시기로
11 내가 이르되 주여 어느 때까지니이까 하였더니
주께서 대답하시되 성읍들은 황폐하여 주민이 없으며
가옥들에는 사람이 없고 이 토지는 황폐하게 되며
12 여호와께서 사람들을 멀리 옮기셔서
이 땅 가운데에 황폐한 곳이 많을 때까지니라

"이 백성"(עָם הַזֶּה)(9, 10절)이란 단어를 사용하여 하나님과 그의 백성 사이의 거리감을 표현하고 있다. "이 백성"을 아하스 왕과 그를 지지하는 사람들로 제한하는 해석도 있지만(Hayes & Irvine), 주의 백성 전체를 의미하는 것으로 해석되어야 한다. 10절의 구조를 살펴보자. 두 종류의 교차대구법이 사용되고 있다.

마음	둔하게
귀	막히고
눈	감기게
"염려하건대"	"염려하건대"
눈	보고
귀	듣고
마음	깨닫고

이와 같은 구조는 본문이 심판만을 전제하고 있음을 알 수 있다. 새번역은 “염려하건대”(פֶּן)를 “걱정이다”라고 번역했다. 하나님이 죄인이 회개하고 돌아올까 봐 “걱정하신다!” 만일 우리가 이 같은 내용을 책을 시작하자마자 접하였다면, 쉽게 이해가 가지 않을 것이다.[16] 사랑과 용서의 하나님이 주의 백성이 회개하는 것을 원하지 않으시며, 더 나아가 그들이 회개할까 봐 걱정하신다! 그래서 하나님은 이사야 선지자에게 가서 그들이 들어도 깨달음이 없는 메시지, 보아도 알지 못하는 메시지, 곧 회개하고 주님께 돌아오는 것을 방해하는 메시지를 전하라고 하신다. “하나님이 어찌 이러실 수 있는가? 이 하나님이 바로 우리가 성경에서 만나는 그 하나님이 맞는가?”라고 반문할 수도 있다.

그래서 학자들은 이사야의 소명이 정확히 무엇을 의미하는가에 대하여 많은 논쟁을 벌인다(cf. Childs). 가장 특이한 주장은 이사야가 자신의 사역 실패를 이 말씀을 통해 합리화하고 있다는 심리적 해석이다(Love; Blank). 이사야는 실패한 사역을 되돌아보면서 왜 자신이 실패할 수밖에 없었는가를 설명하고 있다는 것이다. 만일 “성공”이 많은 사람들을 모으는 것으로 정의된다면 가능한 해석이다. 그러나 우리가 알다시피 성공의 기준은 하나님이 주신 소명에 얼마나 신실했는가이지 결코 얼마나 많은 사람을 상대로 사역했는가가 아니다. 게다가 이 해석은 본문을 소명으로 보기보다는 회고로 보고 있다는 문제를 안고 있다.

우리는 이미 1-5장을 통해 하나님이 이스라엘에게 많은 회개의 기회를 주셨는데도 그들이 돌아오지 않았던 것을 알고 있다. 그러므로 하나님이 이 같은 소명을 선지자에게 주신 것이 충분히 이해가 간다. 출애굽 때 처음에는 자기 스스로 강퍅하게 했던 바로의 마음을 어느 순간부터는 하나님이 강퍅하게 하신 일(cf. 출 7:3; 9:12; 10:12, 27; 11:10)이 여기에 묘사된 현상과 맥을 같이한다(Smith; cf. Evans). 선지자가 1-5장에 묘사

16 실제로 선지자의 소명을 하나님의 매우 비윤리적인 요구라고 비난하는 사람들이 있다(Carroll; Davies).

한 이스라엘의 완악함이 별 거부감 없이 그의 소명을 받아들일 수 있도록 우리를 준비시켜 준 것이다. 그래서 이사야는 자신의 소명을 1장이 아니라, 6장에 삽입했다.[17] 예수님도 이 말씀을 직접 인용하시면서 사람들이 복음을 듣고도 이해하지 못하는 상황을 말씀하신다(cf. 마 13:14; 눅 8:10)

그렇다면 이사야는 평생 어떤 사역을 했을까? 그는 사람들의 귀를 막고 마음을 닫게 하는 설교를 함으로써 듣는 이들이 회개하지 못하게 했다. 선지자가 매번 이런 메시지를 전하면 사람들이 그를 환영하고 좋아했을까? 아니다. 좋은 말도 한두 번이지 여러 번 하면 듣기 싫은 소리가 된다. 이런 상황에서 계속 부정적인 메시지만 전하는데 누가 좋아하겠는가? 결국 그는 사람들을 그의 편으로 만들고 모으는 데 실패했다. 실제로 훗날 선지자는 자신이 이 일에 실패했다고 고백한다(cf. 49:4). 이사야는 성도의 숫자와 헌금 액수를 중요시 여기는 세상의 기준으로 평가할 때, 실패한 목회자였다. 그러나 하나님이 보시기에는 성공한 목회자였다. 하나님의 유일한 성공 기준은 주님이 주신 소명에 우리가 얼마나 신실했는가 하는 것이기 때문이다.

한 교회에서 담임목사를 청빙하게 되었다. 청빙 위원장인 장로님에게 다음과 같은 편지가 도착했다. "담임목사를 청빙하신다고 들었습니다. 제가 그 자리에 지원하고 싶습니다. 저는 여러 방면에 실력을 갖추고 있습니다. 저는 열정적인 설교자요 글도 제법 잘 씁니다. 어떤 사람들은 제가 좋은 조직력을 가지고 있다고도 합니다. 저의 나이는 50이 넘었습니다. 저는 한 곳에서 3년 이상 사역한 적이 없습니다. 어떤 사역지에서는 저의 사역이 물의를 일으켜 급히 떠나야만 하기도 했습니다. 저는 서너 번 정도 감옥에 간 적도 있습니다. 제가 무엇을 잘못해

---

17 일부 주석가들은 회개를 권하는 1-5장과 회개를 방해하라는 6장은 조화될 수 없다고 주장한다(Hayes & Irvine). 그러나 6장이 회개하라는 선지자의 지속적인 권면(1-5장)에도 불구하고 끝까지 돌아오지 않은 주의 백성에게 내려진 최종 처방이라고 생각하면 문제가 되지 않는다.

서는 아니었습니다. 저의 건강은 별로 좋지 않습니다. 제가 사역한 교회들은 대체로 큰 도시에 있던 아주 작은 교회들이었습니다. 제가 가는 곳마다 그 지역의 종교인들과 좋은 관계는 갖지 못했습니다. 솔직히 말하자면 그들은 저를 협박하기도 했고 심지어 때리기까지 했습니다. 저는 기록을 남기는 것을 잘 하지 못합니다. 저는 제가 세례를 준 자들도 기억을 못합니다. 그러나 만약에 저에게 기회를 주시면 최선을 다하겠습니다."

어떤 사람이 성경에 기록된 사도 바울의 삶을 바탕으로 작성한 지원서이다. 오늘날 위에 묘사한 바울의 경력으로 변변한 사역지를 찾을 수 있겠는가? 바울 역시 하나님의 눈에는 성공한 사역을 했지만, 세상의 눈에는 실패한 사역자다. 이 같은 사실이 우리에게 도전을 준다. 오늘날 '성공병'을 앓고 있는 교회와 목회자들의 가치관과 극명한 대조를 이루고 있다. 교회는 성장해야 한다. 건강한 생명체는 성장하는 것이 자연스럽기 때문이다. 그러나 건강한 공동체를 만드는 것이 목표가 아니라, 교인 숫자 늘리기와 큰 건물 짓기 자체가 목적이 될 때, 성공이 우상이 되어 하나님의 자리를 차지하게 된다. 성공적인 목회란 도대체 무엇인가? 우리는 이 질문에 대하여 깊이, 신중하게, 양심을 속이지 않으며 생각해 보아야 한다. 그리고 목회자는 항상 갈등 속에 살아야 한다. 하나님의 눈에 성공한 목회자가 될 것인가, 아니면 세상의 가치관으로 볼 때 성공한 목회자가 될 것인가를 고민하면서 말이다.

전혀 기대하지 못한 소명을 받은 이사야가 엄청난 충격을 입었다. 몸이 축 처지고 고개를 떨구며 떨리는 목소리로 언제까지 이런 사역을 해야 하느냐고 하나님께 물었다(cf. Blank). 하나님이 주신 소명이 매우 충격적이지만, 선지자는 순종할 의지를 보이고 있다. 이러한 선지자의 모습은 지속적으로 하나님께 반역한 이스라엘의 모습(1장)과 극명한 대조를 이루고 있다(Beuken). 이사야는 순종하는 사람의 모델이 되고 있는 것이다.

하나님은 유다의 주민들이 모두 사라져 없어질 때까지 그렇게 하라고 하셨다(11절). "〔아무도〕 없을 때까지"(אֵין) 하나님의 심판이 계속될 것이라는 뜻이다. 이 땅에 사는 사람이 없을 때까지 하나님의 심판이 지속될 것이라는 경고는 하나님의 분노를 잘 드러낼 뿐만 아니라, 이 나라의 운명이 어떻게 될 것인가를 암시한다. 선지자는 1-4절에서 "가득하다"(מלא)라는 용어를 3차례나 사용하여 하나님의 영광이 이스라엘의 땅을 가득 채우는 것이 하나님이 그들에게 기대하셨던 바라는 것을 암시했다. 이제 그는 텅 비어 있는 상태를 뜻하는 단어(אֵין)를 사용하여 하나님의 영광으로 채워지지 않은 이스라엘 땅이 완전히 비게 될 것을 선언한다. 하나님의 심판이 임하니 주의 백성이 귀하게 여겨 자신들의 삶을 가득 채운 것들이 사라지고 있다. 이 같은 사실이 우리에게 주는 도전은 무엇인가? 우리의 삶은 무엇으로 가득 차 있는가? 영원한 것, 아니면 하나님의 심판이 임하면 없어질 것들로 채워져 있는가?

Ⅰ. 유다와 예루살렘에 선포된 심판과 구원(1:1-12:6)
4장. 선지자의 소명(6:1-13)

6. 치료: 정화(6:13)

13 그 중에 십분의 일이 아직 남아 있을지라도
이것도 황폐하게 될 것이나
밤나무와 상수리나무가 베임을 당하여도
그 그루터기는 남아 있는 것같이
거룩한 씨가 이 땅의 그루터기니라 하시더라

하나님은 다행히 인구의 10분의 1을 남겨두실 것이라고 한다. 그나마 남은 자들은 또 한 번 태워진다. 극소수만 남게 될 것을 뜻한다. 선지자는 얼마나 많은 사람들이 죽고 끌려갈 것인가를 강조하기 위하여 온 몸통이 잘려 나가고 밑동만 남아 있는 나무의 그루터기 이미지를 사용한다. 남은 자들이 거의 없을 것이라는 뜻이다. 그러나 혈혈단신이었던 아브라함을 큰 민족으로 만드셨던 하나님이 이 소수의 남은 자들을 새로운 나라를 만드실 때 씨앗으로 사용하실 것이다. 일부 주석가는 잘려 나간 나무가 다윗 왕조를 상징한다고 하지만(Hayes & Irvine; Motyer), 본문은 이 같이 구체적인 해석을 허락하지 않는다. 단순히 밑동이 잘려진 거목에서 자라나는 연약한 '순'이 새로운 백성(남은 자)을 형성해 나갈 것을 예언하고 있다.

역사란 몇 명에 의하여 이루어진다. 그리스도인 숫자가 많으면 도움이 되겠지만 많지 않아도 우리는 세상을 변화시킬 수 있다. 그러므로 오늘날 한국 교회의 교인수가 감소하는 것에 대하여 그렇게 걱정할 필요는 없다. 오히려 우리가 걱정해야 하는 것은 날이 갈수록 심화되는 교회의 세속화다. 작은 숫자라 할지라도 교회가 세상 단체들과 확연한 차이가 있다면 소망이 있지만, 아무리 많은 숫자라 할지라도 교회가 세상 기업 혹은 집단들과 차별화가 되지 않으면 소망이 없다. 한 가지 확실한 것은 기독교 역사상 교인들의 숫자가 적을 때 오히려 교회는 순수했다는 사실이다.

5장. 임마누엘 아이(7:1-9:7)

히브리어 성경(cf. BHS)이나 장르에 따라 다르게 표기해 놓은 번역본(cf. 새번역)을 살펴보면 이사야서 대부분이 시가체(poetry)로 구성되어 있음을 알 수 있다. 그러나 간간히 이야기체(narrative) 단락들이 책 곳곳에서 발견된다. 이사야서에서 가장 긴 이야기체 섹션은 히스기야 이야기로 36-39장이다.[18] 학자들은 36-39장에 기록되어 있는 히스기야 이야기는 1-35장의 결론 역할을 하면서 동시에 40장 이후를 바르게 이해하도록 준비시키는 역할도 한다고 생각한다. 선지자는 1-35장에서 심판을 자주 언급하는데, 하나님의 "진노의 막대기 아시리아"(10:5)를 통한 심판의 날이 드디어 36-37장에서 임하기 때문이다. 그러나 아시리아 왕이 여호와를 모욕하는 망언을 하자 아시리아가 예루살렘을 정복하는 것을 막으셨다. 유다가 하나님을 인정하지 않는 교만한 아시리아의 손에 멸망하는 것을 막으시고 대신 바빌론에게 유다를 넘기실 것을 선포하신다(39:5-7). 이러한 정황에서 40장 이후의 내용은 이 바빌론 군을 통한 심판이 벌써 모두 역사적 현실이 된 것을 전제로 전개된다.

책에서 두 번째로 긴 이야기체 섹션은 흔히 "이사야의 회고"(Memoir of Isaiah)라고 불리는 6-9장이다. 이 부분 역시 1-5장 내용에 적절한 결론을 내려준다(Childs; cf. 6장 주해). 6장은 "보아도 보지 못한다"는 "장님 테마"(Blind motif)를 언급하는데, 이 테마는 책 전체에서 중요한 사상으로 전개된다. 또한 7-9장에 기록된 "보아도 보지 못하는" 아하스 왕 이야기는 이 테마의 첫 번째 실제적 적용 사례다(Vermeylen; Seitz). 하나님

---

18 36-39장 전체가 다 이야기체로 기재되지는 않았다. 중간에 시가체가 사용되고 있다. 히스기야 이야기를 포함하고 있는 6-9장도 마찬가지로 중간에 시가체를 포함하고 있다.

이 6장에서 경고하신 내용이 현실로 드러난 예가 바로 7장에 기록된 아하스 왕 이야기라는 것이다. 그는 유다의 왕으로서 하나님 앞에서 백성을 대표하며, 그가 다스리는 백성들에게는 여호와의 통치를 상징한다. 그런 그가 하나님의 말씀을 들어도 깨닫지 못하고, 보아도 알지 못함으로써 여호와의 은혜를 거부하는 불신을 행한다. 그리고 그의 불신은 이스라엘 역사에 치명적인 과오를 남긴다.

이와 같이 이 두 왕에 대한 이야기는 주변 문맥에 비추어 볼 때 매우 적절하며 중요한 역할을 한다. 또한 두 왕의 이야기는 사건이 전개되는 장소나 내용에서 비슷한 부분이 많은, 문예비평에서 말하는 동일한 "모형-장면"(type-scene)을 바탕으로 하고 있다(cf. Alter; Sternberg). 이사야가 이 두 왕의 이야기를 연관시켜 무언가를 발전시켜 나가고 있다는 사실은 열왕기 저자가 아하스에 대하여 기록하고 있는 내용과 이사야가 아하스에 대하여 기록한 내용이 현저한 차이를 보이고 있다는 것에서도 알 수 있다. 이사야 7장과 마찬가지로 열왕기하 16장은 아람-에브라임(북 왕국) 연합군 사건을 회고하고 있지만 내용이나 이야기 진행에서 확실한 차이를 보인다. 가장 큰 차이점은 열왕기의 기록에는 이사야가 아예 언급되지 않는다는 점이다. 역대하 28장 역시 이 사건에 대하여 기록하고 있지만 또 다른 각도에서 조명하고 있어 같은 사건에 대한 세 개의 기록이 각자 고유한 특성과 메시지를 전하고 있다. 이 셋 중 이사야서의 기록만이 아하스가 군사적인 위기 상황에서 선지자의 권면에도 불구하고 여호와를 거부했다는 사실을 강조한다.[19] 반면에 히스기야

19 모티어(Motyer)가 제시하는 이사야 7장의 구조를 생각해보라. 구조적으로 가장 중심에 있으면서 강조되는 것이 아하스의 불신이다.

- A. 다윗의 집에 위협(1-2절)
  - B. 선지자의 아들: 연합군의 계획(3-6절)
    - C. 하나님의 확신(7-9절)
      - D. 불신의 대답(10-12절)
    - C′. 하나님의 심판의 징표(13-15절)
  - B′. 처녀의 아들: 연합군의 종말(16절)
- A′. 다윗의 집이 파괴되리라(17절)

이야기(36-39장)는 일생의 가장 커다란 위기를 맞은 왕 곧, 죽음을 앞둔 시한부 인생이 어떻게 하나님을 의지하며 믿음으로 죽음을 면했는가를 강조한다. 이사야는 아하스 이야기에서 그의 불신을, 히스기야 이야기에서는 그의 믿음을 부각시키고 있는 것이다.

두 왕 이야기를 연결하고 있는 또 하나의 단서가 38장 8절에서 발견된다. 이사야가 히스기야 왕에게 죽지 않고 다시 회복할 것이라는 말씀을 선포하고 난 후 왕에게 징표로 주는 것이 “아하스의 해시계 위에 나아갔던 해 그림자를 뒤로 십도를 물러가게 하는 것”이었다. 해시계가 어떤 것이었는지, 어떤 원리로 시간의 흐름을 표시했는지 정확히 알 수는 없지만, 시간을 측정하던 기구였던 것은 분명하다(Young). 필자가 질문하고 싶은 것은 “왜 하필이면 ‘아하스’의 해시계인가?”라는 사실이다. 물론 우연의 일치라 생각할 수도 있다. 이 해시계는 히스기야의 아버지 아하스 시대에 만들어 졌던 것이기 때문에 그의 이름과 연결되어서 언급되고 있다고 생각할 수도 있다. 반면에 우연이 아닐 수도 있다. 이사야서 구조에서 이 두 왕의 이야기는 매우 중요한 역할을 한다. 이런 상황에서 간단히 “앞 뜰에 있는” 해시계라 할 수도 있는데 구체적으로 “아하스의” 해시계라 밝히는 것은 저자가 다른 의도를 가지고 아하스를 상기시키는 듯하다. 아하스의 해시계가 십도가 되돌아가는 것은 마치 아하스의 불신으로 인하여 임하게 된 하나님의 심판이 잠시 동안 뒤로 미루어졌다는 점을 상징하는 듯하다. 그러나 뒤로 돌아간 해시계의 그림자가 그 순간부터 계속하여 해의 움직임을 알려주는 것 같이, 히스기야의 믿음 때문에 잠시 보류된 하나님의 심판 또한 정해진 시간을 향해 가고 있음을 경고한다.

만약에 이러한 해석이 여기에서만 가능하다면 너무 비약한다는 비판이 있을 수 있다. 그러나 히스기야의 생명 연장을 생각해 보자. 히스기야는 자신의 생명 연장만을 위하여 기도했다. 그러나 이사야를 통하여 선포된 하나님의 응답은 그의 생명뿐만 아니라 예루살렘의 생명까지 연장시켜 주신다. "내가 네 기도를 들었고 네 눈물을 보았노라 내가 네 수한에 십오 년을 더하고 너와 이 성을 앗수르 왕의 손에서 건져내겠고 내가 또 이 성을 보호하리라"(38:5-6). 이 선언에 근거하여 학자들은 히스기야의 질병과 회복은 예루살렘 운명의 모형(type)이라고 생각한다(Seitz; cf. Sweeney). 그러나 중요한 것은 왜 "15년인가?"하는 부분이다. 간단히 "회복하리라"로 끝날 수 있을 텐데 구체적으로 15년을 언급한 이유는 무엇인가?

히스기야의 운명과 예루살렘의 운명이 모형적으로(typologically) 묶여 있기 때문이다. 1장에서부터 계속 선포된 내용을 살펴보면 유다는 돌이킬 수 없는 운명에 접어들었다. 이 나라의 미래에 다가올 것은 오직 심판뿐이다. 그러므로 히스기야의 믿음은 이 다가오는 심판을 잠깐 보류할 수는 있어도 완전히 취소할 수는 없는 것이다. 히스기야가 15년의 새 삶을 받았지만 그 15년이 지나면 어떻게 되는가? 또한 연장된 15년이 이 말씀을 받은 순간부터 흐르기 시작하지 않는가? 예루살렘의 운명 역시 잠시 동안 화를 면할 것이지만 하나님이 벌써 오래 전부터 선포하신 심판은 이 성읍의 앞날에 꼭 임할 것을 암시한다.

더 나아가 애크로이드(Ackroyd)는 아하스 이야기(6-9장)와 히스기야 이야기(36-39장) 사이에 다음과 같은 특이한 점들을 파악했다. 애크로이드가 파악한 두 이야기의 연결고리에 콘라드(Conrad)는 추가적인 공통점을 더했다(cf. 서론 섹션).

1. 6:1, 7:1, 그리고 36:1을 보면 역사적 배경을 그려주는 표제(historical superscript)로 이야기를 시작한다. 이 중 7:1과 36:1은 열왕기하 16:5, 18:13과 연관이 있다. 이사야서 안에서 1:1과 14:28을 제외하면 이 표제들이 유일하게 구체적인 시기를 제시해 준다.
2. 두 이야기가 같은 장소에서 진행된다. 7:3은 "윗못 수도 끝 세탁자의 밭 큰 길"을 언급하고 있다. 36:2 역시 "윗못 수도 곁 세탁자의 밭 큰 길"이란 구체적인 장소를 지적한다. 이 장소는 두 이야기의

진행에서 중요한 위치를 차지하고 있기 때문인데, 예루살렘 포위와 연관이 있다. 또한 이 장소는 두 이야기를 대조하는 계기를 제공하고 있다.

3. 7:11, 14에서 발견되는 "징조"(אוֹת)의 사용은 38:7과 37:30에서 이 단어가 사용되는 목적과 흡사하다.
4. 9:6과 37:32의 절정은 "만군의 여호와의 열심이 이를 이루시리라"(קִנְאַת יְהוָה צְבָאוֹת תַּעֲשֶׂה־זֹּאת)에 있다. 이 표현은 이 두 군데서만 사용된다. 의미에 있어서 다른 곳에서 열심(קנא)이 사용될 때마다 발견되는 다양성이 이 두 군데에도 내포되어 있다. 이 표현은 여호와의 이스라엘과 열방을 향한 진노와 자비와 구속을 동시에 표현한다.
5. "아하스의 해시계"(מעלות אחז)(38:8)—이것이 실제로 어떤 것이었던 간에—는 또 하나의 연결점을 제시한다. 많은 사람들이 주장한 것 같이 열왕기하 20:11에서 발견되는 이 단어들이 훗날 누군가가 이사야서를 참고하고 삽입한 주석(gloss)이라면 아하스에 대한 언급은 이사야에게만 독특한 것이다. 이 사실은 이사야가 히스기야와 아하스를 대조시키기 위하여 의도적으로 히스기야 이야기를 수정한 증거가 아닐까?

이제 7:1–9:7의 구조를 생각해 보자. 이 섹션에서 통일성 있는 구조를 찾기는 쉽지 않다. 언급하고 있는 주제의 변화에 따라 개요를 보면 다음과 같이 생각될 수 있다.[20] 7:1–8:10과 8:11–9:7이 두 파트로 나뉘면서도 동시에 연결고리(B, B')를 지니고 있는 것이다.

---

20 앞에서 언급한 것처럼 9:1-7은 구조적으로 뒤따르는 텍스트와도 잘 어울린다. 다음을 참고하라(cf. Smith).

A. 의로운 왕의 통치(9:1-7)
  B. 이스라엘의 교만 비난(9:8-10:4)
  B'. 아시리아의 교만 비난(10:5-34)
A'. 의로운 왕의 통치(11:1-16)

A. 아하스의 불신(7:1-9)
B. 아이들 징조(7:10-8:4)
A'. 아시리아의 침략(8:5-10)
C. 남은 자들 격려(8:11-15)
B'. 어두움과 빛 징조(8:16-9:5)
C'. 메시아의 통치(9:6-7)

1. 아하스의 불신(7:1-9)

본문이 묘사하고 있는 아하스 이야기의 핵심 테마(theme)는 "믿다/신실하다"(אמן)(9절)이며 이 테마는 학자들이 "임마누엘의 책"이라고 부르는 7-12장의 중심 주제이기도 하다. 더 나아가 7-39장은 믿음이란 테마로 묶여져 있으며 훗날 히스기야가 드렸던 고백인 "나는 하나님 앞에 '진실(בֶּאֱמֶת וּבְלֵב שָׁלֵם)했다'"라는 기도와 무관하지 않다(38:3).

하나님을 믿을 것인가, 아니면 열방을 믿을 것인가가 중요한 이슈다. 결론은 분명하다. 열방을 믿는 자들은 망할 것이요(cf. 34장), 하나님을 믿는 자들은 충만한 삶을 살게 된다(cf. 35장). 이 텍스트에서 의미심장한 것은 연약해 보이는 것(하나님을 의지하는 것)이 진짜 능력이요, 능력이 있어 보이는 것(열방)들은 힘이 없다는 점이다. 하나님의 구원 신탁에 자주 등장하는 "두려워 말라"(אַל־תִּירָא)(4절)는 이사야서의 중요한 구성 요소이기도 하다(Conrad; cf. 10:24; 37:6; 41:10, 13; 43:1, 5; 44:2).

이미 언급한 것처럼 이스라엘의 웃시야 시대부터 히스기야 시대까지 왕들의 즉위 연대를 정확하게 규명하는 일은 매우 어렵다. 본문에 묘사된 사건과 연관된 연대도 예외는 아니다. 본 텍스트는 베가(Pekah)와 르신(Rezin)의 예루살렘 위협이 아하스 시대에 있었다고 한다. 그러나 베가는 아하스의 아버지 요담 왕 20년째 되던 해에 북 왕국의 호세아에게 저격을 당했다(왕하 15:30). 그렇다면 아하스가 왕위에 오르기 전에 죽은 것이다. 물론 아버지 요담이 섭정하던 시기에 이 일이 있었다고 해석할 수 있으나, 본문에는 그러한 힌트가 전혀 없다. 이 시대 유다의 유일한 왕은 아하스로 언급되기 때문이다. 더 나아가 성경은 요담 왕 20년에 베가가 죽었다고 하는데, 대부분 학자들은 요담이 15년 이상 유다를 통치하지 않은 것으로 결론짓는다(Bright; Hayes & Hooker; Cogan & Tadmor; cf. Thiele). 이 시대를 정확히 규명하는 것이 매우 어렵다는 것을 암시한다.

본문을 포함하고 있는 7-8장을 해석할 때 꼭 염두에 두어야 할 것은 반복되는 "아이 테마"(child motif)다. 이 섹션에는 세 아이의 이름이 등장하는데, 스알야숩(lit., "남은 자는 돌아온다"), 임마누엘(lit., "하나님이 우리와 함께하신다"), 마헤살랄하스바스(lit. 〔전쟁의〕 "노획물이 빨리 사라진다")이다. 이들의 이름이 본문 안에서 일정한 간격을 두고 규칙적으로 배치되어 있다(7:3; 7:14; 8:1). 첫째(스알야숩)는 벌써 태어났으며, 둘째(임마누엘)는 곧 태어날 것이며, 셋째(마헤살랄하스바스)는 8:1까지는 아직 태어나지 않았다(8:3에 태어남). 아이 테마는 9장에서 "우리 중에서 태어나는" 메시아 아이를 통해 지속된다. 이 섹션은 다음과 같은 구조를 가지면서 침략자들의 계획과 하나님의 계획을 대조시킨다.

역사적 정황: 침략(7:1-2)
A. 침략자들의 계획(7:3-6)
A'. 하나님의 계획(7:7-9)

Ⅰ. 유다와 예루살렘에 선포된 심판과 구원(1:1–12:6)
5장. 임마누엘 아이(7:1–9:7)
1. 아하스의 불신(7:1–9)

(1) 역사적 정황: 침략(7:1-2)

1 웃시야의 손자요 요담의 아들인 유다의 아하스 왕 때에 아람의 르신 왕과 르말리야

의 아들 이스라엘의 베가 왕이 올라와서 예루살렘을 쳤으나 능히 이기지 못하니라
2 어떤 사람이 다윗의 집에 알려 이르되 아람이 에브라임과 동맹하였다 하였으므로
왕의 마음과 그의 백성의 마음이 숲이 바람에 흔들림 같이 흔들렸더라

이 이야기는 주전 734년경의 일이다. 이때 가나안 지역에는 아시리아 내부에 반란이 있었다는 소문이 퍼졌다. 그동안 아시리아의 종속국으로 있던 북 왕국 이스라엘과 시리아(아람)가 종주국의 혼란을 틈타 독립하겠다며 반기를 들었다. 시리아 왕 르신과 이스라엘 왕 베가는 연합군을 형성했고 유다에게 자신들에게 동조할 것을 요청했다. 그러나 유다의 왕 아하스는 그들의 동맹 요청을 거부하며 독자적인 국제 정치를 펼쳐 나갔다. 이에 분개한 시리아와 이스라엘이 남 왕국을 침략했다. 유다는 큰 위기를 맞이한 것이다.

그러나 저자는 이미 1절에서 연합군이 실패한 것을 전제로 하고 이야기를 전개해 나간다. "능히 이기지 못하더라." 위기는 위기지만, 크게 우려할 만한 위기가 아니며 특히 36-37장에 묘사된 산헤립을 통한 위기에 비하면 아무것도 아니라는 것을 강조하고 있다. 그럼에도 불구하고 침략군의 소식이 전해지자 예루살렘에 거하던 "왕의 마음과 그 백성의 마음이 숲이 바람에 흔들림 같이 흔들렸다"고 한다(2절). 저자는 별로 심각한 문제가 아니라고 하는데 왜 이렇게 불안에 떠는가? 사건이 전개되면서 밝혀지는 것은 이들은 믿음이 없어서 이렇게 떨고 있다는 것이다.

선지자는 아하스 왕이 아니라 "다윗의 집안"에 침략자들의 소식이 전해졌다고 한다(2절). "다윗의 집안"(בֵּית דָּוִד)이란 표현은 구약에 24번 사용되는데, 항상 왕조(dynasty)를 가리키는 데 사용되지 7장에서와 같이(cf. 2, 13절) 한 왕과 연결되어 사용되지는 않는다. 그러므로 여기서 아하스는 한 개인보다는 다윗 집안 전체를 상징하는 것으로 보아야 한다는 것이 학자들의 일치된 의견이다. 이처럼 아하스를 "다윗의 집안"의 상징으로 대하는 것은 아하스의 행동이 앞으로 다윗의 집안 전체에 영향을 미칠 것을 암시하고 있기 때문이다.

이미 언급한 대로 1절에서 이미 이 사건은 심각한 것이 아니라고 강조한다. 그러나 왕과 백성은 심히 두려워 떨고 있다. 우리에게 어려움이 닥쳐올 때 우리는 어떤 마음 자세로 헤쳐 나가는가? 신앙이 정말 도움이 되는가? 아니면 어려움은 신앙과 별개 문제인가?

Ⅰ. 유다와 예루살렘에 선포된 심판과 구원(1:1–12:6)
5장. 임마누엘 아이(7:1–9:7)
1. 아하스의 불신(7:1–9)

(2) 침략자들의 계획(7:3-6)

3 그 때에 여호와께서 이사야에게 이르시되 너와 네 아들 스알야숩은 윗못 수도 끝
세탁자의 밭 큰 길에 나가서 아하스를 만나 4 그에게 이르기를 너는 삼가며 조용하
라 르신과 아람과 르말리야의 아들이 심히 노할지라도 이들은 연기 나는 두 부지깽
이 그루터기에 불과하니 두려워하지 말며 낙심하지 말라 5 아람과 에브라임과 르말리
야의 아들이 악한 꾀로 너를 대적하여 이르기를 6 우리가 올라가 유다를 쳐서 그것을
쓰러뜨리고 우리를 위하여 그것을 무너뜨리고 다브엘의 아들을 그 중에 세워 왕으로
삼고자 하였으나

연합군이 유다를 침략한 상황에서 하나님이 이사야에게 아들을 데리고 아하스를 찾아가라고 하신다(3절). 선지자의 아들은 "스알야숩"(שְׁאָר יָשׁוּב)이라는 이름을 지녔는데, 문자적으로 풀이하면 "남은 자는 돌아온다"라는 뜻이다. 스알야숩이라는 이름은 두 가지 의미를 가지고 있다. 첫째, 스알야숩은 약속의 이름이다. 하나님이 자기 백성을 완전히 멸망해 사라지게 하지는 않으실 것을 의미한다. 하나님의 남은 자는 어느 시대든지 반드시 있을 것을 상징한다. 둘째, 스알야숩은 심판의 이름이다. 비록 하나님이 이 백성을 사랑하시는 것은 분명한 사실이지만, 그렇다고 해서 그들의 죄를 묵인하시지는 않을 것이다. 앞으로 유다는 꼭 심판을 받게 될 것을 경고하는 이름이다. 또한 심판을 통해 이 백성이 멸망하다시피 해야 "남은 자들"이 생길 것 아니겠는가? 심판을 전제하지 않고는 "남은 자"라는 용어는 의미를 지니지 못하는 것이다.

그러므로 스알야숩은 "행동으로 옮겨진 예언"(acted out prophecy)으로 보아야 한다. 사람들은 그의 이름을 부를 때마다, 그를 만날 때마다 하나님의 심판과 은혜를 같이 생각하게 된다. 호세아 선지자도 자기 아이들의 이름을 통해 다가올 하나님의 심판에 대하여 경고했다. 또한 구약의 인물들 중 많은 사람이 특별한 의미를 지닌 이름을 가졌다. 우리도 자신의 이름 석 자가 타인에게 어떤 의미로 들려지는가를 생각해 보아야 한다. 소망으로, 위로로 들려지는 이름인가? 아니면 조롱과 멸시를 자아내는 이름인가? 우리는 삶을 통해 하나님의 소망과 위로를 선포하는 이름이 되어야 한다.

"윗못 수도 끝 세탁자의 밭 큰 길"(3절)은 군사적 요새 혹은 전시 때 작전실로 사용되었던 것 같다. 훗날 히스기야가 이곳에서 침략군 아시리아에게 수모를 당한다(36:2). 아하스 이야기와 히스기야 이야기는 전개되는 장소를 통해 연계성을 드러내준다.

"너는 삼가며"(הִשָּׁמֵר)(4절)는 아무것도 하지 말라는 뜻이다. 왜? 하나님 보시기에 연합군은 고작 연기나 내는(불은 거의 꺼져 가는) 부지깽이에 불과하기 때문이다. 그들은 포효하는 사자처럼 달려들고 있지만 이빨과 발톱이 빠져 버린 무능력한 사자에 불과한 것이다. 사실 사탄의 실체가 이런 것이 아닌가? 으르렁거리며 돌아다니는 사자와 같지만 결코 우리를 해할 능력은 없다. 다만 사람들이 지레 겁을 먹고 기절해 버릴 뿐이다.

하나님이 두려워하는 아하스에게 "조용하라"(הַשְׁקֵט)고 명령하신다(4절). 어렵고 힘이 들 때, 때로는 조용히 여호와를 기다리는 것도 좋은 믿음의 표현이다. "너희는 가만히 있어 내가 하나님 됨을 알지어다"(시 46:10), "내가 종일 주를 바라나이다"(cf. 시 25:5, 21). 한국 그리스도인의 가장 근본적인 문제 중 하나는 기다릴 줄 모르는 것이다. 물론 한국 사회가 급변하면서 국민성 또한 급해진 것은 사실이다. 우리는 일명 "빨리 빨리" 문화에 익숙해져 있다. "빨리 빨리" 문화는 장점이 많다. 그러나 사람들을 성급하게 만드는 단점을 갖고 있다. 어떤 사람이 자신의 가장 큰 약점이 인내심 부족인 것을 깨닫고 인내심을 달라며 이런 기도를 드렸다고 한다. "주여, 오래 참음을 주시옵소서! 지금 당장 주시옵소서!"

연합군은 유다 왕 아하스를 제거하고 그 자리에 다른 사람을 세우려고 침략해 왔다(5-6절). 이들이 아하스 대신 유다의 왕으로 세우려고 하는 자가 "다브엘의 아들"(בֶּן־טָבְאַל)이라고 하는데, 다브엘(טָבְאַל)은 멍청이라는 뜻으로 해석된다(Wildberger; Seitz; Sweeney). 이름이 특이하지만 이 사람의 실명이었을 수 있다. 그러나 그가 왕이 되면 정책을 펼쳐나가는 일에 있어서 시리아와 이스라엘에 의하여 조정될 것이기 때문에, 그의 역할을 비웃는 것에서 비롯된 별명일 가능성도 많다. 실제로 성경을 보면 이런 경우가 종종 있다. 대표적인 예가 아비가일의 남편 나발이다. 다윗의 요청을 거부했다가 죽은 나발의 이름을 문자적으로 풀이하면 "바보, 멍청이"라는 뜻이다. 세상에 누가 아들에게 이런 이름을 주겠는가? 그러므로 나발은 그의 본명이 아니고, 그가 다윗을 거역한 어리석은 짓을 했기 때문에 붙여진 별명인 것이 확실하다. 다브엘의 아들은 다윗의 집안과는 전혀 상관없었던 인물이었던 것이 거의 확실하다.

아하스를 제거하고 다브엘의 아들을 유다의 왕으로 삼기 위하여 침략해 온 연합군은 본의 아니게 하나님의 권위에 정면으로 도전하고 있다. 하나님은 다윗 언약(삼하 7장)을 통해 다윗과 후손들이 주의 백성을 영원히 통치하게 하실 것이라고 약속하셨다. 그러므로 이 침략자들의 계획은 하나님의 약속을 위기에 빠뜨리는 행위인 것이다.

이제 우리는 왜 믿음이 없는 아하스에게 하나님이 은혜를 베푸시는지 그 이유를 알게 되었다. 아하스가 하나님이 축복할 만한 인물이어서가 아니다. 그의 원수들이 하나님을 대적하기 때문이다. 그들은 지금 본의 아니게 하나님의 신실하심과 주권에 도전장을 내 놓았던 것이다. 살다 보면 소위 말해서 '축복'은 우리가 잘해서가 아니라, 우리의 대적/문제가 우리보다 하나님 앞에 더 커다란 죄를 범하고 있기 때문에 우리에게 자비를 베푸실 때가 있다는 사실을 종종 주변에서 목격하게 된다.

I. 유다와 예루살렘에 선포된 심판과 구원(1:1–12:6)
5장. 임마누엘 아이(7:1–9:7)
1. 아하스의 불신(7:1–9)

(3) 하나님의 계획(7:7-9)

7 주 여호와의 말씀이

그 일은 서지 못하며
이루어지지 못하리라
8 대저 아람의 머리는 다메섹이요
다메섹의 머리는 르신이며
육십오 년 내에 에브라임이 패망하여
다시는 나라를 이루지 못할 것이며
9 에브라임의 머리는 사마리아요
사마리아의 머리는 르말리야의 아들이니라
만일 너희가 굳게 믿지 아니하면
너희는 굳게 서지 못하리라

하시니라

연합군, 곧 인간의 계획(3-5절)을 들었으니 이제는 하나님의 계획을 들을 때다. 하나님은 7절에서 평행법을 사용하여 두 차례나 그들이 계획하는 일은 결코 실현되지 않을 것이라고 말씀하신다. "〔그 일은〕 서지 못하리라"(לֹא תָקוּם); "〔그 일은〕 이루어지지 못하리라"(לֹא תִהְיֶה). 인간이 아무리 기발한 아이디어와 계획을 가지고 있어도 하나님이 허락하지 않으시면 이루어지지 않는다.

한국어 번역본에서는 파악하기 어렵지만, 히브리어 텍스트(MT)에 따르면 8-9절은 다음과 같은 구조를 지녔다. 에브라임이 65년 내에 망할 것이라고 하시는데(C), 이 숫자는 이야기가 전개되면서 점차로 줄어든다.

A. 아람의 머리는 다메섹
B. 다메섹의 머리는 르신
C. 65년 내에 에브라임은 패하고 다시는 나라를 이루지 못한다.
A'. 에브라임의 머리는 사마리아
B'. 사마리아의 머리는 르말리야의 아들
C'. 믿지 아니하면 굳게 서지 못하리라

아람의 머리는 다메섹, 다메섹의 머리는 르신이고 에브라임의 머리는 사마리아, 사마리아의 머리는 르말리야라는 선지자의 선포를 들은 청중들이 제기할 당연한 질문은 무엇인가? 이 사건에 연루된 나라는 셋이다. 어느 나라가 빠졌는가? 그 다음 등장해야 할 유다에 대한 진리는 어떤 것인가? 이 같은 질문을 생각하며 우리는 다음과 같이 본문에는 없지만, 매우 중요한 문장 구조를 상상할 수 있다.

A". 유다의 머리는 예루살렘
B". 예루살렘의 머리는 여호와
C". 믿으면 굳게 서리라

선지자는 자신의 스피치를 깊이 들었다면 누구든지 경험할 수 있는 수사학적인 효과를 생각하며, 의도적으로 유다에 대하여는 언급하지 않고 있다. 유다가 무너지지 않는 이유도 바로 여기에 있다. 여호와가 예루살렘의 머리이시기 때문이다. 물론 유다에 다윗 왕조의 왕 아하스가 있지만, 이스라엘의 왕은 하나님을 대변하는 자다. 그러므로 왕의 통치는 상징적으로 하나님의 통치를 의미한다. 참 왕은 하나님이신 것이다. 시리아와 이스라엘 군이 인간 왕들을 세우고 유다의 왕 하나님을 대적하여 싸우러 왔다. 그렇다면 하나님이 이들을 어떻게 하는가? 왕이신 여호와께서 그들을 쳐서 물리치실 것이기 때문에 유다는 걱정하지 않아도 된다는 것이 이 말씀의 요지다.

그러므로 "믿어라. 믿지 않으면 굳게 서지 못하리라"가 본문의 테마다(Seitz; Oswalt). 예루살렘의 머리이신 하나님을 믿으면 굳게 서리라는 권면인 것이다. 이 권면은 또한 다윗과의 언약을 상기시킨다. "진실하다, 믿다, 의지하다"(אמן)는 여호와 안에서 다윗의 집안의 탄탄함을 나타내는 데 자주 사용되었다(삼상 25:28; 삼하 7:16; 왕상 8:26; 사 55:3). 본문에서 이 단어가 사용되는 것은 아하스에게 다윗과의 언약을 상기시키고 믿음을 잃지 않도록 하기 위해서다.

2. 아이들 징조(7:10-8:4)

아하스 이야기의 핵심 이슈는 "믿음"이다. 현재의 어려움 안에서 믿음이 어떤 역할을 할 것인가? 정치적인 역경 속에서 하나님을 믿을 것인가, 아니면 인간의 방법을 사용할 것인가? 불행하게도 아하스는 인간적인 방법을 사용함으로써 하나님을 분노케 하고, 이스라엘의 비참한 운명을 재촉하는 결과를 초래한다(Williamson).

하나님이 유다가 결코 연합군에 의하여 함락되지 않을 것을 보장하시면서 세상의 그 무엇이라도 징조로 구하면 주시겠다고 하지만, 아하스는 이적을 구하기를 거부한다. 표면적으로는 자신이 "어찌 하나님을 시험할 수 있겠는가?"라며 겸손하게 말하지만, 실제로는 불신에서 비롯된 행동이다. 결국 하나님이 믿음의 징표를 구하기를 거부하는 아하스에게 일방적으로 징표를 주신다. 하나님이 다윗에게 허락하신 약속 때문이다(Scullion; Wildberger; cf. 삼하 7장). 두 아이의 탄생을 예고하고 있는 이 섹션은 다음과 같이 두 파트로 나뉜다. (1) 임마누엘 아이 징조(7:10-25), (2) 마헬살랄하스바스 아이 징조(8:1-4).

Ⅰ. 유다와 예루살렘에 선포된 심판과 구원(1:1-12:6)
5장. 임마누엘 아이(7:1-9:7)
2. 아이들 징조(7:10-8:4)

(1) 임마누엘 아이 징조(7:10-25)

하나님이 보호하실 것이기 때문에 유다는 결코 연합군의 손에 망하지 않을 것이라는 신탁이 선포된 후, 선지자는 아하스에게 모든 것이 하나님이 말씀하신 대로 될 것이라는 것을 믿는다는 의미에서 징조를 구하라고 했다. 그러나 아하스는 징조를 구하는 것을 거부했고, 결국 하나님이 그에게 일방적으로 징조를 주신 일이 본문에 기록되어 있다. 이 섹션은 다음과 같은 구조를 갖고 있다. 연합한 두 나라의 멸망(C)과 다윗 집안에 임할 심판(B')이 매우 짧기 때문에 하나로 묶어서 주해할 것이다.

A. 아하스의 불신(7:10-12)
  B. 심판의 징표(7:13-15)
    C. 연합한 두 나라의 멸망(7:16)
  B'. 다윗 집안에 임할 심판(7:17)
A'. 불신 심판(7:18-25)

① 아하스의 불신(7:10–12)

10 여호와께서 또 아하스에게 말씀하여 이르시되 11 너는 네 하나님 여호와께 한 징조
를 구하되 깊은 데에서든지 높은 데에서든지 구하라 하시니 12 아하스가 이르되 나는
구하지 아니하겠나이다 나는 여호와를 시험하지 아니하겠나이다 한지라

연합군의 위협이 결코 유다를 파멸에 이르게 하지 못할 것이라고 선언한 이사야는 아하스에게 여호와 하나님을 신뢰하도록 권면한다. 선지자는 아하스에게 "당신은 당신의 하나님 여호와께"(יְהוָה אֱלֹהֶיךָ) 도움을 청하라고 권하면서 하나님과 왕의 관계를 회복시키려고 노력한다. 선지자는 아하스에게 그의 하나님 여호와께 이 세상의 그 어떠한 "징조/표적"(אוֹת)이라도 좋으니 구하라고 한다. "깊은 데에서든지 높은 데에서든지"(11절) 구하라 하는 것은, 하나님의 능력에는 한계가 없다는 것을 강조한다.

이사야서 안에서 "징조"(אוֹת)는 중요한 위치를 차지한다. 히스기야는 그가 병석에서 회복할 것이라는 약속과 함께 해시계의 그림자가 물러나는 기적을 징조로 받았다(38:7-8). 그러나 그는 만족하지 않고 또 다른 징조를 요구한다(38:22). 반면에 아하스는 징조를 구하라는 선지자의 권면을 거절했다. 그의 이러한 행위는 선지자의 강력한 비난을 샀다. 이사야는 자신의 저서에서 징조를 많이 받고 요구할수록 믿음이 있는 자로 간주한다(Seitz). 그래서 계속 징표를 구하는 히스기야는 믿음을 지닌 훌륭한 왕으로, 징조를 주겠다는데도 거부하는 아하스는 믿음이 없는 형편없는 왕으로 취급된다.

그렇다면 예수님이 징조를 구하는 사람들을 보시면서 탄식하는 것은(cf. 마 16:4; 눅 11:29) 이사야의 가르침과 연결하여 어떻게 설명할 수 있을까? 즉, 이사야서에서는 표적을 구하는 것이 긍정적으로 간주되는데, 반면에 예수님은 표적을 구하는 것을 부정적으로 평가하시는 것은 어떤 차이가 있는가? 매우 큰 차이가 있다. 이사야서에서 징조를 구하는 것은 곧 하나님은 이런 징조를 얼마든지 주실 수 있다는 믿음을 바탕으로 하고 있다. 반면에 예수님께 징조를 구한 사람들은 예수님을 믿을 수 없어서 표적을 구했다. 그러므로 징조를 구하는 행위가 표면적으로는 같아 보이지만, 실제는 엄청난 차이를 갖고 있는 것이다. 믿음이 없이 구하는 징조는 주님이 탄식하신다. 반면에 하나님의 능력을 확신하면서 구하는 징조는 하나님에 대한 믿음의 고백인 것이다. 신앙생활에서도 믿음이 '있는 척'하면서 하나님께 징조를 구하지 않는 것보다 어린아이 같이 하나님의 능력을 믿고 확신하며 징조를 구하는 것이 현명하다.

그러나 아하스는 "하나님을 시험하지 않겠다"며 거절한다(12절). 아하스의 대답은 결코 겸손이나 믿음에서 나온 발언이 아니고 대충 얼버무리려는 불신의 표현이다. 그는 이미 아시리아의 왕에게 많은 돈을 지불하고 군사적 도움을 요청해 놓은 상황이었다(왕하 16:7). 하나님의 백성들에게 그들의 참 왕이신 하나님을 대변해야 할 인간 왕이 할 일이 아니다. 최소한 자신이 대변하는 하나님께는 먼저 알려야 하지 않겠는가? 그가 하나님의 권위를 위임받아 유다를 통치하고 있다는 사실을 생각하면 그는 참으로 해서는 안 될 일을 한 것이다. 이처럼 어처구니없는 일은 옛날에만 국한되어 있지 않고, 오늘날 교회와 교인들 사이에도 종종 일어난다는 사실이 우리를 안타깝게 한다.

역대기 저자는 아하스 왕이 보여주고 있는 불신이 당시 유다가 당면하고 있던 국제적 문제의 원인이 되었다고 한다. 지도자의 불신이 국가적 위기를 초래한 것이다. 다음 말씀을 생각해 보라.

> 아하스가 왕위에 오를 때에 나이가 이십 세라. 예루살렘에서 십육 년 동안 다스렸으나 그의 조상 다윗과 같지 아니하여 여호와 보시기에 정직하게 행하지 아니

하고 이스라엘 왕들의 길로 행하여 바알들의 우상을 부어 만들고 또 힌놈의 아들 골짜기에서 분향하고 여호와께서 이스라엘 자손 앞에서 쫓아내신 이방 사람들의 가증한 일을 본받아 그의 자녀들을 불사르고 또 산당과 작은 산 위와 모든 푸른 나무 아래에서 제사를 드리며 분향하니라. 그러므로 그의 하나님 여호와께서 그를 아람 왕의 손에 넘기시매 그들이 쳐서 심히 많은 무리를 사로잡아 다메섹으로 갔으며 또 이스라엘 왕의 손에 넘기시매 그가 쳐서 크게 살륙하였으니…(대하 28:1–5).

연합군의 침략을 받은 아하스는 아시리아 왕 디글랏(Tiglath-pileser III)에게 도움을 요청했다. 디글랏은 아하스를 도와 다마스크스를 파괴하고 이스라엘의 통치에 있어서의 자유를 제한하기에 이르렀다(왕하 16:7). 이때가 주전 732년이다(cf. 왕하 15:29; 16:7-9; 대하 28:19; 사 8:7-8). 그리고 훗날 이스라엘의 호세아 왕이 아시리아에게 조공을 바치지 않자, 주전 722년에 북 왕국을 완전히 멸망시키고 주민들을 강제로 끌고 가게 된다. 즉, 아하스의 불신은 형제 나라인 북 왕국 멸망에 빌미를 제공했던 것이다. 당시 아시리아 왕 디글랏이 개발해서 시행되던 아시리아의 종속국에 대한 외교 정책은 다음과 같이 세 단계로 구분되었다.

단계	정황	조치
1	종주–종속국 관계	속국은 아시리아 제국에 해마다 제시된 공물을 바쳐야 했다. 속국은 필요에 따라서 증원군을 조직하여 제국의 전쟁을 도와야 하는 의무가 있었다.
2	종속국이 처음으로 반역했을 때	속국을 통치하고 있는 현재 왕가 안에서 아시리아에 충성할 수 있는 인물을 찾을 수 있다면 그를 새 왕으로 임명했다. 영토의 상당 부분을 빼앗아서 주변의 속국에 주거나 아시리아 제국이 직접 통치하는 주(province)로 편입시켰다. 상당수의 상류층 사람들을 강제로 끌고 갔다. 공물과 증원군의 숫자를 늘렸다.

단계	정황	조치
3	종속국이 두 번 이상 반기를 들었을 때	왕을 폐위시키고, 정치적인 독립을 빼앗았다. 영토가 아시리아의 주(province)로 편입되었으며 아시리아인 총독과 관리들에 의하여 통치됐다. 상류층은 강제로 끌려갔으며 그들의 자리를 타국에서 끌려온 상류층이 채웠다.

Ⅰ. 유다와 예루살렘에 선포된 심판과 구원(1:1–12:6)
5장. 임마누엘 아이(7:1–9:7)
2. 아이들 징조(7:10–8:4)
(1) 임마누엘 아이 징조(7:10–25)

② 심판의 징표(7:13–15)

13 이사야가 이르되 다윗의 집이여 원하건대 들을지어다 너희가 사람을 괴롭히고서
그것을 작은 일로 여겨 또 나의 하나님을 괴롭히려 하느냐 14 그러므로 주께서 친히
징조를 너희에게 주실 것이라 보라 처녀가 잉태하여 아들을 낳을 것이요 그의 이름
을 임마누엘이라 하리라 15 그가 악을 버리며 선을 택할 줄 알 때가 되면 엉긴 젖과
꿀을 먹을 것이라

아하스가 징표를 거부한 것은 곧 하나님을 의지하기를 거부한 행위다. 그래서 하나님은 아하스가 대표하고 있는 다윗 집안을 책망하신다. "너희가 사람을 괴롭히고도 모자라 하나님을 괴롭히려 하느냐?"(13절). 아하스가 징조를 거부한 일은 하나님을 괴롭게 하는 것으로, 그가 하나님을 시험하지 않겠다며 믿음의 탈을 쓴 불신 행위를 드러내는 순간이다. 그래서 하나님은 아하스에게 일방적으로 징조를 주신다. "처녀"(עַלְמָה)(virgin)가 아이를 낳고 이름을 "임마누엘"(עִמָּנוּ אֵל)이라 하리라는 징표다. 아하스가 군림하던 때는 시대적으로 매우 어려운 때였다. 이 어려운 때에 임마누엘이 징표로 주어지는 것은 어려울 때일수록 "하나님이 그의 백성과 함께하신다"는 진리를 강조한다. 그러므로 우리는 삶에 지쳐도 낙심할 필요는 없다. 가장 절망적인 순간이 하나님을 바라기에 가장 좋은 순간이 될 수 있기 때문이다.

처녀가 아이를 낳아 임마누엘이라고 부를 것이라는 징표는 해석하기가 쉽지 않다. 먼저 본문에서 사용되는 단어가 주는 어려움을 생각해 보자. 히브리어로 "처녀"를 칭하는 단어는 본문이 사용하고 있는 "알마"(עַלְמָה)가 아니라 "베툴라"(בְּתוּלָה)이다. 본문이 사용하고 있는 단어 "알마"는 여자를 가리키는 가장 기본적이고 포괄적인 개념이다. 이 단어는 미혼뿐만 아니라 결혼한 여자도 포함한다. 그러므로 만일 본문이 처녀를 뜻한다면 "알마"보다는 "베툴라"를 사용했어야 한다. "베툴라"는 결혼하지 않은 처녀를 의미하기 때문이다. 문제는 신약에서 예수님이 동정녀(처녀)의 몸에서 태어나셨다면서, 이 같은 사실이 이사야 7:14에 기록된 예언의 성취라고 하는 것이다(마 1:23).

그렇다면 어떻게 마태는 "여자"(עַלְמָה)를 "처녀"(בְּתוּלָה)로 바꾸어 읽었는가? 그가 인용하고 있는 성경에서 비롯된 일이었다. 마태 앞에 놓여 있는 것은 히브리어 사본이 아니라 칠십인역(LXX)이다. 칠십인역은 이사야 7:14을 번역하면서 "알마"(עַלְמָה)를 "베툴라"(בְּתוּלָה)로 해석하고 있다. 그래서 "알마"를 번역하기에 적합한 헬라어 단어 "여자"(γυνή)를 피하고 "처녀"(παρθένος)로 번역했다. 칠십인역은 상당히 메시아주의적인 관점에서 번역되었기 때문에 이 같은 현상이 일어난 것이다(cf. Tov). 이사야 7:14 역시 칠십인역을 번역한 사람들의 메시아주의적 관점에 따라 이렇게 번역된 것을 마태가 그대로 도입해서 사용한 것이다.

그렇다면 본문의 "알마"(עַלְמָה)와 칠십인역의 "처녀"(παρθένος)의 관계를 어떻게 이해해야 하는가? 본문에서는 미혼녀이든 기혼녀이든 상관 없다. 이 징조는 처녀 혹은 기혼녀가 임신해서 아들을 낳는 것이 중요한 것이 아니라, 아이가 태어날 때까지의 시간에 초점이 맞추어져 있다. 또한 "알마"의 범위가 처녀를 포함하며, 구약에서 이 단어가 처녀를 뜻하며 사용되는 예가 있다. 구약에서 "알마"는 총 7번 사용된다. 창세기 24:43에서 아브라함의 종이 이삭의 아내를 구하러 갔을 때, 결혼 적령기의 처녀(viz., 리브가)를 지칭하며 사용된다. 출애굽기 2:8에서는 모세를 바구니에 띄워 보내고 그의 누이 미리암이 따라갈 때 미리암을 일컫는 단어로 사용되었다. 이때 미리암은 나이 어린 소녀에 불과했다. 시편 68:25에서는 탬버린을 치는 여자들을 가리키며 사용된다. 이 여인들이 결혼을 했는지, 미혼인지는 중요하지 않다. 아가 1:3과 6:8에서는 왕비나 시녀를 제외한 궁녀를 뜻하는 의미로 사용된다. 반면에 잠언 30:19은 분명히 결혼한 여인을 전제로 이 단어를 사용했다. 그리고 마지막으로 사용된 곳이 바로 이사야서 본문에서다. 그러므로 "알마"는 처녀를 의미할 수 있는 단어인 것이다.

칠십인역은 "알마"를 어떻게 번역하고 있는지 살펴보자. 결혼 적령기의 리브가를 가리키는 창세기 24:43은 "딸"(θυγατέρ)로 번역했다. 나머지 모두는 "여자, 여자아이"(νεάνις)로 번역했다. 유일하게 이사야 7:14만은 "처녀"(παρθένος)로 번역했다. 역시 칠십인역 역자들이 이사야 7:14에 특별한 메시아적 의미를 부여하고 있음을 알 수 있다.

위 내용을 바탕으로 다음과 같은 결론을 내릴 수 있다. "알마"는 "베툴라"(처녀) 개념을 포함하고 있다. 성경의 전체적인 분위기를 보면 "알마"는 주로 결혼하지 않은 "여자 아이"를 의미하며 쓰인다. 그러므로 마태가 본문을 인용하여 예수님의 동정녀 탄생을 주장하는 것은 결코 무리가 아니다. 그는 "알마" 안에 "베툴라"가 포함되어 있음을 의식하고 이 부분을 강조하기에 이르렀던 것이다.

그렇다면 임마누엘 아이는 누구인가, 그를 낳을 처녀는 누구인가? 지금부터 문제가 복잡해진다. 임마누엘 아이가 누구이고, 그의 어머니는 누구인가를 해석하는 것은 7-9장에 기록된 다른 예언들을 해석하는 것과 직접적으로 연결되어 있기 때문이다. "임마누엘"과 "알마"에 대한 해석은 (1) 이 징조가 성취되는 때(cf. 7:14), (2) "버터와 꿀"의 의미(cf. 7:15, 22), (3) "아이가 잘못된 것을 거절하고 옳은 것을 선택할 나이"(cf. 7:15), (4) 7:14-17을 긍정적 혹은 부정적으로 해석할 것인가, (5) 7:14-17을 해석하면서 9:1-7과 11:1-10을 사용할 것인가, 하지 않을 것인가 등과 함께 고려되어야 한다(cf. Smith). 지금까지 이 이슈들에 대하여 수많은 책과 논문들이 출판되었으며, 다음은 주요 해석 다섯 가지와 이 해석들이 제시하는 관점을 요약한 것이다.

첫째, 아하스의 아내가 히스기야를 잉태할 것을 뜻한다는 해석이다(Wildberger; Seitz; Sweeney). 본문에서 이사야가 다윗 왕조의 미래에 대하여 말하고 있는 것이 가장 중요한 증거다(cf. 7:2, 6, 13, 17). 또한 선지자가 믿어야 굳게 설 수 있다는 점을 강조하는 것(7:9)은 다윗 언약(삼하 7장)에서 하나님이 다윗의 왕조를 굳게 세우실 것을 연상케 한다. 하나님이 다윗에게 주신 "여호와께서 너와 함께 하실 것"(삼하 7:3)이라는 말씀은 "임마누엘"과 맥을 같이한다. 그러므로 "알마"는 아하스의 궁에 거하는 아내이거나 궁녀 중 하나이다. 아마도 히스기야의 어머니 아비야를 염두에 둔 것으로 보인다(cf. 왕하 18:2). 열왕기하 18:3은 하나님이 히스기야와 함께하셨다고 하는데, 이 말씀 역시 본문의 "임마누엘" 개념과 잘 어울린다. 그러므로 이 징조(7:14)는 머지않아 아하스의 통치가 끝날 것이라는 위협과 그의 아들 히스기야의 통치가 가져다 줄 소망을 포함하고 있다.

이 해석은 학자들 사이에 가장 인기 있는 해석 중 하나다. 그러나 문제는 이 징조가 아하스에게 주어지기 전에 히스기야는 이미 태어났을 가능성이 있다는 것이다. 실제로 많은 사람들이 이때 히스기야가 9살 정도 되었을 것이라고 한다(Moriarty; cf. 왕하 16:2; 18:2). 이미 앞에서 언급한 것처럼 웃시야-히스기야 시대를 정확히 규명하는 것은 매우 어려운 일이다. 그럼에도 불구하고 히스기야는 이미 태어났을 것이라는 것이 기정 사실이 되어 있다. 그래서 한 학자는 아하스의 다른 아내와 히스기야의 이복 동생을 제안한다(Walton). 그러나 이것 역시 추측일 뿐 확인할 길이 없다. 또한 아하스처럼 믿음이 없는 사람이 아들을 낳아 "임마누엘"이라는 이름을 주었을 가능성은 별로 없어 보인다.

둘째, 본문의 "알마"는 이 예언이 선포된 지 얼마 되지 않아 아들을 얻은 모든 유다 여자들을 의미한다(McKane; cf. Gray). 이 해석에 따르면 7:14-17은 구원 약속(14, 16절)과 심판 위협(15, 17절)의 의미를 동시에 지녔다. 선지자가 말하는 잉태하는 여인은 당시 임신한 여인들 중 누구든지 될 수 있으며, 임마누엘은 이 여인들에게서 태어난 아이들의 이름이며, 유다가 하나님의 은혜로 구원을 입게 될 것이라는 믿음을 상징한다. "젖과 꿀"은 하나님의 축복을 상징하는 긍정적인 징표로 풀이된다.

학자들 중 이 해석을 선호하는 사람은 그리 많지 않다. 무엇보다도 본문이 다수의 여인과 다수의 아들들이 아니라, 한 여인과 한 아들을 지목하는 것으로 생각되기 때문이다. 또한 문맥을 고려할 때 "젖과 꿀"이 하나님의 축복으로 해석되기에는 무리가 있다고 생각한다. 이것들은 하나님의 심판의 결과로 제시되기 때문이다.

셋째, 선지자의 아내가 아들 마헤살랄하스바스를 낳을 것을 뜻한다(Wolf; Willis; Gottwald). 본문이 말하는 여인과 아이는 8:1-4이 언급하는 이사야의 아내인 여선지자와 그녀를 통해 얻은 아들이다. 이 징조가 주어진 지 얼마 안 되어 태어난 마헤살랄하스바스와 선지자의 아내는 아하스와 온 유다 백성에게 하나님 말씀의 신실함에 대한 징표가 되었다. "아이가 알기 전에"(7:16; 8:4)와 아이의 탄생(7:14; 8:3-4)은 밀접하게 연결되어 있다. 임마누엘은 유다의 원수들이 패배할 것이라는 긍정적인 메시지를, 이사야의 아들 마헤살랄하스바스는 유다를 벌하시겠다는 부정적인 메시지를 지닌 징표들이다.

중세기 유대인 해석자 라시(Rashi)와 에스라(Ibn. Ezra)도 이 해석이 가장 유력하다고 생각했으며, 오늘날에도 많은 학자들이 이 해석을 선호한다. 그러나 이 징조는 "다윗의 집안"에 주신 것이며 이사야에게 주신 것이 아니기 때문에(cf. 7:13-14), 신빙성이 커 보이지 않는다. 또한 7:16은 이 아이가 옳고 그름을 분별할 나이(12-20세)를 언급하는데, 8:4은 "아이가 '내 아빠'를 말하기 전"(2살 정도)을 언급한다. 시간대가 서로 잘 어울리지 않는 것이다.

넷째, 동정녀 마리아가 예수님을 잉태한 일을 의미한다. 아하스가 징조를 거부했기 때문에, 이 징조는 아하스를 위한 것이 될 수 없다. 이 해석은 신약에 기록된 내용을 바탕으로 이 예언을 해석한 것이다(cf. 마 1:18-24). "알마"는 예수님의 어머니 마리아이며, 예수님이 "임마누엘"로 불리는 것은 이 예언의 성취이기 때문이다. 9:1-7과 11:1-9에 기록된 메시아 시대에 관한 예언은 예수님을 통해 성취되었다(Motyer).

이 해석이 지니고 있는 가장 기본적인 문제는 본문을 조명하는 일에서 신약을 직접 도입한다는 점이다. 세월을 700여 년이나 거슬러 올라가는 것이 부담스러운 것이다. 그래서 많은 학자들이 신약적인 선입견에서 비롯된 이 해석의 타당성을 인정하지 않는다.

다섯째, 이사야 시대에 1차적으로 성취되었고, 훗날 메시아의 탄생을 통해 다시 성취되었다. 이 예언은 아하스에게 주어졌기 때문에 그 시대에 분명 성취되어야 했으며, 동시에 신약의 해석을 존중해야 한다는 데서 비롯된 해석이다. 임마누엘은 아하스 혹은 이사야의 아이였다. 훗날 예수님이 임마누엘 아이로 오셔서 이 예언을 최종적으로 성취하셨다. 보수적인 학자들 사이에 가장 인기 있는 해석이며, 신약의 해석을 충분히 설명할 수 있는 장점이 있다.

선지자는 임마누엘 아이가 선과 악을 구분할 즈음에 젖과 꿀을 먹게 될 것을 예언한다(15절). 평상시 젖과 꿀은 풍요를 상징하는 좋은 것이지만, 여기에서 사용되는 "젖과 꿀"(חֶמְאָה וּדְבַשׁ)은 결코 긍정적인 것이 될 수 없다. 심판을 받아 황폐해진 땅에서 땅벌과 가축들이 양육되고 이들을 통해서 생산되는 것들을 의미한다. 즉, 초토화되어 버린 한 나라의 비참한 모습을 그리고 있는 것이다. 이 땅에는 더 이상 사람들이 거하지 않을 것이며(cf. 6:11), 오직 들풀과 야생 짐승들이 거할 뿐이다. 이러한 땅에서 염소와 양들이 자라며 젖과 꿀을 생산하는 것이다.

Ⅰ. 유다와 예루살렘에 선포된 심판과 구원(1:1–12:6)
5장. 임마누엘 아이(7:1–9:7)
2. 아이들 징조(7:10–8:4)
(1) 임마누엘 아이 징조(7:10–25)

③ 두 나라와 다윗 집안의 멸망(7:16–17)

16 대저 이 아이가 악을 버리며 선을 택할 줄 알기 전에 네가 미워하는 두 왕의 땅이
황폐하게 되리라 17 여호와께서 에브라임이 유다를 떠날 때부터 당하여 보지 못한 날
을 너와 네 백성과 네 아버지 집에 임하게 하시리니 곧 앗수르 왕이 오는 날이니라

선지자는 임마누엘 아이가 성인이 되기 전에(viz., 잘못된 것을 거절하고 옳은 것을 선택할 나이가 되기 전에) 연합국이 패하게 될 것을 예언한다(16절). 그러므로 아이에 대한 관심은 그의 탄생이 아니라 그의 성장 기간에 있다. 유다 사람들을 괴롭히는 왕국들이 패함으로 백성은 최소한 이 연합군들로부터는 편안할 것을 의미한다. 아이 징조는 시리아–이스라엘 전쟁에 대하여는 길조다. 그러나 유다 사람들에게는 하나님의 뜻을 거역하는 자는 결코 오래가지 못하리라는 경고이기도 하다.

이사야는 아하스와 유다가 일단 위기는 모면하리라는 예언을 선포한 다음 이 징표는 아하스 왕과 그의 집안에게는 흉조라는 사실을 밝힌다(17절). 이 연합군보다 더 심각하고 두려운 적수가 이들을 기다리고 있다. 누구인가? 아시리아의 왕과 군대가 올 것이다. 아시리아라면 아하스가 많은 돈을 보내 도움을 요청해 놓은 나라가 아닌가! 유다는 결국 구세주로 믿고 의지했던 자들에게 죽임을 당하는 운명을 맞이해야 하는 것이다. "오늘의 우방이 내일의 적"이라는 말이 실감난다. 공동의 적이 있다고 해서 결코 아군은 아니다.

④ 불신 심판(7:18–25)

18 그 날에는 여호와께서 애굽 하수에서 먼 곳의 파리와 앗수르 땅의 벌을 부르시리니
19 다 와서 거친 골짜기와 바위 틈과 가시나무 울타리와 모든 초장에 앉으리라 20 그
날에는 주께서 하수 저쪽에서 세내어 온 삭도 곧 앗수르 왕으로 네 백성의 머리 털과
발 털을 미실 것이요 수염도 깎으시리라 21 그 날에는 사람이 한 어린 암소와 두 양을
기르리니 22 그것들이 내는 젖이 많으므로 엉긴 젖을 먹을 것이라 그 땅 가운데에 남
아 있는 자는 엉긴 젖과 꿀을 먹으리라 23 그 날에는 천 그루에 은 천 개의 가치가 있
는 포도나무가 있던 곳마다 찔레와 가시가 날 것이라 24 온 땅에 찔레와 가시가 있으
므로 화살과 활을 가지고 그리로 갈 것이요 25 보습으로 갈던 모든 산에도 찔레와 가
시 때문에 두려워서 그리로 가지 못할 것이요 그 땅은 소를 풀어 놓으며 양이 밟는
곳이 되리라

선지자는 "그 날에는"(בַּיּוֹם הַהוּא)이라는 표현을 네 차례나 사용하여 본문이 묘사하고 있는 상황이 미래에 전개될 일이라는 점을 확실하게 한다(18, 20, 21, 23절). 그 날이 되면 이스라엘은 두 가지를 경험할 것이다. 첫째, 파괴된 자존심이다(18-20절). 17절 마지막 부분에서 아시리아 군대가 온다고 했던 사실을 다시 한 번 확인하고 있다. 그들은 유다의 온 땅을 장악한다. "면도칼" 아시리아 왕은 이 백성의 머리털, 발 털, 수염을 민다. 수염, 머리털을 깎이는 것은 최고의 수치였다(cf. 삼하 10장). "발 털"은 음부의 털을 완곡하게 표현하는 단어다(Motyer; Tucker). 음부의 털이 깎일 정도면 이들의 수치는 어느 정도인가? 역시 2장의 "모든 것이 낮아지리라"라는 말씀이 현실화되는 순간이다. 땅이나 거기서 거주하는 사람이나 결코 온전한 부분이 하나도 없을 것을 강조하는 것이다.

둘째, 이스라엘은 자신들의 땅이 완전히 파괴되는 일을 경험할 것이다(21-25절). 일부 주석가(Gray; McKane)가 주장하는 것처럼 21-22절의 묘사는 풍요를 뜻하지 않는다. 본문은 지금 심판에 대하여 언급하고 있다. 이런 정황에서 선지자는 하나님의 심판을 받은 이스라엘의 인구가 크게 줄게 될 것을 선언한다. 얼마나 심판이 심했는지 사람들이 거의 다 죽었기 때문에 아주 작은 양의 소산을 가지고도 충분히 먹고 남을 것이다(cf. 6:12-13). 어린 소와 두 마리의 염소가 충분하다는 사실은 그만큼 인구가 줄어들 것을 의미한다(Oswalt; Motyer). 또한 유다의 자랑거리였던 포도원, 옥토가 완전히 황폐해지고 관리할 사람마저 없다(23-24절). 과거에 집들로 들어차 있던 곳이 이제는 황무지로 변해 버렸고 남은 자들은 이 황무지로 사냥을 간다. 매우 심각한 환상이다. 서울이 황무지로 변한 모습을 상상할 수 있는가? 서울이 황무지로 변하면 제일 먼저 누가 통곡할까?

사람들이 평소에 일구던 전답들도 가꿀 사람이 없어서 완전히 황폐해졌다(25절). 밭이 얼마나 많이 변했고 잡초와 나무가 무성한지 사람들이 두려워서 그곳에 들어가질 못한다. 그러므로 들짐승들이나 밟고 다니기에 적합한 곳이 되어 버렸다. 선지자가 20절에서부터 제시하는 심판의 진행을 종합해 보면 다음과 같다. (1) 자존심이 파괴됐다(20절), (2) 민생고가 최악에 달했다(21절), (3) 그들은 저축/축적해 온 모든 것을 잃었다(23절), (4) 그들의 일터가 완전히 파괴되었다(25절).

아하스 이야기를 생각해 볼 때, 그가 바로 이사야서에서 계속 전개되고 있는 지도력 부패의 본보기임을 알 수 있다. 이사야는 그가 어떤 정치인인가는 관심이 없다. 다만 그의 불신을 문제 삼는다. 이 부분을 히스기야 이야기와 연결해서도 생각해 보자. 이사야는 히스기야가 어떤 정치인이었는지도 관심이 없다. 다만 그의 믿음만을 부각시켰다. 역시 선지자에게 가장 중요한 것은 이 왕들이 어떠한 신앙의 소유자였는가 하는 점이다. 지도자에게 요구하시는 것은 믿음이다. 믿음(신앙)이 있다면 가능성이 있다. 그러나 믿음이 어떤 것인가에 대하여는 깊이 생각해 보아야 한다.

(2) 마헬살랄하스바스 아이 징조(8:1-4)

1 여호와께서 내게 이르시되 너는 큰 서판을 가지고 그 위에 통용 문자로 마헬살랄하
스바스라 쓰라 2 내가 진실한 증인 제사장 우리야와 여베레기야의 아들 스가랴를 불
러 증언하게 하리라 하시더니 3 내가 내 아내를 가까이 하매 그가 임신하여 아들을
낳은지라 여호와께서 내게 이르시되 그의 이름을 마헬살랄하스바스라 하라 4 이는 이
아이가 내 아빠, 내 엄마라 부를 줄 알기 전에 다메섹의 재물과 사마리아의 노략물이
앗수르 왕 앞에 옮겨질 것임이라 하시니라

이 섹션은 이사야의 아들 마헬살랄하스바스가 태어난 이야기를 기록하고 있다. 선지자의 소명장(6장)에 언급된 "보아도 보지 못하고, 들어도 깨닫지 못하게 하라"라는 원리가 어떻게 현실에서 적용될 것인가의 첫 시범 케이스였던 아하스 이야기(7장)의 주제를 계속 발전시키고 있다. 7장에서 징조로 주어졌던 "아이 이야기"가 8장에서도 계속 발전되어 가는 것이다.

아울러 8:1-4과 7:10-17은 몇 가지 다른 공통점을 지니고 있다. 두 텍스트 모두 같은 징조를 중심으로 형성되어 있다. 아이가 특정한 나이가 되기 전에 사마리아와 다마스크스가 망하게 될 것이다. "임마누엘"(8:8)과 이 이름에 대한 간접적인 언급(8:10)이 7:10–8:10의 단락이 이 이름을 중심으로 묶여 있음을 암시한다. 또한 이제부터는 유다의 왕과 선지자 이사야 사이의 공식적인 접촉이 끊긴다. 이들의 관계는 36장에 가서야 다시 시작된다. 이 기간 동안 이사야는 이 백성들의 완악함

(hardness)을 오직 개인적인 차원에서 언급할 뿐이다.

하나님이 선지자에게 "큰 판"을 가져오라고 하신다(1절). 학자들은 선지자가 어떤 물건을 통해 메시지를 선포하는 것을 "예언적 상징적 행동"(prophetic symbolic action)이라고 한다(Wildberger). "큰 판"(גִּלָּיוֹן גָּדוֹל)에서 "판"(גִּלָּיוֹן)을 뜻하는 단어가 3:23에서는 여인들이 화장하면서 들여다보는 "거울"을 뜻한다(cf. 겔 37:16). 그러므로 표면이 칠로 처리되어 광이 나는 넙적한 나무나 광물질로 된 판을 뜻한다고 보여진다(HALOT). "통용문자"(חֶרֶט אֱנוֹשׁ)는 누가 보아도 알 수 있는, 평상시에 사람들이 사용하는 언어를 의미한다(Gray; Oswalt). 하나님은 모든 사람이 알 수 있는 메시지를 이 판에 새기고자 하신다(1절). 오늘날로 말하면 현수막 같은 데에 모든 사람들이 아는 평범한 문자로 크게 쓰라고 명령하시는 것이다. 하나님의 메시지는 투명해야 하며 모든 사람들이 알 수 있도록 쉬운 언어로 전해야 한다.

선지자가 이 큰 판에 새길 것은 네 개의 히브리어 단어이다. "마헬-살랄-하스-바스." 이 이름은 정교한 문장보다는 이미지/인상적으로 메시지를 전하는 데 그 목적이 있다. "마헬"(מַהֵר)은 빠르다는 뜻이다. "살랄"(שָׁלָל)은 약탈품 혹은 전리품을 뜻한다. "하스"(חָשׁ)는 신속함을, "바스"(בַּז)는 노획물을 뜻한다. 그러므로 이 네 단어는 같은 아이디어를 두 차례 반복하고 있다. "전리품이 빠르다, 노획물이 신속하다." 하나님은 바로 전(前) 섹션에서 약속하신 것처럼 이번에 유다를 침략해 온 시리아와 북 왕국을 벌하기 위하여 아시리아를 동원하실 텐데, 그들을 정복하기 위하여 오는 아시리아 침략군은 이 두 나라의 군대와 싸우는 데 관심이 있는 것이 아니라, 노획물 확보에만 집중할 것을 강조하신다. 그만큼 침략군은 무시무시한 실력을 소유하였으며, 북 왕국와 시리아는 절대 그들의 적수가 될 수 없음을 강조하고 있다.

하나님은 이 일이 꼭 이루어질 것을 두 증인에게 알리신다. 제사장 우리야와 스가랴다. 이 인물들에 대하여 이사야서는 우리에게 더 이상을 알려주지 않는다. 아하스 시대 때 우리야라는 제사장이 있었다. 그는 아하스가 디글랏(Tiglath-Pileser)을 만나기 위하여 다마스크스를 방문했을 때 아시리아 사람들이 우상을 숭배하는 제단의 모습을 보고 그린 것을 따라 그대로 예루살렘에 제단을 만든 사람이었다(왕하 16:10-16). 만일 같은 인물이라면 아하스가 "임마누엘 징표"에 억지로 증인 역을 맡은 것같이 이 제사장 역시 지금 억지로 증인 역할을 해야 한다. 즉, 자신이 등을 돌렸던 여호와의 예언이 성취되는 것을 자신의 눈으로 직접 보는 수치를 경험해야 하는 것이다. 이들이 증인으로 세워지는 것은 그들에게 이 일이 언제 일어날 것인지를 계시해 주신 것을 암시하고 있다. 그들은 단순히 일이 진행되어 가는 것을 보며 처음부터 하나님이 계획하셨던 대로 이루어짐을 확인만 하면 된다.

이사야가 아들을 낳고 하나님의 지시에 따라 그 아이의 이름을 마헬살랄하스바스라고 부른다(3절). 즉 큰 판에 모든 사람들이 보라고 기록한 내용이 곧 성취될 것을 암시한다. 개역한글과 개정개역은 이사야가 "아내"(cf. 리빙바이블; 아가페성경)와 동침하여 아들을 낳았다고 하는데, 히브리어 텍스트는 "여선지자"(הַנְּבִיאָה)로 되어 있다. 이에 따라 거의 대부분 번역본이 "여선지자"(the prophetess)로 번역했다(cf. 공동; NIV; NAS; NRS; TNK).

이 여인이 이사야의 아내인 것은 확실하다. 그렇다면 그녀를 아내로 부르지 않고 "여선지자"로 부르는 것을 어떻게 해석할 것인가? 선지자의 아내이기 때문에 그녀가 "여선지자"로 불렸는가?(Smith; 유대인들의 문헌 미쉬나[Mishna]에서는 제사장의 아내를 여제사장이라 부르기도 한다). 아니면 그녀도 선지자 사역을 했기 때문에 여선지자로 불렸는가?(Tucker; cf. 출 15:20; 삿 4:4; 왕하 22:14; 느 6:14). 혹은 앞에 언급된 예언적 이름을 지닌 아이를 낳았기 때문에(예언을 성취시키고 있기에) 여선지자로 불렸는가? 성경에는 여자가 선지자와 결혼했기 때문에 여선지자로 불리는 예가 없는 점을 감안하면 아마도 그녀가 선지자 사역을 하고 있었기 때문에 여선지자로 불리고 있는 듯하다(Kaiser; Wildberger). 모든 정황을 고려할 때 "예언자인 나의 아내"(새번역)가 가장 합리적인 번역이다.

이사야의 아들인 마헬살랄하스바스에게도 임마누엘 아이에게 적용되었던 표현이 그대로 적용된다. 임마누엘 "아이가 〔악을 버리며 선을 택할 줄〕 알기 전에"(בְּטֶרֶם יֵדַע הַנַּעַר) 북 왕국과 시리아가 황무지가 될 것이라고 했는데(7:16), 이번에는 이사야의 "아이가 〔내 아빠, 내 엄마라고 부를 줄〕 알기 전에"(בְּטֶרֶם יֵדַע הַנַּעַר) 북 왕국과 시리아가 아시리아에게 약탈을 당할 것이라고 하신다(4절). 이처럼 이사야의 아이는 7장에 기록된 임마누엘 아이 예언을 상기시키며, 아이 테마를 발전시키고 있다. 또한 다음 장에서 만날 메시아 아이는(9:6) 네 개의 이름을 지녔는데, 이 같은 현상은 이사야의 아들 마헬살랄하스바스의 이름이 네 단어로 구성된 것과 맥을 같이한다(Oswalt; Motyer). 메시아 아이는 7장에서 시작된 아이 테마를 절정에 이르게 하는 것이다. 물론 차이점도 있다. 이사야의 아들이 지닌 이름은 심판을 강조한다. 반면에 9:6에 언급되는 메시아 아이의 이름은 네 개의 축복적 이름으로 이루어져 있다. 그러면 7:16의 임마누엘 예언이 그 당시 역사적 상황에 적합한 한 아이의 모습으로 성취되는가 하면, 동시에 미래에는 축복의 임마누엘이 임할 것을 예언하는 것같다. 2장에서 여호와의 날은 영광의 날이자 심판의 날이란 것을 강조하는 것같이 임마누엘이 어떤 이에게는 축복의, 어떤 이에게는 심판의 징조인 것이다.

하나님은 이사야의 아이가 "아빠, 엄마"하기 전에 이 두 나라가 멸망할 것을 선포하시는데 이는 아이가 1-2살 될 무렵으로, 이 예언이 선포된 지 몇 년 안 되어 이런 일이 있을 것이라는 의미다. 이때는 언제인가? 침략군은 주전 734년에 예루살렘을 공략했다(cf. 7:1 주해). 이 예언은 이 침략이 진행되는 상황에서 주신 것이다. 그렇다면 아람과 이스라엘의 패망은 이때 임신이 되어 태어난 아이가 "아빠, 엄마"라고 말하기 전에 일어나야 한다(주전 732년경). 실제로 아시리아의 기록에 의하면 주전 734년경에 디글랏(Tiglath-pileser)이 이스라엘의 해안 쪽을 강타하며 팔레스타인을 휩쓸고 이집트까지 진군했다. 이 일로 인해 이스라엘이 그동안 이집트로부터 받아 왔던 동맹적 원조가 완전히 끊겼으며, 이스라엘은 갈릴리, 요단 강 저편, 므깃도 외 다른 여러 도시들을 잃었다(왕하 15:29). 이스라엘의 왕 호세아가 급히 아시리아 군을 달램으로써 나라가 완전히 패망하는 위기는 모면했다. 시리아의 수도 다마스크스는 아시리아에 의하여 주전 732년에 멸망했다(Bright). 이러한 역사적 사실은 하나님의 말씀은 분명히 예언된 대로 성취된다는 경고를 담고 있다.

3. 아시리아의 침략(8:5-10)

5 여호와께서 다시 내게 말씀하여 이르시되
6 이 백성이 천천히 흐르는 실로아 물을 버리고
르신과 르말리야의 아들을 기뻐하느니라
7 그러므로 주 내가 흉용하고 창일한 큰 하수
곧 앗수르 왕과 그의 모든 위력으로 그들을 뒤덮을 것이라
그 모든 골짜기에 차고 모든 언덕에 넘쳐
8 흘러 유다에 들어와서 가득하여 목에까지 미치리라
임마누엘이여
그가 펴는 날개가 네 땅에 가득하리라 하셨느니라
9 너희 민족들아 함성을 질러 보아라 그러나 끝내 패망하리라
너희 먼 나라 백성들아 들을지니라
너희 허리를 동이라 그러나 끝내 패망하리라
너희 허리에 띠를 띠라 그러나 끝내 패망하리라
10 너희는 함께 계획하라 그러나 끝내 이루지 못하리라

말을 해 보아라 끝내 시행되지 못하리라
이는 하나님이 우리와 함께 계심이니라

7장에서 임마누엘 아이 징조가 심판의 상징으로 주어졌다(cf. 7:14-16). 선지자는 바로 앞 섹션에서 새로이 태어난 아이가 북 왕국 이스라엘과 시리아의 멸망을 상징하는 이름을 지니도록 함으로써 아이 테마를 지속했다. 선지자는 이제 다시 임마누엘을 언급한다(8, 10절). 아하스는 아시리아에 많은 돈을 주면서 도움을 청해 놓은 상황이다. 그는 아시리아를 구원자로 생각하고 있는 것이다. 그러나 하나님은 아시리아가 아하스가 원하는 대로 북 왕국과 시리아를 치는 것으로 만족하지 않고, 아하스가 다스리는 남 왕국 유다까지 침략해 올 것을 경고하신다(8절). 유다는 믿었던 "우방국 아시리아"로 인해 위기를 맞게 될 것이다. 그러므로 침략을 받은 유다도 침략해 온 이스라엘과 시리아도 같이 멸망하게 되었다. 다행히 하나님이 유다와 함께하시면서(cf. 8, 10절) 그들이 아시리아의 손에 망하지 않도록 하신다.

선지자가 1-4절에서 7:16에 언급된 예언을 더 자세하게 설명했다면, 5-8절은 7:17을 더 구체적으로 설명하고 있다. 아시리아가 북 왕국을 통치하게 되는 것(6-7절)은 남 왕국을 통치하게 되는 것의 서곡(prelude)이기도 하다는 것이다(8절). 유다의 입장에서 생각해 볼 때 자기를 괴롭히는 원수가 심판을 받는 것을 보고 기뻐했는데, 결국에는 마헬살랄하스바스가 이스라엘뿐만 아니라, 자신들에게도 적용될 것을 의식하는 순간 커다란 충격이었을 것이다.

선지자가 6절에서 기뻐하는 "이 백성"(הָעָם הַזֶּה)은 누구를 가리키는가에 대하여 상당한 논란이 있다. 유다 백성을 뜻하는가(Hayes & Irvine; Oswalt), 아니면 북 왕국 이스라엘의 백성을 뜻하는가?(Watts; Motyer) 바로 앞 절에서 북 왕국 이스라엘에 대하여 이야기가 진행되었고, 다음 절에서 유다를 침략했던 북 왕국의 왕(르말리야의 아들)이 언급되는 것을 감안할 때, 북 왕국의 백성으로 간주하는 것이 더 설득력 있다. 선지자는 북 왕국 이스라엘이 유다를 침략했던 시리아의 르신 왕과 자기 왕 르말리야의 아들(베가)을 기뻐하며 하나님을 의지하지 않았다고 비난한다(6절). 한 주석가는 동사 "기뻐하다"를 "녹아내리다"로 바꿔서 "유다 사람들이 북 왕국과 시리아 때문에 간담이 서늘해진 뜻"으로 풀이해야 한다고 하지만(Childs), 증거가 부족하다. 쿰란 사본 등 가장 오래된 히브리어 텍스트들도 "기뻐하다"로 표기되어 있다(Clines).

그런데 그는 왜 그들이 하나님을 의지하지 않은 것을 "천천히 흐르는 실로아 물을 싫어했다"라고 표현하는가? 실로아는 이스라엘 역사에서 여러 가지를 의미한다. 첫째, 실로아는 다윗 왕조를 상징했다(cf. Tucker). 실로아의 근원인 기혼에서 다윗이 자신의 왕권을 아들에게 물려주었기 때문이다(왕상 1:33-34, 45). 둘째, 실로아는 예루살렘이 믿음의 도시라는 것을 의미했다. 지형을 고려할 때 예루살렘은 그 지역에서 가장 훌륭한 요새 중 하나였다. 그러나 예루살렘은 치명적인 약점을 지녔다. 성 내에는 마땅한 샘이 없어서 식수가 성 밖에서부터 공급되어야 한다는 것이었다(cf. 7:3). 실로아는 성 밖에 위치한 기혼 샘의 물을 터널을 통해 성 안으로 끌어들여 주민들에게 식수를 공급했다. 이 위태로운 물 공급 수단을 감안할 때, 예루살렘 거주는 하나님이 이 도성을 꼭 보호해 주실 것이라는 믿음을 전제했다(cf. 22:9-14).

그러므로 "천천히 흐르는 실로아의 물"은 곧 여호와 하나님의 보호하심과 인도하심을 의미한다. 이렇게 실로아로부터 흘러 들어온 물은 예루살렘 사람들에게 평온함과 생수를 주었지만 보기에는 매우 볼품없는 작은 개울물과 같은 것이었다. 반면에 아시리아의 세력을 나타내는 유프라테스의 강물을 상상해 보라. 얼마나 거대한가? 신앙생활을 하다 보면 세상의 힘과 권세가 하나님의 능력보다 훨씬 더 커 보일 때가 있다. 그러나 "연약한 실로아의 물"이 세상을 흔드는 듯한 "유프라테스 강물"보다 더 능력이 있음을 기억해야 한다.

북 왕국은 잔잔히 흐르는 실로아의 물과 같은 하나님을 거부하고 대신 2:22에서 경고하는 인생을 의지하고 있다. "르신과 르말리야의 아들을 기뻐하나니" 르신은 시리아의 왕으로서 북 왕국의 인간적이고 외교적인 경로를 통한 군사적 동맹을 상징한다. 열왕기하 15:23 이후를 살펴보면 브가히야를 암살하고 왕이 된 자는 르말리야의 아들 베가다. 베가는 하나님이 인정하거나 인준한 왕이 아니고 인간적인 욕심으로 왕권을 차지한 자다. 그러므로 이 두 이름은 하나님이 가증스럽게 여기는 것들(cf. 2장)의 표본이다.

잔잔히 흐르는 실로아의 물을 거부한 이들에게 내려지는 심판은 혹독할 것이다(7절). 거센 강물이 그들의 땅과 삶을 휩쓴다. 거센 강물은 바로 아시리아와 그 나라의 왕이다. 실로아의 잔잔한 흐름과 거센 흐름의 유프라테스 강을 대조해 보라. 세상의 눈으로 볼 때 유프라테스 강은 엄청난 위력을 갖고 있으며, 실제로 이런 위력을 지니고 있다. 얼마나 위력이 큰지 이 강물을 초청한 장본인 아하스와 그의 나라 유다도 휩쓸어 버린다! 반면에 실로아의 잔잔히 흐르는 물은 때로는 흐르는 듯 마는 듯한 모습을 연상케 한다. 이사야 시대에 유다 사람들이 가지고 있었던 믿음의 모습과도 같다.

그러나 실로아는 꾸준하고 변함이 없다. 잔잔히 부으시는 하나님의 은혜를 생각해 보라. 거센 것보다는 부드러운 것이 강하다. 진리를 타협하지 않는 범위에서 부드럽고 유연한 사역을 하는 것은 지혜다. 거세고 억세서 부러지는 목회보다 훨씬 더 귀하고 아름답다. 스바냐 3:17이 생각난다. "너희 하나님 여호와가 너희 가운데 계시니… 그가 너를 잠잠히 사랑하시며 즐거이 부르며 기뻐, 기뻐하시리라"라는 찬양을 음미해 보라.

이 하수(아시리아)는 이스라엘을 완전히 휩쓸어 버린다. 무시무시한 파괴를 의미한다. 북 왕국에 대한 심판은 벌써 200여 년 전에 선포된 예언의 성취에 불과했다(cf. 왕상 12:16). 이 하수는 북 왕국을 폐허로 만드는 것으로 만족하지 않는다. 남 왕국에도 그 여파를 미친다. 유프라테스 강물이 북 왕국의 둑을 넘어서 남 왕국에까지 흐르면 아무도 막을 수 없다(8절). 그래도 다행히 남 왕국은 파괴되지 않는다.

선지자는 이 강물이 유다의 "목에까지만" 찰 것이라고 한다(8절). 비록 심판의 심각성이 그대로 드러나지만 이 물이 "목에까지만" 차고 완전히 머리를 잠기게 하지는 못한다. 임마누엘의 땅이 위협을 받지만, 하나님이 보호하실 것을 선언하고 있는 것이다. 하나님이 유다를 보호하기 위하여 날개를 펴시는데, "날개"(כְּנָף)(8절)는 넘쳐흐르는 강물로 이해될 수도 있다(Kaiser). 아시리아가 온 땅을 덮치려고 자세를 취하고 있는 독수리나 매로 표현되는 것이다(Procksch). 비록 맹수가 공중을 날고 있지만 양은 물어가지 못할 것이다. 왜? 임마누엘! 그러나 둠(Duhm)은 "보호하는 새의 날개"로 해석한다. 임마누엘이 바로 이 새라는 것이다. 이 새의 날개가 임마누엘의 땅을 완전히 덮어 보호하는 모습이다(Wildberger).

"임마누엘이여"(עִמָּנוּ אֵל)(8절)는 아하스의 불신 결정에 대한 비극을 요약하고 있다. 아하스의 불신으로 인해 임마누엘(viz., 메시아)은 이제 고통당하는 왕으로 올 것이다(Motyer). 유다가 일단 북 왕국과 시리아의 위협에서 벗어나지만, 아시리아의 손에 놀아나게 되며, 이 시대 이후로 유다는 하나의 독립국가로 존재하지 못하게 될 것이다. 앞으로는 항상 외부의 입김에 좌지우지될 것이다(cf. 왕하 16장).

유다가 큰 위기를 맞기는 하겠지만, 망하지는 않을 것이다. 하나님이 그들을 침략자들의 손에 넘기지 않으실 것이기 때문이다(9-10절). 하나님이 유다를 구원하시는 데에 그들의 노력이나 선행이 결정적인 역할을 한 것이 아니다. 오직 하나님이 일방적으로 하시는 일이다. 7장에서 아하스에게 자비를 베푸실 이유가 전혀 없는데도, 그의 선조 다윗과의 약속 때문에 그리하신 것처럼 말이다. 본문도 이 같은 사실을 전제하고 있다.

9-10절은 시편 2:1-6과 46-47편을 연상케 한다. 열방이 힘을 합하여 하나님을 대적해도 결코 이길 수 없다는 것이 본문과 이 시편들의 공통된 주장이다. 열방이 전쟁의 함성을 질러도 소용없다(9절). 전쟁의 함성을 지르는 것은 국제적인 적대 행위의 상징이다(시 2편). 요한계시록의 아마겟돈 전쟁도 이러한 사고에 근거한 것으로 생각된다. 열방이 허리를 동여도(전쟁에서 싸우려는 준비) 실패한다. 영(Young)은 벨트로 동여매고 하던 고대의 씨름으로 해석한다. 큰 설득력이 있어 보이지는 않는다(cf. 신 1:41; 삼상 17:38; 25:13; 삼하 21:16; 왕상 20:11). 열방이 아무리 놀라운 전략을 세워도 소용없다(10절). 아하스 때 예루살렘을 침략한 시리아-이스라엘 연합군의 행위를 연상시키고 있다(cf. 7:7).

열방이 열심히 준비하고 노력해도 이 나라(유다)를 이길 수 없는 이유는 무엇인가? 임마누엘!(עִמָּנוּ אֵל)(10절). 선지자는 8절에서 이미 임마누엘을 외친 적이 있다. 그는 이곳에서 다시 임마누엘을 외친다. 오직 하나님이 함께하심이 유다를 살리실 것을 선언하는 것이다. 또한 선지자가 이곳에서 두 차례나 임마누엘을 외치는 것은 7:14의 임마누엘을 상기시킨다. 임마누엘! 참으로 아름다운 이름이며 외침이다. 하나님께서 함께하시는 백성을 대적하는 것같이 무모하고 어리석은 일은 없다. "만일 하나님이 우리를 위하시면 누가 우리를 대적하리요?"(롬 8:31).

4. 남은 자들 격려(8:11-15)

11 여호와께서 강한 손으로 내게 알려 주시며 이 백성의 길로 가지 말 것을 내게 깨우
쳐 이르시되
12 이 백성이 반역자가 있다고 말하여도
너희는 그 모든 말을 따라 반역자가 있다고 하지 말며

그들이 두려워하는 것을 너희는 두려워하지 말며 놀라지 말고
13 만군의 여호와 그를 너희가 거룩하다 하고
그를 너희가 두려워하며
무서워 할 자로 삼으라
14 그가 성소가 되시리라
그러나 이스라엘의 두 집에는
걸림돌과 걸려 넘어지는 반석이 되실 것이며
예루살렘 주민에게는 함정과 올무가 되시리니
15 많은 사람들이 그로 말미암아 걸려 넘어질 것이며
부러질 것이며 덫에 걸려 잡힐 것이니라

본문의 중심을 이루고 있는 것은 "의로운 자들이 어떻게 보호를 받을 것인가?"라는 이슈이다. 범죄한 나라를 심판하시는 것은 당연한 일이라 하겠지만, 주께서 온 백성을 심판하실 때 그들 중에 거하는 소수의 의인들 혹은 "남은 자들"은 어떻게 하실 것인가는 하나님의 공평과 의로우심에 연관된 중요한 주제다. 선지자는 하나님이 심판하시는 날 주님을 두려워하는 자들은 따로 분리되어 그분의 보호하심을 받을 것을 선언한다.

선지자 이사야가 온갖 역경 속에서도 결코 요동하지 않는 이유가 11절에 잘 묘사되어 있다. "여호와의 강한 손"이 그와 함께하며 그를 보호했기 때문에 확신을 가지고 모든 것을 할 수 있었던 것이다. 여호와의 강한 손은 하나님의 함께하심과 힘을 상징한다(cf. 출 6:1). 본문에서 하나님의 강한 손은 이사야가 어떻게 다른 사람들과 자신 사이에 거리를 유지할 수 있었는가를 설명하는 데 언급된다. 강한 손으로 상징되는 압도적인 하나님의 능력 때문에 이사야는 자신의 신앙을 지킬 수 있었다고 고백한다.

"여호와께서 내게 알려 주시며"(11절)라는 말씀 역시 이사야가 주변

에 있는 사람들은 혼란에 빠져 있는 상황에서 어떻게 흔들리지 않는 평화를 유지할 수 있었는지를 설명한다(Kaiser). 하나님이 그에게 주님을 아는 지식을 주셨고, 이사야는 그 지식을 바탕으로 한 믿음으로 굳건히 설 수 있었다. 반면에 이 백성은 지식이 없어서 타국으로 끌려갈 것이다(5:13절). 하나님을 아는 지식은 고상할 뿐 아니라 참 평화를 가져다준다. 그래서 "배우면 회개한다"라는 말이 있다. 하나님에 대하여 배우게 되면 자연스럽게 하나님의 거룩하심과 자신의 죄를 의식하게 될 것이며, 그동안 얼마나 하나님의 뜻에서 멀리 떨어져 살았는가를 깨닫게 된다. 그러므로 하나님에 대한 올바른 지식은 사람으로 하여금 회개하게 하는 힘이 있는 것이다.

하나님은 경건한 사람들에게 "이 백성의 길"을 답습하지 말라고 하시는데(12절), 이 용어는 하나님과 유다 사이에 존재하는 거리감을 표현하고 있다. 주님의 언약 백성이라고 자부하던 그들이 어느덧 이방인처럼, 마치 하나님과 상관없는 백성처럼 되어버린 것이다. 그러므로 그들이 추구하는 삶의 방식은 하나님이 기뻐하시거나 인정하실 만한 일이 아니다. 하나님은 선지자와 남은 자들에게 "이 백성"의 사상, 생각, 두려움, 기쁨 등 이사야의 시대를 살아갔던 사람들의 인격 전체를 거부하라고 하신다(Motyer).

그리스도인은 세상 사람들(민중)로부터 완전히 다른 길을 걸어야 할 때가 있다. 일부 사람들이 착각하는 것과 달리 민주주의가 하나님주의는 아니며, 이 사회에서 합법적이라 해서 다 옳은 것은 더욱이 아니다. 합법적인 것들 중 많은 것이 거룩하지 않을 뿐만 아니라, 반기독교적이며 하나님을 대적하는 것이기도 하다. 그러므로 우리는 세상을 성경적인 기준으로 판단할 수 있는 안목을 키워야 한다.

하나님은 남은 자들에게 사악한 자들이 두려워하는 것을 두려워하지 말라고 하신다(12절). 여기서부터 동사가 복수로 변한다. 구별된 삶을 사는 데 있어서 이사야와 함께한 자들(남은 자들)이 있다는 것을 암시하고 있다. 하나님은 악한 사람들이 두려워하는 것이 무엇인지는 밝히지 않으시면서 믿지 않는 세상 사람처럼 되어버린 이스라엘 사람들이 두려워하는 것을 두려워하지 말라고 하신다. 세상 사람들은 어려운 일이 일어날 때 지나치게 걱정을 하고 두려워한다. 이런 지나친 불안감을 초월하라는 권면이다. 주님을 의지하는 사람은 어려운 일을 당할 때 그들보다 훨씬 더 느긋하고 덜 불안해할 수 있다. 여호와께서 그들의 보호막이 되어 주시고 피난처가 되어 주실 것이기 때문이다(cf. 14절).

선지자는 의인들에게 사람들이 두려워하는 것을 두려워하지 말고 오직 여호와를 두려워하라고 권면한다(13절). 이사야는 12절에서 이미 세상 사람들이 두려워하는 것을 묘사하면서 사용한 "〔너희의〕 두려움(מוֹרַאֲכֶם)"과 〔너희의〕 놀라움(מַעֲרִצְכֶם)" 등을 사용하여 이 두 절을 연결시키고 있다. 세상 사람들이 두려워하는 것을 두려워하지 말고 여호와를 너희의 두려움으로 삼으라는 권면이다. 세상 사람들이 놀라는 것에 놀라지 말고 여호와를 너희의 놀람으로 삼으라는 도전인 것이다. 선지자는 여러 면에서 우리의 가치관은 세상 사람들의 것과 완전히 달라야 한다고 한다. 하나님이 "거룩하다"고 하는 것은 그분의 거룩하심을 항상 의식하고 살아가는 것을 의미한다.

그렇다면 의인들은 왜 세상 사람들이 두려워하는 것을 두려워하지 않고, 오직 하나님만을 두려워하며 살아야 하는가? 이런 사람들에게는 큰 특권이 주어지기 때문이다. 하나님은 환난 날 그들의 피난처가 되어 주실 것이다(14a절; cf. 4:6). "성소"(מִקְדָּשׁ)(14절)에 대하여 학자들 사이에 다소 논란이 있다. 일부 학자들은 이 단어를 "음모"(מַקְשִׁיר)로 바꿀 것을 제안한다(Watts; Blenkinsopp). 이렇게 할 경우 14절 전체가 심판에 관한 것이 되며, 문장의 흐름에 잘 어울린다는 것이다. 그러나 하나님이 바로 앞 13절에서 남은 자들에게 세상 사람들과 다르게 살라는 권면을 하신 점을 감안하면, 14절을 시작하면서 "성소"를 그 신실한 남은 자들을 위한 하나님의 배려로 언급하는 것은 자연스러운 일이라 할 수 있다.

이 섹션의 핵심이 남은 자들과 나머지 사람들의 차별화이기 때문에 이스라엘 백성 전체에게는 걸림돌이 되지만, 남은 자들에게는 피난처가 되는 것을 언급하는 것이다. 그러므로 히브리어 텍스트를 수정하지 않아도 설득력 있는 해석이 가능하므로 그대로 두는 것이 바람직하다(cf. Evans). 성소는 광야 시절에는 하나님의 장막을, 솔로몬 시대 이후에는 성전을 뜻한다(cf. 출 15:17; 25:8). 성소는 원래 피하는 곳이 아니라 거룩한 곳, 하나님이 거하시는 곳이다. 이곳이 의인들의 피난처로 사용되고 있다. 선지자가 사용하는 이미지는 환상적으로 아름답다. 환난 때 여호와의 품이 의인들의 은신처가 될 것이므로, 그들은 세상 사람들이 두려워하는 것을 두려워할 필요가 없다.

하나님은 의인들에게는 은신처를 제공하시는 은혜를 베푸시지만, 사악한 자들에게는 방해자가 되신다. "이스라엘의 두 집"(שְׁנֵי בָתֵּי יִשְׂרָאֵל)(14절)은 남 왕국 유다와 북 왕국 이스라엘을 의미한다. 솔로몬의 죄로 인해 두 나라로 나누어진 이스라엘 전체에 대하여 말씀하시고 계신다. 하나님은 이들에게 "걸림돌"(אֶבֶן נֶגֶף), "걸려 넘어지는 반석"(מִכְשׁוֹל צוּר), "함정"(פַּח), "올무"(מוֹקֵשׁ)가 되실 것은(14절) 그들이 하나님으로 인해 실족하게 될 것을 뜻한다. 하나님이 사람들에게 의도적으로 하시는 일을 의미한다(cf. 렘 6:19-21; 겔 3:20; 7:19). 하나님은 원래 주의 백성에게 영광과 축복이 되시는데, 그들이 하나님을 거부했기 때문에 오히려 그들을 넘어뜨리는 걸림돌, 빠뜨리는 함정이 되신 것이다(cf. 시 91:12). 하나님을 거룩하게 대하지 않는 것에 대한 강력한 경고다(Smith). 복음이 "양 날이 선 검"(double edged sword)이 되는 것과 비슷한 원리다. 예수님을 영접하고 섬기는 자들에게는 생명과 평안이 주어지지만, 그를 거부하는 자에게는 걸림돌이 될 것이다(마 21:44; 눅 2:34; 롬 9:33).

I. 유다와 예루살렘에 선포된 심판과 구원(1:1–12:6)
5장. 임마누엘 아이(7:1–9:7)

5. 어두움과 빛 징조(8:16-9:5)

선지자는 바로 앞 섹션(8:11-15)에서 하나님이 신실한 남은 자들과 나머지 사람들을 구분하여 이 두 그룹을 다르게 대하실 것이라고 했다. 선지자는 이 섹션에서도 두 부류의 사람들을 대조한다. 혹독한 세상에서 끝까지 하나님을 의지하고 기다리는 신실한 사람들이 있는가 하면, 짙은 어두움에 휩싸여 헤어나지 못할 사람들도 있을 것이다. 중요한 것은 모두에게 언젠가는 빛의 날이 올 것이라는 점이다. 빛이 임하는 날, 그동안 신실하게 하나님을 기다렸던 사람들은 주님의 빛으로 인해 기뻐할 것이다. 물론 어두움에 의하여 지배된 사람들은 이 기쁨을 누리지 못할 것이다. 이 섹션은 다음과 같이 구분 될 수 있다. (1) 어두움 징조(8:16-22), (2) 어두움을 거두심(9:1-5).[21]

I. 유다와 예루살렘에 선포된 심판과 구원(1:1–12:6)
5장. 임마누엘 아이(7:1–9:7)
5. 어두움과 빛 징조(8:16–9:5)

(1) 어두움 징조(8:16-22)

**16 너는 증거의 말씀을 싸매며 율법을 내 제자들 가운데에서 봉함하라 17 이제 야곱의
집에 대하여 얼굴을 가리시는 여호와를 나는 기다리며 그를 바라보리라 18 보라 나와
및 여호와께서 내게 주신 자녀들이 이스라엘 중에 징조와 예표가 되었나니 이는 시
온 산에 계신 만군의 여호와께로 말미암은 것이니라 19 어떤 사람이 너희에게 말하기
를 주절거리며 속살거리는 신접한 자와 마술사에게 물으라 하거든 백성이 자기 하나
님께 구할 것이 아니냐 산 자를 위하여 죽은 자에게 구하겠느냐 하라 20 마땅히 율법**

---

21 한 학자는 9:1-7을 다음 섹션에 포함시켜 다음과 같은 구조를 제시하기도 한다(Smith).
A. 의로운 왕의 통치(9:1-7)
B. 이스라엘의 교만 비난(9:8-10:4)
B′. 아시리아의 교만 비난((10:5-34)
A′. 의로운 왕의 통치(11:1-16)

과 증거의 말씀을 따를지니 그들이 말하는 바가 이 말씀에 맞지 아니하면 그들이 정
녕 아침 빛을 보지 못하고 21 이 땅으로 헤매며 곤고하며 굶주릴 것이라 그가 굶주릴
때에 격분하여 자기의 왕과 자기의 하나님을 저주할 것이며 위를 쳐다보거나 22 땅을
굽어보아도 환난과 흑암과 고통의 흑암뿐이리니 그들이 심한 흑암 가운데로 쫓겨 들
어가리라

이사야는 먼저 자신과 마음을 함께하는 무리에 대하여 언급한다(16-18절). 비록 소수이기는 하지만, 이들의 태도는 "여호와를 나는 기다리며 그를 바라보리라"(17절)로 요약된다. 존스(Jones)는 이 본문이 이사야가 연합군이 침략해 왔을 때(7장) 아하스 왕과 백성의 마음을 설득하는 데 실패한 후, 공적인 사역에서 물러났음을 증거하며, 여기에 언급된 사람들은 훗날 그의 글을 모아 책으로 꾸민 제자들이라 주장한다. 그러나 애크로이드(Ackroyd)가 주장하는 것처럼 텍스트에서 이와 같은 정보를 읽어내는 것은 무리다. 본문은 단순히 하나님의 은혜를 입게 될 사람들의 마음 자세가 심판을 받게 될 유다 사람들의 것과 큰 대조를 이루고 있음을 강조할 뿐이다. 어떠한 역경 속에서도 하나님을 바라보고 기다리는 신실한 사람들과는 달리 심판을 받을 사람들은 "자기의 왕, 자기의 하나님〔혹은 신들〕"(מַלְכּוֹ וּבֵאלֹהָיו)을 저주할 것이다(21절).

하나님은 지금까지 이사야를 통해 다가오는 심판에 대하여 많은 말씀을 하셨다. 이제 주님은 이사야에게 두 개의 명령문을 사용하여 확실하고 정확한 말씀 보존을 요구하신다(16절). 훗날 사람들이 이사야에게 "네가 언제 이러한 하나님의 말씀을 우리에게 전했느냐?"는 질문이 나올 때 사용하라는 것이다. "말씀을 싸매며"(16절)는 누가 함부로 바꾸지 못하도록 잘 지키라는 의미이며, "율법(תּוֹרָה)을… 봉함하라"(16절)는 말씀을 기록하고 있는 두루마리는 최종본이니 그 누구도 이 문서에 어떠한 것도 더하지 못하도록 하라는 뜻이다. 일부 주석가들은 말씀을 봉인하는 것이 선지자가 실제로 행동으로 옮긴 일이 아니라 하나의 비유

일 뿐이라고 하지만, 그렇게 해석할 만한 근거는 없다. 이사야는 실제로 말씀을 봉인했던 것이다(Williamson). 한 주석가는 "봉인된 말씀"의 범위가 "이사야의 회고"라고 불리는 6:1-8:15이라고 하지만(Clements), 바빌론 포로생활이 거의 끝나갈 무렵에 선포될 말씀인 40-66장을 뜻하는 듯하다. 이 순간 선포해 보았자 사람들이 이해할 수 없을 것이기 때문에 그때까지 말씀을 봉인해 보존했다가 그때 선지자의 예언이 사실인지 아닌지 확인해 보라는 뜻이다.

그러면 하나님의 봉인된 말씀을 보존할 "내 제자들"(16절)은 누구인가? 많은 학자들이 이사야의 제자들로 해석한다(Oswalt; cf. Tucker). 이 해석에 근거해 어떤 주석가들은 이사야의 제자들이 그들의 선생인 선지자의 메시지를 보존하고 훗날 편집했다고 주장한다(Jones). 그러나 문맥의 흐름을 보면 선지자의 제자가 아니다. 이 제자들이 8:2에서 증인들로 언급된 우리야 제사장과 여베레기야의 아들 스가랴라고 하는 주석가도 있다(Clements). 그러나 이 주장은 그다지 설득력 있어 보이지 않는다. 본문은 하나님이 이사야에게 말씀하시면서 "내 제자들"을 언급하신다. 즉, 하나님의 "제자들"을 의미하는 것이다(Young; Smith). 그렇다면 하나님의 제자는 누구인가? 남은 자들이다. 이들의 특징은 하나님의 율법과 말씀을 지니고 있는 점이다. "본문에서 드디어 이 나라로부터, 이 종교적인 사회로부터 독특한 무리가 형성되는 것을 관찰하게 된다"(Gray). 이사야와 함께한 남은 자 무리는 이스라엘에게는 징표가 된다(18절). 하나님의 말씀에 따라 심판이 오게 될 것을 보장하고 증언할 증인들이라는 뜻이다. 이들은 어떠한 상황에 처하더라도 자신들이 보존하고 있는 하나님의 말씀이 성취될 날이 올 것을 확신하고 오직 주님만 바라보고 기다리는 신실한 자들이다.

선지자는 대조되는 어두움에 지배당하는 자들에 대하여도 언급한다(19-22절). 이들은 위기가 오면 그들의 하나님 여호와를 찾는 것이 아니라 신접한 자들과 마술사들을 찾는다(19절). "신접한 자들"(הַיִּדְּעֹנִים,

19절)은 죽은 자의 영을 부르는 사람이다(Smith; cf. HALOT). 사울이 접했던 엔돌의 여자 점쟁이를 일컬을 때 같은 단어를 사용했다. "마술사들"(הַמְצַפְצְפִים)(19절)은 보통 사람들은 알지 못하는 특별한 정보를 지닌 척하는 자들로, 특히 미래에 대한 통찰력이 있는 척한다(cf. HALOT). 율법은 이런 행위를 모두 죄로 규정한다(레 19:31; 20:6; 신 18:10-14; cf. 삼상 15:23). 그렇다고 해서 이스라엘에서 이런 미신적인 일들이 사라진 것은 아니었다(cf. 삼상 28:7-19).

"미신의 부흥은 믿음의 손상과 직접적인 연관성이 있다"(Mauchline). 오늘날의 사회를 생각해 보라. 과학의 발전으로 더 이상 종교가 필요 없을 것을 예언해왔다. 그러나 현실적으로 생각해 보면 현대인은 과거 사람들보다 더 종교적이라고 할 수 있다. 다만 하나님에 대한 믿음에서 멀어져 자꾸 우상과 귀신 등 악신들을 찾아나서는 것이 문제다. 본문이 묘사하고 있는 시대가 바로 이런 시대다. 위기에 처한 사람들이 신접한 사람들과 무당 등을 찾는다.

"산 자를 위하여 죽은 자에게 구하겠느냐?"(19절)라는 질문은 이들이 하는 일의 비논리적인 면을 매우 노골적으로 지적한다.[22] 구약에서 죽는다는 것은 새로운 능력을 갖게 되는 것이 아니라, 오히려 잃는 것을 뜻한다. 죽은 자는 살아 있는 자보다 능력이 훨씬 덜하다는 것이다. 죽은 사람의 능력은 살아 있을 때 지녔던 능력에 비교할 때 그림자와 같다(cf. 사 14:10; 삼상 28:16ff.). 죽으면 아무런 능력이 없다.

이 같은 진리를 잘 표현한 영화가 여배우 데미 무어(Demi Moore)가 주연했던 "사랑과 영혼"(Ghost)이다. 이 영화에서 무어의 죽은 남자 친구의 영혼은 아무런 힘을 지니지 못했으며, 그가 할 수 있는 유일한 일, 그것도 무당의 힘을 빌어 할 수 있었던 일은 1센트짜리 동전을 벽을 따라 올리는 것이었다. 반면에 우리의 귀신 영화들은 사람이 죽으면

---

22 이 질문을 구성하고 있는 히브리어 문장을 정확하게 해석하는 것이 쉽지 않다(cf. Smith).

살았을 때보다 훨씬 더 큰 능력과 힘을 지닌다고 한다. 여고괴담 시리즈도 이 같은 관점을 바탕으로 만들어진 호러(Horror)물이다. 이것은 동양적인 사고로, 성경적인 세계관은 아니다. 성경은 귀신은 힘이 없다고 한다. 그러므로 "산 자를 위하여 죽은 자에게 구하겠느냐?"는 왜 약한 자에게 강자를 위하여 구하느냐는 모순된 논리에 대한 질책이다.

이런 기준에 따라 사는 사람들에게는 "아침 빛"(새벽빛)이 없다(20절). 새벽빛은 소망적인 미래를 의미한다(Motyer). 이런 빛이 있는데 이 빛을 무시하고 산다는 것은 자신을 한밤의 어두움 속에 가두는 것과 같다. 미래에 하나님의 은혜를 입을 자들은 분명히 그의 말씀에 근거하여 말할 것을 뜻한다. 하나님의 말씀이 바로 이 아침 빛과 같기 때문이다. 이 말씀은 어느 시대든 교회가 계속 들어야 한다. 특히 오늘날 한국 교회는 더욱더 들어야 한다. 필자의 스승이었던 오스월트(Oswalt) 교수님은 "기록된 하나님의 말씀에 근거를 두지 않은 기독교의 빛은 모두 다 어두움이다"라며 하나님의 말씀인 성경의 중요성을 강조하셨다. 감리교를 시작한 웨슬리(Wesley)도 비슷한 말을 남겼다. "모든 가르침은 성경에 의하여 시험되어야 한다."

끝까지 하나님을 거부하고 어두움 속에 거할 사람들이 당할 혹독한 고통이 여러 가지로 표현되고 있다(21-22절). (1) 그들은 궁핍을 경험한다(21a절), (2) 그들은 정치적으로, 종교적으로 지치게 될 것이다(21b절), (3) 하늘을 보아도 솟아날 구멍이 없다(21c절), (4) 땅을 보아도 환난과 고통뿐이다(22a절), (5) 미래를 보아도 어둡기만 하다(22b절). 이들에게 소망은 선택할 수 있는 것이 아니다. 이 섹션에는 모든 동사가 단수로 사용된다. 각 개인마다 철저하게 이런 체험을 하게 될 것을 강조하는 듯하다.

22절의 이미지는 완전한 어두움이다. 어두움을 묘사하는 세 개의 다른 히브리어 단어들이 사용되고 있다. "흑암"(חֲשֵׁכָה), "고통의 흑암"(מְעוּף), "심한 흑암"(אֲפֵלָה), 이 단어들은 철저한 어두움을 강조하고 있다. 이들은 어두움을 좋아했다. 이제 자신들이 좋아했던 것으로 인해 그들은 신물이 날 것이다. 중요한 사실은 인간의 어두움을 몰아내 줄 빛은 인간에게서 스스로 나올 수 없다는 것이다. 이 빛은 꼭 외부에서 와야 한다. 어두움은 희미한 불빛을 삼킬 수 있지만 빛을 만들어 내지는 못하기 때문이다. 다음 장(章)에서 이 혹독한 어두움을 한순간에 물리칠 밝은 빛이 오신다.

Ⅰ. 유다와 예루살렘에 선포된 심판과 구원(1:1–12:6)
5장. 임마누엘 아이(7:1–9:7)
5. 어두움과 빛 징조(8:16–9:5)

(2) 어두움을 거두심(9:1-5〔8:23-9:4〕)

1 전에 고통 받던 자들에게는 흑암이 없으리로다 옛적에는 여호와께서 스불론 땅과 납달리 땅이 멸시를 당하게 하셨더니 후에는 해변 길과 요단 저쪽 이방의 갈릴리를 영화롭게 하셨느니라

2 흑암에 행하던 백성이 큰 빛을 보고
사망의 그늘진 땅에 거주하던 자에게 빛이 비치도다
3 주께서 이 나라를 창성하게 하시며
그 즐거움을 더하게 하셨으므로
추수하는 즐거움과 탈취물을 나눌 때의 즐거움같이
그들이 주 앞에서 즐거워하오니
4 이는 그들이 무겁게 멘 멍에와 그들의 어깨의 채찍과
그 압제자의 막대기를 주께서 꺾으시되
미디안의 날과 같이 하셨음이니이다
5 어지러이 싸우는 군인들의 신과
피 묻은 겉옷이 불에 섶같이 살라지리니

선지자는 본문(9:1-5)과 다음 섹션(9:6-7)을 통해 7장 1절에서 시작된 "아이 테마"를 절정에 올려놓는다. 선지자는 하나님과 백성을 실망시

키고 있는 유다의 왕을 대신하게 될 참 왕이 오실 것을 선언하는데, 이 왕은 아이로 오신다. 그는 하나님이 원하시는 대로 모든 것을 운영해 나갈 왕이시다. 유다를 침략해 온 연합군과 한참 전쟁 중인 아하스 왕과는 달리 장차 오실 왕의 통치는 모든 전쟁을 없앨 것이다. 선지자는 메시아에 대하여 예언하고 있는 것이다. 알트(Albrecht Alt)가 1950년대에 논문을 발표한 이후 학자들은 한동안 본문이 히스기야 왕의 즉위식에서 사용된 것이라고 주장해 왔지만(cf. Childs), 최근에 와서는 지나치게 구체적인 해석이라는 견해가 주류를 이룬다(cf. Sweeney; Tucker).

장차 오실 메시아에 대하여 노래하고 있는 9장 1-7절은 "다윗 왕족 테마"(Royal Davidic Theme)와 연관된 표현들로 가득하다(Scott). "큰 빛"(삼하 23:4; 시 110:3; 118:24, 27), "기쁨"(시 118:15, 24; 132:9, 16), "원수를 물리침"(시 2:2, 8-9; 72:4, 14; 89:23; 110:1, 5-6; 132:18), "불 태움"(삼하 23:7; 시 21:9; 118:12), "영원한 통치"(시 2:8-9; 32:4; 61:6-7; 89:3-4, 28-29, 36-37; 132:11-12). 선지자는 이미 사무엘하 7장에 기록된 다윗 언약에 따라 메시아는 다윗의 후손으로 오실 것을 선언하고 있다. 또한 이 메시아는 아이 테마를 지속시키고 있다. 임마누엘 아이(7:14)로 시작된 아이 이야기가 본문에서 새로운 국면을 맞는다. 앞부분에는 아이가 아하스의 아이 혹은 이사야의 아이였으며, 증인/징조 역할을 했다. 이번에 "우리 중에 태어난 아이"는 메시아다.

모든 사람이 메시아의 통치를 누릴 수 있는 것은 아니다. 선지자는 이미 하나님께 등을 돌리고 온갖 미신을 좇는 사람은 결코 새벽의 빛을 보지 못할 것이라고 했다(8:20). 그러므로 메시아의 통치는 남은 자들만이 누릴 수 있다. 그렇다면 남은 자들은 누구인가? 선지자가 8장에서 이들에 대하여 언급한 내용을 정리해 보면 다음과 같다. 남은 자들은 미래에 대한 소망을 지닌 자들이다(8:11-22). 그들은 삶에 대한 태도에서 다른 사람들과 다르다(8:12-13). 남은 자들에게는 특권이 있다(8:14). 그들이 삶에서 중요시 여기는 것은 다른 사람들이 중요시 여기는 것과 다르다(8:16, 19-20). 남은 자들은 미래에 대한 소망도 다르다(8:17-18, 21-22).

본문은 남은 자들에게 확실한 소망을 준다. 남은 자들이 소망을 가질 수 있는 것은 하나님이 그들을 위하여 모든 일을 하실 것이기 때문이다. 이 같은 사실을 강조하기 위하여 선지자는 구약에서 하나님이 홀로 이루신 사역 중에서 가장 인상적으로 묘사된 두 사건을 예로 든다. 바로 기드온 사건(cf. 삿 6-8장)과 출애굽 사건이다. 그러므로 남은 자들이 어떠한 정황에도 좌절할 필요가 없는 것은 그들의 소망이 인간적인 차원에서 비롯된 것이 아니며, 하나님께로부터 시작된 것이기 때문이다. 뿐만 아니라 하나님이 그들에게 소망의 증인이 되시고 그 소망을 이루시는 분이 될 것이니 결코 걱정할 필요가 없다.

주의 백성이 수치를 씻을 날이 온다(1절). 절대적인 어두움 속에서 좌절하는 백성에게(cf. 8:22) 빛이 온다. 꿈이 무너지고, 정의가 파괴된 현실을 바라보면 어두울 수밖에 없다. 이런 때에 좌절할 것인가? 정녕 하나님이 우리를 잊었다고 단정할 것인가? 이럴 때일수록 과거를 회상하며 하나님의 도우심을 생각해야 한다(시 74:2-17; 77:5-15). 소망은 항상 우리 현실의 한 부분이다. 그리스도인은 소망을 먹고 사는 사람들이기 때문이다. 드디어 어두움 속에서도 하나님의 빛을 바라며 기다리던 자들에게 구원의 시간이 임한다.

선지자는 1절에서 세 곳을 지명한다. 스불론, 납달리, 갈릴리. 납달리는 갈릴리 호수의 서편에 있다. 스블론은 갈릴리 호수와 지중해의 중간 정도에 있다. 이 지역은 북 왕국 이스라엘이 유다의 요청을 받고 침략해 온 아시리아군에게 처음으로 빼앗긴 곳이다. 7장에 묘사된 주전 732년 전쟁을 역사적 배경으로 하고 있다(Irvine & Hayes). 그러나 본문이 사르곤(Sargon II)이 블레셋을 침략했던 주전 712-711년 사건(Wildberger), 혹은 산헤립이 예루살렘을 침략했던 주전 701년 사건(Kaiser), 혹은 북 왕국이 멸망했던 주전 720년대 사건(Sweeney)으로 제안하는 사람들도 있다. 이 지역은 주전 732년 혹은 722년 사건 이후로 요단 강 동편의 길르앗과 함께 아시리아의 통치 구역(province)이 되었다. 이스라엘이 이방인에게 빼앗겨 수치의 상징이 되어버린 어두움의 땅에 주님의 찬란한 빛이 임하여 그 땅을 영화롭게 하실 것이다. 심판의 대상들이 언젠가는 주님의 구원을 입을 것임을 뜻한다.

어두움에서 헤매던 자들에게 큰 빛이 임한다(2절). 죽음의 그림자가 뒤덮인 땅에서 사는 사람들에게 서광이 비추어 모든 어두움과 그림자를 없애버린 것이다. 앞 섹션에서 선지자는 너무 짙은 어두움, 곧 절망적인 흑암이 세상을 덮을 것이라고 했는데, 여기서는 세상에서 가장 밝고 강력한 "큰 빛"(אוֹר גָּדוֹל)이 임할 것이라고 한다. 매우 극명한 대조다. 어두움이 강할수록 그 안에서 빛나는 빛도 밝다. 그러므로 우리는 세상이 죄와 절망으로 어둡다고 좌절할 필요가 없다. 그만큼 우리의 작은 빛과 선이 빛을 발하며 세상을 효과적으로 밝힐 것이기 때문이다. 성경에서 하나님의 임재는 자주 빛으로 표현된다(42:16; 삼하 22:29; 욥 29:3; 시 139:11, 12; 요일 1:5). 인간의 죄와 반역이 하나님이 인간을 찾아오시는 일을 막을 수는 없다. 하나님이 얼굴을 돌리셨을 때 사람들은 그를 저주했지만(cf. 7:21), 이 사람들은 그분을 기다리던 자들이었다(cf. 8:17).

어두움 속에서 하나님의 빛이 오기를 기다리던 자들에게 드디어 큰 빛이 임했으니 얼마나 기쁘겠는가? 선지자는 두 가지 은유를 사용하여 그들의 기쁨을 극적으로 묘사한다(3절). 첫째, 수확의 기쁨이다. 농사철 내내 온갖 정성을 쏟으며 농작물을 가꾸던 농부가 언제 가장 기뻐할까? 당연히 그 농작물을 수확할 때다. 농부의 모든 수고가 열매로 드러나는 순간이며, 그의 농법이 효과적이었음을 인정받는 순간이기 때문이다. 그러므로 농부에게 풍년의 수확처럼 기쁜 것은 없다. 선지자는 남은 자들이 빛을 보는 순간, 이런 기쁨을 맛볼 것이라고 한다.

둘째, 전리품을 나누는 기쁨이다. 전쟁에 나갔던 군인은 언제가 가장 기쁠까? 전쟁에서 승리한 때일까? 그때도 기쁘겠지만, 이보다 더 큰 기쁨의 순간이 있다. 바로 약탈한 물건들을 나눌 때다. 전리품을 나눌 때는 이미 전쟁이 끝난 후이다. 그렇기에 전리품을 나누는 군인은 더 이상 생명을 담보로 싸울 필요가 없다. 그러므로 아무런 신체적 피해도 입지 않고 전쟁을 끝낸 뒤 전리품을 나누는 군인이 누리는 기쁨은 이 세상 그 어느 것보다도 크다.

선지자는 이 두 이미지를 사용하여 하나님이 빛으로 임하시는 날이, 그를 기다리는 사람들에게 얼마나 큰 기쁨이 될 것인가를 선언한다. 수확도 줄고(5:10), 자신들은 이방인들의 전리품이었는데(8:1), 이제는 모든 게 하나님의 은혜 안에서 반전된다. 이 두 가지는 하나님이 주시는 것이다(신 28:2-8).

그렇다면 앞으로의 일을 어떻게 확신할 수 있는가? 무엇을 근거로 하나님이 이 은혜를 남은 자들에게 베풀어 주실 것을 믿고 기다릴 수 있는가? 선지자는 하나님이 이런 일을 하실 것을 보증하는 것으로 과거에 베푸신 은혜를 지목한다(4절). 이사야는 두 개의 극적인 사건을 회고한다. 첫째는 하나님이 미디안을 치신 날이다(cf. 삿 6-8장). 기드온은 1절에서 언급된 납달리, 스불론을 해방시킨 사람이었다(삿 6:35). 기드온이 300명으로 수만 명의 미디안 군을 물리친 사건을 살펴보면, 이 사건은 결코 어느 한 인간의 명성을 드러낸 사건이 아니라 하나님의 절대적인 역사와 축복을 강조하는 일이었다. 또한 이 사건은 칠흑 같은 어두움 속에서 갑자기 드러난 빛으로 승리한 사건이었다. 본문의 주제도 빛이다. 또한 기드온이 지휘하던 300명이 횃불을 가리고 있던 항아리를 깨는 순간 빛이 드러난 일을 회상하며, 본문은 하나님이 주의 백성의 멍에와 압제자의 몽둥이를 부수시고 꺾으실 것이라고 한다(Smith). 기드온 시대를 지배하고 있던 영적 어두움을 한순간에 물리친 큰 빛이 다시 주의 백성을 비출 것이다.

둘째는 출애굽 사건이다. 본문은 출애굽 사건을 연상시키는 표현으로 가득하다. "멍에"(레 26:13), "어깨"(시 81:6), "무거움/짐"(출 1:11; 2:11; 5:4-5), "압제자"(출 3:7; 5:6, 10-14). 출애굽을 연상시키는 단어들이 사용되는 것은 결코 우연이 아니다. 선지자는 의도적으로 이 일을 회상시킴으로써 앞으로 남은 자들에게 임할 축복을 크게 부각시키고 있다. 앞으로 그들에게 임할 축복은 옛날 이집트의 노예가 되어 억압받으며 살던 주의 백성에게 해방의 기쁨을 주었던 사건에 비교될 정도로 크고 놀라운 하나님의 역사가 될 것이라는 뜻이다. 남은 자들은 과거에 이 백성을 노예생활에서 해방시키신 그분 앞에서 즐거워할 날이 올 것이다.

오늘날 많은 그리스도인들이 "해방/자유"에 대하여 두 가지 극단적인 해석에 빠져 있다. 그리스도인의 해방을 영적으로 해석하는 사람들에게 "멍에/무거움"은 예수 그리스도가 대신 져 주시는 우리의 죄다. 이렇게 해석하는 사람들은 대개 사회의 부조리나 인간의 고통에 눈을 감아 버린다. 많은 복음주의자들이 이런 함정에 빠져 있다. 그리스도인의 해방을 정치적 혹은 사회적 측면에서 해석하는 사람들에게 "멍에/무거움"은 연약한 사람들이 이 사회에서 경험하고 있는 정치적/사회적 불이익과 박해다. 이렇게 해석하는 사람들은 예수 그리스도를 정치적 해방자로 표현한다. 많은 자유주의자들이 이 함정에 빠져 있다. 우리는 이 두 가지 해석과 적용에 있어 균형을 맞추어 나가야 한다. 하나님은 두 가지 모두 소중하게 여기시며 그의 백성들의 삶에서 이런 일들을 행할 것을 기대하신다.

하나님이 큰 빛으로 오셔서 억압받는 백성들에게 해방의 기쁨과 추수하는 자들의 즐거움을 주시는 날, 세상에서 전쟁이 사라진다(5절). 군인들은 전쟁에 나갈 때마다 착용했던 군화와 군복을 불에 태운다. 본문을 해석하는 데 중요한 것은 왜 이것들이 태워지느냐다. 일부 주석가들은 하나님이 성전(聖戰)을 하셨기 때문에 얻은 전리품은 모두 하나님께 속한 것이므로, 승리한 주의 백성이 적들이 입었던 군복과 군화를 태우는 것이라고 말한다(cf. Childs; Smith).

그러나 선지자는 이미 전리품을 나누는 이야기를 언급했다(3절) 게다가 2:2-4은 하나님의 말씀이 세상을 지배하게 되면, 말씀의 판결이 얼마나 공평한지 세상 나라들이 더 이상 전쟁할 필요를 느끼지 못하여 전쟁 무기들을 농기구로 바꿀 것이라고 했다. 같은 생각이 본문에서도 반복되고 있다. 하나님의 빛이 이 땅에 임하여 억압된 사람들을 자유케 하는 날, 해방을 누리게 된 자들뿐만 아니라, 그들을 억압한 자들도 더 이상 무력과 전쟁의 필요를 느끼지 못한다. 참 평화가 임했기 때문이다 (Oswalt). 그래서 그들은 자신들이 평소에 입고 전쟁했던 군복과 기구들을 불에 사른다. 하나님의 통치에 대한 또 하나의 신임투표라고 할 수 있다.

I. 유다와 예루살렘에 선포된 심판과 구원(1:1-12:6)
5장. 임마누엘 아이(7:1-9:7)

6. 메시아의 통치(9:6-7〔9:5-6〕)

6 이는 한 아기가 우리에게 났고
한 아들을 우리에게 주신 바 되었는데
그의 어깨에는 정사를 메었고
그의 이름은 기묘자라, 모사라,
전능하신 하나님이라,
영존하시는 아버지라,
평강의 왕이라 할 것임이라
7 그 정사와 평강의 더함이 무궁하며
또 다윗의 왕좌와 그의 나라에 군림하여
그 나라를 굳게 세우고
지금 이후로 영원히 정의와 공의로 그것을 보존하실 것이라
만군의 여호와의 열심이 이를 이루시리라

선지자가 지금까지 선포한 하나님의 구원의 빛을 실현시키기 위하여

한 아이가 탄생한다. 그는 인간에게서 태어난다(6a절). 임마누엘 아이(7:14)에 대한 예언이 새로운 단계로 치닫고 있다. 이 예언은 8:1, 8의 아이/임마누엘과도 연관이 있다. 인간의 아이지만, 동시에 전능하신 하나님이시다. 선지자는 복잡한 구약 예언의 한 단면을 보여주고 있다. 그는 분명 사람에게서 난 자이지만, 또한 하나님으로부터 온 자다(6b절). "우리에게서 난 자"가 우리를 통치한다. 일부 학자들은 이 아이가 하나님(혹은 신들)만이 가질 수 있는 이름을 가진 것은 이집트 사람들이 그들의 왕을 부를 때 신들에게나 걸맞은 위대한 이름으로 부른 것에서 유래한 것이라 한다(Clements). 그래서 어떤 이들은 본문이 대를 이을 왕자의 탄생을 염두에 둔 것이라며(Mowinckel), 히스기야의 탄생과 연결시키기도 한다(Lindblom; Herbert; cf. Tucker).

그러나 이사야가 본문에서 자신이 혐오하는 이집트 사람들의 풍습을 답습하고 있을 가능성은 얼마나 될까? 큰 설득력이 없는 주장이다(Carlson). 설령 본문이 왕의 자리를 계승할 아이의 탄생을 염두에 둔 것이라고 할지라도, 이 말씀의 궁극적인 성취는 장차 온 인류를 다스리고자 왕으로 태어나실 메시아 아이를 통해 이루어진다. 그러므로 전통적인 견해에 따라 본문을 메시아에 관한 것으로 해석하는 것이 바람직하다. 그에게 주어진 이름들을 생각해 보라. 하나님께만 적용될 수 있는 이름들이다(Holladay). 임마누엘의 한 예로 탄생했던 이사야의 아이가 네 개의 단어로 구성된 이름을 지녔듯이 이 아이도 네 가지 이름을 지닌다(Smith).

이 아이가 갖게 되는 첫 번째 이름은 "기묘한 모사"(פֶּלֶא יוֹעֵץ)이다. 개역과 개역개정은 "기묘자라, 모사라"고 번역하여 이 문구를 둘로 떼어 놓았다. 히브리어 텍스트가 이 두 이름을 따로 구분하는 것을 선호하지만, 이사야의 아들 마헬살랄하스바스가 네 단어로 구성된 이름을 지닌 것처럼, 이 아이의 이름도 네 문구로 구성되었다고 생각하는 것이 바람직하다(cf. Motyer; Oswalt). 그래서 대부분의 영어 번역본들은 이 문구를 하나로 간주하여 "놀라운 상담자"(Wonderful Counselor)로 번역해 놓았다(NIV; NAS; NRS; cf. 새번역; 공동). 이 이름은 그가 놀라운 상담자라는 것을 강조하는 것인지, 아니면 그의 본질(viz., 하나님과 동질)이 놀랍다는 것을 의미하는 것인지 확실하지 않다. 인간의 계략은 영적인 지혜가 부족하다(1:26; 3:3; 5:21; 19:11-15; 28:7-10; 29:9-14; 30:1; 31:1-3; 47:10-13). 반면에 이 아이는 연약함에 강함이 있고, 항복할 때 승리가 주어지고, 죽음 안에 생명이 있는 지혜를 지녔다(42:1-4; 49:4, 21; 50:4-9; 52:13-53:12; 55:6-9; 57:15; 58:6-12; 요 12:24-26).

아이에게 주어지는 두 번째 이름은 "전능하신 하나님"(אֵל גִּבּוֹר)이다. 잠시 후 10:21에서 이 이름은 하나님께 직접 드려진다. 이 이름은 군인과 연관이 있으며, 3-5절에서 언급되었던 군사적 이미지를 연상시킨다. 이 아이의 군사적인 능력은 그 누구도 모방하지 못할 정도로 대단할 것이다. 그는 모든 일에 능하신 하나님이시기 때문이다.

아이의 세 번째 이름은 "영존하시는 아버지"(אֲבִיעַד)이다. 구약에서 왕을 "아버지"라고 부르는 경우는 없다. 흔하지는 않지만, 하나님을 아버지라 부르는 경우가 있다. 연약한 자에 대한 하나님의 염려를 표현할 때(시 68:5), 하나님이 자기 백성을 치리하시거나 훈계하실 때(시 103:13; 잠 3:12; 사 63:16; 64:8), 백성들이 하나님을 대할 때(렘 3:4, 19; 말 1:6)이다. 여기서 아이가 아버지라 불리는 것은 이 사람의 통치는 하나님의 정의와 공의를 그대로 준행할 것을 의미하는 듯하다. 한 가지 주목할 점은 어떤 성경 저자보다도 이사야는 "영존"(עַד)이란 말을 많이 사용한다는 사실이다. "영존"은 여호와 이외에 그 누구에게도 적용될 수가 없다. 그만큼 이 인물이 범상치 않음을 암시한다. 또한 왕이 죽을 때마다(cf. 6:1) 흔들리는 정국을 보며 사람들이 바라던 것은 영원한 안정감이었을 것이다. 이런 상황에서 이 아이가 주의 백성에게 하나님만이 주실 수 있는 안정을 줄 것이다.

아이가 갖게 될 네 번째 이름은 "평화의 왕"(שַׂר־שָׁלוֹם)이다. 마지막에 이 이름이 오는 것은 당연하다. 평화는 하나님이 하시는 일의 절정이자 최종적인 목적이기 때문이다(cf. 32:17). 한 주석가는 이 이름이 이사야 시대에 제구실을 못하고 있는 예루살렘 왕을 노골적으로 비난하는 것이라고 한다(Von Rad). 인류 역사의 흐름과 방향은 "평화"라는 개념으로 간단히 요약될 수 있다. 하나님은 인간을 창조하시고 그들에게 평화를 주셨다. 그러나 인간은 곧 죄를 지음으로써 이 평화를 잃어버렸다. 훗날 인간은 잃어버린 평화를 율법을 통하여, 윤리적인 생활을 통하여 찾으려 했지만, 결국 실패하고 메시아의 오심을 기다릴 수밖에 없었다. 메시아가 이 세상에 오셔서 드디어 그 평화를 주셨다. 그러나 단순히 '계약금' 정도만을 주셔서 맛만 보게 하셨다. 온전한 평화는 그분이 다시 오시는 날 우리에게 주실 것이다. 이사야서 안에서는 53장에 기록된 고난받는 종과 평화의 관계가 매우 중요하다. 그가 찔리고 고난을 당함으로 백성들이 평화를 얻게 되기 때문이다. 또한 선지자는 이 평화가 언젠가 아무런 전제 조건 없이 온 세상에 임할 것을 선언한다(cf. 57장).

아이는 아무도 흉내내지 못하는 훌륭한 통치를 한다(7a절). 선지자가 아이의 이름을 네 가지로 말한 것처럼 그의 통치에 대하여도 네 가지로 말한다. 첫째, 그의 왕권은 한계를 모르고 커져 나가며 나라를 평화롭게 한다. 둘째, 이 아이는 다윗의 보좌에 앉을 것이며 다시 다윗 왕조를 영화롭게 할 것이다. 언젠가 하나님이 다윗에게 주신 약속(삼하 7장)을 지키실 것을 암시한다. 셋째, 아이는 공평(מִשְׁפָּט)과 정의(צְדָקָה)를 바탕으로 나라를 굳게 세워 나갈 것이다. 선지자는 공평과 정의를 하나님 성품의 가장 기본적인 요소라고 누누이 주장해 왔는데, 이 메시아 아이 역시 공평과 정의에 바탕을 둔 정치를 한다. 또한 이 아이가 공평과 정의로 통치한다는 것은 그렇게 하지 못하는 현재의 왕 아하스와 대조를 이룬다(Smith). 넷째, 아이가 이처럼 놀라운 통치를 펼쳐 나갈 것을 "하나님의 열심"이 보장한다. 이 표현은 구약에서 3번 사용되는데 모두 남은 자를 보존하시는 긍정적인 정황에서 사용된다. 이사야서 안에서는 히스기야의 기도 속에 포함되어 있다(37:32; cf. 왕하 19:31). "남은 사람들이 예루살렘으로부터 나오고, 환난을 피한 사람들이 시온 산에서 나올 것이다. 만군의 주께서 정열을 가지고서 이 일을 이루실 것입니다."(새번역) 하나님이 자신의 명예를 걸고 이 일을 꼭 이루실 것을 선언하고 있다.

6장. 심판(9:8[7]-10:19)

이 섹션에서는 후렴처럼 반복되는 "여전히 손을 들고 계신다"(9:12, 17, 21; 10:4; cf. 5:25)가 구조를 제시한다. 이 같은 현상과 가장 비슷한 것이 아모스 4:6-12에서 몇 차례 사용되는 "그러나 너희들은 돌아오지 않았다"이다. 하나님은 이스라엘을 치시기 위하여 아시리아를 "진노의 막대기"(10:5)로 사용하셨다가, 아시리아가 주님 앞에서 교만하자 그 막대기를 부러뜨려 버리신다(10:5-19). 하나님은 주님을 인정하는 민족이든, 모르는 민족이든 교만한 자들은 용서하지 않으신다. 본 텍스트는 다음과 같이 두 파트로 구분될 수 있다. (1) 이스라엘의 몰락(9:8-10:4), (2) 아시리아의 몰락(10:5-19).

1. 이스라엘 심판(9:8[7]-10:4)

선지자는 이 섹션에서 장차 북 왕국 이스라엘에 임할 심판을 선언한다. 내용은 네 과정을 거치며 파괴되는 한 민족의 모습이다. 그러므로 본문은 사회학적인 차원에서 성경을 연구하는 사람들이 많은 관심을 갖는 텍스트다. 한 문명(민족)의 몰락 과정을 단계별로 묘사해 놓은 것으로 생각되기 때문이다(cf. Oswalt; Motyer). 몰락하는 사회가 거치게 되는 과정은 다음과 같다.

A. 국가적 재난(9:8-12)
B. 정치적 몰락(9:13-17)
C. 사회적 혼돈(9:18-21)
D. 도덕적 타락(10:1-4)

Ⅰ. 유다와 예루살렘에 선포된 심판과 구원(1:1–12:6)
6장. 심판(9:8–10:19)
1. 이스라엘 심판(9:8–10:4)

(1) 국가적 재난(9:8-12〔7-11〕)

8 주께서 야곱에게 말씀을 보내시며
그것을 이스라엘에게 임하게 하셨은즉
9 모든 백성 곧 에브라임과 사마리아 주민이 알 것이어늘
그들이 교만하고 완악한 마음으로 말하기를
10 벽돌이 무너졌으나 우리는 다듬은 돌로 쌓고
뽕나무들이 찍혔으나 우리는 백향목으로 그것을 대신하리라 하는도다
11 그러므로 여호와께서
르신의 대적들을 일으켜 그를 치게 하시며
그의 원수들을 격동시키시리니
12 앞에는 아람 사람이요 뒤에는 블레셋 사람이라
그들이 모두 입을 벌려 이스라엘을 삼키리라
그럴지라도 여호와의 진노가 돌아서지 아니하며
그의 손이 여전히 펴져 있으리라

하나님의 말씀이 자급자족하겠다는 인간의 교만에 의하여 거부되었다. 문제는 그들이 경험하고 있는 어려움이 하나님께로부터 오는 것임을 알면서도 의도적으로 재앙의 근원이신 하나님의 권위를 거부하는 데 있다(9절). 교만한 사람들은 하나님께 심판을 받으면서도 회개할 기미를 보이지 않는다. 그러므로 하나님이 그들에게 더 큰 재앙을 내리신

다(10절). 그럼에도 불구하고 사람들은 회개하지 않고 오히려 대수롭지 않다는 자세를 취한다.

재앙을 경험하면서도 그들에게 벌을 내리신 하나님께 돌아오는 것이 아니라, 오히려 스스로 문제를 해결하려 한다. 벽돌집이 무너지면 돌로 집을 쌓고, 뽕나무들이 찍히며 백향목으로 대신하면 된다는 자세를 취한다. "벽돌"(לְבֵנָה)은 가장 널리 사용된 건축 자재로서 흙과 지푸라기를 섞어 햇볕에 말린 것이었다. 벽돌은 시간이 지날수록 더 튼튼해진다고 한다. 이런 벽돌로 지은 집이 무너지는 것은 침략자들에 의하여 도시의 일부가 파손된 것으로 풀이될 수도 있지만(Clemens), 큰 지진을 의미하는 듯하다(cf. Hayes & Irvine; 암 9:1). 구약에서 지진은 하나님의 심판으로 자주 언급된다. 이 일을 당할 때 사람들은 하나님의 재앙이 임했다는 것을 깨달았을 것이다. 그러나 그들은 아랑곳하지 않는다. "뽕나무"(שִׁקְמִים)는 주로 짐승들의 사료로 사용되었던 "개무화과" 나무다. 그러므로 뽕나무가 찍힌다는 것은 경제적인 어려움을 초래할 수 있다는 말이다. 그러나 역시 이들은 아랑곳하지 않는다. 그저 백향목으로 대신하면 된다고 떠들어댄다. 그러나 백향목은 짐승들의 사료가 될 수 없다. 그들이 당면하고 있는 문제의 해결책이 되지 못하는 것이다.

뿐만 아니라 외부에서도 파괴가 온다(11-12절). 동쪽에서는 시리아 사람들이, 서쪽에서는 블레셋 사람들이 쳐들어 온다. 한때는 시리아와 동맹국이었던 이스라엘의 입장에서는 난감할 수밖에 없다. 오늘의 아군이 내일의 적이 될 것을 예언하고 있다. 또한 블레셋은 다윗 시대 이후 이스라엘에 이렇다 할 위협을 가하지 못했던 나라다. 그러므로 그들의 부흥에 대한 예언 역시 충격적으로 들렸을 것이다.

안타깝게도 하나님의 심판은 이것으로 끝나지 않을 것이다. 아직도 심판을 계속하시려고 여전히 손을 들고 계시기 때문이다(12b절). 하나님의 "펴져 있는 손"(יָד נְטוּיָה)은 하나님이 어떤 일을 하실 준비가 되어 있으심을 상징한다(출 15:12; 신 4:34; 5:15; 7:19). 본문에서는 하나님이 이미 이스라엘을 치셨음에도 불구하고 아직도 그들을 더 혹독하게 심판하실 준비가 되셨음을 의미한다.

(2) 정치적 몰락(9:13-17〔12-16〕)

13 그리하여도 그 백성이 자기들을 치시는 이에게로 돌아오지 아니하며
만군의 여호와를 찾지 아니하도다
14 그러므로 여호와께서 하루 사이에 이스라엘 중에서
머리와 꼬리와 종려나무 가지와 갈대를 끊으시리니
15 그 머리는 곧 장로와 존귀한 자요
그 꼬리는 곧 거짓말을 가르치는 선지자라
16 백성을 인도하는 자가 그들을 미혹하니
인도를 받는 자들이 멸망을 당하는도다
17 이 백성이 모두 경건하지 아니하며
악을 행하며 모든 입으로 망령되이 말하니
그러므로 주께서 그들의 장정들을 기뻐하지 아니하시며
그들의 고아와 과부를 긍휼히 여기지 아니하시리라
그럴지라도 여호와의 진노가 돌아서지 아니하며
그의 손이 여전히 펴져 있으리라

하나님의 경고에도 이스라엘이 회개하지 않기 때문에 하나님은 계속 심판하신다(13절). 선지자는 1장에서 이스라엘을 머리 끝에서 발 끝까지 성한 틈이 없으면서도 하나님께 돌아오지 않는 사람으로 묘사했다. 본문은 이러한 이스라엘의 이미지를 연상시키고 있다. 때리는 자에게 그만 때리라고 애원해야 문제가 해결될 텐데 이스라엘은 그들을 치시는 이에게 돌아오지 않고 있다.

그러므로 그들이 돌아오기를 기다리다가 지치신 하나님이 이스라엘의 리더십을 파괴하신다(14-16절). 하나님은 먼저 이스라엘의 머리를 치신다. 이스라엘의 머리는 장로 등을 포함한 정치적, 사회적 지도자들을 의미한다. 하나님이 사회의 엘리트들을 치고 계신 것이다. 하나님은 또 이스라엘의 꼬리도 치신다. 꼬리는 거짓 선지자들을 의미한다. 환난이 눈앞에 닥쳐 있는데도 모든 것이 평안하고 하나님의 축복 속에서 이루어지고 있다며 사람들을 속이는 자들이다. 이 거짓 선지자들은 그 당시 상황에서 상상해 볼 때 항상 선두에 서 있는 자들이었다. 그러나 실제는 먹을 것을 보고 꼬리를 흔들어 대는 개와 같다는 표현이다. 눈에 보이는 것과 그것의 실태는 상당히 다를 수 있다. "지도층이 듣기 원하는 것을 들려주기 위하여 자신의 양심을 저버린 것을 비웃는 이사야의 표현이다"(cf. 왕상 22:5-28; 렘 28:1-17)(Oswalt). 한국 교회는 이 같은 일에서 자유로운가, 아니면 우리도 동일한 문제를 안고 있는가 생각해 볼 필요가 있다.

"머리-꼬리"는 총체적인 그림을 제시한다. 또한 같이 사용되는 "종려나무 가지-갈대" 역시 똑같은 의미로 사용된다. 심판이 모든 이에게 임할 것을 경고하는 것이다. 지도자들이 잘못되었으니 백성을 잘 이끌어나갈 리가 없다. 그들의 잘못으로 온 나라가 망하게 될 것이다. 리더십이란 이런 것이다. 그러므로 야고보 사도는 "함부로 선생이 되지 말라"고 경고한다. 우리는 두렵고 떨림으로 이 사실을 묵상하고 고민해야 할 것이다.

지도자들의 잘못으로 인해 온 나라에 많은 고통이 따른다(17절). 선지자는 두 가지의 불이 타고 있는 상황을 묘사한다(Mauchline; Delitzsch). (1) 죄를 태우는 불, (2) 하나님의 진노의 불이다. 이는 전쟁의 결과를 의미한다(Motyer). 전쟁이 일어나면 많은 젊은이들이 죽을 수밖에 없다. 그러므로 전쟁으로 많은 고아와 과부가 생기게 된다. 안타까운 것은 과거에는 고아와 과부에게 자비를 베푸셨던 하나님이 얼마나 화가 나셨는지 이들에게 더 이상의 자비를 베풀지 않으신다는 사실이다.

선지자는 하나님이 이들을 심판하시는 이유로 세 가지를 들고 있다(17절). 첫째, 불경건함(חָנֵף)—불순종이나 종교적인 잘못으로 초래되는 결과(렘 3:1) 때문이다. 둘째, 악한 일(מֵרַע)—도덕적인 기준을 어기는 일 때문이다. 셋째, 어리석음(נְבָלָה)—영적/도덕적 책임에 무감각한 것 때문이다(삼상 25:25; 시 14:1). 이스라엘은 교리적으로 하나님을 무시하는 것이 아니다. 그들은 일상에서 하나님 없이 살아가는 실제적 무신론자들(practical atheists)이다. 오늘날도 많은 그리스도인이 이런 모습을 취하고 있지 않은가?

Ⅰ. 유다와 예루살렘에 선포된 심판과 구원(1:1–12:6)
6장. 심판(9:8–10:19)
1. 이스라엘 심판(9:8–10:4)

(3) 사회적 혼돈(9:18-21[17-20])

18 대저 악행은 불 타오르는 것 같으니
곧 찔레와 가시를 삼키며 빽빽한 수풀을 살라
연기가 위로 올라가게 함과 같은 것이라
19 만군의 여호와의 진노로 말미암아 이 땅이 불타리니
백성은 불에 섶과 같을 것이라
사람이 자기의 형제를 아끼지 아니하며
20 오른쪽으로 움킬지라도 주리고
왼쪽으로 먹을지라도 배부르지 못하여
각각 자기 팔의 고기를 먹을 것이며
21 므낫세는 에브라임을, 에브라임은 므낫세를 먹을 것이요
또 그들이 합하여 유다를 치리라
그럴지라도 여호와의 진노가 돌아서지 아니하며
그의 손이 여전히 펴져 있으리라

지도력이 파괴되니 사회는 전반적으로 자신의 욕심을 채우는 일에 급급한 사람들이 많아지며(18절) 결국 혼돈과 위기가 찾아온다. 형제애가 파괴되고(19절), 아무리 가져도 만족할 줄 모르는 욕심과 야심으로 가득하다(20절). 결국 사회를 하나로 묶는 기준이 모두 파괴된다(21절).

하나님이 악을 태워 심판하시는 데 사용하시는 방법이 특이하다(18절). 불에 태워지는 찔레나무와 가시나무는 악의 결과 또는 악인을 의미한다(cf. 5:6; 33:12; 삼하 23:6; 미 7:4). 그런데 뛰는 놈 위에 나는 놈 있다고, 악이 불같이 일어나 다른 악을 사른다! 정의의 심판이 아니라, 악한 자가 자신의 욕심을 충족시키기 위하여 나쁜 일을 하는 과정에서 다른 악인들을 치는 과정이다. 하나님이 악인을 들어 악인을 심판하신다는 말이 현실로 드러난 것이다. 불은 우거진 숲으로 번진다. 사회 전체가 몇몇 악인들로 인해 폐허가 된다는 것을 뜻한다.

악에 의하여 타오르는 불에 하나님의 진노가 땔감을 대준다(19절). 엎친 데 덮친 격으로 사람의 악이 불처럼 타오르고 하나님이 그 불에 부채질을 하신다! 하나님은 불에 타기 좋게 온 땅(이스라엘)을 바싹 말려버리신다. 1장의 말라붙은 상수리나무와 정원을 생각나게 한다. 이 모든 일을 하나님이 하시는데 누가 막겠는가? 심판이 얼마나 무시무시한지 형제애가 완전히 파괴된다(19절).

인간의 욕심이 죄의 불꽃으로 피어 올랐다(18절). 경건하지 못한 욕심이 이와 같이 엄청난 파괴를 가지고도 만족하지 못한다(20절). 표현의 섬뜩함을 생각해 보라. 선지자는 좌우에 보이는 대로 먹어도 만족하지 못하고, 아무리 삼켜도 배부르지 않아 나중에는 자신들의 팔까지 먹는 사람들의 모습을 그리고 있다. 이것이 죄의 본질이다. 심리학자 매슬로우(Abraham Maslow)는 인간의 욕심을 거꾸로 세워진 결혼 케이크라고 표현했다. 조금만 더 가지면 만족할 것 같지만, 결국 끝없는 욕망에 불과하다는 것이다. 죄란 그렇다. 맛을 보면 계속 더 원하게 된다.

각자 자기 욕심만 채우려는 사람들로 구성된 사회는 망할 수밖에 없다(21절). 선지자는 사람들이 서로를 잡아먹는 이미지를 사용하고 있다. 사람과 사람이, 지파와 지파가 서로를 대적하는 모습이다(Tucker). 여러 개인을 하나의 사회로 묶어주는 기준은 없어져 버렸고 하나의 커다란 혼돈이 임하게 되었다. 죄가 갖는 가장 기본적인 모습은 관계를 파괴하는 것이다. 창세기 3-4장을 살펴볼 때, 죄가 이 세상에 들어와 제일 먼저 한 일이 무엇인가? 하나님과 인간 관계, 부부 사이의 관계, 인간과 자연의 관계, 4장에 가서는 형제와 형제 사이의 관계를 파괴하지 않았는가! 그렇다면 교회가 해야 할 일은 무엇인가? 무엇보다도 파괴된 관계가 회복되도록 노력하는 것이다. 한 교회의 성장 여부를 수적 변화에 두지 말라. 관계가 회복되고 있다는 간증이 지속적으로 쏟아져 나올 때, 그 교회는 성장하고 있다고 평가할 수 있을 것이다.

Ⅰ. 유다와 예루살렘에 선포된 심판과 구원(1:1-12:6)
6장. 심판(9:8-10:19)
1. 이스라엘 심판(9:8-10:4)

(4) 도덕적 타락(10:1-4)

1 불의한 법령을 만들며
불의한 말을 기록하며
2 가난한 자를 불공평하게 판결하여
가난한 내 백성의 권리를 박탈하며
과부에게 토색하고 고아의 것을 약탈하는 자는
화 있을진저
3 벌하시는 날과 멀리서 오는 환난 때에
너희가 어떻게 하려느냐
누구에게로 도망하여 도움을 구하겠으며
너희의 영화를 어느 곳에 두려느냐
4 포로 된 자 아래에 구푸리며
죽임을 당한 자 아래에 엎드러질 따름이니라

그럴지라도 여호와의 진노가 돌아서지 아니하며
그의 손이 여전히 펴져 있으리라

이스라엘에 임할 심판에 대한 신탁을 마무리하고 있는 본문이 다시 지도자들에 대해 언급하지만, 9:13-17에서 언급한 것과는 다른 차원의 리더십에 대하여 말하고 있다. 9:13-17에서는 리더들이 백성을 잘못 인도한 일이 언급되었다. 여기서는 의도적으로 엉뚱한 길로 행하여 나쁜 짓을 하는 지도자들을 비난한다. 그래서 일부 주석가는 본문이 더 이상 이스라엘의 지도자들에 대해서 말하는 것이 아니며, 남 왕국 유다의 지도자들을 비난하는 것이라 말한다(Seitz; Childs). 그러나 이 해석도 확실치 않으며, 또 본문을 이 섹션의 결론 부분으로 볼 수 있기 때문에, 이스라엘의 지도자들에게 하신 말씀으로 간주해도 될 것이다.

이 지도자들은 불의한 법을 공포한다(1절). 어느 사회든지 불의가 정의를 가릴 때 그 사회의 종말은 예고된 것이라고 볼 수 있다. 의로우신 창조주가 이 같은 상황을 오래 묵인하지 않으실 것이기 때문이다. 이스라엘 사회는 지금 이러한 시대를 지나고 있다. 멸망이 머지않았다고 선지자는 경고하고 있다.

이들은 백성을 괴롭히는 법을 제정한다(1절) 이스라엘의 지도자들이 정의를 배척하는 법을 공포하는 데에 그치지 않고, 더 나아가 일부러 백성들을 괴롭히는 법을 제정하고 있다. 리더들은 원래 백성들을 섬기기 위하여 세워진 자들이다. 그러나 여기서 그들은 백성들을 혹사시키고 있는 모습을 드러낸다. 하나님을 경외하지 않는 리더십의 종말은 이렇다.

그들은 또한 뇌물을 수수함으로써 인간의 존엄성을 파괴한다(2절)(cf. 1장). 교만이란 기차의 종착역은 바로 착취다. 특혜(비[非]공식적으로 혹은 은밀히 주는 것)를 주는 것도 문제인데, 노골적인 착취로 접어들면 더 이상 갈 데가 없다. 또한 착취는 권력 남용이다. 기독교적인 권위는 주인이신 하나님이 종이 된 우리에게 잠시 권한을 맡겨 놓았을 뿐이라는 것을 기억해야 한다(마 24:45-51). "문제는 주인이 돌아오는지 안 돌아오는지가 아니라, 언제 돌아올 것인가이다"(Young).

선지자는 지도자들의 이 같은 행동은 미래를 예비한 것으로 볼 수 없다고 한다(3절). 하나님의 심판이 임하는 날, 그들의 만행이 온 천하에 드러나면 어떻게 하려느냐고 책망한다. 평소 다른 사람을 향해 베푸는 선행이 어느 정도는 심판주이신 하나님의 마음을 움직일 수 있음을 암시한다. 하나님이 심판하시는 날, 평소에 착하게 살고, 남을 배려하는 삶을 산 사람에 대하여는 정상을 참작하여 그들의 피난처가 되어 주실 수도 있음을 시사하는 것이다(cf. 4:6). 안타깝게도 심판이 임하면 이스라엘의 지도자들은 하나님께 피하기는커녕 도망해야 한다. 그들이 평소 저지른 죄가 그들을 고발할 것이기 때문이다. 선지자는 이 심판이 전쟁 형태를 취할 것을 암시한다. "포로들 밑에 깔려 밟혀 죽거나, 시체 더미 밑에 깔려 질식할 것이다"(4a절, 새번역). 전쟁이 임하면 얼마나 많은 사람이 죽을 것인지를 경고하고 있다.

2. 아시리아 심판(10:5-19)

선지자는 하나님이 범죄한 백성을 심판하기 위하여 아시리아를 사용하실 것이라고 했다(cf. 8:5-10). 아시리아는 하나님이 이스라엘을 내리치시는 진노의 막대기인 것이다(5절). 그런데 문제가 생겼다. 아시리아가 자신이 여호와 하나님께 쓰임받는 줄 모르고, 기고만장하여 교만하게 날뛴 것이다. 하나님이 가장 싫어하시는 것이 교만이다. 그러므로 하나님은 더 이상 아시리아를 쓰실 수 없다. 그래서 지금까지 사용하시던 진노의 막대기 아시리아를 부러뜨려 버리신다.

그렇다면 아시리아의 자리를 누가 대신할 것인가? 즉, 아시리아를 대신해서 유다를 멸망에 이르게 할 나라는 어디인가? 선지자는 바빌론이 그 역할을 하게 될 것이라고 한다(39:8). 그러므로 본문은 왜 하나님이 바빌론으로 아시리아를 대신하셨는가를 설명한다. 하나님이 아시리아를 버리실 것을 선언하는 이 섹션은 다음과 같이 구성되어 있다.[23]

A. 여호와께서 아시리아를 사용하심(10:5-6)
  B. 아시리아의 계획(10:7-11)
  B'. 아시리아의 교만(10:12-14)
A'. 여호와께서 아시리아를 치심(10:15-19)

(1) 여호와께서 아시리아를 사용하심(10:5-6)

5 앗수르 사람은 화 있을진저
그는 내 진노의 막대기요
그 손의 몽둥이는 내 분노라
6 내가 그를 보내어
경건하지 아니한 나라를 치게 하며
내가 그에게 명령하여

---

23 모티어(Motyer)는 10:5-17의 구조를 다음과 같이 제시한다. 그러나 17-19절도 본 텍스트에 포함하는 것이 바람직하다.

A. 여호와의 도구: 아시리아와 여호와의 계획(5절)
  B. 여호와와 아시리아: 상반되는 목적(6-11절)
    a. 여호와의 목적: 공의의 심판(6절)
    b. 아시리아의 목적: 세계 통치(7-11절)
  B′. 여호와와 아시리아: 상반되는 평가(12-14절)
    a. 여호와의 평가: 교만과 심판(12절)
    b. 아시리아의 평가: 능력과 성공(13-14절)
A′. 여호와의 도구: 아시리아와 여호와의 주권(15절)

나를 노하게 한 백성을 쳐서
탈취하며 노략하게 하며
또 그들을 길거리의 진흙 같이 짓밟게 하려 하거니와

본문의 중심을 이루고 있는 테마는 명확하다. 하나님의 세상 통치권을 말하고 있다. 목수나 나무꾼의 손에 들려 있지 않은 도끼와 톱은 능력이 없다(cf. 15절)는 것을 기억해야 한다. 문맥상 본문은 3가지 목적을 달성한다. 첫째, 에브라임(북 왕국)에 대한 경고가 결코 빈말이 아니라는 것을 증명한다. 둘째, 아시리아가 시온을 심판하는 하나님의 도구가 될 것을 밝힌다. 셋째, 아시리아가 시온을 침범하는 것은 그 나라가 갖고 있는 능력의 정점이라는 것을 선언한다. 이 사건 이후부터 아시리아는 쇠퇴하게 될 것이다. 여러 가지 상황을 참작해 볼 때, 이 말씀은 주전 730-720년경을 배경으로 하고 있다(cf. Childs; Clements; Smith; Tucker).

여호와의 주권과 아시리아의 주권이 이 노래에서 서로 대치되고 있다. 본문은 하나님의 통치와 세상 권세(혹은 인간)의 역할을 잘 표현해 주는 성경 텍스트 중의 하나이다. 하나님은 이스라엘을 심판하기로 결정하셨고 그 심판의 도구로 아시리아를 선택하셨다. 그러나 아시리아는 이기적이고 야만적인 제국주의를 추구하고 있다. 그들은 잔인하게 모든 것을 파괴하고 삼키기를 원한다. 심지어 그들을 들어 쓰시는 하나님의 주권을 인정하지 않는다. 아시리아가 하나님께 사용받고 있다는 사실을 부인하고 자신의 능력으로 이룬 일이라고 주장하는 것은 하나님이 인류의 역사를 주관하실 때, 주로 인간적/세상적 도구들을 사용하시다 보니 빚어진 현상이다(Smith).

아시리아의 이 같은 교만과 만행이 어떻게 하나님의 역사로 합리화될 수 있는가? 이사야는 하나님이 아시리아를 진노의 도구로 사용하시지만 훗날 그들을 심판할 것이라는 점을 분명히 경고한다. 하나님은 훗날 아시리아 왕 산헤립에게 이렇게 선포하셨다. "나는 다 알고 있다.

네가 앉고 서는 것, 네가 나가고 들어오는 것, 네가 나에게 분노를 품고 있는 것도, 나는 모두 다 알고 있다. 네가 나에게 품고 있는 분노와 오만을, 이미 오래 전에 내가 직접 들었기에, 내가 너의 코를 갈고리로 꿰고, 너의 입에 재갈을 물려, 네가 왔던 그 길로 너를 되돌아가게 하겠다"(37:28-29, 새번역). 즉, 하나님의 도구 역시 자신의 행동에 대하여 도의적인 책임을 져야 한다는 것을 강조한다. 하나님께 쓰임을 받았다고 해서 모든 것을 정당화할 수는 없다.

하나님은 아시리아를 두고 "나의 진노의 막대기"(שֵׁבֶט אַפִּי)라고 하신다(5절). "진노"(אַף)는 코를 가리키는 단어로 하나님의 감정을 잘 표현하고 있다. 지금 하나님이 느끼는 분노는 하나님의 숨소리가 가빠지며 코에서 뜨거운 김이 나올 정도다. 비록 아시리아가 주님의 백성을 심판하는 도구로 사용되는 것은 분명하지만, 이 사실 자체가 그들의 잔인성을 정당화할 수는 없다. 하나님이 자기 백성을 심판하실 때 기쁘고 즐거운 마음으로 행하신다고 생각하면 오산이다. 그의 백성들이 징계를 당할 때마다 그의 눈에는 눈물이 고여 있다는 것이 선지자들의 일반적인 가르침이다.

그럼에도 불구하고 아시리아가 여호와께서 이스라엘을 치시는 데 사용하신 "도구"(שֵׁבֶט)(5절)라는 사실을 어떻게 이해할 것인가? 하나님께 사용된다고 해서 모두 경건하고 선한 것은 아니다. 하나님은 자신의 뜻을 이루기 위하여 악인도, 경우에 따라서는 마귀도 사용하실 수 있다. 많은 경우에 하나님은 악인을 들어 악인을 치기도 하신다. 그러나 하나님이 사용하시는 도구가 주님의 계획을 초월해서 만행을 저지를 때에는 그 도구 역시 분명히 하나님께 심판을 받게 될 것이다. 우리는 예수님의 이름으로 귀신을 쫓는다고 모두 예수님의 제자가 아니라는 사실을 기억해야 한다.

또한 이스라엘을 짓밟을 아시리아는 막대기에 불과하고, 그 막대기를 들고 있는 분은 바로 하나님이시다. 막대기는 드는 사람이 없으면 무용지물이다. 그렇다면 징계를 받는 사람들은 누구를 두려워해야 하는가? 아시리아가 아니라, 그들을 사용하시는 하나님을 두려워해야 한다. 그러나 이스라엘은 지금 그들의 눈에 보이는 침략자 아시리아를 두려워할 뿐 보이지 않는 곳에서 그들을 조종하시는 하나님은 두려워하지 않는다.

여호와께서는 아시리아를 사용하여 이스라엘을 공평하게 심판하시기를 원하셨다(cf. 6절). 이 구절은 처음부터 끝까지 모든 것이 하나님의 역사임을 강조한다. 여호와께서 아시리아를 한 나라(이스라엘)에 보내셨다. 여호와께서 그에게 명하여 하나님을 화나게 하는 백성을 치게 하셨다. 여호와께서 이들의 노략과 약탈을 허락하셨다. 여호와께서 이들이 이스라엘을 진흙 밟듯이 밟도록 하셨다. 즉, 처음부터 끝까지 하나님의 계획과 허가 아래 이루어졌음을 강조한다. 이스라엘 사람들은 아시리아 사람들보다 더 야만적이고 가증스러운 사람들은 없을 것이라고 생각했다. 그러나 이사야는 하나님이 그 "야만적인 아시리아"를 사용하여 "야만적이고 가증스러운 이스라엘"을 치고 계심을 담대하게 전한다.

Ⅰ. 유다와 예루살렘에 선포된 심판과 구원(1:1-12:6)
6장. 심판(9:8-10:19)
2. 아시리아 심판(10:5-19)

(2) 아시리아의 계획(10:7-11)

7 그의 뜻은 이같지 아니하며
그의 마음의 생각도 이같지 아니하고
다만 그의 마음은 허다한 나라를 파괴하며 멸절하려 하는도다
8 그가 이르기를
내 고관들은 다 왕들이 아니냐
9 갈로는 갈그미스와 같지 아니하며
하맛은 아르밧과 같지 아니하며
사마리아는 다메섹과 같지 아니하냐

10 내 손이 이미 우상을 섬기는 나라들에 미쳤나니
그들이 조각한 신상들이
예루살렘과 사마리아의 신상들보다 뛰어났느니라
11 내가 사마리아와 그의 우상들에게 행함 같이
예루살렘과 그의 우상들에게 행하지 못하겠느냐 하는도다

하나님이 아시리아를 들어서 주의 백성을 벌하시는 일에서 이사야에게 문제가 되는 것은 아시리아의 자세다. 겸손히 여호와의 도구로 쓰임받는 것이 아니라 교만을 떨며 자신의 위치를 망각하고 있다. 마치 이 모든 일들이 자신이 능력으로 인해 일어난 것으로 착각하고 있는 것이다. 그들은 제한된 범위에서 파괴를 하는 것이 아니라 닥치는 대로 파괴하고 정복한다(7절). 여호와께서 아시리아를 도구로 활용하시려고 그들에게 파괴의 능력을 주셨는데, 그들은 이 능력을 적절하게 사용하지 않고 남용하고 있는 것이다(cf. 36장).

그러나 하나님은 주님을 모르는 아시리아에게 무엇을 기대하시며 어떤 기준으로 그들의 만행을 심판하시는가? 문제는 무엇보다도 아시리아의 교만이다(8-11절). 아시리아 장군들은 자신들의 능력을 교만하게 드러내고 있다(8절). 그들은 자신들을 다른 나라 왕과 비교한다. 그리고는 결론짓는다. "싸울 만한 적이 없다"(9절). 자신들은 세상의 그 어느 왕보다도 막강하다고 자부하는 것이다.

갈그미스(כַּרְכְּמִישׁ)(9절)는 팔레스타인의 최북단에 있는 유프라테스 강 위쪽에 자리잡고 있다. 갈로(כַּלְנֵה)(9절)와 아르밧(Arpad)(9절)은 갈그미스에서 80킬로미터 남쪽에 위치한 도시들이다. 하맛(Hamath)은 다마스크스(Damascus)에서 북쪽으로 160킬로미터 떨어진 곳이다. 아시리아가 최북단에서 남쪽으로(사마리아까지) 진군하는 모습을 그리고 있다. 그들을 대적할 상대가 없을 뿐 아니라 사마리아에 대한 심판이 꼭 온다는 경고다.

"사마리아나 예루살렘도 우상을 섬기는 이방 나라들과 다름이 없다"

(10-11절). 이 말씀에 예루살렘이 포함된 것은 이 메시지를 듣는 아하스 왕 시대 사람들에게 커다란 충격이었을 것이다. 선지자는 머지않아 유다가 아군으로 여겨 도움을 요청했던 아시리아에 의하여 삼킬 것이라고 한다. 여기서 선지자는 이스라엘과 유다의 우상 숭배를 조롱하고 있다. 아시리아의 눈에는 이 나라나 저 나라나 다 같은 우상 숭배자들이라는 것이다. 마르둑, 바알 등을 물리친 아시리아에게 여호와는 또 하나의 무능력한 "우상"(אֱלִיל)으로 보인다. 기가 막힌 일이지만, 이것이 현실이다.

믿지 않는 사람들에게 하나님이 어떻게 보이시는가는 우리가 세상에서 어떻게 사는가와 직접적인 연관이 있다. 여호와를 믿는 것이 우리들의 삶에 어떤 영향을 미치고 있는가? 하나님을 믿는 백성들의 평가는 다른 종교를 믿는 자들이 해야 한다. 가장 정확한 판단은 그리스도인이 아닌 사람들이 할 수 있다.

Ⅰ. 유다와 예루살렘에 선포된 심판과 구원(1:1–12:6)
6장. 심판(9:8–10:19)
2. 아시리아 심판(10:5–19)

(3) 아시리아의 교만(10:12-14)

12 그러므로 주께서 주의 일을 시온 산과 예루살렘에 다 행하신 후에 앗수르 왕의 완
악한 마음의 열매와 높은 눈의 자랑을 벌하시리라 13 그의 말에

나는 내 손의 힘과 내 지혜로
이 일을 행하였나니 나는 총명한 자라
열국의 경계선을 걷어치웠고
그들의 재물을 약탈하였으며
또 용감한 자처럼 위에 거주한 자들을 낮추었으며
14 내 손으로 열국의 재물을 얻은 것은
새의 보금자리를 얻음 같고
온 세계를 얻은 것은 내버린 알을 주움 같았으나

날개를 치거나 입을 벌리거나
지저귀는 것이 하나도 없었다 하는도다

자신의 위치를 모르고 함부로 날뛰는 아시리아와 그 왕을 결코 가만히 두지 않겠다는 하나님의 경고다(12절). 모든 심판이 끝나면(viz., 하나님이 하시고자 했던 일이 다 끝나면) 그들을 치시겠다고 하신다. 하나님이 죄지은 백성을 치리하신 후에 그 치리의 도구를 심판하시는 모습을 우리의 삶에서도 종종 목격한다. 하나님이 사용하셨다고 해서 모두 다 거룩한 것은 아니다. 오늘날 하나님께 사용받는 종들이라고 자칭하는 자들 중에도 이러한 경우가 있다.

아시리아의 교만에 대한 선지자의 비난은, 자신의 능력을 과시하고 있는 아시리아의 모습 그대로 묘사된다. "나의 힘, 지혜와 총명함의 결과이다"(13a절). 하나님이 이스라엘을 벌하시기 위하여 아시리아를 사용하심으로써 빚어진 결과를 놓고 이렇게 교만하게 망언(blasphemy)을 늘어놓고 있다(Clements). 아시리아는 더 나아가 세 가지 성과에 대하여 자랑한다(13b절). (1) 열국의 경계를 옮겼다, (2) 재물을 약탈했다, (3) 왕들을 끌어내렸다. 이 세 가지 모두 심각한 범죄지만, 그 중 첫 번째 것이 가장 심각하다. 성경은 각 나라의 경계선을 하나님이 정해주셨다고 하는데, 아시리아가 이 경계선을 옮긴 것이다. 그러므로 아시리아의 행위는 하나님의 권위에 대한 도전이다.

선지자는 또한 두 가지 은유를 사용하여 아시리아가 어떻게 자신의 힘을 과시하고 있는가를 비교한다(14절). 첫째, 열방의 재물을 빼앗는 것을 마치 어미 새가 품고 있는 알을 빼앗아 오는 것처럼 하며, 또한 전혀 아무런 방해도 받지 않고 빼앗아 온다. 둘째, 열방의 영토 얻기를 마치 버려진 새알을 줍듯이 했다. 그러나 그 누구도 찍소리 내지 못했다. 그만큼 이들을 대적할 수 있는 자들이 없다. 어떻게 해서 아시리아가 이렇게 강대국이 되었는가? 하나님이 그들을 도구로 사용하려고 작정하셨기 때문에 그렇다. 그러나 당사자인 아시리아는 이 같은 사실을 인정하지도, 알지도 못한다.

(4) 여호와께서 아시리아를 치심(10:15-19)

15 도끼가 어찌 찍는 자에게 스스로 자랑하겠으며
톱이 어찌 켜는 자에게 스스로 큰 체하겠느냐
이는 막대기가 자기를 드는 자를 움직이려 하며
몽둥이가 나무 아닌 사람을 들려 함과 같음이로다
16 그러므로 주 만군의 여호와께서 살진 자를 파리하게 하시며
그의 영화 아래에 불이 붙는 것 같이 맹렬히 타게 하실 것이라
17 이스라엘의 빛은 불이 되고
그의 거룩하신 이는 불꽃이 되실 것이니라
하루 사이에 그의 가시와 찔레가 소멸되며
18 그의 숲과 기름진 밭의 영광이 전부 소멸되리니
병자가 점점 쇠약하여 감 같을 것이라
19 그의 숲에 남은 나무의 수가 희소하여
아이라도 능히 계수할 수 있으리라

선지자는 한마디로 아시리아의 생각이 가소롭다고 말한다. 그는 두 개의 예를 들고 있다(15절). (1) 도끼가 어찌 찍는 자에게 스스로 자랑하겠느냐? (2) 톱이 어찌 켜는 자에게 스스로 큰 체하겠느냐? 아시리아가 하나님 앞에서 거만한 것은 마치 막대기가 자기를 드는 자를 움직이려 하는 것과 같고, 몽둥이가 나무 아닌 사람을 들려 함과 같은 어리석은 행동인 것이다.

그러므로 그 무엇보다도 교만을 싫어하시는 하나님이 교만한 아시

리아에 대하여 심판을 선언하신다(16-19절). 심판이 시작되면 걷잡을 수 없이 타오르는 하나님의 분노의 불길을 끌 자가 없다. 하나님이 살진 아시리아를 "파리하게 하시며" 맹렬히 타게 하실 것이다(16절). 완전한 파괴를 말한다. 질병은 내부적인 파괴의 원인이요, 불은 외부적인 파괴의 원인이다. 즉, 안팎으로 완전한 파괴가 올 것을 예고하고 있다.

"살짐"(מִשְׁמָן)과 "영화"(כָּבוֹד)(16절) 등은 왕들이 누리는 것들이다(Smith). 사회의 리더들과 권세자들도 하나님의 분노를 피할 수 없을 것이다. 남녀노소를 막론하고 모든 것을 잃게 될 것이다. 아시리아를 태우는 이스라엘의 불이 맹렬하게 타오른다(17절). 아시리아의 침략을 이사야는 어두움으로 표현했다(5:30; 8:20-22). 여기서 하나님은 "불꽃"(לֶהָבָה)으로 묘사되고 있다. 그리고 하나님의 불은 아시리아의 침략에도 불구하고 꺼지지 않으며 오히려 더 거세게 타오르고 있다(17절).

"숲"(יַעַר)(18절)은 자연히 생겨난 삼림을 의미한다. "기름진 밭"(כַּרְמֶל)(18절)은 사람들이 귀하게 여기고 가꾸는 땅이다. 즉, 선지자는 자연히 생겨난 것에서부터 사람들이 가꾼 것까지 모든 것이 파괴된다는 것을 다시 선포하고 있다. 아시리아는 멸망하지만 소수의 남은 자들이 있을 것이다(19절). 또한 아시리아가 맞이할 파괴가 얼마나 심각한지 심판이 휩쓸고 간 후에 남은 것이 너무 초라하다. 어린아이가 남은 것을 셀 수 있을 정도일 것이기 때문이다. 어떤 학자는 셋까지 셀 수 있는 아주 어린아이를 뜻한다고 하지만(Darr), 본문은 아이의 나이나 몇까지 셀 수 있는가에 대하여 어떠한 언급도 하지 않는다.

7장. 구원과 회복(10:20-12:6)

책을 시작할 때에는 거의 100퍼센트 심판에 관한 것이었는데, 이 섹션은 거의 100퍼센트 회복과 구원에 관한 것이다. 유일하게 심판을 받는 것은 아시리아를 포함한 열방일 뿐, 주의 백성은 구원을 받고 회복된다. 선지자는 또한 이 섹션에서 메시아의 통치에 대한 비전을 제시한다. 그의 통치는 공평하고 정의로울 뿐만 아니라, 이 땅에 영원한 평화를 안겨 준다. 더 이상 원수 관계도, 저주 관계도 존재하지 않는다. 마치 지상 낙원을 노래하는 듯하다. 이 모든 것은 인간이 노력하여 얻은 것이 아니라 여호와 하나님의 일방적인 은총으로 진행된 일이다. 그래서 선지자는 이 섹션을 하나님에 대한 찬양시로 끝을 맺는다. 하나님은 찬양을 받기에 합당한 분이시기 때문이다. 본 텍스트는 다음과 같이 세 파트로 구분된다. 아시리아가 대표하는 열방의 몰락이 하나님의 구원과 대칭을 이루며 메시아에 대한 예언을 감싸고 있다.

A. 하나님이 아시리아를 몰락시킴(10:20-34)
  B. 장차 오실 메시아(11:1-16)
A'. 구원을 이루신 하나님 찬양(12:1-6)

1. 하나님이 아시리아를 몰락시킴(10:20-34)

하나님이 적과 어려움에 둘러싸여 있는 남은 자들을 보호하시는 것은 매우 인상적인 표현이다. 하나님 백성의 죄는 결코 용납되지 않는다. 하나님은 악의 상징인 아시리아를 사용하여 죄지은 백성을 벌하셨다. 그러나 심판이 끝나자 사용하셨던 도구를 벌하신다. 하나님의 막대기가 되어 주의 백성을 내리쳤던 아시리아가 부러진 것이다. 이 섹션은 다음과 같이 세 파트로 구분될 수 있다. (1) 주님이 남은 자를 구원하심(10:20-23), (2) 주님이 아시리아를 벌하심(10:24-27), (3) 주님이 나무를 베듯 아시리아를 베심(10:28-34).[24]

Ⅰ. 유다와 예루살렘에 선포된 심판과 구원(1:1–12:6)
7장. 구원과 회복(10:20–12:6)
1. 하나님이 아시리아를 몰락시킴(10:20–34)

(1) 주님이 남은 자를 구원하심(10:20-23)

20 그 날에 이스라엘의 남은 자와
야곱 족속의 피난한 자들이
다시는 자기를 친 자를 의지하지 아니하고
이스라엘의 거룩하신 이 여호와를 진실하게 의지하리니
21 남은 자 곧 야곱의 남은 자가
능하신 하나님께로 돌아올 것이라
22 이스라엘이여
네 백성이 바다의 모래 같을지라도
남은 자만 돌아오리니
넘치는 공의로 파멸이 작정되었음이라

---

24 모티어(Motyer)는 16-34절의 구조를 다음과 같이 제시한다. 그러나 16-19절은 앞 섹션과 더 잘 어울린다.
A. 하나님의 거룩한 사역(16-23절)
a. 아시리아에 대한 거룩한 심판(16-19절)
b. 이스라엘에 대한 거룩한 심판(20-23절)
A′. 하나님의 능력의 사역(24-34절)
a′. 하나님이 배려하는 시온 거주민의 안전(24-26절)
b′. 하나님이 행하는 아시리아 파괴(27-34절)

[23] 이미 작정된 파멸을 주 만군의 여호와께서
온 세계 중에 끝까지 행하시리라

이스라엘은 아시리아를 통하여 하나님의 심판을 받았다. 그러나 완전히 멸망하는 심판은 아니었고 분명히 남은 자들이 있다(20절). 죄로 인해 주님의 백성에게 피할 수 없는 심판이 다가온다 할지라도 결코 좌절할 일이 아닌 것은, 하나님이 신실한 소수를 남겨 두실 것이기 때문이다. 이 같은 사실이 암울한 시대를 살아가는 백성에게 소망으로 작용할 수도 있다.

그렇다면 남은 자들은 어떤 사람들인가? 그들은 "진실로 하나님를 의뢰하는 자들이다"(20절). 믿음이 있는 자들인 것이다. 그들은 또한 "하나님께로 돌아올 자들이다"(21절). 회개하는 사람들인 것이다. 선지자는 이미 1장에서부터 회개하는 자들만이 남은 자들이 될 수 있다고 선언했다. 또한 하나님을 신뢰하는 사람들만이 그의 구원을 볼 것임을 선언하기도 했다.

선지자는 "남은 자는 돌아올 것"(שְׁאָר יָשׁוּב)이라고 하는데(21절), 이 말씀은 이사야의 아들 "스알야숩"(שְׁאָר יָשׁוּב)의 이름을 그대로 풀이한 것이다(cf. 7:4). 본문에서는 북 왕국 사람들에게 긍정적인 예언으로 적용되고 있다. 또한 "능하신 하나님"(אֵל גִּבּוֹר)(21절)은 9:6에서 사용된 적이 있으며 하나님의 능력을 강조한다. 전쟁을 설명하고 있는 본문에 더 적합한 표현이며 하나님이 계획하신 일은 모두 이루실 것을 암시한다(Smith). 하나님은 정복자들로부터 이들을 해방시키고 평안을 주실 것이다.

그러나 이스라엘의 자손이 "바다의 모래와 같이 많아도"(22절; cf. 창 22:17) 돌아올 사람의 숫자는 한정되어 있다. 과거에는 아브라함의 자손이면 누구나 하나님의 은총을 입었는데, 이제부터는 분류하시겠다는 뜻이다. 오늘날도 많은 사람들이 마치 교회에 속해 있기만 하면 만사가 형통하는 것으로 생각한다. 그 누가 말했던가! 착각은 자유요, 망상은 해수욕장이라고! 하나님이 일이 이렇게 진행되도록 직접 지휘하신다.

(2) 주님이 아시리아를 벌하심(10:24-27)

24 그러므로 주 만군의 여호와께서 이르시되
시온에 거주하는 내 백성들아
앗수르가 애굽이 한 것처럼 막대기로 너를 때리며
몽둥이를 들어 너를 칠지라도
그를 두려워하지 말라
25 내가 오래지 아니하여 네게는 분을 그치고
그들은 내 진노로 멸하리라 하시도다
26 만군의 여호와께서 채찍을 들어 그를 치시되
오렙 바위에서 미디안을 쳐죽이신 것 같이 하실 것이며
막대기를 드시되 바다를 향하여 애굽에서 하신 것 같이 하실 것이라
27 그 날에 그의 무거운 짐이 네 어깨에서 떠나고
그의 멍에가 네 목에서 벗어지되
기름진 까닭에 멍에가 부러지리라

북 왕국은 아시리아의 손에 멸망의 위기를 맞지만 남 왕국의 경우 상황이 다르다. 유다도 아시리아로 인해 어려움은 겪지만 결코 그들의 손에 멸망하지는 않을 것이다(cf. 8:8). 두 가지가 하나님의 계획을 뒷받침하고 있다. "내 백성"(עַמִּי)(24절)은 시내 산 언약과 다윗 언약을 상기시키는 표현이다. 이것은 하나님이 유다를 다시 언약 백성으로 대하실 것을 암시한다. 또한 하나님이 이스라엘에게 "이집트의 길에 따라"(בְּדֶרֶךְ מִצְרָיִם)(viz., 이집트가 한 것처럼)(24절) 아시리아에게 대항하라고 하신다. 이집트가 아시리아에게 대항한 뒤 해방과 자유함이 있었다. 그러

므로 이스라엘도 막대기로 내리치는 아시리아에게 대항하면 하나님이 그들을 도우실 것이다.

본문에서 두 가지 테마가 중심을 이루고 있다. 첫째, 기드온 사건이다(26절). 사사기 7:25에 의하면 이스라엘은 오렙 반석에서 미디안의 왕자 오렙을 죽였다. 또한 본문에서 언급되고 있는 미디안과의 전쟁의 결과는 무엇보다도 그들의 지도자들을 많이 죽이는 데 있었다. 이와 같이 하나님이 아시리아의 지도자들을 멸할 것이다. 둘째, 출애굽 사건이다(26절). 바다와 이집트는 하나님의 구속을 강조하는 개념들이다. 이스라엘 종교의 가장 기본이 되는 신학적 주춧돌이면서 놀라운 하나님의 은혜의 표상은 바로 출애굽 사건이다. 하나님이 과거에 베푸신 출애굽 은혜에 버금가는 은혜를 주의 백성에게 주실 것이다.

이와 같이 본문에서 과거는 미래에 대한 소망의 기초가 되고 있다. 과거에 하나님이 베풀어주셨던 은혜를 믿을 수 있다면, 미래에도 그렇게 하실 것을 확신할 수 있다는 것이 선지자의 가르침이다. 우리는 힘들고 어려울 때 무엇을 보는가? 현실과 미래가 불확실하고 불안감으로 가득할 때, 과거에 베풀어주신 은혜를 하나씩 묵상해보는 것은 불확실성과 불안감을 극복하는 데 가장 효과적인 방법이다.

아시리아가 유다를 후려치는 채찍(שׁוֹט)으로 표현된다(26절; cf. 28:15, 18). 이곳에서는 하나님이 아시리아를 채찍질(שׁוֹט)하신다. 아시리아는 채찍으로 흥해 채찍으로 망하고 있는 것이다. 하나님이 이스라엘의 압제자를 몽둥이로 치시니 주의 백성에게 해방이 임한다(27절). "무거운 짐"(סֵבֶל)은 노예생활의 억눌림을 상징한다(cf. HALOT). 아시리아가 강제로 지워준 노예생활로부터 해방될 때가 온 것이다. "멍에"(עֹל)는 남의 권한에 구속되어 있는 속박을 의미한다(Oswalt). 아시리아의 간섭으로부터 자유로워질 날이 온 것이다. 뿐만 아니라 이스라엘은 능력으로 충만할 것이다. "기름진 까닭에"는 힘의 충만함을 뜻한다(Motyer). 5:1에 언급된 기름진 땅을 참조하라.

I. 유다와 예루살렘에 선포된 심판과 구원(1:1-12:6)
7장. 구원과 회복(10:20-12:6)
1. 하나님이 아시리아를 몰락시킴(10:20-34)

(3) 주님이 나무를 베듯 아시리아를 베심(10:28-34)

28 그가 아얏에 이르러 미그론을 지나
믹마스에 그의 장비를 두고
29 산을 넘어 게바에서 유숙하매
라마는 떨고 사울의 기브아는 도망하도다
30 딸 갈림아 큰 소리로 외칠지어다
라이사야 자세히 들을지어다 가련하다
너 아나돗이여
31 맛메나는 피난하며 게빔 주민은 도망하도다
32 아직 이 날에 그가 놉에서 쉬고
딸 시온 산 곧 예루살렘 산을 향하여 그 손을 흔들리로다
33 보라 주 만군의 여호와께서 혁혁한 위력으로
그 가지를 꺾으시리니
그 장대한 자가 찍힐 것이요
그 높은 자가 낮아질 것이며
34 쇠로 그 빽빽한 숲을 베시리니
레바논이 권능 있는 자에게 베임을 당하리라

선지자는 본문에서 가나안의 12도시들을 나열한다. 아얏(עַיַּת), 미그론(מִגְרוֹן), 믹마스(מִכְמָס), 게바(גֶּבַע), 라마(רָמָה), 기브아(גִּבְעַת), 갈림(גַּלִּים), 라이사(לַיְשָׁה), 아나돗(עֲנָתוֹת), 맛메나(מַדְמֵנָה), 게빔(גֵּבִים), 놉(נֹב). 이 성읍들 중 몇몇의 위치는 확실치 않으나, 대략 나열된 순서를 보면 점차로 예루살렘에 가까워지고 있음을 알 수 있다. 아시리아 군이 예루살렘까지 진군하는 경로를 말하는 듯하다(cf. Oswalt; Motyer). 특히 라마와 기브아는 예루살렘을 방어하는 요새로 사용되었던 성읍들이다. 다만 좀 의

아한 것은 이 경로가 당시 예루살렘 침략자들이 사용했던 주요 경로가 아니라는 사실이다(Childs). 아마도 침략자들이 예루살렘만을 목표로 진군하는 것이 아니라, 오는 길에 온 유다를 점령하고 쑥대밭을 만들 것을 암시하는 듯하다.

진군하는 아시리아 군대를 상대로 싸워 예루살렘을 방어하기는커녕, 유다가 지켜야 할 요새들이 모두 비어 있다. 그들이 다 도망가 버린 것이다! 아시리아 군의 규모와 그들이 자아내는 공포감이 조금은 상상이 간다. 그래서 일부 학자들은 본문을 아시리아에 대한 심판이 아니라, 아시리아가 유다를 침략하는 것을 묘사한 것으로 이해하거나 33-34절을 떼어내 따로 다룬다(Wong; cf. Childs).

그러나 이 12도시들은 유다에 대한 심판을 강조하기 위하여 본문에 등장하는 것이 아니다. 선지자는 분명히 아시리아의 심판을 선언하고 있다. 그럼에도 싸울 생각은 하지 않고 아예 도망쳐 버린 유다 군의 모습이 묘사된 것은, 이렇게 아무도 막을 수 없었던 아시리아의 세력을 하나님이 막으신다는 것을 강조하기 위해서다. 아무도 두려워하지 않고 진군하던 아시리아가 꺾이게 되는 유일한 이유는 하나님이 그들을 심판하셨기 때문이다(cf. Wildberger, Delitzsch, Skinner, Cheyne).

당시 가나안에서 기세등등한 아시리아 군의 진군을 막을 세력은 아무도 없었다. 아시리아군은 규모에 있어서도 견줄 나라가 없었지만, 사용하는 무기나 군기에 있어서도 최고의 군대였다. 다행히 여호와께서 그를 꺾으시고 부러뜨려 버리신다. 하나님이 나무의 가지를 꺾듯이 침략군의 가지를 꺾으시고, 나무를 통째로 베어 버리듯 아시리아를 베어 버리신다(33-34절). 그러므로 침략군은 더 이상 진군하지 못한다. 이 예언은 37:33-38에서 성취된다.

2. 장차 오실 메시아(11:1-16)

선지자는 바로 앞 섹션에서 주의 백성이 그렇게 두려워하는 아시리아를 여호와께서 나무꾼이 나무를 찍고 잘라내듯 베어 버리실 것을 선언했다. 참으로 놀랍고 은혜로운 예언이다. 그러나 선지자는 여기서 멈추지 않고, 더 나아가 주의 백성이 메시아의 통치를 받으며 살게 될 날을 노래한다. 본문은 메시아가 오시면 이루실 지상낙원에 관한 예언이다. 일부 주석가들은 여기에 묘사된 왕이 이상적인 아하스(Hayes & Irvine), 히스기야(Watts)라고 하지만, 먼 훗날 오실 메시아로 보는 것이 바람직하다(Oswalt). 아하스, 히스기야, 심지어 요시야도 본문이 묘사하고 있는 왕과는 비슷하지 않기 때문이다.

그러므로 7:14에서 임마누엘 탄생을 통해 씨앗으로 다가왔던 메시아에 대한 소망이 본문에서 활짝 핀 꽃으로 모습을 드러낸다. 이 섹션은 9장에 이어 또 한 번 남은 자들에게 장차 그들의 통치자로 오실 메시아에 대한 소망을 주고 있다. 본문을 읽으면서 유념할 점은 이 예언은 시간에 제한되지 않은, 주님이 다시 오실 때까지 영원한 소망으로 살아 있다는 것이다. 그러므로 본문의 교훈은 선지자 시대처럼 오늘날에도 똑같이 적용된다. 이 섹션은 두 부분(1-9, 12-16절)으로 나누어진 시(poem)를 중간에 이야기체(prose section)(10-11절)가 나누고 있다. 메시아의 통치에 대하여 노래하고 있는 본문의 구조는 다음과 같다.[25]

---

25 모티어(Motyer) 다음과 같이 세부적인 구조를 제시한다.

A. 이새의 싹: 그의 뿌리와 능력(1-2절)
B. 그의 통치(3-5절)
B′. 그의 세계(6-9절)
A′. 이새의 뿌리: 그의 신분과 세계적 위치(10절)
A″. 여호와의 손: 온 세계에서 오는 남은 자(11절)
C. 세워진 기치: 재구성된 백성(12-13절)
C′. 세계 통치(14절)
A‴. 여호와의 손, 분열된 세상의 끝, 새로운 출애굽: 처음 사건이 두 번째 사건에 모델을 제시함(15-16절).

A. 다윗 계열 통치자(11:1-5)
B. 평화로운 나라(11:6-9)
C. 남은 자들이 돌아옴(11:10-12)
D. 이스라엘과 열방의 새로운 관계(11:13-16)

Ⅰ. 유다와 예루살렘에 선포된 심판과 구원(1:1–12:6)
7장. 구원과 회복(10:20–12:6)
2. 장차 오실 메시아(11:1–16)

(1) 다윗 계열 통치자(11:1-5)

1 이새의 줄기에서 한 싹이 나며
그 뿌리에서 한 가지가 나서 결실할 것이요
2 그의 위에 여호와의 영
곧 지혜와 총명의 영이요
모략과 재능의 영이요
지식과 여호와를 경외하는 영이 강림하시리니
3 그가 여호와를 경외함으로 즐거움을 삼을 것이며
그의 눈에 보이는 대로 심판하지 아니하며
그의 귀에 들리는 대로 판단하지 아니하며
4 공의로 가난한 자를 심판하며
정직으로 세상의 겸손한 자를 판단할 것이며
그의 입의 막대기로 세상을 치며
그의 입술의 기운으로 악인을 죽일 것이며
5 공의로 그의 허리띠를 삼으며
성실로 그의 몸의 띠를 삼으리라

긴장 관계를 형성하고 있는 메시아의 두 정체성은 이 시의 독특한 면모이기도 하다. 선지자에 의하면 앞으로 오실 메시아는 이새의 "싹"(חֹטֶר)이자(1절) 이새의 "뿌리"(שֹׁרֶשׁ)이다(10절). 이새와 연결되는 것은 이 메시아가 단순히 다윗의 왕계를 계승하는 자가 아니라 제2의 혹은 새로운 다윗이란 점을 강조한다.

열왕기에 의하면 유다의 왕들은 "그의 아비 다윗"이란 표현과 자주 연결된다. 그러나 누구도 다윗 혹은 이새의 아들로 불리지는 않는다. 열왕기 저자는 유일하게 다윗만을 이새의 아들로 부른다(왕상 12:16; cf. 삼상 20:27-33). 이곳에서 이 표현이 메시아에게 사용되는 것은 메시아가 제2의 다윗이란 점을 강조하기 위해서다. 이사야가 기대하고 있는 왕은 현재 왕을 개혁하거나 변화시켜서 얻어지는 결과가 아니라 완전히 다른 종류의 왕이다.

"이새의 뿌리"는 내세울 것이 없었던 다윗의 집안을 비하해서 하는 말이다(Calvin; Oswalt; Childs). 그러나 다른 의미를 지니고 있다. 이새의 뿌리란 이새가 여기서 나왔다는 해석밖에 될 수가 없다. "창세기 3:15에 의하면 인간이 죽을 수밖에 없었지만 그래도 생명이 유지된 것은 그의 후손 중에서 사탄을 정복하는 씨가 나오기 때문이다. 여기서 메시아는 자기 가족의 시작이 되고 있다. 구약 안에서는 이 문제가 해결을 기다리고 있다"(Motyer).

선지자가 본문에서 사용하는 이미지는 밑동까지 잘려 버린 나무에서 자라나는 새순이다. 밑동에서 피어난 연약한 싹은 아시리아의 하늘을 찌를 듯한 위상과 극명한 대조를 이룬다. 낮은 자를 들어 쓰시는 하나님의 사역을 암시한다(Smith). "싹, 줄기, 가지, 뿌리"는 모두 다 나무의 부분들이다. 이 같은 이미지는 이미 6:13에서 선지자의 소명과 연관되어 사용되었다. 밑동까지 잘려 버린 나무는 더 이상 소망이 없어 보인다. 그러므로 선지자가 이 이미지를 사용하는 것은 참으로 보잘것없는, 마치 생명이 다한 것같이 보이는 상황에서 새로운 세상이 시작되고 있음을 강조하기 위해서다. 가장 어렵고, 가장 절망적으로 보일 수 있는 시간에 메시아가 오신다(cf. 렘 32장). 우리의 신앙생활도 이와 같지 않을까? 삶이 너무 고단하고 힘들어서 완전히 절망하고 포기하고 싶을 때,

그때가 하나님을 바라기에 가장 좋은 때다.

메시아는 대단한 능력을 지녔다. 선지자는 여호와의 영이 그에게 임하실 것이라고 한다. 일반적으로 구약에서 "여호와의 영"이 임하면 선택된 사람들에게 특별한 임무가 주어진다(출 31:2-3; 삿 6:34). 또한 여호와의 영은 임하신 사람 안에 영구적으로 거하기도 한다(모세〔민 11:17〕; 여호수아〔민 27:18〕; 다윗〔삼상 16:13〕). 이사야서 안에서도 여호와의 영을 받은 자들이 있다(42:1; 59:21; 61:1). 이와 같은 하나님의 능력이 메시아에게 임하고 있다. 선지자는 이 사실을 7가지로 설명한다. 첫째, "여호와의 영"(רוּחַ יְהוָה)이 그에게 임하신다. 이 영은 하나님의 인격을 상징하는 성령을 의미한다. 둘째, 셋째는 "지혜와 총명의 영"(רוּחַ חָכְמָה וּבִינָה)이다. 이 영들은 행정과 재판을 하는 일과 연관이 있다(신 1:13; 왕상 3:9, 12). 지혜(חָכְמָה)는 대체로 일반적인 통찰력이고 총명(בִּינָה)은 더 구체적으로 어떤 문제나 이슈를 볼 수 있는 능력을 말한다. 솔로몬이 하나님께 기도해서 얻은 것들을 생각나게 한다(cf. 왕상 3:9, 11). 왕이 백성을 바르게 통치하려면 꼭 필요한 것들이다(Wildberger).

넷째와 다섯째의 영은 "모략과 재능의 영"(רוּחַ עֵצָה וּגְבוּרָה)이다. 이는 군사 용어다(Tucker; cf. 36:5). 합당한 계획을 구상하고 그것을 성사시킬 수 있는 추진력을 말한다. 하나님이 메시아에게 주시는 여섯 번째와 일곱 번째의 영은 "지식과 여호와를 경외하는 영"(רוּחַ דַּעַת וְיִרְאַת יְהוָה)이다. 하나님을 경외하는 것은 이상적인 왕이 지녀야 할 믿음이다(cf. 신 17:18-19). 구약에서 하나님을 아는 지식은 창조주와 피조물 사이에 형성되는 올바른 관계의 가장 기본적인 요소다(Childs). 피조물들은 하나님을 알아야 그분과 바른 관계를 유지할 수 있다(cf. 호 2:20; 4:1).

또한 지식을 가진다는 것은 진리를 터득하고 삶에서 적용하는 능력과 의지를 지닌다는 뜻이다. 그러므로 시편 14:4은 "행악한 자는 〔여호와를〕 알지 못한다"고 단언한다. 악인들에게 지식이 있다면 자신들이 하는 짓을 하지는 않을 것이라는 논리가 구약에서 강조된다. 지식은 여호와를 경외하는 데서 비롯되지만 또한 여호와를 경외하게 만든다. (1) 경외는 윤리적인 결과를 낳는다(창 20:11), (2) 경외는 순종하게 만든다(출 20:20), (3) 경외는 행동을 지배한다(느 5:9, 15), (4) 경외는 진정한 충성이다(시 2:11), (5) 경외는 경배하는 것이다(시 5:7). 그러나 중요한 것은 여호와를 경외하는 것마저도 인간이 스스로 할 수 있는 것이 아니라, 하나님이 주시는 은총이라는 사실이다(Wildberger).

여호와께서 메시아에게 주신 능력(1-2절)에서 하나님의 능력을 받은 "이새의 싹"이 여호와께 어떻게 반응을 하는가로 관심이 옮겨진다(3-4절). 먼저 그는 개인적인 차원에서 여호와와의 관계를 즐긴다. 그는 여호와를 경외하는 것을 즐거워한다(3절). 메시아는 여호와의 공의로 허리띠를 삼는다(5절). 또한 성실함으로 그의 띠를 삼는다(5절). 띠는 행동 개시를 위한 만반의 준비를 의미한다. 그러므로 여호와를 즐거워하는 것(3절)은 그의 의와 신실함을 행하며 살고자 최선의 준비를 다하며 살아감을 말한다. 또한 옷은 사람이 특정한 목적에 자신을 헌신하는 것을 상징한다(cf. 59:16-17; 61:10; 시 132:9, 16, 18).

먼저 하나님과의 특별한 관계를 확인한 후, 메시아는 공정한 심판을 하며 권위 있는 말씀으로 세상을 치리한다(3b-4절). 이런 그의 모습은 하나님께 나아와 율법을 배우고 세상을 말씀으로 지배한 열방의 모습과 비슷하다(cf. 2:2-4). 메시아는 눈에 보이는 대로 심판하지 않으며, 귀에 들리는 대로 판단하지 않는다(3절). 모든 면에서 신중을 기할 것을 의미한다. 또한 한쪽으로 치우치지 않는 공정한 재판을 할 것이다.

메시아의 판결은 가난한 자에게도 공정하며 정직으로 세상에서 억눌린 자를 판단한다(4절). 이 말씀에는 두 가지 면모가 있다. 첫째, 가난한 자와 억눌린 자는 자신들이 처한 형편을 빌미로 선처를 바랄 수 없다. 그들이 처한 상황이 메시아 통치자 앞에서 변명이 될 수 없는 것이다. 둘째, 가난한 자들은 드디어 공평한 재판을 받을 수 있다. 지금까지 선지자가 이들에 대하여 언급할 때는 항상 착취당하고 억울하게 당하는 일에 연관되어서였다. 그러므로 그들이 꿈에도 바라던 것은 공정한 재판이었다. 아마도 그들은 항상 이런 기도를 드렸을 것이다. "하나님! 제가 처한 상황이 참작되어 저에게 더 이익이 되는 판결을 원하지 않습니다. 제가 바라는 것은 그저 제가 한 일에 대하여 공평하게 판결을 받는 일입니다. 이런 세상이 속히 오게 해 주십시오." 드디어 메시아가 통치하시는 세상을 통해 이런 날이 임했다. 그러므로 이것은 억울하게 당했던 자들에게 그들이 평소에 바라던 축복이 임한 것으로 해석될 수 있다.

메시아는 더 나아가 말씀으로 악한 세상을 내리치신다(4절). 이사야서에서 세상은 악한 자들을 상징한다(cf. 13:11; 24:17-21; 26:9, 21; 28:22). 메시아는 입술의 기운으로 악인들을 죽인다. 선지자가 강조하고자 하는 것은 메시아가 악인들을 죽이는 것이 아니라, 더 이상 악인들이 지배하는 세상이 되지 않을 것이라는 사실이다(Smith). 하나님이 그에게 7가지 영을 주셨기에 이런 권위를 지니는 것은 당연하다. 메시아는 더 이상 악인이 발을 붙일 수 없는 곳, 공의와 정의가 기준이 되는 사회를 만들어 나간다. 여호와의 권위와 통치를 대신하는 참다운 종의 모습이다.

(2) 평화로운 나라(11:6-9)

6 그 때에 이리가 어린 양과 함께 살며
표범이 어린 염소와 함께 누우며
송아지와 어린 사자와 살진 짐승이 함께 있어
어린 아이에게 끌리며
7 암소와 곰이 함께 먹으며
그것들의 새끼가 함께 엎드리며
사자가 소처럼 풀을 먹을 것이며

8 젖 먹는 아이가 독사의 구멍에서 장난하며
젖 뗀 어린 아이가 독사의 굴에 손을 넣을 것이라
9 내 거룩한 산 모든 곳에서 해 됨도 없고
상함도 없을 것이니
이는 물이 바다를 덮음같이
여호와를 아는 지식이 세상에 충만할 것임이니라

본 텍스트는 이새의 뿌리에서 자란 싹이 통치하는 세상이 어떤 모습을 취할 것인가를 설명하고 있다. 한마디로 에덴으로 돌아가는 모습이다. 새 에덴에서는 모든 관계가 회복될 것을 기대할 수 있다.

첫째, 원수 관계가 회복된다(6절). 잡아먹는 것들(이리, 표범, 사자)과 잡아먹히는 것들(양, 염소, 송아지, 살진 짐승)이 같이 뛰논다. 하나님이 천지를 창조하실 때 사람과 짐승은 초식을 하도록 디자인되어 있었다. 그래서 하나님이 사람과 짐승들에게 과일과 야채만을 먹을 것으로 주셨다(cf. 창 1장). 그러나 인간의 죄로 인해 이 같은 질서는 파괴되었고, 짐승과 인간은 육식을 하게 되었다. 메시아가 통치하는 나라에서는 짐승들이 서로 잡아먹는 일이 없다. 창조의 질서와 원리가 회복되는 것이다. 그래서 로마서 8:19-22은 피조물들이 회복될 때를 탄식과 고통 속에서 갈망하고 있다고 한다. 메시아가 이 땅에 임하시면 드디어 자연의 질서가 하나님이 처음 세상을 창조하신 때처럼 회복될 것이다. 메시아가 통치하는 세상은 더 이상 먹고 먹히는 곳이 아니므로 어린아이가 맹수들과 마음껏 뒹굴어도 안전하다(6절). 아이는 짐승들 사이에서 안전할 뿐만 아니라 더 나아가 참다운 지도력을 발휘한다. 역시 계속 언급되고 있는 아이 테마와 연결된다.

둘째, 창조된 세계에 본질적인 변화가 온다(7절). 곰이 암소를 잡아먹는 게 아니라 암소가 먹는 풀을 같이 먹으며 친구가 되어 산다! 사자도 풀을 뜯어 먹는다. 우리 말에 "개 풀 뜯어 먹는 소리 한다"라는 말이 있는데, 이 때가 되면 우리는 개들이 풀 뜯어 먹는 소리를 실제로 들을 수 있을 것이다! 또한 이 짐승들의 새끼들도 어미들처럼 서로 어울려 산다. 그들의 새끼가 같이 노는 것은 이런 본질적인 변화가 영구적인 것임을 단면적으로 보여 주고 있다. 중요한 것은 곰이나 사자와 같은 맹수들이 풀을 먹으면서도 어떠한 불만이나 불편함을 드러내지 않는다는 사실이다.

셋째, 저주가 없어진다(8절). 젖 먹는 아이가 독사의 구멍에서 장난하고 젖 뗀 아이가 독사의 굴에 손을 넣는다. 창세기 3:15 이후 지속된 뱀과 여인의 후손 사이에 존재하는 저주와 원수 관계가 없어지는 순간이다. 메시아가 이 땅에 오시는 날, 모든 저주 관계가 사라지고 피조물들의 관계가 원래 하나님이 의도하신 대로 회복되는 것이다.

메시아가 통치하는 세상에는 더 이상 원수 관계도, 저주 관계도 없다는 사실이 시사하는 바는 크다. 실제로 예수님의 사역을 보면 원수 관계가 사라지는 현상이 어느 정도 실현된 것을 볼 수 있다. 예수님의 제자들 중에는 열심파 시몬이 있었고, 세리 마태도 있었다. 그 당시 정황을 고려하면 이 둘은 상극 관계에 있는 사람들이었다. 세리들은 로마 제국에게 아부하며 민족을 팔아먹은 매국노로 취급되기 일쑤였다. 그리고 이런 매국노를 찾아 암살하는 것이 열심파들의 주요 임무 중 하나였다. 그러므로 이 둘이 함께 예수님의 제자가 되었다는 것은 보통 일이 아니었던 것이다. 이는 크리스마스를 통해 이 땅에 임한 참 평화가 어떤 것인지를 보여주는 사건이며, 본문이 말하는 원수 관계 회복의 실제적인 예라 할 수 있다.

교회는 장차 이 땅에 임할 메시아의 나라를 조금이나마 우리의 삶에서 실현하는 공동체가 되어야 한다. 그렇다면 교회가 최우선적으로 추구해야 할 사역은 무엇인가? 본문에 의하면 깨어진 관계의 회복이다. 먼저 하나님과 사람들의 관계가 회복되어야 할 것이며, 그 다음에는 사람과 사람의 관계가 원래 하나님이 의도하신 상태로 치료되고 회복되어야 한다. 하나님을 사랑한다는 사람들이 모인 교회에서 서로 미워하고, 원수로 지내는 것은 옳지 않다. 선지자는 저주 관계마저도 회복되어야 한다고 한다. 교회는 관계 회복을 사역 목표에 포함시켜야 한다.

넷째, 새 에덴은 시온 산에 있다(9절). 선지자는 이 모든 일이 시온 산에서 이루어질 것을 예언한다(9절). 즉, 시온 산이 새 에덴의 모습으로 등장한다. 어떻게 이런 일이 가능한가? 하나님을 아는 지식이 물이 바다를 덮은 것같이 온 세상에 가득해서 그렇다. 그날이 되면 하나님의 지식이 온 백성에게 가득할 것이다. 여기서 선지자의 신학이 드러난다. 이 세상의 모든 문제가 "무지함"에서 비롯된다. 그렇다면 하나님을 아는 지식만이 세상을 회복시킬 수 있다는 것이다. 하나님을 아는 지식은 창조주와 피조물 사이에 형성되는 관계의 가장 기본이자 핵심이다(Childs). 그러나 여기에서 말하는 지식은 단순한 사고력이 아니다. 우리 교회들이 해야 할 일은 하나님을 아는 지식을 보급하는 것이다. 그렇게 하기 위해서는 목회자들이 많이 배워야 한다.

I. 유다와 예루살렘에 선포된 심판과 구원(1:1–12:6)
7장. 구원과 회복(10:20–12:6)
2. 장차 오실 메시아(11:1–16)

(3) 남은 자들이 돌아옴(11:10-12)

10 그 날에 이새의 뿌리에서 한 싹이 나서 만민의 기치로 설 것이요 열방이 그에게로
돌아오리니 그가 거한 곳이 영화로우리라 11 그 날에 주께서 다시 그의 손을 펴사 그
의 남은 백성을 앗수르와 애굽과 바드로스와 구스와 엘람과 시날과 하맛과 바다 섬
들에서 돌아오게 하실 것이라

12 여호와께서 열방을 향하여 기치를 세우시고
이스라엘의 쫓긴 자들을 모으시며
땅 사방에서 유다의 흩어진 자들을 모으시리니

그동안 시가체로 말씀이 선포되어 오다가 10-11절에서 갑자기 이야

기체가 사용되는 현상을 두고 이사야가 죽은 지 오랜 세월이 지난 후에, 편집자에 의하여 삽입된 증거라고 주장하는 학자들이 있다(Wildberger; Sweeney; cf. Childs). 그러나 장르의 변화가 편집자와 저자를 구분하는 기준이 될 수는 없으며, 또 이야기체 섹션에 전개되는 내용이 새로운 것도 아니다. 이 부분은 지금까지 하나님이 남은 자들에 대하여 하신 말씀의 요약이라고 할 수 있다. 그렇다면 왜 갑자기 이야기체가 사용되는가? 상상력과 이미지를 중심으로 한 시가체와는 달리 이야기체는 사건과 사실을 중심으로 묘사된다. 그러므로 저자는 이야기체를 사용하여 하나님이 언젠가 남은 자들을 다시 약속의 땅으로 불러오실 것을 기정사실로 확고히 하기 위하여 이 문체를 사용하고 있는 것이다.

이 노래의 첫 부분에서 이새의 싹으로 표현되었던 메시아가 이제는 이새의 뿌리로 언급된다(10절).[26] 이새의 싹은 이 사람이 제2의 다윗임을 암시한다. 그러나 여기에서 이새의 뿌리에서 이 인물이 나온다는 것은 다윗보다 더 귀한 자를 의미한다. 다윗은 이새에게서 나온 싹에 불과하다. 이 인물은 이새의 뿌리다. 또한 이 이새의 뿌리는 온 열방의 기호로 선다. 2:2-4에서 열방이 몰려온 곳이 영화로웠던 것 같이 이 인물이 머무는 곳이 영화롭게 된다.

여호와의 손의 능력이 온 세계에서 오는 남은 자들을 불러 모은다(11절). 하나님이 모으시는 남은 자들이 누구인가에 대하여 논란이 많다. 학자들은 포로로 끌려갔던 유대인들이라고도 하고(Clements), 이방인들이라고도 한다(Young). 본문은 이 일이 "그 날에"(בַּיּוֹם הַהוּא)에 있을 것이라고 한다(10절). 먼 미래나 종말에 일어날 일을 암시하는 것이다. 그러므로 이방인을 포함해도 무관하다.

이 일을 위하여 하나님이 손을 펴신다. 이 이미지는 "하나님의 열심이 이 일을 행할 것"(9:7)과 연결된다. 그동안 이사야서 안에서 손을 펴

---

26 어떤 학자들은 이새의 뿌리가 남은 자들을 대표하는 인물이라고 하지만(Childs; cf. Blenkensopp), 앞 텍스트와 연결하여 메시아로 해석하는 것이 가장 자연스럽다.

는 것은 심판을 상징했다(9:12, 21). 그러나 이번에는 하나님이 남은 자들을 모으기 위하여 손을 펴신다. 또한 여기에서 손을 드시는 것은 출애굽 사상과 관련 있다(출 3:19-20; 6:1; 13:3; 신 6:21). "다시"(שֵׁנִי)(second time)(11절)가 에스라와 느헤미야를 중심으로 한 귀향민 무리를 뜻한다고 하는 해석도 있지만(Wildberger), 선지자는 이 일이 제2의 출애굽 사건이 될 것을 말하고 있다.

출애굽의 역사가 재현되는 날, 하나님은 세상 곳곳에서부터 주의 백성을 모으실 것이다. 아시리아(אַשּׁוּר)와 이집트(מִצְרַיִם)는 당시 국제무대에서 가장 강력한 세력이었다. 세상에서 가장 위대한 세력도 하나님의 일을 막지 못할 것이다. 바드로스(פַּתְרוֹס)와 구스(כּוּשׁ)(11절)는 이집트의 남쪽에 위치했다. 그러므로 가나안을 기준으로 최남단을 상징하며 남쪽으로 끌려갔던 남은 자들이 돌아올 것을 뜻한다. 엘람(עֵילָם)과 시날(שִׁנְעָר; 바빌론의 옛 이름)은 아시리아보다 더 동쪽에 위치했다. 동쪽 끝에서도 남은 자들이 올 것이다. 하맛(חֲמָת)과 바다 섬들(מֵאִיֵּי הַיָּם)은 아시리아보다 더 북서쪽의 해안에 위치하고 있다. 북쪽 끝에서도 남은 자들이 온다. 즉, 동서남북 온 세상에 흩어져 있던 주의 백성들이 그날 한곳으로 모두 다 모일 것이다.

하나님이 백성들을 모으기 위하여 깃발을 꽂으신다(12절). 깃발/기호 테마는 49:22-26에서 더 상세하게 전개된다. 백성이 땅의 사방으로 흩어졌다는 것은 타국에서 귀양살이를 하고 있음을 전제한다. 이제 하나님이 그들을 모두 고향으로 돌아올 수 있도록 부르실 것이다. 남 왕국과 북 왕국이 파괴된 지 한참 후에 있을 일이다. 그때에는 이스라엘과 유다를 괴롭히는 자들이 더 이상 존재하지 않거나 힘을 쓰지 못한다. 하나님이 그렇게 하실 것이다.

(4) 이스라엘과 열방의 새로운 관계(11:13-16)

13 에브라임의 질투는 없어지고
유다를 괴롭게 하던 자들은 끊어지며
에브라임은 유다를 질투하지 아니하며
유다는 에브라임을 괴롭게 하지 아니할 것이요
14 그들이 서쪽으로 블레셋 사람들의 어깨에 날아 앉고
함께 동방 백성을 노략하며
에돔과 모압에 손을 대며
암몬 자손을 자기에게 복종시키리라
15 여호와께서 애굽 해만을 말리시고
그의 손을 유브라데 하수 위에 흔들어
뜨거운 바람을 일으켜 그 하수를 쳐
일곱 갈래로 나누어 신을 신고 건너가게 하실 것이라
16 그의 남아 있는 백성
곧 앗수르에서 남은 자들을 위하여
큰 길이 있게 하시되
이스라엘이 애굽 땅에서 나오던 날과 같게 하시리라

이스라엘과 유다가 더 이상 서로를 질투하지 않을 것이다(13절). 옛날처럼 둘이 합하여 한 나라가 될 것이기 때문이다. 또한 회복된 이스라엘과 유다가 메시아의 나라를 확장시키는 역할을 한다. 앞에서 메시아는 다윗의 후손으로 올 것이라고 했는데, 이 섹션에서는 옛적 다윗의 영화가 다시 이스라엘에게 임할 것이라고 한다. 선지자는 본문에서 다윗이 정복했던 나라들을 나열하며 이스라엘의 옛 영광을 회상하고 있는 것이다. 블레셋(cf. 삼하 5:17-25; 8:1), 동방 백성(cf. 삼하 10:6), 에돔(cf. 삼

하 8:14), 모압(cf. 삼하 8:2-13), 암몬(cf. 삼하 10-12장).

뿐만 아니라 새로운 출애굽 사건이 일어날 것이다(15-16절). 이미 과거에 있었던 첫 출애굽 사건이 앞으로 있을 제2의 출애굽 사건에 모델을 제시한다. 학자들은 "애굽 해만"(יָם־מִצְרַיִם)(15절)이 홍해를 뜻하는 것으로 해석한다. 본문에서 이집트(viz., 남쪽)뿐만 아니라 유프라테스 강(viz., 북쪽)이 언급되는 것은 새 출애굽 사건은 범세계적인 성향을 가질 것을 암시한다. 전에는 이스라엘이 이집트의 억압으로부터 탈출해 나왔지만, 새로운 출애굽이 시작되면 세상 곳곳에서 주의 백성이 몰려올 것이다. 또한 그 무엇도 제2의 출애굽을 막을 수 없다. 여호와의 손이 이 일을 이루실 것이기 때문이다. "이런 예언들이 있었기에 이스라엘 사람들은 몇 번 거듭된 나라의 파괴를 이겨내며 한 나라로 존재할 수 있었던 것이다"(Wright).

3. 구원을 이루신 하나님 찬양(12:1-6)

그동안 이사야는 하나님의 백성들의 타락과 부패를 낱낱이 고발해 왔다. 그럼에도 불구하고 하나님은 메시아를 통한 놀라운 구원의 약속을 선언하셨다. 이에 감격한 선지자는 하나님께 찬양을 드린다. 구원을 체험한 자들의 당연한 반응이다. 본문에서 선지자는 주님의 구원을 경험한 백성들에게 개인적 차원의 찬양과 공동체적 차원의 찬양을 드릴 것을 권면한다. 모티어(Motyer)는 본문에 대하여 다음과 같은 구조를 제시한다. 그러나 지나치게 세분화되어 있고, A'과 B' 사이에 구조에 포함되지 않은 텍스트가 있다는 것이 흠이다.

A. 선지자가 한 남자에게 말씀을 전함(12:1a)
  B. 남자의 구원에 대한 간증(12:1b)
    C. 감사: 하나님의 진노가 위로로 변함(12:1b)
      D. 구원의 노래(12:2)
A'. 선지자가 공동체에 말씀을 전함(12:3-4a)
  구원을 온 공동체가 즐거워함(12:3)
  공동체의 목소리 소개(12:4a)
  B'. 공동체의 자발적인 감사와 선포(12:4b-5)
    C'. 감사, 하나님과 교제, 선포(12:4b)
    D'. 하나님의 역사에 대한 찬송(12:5)
A". 선지자가 한 여자에게 명령: 이스라엘의 거룩하신 이를 찬송하라(12:6)

위 구조에 따르면 본문에서 사용되는 남성 단수(A)와 여성 단수(A")는 전체를 감싸고 있으며, 이 노래에 포괄적이고 총체적인 의미를 더한다. 모든 사람들(every individual)(1-2, 6절)과 온 공동체(whole community)(3-5절)가 구원의 즐거움과 선포에 함께한다. 위에 제시된 구조는 주해하는 데 있어 지나치게 세분화되어 있기 때문에 필자는 본 텍스트를 다음과 같이 두 파트로 나누어 주해할 것이다. (1) 개인적인 찬양(12:1-2), (2) 공동체적인 찬양(12:3-6).

이 노래는 하나님이 그 날에 이루실 구원에 대하여 남은 자들이 개인적인 차원에서, 또한 공동체적인 차원에서 감사하며 드리는 찬송시다(Beuken; cf. Westermann). 선지자는 11장에서 "그 날에"(בַּיּוֹם הַהוּא) 놀라운 일이 있을 것이라고 했는데, 여기서는 "그 날에"(בַּיּוֹם הַהוּא)(1, 4절) 주의 백성이 하나님께 드릴 찬송을 미리 알려준다. 전장(前章)에서 그 날은 과거의 출애굽 사건이 무색할 정도로 더 위대하고 놀라운 구원의 역사가 일어나는 날이었다(cf. 11:10-11).

과거의 출애굽 사건이 개인적인 차원의 감사찬송(cf. 출 15:1)과 공동체적인 차원에서 감사찬송(출 15:21)을 하게 한 것처럼 앞으로 다가올 구원 사역도 개인적인 차원(cf. 1-2절), 공동체적인 차원(4-5절)의 감사찬송을 불러일으킬 것이다. 이 찬송은 또한 6장과 연관이 있다. 1-2절은 6:1-7을 요약한 것이다. 하나님의 진노가 위로로 변하는 것(1절), 구원의 하나님을 의지하는 즐거움(2절)은 이사야 개인의 체험을 반영하는 듯하다. 하나님이 용서에서(6:7) 위임과 선포로(6:8 이후) 옮겨가시는 것처럼 본문에서도 구원의 우물에서 마시는 자들(3절)에서 하나님의 사역을 온 열방에게 알리라는 선포와 위임으로 옮겨간다(4-5절). 본문을 관찰해 보면 1-2절에서는 1인칭 단수가 3-5절에서는 2인칭 복수로 바뀐다. 구원을 받은 자(1-2절)가 공동체의 일원이란 것을 의미한다(3-5절). 이런 성향이 6장에도 감지된다. 6:5에 보면 이사야가 자신 개인의 죄를 고백하며 또한 죄인들 공동체의 한 사람이란 것도 고백한다.

I. 유다와 예루살렘에 선포된 심판과 구원(1:1–12:6)
7장. 구원과 회복(10:20–12:6)
3. 구원을 이루신 하나님 찬양(12:1–6)

(1) 개인적인 찬양(12:1-2)

1 그 날에 네가 말하기를
여호와여 주께서 전에는 내게 노하셨사오나
이제는 주의 진노가 돌아섰고
또 주께서 나를 안위하시오니
내가 주께 감사하겠나이다 할 것이니라
2 보라 하나님은 나의 구원이시라
내가 신뢰하고 두려움이 없으리니
주 여호와는 나의 힘이시며
나의 노래시며 나의 구원이심이라

"그 날이 오면…" 성경의 "그 날"이란 말 자체가 우리를 흥분시킨다. 그렇게 무시무시하던 심판이 멈추고 구원이 임하는 날이기 때문이다(1절). 하나님의 진노가 멈출 뿐 아니라, 주님의 위로가 주의 백성을 껴안는다. 하나님은 심판을 멈추고 일을 끝내시는 분이 아니다. 하나님은 심판을 멈추시는 동시에 은혜를 베푸신다. 원리적으로 말하면 하나님의 은혜의 강은 계속 흐르는데, 심판이 잠깐 이 은혜의 물을 막는 것뿐이다. 심판이 멈추는 순간 그 은혜의 봇물은 다시 터지는 것이다.

이 날은 하나님이 사람과 화해하는 날이다. 선지자도 이 같은 사실이 믿기지 않는다며 "보라!"(הִנֵּה)라는 감탄사로 2절을 시작한다(cf. Smith). 하나님과 인간 사이의 화해는 우리가 하나님께 가까이 가고자 원해서 이루어지는 것이 아니라, 하나님이 우리에게 가까이 오실 때 이루어진다. 그러나 모든 사람이 하나님의 구원을 누리는 것은 아니다. 선지자는 2절에서 구원을 체험하는 사람들의 성품을 나열한다. (1) 그들은 하나님을 의뢰한다, (2) 그들에게는 더 이상 두려움이 없다, (3) 그들은 하나님이 자기의 힘이라고 고백한다, (4) 그들은 하나님을 노래한다. 이 네 가지를 감싸고 있는 것이 2절을 시작하는 "하나님은 나의 구원이시라"와 마무리하는 "〔여호와는〕 나의 구원이심이라"이다. 이 문장들이 일종의 수미쌍관 구조를 이루어 구원에 이를 자들의 성품을 감싸고 있다.

Ⅰ. 유다와 예루살렘에 선포된 심판과 구원(1:1-12:6)
7장. 구원과 회복(10:20-12:6)
3. 구원을 이루신 하나님 찬양(12:1-6)

(2) 공동체적인 찬양(12:3-6)

3 그러므로 너희가 기쁨으로
구원의 우물들에서 물을 길으리로다
4 그 날에 너희가 또 말하기를
여호와께 감사하라
그의 이름을 부르며

그의 행하심을 만국 중에 선포하며
그의 이름이 높다 하라
5 여호와를 찬송할 것은 극히 아름다운 일을 하셨음이니
이를 온 땅에 알게 할지어다
6 시온의 주민아 소리 높여 부르라
이스라엘의 거룩하신 이가 너희 중에서 크심이니라 할 것이니라

찬양과 연관된 인칭이 단수(1-2절)에서 복수(3-5절)로 변하고 있다. 선지자는 주의 백성이 구원의 우물들에서 물을 긷게 될 것이라고 하는데(3절), 물은 출애굽 사건과 깊은 연관이 있는 주제다. 이스라엘이 건넌 홍해 바다, 그들이 지나간 마라의 물(출 15:22-24), 엘림의 물(출 15:27), 또한 그들이 마신 반석에서 나온 물(출 17장) 모두 하나님의 구원 사역과 연관된 것들이다.

선지자는 하나님의 구원을 경험한 사람들이 어떻게 반응해야 하는가도 알려준다(4절). 그는 명령문들을 사용하여 권면한다. (1) 〔구원에〕 감사하라, (2) 그의 이름을 부르라, (3) 그의 행하심을 만국 중에 선포하라, (4) 그 이름이 높다 하라. 선지자는 하나님의 이름에 대하여 두 번이나 명령하고 있는 것이다. 우리가 해야 할 일은 하나님이 하신 일만 전할 것이 아니라 그의 이름도 알려야 하는 것이다. 그의 이름을 알린다는 것은 그가 어떤 분이신지를 알리는 것이다. 구약에서는 이름이 그 사람의 모든 것을 나타내는 것으로 이해된다. 그러므로 하나님의 이름을 알리는 것은 그분에 대하여 알고 있는 것들을 전달한다는 뜻이다. 이것이 교회의 사명이자 구원을 경험한 성도들의 사명이다. 하나님이 어떤 분이신가를 알려야 한다. 그렇게 하기 위해서는 우리가 먼저 하나님에 대하여 배워야 한다.

구원을 경험한 사람들은 하나님을 찬양한다(6절). 그들의 입술에 있는 노래는 의무감에서 나온 것이 아니다. 하나님이 "극히 아름다운 일"

(5절)을 하신 것에 대한 합당한 반응일 뿐이다. 즉, 찬송도 우리가 스스로 하는 것이 아니라 하나님의 역사에 대한 자연스런 반응이다. 기도도 성령님의 도우심 없이는 하지 못한다. 찬송과 기도를 포함한 우리 신앙생활의 모든 것이 하나님의 은혜이다.

이 찬양은 6절에서 절정에 달한다. 하나님이 누구시며, 무엇을 하셨는지를 찬양하라고 명령하다가 여기서는 "그가 너희 중에 함께하심"에 대해 찬양하라고 한다. 비록 히브리어 표현은 다르지만, 7장에서부터 몇 차례 사용되었던 "임마누엘"과 같은 개념이다(Childs). 이 세상 그 무엇보다도 소중한 것이 여호와께서 우리와 함께하심이 아니겠는가? 그러므로 우리 중에 계신 하나님은 우리의 찬송을 받으시기에 합당하신 분이시다.

II. 열방 심판
(13:1-23:18)

선지자는 1-12장을 통해 언젠가는 열방이 하나님이 계시는 시온으로 몰려와 주님의 율법을 배울 것이라고 했지만, 초점은 이스라엘과 유다의 왕이신 여호와께서 자기 백성을 어떻게 심판하실 것인가에 맞추었다. 이 섹션(13-23장)에서도 시온에 계신 왕에 대한 언급은 계속된다. 이러한 현상은 때로는 그가 거처하는 도시 시온에 대한 예언(14:32; 18:7 등)으로, 때로는 다윗 계보를 통하여 오실 메시아와 여호와의 직접적인 통치(14:29; 16:5 등)에 대한 예언으로 유지된다. 이 같은 차원에서 1-12장과 13-23장은 맥을 같이하고 있다. 그러나 앞 섹션(1-12장)이 이스라엘을 심판하시는 하나님이 중심 주제였다면, 본 섹션(13-23장)은 열방을 심판하시는 하나님이 중심 주제다. 여호와가 아직도 이스라엘의 왕이시지만, 이 텍스트에서 부각되는 것은 열방의 통치자이자 주권자인 하나님이신 것이다.

이스라엘의 통치자가 열방을 다스리시는 하나님이라는 사실이 본문을 형성하고 있는 열방 심판(Oracles Against Nations = OAN; 13-23장)의 핵심 메시지다. 이 같은 가르침은 벌써 1-12장(특히 6장 이후)에서 누누이 강조되어 왔다. 아시리아에 대한 심판 선언(10:5-15)은 이 사실을 확실하게 한다. 또한 책의 첫 부분과 이 섹션이 계속 제시하는 도전은 "누구를 의지할 것인가"에 관한 것이다. 주의 백성은 잔잔히 흐르는 실로아의 물과 같은(cf. 8:6) 왕이신 여호와를 의지할 것인가, 아니면 소용돌이치며 흐르는 유프라테스 강물(cf. 8:7; 아시리아 = 열방의 상징)을 의지할 것인가? 아하스는 열방을 의지했다(cf. 7장). 본문은 그의 결정이 얼마나 어리석은 것이었는가를 잘 드러내 주고 있다. 또한 앞으로 소개될 믿음의 왕 히스기야(36-37장)의 결정이 얼마나 현명한 것인가도 암시한다.

이 섹션(13:1-23:18)의 구조를 파악하는 것은 어렵지 않다. "신탁/말씀"(מַשָּׂא)이라는 단어가 총 10차례 사용되어 각 신탁의 범위를 정해주고 있기 때문이다.[1] 본문을 구성하고 있는 10개의 OAN 중 처음 다섯 개는 역사 속에서 확인할 수 있는 구체적인 민족들에 대한 것이다. 바빌론(13:1-14:27);[2] 블레셋(14:28-32); 모압(15:1-16:14); 시리아(17:1-18:7); 이집트(19:1-20:6). 그 다음 네 개는 베일에 가려진 듯한 나라와 민족들에 대한 것이다. "해변 광야"(바빌론?)(21:1-10), "침묵"(에돔?)(21:11-12), "저녁"(아라비아?)(21:13-17),[3] "환상 골짜기"(예루살렘?)(22:1-25). 그래서 학자들 사이에 이 신탁들이 정확히 어느 나라를 상대로 선포된 것이며, 각 OAN의 범위가 어디까지인가에 대한 의견이 분분하다(cf. Clements; Sweeney; Childs; Smith). 마지막 것은 다시 구체적인 민족/나라에 관한 것으로서 두로(23:1-18)이다.

선지자가 실제의 나라와 민족들에 대한 메시지로 OAN섹션의 전반

---

1 14:28에서 이 단어가 한 번 더 사용되지만, 그곳에서는 이 히브리어 단어의 원래 의미인 "무게/짐"이란 뜻으로 사용된다. 선지자들이 자신의 메시지를 이 명사로 부를 때에는 "목소리를 높이는 것"이라는 의미로 이해된다(Wildberger).

2 한 주석가는 14:28-32을 시작하는 문구가 스타일에 있어서 13:1-14:27을 시작하는 것과 현저한 차이를 보인다 해서 이 부분을 훗날 첨부된 것이라고 하기도 한다(Sweeney). 그러나 내용에 있어서는 바빌론에 대한 것이 확실하므로 전체를 하나로 다루는 것이 바람직하다.

3 많은 학자들이 아라비아라는 이름에 대하여 의문점을 제기한다. 델리츠(Delitzsch)와 모티어(Motyer)는 이 단어를 '저녁'으로, 그러나 빌드버거(Wildberger)는 '광야'로 해석한다. 전체적인 흐름을 볼 때 일단은 구체적인 지명 "아라비아"는 아닌 것 같다(cf. 주해).

부를 시작해서 비밀스럽고 신비롭기까지 한 민족과 나라들에 대한 메시지로 후반부를 이끌어가는 것은 아마도 24장에서부터 전개될 "묵시적인 메시지"를 준비하는 듯하다. 이 같은 흐름 속에서 마지막으로 다시 선지자 시대에 실제로 존재했던 나라인 두로가 언급되는 것은, 이 섹션이 먼 미래에 관한 내용도 포함하고 있지만, 기록된 모든 일이 분명히 역사 속에서 사람들에게 현실로 다가올 것임을 강조하기 위해서다. 역사를 주관하시는 하나님이 그렇게 하실 것이기 때문이다.

물론 10개의 OAN를 따로 다루지 않고 다음 섹션의 일부를 이 섹션에 포함하는 학자들도 있다. 모티어(Motyer)가 대표적인 예다. 그는 두로(23:1-18)를 자신이 구상한 세 사이클(cycle) 중 두 번째 사이클에 포함하고, 24-27장과 연결하여 다음과 같은 구조를 제시한다.

Cycle A	Cycle B	Cycle C
대상: 바빌론 성경: 13:1–14:27 내용: 정치적 파괴	대상: "해변 광야" 성경: 21:1–10 내용: 종교적 파괴	대상: 비어 있는 도시 성경: 24:1–20 내용: 허물어진 법(5)과 문들(12)
대상: 블레셋 성경: 14:28–32 내용: 다윗 같은 왕이 시온을 통치함	대상: "침묵" 성경: 21:11–12 내용: 현재 모습으로 지속되는 세계	대상: 시온의 왕 성경: 24:21–23 내용: 여러 날 후
대상: 모압 성경: 15:1–16:14 내용: 곤경에 빠진 모압의 교만	대상: "저녁" 성경: 21:13–17 내용: 광야 사람들의 어려움	대상: 커다란 잔치 성경: 25:1–12 내용: 모압을 제외한 모든 나라들이 시온 잔치에 참여
대상: 다마스크스/에브라임 성경: 17:1–18:7 내용: 강한 도시들이 파괴됨(9), 반석이 잊혀짐(10)	대상: 환상 골짜기 성경: 22:1–25 내용: 도시가 파괴됨 (10)	대상: 하나님의 성읍 성경: 26:1–20 내용: 강한 도시(1), 영원한 반석(4)
대상: 이집트 성경: 19:1–20:6 내용: 이집트, 아시리아, 이스라엘이 동등하게 간주됨	대상: 두로 성경: 23:18 내용: 하나님께 드려진 거룩함	대상: 최종적 회복 성경: 27:1–13 내용: 이집트와 아시리아의 회복

표면적으로 보았을 때 위 구조는 상당히 매력적이다. 그러나 대부분 학자들은 24-27장을 이 섹션에 포함하는 것에 대하여 부정적이다(cf. Childs; Clements). 24-27장의 내용이 OAN과 전혀 상관이 없기 때문이다. 또한 모티어는 21-23장을 지나치게 묵시적으로 해석한다.

이사야뿐만 아니라, 여러 선지자들이 열방에 대하여 심판을 선포한다. 예레미야 46-51장, 에스겔 25-32장, 아모스 1-2장 등도 모두 OAN이라 할 수 있다. 또한 요나와 나훔도 아시리아를 상대로 메시지를 선포했다. 이처럼 열방에 대하여 심판을 선언한 선지자들은 많지만, 각 선지자가 선포한 OAN은 내용에서 확연한 차이를 보인다. 또한 비난을 받는 나라들의 순서도 모두 다르다. 선지자들이 각각 전하고자 하는 메시지에 따라 비난 받는 나라들의 순서가 정해지기 때문이다. 이사야의 경우 10개의 OAN은 바빌론(13장)에서 시작하여 두로(23장)로 끝이 난다. 그러나 이 둘 사이에 언급된 나라들의 순서는 정해진 원리를 따르는 것으로 보이지는 않는다(Tucker). 그럼에도 불구하고 이 목록에서 우리는 다음과 같은 메시지를 생각할 수 있다.

첫째, 이스라엘의 관점에서 볼 때 바빌론은 가장 동쪽, 곧 해 뜨는 곳에 위치한 주요 국가였다. 지중해 연안에 위치한 두로는 가장 서쪽(바닷가), 곧 해 지는 곳에 위치한 나라였다. 여호와의 심판이 동쪽에서 서쪽까지, 혹은 해 뜨는 곳에서 해 지는 곳까지 임할 것을 뜻한다. 여호와는 이스라엘의 하나님이시며, 열방의 창조주와 통치자도 되시기 때문이다.

둘째, 바빌론은 온 열방의 눈부신 문명과 영광의 상징이었다. 물론 이사야 시대에 고대 근동의 주권자는 아시리아였다. 그러나 아시리아는 항상 문화적으로 바빌론에 뒤졌다. 이런 이유에서 아시리아는 바빌론을 점령하고도 상당한 자유를 주어 자체적 통치를 허락했을 뿐만 아니라, 아시리아의 디글랏(Tiglath-pileser III)은 "바빌론의 왕"으로 즉위하기 원했다. 즉 인간이 누릴 수 있는 영광과 화려한 문명의 상징으로는 바빌론이 훨씬 더 유력했던 것이다. 반면에 두로는 상업과 교역의 상징이었다. 두로는 지중해와 인접한 항구 도시였으며, 당시 큰 상선들을 바다에 띄워 아프리카에서 유럽까지 왕래하며 무역을 했다. 그러므로 이사야는 바빌론으로 시작한 열방 심판을 두로로 마침으로써 세상의 가장 위대하고 영화로운 문명(바빌론)도, 또한 위대한 상업주의(두로)도 모두 하나님의 심판을 받을 날이 올 것을 경고하고 있는 것이다. 이 두 도시가 이와 같은 상징적인 의미로 사용되었음이 역력히 드러나는 곳이 요한계시록 17:1-6이다. 요한은 이 말씀에서 분명 위대한 문명 바빌론의 멸망을 말하고 있지만, 실제의 내용은 바빌론에 관한 것이 아니라, 상업주의의 상징인 두로에 관한 것이다. 그러므로 학자들은 요한이 요한계시록에서 바빌론과 두로를 하나로 축약해서(compress) 사용하고 있다고도 한다(Oswalt).

셋째, 이사야가 비난하고 있는 신(新)바빌론은 참으로 화려하고 찬란한 제국이었지만, 다른 군주국들에 비해 매우 짧은 기간에 쇠퇴했다. 바빌론이 아시리아에 반역을 일으켜 독립을 선언했을 때가 주전 625년이었다. 그후 약 15년 만에 고대 근동의 군주로 자리를 잡았지만, 불과 70년 만에 고레스와 페르시아의 손에 멸망했다. 바빌론 제국은 100년도 지속되지 못한 것이다. 반면에 지중해 연안에 위치한 도시국가 두로는 국가의 반은 뭍에 위치했지만, 반은 뭍에서 몇 백 미터 떨어진 섬에 위치한 독특한 지형 때문에 매우 오랫동안 존속된 나라이기도 했다. 적들이 침략해 오면 뭍에 있던 도시를 그들에게 내 주고 섬으로 들어가 침략자들이 떠날 때까지, 혹은 납득할 만한 협상안을 제시할 때까지 버티어 냈던 것이다. 이 기간 동안 그들은 아프리카와 유럽으로 상선들을 띄워 무역을 계속했기 때문에 뭍으로 나오지 않아도 섬에서 상당 기간을 버틸 수 있었다. 그러므로 이 두 나라는 잠시 화려하게 있다 사라질 나라(바빌론)도, 화려하거나 위대하지는 않지만 오랜 세월 동안 지속된 나라(두로)도 모두 하나님의 주권 아래 있음을 암시한다.

선지자들이 열방에 대하여 하나님의 심판을 선포했지만, 정작 그들은 이 메시지를 누구에게 선포했는가? 비난의 대상이 되고 있는 열방에게 들으라고 선포한 것인가? 아니다. 가나안에 위치한 초라한 나라 이스라엘 사람들이 믿는 여호와 종교의 선지자들이 자기 나라에 대하여 신탁을 선포할 때마다 그 메시지를 귀담아 듣고 회개할 나라는 없을 것이다. 그러므로 선지자들은 열방에게 들으라고 OAN을 선포한 것이 아니다. 주의 백성이 들으라고 메시지를 선포했던 것이다. 그렇다면 왜 선지자들은 이스라엘 사람들에게 OAN을 선포하는가? 여러 가지 신학적인 이유가 있다. 첫째, 여호와는 분명 이스라엘의 하나님이시지만, 동시에 온 세상을 창조하시고 다스리시는 하나님이심을 강조하기 위해서다(cf. Seitz). 자칫 잘못하면 여호와를 이스라엘의 수호신 정도로 생각할 수 있는 폐단을 막고, 위대하신 하나님이 세상의 모든 능력 있는 민족을 마다하고 그들을 선택하신 은혜를 부각시킨다. 둘째, 하나님의 백성이 번성하는 것을 싫어하는 열방이 심판을 받는 것은 곧 이스라엘의 회복과 부흥에 대한 보증수표라 할 수 있다. 이스라엘을 훼방하는 열방이 망하는 것은 곧 이스라엘의 재기와 연관이 있기 때문이다. 셋째, 하나님이 범죄한 이스라엘을 치기 위하여 열방을 들어 쓰셨지만, 때가 되면 하나님이 들어 쓰신 열방도 심판을 받을 것을 선언한다. 하나님이 악의 세력을 들어서 주의 백성을 징계하셨지만, 주님이 사용하신 악의 세력도 잔인성과 폭력에 대한 심판을 피할 수 없다는 것이다.

이와 같은 OAN에 대한 전반적인 의미 외에도 이사야서 안에서 OAN은 몇 가지 추가적인 의미를 지녔다. 첫째, 장차 태어날 임마누엘 아이가 열방의 통치자로 군림하는 이상을 보여주기 위함이다(Delitzsch). 이미 언급한 것처럼 7-11장은 아이 테마로 연결되어 있는데, 선지자는 이 아이가 이스라엘뿐만 아니라, 온 세상을 다스리실 분이심을 선포하기 위해서 열방에 대한 심판을 선언하고 있는 것이다. 둘째, 아시리아의 교만(10:5-34)을 확대시킨 것이 OAN이다(Young). 교만한 아시리아는 이스라엘을 미워하고 침략하는 세상 모든 국가들의 상징이다. 그러므로 선지자는 언젠가는 하나님이 이 모든 나라들의 교만을 꺾으실 것을 선언하고 있는 것이다.

셋째, OAN은 열방에 대한 심판보다는 이스라엘이 하나님을 의지할 때 그에게 임할 구원에 대한 선포다(Erlandsson). 지금이라도 이스라엘이 그들의 하나님 여호와께 돌아오면, 하나님이 미워하시고 또한 그들이 미워하는 열방을 심판하셔서 이스라엘이 평화를 누리게 하시겠다는 의미를 지닌 것이다. 넷째, 선지자는 7-11장에서 두 개의 중요한 질문을 제시했다. "하나님이 과연 열방의 능력과 권력에서 이스라엘을 구원하실 수 있는가? 하나님은 정말로 이스라엘을 11장에 묘사된 모습으로 회복시킬 수 있는 분인가?" 이런 정황에서 13-23장은 이 질문들에 대하여 "당연하다!"라는 확실한 대답을 하고 있다(Oswalt). OAN은 이스라엘이 하나님을 의지하도록 위로와 권면을 염두에 두고 기록되었다는 것이다. 이사야의 OAN은 다음과 같이 10부분으로 구분된다.

1. 바빌론과 왕(13:1-14:27)
2. 블레셋(14:28-32)
3. 모압(15:1-16:14)
4. 시리아와 에티오피아(17:1-18:7)
5. 이집트(19:1-20:6)
6. 해변 광야(21:1-10)
7. 두마(21:11-12)
8. 아라비아(21:13-17)
9. 환상의 골짜기(22:1-25)
10. 두로(23:1-18)

1장. 바빌론과 왕(13:1-14:27)

II. 열방 심판(13:1–23:18)
1장. 바빌론과 왕(13:1–14:27)

1. 서론: 하나님이 교만을 심판하심(13:1-16)

이 섹션의 역사적 정황에 대하여 학자들 사이에 많은 추측이 존재한다. 본문이 아시리아와 바빌론 사이에 있었던 주전 729년 전쟁을 배경으로 하고 있다고 하고(Hayes & Irvine), 선지자가 주전 720년경에 바빌론에 대하여 선포한 것이 710년경에 아시리아의 침략으로 성취된 것이라고도 한다(Watts). 또한 바빌론이 유다와 아시리아를 친 후에(13:1-16), 페르시아의 침략을 받아 멸망한 이야기라고 해석하는 학자도 있다(Clements). 비록 본문이 바빌론을 언급하고 있지만, 실제로 이 예언은 아시리아에 관한 것이라는 주장도 있다(Erlandsson).

이사야 선지자 시대에는 아직 군주로 군림하지 못하고 슈퍼파워(Superpower) 아시리아의 그늘에 가려진 또 하나의 잠재적인 슈퍼파워 바빌론과 왕에 대한 내용이다. 바빌론은 선지자의 시대로부터 약 100년 후에 고대 근동의 최강자로 군림한다. 또한 남 왕국 유다는 바빌론의 손에 망하게 되고 사람들은 그곳으로 끌려갈 것이다. 남 왕국을 대상으로 사역하는 이사야는 당시 북 왕국 이스라엘을 파멸에 이르게 한 아시리아보다 미래에 남 왕국 유다를 멸망에 이르게 할 바빌론에 더 큰 관심을 쏟고 있다.

한 주석가(Motyer)는 본 텍스트에 대하여 매우 짜임새 있는 구조를 제시하지만, 통일성 있는 구조를 파악하기는 상당히 어렵다. 각 섹션이 다루는 내용을 요약하면 다음과 같이 구분될 수 있다.

서론: 하나님이 교만을 심판하심(13:1-16)

1. 하나님의 군대(13:1-5)

2. 여호와의 날(13:6-16)

A. 바벨론이 파괴됨(13:17-22)

B. 이스라엘이 회복됨(14:1-4a)

B'. 바벨론 왕의 몰락(14:4b-23)

A'. 아시리아의 파괴(14:24-27)

(1) 하나님의 군대(13:1-5)

1 아모스의 아들 이사야가 바벨론에 대하여 받은 경고라
2 너희는 민둥산 위에 기치를 세우고
소리를 높여 그들을 부르며
손을 흔들어 그들을 존귀한 자의 문에 들어가게 하라
3 내가 거룩하게 구별한 자들에게 명령하고
나의 위엄을 기뻐하는 용사들을 불러
나의 노여움을 전하게 하였느니라
4 산에서 무리의 소리가 남이여
많은 백성의 소리 같으니
곧 열국 민족이 함께 모여 떠드는 소리라
만군의 여호와께서 싸움을 위하여
군대를 검열하심이로다
5 무리가 먼 나라에서,
하늘 끝에서 왔음이여
곧 여호와와 그의 진노의 병기라
온 땅을 멸하려 함이로다

선지자가 13-23장에서 10번 사용하는 "신탁"(מַשָּׂא)이 처음 등장하고 있다(1절). 우리말 번역본들은 "경고"(개역, 개역개정), "엄한 경고"(새번역), "선언"(공동)으로 번역하고 있다. 이사야 시대에는 바빌론이 국제적인 정치 세력이 되지 못했음을 근거로 많은 학자들이 이 예언이 포로후기 시대에 삽입된 것으로 주장한다(Wildberger; Tucker). 그러나 그렇게 생각할 필요는 없다(cf. Roberts). 이사야 시대에 바빌론의 위상이 많이 위축된 것은 사실이나 옛날부터 바빌론은 고대 근동의 국제 정세에 중요한 영향력을 발휘해 왔다. 이사야와 같이 역사의식이 투철한 선지자가 이 사실을 모를 리가 없다. 또한 그가 히스기야에게 장차 바빌론이 유다를 멸망에 이르게 할 슈퍼파워가 될 것을 예언하는 것(39장)을 감안하면 큰 설득력이 없는 주장이다.

선지자 시대에는 아시리아가 국제무대에서 군주로 군림하고 있지만, 이사야는 이미 그들의 멸망을 예언했다(10장). 그렇다면 선지자는 멸망할 아시리아의 대를 이어 고대 근동의 군주로 자리매김할 나라가 어디일까에 대하여 예언하고 있을 뿐이다. 자기 백성을 멸망에 이르게 할 미래의 강대국을 파악하고 있는 선지자의 역사의식을 생각해 보라. 사역자는 역사의 주인이신 하나님이 주시는 통찰력으로 역사의 흐름을 읽을 수 있도록 노력해야 한다. 그래야 성도들에게 미래에 대한 하나님의 계획을 정확하게 전할 수 있다.

하나님은 바빌론을 상대로 전쟁을 선포하신다. 벌거숭이 산에 깃발을 세우고 소리를 높여 군인들을 모집하신다(2절). 벌거숭이 산에서 일어나는 일은 가려져 있지 않기 때문에 모든 사람이 볼 수 있다. 게다가 그 산에 깃발까지 세운다는 것은 세상 모든 사람이 볼 수 있도록 드러내 놓고 이 일을 하실 것을 선언하시는 것이다. 바빌론을 멸망시키려고 군대를 모으는 일은 그 어떤 거리낌도 없고 부도덕한 일도 아닌 떳떳한 것이라는 사실을 암시한다. 바빌론이 억울한 심판을 받게 될 것이 아니라, 자신들이 한 행위에 대해 정당한 응징을 받게 될 것을 전제하고 있는 것이다. 우리의 사역도 모든 사람이 볼 수 있도록 투명한, 동시에 온 세상에 경고가 되는 사역이 되었으면 좋겠다.

하나님이 군대를 동원하는 일을 묘사하고 있는 2-3절에서 사용되는 동사들은 모두 2인칭 남성 복수 명령형이다. 또한 선지자가 제시하는 이미지는 마치 여호와께서 미리 사람들을 여러 곳에 배치해 놓으신 듯한 느낌을 준다. "이미 내가 거룩하게 구별한 자들"(3절)과 그들의 사기가 높다는 것 역시 여호와의 치밀한 계획을 암시한다. 여호와께서 하시는 일은 항상 치밀한 계획과 준비 속에 이루어질 것을 생각하게 한다. 우리의 사역도 많이 준비할수록 하나님이 확실하게 사용하실 것이다. 우리는 종종 "주님은 준비된 종을 쓰신다"는 말을 서로에게 하지 않는가!

이 군대는 여호와께서 직접 징병하셨다. 이 사실을 강조하기 위하여 선지자는 4절에서 신적(神的) 1인칭("I")을 사용하고 있다. 이 군대는 "여호와의 군대"(5절)이며 그가 직접 이 군대를 검열하신다. 또한 이 군대는 여호와께서 "구별한 사람들"로 구성되어 있다. 여기에서 "구별"(קדשׁ)은 윤리적인 차원보다는 '분리/차별화'를 의미한다. 이들은 전쟁을 위하여 특별히 예비된 자들인 것이다.

물론 이 군대에 속한 군인들이 이 사실을 의식하는 것은 별개 문제다. 이미 10장에서 언급한 것처럼 하나님이 아시리아를 사용하여 주의 백성을 치셨지만, 아시리아는 이 사실을 인정하지 않았을 뿐만 아니라 깨닫지도 못했다(cf. 10:6-7). 그럼에도 불구하고 하나님이 그들을 들어 쓰신 것이다. 또한 나중에 하나님이 페르시아의 왕 고레스를 종으로 들어 쓰시는데(cf. 45:4-6), 고레스는 이 사실을 의식하지 못했을 것이다. 이런 일이 가능한 것은 열방은 여호와를 알지도 못하고 인정하지도 않지만, 그분이 온 세상의 창조주이자 통치자라는 사실에는 변함이 없기 때문이다.

하나님이 군대를 징병하시는 목적은 교만한 자들을 벌하기 위해서다. "존귀한 자의 문"(פִּתְחֵי נְדִיבִים)(2절)이 거대하고 압도적인 바빌론의 성문들을 뜻한다는 해석도 있지만(Hayes & Irvine), 사회의 지도자들을 의미하고 있다는 것이 더 정확하다(Smith; cf. HALOT). 선지자는 이 존귀한 자들이 여호와를 분노케 했다고 한다. 그들은 어떻게 여호와를 분노하게 했는가? 이사야는 2장에서 이미 하나님이 교만한 자들을 어떻게 생각하시는가를 밝힌 적이 있다. 3절을 정확하게 해석하는 것은 쉽지 않지만(개역개정과 공동번역 대조; cf. NIV; NRS; NAS), 전반적인 의미는 하나님이 세상의 교만을 심판하신다는 경고다. 또한 하나님은 1장에서 이스라엘의 지도자들을 "나의 원수들"로 표현하셨다. 우리는 교만한 사람은 바빌론 사람들뿐만 아니라, 심지어 주의 백성의 지도자들마저 하나님의 원수가 될 수 있다는 사실을 마음에 새겨야 한다.

새번역은 2, 14, 17절에 "바빌론"을 삽입하지만 히브리어 텍스트에는 없다. 물론 지금 이 예언이 바빌론에 관한 것이기 때문에(cf. 1절) 이런 번역이 가능하지만 좋은 번역은 아니다. 선지자가 이처럼 바빌론에 대하여 한 번 언급하고 더 이상 이 나라에 대하여 말하지 않는 것은 이 신탁의 범위가 범세계적이기 때문이다. 그래서 저자는 의도적으로 19절에 이르기까지 바빌론을 언급하지 않는다. 때와 장소를 초월해서 언제든지 교만한 자들이 있는 곳에는 이 말씀이 경고음으로 울려야 할 것이다(cf. Kaiser).

일부 학자들은 본문을 여호와께서 아시리아를 치시려고(Clements), 혹은 이스라엘을 치시려고(Wildberger) 바빌론을 부르시는 것으로 해석하지만, 주님이 세상의 교만한 자들(지도자들)을 심판하시기 위하여 세계 곳곳에서 군사를 징집하는 모습이 묘사되고 있다(4절). 하나님의 부르심을 받고 온 열방에서 군대가 몰려든다. 심지어 "먼 나라, 하늘 끝"(מִקְצֵה הַשָּׁמָיִם)(5절)에서도 온다. 범세계적 군대가 집결하고 있음을 뜻한다. 또한 이들이 웅성거리는 소리를 강조하는 것(4절)을 감안하면 대단한 규모의 군대다. 세상의 그 어느 민족과 나라도 결코 여호와께서 모으신 군대의 상대가 될 수 없음을 경고한다.

그들이 어디에서 모이는가? 이 군대가 바빌론 침략을 목적으로 형성된 군대이기에, 바빌론의 문 앞이라고 할 수 있는 티그리스 강어귀의 자그로스 산맥(Zagros)이라는 해석이 있다(Oswalt). 그러나 선지자가 범세계적인 규모의 전쟁을 언급하고 있는 점을 감안하면, 꼭 그 지역에 제한할 필요는 없다. 시온 산이 더 설득력 있다(Motyer). 성경, 특히 시편에서는 하나님이 이스라엘을 특별히 구분하여 사랑하신다는 것 때문에 주의 백성이 열방의 미움을 받게 된 사실을 자주 언급한다. 그래서 열방은 이스라엘의 하나님이 계시는 시온을 침략하여 정복하기 위하여 이 도성을 포위한다. 그런데 이번에는 열방이 여호와 편에 서서 싸우기 위하여 시온을 "포위"하고(viz., 모여듦) 있다. 선지자가 강조하고자 하는 것은 이 모든 일이 여호와의 명령에 따라 진행된다는 사실이다. "여호와와 그의 진노의 병기라"(5절)는 이 열방 군대가 여호와의 진노의 무기로 사용되고 있음을 뜻하며 심판을 주도하시는 분이 여호와이심을 강조한다. 온 세상에 대한 여호와의 주권이 또 한 번 강조되고 있다.

Ⅱ. 열방 심판(13:1–23:18)
1장. 바빌론과 왕(13:1–14:27)
1. 서론: 하나님이 교만을 심판하심(13:1–16)

(2) 여호와의 날(13:6-16)

하나님이 바빌론(세상)을 심판하시는 날, 구약 선지자들이 자주 언급하는 "여호와의 날"(יוֹם יְהוָה)이 임한다(6절). 성경에서 이 표현이 사용되기는 이곳이 처음이다. 물론 여호와의 날을 "그 날" 혹은 "마지막 때" 등으로 다르게 표현하는 경우는 있지만(cf. 2:2), 이 표현이 사용되기는 이곳이 처음이다. 교만한 자들에게 임하는 "여호와의 날"이 어떤 날인가를 설명해 주는 이 섹션은 여호와의 날의 몇 가지 면모를 암시해 준다. (1) 슬픔과 공포의 날(13:6-8); (2) 자연이 파괴되는 날(13:9-10), (3) 악과 교만이 심판 받는 날(13:11-16).

II. 열방 심판(13:1–23:18)
1장. 바빌론과 왕(13:1–14:27)
1. 서론: 하나님이 교만을 심판하심(13:1–16)
(2) 여호와의 날(13:6–16)

① 슬픔과 공포의 날(13:6–8)

6 너희는 애곡할지어다
여호와의 날이 가까웠으니
전능자에게서 멸망이 임할 것임이로다
7 그러므로 모든 손의 힘이 풀리고
각 사람의 마음이 녹을 것이라
8 그들이 놀라며 괴로움과 슬픔에 사로잡혀
해산이 임박한 여자같이 고통하며
서로 보고 놀라며 얼굴이 불꽃 같으리로다

"전능자에게서 〔온〕 멸망"(שֹׁד מִשַּׁדַּי)("shod mishshaddai")은 שׁ(sh)와 ד(d) 소리에 근거한 언어유희(pun)이자 유음(assonance)이다(cf. 욜 1:15; 겔 1:24 등). "전능자"(שַׁדַּי)는 "모든 일을 할 수 있는 자"라는 뜻이며, 하나님의 무한하신 능력을 강조하는 이름이다. 그분의 능력은 인간의 것과 다르며, 인간이 가장 연약할 때 가장 강하게 나타난다(Motyer). 그러므로 우리가 연약함을 고백하는 것은 우리의 약점을 드러내는 일이기보다는 전능자의 능력이 온 세상에 드러나게 하는 일이라 할 수 있다.

전능자의 능력이 세상에 드러날 시간이 임박할수록 사람들의 손의 힘이 풀리고, 마음이 녹을 것이라고 한다(7절). 성경에서 자주 "손"(יָד)은 사람의 외부적인 행동을, "마음"(לֵבָב)은 사람의 깊은 묵상을 뜻하는 데 사용된다. 여호와의 날이 임하면 사람이 내적-외적으로, 즉 총체적으로 넋을 잃는 현상을 설명하고 있다. 공포와 괴로움에 사로잡힌 사람들이 겪는 고통은 마치 해산하는 여인의 고통과 같을 것이다(8절). 일반적으로 해산의 고통은 생명 탄생을 위한 소망적인 고통이지만, 여기서는 생명 탄생과 상관없는 이 사람들이 당할 고통의 수위만을 강조한다. 해산의 고통은 인간이 경험할 수 있는 가장 큰 고통 중 하나다. 이 날 사람들은 엄청난 고통을 당하게 될 것을 암시한다.

이런 고통을 경험하는 사람들이 모두 놀라 서로 쳐다보고 공포에 질린다(8절), 혹은 "두려워하며 땀을 뻘뻘 흘린다"(Kaiser). 그동안 수없이 경고를 받았음에도 불구하고 하나님을 따르기를 거부했거나 보류했던 사람들이 자신들의 우유부단함(indecision)과 자신들이 얼마나 엉뚱한 것을 의지해 왔는가를 의식하면서 괴로워하는 것이다(Oswalt).

선지자 시대에 여호와의 날을 기다렸던 사람들이 많았다. 그들은 그 날이 오면 자신들에게는 오직 하나님의 위로와 회복만이 찾아올 줄 알았다. 이런 상황에서 아모스 선지자처럼 이사야도 여호와의 날은 두려운 날이라는 사실을 강조하고 있다(cf. 2장; 암 5:18-20). 우리 그리스도인은 흔히 예수님이 다시 오실 날을 소망하며 산다고 고백한다. 그러나 우리가 진정 주님의 재림을 갈망하고 있는지, 정작 두려워하고 있는 것은 아닌지 생각해 보아야 한다. 여호와의 날은 주님의 뜻에 순종하며 살지 않는 사람들이 두려워해야 하는 날이기 때문이다.

II. 열방 심판(13:1-23:18)
1장. 바빌론과 왕(13:1-14:27)
1. 서론: 하나님이 교만을 심판하심(13:1-16)
(2) 여호와의 날(13:6-16)

② 자연이 파괴되는 날(13:9-10)

9 보라 여호와의 날
곧 잔혹히 분냄과 맹렬히 노하는 날이 이르러
땅을 황폐하게 하며
그 중에서 죄인들을 멸하리니
10 하늘의 별들과 별 무리가 그 빛을 내지 아니하며
해가 돋아도 어두우며
달이 그 빛을 비추지 아니할 것이로다

온 우주의 자연과 인간들이 파괴되고 제구실을 못하는 날이 오고 있다(9절). 하늘을 채우고 있는 해와 달과 별들이 빛을 발하지 못해 어두움이 세상을 가득 채운다(10절). 선지자는 여호와께서 세상을 심판하시는 날은 혹독한 어두움의 날이라고 했다(cf. 5:30). 또한 출애굽 때 이집트에 내려졌던 10재앙 중 9번째는 어두움이었다(cf. 출 10:21ff). 이와는 대조적으로 하나님이 천지를 창조하실 때 제일 먼저 빛을 만드셨다. 또한 하나님은 빛이시다(cf. 요 3:19, 20). 그러므로 세상을 심판하실 때 '은혜의 빛'을 소멸하시고 대신 어두움(viz., 빛을 거두심)으로 세상을 채우시는 것은 당연한 일이다.

그러나 여기서는 다른 또 한 가지의 의미를 지니고 있는 듯하다. 고대 근동 사람들의 종교에서 해, 달, 별 등은 중요한 자리를 차지했다. 사람들은 이것들을 대단한 초능력이 있는 신들로 숭배하거나 이것들을 통해 능력을 얻으려 하였다. 드디어 하나님이 이 천체들의 "불/빛"을 거두신다. 그들은 신이 아니라, 창조주가 지으신 피조물에 불과하다는 사실이 온 천하에 드러나고 있다. 또한 이 천체들은 사람들이 능력을 받기 위하여 의존할 수 있는 것들이 더 이상 아니다.

II. 열방 심판(13:1–23:18)
1장. 바빌론과 왕(13:1–14:27)
1. 서론: 하나님이 교만을 심판하심(13:1–16)
(2) 여호와의 날(13:6–16)

③ 악과 교만이 심판 받는 날(13:11–16)

11 내가 세상의 악과 악인의 죄를 벌하며
교만한 자의 오만을 끊으며
강포한 자의 거만을 낮출 것이며
12 내가 사람을 순금보다 희소하게 하며
인생을 오빌의 금보다 희귀하게 하리로다
13 그러므로 나 만군의 여호와가
분하여 맹렬히 노하는 날에

하늘을 진동시키며 땅을 흔들어
그 자리에서 떠나게 하리니
14 그들이 쫓긴 노루나 모으는 자 없는 양 같이
각기 자기 동족에게로 돌아가며
각기 본향으로 도망할 것이나
15 만나는 자마다 창에 찔리겠고
잡히는 자마다 칼에 엎드러지겠고
16 그들의 어린 아이들은
그들의 목전에서 메어침을 당하겠고
그들의 집은 노략을 당하겠고
그들의 아내는 욕을 당하리라

"내가 심판하리라"(11절)로 번역된 히브리어 동사(פָּקַדְתִּי)의 문자적 의미는 "내가 방문하리라"이다. 그러나 이 단어의 근본적인 의미는 심판을 위한 방문이다. 그러므로 여호와께서 세상을 "방문하시는" 날, 세상은 온갖 통곡 소리로 가득 할 것이다. 선지자는 다시 한 번 교만과 오만이 하나님을 진노하게 하는 죄라는 것을 강조한다(11절). 이런 사람들의 종말은 이미 2장에서 경고되었다.

"세상"(תֵּבֵל)(11절)이란 단어는 땅 개념보다는 사람들의 삶과 생활의 터전을 의미한다(HALOT). "악인들"(רְשָׁעִים)(11절)은 법정에서 유죄 판결을 받은 사람들을 뜻한다. 선지자가 이 두 단어를 한꺼번에 사용하는 것은 이 심판이 무분별하게 아무에게나 행해지는 것이 아니라, 죄인들에게만 임하는 것을 암시한다(Oswalt). 즉, 의인들은 이날을 두려워할 필요가 없다는 것이다. 현재 우리의 신앙 상태가 어떤가를 가늠하는 여러 가지 방법 중 하나는 주님의 다시 오심을 즐겁게 맞이할 준비가 되어 있는가, 아닌가로 추측할 수 있다.

심판이 얼마나 혹독한지 남은 자들이 금보다 귀하다(12절). 사람들

대부분이 죽을 것을 뜻한다. "오빌"(12절)의 위치는 확실치 않으나 가장 귀중한 금으로 유명한 지역이었다(cf. 왕상 9:28; 욥 28:16). 남은 자들이 세상에서 가장 진귀한 금보다 더 귀해질 정도로 거의 모든 사람이 죽을 것이다. 또한 하나님이 "하늘을 진동시키며 땅을 흔들겠다"(13절)고 하시는데, 이 말씀의 기본적인 취지는 천지창조(cf. 창 1장)의 가장 기본적인 틀인 하늘과 땅을 흔들겠다는 것이다. 그만큼 강도 높은 심판을 암시한다.

"쫓긴 노루, 모으는 자 없는 양"(14절)은 두 가지를 놓고 대조하는 표현이다. 노루는 사람의 "눈"이 있으면 도망가는 동물이다. 양 떼는 목자의 "눈"이 없으면 흩어지고 도망가는 동물이다. 즉, 어떤 사람들은 하나님을 원수로 보고 도망가고, 어떤 사람들은 목자로서의 하나님을 잃어버리는 일을 경험할 것이다. 포괄적인 두려움과 혼돈을 의미한다. 하나님의 진노가 이 땅에 임할 때 일어나는 심각한 현상을 생각해 보라(15-16절). 전쟁 중에만 일어날 수 있는 광범위한 노략과 약탈이 묘사되고 있다. 이 군대는 "피에 목마름"을 그대로 드러내는 잔인한 군대다. 12절에서 그날이 오면 사람들이 모두 죽을 것이기 때문에 남은 자가 얼마나 귀하게 될 것인가를 말했다. 여기서는 "어떻게 그렇게 되는가?"라는 질문에 답한다. 참혹한 전쟁이 그렇게 만들 것이다. 여자들은 강간을 당하고, 아이들은 메어침을 당한다(16절). 메어침이란 고대 근동에서 종종 볼 수 있었던 아이들 살인 방법으로 아이를 자루에 넣어서 혹은 넣지 않고 바위에 내려치는 것이다. 본문은 "사람의 탈을 쓴 자들이 이렇게 잔인할 수 있을까?"라는 질문을 하게 한다. 그러나 이것이 하나님을 대적한 자들의 현실이다.

2. 바빌론이 파괴됨(13:17-22)

17 보라 은을 돌아보지 아니하며
금을 기뻐하지 아니하는 메대 사람을
내가 충동하여 그들을 치게 하리니
18 메대 사람이 활로 청년을 쏘아 죽이며
태의 열매를 긍휼히 여기지 아니하며
아이를 애석하게 보지 아니하리라
19 열국의 영광이요
갈대아 사람의 자랑하는 노리개가 된 바벨론이
하나님께 멸망 당한 소돔과 고모라 같이 되리니
20 그 곳에 거주할 자가 없겠고
거처할 사람이 대대에 없을 것이며
아라비아 사람도 거기에 장막을 치지 아니하며
목자들도 그 곳에 그들의 양 떼를 쉬게 하지 아니할 것이요
21 오직 들짐승들이 거기에 엎드리고
부르짖는 짐승이 그들의 가옥에 가득하며
타조가 거기에 깃들이며
들양이 거기에서 뛸 것이요
22 그의 궁성에는 승냥이가 부르짖을 것이요
화려하던 궁전에는 들개가 울 것이라
그의 때가 가까우며 그의 날이 오래지 아니하리라

메대 사람들은 주전 8세기부터 중동의 국제 정치에 세력을 과시하는 실력자로 등장했다. 아시리아 제국은 벌써 주전 836년에 이들을 원수로 부르며 견제했다. 아시리아가 메대를 상대로 여러 차례 전쟁을 해서

승리한 적은 있지만, 메대의 수도 엑바타나(Ecbatana)를 점령한 적은 없었다. 이 두 나라의 갈등은 오랫동안 지속되다가 드디어 주전 609년에 메대가 바빌론과 합세하여 갈그미스(Carchemish)에서 아시리아 제국의 최후 방어선을 무너뜨렸다. 이 전투로 인해 아시리아는 영원히 사라졌다. 하나님이 아시리아를 진노의 막대기로 사용하여 이스라엘을 치신 것처럼, 메대를 들어 아시리아를 치실 것이다(Smith).

더 나아가 메대는 주전 539년에 페르시아와 합세하여 바빌론을 함락시켰다. 그러므로 상당수의 학자들은 본문에서 메대를 언급하는 것을 근거로 이 예언은 주전 539년 이후에 삽입된 것으로 주장하지만 크게 설득력 있는 견해는 아니다. 만일 이들이 말하는 것처럼 이 말씀이 주전 539년 이후에 삽입되었다면, 이 예언이 왜 바빌론 함락의 주인공인 페르시아를 언급하지 않고 메대를 지적하고 있는가에 대하여 납득할 만한 설명을 제시할 수 있어야 한다. 선지자 이사야 시대에도 메대가 잔인하고 야만적이라는 사실은(cf. 18절) 이미 국제적으로 알려져 있었다. 그러므로 야만성과 잔인성의 상징이 되어 버린 메대가 여기서 언급되는 것은 바빌론은 결코 이같이 무자비한 침략자들을 상대로 싸우지 못하고 일방적으로 당하게 될 것임을 예고한다. 그들의 잔인성은 결코 돈으로 막을 수 없고, 군사력으로 막을 수도 없다(17절). 바빌론은 그들에게 대항할 여지도 없다(18절). 실제로 주전 539년에 바빌론은 오래 싸워보지도 못하고 한순간에 메대-페르시아 연합군에게 함락되었다. 다행히 바빌론은 본문이 묘사하는 잔혹한 상황은 피해갈 수 있었다. 썩은 정권에 신물이 났던 바빌론 사람들이 침략자들에게 성문을 열어 주며 그들을 도왔을 뿐만 아니라 입성하는 침략자들을 대대적으로 환영했기 때문이다. 만일 그들이 협조하지 않았다면, 아마도 본문에 묘사된 모든 잔인한 행위들이 바빌론 사람들에게 행해졌을 것이다.

바빌론이 열국의 "영광"(צְבִי), 갈대아 사람의 "자랑하는 노리개"(גְּאוֹן תִּפְאֶרֶת)로 묘사된다(19절). 노리개는 보석 등의 사람들이 소중하게 생각하는 것들을 뜻한다(HALOT). 이 단어들은 4:2, 28:5에서 "여호와의 순"과 여호와 자신에게 사용된다. 그러므로 여호와께서는 자신을 하나님과 같은 위치에 두고 신격화해 버린 바빌론의 자만(גָּאוֹן)을 철저하게 무너뜨리신다. 인간이 이루어 놓은 영광과 보석(가치)의 종말은 겨우 이 정도일 뿐이다. 여호와는 자신의 영광을 그 누구와 나누시는 분이 아니시기 때문이다.

바빌론은 어느 정도 파괴될 것인가? 선지자는 바빌론이 경험할 파괴를 소돔과 고모라의 것에 비교한다(19절; cf. 1:9). 회생이 불가능한 완전한 파괴를 경험할 것을 예고하고 있다. 역사적으로 바빌론은 주전 689년에 아시리아의 손에 혹독한 파괴를 경험했지만, 곧 재건되었다. 그러다가 메대-페르시아 연합군을 이끈 고레스가 주전 539년에 평화롭게 바빌론을 정복했다. 그러나 바빌론의 지속된 반란 때문에 다리우스 히스타페스(Darius Hystapes)가 주전 518년에 바빌론을 초토화시켜 버렸다. 그 후 바빌론은 다시는 괄목할 만한 세력이 되지 못했다. 선지자는 20-22절에서 초토화되어 방치될 바빌론의 모습을 그대로 묘사하고 있다. 또한 오래지 않아 이 일이 일어날 것을 경고한다(22절).

3. 이스라엘이 회복됨(14:1-4a)

1 여호와께서 야곱을 긍휼히 여기시며
이스라엘을 다시 택하여 그들의 땅에 두시리니
나그네 된 자가 야곱 족속과 연합하여
그들에게 예속될 것이며
2 민족들이 그들을 데리고
그들의 본토에 돌아오리니

이스라엘 족속이 여호와의 땅에서
그들을 얻어 노비로 삼겠고
전에 자기를 사로잡던 자들을 사로잡고
자기를 압제하던 자들을 주관하리라

3 여호와께서 너를 슬픔과 곤고와 및 네가 수고하는 고역에서 놓으시고 안식을 주시
는 날에 4 너는 바벨론 왕에 대하여 이 노래를 지어 이르기를

어둡게 깔려 있는 바빌론 멸망의 구름 사이로 이스라엘 회복을 상징하는 서광이 보인다. 바빌론의 멸망(cf. 13:17-22)이 자연스럽게 이스라엘의 해방과 회복으로 연결되고 있다. 박해자가 멸망했으니 당연히 억압받던 자는 자유를 얻은 것이다(cf. Childs). 여기서 사용되는 이미지는 출애굽 사건을 상기시키고 있다. 하나님이 언젠가 바빌론(viz., 열방의 상징)에 억압된 주의 백성에게 새로운 출애굽의 역사를 허락하실 것이다.

선지자는 13장에서 바빌론을 하나의 국가적인 교만과 위상의 상징으로 언급했다. 이제 14장은 "바빌론 왕"을 비약하여 개인적인 교만을 비난한다. 이 사이에 이스라엘의 회복에 대한 내용이 끼어 있는 것이다. 이 회복의 메시지를 전후로 여호와의 날의 우주적인/비인격화된(13장), 그리고 개인적인/인격화된(14장) 심판을 언급하고 있다.

선지자는 파괴된 언약 관계를 새로이 정립한다(1절). 여호와는 다시 이스라엘을 선택하시고, 그들에게 땅도 주실 것이다(1절). 땅은 하나님과 이스라엘 사이에 세워진 언약의 가장 기본적인 요소다. 하나님은 끊임없이 인간을 사랑하실 것이다. 그리고 계속 회복의 기회를 허락하실 것이다. 한때는 범죄한 주의 백성을 내치셨지만, 그들이 죗값을 다 치른 다음, 다시 그들의 신분을 회복시키시고 사랑하신다. 이것이 반복되는 하나님 사랑의 본질이다.

나그네 된 자들이 이스라엘에 "가입되고" "연합"하게 될 것이다(1절). "나그네 된 자"(גֵּר)는 이스라엘 사람들 중에 살던 이방인 정착민들

이며, 성경은 이들을 특별히 보호하라고 한다(신 14:21, 29; 16:11). 그러므로 본문은 이방인들이 공동체의 일원으로 이스라엘 안에서 확실하게 뿌리를 내릴 것을 선언하고 있다. 이스라엘이 이집트에서 오랜 세월을 나그네로 보냈던 것이 이유가 되기도 하지만(출 23:9; 신 10:19), 하나님은 이처럼 연약한 자들에게 특별한 관심을 베푸시는 분이시기에 더욱더 그렇다(신 10:18).

이스라엘을 괴롭혔던 민족들이 이스라엘의 종으로 변한다(2절). 주인과 종의 신분이 바뀌는 날이다. 만일 우리가 이 같은 일을 경험하게 된다면 기분이 어떨까? 평소에 우리를 구박하고 억압하던 자들을 우리가 구박하고 억압하게 될 때를 상상해보라. 생각만 해도 흥분되지 않는가? 선지자는 이런 날이 꼭 올 것이라고 한다. 또한 이 같은 반전은 한동안 지속되었던 이스라엘과 블레셋의 관계를 상기시킨다(cf. 삼상 17:8ff).

이날은 이스라엘이 고통에서 풀려나서 안식을 찾는 날이기도 하다(3절). 그날이 오면 하나님의 백성은 원수의 몰락에 대한 노래를 부르게 된다(4a절). 그들이 부르는 노래가 범상치 않다. 주의 백성을 괴롭히는 나라의 상징이 된 바빌론의 왕을 "조롱하는 노래"(מָשָׁל)이기 때문이다. 이 일은 하나님이 명령하시는 일이며, 주님이 이들이 부를 노래를 주신다. 여기서 언급되는 바빌론의 왕은 특별한 인물이기보다는 이스라엘을 괴롭혔던 열방의 우두머리를 상징한다고 해석하는 것이 바람직하다.

4. 바빌론 왕의 몰락(14:4b-23)

거의 모든 학자들이 이 노래를 히브리 시의 최고 수준의 것으로 간주한다(cf. Wildberger; Sweeney). 특히 각 행에서 사용된 히브리어 단어의 숫자와 소리가 구성하고 있는 리듬을 생각해 보면 학자들이 왜 이 노래를 극찬하는지 이해가 갈 것이다. 이 노래의 특징은 애가(qinah) 서식으로 바빌론 왕을 조롱하고 있다는 점이다(Oswalt). 애가는 원래 죽은 자를 애도하는 노래다. 그러나 선지자는 여기서 이 양식을 죽은 자를 비웃는 데 사용한다.

마소라 텍스트	운율
אֵיךְ	1
שָׁבַת נֹגֵשׂ שָׁבְתָה מַדְהֵבָה׃	2+2
5 שָׁבַר יְהוָה מַטֵּה רְשָׁעִים שֵׁבֶט מֹשְׁלִים׃	2+2+2
6 מַכֶּה עַמִּים בְּעֶבְרָה מַכַּת בִּלְתִּי סָרָה	3+3
רֹדֶה בָאַף גּוֹיִם מֻרְדָּף בְּלִי חָשָׂךְ׃	3+3
7נָחָה שָׁקְטָה כָּל־הָאָרֶץ פָּצְחוּ רִנָּה׃	4+2
8 גַּם־בְּרוֹשִׁים שָׂמְחוּ לְךָ אַרְזֵי לְבָנוֹן	4+2
מֵאָז שָׁכַבְתָּ לֹא־יַעֲלֶה הַכֹּרֵת עָלֵינוּ׃	2+2+2
9 שְׁאוֹל מִתַּחַת רָגְזָה לְךָ לִקְרַאת בּוֹאֶךָ	4+2
עוֹרֵר לְךָ רְפָאִים כָּל־עַתּוּדֵי אָרֶץ	3+3
הֵקִים מִכִּסְאוֹתָם כֹּל מַלְכֵי גוֹיִם׃	2+3

한 주석가는 본 텍스트에 대하여 다음과 같은 구조를 제시한다(Motyer).

A. 속박이 끝난 것에 대한 세상의 반응(14:4b-8)

  B. 바빌론 왕의 죽음에 대한 스올의 반응(14:9-10)

  B'. 야망과 현실: 하늘이 아니라 스올에 이르게 함(14:11-15)

A'. 기대와 현실: 평안하지 못한 죽음(14:16-21)

그러나 A와 A'의 연관성에 대한 설득력이 부족한 듯하다. 또한 22-23절은 이 섹션에 포함하지 않고, 다음 섹션에 포함시킨다. 그래서 필자는 다음과 같은 구조를 바탕으로 주해해 나가고자 한다.

A. 억압하는 왕의 죽음(14:4b-8)
  B. 죽은 왕의 영혼이 스올에 들어감(14:9-11)
  B'. 왕이 하늘에서 떨어짐(14:12-14)
A'. 왕이 수모를 당함(14:15-21)
C. 결론: 여호와가 바벨론을 심판하심(14:22-23)

(1) 억압하는 왕의 죽음(14:4b-8)

4b 압제하던 자가 어찌 그리 그쳤으며
강포한 성이 어찌 그리 폐하였는고
5 여호와께서 악인의 몽둥이와
통치자의 규를 꺾으셨도다
6 그들이 분내어 여러 민족을 치되
치기를 마지아니하였고
노하여 열방을 억압하여도
그 억압을 막을 자 없었더니
7 이제는 온 땅이 조용하고 평온하니
무리가 소리 높여 노래하는도다
8 향나무와 레바논의 백향목도
너로 말미암아 기뻐하여 이르기를
네가 넘어져 있은즉 올라와서
우리를 베어 버릴 자 없다 하는도다

한 사람의 생애에 대한 평가는 그 사람의 장례식 때 어떤 애도의 분위기가 조성되는가로 엿볼 수 있다. 바빌론 왕이 죽자 조문객들은 슬픔에 젖는 것이 아니라 기쁨의 함성을 지른다. 그들의 함성 소리는 억압된 자들이 자유를 얻으므로 기뻐하며 부른 노래다. 이 같은 현실을 보면서 우리 자신에게 질문해 보아야 한다. 사람들은 우리가 죽으면 어떤 반응을 보일까? 진정으로 우리의 죽음을 슬퍼하며 울어 줄 사람들이 얼마나 되는가? 많은 사람들이 안타까워 하는 장례식으로 일생을 마치는 사람은 복이 있다.

바빌론 왕이 죽은 것에 대하여 사람들이 즐거워한다(7절). 자연도 즐거워하고 있다(8절). "압제하던 자"(נֹגֵשׂ)(4절)는 2절에서도 사용되었으며 이스라엘이 이집트에 거할 때 받았던 고통을 표현하는 단어이기도 하다(cf. 출 3:7; 5:6). 바빌론이 이스라엘에게 행한 것—특히 포로민들에게 행한 것—이 마치 이집트가 이스라엘을 종으로 부리던 시대와 같은 모습으로 묘사되고 있다. 개역과 개정개역이 "강포한 성"으로 번역하고 있는 히브리어 단어(מַדְהֵבָה)는 성경에서 다시 사용되지 않기 때문에 정확한 의미를 파악하는 데 다소 어려움이 있다. 새번역은 이 단어를 "분노"로 번역했다(cf. NIV; NAS). "어리석음/교만"(insolence)(NRS), "황금도시"(golden city)(KJV; cf. Kimchi), "억압"(oppression)(TNK) 등 다양한 해석이 있다. 대부분 학자들은 이 단어의 두 번째 글자인 달렛(ד)과 레쉬(ר)의 혼돈이 문제를 가중시키고 있다고 생각한다(cf. Wildberger). 첫 행과 평행의 구조에서 볼 때 이것은 "학대하던 자/폭군"이 하는 행동으로 뜻이 제한된다. 그러므로 분노 혹은 억압이 가장 적합한 번역이다.

선지자가 6절에서 제시하는 이미지는 철저한 독재다. 이 절에서 억압을 뜻하는 개념이 세 번씩이나 사용되고 있다. 이 독재자의 무지막지함을 막을 사람은 아무도 없다. 아마도 다음과 같은 말을 들어 본 적이 있을 것이다. "권력은 썩는다. 절대 권력은 절대적으로 썩는다"(Power corrupts. Absolute power corrupts absolutely). 독재의 본질을 잘 표현한 말이며, 이런 독재가 무너지는 순간 그만큼 해방에 대한 기쁨도 클 수밖에 없다. 하나님이 세상을 지배하시는 한, 영원한 독재는 있을 수 없다. 선지자는 독재가 있는 한 진정한 안식과 평화는 이 땅에 존재할 수 없다고 선언한다. 사람은 빵으로만 살 수 없다. 독재 국가들이 변해 가는 모습들을 보라. 경제적 부흥은 독재 정권의 분열로 이어진다. 본문에서 바빌론 왕의 독재를 누가 꺾는가? 역사의 주인이신 하나님이시다.

(2) 죽은 왕의 영혼이 스올에 들어감(14:9-11)

9 아래의 스올이 너로 말미암아 소동하여
네가 오는 것을 영접하되
그것이 세상의 모든 영웅을
너로 말미암아 움직이게 하며
열방의 모든 왕을 그들의 왕좌에서 일어서게 하므로
10 그들은 다 네게 말하여 이르기를
너도 우리 같이 연약하게 되었느냐
너도 우리 같이 되었느냐 하리로다
11 네 영화가 스올에 떨어졌음이여
네 비파 소리까지로다
구더기가 네 아래에 깔림이여
지렁이가 너를 덮었도다

바빌론 왕의[4] 죽음이 온 천하에 기쁨과 환희의 분위기를 조성하지만

4 이 말씀은 선지자가 바빌론 왕이 아니라, 아시리아의 왕 디글랏(Tiglath-pileser III)에 대하여 선포한 것이라고 주장하는 사람들이 있다(Hayes & Irvine). 그러나 많은 지지를 얻지는 못한다.

지하에서는 큰 소동을 일으킨다. 먼저 죽어 스올에 와 있던 세상의 영웅들이 그를 맞이한다(9절). "영웅"(עַתּוּד)은 원래 숫염소를 뜻한다. 아마도 뿔이 달린 것을 근거로 지도자/왕을 상징하게 된 것으로 생각된다. 그들은 자신들의 자리에서 일어나 일제히 바빌론 왕을 맞는다. 이 왕들 중 상당수는 아마도 바빌론에 의하여 피해를 보거나 죽임을 당한 왕들일 것이다. 그런데 이들이 일어나서 바빌론 왕에게 존경이나 경외를 표하는 것이 아니라 오히려 그를 비웃고 경멸한다.

이 왕들의 "그림자들"(רְפָאִים)(새번역: "망령"; NRS: "shades"; NAS: "spirits")이 일어나 일제히 비아냥과 야유를 퍼붓는다. 바빌론 왕이 살아 있을 때는 그렇게 당당하고 거들먹거리며 그들을 학대하더니 죽고 나서는 자기들처럼 힘없고 비참한 처지가 되었다는 것이다(10절). 이것이 인간 영화의 실체다. 마치 온 세상을 영원히 다스릴 것 같이 누리던 자도 죽으면 그만이라는 것을 알고 있으면서도 우리는 왜 이렇게 포기하지 못하는 것일까?

선지자는 특히 11절에서 죽음의 양면성을 실감나게 묘사하고 있다. 바빌론 왕의 대단한 영화(비파, 곧 "밴드부"까지 동원한 영화)가 결국은 음부의 신세를 지게 되었고, 그의 몸은 구더기에 먹히고 있다. "영화–구더기"의 대조를 생각해 보라. "영화"라는 휘황찬란한 가면 뒤에 썩어가는 얼굴 살을 연상케 한다. 아무리 묘자리를 잘 쓰고, 방부제를 사용해도 인간은 결국 흙으로 돌아간다는 것을 우리는 알고 있지 않은가? 또한 세상의 희락(비파)은 다가오는 현실에 전혀 영향을 미치지 못한다. 그러므로 우리는 영원히 우리와 함께할 것들을 추구해야 한다.

이 본문은 죽음에 대하여 몇 가지 사실을 제시하고 있다.

첫째, 죽은 자는 "살아 있다." 사람이 죽으면 우주에서 사라지는 것이 아니라 다른 곳(스올)에서 그의 존재성이 계속 유지된다는 것이다(cf. 욥 3:11-19; 시 49:9). 그러므로 믿는 자들만 "부활하는" 것이 아니라, 믿지 않는 사람들을 포함하여 세상 모든 사람이 부활한다. 다만 이슈는 무엇을 위한 부활이냐 하는 것이다. 어떤 이들은 영원한 벌을 받기 위하여 부활한다. 우리는 천국에서 하나님을 영원히 즐기며 살기 위해서 부활한다.

둘째, 죽은 사람들이 스올에 가면 서로 알아보며, 이 세상에서 지녔던 형태가 유지되는 면이 있다(10절; cf. 삼하 12:23). 바빌론 왕이 스올에 내려가자마자 이 세상에서 그를 알았던 사람들이 그를 알아본다. 성경이 자세하게 말씀하지 않기 때문에 지나치게 자세하고 구체적으로 말하는 것은 위험하지만, 우리의 이 세상에서의 모습과 다음 세상에서의 모습이 어느 정도 연관성이 있는 것은 분명하다.

셋째, 스올은 죽은 사람의 힘과 능력을 다 앗아가는 곳이지, 더해 주는 곳은 아니다(9-10절). 동양 문화에서는 사람이 죽으면 귀신이 되고, 귀신이 되면 살아 있을 때보다 더 큰 능력을 지니게 된다고 생각한다. 그러나 성경은 반대로 말한다. 우리는 이 세상에서 사는 동안 죽었을 때보다(스올에 머물 때보다) 훨씬 더 큰 능력을 지니고 있다. 비유적으로 말하면, 사람이 죽으면 지니게 되는 능력은 이 세상에서 그가 지니던 것의 "빛 바랜 사진" 정도다(cf. Tucker; Smith). 그러므로 우리는 귀신을 두려워할 필요는 없다. 필자는 사람들을 괴롭히는 귀신이 일부 사람들이 주장하는 것처럼 사람이 죽어서 이 땅을 방황하는 영혼이라고 생각하지 않는다. 그렇게 말할 만한 성경적인 근거가 없기 때문이다. 귀신은 마귀의 부하들인 타락한 천사들로서 죽은 사람들의 흉내를 내는 것일 뿐이다. 왜냐하면, 우리는 죽는 순간 모두 하나님께 가든지, 아니면 지옥으로 가기 때문이다. 그러나 설령 귀신이 죽은 사람의 영혼이라고 주장한다 할지라도, 그 귀신들이 마치 큰 능력을 지닌 것처럼 생각할 필요는 없다.

II. 열방 심판(13:1–23:18)
1장. 바빌론과 왕(13:1–14:27)
4. 바빌론 왕의 몰락(14:4b–23)

(3) 왕이 하늘에서 떨어짐(14:12-14)

12 너 아침의 아들 계명성이여
어찌 그리 하늘에서 떨어졌으며
너 열국을 엎은 자여
어찌 그리 땅에 찍혔는고
13 네가 네 마음에 이르기를
내가 하늘에 올라
하나님의 뭇 별 위에 내 자리를 높이리라
내가 북극 집회의 산 위에 앉으리라
14 가장 높은 구름에 올라가
지극히 높은 이와 같아지리라 하는도다

초대교회 교부들은 본 텍스트를 누가복음 10:18, 요한계시록 12:8-9과 연결하여 사탄이 이 땅으로 떨어진 것으로 해석했다. 그래서 아직까지도 많은 조직신학 교과서들이 본문이 마치 사탄에 대하여 언급하고 있는 것으로 생각한다. 그러나 종교개혁자들은 본문의 문맥이 결코 이런 해석을 허락하지 않는다고 결론지었다(cf. Calvin). 본문은 인간의 교만—물론 지나칠 정도의 교만이지만—을 논하고 있지 결코 천사들의 교만과는 상관없다는 것이 이들의 결론이었다. 다음 사항을 생각해 보자.

첫째, 12절은 이 "계명성"(הֵילֵל)(morning-star)이 하늘에서 떨어졌고 땅에 찍혔다고 한다. 그러나 이 계명성은 처음부터 하늘에 있었는가? 13-14절은 이자가 먼저 땅에서 올라간 것으로 표현한다. 즉, 올라갔다가 떨어지는 상황이다. 둘째, "열국을 엎은 자"(חוֹלֵשׁ עַל־גּוֹיִם)(12절)는 본문의 문맥과 정황에서 분명히 바빌론 왕이 다른 나라에 저지른 일을 언급하고 있다. 셋째, 이 계명성의 행보에서 확실한 진행이 포착된다.

"하나님의 뭇 별 위에 내 자리를… 북극 집회의 산 위에 앉으리라… 지극히 높은 이와 같아지리라." 그렇다면 선지자는 이 계명성이 처음에는 하나님 혹은 가나안 신들의 아버지인 엘(אֵל)의 뭇 별(כּוֹכְבֵי־אֵל)이 되고자 한다고 말하는 것이다(12절). 선지자는 12절에서 이 "엘"이 하나님인지, 아니면 가나안의 신을 뜻하는지 확실하게 밝혀주지 않는다.[5] 어느 쪽으로 해석하든 본문을 이해하는 데 큰 영향을 미치지는 않는다. 하나님 혹은 엘(El)의 뭇 별은 신하를 의미하기 때문이다. 그러나 이사야는 13절에서 이 비유는 가나안의 신화를 바탕으로 진행되고 있음을 암시해 준다. 이 계명성이 "북극 집회의 산"(הַר־מוֹעֵד בְּיַרְכְּתֵי צָפוֹן)에 앉기를 원하는데, 이 산은 당시 가나안 신화에서 신들이 모여 있는 곳으로 알려져 있다(cf. Childs; Smith). 그래서 우리말 번역본들은 이 문구를 "신들의 회의장이 있는 북극산"(공동) 혹은 "저 멀리 북쪽 끝에 있는 산, 신들이 모여 있는 그 산"(새번역), "신들의 거룩한 산"(아가페) 등으로 번역했다. 시편 48:3은 시온이 바로 이 "북극산"(צָפוֹן)의 정상이라고 한다. 선지자는 이 계명성이 더 교만해져서 "지극히 높으신 이"(עֶלְיוֹן)와 동등한 위치를 차지하려 한다고 한다(14절).

우가릿(Ugarit)에서 발견된 가나안의 신화에 이 계명성(Helal)에 대한 언급이 있는데, 학자들이 말하는 소위 "집권 신에 대한 신들의 반역" 양식에서 발견된다(Clifford). 중요한 차이점은 고대 근동 신화들은 신들이 신(들)을 대적한다는 것이다. 반면에 본문은 인간(인간의 교만)이 하나님을 대적하고 있다. 선지자는 이 세상의 갈등은 결국 창조주-피조물의 갈등이지 결코 신들 사이의 갈등이 아니라는 사실을 상기시키고 있다.

위 사항들을 종합해 볼 때 본문은 타락한 천사(사탄)에 대하여 언급하고 있다기보다는 바빌론 왕으로 상징된 인간의 끝없는 교만의 발전

---

5 NRS는 계명성을 "O Day Star, son of Dawn"이라고 번역하여 가나안 신화의 신들을 직접 언급하고 있다(cf. Tucker).

단계를 묘사하고 있음이 확실하다. 그렇다면 우리가 익숙해져 있는 정서에 비추어 볼 때 선지자는 어떻게 사람에게 이처럼 신(들)에게나 어울릴 듯한 표현을 사용할 수 있는가라고 반문할 수 있다. 그러나 고대 근동에서는 죽은 왕들을 신격화하였고, 신과 인간의 차이가 그리 크지 않았던 점을 감안하면 충분히 이해가 간다. 본문은 자신을 신처럼 생각하며 교만에 빠져 있는 바벨론 왕에 대한 이야기인 것이다. 옛적 교만한 인간들이 세웠던 바벨탑 사건을 연상시킨다(cf. 창 11장). 이사야는 우리에게 질문하고 있다. "당신은 자신의 삶에서 창조주에게 합당한 자리를 내어줄 것인가? 아니면 끝까지 인간의 교만이 당신의 삶을 지배하게 할 것인가?" 2장의 교훈—인생을 의지하지 말라—을 상기시키고 있는 것이다.

그렇다면 어떻게 해서 일부 그리스도인들은 이 텍스트를 사탄의 타락에 대한 언급으로 이해하게 되었는가? 여러 가지 요인들이 있지만, 가장 큰 근거는 영어 번역본 KJV가 이 "계명성"을 영어권 사람들이 오랫동안 사탄의 이름 중 하나로 간주해 온 루시퍼(Lucifer)라는 고유 명사로 번역했기 때문이다(cf. 눅 10:18; 벧후 2:4). 루시퍼는 원래 라틴어로 "빛을 가져오는 자"(light-bearer)라는 뜻이다. 서양 그리스도인은 사탄이 타락하기 전에는 천사들 중 가장 높은 천사장이었으며, 매일 세상에 빛을 가져오는 자(Lucifer)로 생각했던 것이다.

본문과 연관하여 한 가지 생각해 볼 문제는 이사야가 하나님의 말씀을 선포하는 과정에서 고대 신화를 이용하는 것에 대하여 어떤 입장을 취해야 하는가이다. 이사야는 27:1에서도 신화를 이용하여 메시지를 전한다. 신화는 당시 사람들의 삶의 일부였다. 신화는 그 당시 사람들이 가장 익숙하고 쉽게 이해하는 개념들을 지녔던 것이다. 그러므로 선지자들은 청중들이 익숙해져 있는 문화를 최대한 이용하여 하나님의 말씀을 선포한다. 그러나 선지자들이 신화를 이용한다고 해서 신화의 사실성이나 타당성을 인정하는 것은 아니다.

예를 들면, 주일에 "효도"라는 주제를 가지고 설교할 때, 여러 가지 묵상과 예를 늘어 놓으며 장엄하게 설교할 수도 있겠지만, 만일 시간이 여의치 않고 자신이 효도라고 생각하는 것이 「심청전」에 모두 담겨 있다고 생각한다면 간단히 심청이를 예로 들면 된다. 그러나 심청이를 설교에서 언급했다고 해서, 심청이가 실제 인물이었다고 전제하는 것은 아니다. 또한 심청전의 모든 것이 우리가 답습할 만한 가치관과 세계관을 지녔다고 하는 것도 아니다. 우리는 단순히 사람들이 익숙해져 있는 심청이를 예로 들어 하고자 하는 말을 전할 뿐이다. 이와 같이 선지자들도 종종 청중들이 익숙해져 있는 신화적인 개념들을 도입하여 말씀을 선포하지만, 이 개념들의 진실 여부에는 관심이 없다. 오히려 그들은 신화들에 대하여 사실이 아니라는 입장을 취했다.

Ⅱ. 열방 심판(13:1–23:18)
1장. 바빌론과 왕(13:1–14:27)
4. 바빌론 왕의 몰락(14:4b–23)

(4) 왕이 수모를 당함(14:15-21)

15 그러나 이제 네가 스올
곧 구덩이 맨 밑에 떨어짐을 당하리로다
16 너를 보는 이가 주목하여 너를 자세히 살펴 보며 말하기를
이 사람이 땅을 진동시키며 열국을 놀라게 하며
17 세계를 황무하게 하며 성읍을 파괴하며
그에게 사로잡힌 자들을 집으로 놓아 보내지 아니하던 자가 아니냐 하리로다
18 열방의 모든 왕들은 모두 각각 자기 집에서 영광 중에 자건마는
19 오직 너는 자기 무덤에서 내쫓겼으니
가증한 나무 가지 같고 칼에 찔려
돌구덩이에 떨어진 주검들에 둘려싸였으니 밟힌 시체와 같도다
20 네가 네 땅을 망하게 하였고 네 백성을 죽였으므로
그들과 함께 안장되지 못하나니

악을 행하는 자들의 후손은 영원히 이름이 불려지지 아니하리로다 할지니라
21 너희는 그들의 조상들의 죄악으로 말미암아
그의 자손 도륙하기를 준비하여 그들이 일어나 땅을 차지하여
성읍들로 세상을 가득하게 하지 못하게 하라

그렇게 높은 곳을 지향하던 바빌론 왕이 스올의 가장 "깊은 곳"(יַרְכָה)으로 떨어졌다(15절). 이 단어는 13절에서 "〔북방산〕의 가장 높은 곳"(새번역)을 표현할 때 사용되었다. 하나의 아이러니가 형성되고 있다. 신들이 모여 있는 산의 가장 "높은 곳"(יַרְכָה)을 추구하던 자가 스올의 가장 "낮은 곳"(יַרְכָה)으로 떨어진 것이다. 교만한 사람의 종말이다.

한때는 "땅을 진동시키고, 열국을 놀라게 하며, 세계를 황폐하게 하고, 성읍을 파괴하며, 포로를 돌려보내지 않던 자"(16-17절)가 이제는 비웃음거리밖에 되지 않는다. 살아생전 그렇게 거드름을 피우며 온갖 행패와 폭행을 일삼던 자가 "고작 이거였냐?"라는 허탈함이 포함되어 있는 듯하다. 세상이 끝나는 날 많은 사람들 역시 세상에 대하여 "고작 이거였냐?"라는 허탈감을 느낄 것이다.

인간의 교만(바빌론 왕)은 비참한 종말을 맞는다. "열방의 모든 왕들은 모두 각각 자기 집에서 영광 중에 자건마는"(18절) 바빌론의 왕에 의하여 살해된 자들도 모두 장례식과 무덤은 제대로 갖추었다는 것이다. 반면에 바빌론 왕의 종말은 자신이 살해했던 자들의 모습보다 더 초라하고 비참하다. 무덤 하나 없기 때문이다. 고대 근동에서 시체가 무덤에 묻히지 못하고 버려지는 것은 죽은 사람이 경험할 수 있는 최고의 수치라고 생각되었다(Smith).

19절의 전반적인 의미를 파악하는 것은 대체로 쉽지만, 문자적으로 해석하기는 매우 어렵다. 대안으로 제시된 것을 보면 "너는 잘못 태어난 자같이 너의 무덤도 없이 내팽개쳐졌고, 너는 칼에 찔려 죽은 자들과 같은 옷을 입었고, 너는 돌무덤으로 내려가고 너의 시체는 밟힌 바

될 것이다"(Oswalt), "그러나 너는 버려진 가지같이 무덤에서 쫓겨날 것이다. 너는 시체들로 덮일 것이며, 칼로 살해당한 자들—돌무덤으로 내려가는 자들—로 덮일 것이다. 발에 밟히는 시체처럼…"(이 구절을 20절과 연결함; NIV), "그러나 너! 너는 가증하고 유산된 아이의 시체같이, 칼에 맞아 죽은 사람들의 옷같이, 돌무덤으로 내려가는 자들같이, 너의 무덤에서 버려질 것이다. 너는 밟히는 시체같이 될 것이다"(Watts), "너는 무덤도 없이 오물처럼 버려져, 칼에 찔려 죽은 군인들의 시체 더미 밑에 깔려 있다가, 지하 세계의 밑바닥으로 내려갈 것이다. 너의 시체를 사람들이 짓밟을 것이다"(새번역) 등이 있다. 선지자가 바빌론 왕의 시체는 무덤에 안치되지도 않을 것을 강조하고 있는 점을 감안할 때, "무덤에서 내쫓겼으니"(19절)의 의미는 "무덤도 없이 내팽개쳐졌고"(Oswalt) 혹은 "무덤도 없이 오물같이 버려져"(새번역)로 해석하는 것이 바람직하다. 바빌론 왕은 모든 사람들이 갖는 무덤도 없을 것이다.

선지자는 바빌론 왕이 "가증한 나무 가지"처럼 취급될 것이라고 하는데(19절), 이 같은 표현은 "이새의 가지"(11:1)와 극명한 대조를 이루고 있다. 하나는 매우 영광스러운 가지, 다른 하나는 썩어가는 퇴비에나 던져질 가지에 불과하다. 하나님이 세우지 않고 인간이 스스로 세운 "영광"을 하나님이는 퇴비(오물) 보시듯 하신다. 또, "지하세계"(בּוֹר)(새번역; cf. Motyer)는 정황에 잘 어울리지 않는 번역이다. 여기서는 단순히 "구덩이"를 뜻한다. 선지자가 구상하는 이미지는 이러하다. "돌구덩이"(viz., 전혀 무덤이라고는 생각할 수 없는 곳)에 왕의 시체가 버려져 지나가는 사람들이 모르고 밟고 지나가는 상황이다. 그만큼 철저하게 버림받을 것을 예고한다.

한때 세상을 호령하던 바빌론 왕이 비참한 종말을 맞는 이유는 간단하다. 남에게 못할 짓을 했기 때문이다(cf. 20절). 왕의 교만이 자기 나라와 백성을 망쳤던 것이다. 그의 자손마저도 끊긴다. 대체로 세상은 죽은 자들의 이름을 기억하며 그들을 기념한다. 그러나 이 경우에는 세상이 되도록이면 빨리 그를 잊고 싶어한다. 그러므로 그의 이름을 완전히 지우기 위하여 그의 자손들까지도 죽이는 이미지를 묘사하고 있다.

구약은 부모의 죄 때문에 자식을 벌하는 것을 금한다(신 24:16). 그러나 여기서 열방은 이런 죄를 범하고 있다. 물론 그들은 율법을 받지 못했기 때문에 죄라고 할 수 있는 상황은 아니다. 열방은 왕의 자손을 죽임으로써 바빌론 왕의 자손들이 다시 왕국을 건설하는 것을 막고 있다(21절). 그만큼 바빌론 왕에 대한 그들의 감정이 격했음(한탄과 아픔이 많았다는 것)을 전하고 있을 뿐만 아니라, 바빌론 왕이 최종적인 멸망에 이르렀음을 강조한다.

(5) 결론: 여호와가 바빌론을 심판하심(14:22-23)

22 만군의 여호와께서 말씀하시되
내가 일어나 그들을 쳐서
이름과 남은 자와 아들과 후손을 바벨론에서 끊으리라
나 여호와의 말이니라
23 내가 또 그것이 고슴도치의 굴혈과 물 웅덩이가 되게 하고
또 멸망의 빗자루로 청소하리라
나 만군의 여호와의 말이니라 하시니라

이 짧은 섹션에서 "여호와가 말씀하셨다(נְאֻם יְהוָה)"가 세 차례 사용되고 있다. 하나님 말씀의 진실성과 확고함을 보증하기 위해서다. 선지자는 그동안 바빌론 왕의 종말을 말하다가 여기서는 바빌론의 멸망을 전한다. 내용 면에서는 20-21절에 기록된 예언을 반복하고 있다. 특별한 어려움이나 힌트 없이 한 인간(바빌론 왕)에 대한 언급에서 한 나라(바빌론)로 옮겨가는 것은, 14장이 특정한 인물에 대한 예언이 아니라 전반적

으로 인간의 교만을 비유로 나타내고 있음을 다시 한 번 암시하고 있다.

하나님이 바벨론을 치시는 것은 나라의 "명성"(שֵׁם)을 없애고 그들의 "후손"을 없애기 위해서다(22절). "후손"(נִין וָנֶכֶד)을 문자적으로 풀이하면 "이름을 이어갈 자" 혹은 "법적인 상속권을 지닌 자"(Motyer)라는 뜻이다. 바벨론은 명성(viz., "세상적인 성취")의 상징이었다. 하나님이 확실하게 이 명성을 지우실 것을 선언하신다. 하나님의 심판이 얼마나 철저한지 인간의 영화와 부흥의 상징인 바벨론이 들짐승(고슴도치)이나 거하는 폐허가 된 광야로 만들어 버릴 것이다(23절). 일부 학자들은 이 예언이 주전 689년에 산헤립이 바벨론을 초토화시킨 일을 통해 성취되었다고 생각한다(Smith; cf. Wildberger). 그러나 이미 언급했듯이, 이 예언이 바벨론에 관한 것이지만, 동시에 때와 장소를 초월하여 사람의 교만이 있는 곳에 선포될 만한 경고임을 잊지 말아야 한다.

Ⅱ. 열방 심판(13:1–23:18)
1장. 바벨론과 왕(13:1–14:27)

5. 아시리아의 파괴(14:24-27)

24 만군의 여호와께서 맹세하여 이르시되
내가 생각한 것이 반드시 되며
내가 경영한 것을 반드시 이루리라
25 내가 앗수르를 나의 땅에서 파하며
나의 산에서 그것을 짓밟으리니
그 때에 그의 멍에가 이스라엘에게서 떠나고
그의 짐이 그들의 어깨에서 벗어질 것이라
26 이것이 온 세계를 향하여 정한 경영이며
이것이 열방을 향하여 편 손이라 하셨나니
27 만군의 여호와께서 경영하셨은즉

누가 능히 그것을 폐하며

그의 손을 펴셨은즉

누가 능히 그것을 돌이키랴

선지자가 바빌론에 대하여 예언하다가 이렇다 할 예고도 없이 갑자기 아시리아를 언급하는 것이 다소 당혹스럽다. 그래서 학자들은 이 텍스트가 이사야 시대로부터 세월이 많이 지난 후에 편집자가 삽입한 것이라고 한다(Kaiser; Clements; Seitz). 이런 이유로 이 텍스트를 아시리아에 대하여 언급하는 10:5-15에 첨부해야 한다고도 한다(cf. Childs). 그러나 꼭 그렇게 생각할 필요는 없다. 선지자는 지금까지 고대 근동 정치무대에서 아직까지 위협 요소로 등장하지 않은 메소포타미아의 "성공 사례"라고 할 수 있는 바빌론을 상징적으로 사용하여 인간의 교만에 대한 하나님의 심판을 선포했다. 그러므로 바빌론은 여호와의 날에 철저하게 파괴될 인간의 교만을 상징하는 것이다. 이러한 정황에서 24-25절이 아시리아에 대하여 말하다가 26절에서 메시지의 범위가 갑자기 온 세계로 펼쳐지는 것 역시 비슷한 성향을 띠고 있다고 간주된다. 또한 메소포타미아는 고대 근동의 정치적 무대에서 항상 헤비급의 위치를 차지했다. 이사야 시대에 국제무대를 누볐던 메소포타미아의 헤비급은 아시리아였다. 그러므로 선지자가 "메소포타미아의 이상적인 세력"에서 "메소포타미아의 현실적 실권자"로 주제를 바꾸어 "심판받을 바빌론의 한 예"로 간주하고 설명하는 것은 당연한 것이다. 이러한 이유에서 대부분 학자들이 아시리아를 비난하는 본문을 따로 다루지 않고 바빌론에 대한 예언의 일부로 간주한다(cf. Tucker; Smith; Childs). 만일 저자가 당시 국제무대에서 가장 큰 권력을 행사하던 아시리아에 대하여 신탁을 선포했다면, 그 스케일은 본문보다 훨씬 더 컸을 것이라고 생각했기 때문이다.

선지자는 하나님이 계획하신 바가 그대로 이루어질 것이라고 한다

(24절). “생각하다”(דמה)는 마음속에서 계획하는 것을 의미하며, “경영하다”(יעץ)는 계획한 것을 구체적으로 추진하는 것을 뜻한다(cf. HALOT). 이 두 동사가 사용되면서 하나님의 계획이 확실히 이루어질 것을 선언하고 있는 것이다. 선지자는 26-27절에서 이런 하나님의 계획이 그대로 이루어질 것을 다시 한 번 강조하며 일종의 수미쌍관(inclusio) 구조를 사용하고 있다.

여호와께서 자신의 땅(viz., 이스라엘)에서 아시리아 사람들을 으스러뜨리고, 자신의 산들(viz., 이스라엘의 산)에서 그들을 짓밟는다(25-26절). 선지자는 이 같은 이미지를 사용하여 하나님의 절대적인 능력을 노래하고 있다. 이 세상 최고의 힘인 아시리아도 하나님 앞에서는 속수무책으로 당할 수밖에 없다. 세상에서 아무리 두렵고 무서운 권력이라도 하나님 앞에서는 결국 창조물-피조물의 무의미한 갈등에 불과하다는 것이다. 에스겔 39:4, 17도 이런 모습을 전하고 있다. 이 예언은 주전 701년 산헤립이 예루살렘을 공략해 왔을 때 성취되었다(cf. 36-37장).

하나님이 아시리아 사람들을 심판하시는 것은 주의 백성의 해방을 의미하기도 한다. 그러므로 아시리아가 이스라엘에게 씌운 멍에와 지운 짐이 벗겨진다(25절). 이 이미지는 9:3, 10:27을 상기시킨다. 9:3은 메시아 시대를, 10:27은 남은 자의 구속을 언급하였다. 이번에는 아시리아의 멸망이 백성에게 자유를 준다. 하나님은 다양한 방법으로 역사를 이끌어 가시는 분이신 것이다.

아시리아에 대한 심판을 언급하다가 “온 세계, 모든 민족”으로 범위가 넓혀진다(26절). 아시리아도 바빌론과 같이 세상의 이상과 성취의 상징임을 다시 한 번 암시하고 있는 것이다. “하나님이 팔을 펴셨다”고 하는데(26절), 펴진 팔은 심판의 상징이다(cf. 5:25; 9:12, 17, 21; 10:4).

선지자는 27절에서 그 누구도 하나님이 계획하신 것을 막을 수 없다는 사실을 두 개의 수사학적인 질문을 통해 강조한다. “만군의 주께서 계획하셨는데, 누가 감히 그것을 못하게 하셨느냐? 심판하시려고 팔을 펴셨는데, 누가 그의 팔을 먹겠느냐?"(새번역) 여호와가 이스라엘의 하나님이실 뿐만 아니라 그 당시 이스라엘에게 가장 위협적이었던 메소포타미아의 슈퍼파워(superpower)를 단숨에 파괴하실 수 있는 절대적인 능력자라는 것(이 사실은 또한 온 열방의 수호신들은 여호와 앞에서 무기력한 존재들이라는 것을 입증하기도 한다)은 이사야의 청중들에게 대단히 인상적이었을 것이다.

2장. 블레셋(14:28-32)

28 아하스 왕이 죽던 해에 받은 이 경고가 임하니라

29 블레셋 온 땅이여
너를 치던 막대기가 부러졌다고 기뻐하지 말라
뱀의 뿌리에서는 독사가 나겠고
그의 열매는 날아다니는 불뱀이 되리라
30 가난한 자의 장자는 먹겠고
궁핍한 자는 평안히 누우려니와
내가 네 뿌리를 기근으로 죽일 것이요
네게 남은 자는 살륙을 당하리라
31 성문이여 슬피 울지어다
성읍이여 부르짖을지어다
너 블레셋이여 다 소멸되리로다
대저 연기가 북방에서 오는데
그 대열에서 벗어난 자가 없느니라
32 그 나라 사신들에게 어떻게 대답하겠느냐
여호와께서 시온을 세우셨으니
그의 백성의 곤고한 자들이
그 안에서 피난하리라 할 것이니라

유다의 주변 국가들에 대한 심판이 14:28-17:11을 통하여 선포된다. 대상은 블레셋, 모압, 시리아, 이스라엘 등이다. 이 말씀은 아하스가 죽던 해에 이사야에게 임한 예언이다(28절). 이사야서에는 3개의 구체적인 날짜가 기록되어 있다. 6:1, 20:1-2, 그리고 14:28이다. 비록 이 날짜들이 매우 구체적이지만 역사적으로 정확히 언제였는지를 가늠하는 것은 별개 문제다(cf. 6:1).

열왕기하 18:1, 9-10에 의하면 히스기야는 주전 727년에 왕위에 올랐다(사마리아가 멸망한 해가 주전 722년이다). 그러나 열왕기하 18:13은 주전 701년에 있었던 산헤립 사건을 히스기야 즉위 14년째로 기록하고 있다. 그렇다면 그는 주전 716/15년에 통치를 시작한 것이다. 만약에 주전 716년이 옳다면 이 시대는 블레셋이 아시리아에 반역을 꾀하던 때다(cf. 20:1-6).

"블레셋을 치던, 부러진 막대기"(29절)는 누구를 의미하는가? 이 정황에 가장 잘 어울리는 사람은 아하스 왕이다. 그러나 성경에는 아하스가 블레셋을 친 일이 한 번도 기록되어 있지 않다. 역대하 28:18에 의하면 그는 오히려 블레셋에게 여러 도시를 빼앗겼다. 그래서 어떤 학자들은 아시리아의 왕 디글랏(Tiglath-pileser III)(주전 727년에 죽음)이나(Hayes & Irvine) 살만에셀(Shalmaneser III)(주전 721년에 죽음), 사르곤(Sargon II)(Smith)을 가능성으로 제시하기도 한다(cf. Childs). 그러나 이 왕들의 날짜는 본문의 내용과 잘 어울리지 않는다는 문제가 있다. 그래서 본문이 특정한 왕이 아니라 계속 쇠퇴해가는 아시리아의 군사력을 상징하고 있다고 해석하는 사람들이 많다. 상당히 가능성이 있어 보이는 해석이다. 역사적으로 볼 때, 아시리아는 점차로 쇠퇴하다가 사르곤(Sargon), 산헤립(Sennacherib), 에살하돈(Esarhaddon) 시대를 맞이하여 엄청난 '독'을 뿜어댔다.

그러나 이사야는 지금 이 예언을 아하스의 죽음과 연결시키고 있다. 아시리아는 선지자의 관심 밖에 있는 것이다. 그래서 필자는 이를 "다윗 집안"이라고 생각한다. 이스라엘의 왕들 중 다윗처럼 블레셋을 확실히 물리친 자가 없으며(삼상 17:50; 18:25-30; 19:8; 23:1-5; 삼하 5:17-25; 8:1),

다윗이 얻은 명성 중 상당 부분이 블레셋과의 싸움에서 승리한 것에 근거를 두었다. 유다는 아하스 시대까지 비록 위태롭기는 했지만, 독립국가로 정체성을 유지해 왔다. 그러나 아하스 시대에 접어들면서 자청하여 속국이 되었다(cf. 7장 주해). 이로써 다윗 왕국이 "부러졌던" 것이다(cf. Motyer).

"뱀의 뿌리에서는 독사가 나겠고…"(29절)는 모세의 지팡이를 연상시킨다(cf. 출 4:2-3; 7:10-12). "가난한 자의 장자(lit. 가난한 자의 첫 열매)는 먹겠고 궁핍한 자는 평안히 누울 것"(30절) 역시 출애굽을 연상시킨다(cf. 시 77:20). 비록 이 순간에는 다윗 왕국이 별 볼 일 없지만 훗날 창성해질 것을 말하고 있다. 여기서 언급되는 뱀들은 매우 독성이 높은 것들로 생각되며 특히 "날아다니는 불뱀"은 30:6에서 다시 한 번 모습을 보인다.

하나님의 땅(유다)에서는 지극히 가난한 자들(천대받는 자들)까지 배불리 먹고 쉬나, 블레셋 사람들은 굶어 죽을 것이다(30절). 그 당시의 전쟁을 살펴보면 성읍을 포위하고 갇혀 있는 사람들이 굶어 죽기를 기다리는 경우가 많았다. 선지자는 이곳에서 그와 같은 이미지를 사용하고 있다. 주의 땅에서는 비천한 자도 배불리 먹지만 블레셋은 적군에게 포위되어 생활을 하다 보니 가장 강한 장정들도 끝에 가서는 비천한 자들보다 기력이 없게 될 것이다. 그나마 살아 남은 자들은 칼에 죽게 하신다(viz., 전쟁). 다윗의 뿌리는 왕성해져서 훗날 무시무시한 독사를 배출한다. 반면에 블레셋은 뿌리째 파괴된다. 하나님이 그들을 파괴하셨기 때문이다.

"성문이여, 슬피 울지어다! 성읍이여, 부르짖을지어다"(31절)는 포위된 성을 연상시키고 있다. 성문이 무너지는 순간 모든 것은 끝난다. 그 당시의 가나안 성읍들은 대체로 두 벌의 성벽과 성문을 지녔다. 평상시에는 이 두 성문 사이에서 장로들이나 상인들이 시간을 보냈다. 그러나 전시에는 이 지역이 피바다가 된다. 또한 이곳은 성문이 무너지는 순간 자살을 각오한 군인들이 필사적으로 싸우는 곳이었다. 이 같은 상황에서 자살을 각오하며 싸우고 있는 블레셋 군사들에게 전하는 메시지는 간단하다. "부질없는 싸움이다."

"연기가 북방에서 온다"(31절)는 군인들의 숫자가 얼마나 많은지 오면서 그들의 발걸음에서 비롯된 먼지가 구름을 형성한다는 의미다. 선지자는 이 군대가 북쪽에서 온다고 한다. 주전 701년에 산헤립은 온 팔레스타인 지역을 강타했다. "여호와께서 시온을 세우셨으니, 그의 백성의 곤고한 자들이 그 안에서 피난하리라"(32절)는 여호와만이 그들의 유일한 안식처가 될 수 있다는 의미다. 열방에게나, 이스라엘에게나 이사야의 메시지는 똑같다. "여호와 그분을 의지하라. 그분만이 너희에게 평안을 주실 수 있다." 우리는 어디서 누구에게 안식을 찾고 있는가?

그렇다면 블레셋은 왜 아하스의 죽음을 기뻐했을까? 아시리아 제국이 가나안 지역을 통치하던 내내 블레셋은 끊임없이 선동자 역할을 하여 이 제국의 심기를 불편하게 했다. 주전 734년에 블레셋의 도시 가드(Gath)가 아시리아에게 공물을 바치는 것을 거부하다가 파괴되었다. 블레셋은 주전 720년에 이집트와 합세해서 아시리아에 반역을 계획했으나 아시리아의 사르곤(Sargon II)이 가사(Gaza)에서 이집트를 격퇴하고 가드(Gath)와 아스글론(Ashkelon)을 빼앗았다. 이런 정치적인 상황에서 아하스는 친(親)아시리아 입장을 취하였다. 그러므로 블레셋 사람들에게 아하스의 죽음은 가뭄에 단비같이 느껴졌을 것이다. 아마도 아시리아의 사절단이 그의 죽음을 애도하러 유다를 찾아와 아하스의 아들 히스기야와 좋은 관계를 유지하려고 하는 상황에서 이 예언이 주어진 것 같다.

3장. 모압(15:1-16:14)

열방에 대한 심판이 시작되면서 지속되는 테마가 있다. 바빌론에 대한 선포는 여호와께서 역사의 주인이시며 그의 백성의 수난도 모두 주님에게서 온다는 것을 선포했다. 블레셋에 대한 예언은 하나님 자신이 역사의 주인이라는 사실을 다윗 언약을 준수하는 일을 통하여 확인해 주실 것을 선포했다. 이사야는 모압에 대한 경고를 선포하는 본문을 통해 다윗 언약의 효과가 결코 유다 혹은 이스라엘 사람들에게만 제한되지 않을 것을 말한다. 누구든지 여호와 안에 거하기를 원하는 사람은 시온에서 위로를 받을 수 있다는 사실이 본문을 통해 선포된다.

블레셋에 이어 모압이 유다의 주변 국가로서는 두 번째로 경고를 받고 있다. 이 섹션을 하나로 묶는 주제는 모압이다. 또한 "그러므로"라는 뜻을 지녔지만 "아, 아이고!"와 같은 탄식사로 번역될 수 있는(Wildberger) 히브리어 단어(כִּי)가 정확히 10회 등장하면서 통일성을 더하고 있다(Tucker). 예언이 선포된 시기는 블레셋 신탁의 시기와 비슷하게 느껴진다(주전 715-711년; cf. Oswalt). 한 학자는 15:1은 사르곤(Sargon II)이 주전 715년에 모압을 침범한 사건으로, 16:13-14은 주전 711년에 있었던 그의 두 번째 정복을 언급하고 있다고 풀이한다(Mauchline). 이 두 섹션이 같은 사건을 언급하는 것으로 해석되기도 한다(Motyer).

모압은 사해의 동쪽에 자리잡은 나라로 대략 남북으로 50킬로미터, 동서로 50킬로미터의 영토를 차지하고 있던 나라다. 이스라엘과 모압은 매우 가까운 사이면서도 앙숙 관계였다. 그들은 사촌 관계이며(cf. 창 19:38; 신 2:9), 사용했던 언어도 매우 비슷하다(cf. Mesha Inscription). 이 두 나라는 같은 지역의 소유권을 놓고 싸우기도 했다(cf. 민 32:1-5; 21:24-30;

삿 3:12-30; 11:22-26; 삼하 14:47; 왕하 3:4-27; 습 2:9-10). 이 섹션은 다음과 같은 구조를 갖고 있다(Motyer).

A. 확실한 모압의 멸망(15:1)
  B. 모압의 슬픔(15:2-4)
    C. 모압에 대한 여호와의 슬픔(15:5-9)
      D. 모압의 피신처 간구(16:1-4a)
        E. 시온에 있는 평안(16:4b-5)
      D'. 모압의 교만(16:6)
  B'. 모압의 슬픔 설명(16:7-8)[6]
    C'. 모압에 대한 여호와의 슬픔(16:9-12)
A'. 곧 다가오는 모압의 멸망(16:13-14)

II. 열방 심판(13:1–23:18)
3장. 모압(15:1–16:14)

1. 확실한 모압의 멸망(15:1)

1 모압에 관한 경고라

하룻밤에 모압 알이 망하여 황폐할 것이며
하룻밤에 모압 기르가 망하여 황폐할 것이라

알(עָר)은 아르논(Arnon)강기슭에 있던 국경 도시였다(cf. 신 2:18). 기르(קִיר, Kir)는 사해에서 20킬로미터 떨어진 모압의 중심부에 위치한 도시였다. 그러므로 선지자는 모압의 변방에 있는 도시 알과 중심부에 있는 기르를 한 쌍으로 언급함으로써 모압의 총체적인 파괴를 경고하고 있다.

6 필자는 16:6-8을 하나로 간주하여 주해할 것이다.

이 도시들이 상징하는 모압은 밤에 멸망할 것이라고 한다. 히브리 사람들의 하루는 해가 진 저녁에 시작해서 다음날 해 질 때까지였다(cf. 창 1장). 그러므로 여기서 밤에 망한다는 것은 그만큼 확실하고 짧은 순간에 이루어질 결정적인 파괴를 의미한다.

2. 모압의 슬픔(15:2-4)

2 그들은 바잇과 디본 산당에 올라가서 울며
모압은 느보와 메드바를 위하여 통곡하는도다
그들이 각각 머리카락을 밀고
각각 수염을 깎았으며
3 거리에서는 굵은 베로 몸을 동였으며
지붕과 넓은 곳에서는 각기 애통하여 심히 울며
4 헤스본과 엘르알레는 부르짖으며
그들의 소리는 야하스까지 들리니
그러므로 모압의 군사들이 크게 부르짖으며
그들의 혼이 속에서 떠는도다

디본(דִּיבוֹן)(2절)은 아르논 강에서 약 5킬로미터 북쪽에 위치한 도시였으며 이 땅은 이스라엘도 소유권을 주장한 곳이다(ABD). 주전 9세기에 유명했던 모압 왕 메사(cf. Mesha Inscription; 왕하 3장)의 고향이며 그모스의 신전이 있던 곳이다. 그러므로 모압 사람들이 이 산당에서 우는 것은 그들의 신 그모스가 그들을 구원하지 못하기 때문이다.

모압 사람들은 느보와 메드바로 올라가서도 운다(2절). 느보(נְבוֹ)는 사해의 북쪽 지역에 위치한 산이었으며, 모세는 이 산 정상에서 약속의 땅을 바라다보았다(신 34:1). 메드바(מֵידְבָא)는 느보 산에서 남동쪽으로 약 8킬로미터에 위치한 곳이다(ABD). 모압 사람들은 이곳뿐만 아니라 곳곳에서 슬픔의 상징인 베옷을 입고 오열한다(3절). 상황이 매우 절박함을 뜻한다.

헤스본(חֶשְׁבּוֹן)과 엘르알레(אֶלְעָלֵא)(4절)는 모압의 최북단에 있던 도시들로 소유권을 놓고 이스라엘과 자주 다투었다(ABD). 야하스(יַהַץ)는 헤스본에서 남쪽으로 약 15킬로미터 떨어진 곳이었다(ABD). 슬픔이 얼마나 심각했는지 통곡 소리가 먼 곳에서도 들린다는 것이다.

여러 지역의 이름을 나열하는 것은 이사야의 특징이다(cf. 10:9-10, 28-32). 이 같은 선지자의 특성은 여러 이름을 나열함으로써 파괴의 광범위함을 강조하는 데 목적이 있다. 그 나라에 있는 모든 도시가 파괴될 것을 이렇게 표현하는 것이다. 본문에서도 여러 도시들을 언급하여 모압이 완전히 망할 것을 선언한다. 모압의 군대는 온 땅에 퍼져 있는 통곡 소리에 완전히 사기를 잃고 말았다(4절).

3. 모압에 대한 여호와의 슬픔(15:5-9)

5 내 마음이 모압을 위하여 부르짖는도다
그 피난민들은 소알과 에글랏 슬리시야까지 이르고
울며 루힛 비탈길로 올라가며
호로나임 길에서 패망을 울부짖으니
6 니므림 물이 마르고 풀이 시들었으며
연한 풀이 말라 청청한 것이 없음이로다
7 그러므로 그들이 얻은 재물과 쌓았던 것을 가지고
버드나무 시내를 건너리니

8 이는 곡성이 모압 사방에 둘렸고
슬피 부르짖음이 에글라임에 이르며
부르짖음이 브엘엘림에 미치며
9 디몬 물에는 피가 가득함이로다
그럴지라도 내가 디몬에 재앙을 더 내리되
모압에 도피한 자와 그 땅에 남은 자에게 사자를 보내리라

선지자가 본문에서 언급하는 지역 이름들 중 상당수는 확실치 않다. 다만 확실한 것은 모두 모압 영토의 남쪽 지역에 위치한 성읍 이름들이다. 그렇다면 선지자가 묘사하는 것은 분명하다. 모압 사람들이 모두 무서운 재앙을 피하여 남쪽으로 가고 있다. 하나님이 처량하고 비참한 모압 피난민들의 행렬을 보면서 괴로워 눈물지으신다(5절). 그런데 누가 이들에게 재앙을 내리시는가? 바로 다름 아닌 여호와이시다(9절). 여호와께서 그들을 치시고, 동시에 그들을 위하여 눈물을 흘리신다. 범죄한 백성을 치시는 것이 하나님의 정의지만, 때로는 정의 실현이 하나님을 많이 아프게 한다.

모압의 피난민들은 롯이 소돔에서 피했던 보잘것없는 도시 소알(צֹעַר)과 에글랏 슬리시야(עֶגְלַת שְׁלִשִׁיָּה)로 울며 도망하며, 자신들의 패망에 대하여 탄식한다(5절). 니므림(נִמְרִים)(6절)은 사해의 남동쪽에 위치한 오아시스로 해석된다. 피난민과 그의 가축들이 얼마나 많은지 이 오아시스에는 물이 마르고 풀은 사라져 더 이상 이들의 생명을 보존할 수가 없다. 그래서 그들은 짐승들을 버리고 자신들이 나를 수 있는 조그마한 보따리만 가지고 다른 곳을 찾아 나선다(7절). 그들의 애곡이 얼마나 처절하고 큰지 먼 지역에서까지 들을 수 있다(8절).

디몬(דִּימוֹן)(9절)에 대하여는 전혀 알려진 바가 없으며 사해 사본(DSS), 칠십인역(LXX), 불가타(Vg)등은 디본(Dibon)(cf. 2절)으로 대신한다. 아마도 디본이 옳은 것 같다. "디몬 물에는 피가 가득함이로다"(9

절)는 열왕기하 3:22-23의 사건을 암시하는 듯하다. 여호람과 여호사밧이 에돔 왕과 함께 모압을 치러 나갔을 때의 일이다. 모압은 물이 고인 것을 보고 피로 착각하여 참패를 당한다. 모압 사람들이 보았던 착각 현상에서는 남의 피가 가득했다. 이번에는 그들의 피로 가득하다.

모압 사람들에게는 피할 길이 주어지지 않는다. 여호와가 더 큰 심판을 이들에게 주시기 때문이다(9절). "도피한 자와 그 땅의 남은 자에게 사자를 보내리라"(9절). 아모스 선지자는 "사람이 사자를 피하다가 곰을 만나는 것 같이" 여호와의 심판을 피할 수 없다는 것을 선포하는 일에 사자 이미지를 사용한다(암 5:19). 이사야는 본문에서 전쟁을 피하기 위하여 광야를 가로질러 가는 사람들이, 사실은 그들을 물어뜯기 위하여 기다리는 짐승들의 품에 안기는 것과 마찬가지라고 말한다. 도저히 피할 길이 없다는 것이다.

II. 열방 심판(13:1–23:18)
3장. 모압(15:1–16:14)

4. 모압의 피신처 간구(16:1-4a)

1 너희는 이 땅 통치자에게 어린 양들을 드리되
셀라에서부터 광야를 지나 딸 시온 산으로 보낼지니라
2 모압의 딸들은 아르논 나루에서 떠다니는 새 같고
보금자리에서 흩어진 새 새끼 같을 것이라
3 너는 방도를 베풀며 공의로 판결하며
대낮에 밤 같이 그늘을 지으며
쫓겨난 자들을 숨기며
도망한 자들을 발각되게 하지 말며
4 나의 쫓겨난 자들이 너와 함께 있게 하되
너 모압은 멸절하는 자 앞에서 그들에게 피할 곳이 되라

셀라(סֶלַע, 1절)는 모압에 속했던 요새 이름이다(cf. 왕하 14:7). 모압은 양을 치는 데 매우 적합한 땅이었으며(민 32:4) 이스라엘에 많은 양을 공물로 들여왔다(cf. 왕하 3:4). 셀라로 피한 모압의 지도자들이 유다에게 피신처를 간구하는 상황에서 양은 가장 적합한 공물이었던 것이다.

모압의 피난민들이 아르논 강어귀에서 매우 큰 혼잡을 빚고 있다(2절). 너무나 많은 사람이 이 강을 건너 피난가려고 하기 때문이다. 3절은 해석하기가 매우 어렵다. 사용된 동사들이 인칭과 숫자에서 일정하지 않기 때문이다. 문맥을 감안할 때 모압의 지도자들이 "시온의 딸"에게 도움을 요청하는 것으로 풀이하는 것이 가장 무난할 듯하다(cf. NIV). 모압의 지도자들의 요청은 간단하다. "우리로 하여금 당신들 속에 은신하게 해 달라."

모압은 두 가지의 도움을 요청하고 있다.

첫째, "대낮에 밤 같이 그늘을 지으며 쫓겨난 자들을 숨기며"는 먼저 모압의 현 상황이 마치 지나치게 눈이 부신 대낮의 햇볕에 드러나 있는 자와 같으니 밤과 같은 어두움으로 이들을 보호해 달라는 것이다. 고대 근동에서는 대낮의 햇볕으로부터 피할 수 있는 그늘을 지어 주는 큰 바위를 대단한 축복으로 여겼다. 지금 당장 발에 떨어진 불을 끌 수 있도록 즉시 도와 달라는 부탁이다.

둘째, "쫓겨난 자들이 너와 함께 있게 하되 너 모압은 멸절하는 자 앞에서 그들에게 피할 곳이 되라"(4절)는 "모압의 쫓겨난 자들이 당신과 함께 있게 해주고, 그들을 멸절하는 자에게로부터 피할 곳이 되어 달라"(NIV)로 번역되어야 한다. 이들은 당장의 도움뿐만 아니라, 장기적인 도움도 바라는 것이다. 이들이 왜 유다에게 도움을 요청하게 되었는가? 여호와로부터 온 심판 때문이다. 그런데 이들은 지금 여호와의 백성에게 도움을 청한다! 하나의 아이러니가 형성되고 있다. 그럼에도 불구하고 여호와께 피하는 것이 그들의 유일한 살 길이다. 우리는 하나님이 환난을 주실 때 누구에게 피할 것인지를 생각해 보아야 한다. 설령 하나님이 우리를 치신다 할지라도, 우리가 피해야 할 곳은 바로 하나님의 품이다.

II. 열방 심판(13:1–23:18)
3장. 모압(15:1–16:14)

5. 시온에 있는 평안(16:4b-5)

4b 대저 토색하는 자가 망하였고
멸절하는 자가 그쳤고
압제하는 자가 이 땅에서 멸절하였으며
5 다윗의 장막에 인자함으로 왕위가 굳게 설 것이요
그 위에 앉을 자는 충실함으로 판결하며
정의를 구하며 공의를 신속히 행하리라

비록 모압을 치는 군대를 여호와께서 보내셨음에도 불구하고 왜 모압이 시온으로 피한 것이 옳았는지 밝혀진다. 시온에 와야 문제가 해결되기 때문이다. 그들이 시온으로 오면 여호와께서 보내신 파괴가 멈추게 되며, 그 파괴를 가져왔던 압제자들이 땅에서 멸절하게 된다(4b).

그렇다면 이 구원은 어떻게 오는가? 다윗의 장막에서 오는 통치자가 이 일을 행한다. 그의 보좌는 "자비/사랑"(חֶסֶד)에 의하여 세워지며, 그 자리에 앉는 자는 "믿음/신실함"(אֱמֶת)으로 "공의"(מִשְׁפָּט)를 추구하며 "정의"(צֶדֶק)를 이행할 것이다(5절). 이 단어들은 이미 9:2-7, 11:1-9 등에서 언급된 메시아의 성향을 잘 요약해 주는 표현들이다.

선지자는 모압의 소망은 이스라엘의 소망과 동일하다고 말한다. 그들이 살 길은 메시아라는 것이다. 여기서 중요한 것은 열방이 시온으로 몰려와 구원을 받을 것을 언급하는 2:1-4의 사건이 이번에는 모압을 통하여 재현된다는 점이다. 본 텍스트에서 모압은 온 열방의 대표로서 시온을 통하여 구원받고 있는 것이다. 다시 한 번 이사야는 구원의 범위가 이스라엘을 넘어서 열방을 포함할 것을 선언하고 있다.

Ⅱ. 열방 심판(13:1–23:18)
3장. 모압(15:1–16:14)

6. 모압의 교만과 슬픔 설명(16:6-8)

6 우리가 모압의 교만을 들었나니
심히 교만하도다
그가 거만하며 교만하며 분노함도 들었거니와
그의 자랑이 헛되도다
7 그러므로 모압이 모압을 위하여 통곡하되
다 통곡하며
길하레셋 건포도 떡을 위하여 그들이 슬퍼하며
심히 근심하리니
8 이는 헤스본의 밭과 십마의 포도나무가 말랐음이라
전에는 그 가지가 야셀에 미쳐 광야에 이르고
그 싹이 자라서 바다를 건넜더니
이제 열국의 주권자들이 그 좋은 가지를 꺾었도다

모압의 근본적인 문제는 교만에 있다. 2장에서 이미 언급된 것 같이 하나님은 그 누구의 교만도 가만두시지 않을 것이다. 선지자는 모압의 교만을 메시아의 진실함과 대조되는 것으로 생각한다. 이사야는 5절에서 메시아의 성향을 설명하며 4개의 단어를 사용했다. 자비/사랑(חֶסֶד), 믿음/신실함(אֱמֶת), 공의(מִשְׁפָּט), 정의(צֶדֶק). 여기서 모압의 교만을 설명하는 단어도 역시 4개이다. 교만(גְּאוֹן)(pride), 심히 교만(מְאֹד גַּאֲוָה)(conceit), 거만(גֵּא)(pride), 교만하며 분노함(עֶבְרָה)(insolence). 메시아가 진실과 정의의 절정이라면 모압(viz., 열방)은 교만의 절정이다.

"그의 자랑이 헛되도다"(לֹא־כֵן בַּדָּיו)(6절)는 교만의 실체를 잘 드러내고 있다. 교만이란 근본적으로 '뻥'이다. 실력이 있어서 잘난 체하는 것은 그래도 봐줄 수 있다. 그러나 실력도 없으면서 잘난 체하는 것은 교만이다. 교만의 결과는 너무나도 비참하다. 모압을 완전한 파괴로 몰아간다. 선지자는 마치 길하레셋(קִיר־חֲרֶשֶׂת)(7절)이 건포도 떡과 특별한 관계가 있었던 것처럼 말하지만, 그렇지는 않은 것 같다(Oswalt). 다만 여기서는 상징적으로 모압의 특산물 건포도 떡이 더 이상 생산되지 않을 것을 선포한다. 포도원들이 말라서 포도를 생산하지 못하기 때문이다(8절).

헤스본과 십마(8절)의 위치에 대하여는 알려진 바가 없다. 그러나 본문이 확실히 전하는 것은 포도원의 산물이 더 이상 생산되지 않을 것이라는 점이다. 이들의 포도 산물이 한때는 모압의 북쪽 경계선 위에 위치했던 야셀, 동쪽으로는 광야까지, 서쪽으로는 바다까지 수출되었으나 앞으로 이런 일은 없을 것이다. 이로써 경제에 커다란 타격이 올 것을 경고하고 있다.

7. 모압에 대한 여호와의 슬픔(16:9-12)

9 그러므로 내가 야셀의 울음처럼
십마의 포도나무를 위하여 울리라
헤스본이여, 엘르알레여, 내 눈물로 너를 적시리니
너의 여름 실과, 네 농작물에 즐거운 소리가 그쳤음이라
10 즐거움과 기쁨이 기름진 밭에서 떠났고
포도원에는 노래와 즐거운 소리가 없어지겠고

틀에는 포도를 밟을 사람이 없으리니
이는 내가 즐거운 소리를 그치게 하였음이라
11 이러므로 내 마음이 모압을 위하여
수금 같이 소리를 발하며
내 창자가 길하레셋을 위하여 그러하도다
12 모압이 그 산당에서 피곤하도록 봉사하며
자기 성소에 나아가서 기도할지라도 소용없으리로다

여기서 괴로워하는 사람이 선지자(Oswalt)인가, 아니면 여호와(Motyer)인가? 15:5, 9을 참고하면 여기서도 여호와임이 확실하다. 비록 여호와께서 모압을 파괴하시지만 그는 눈물을 흘리며 괴로워하며 이 일을 진행하고 있는 것이다. "내가… 울리라. 내 눈물로 너를 적시리니"(9절)를 생각해보라. 하나님이 울고 계신다. 이방 나라인 모압을 위해서도 애도하셨는데 그의 택하신 바 된 우리가 잘못될 때 얼마나 더 우실 것인가를 생각해 보라. 모압이 망하게 된 이유는 교만 때문이었다. 교만이 하나님을 울게 한 것이다. 우리가 교만해지려고 할 때, 하나님이 눈물을 흘리는 모습을 상상해 보자.

"내 마음이… 내 창자가"(11절)는 감정 전체를 나타내는 표현이다. 인간을 심판하실 때 하나님이 체험하시는 고뇌를 묘사하고 있다. 모압이 당하는 고통이 모두 여호와에게서 비롯되었다 해서 그가 아무런 감정 없이 이 모든 징계를 진행할 수 있는 것은 아니다. "내 마음이 모압을 위하여 수금 같이 소리를 발하며"(11절)는 하나님의 심적 고통이 얼마나 심하신지 그분의 마음이 울리는 수금과 같이 신음 소리를 내신다는 것이다. 하나님이 인간을 징계하실 때 이러한 괴로운 과정을 지나신다. 우리에게 죄를 짓고 싶은 충동이 생길 때 이런 하나님의 모습만 떠올려도 많이 절제하게 될 것이다.

야셀… 십마… 헤스본(9절)의 순서는 8절의 헤스본… 십마… 야셀의 순서를 뒤집어 놓은 것이다. 두 구절의 연관성을 드러내기 위함이다. 개역한글에서 "너의 여름 실과, 너의 농작물에 떠드는 소리가 일어남이니라"(9절)라고 되어 있는 이 문구는, 개역개정에서 "너의 여름 실과, 네 농작물에 즐거운 소리(הֵידָד)가 그쳤도다"로 개정되었다. 이제 농작물(viz., 포도)이 다 파괴되었으니 추수 때 즐거이 부르던 노래를 부를 수 없게 된 것이다. 대신 온 땅이 애가(哀歌)로 가득 차 있다(9절).

모압은 자신의 문제를 해결하기 위하여 여러 가지로 노력할 것이다(12절). 그들은 자신들이 섬기는 신들의 산당에 가서 호소해 보지만 문제가 해결될 리 없다. 인간이 만들어 놓은 신들(cf. 2장)이 무슨 실력을 행사할 수 있겠는가? 아무런 의미가 없다. 온 세상의 주인이신 여호와가 행하는 일인데 감히 누가 그의 길을 막겠는가?

II. 열방 심판(13:1–23:18)
3장. 모압(15:1–16:14)

8. 곧 다가오는 모압의 멸망(16:13-14)

13 이는 여호와께서 오래 전부터
모압을 들어 하신 말씀이거니와
14 이제 여호와께서 말씀하여 이르시되
품꾼의 정한 해와 같이 삼 년 내에
모압의 영화와 그 큰 무리가 능욕을 당할지라
그 남은 수가 심히 적어
보잘것없이 되리라 하시도다

선지자는 13절에서 이 예언이 '전(과거)에'(מֵאָז) 주어진 것임을 밝히고 있다. 이 단어는 긴 시간을 가리키기도 하고(44:8; 잠 8:22), 짧은 시간을 가리키기도 한다(삼하 15:34). 그러므로 이 예언은 상당히 오래 전에 주어진 것일 수도 있다. 그렇다면 왜 때로는 선지서들이 비슷하거나 흡사한 이미지나 메시지를 제시하는지 어느 정도 이해할 수 있다.

예를 들면 이사야 2:2-4과 미가 4:1-3은 같은 메시지다. 이사야가 미가를 인용하거나 미가가 이사야를 인용했을 가능성이 있다. 그러나 이들에게 하나의 전통으로 전수되었던 것을 인용했을 가능성도 있는 것이다. 사실 우리가 전하는 메시지는 2000년 동안 거의 바뀌지 않았다. 다만 옛 진리에 새로운 옷을 입혀 새롭게 적용할 뿐이다.

과거에 선포되었던 모압에 대한 메시지가 이 순간 새롭게 시사성을 띠고 선포되고 있다. 선지자는 3년 내로 모압은 망할 것이라고 선언한다. 역사적인 관점에서 볼 때 정확히 언제 이 예언이 성취되었는지 우리는 알 수 없다. 모압의 멸망에 대하여 어떠한 역사적인 기록도 아직까지 발굴되지 않았기 때문이다. 다만 이 예언이 그대로 성취되었으리라는 것을 믿음으로 확신할 뿐이다.

4장. 시리아와 에티오피아(17:1-18:7)

선지자는 바로 앞 섹션에서 유다의 남쪽 인접 국가들인 블레셋과 모압에 대하여 예언했다. 본 텍스트는 초점을 바꾸어서 유다의 북쪽 인접 국가 시리아와 에브라임(이스라엘)에 대하여(17장), 그리고 먼 남쪽에 위치한 에티오피아(18장)에 대하여 OAN을 선포한다.

이사야는 이 예언을 시리아의 수도인 다마스크스를 상대로 시작하지만(1절), 3절 이후부터는 북 왕국 이스라엘을 상대로 초점을 맞춘다. 이 두 나라가 같이 취급되는 것을 보면 이 예언은 이사야 사역의 초기 시대에 선포된 것으로 생각된다. 아하스 왕 시대 때 시리아와 북 왕국 이스라엘이 연합하여 그를 치려고 예루살렘을 침략했다(cf. 7장). 그들이 예루살렘을 공략하러 온 때가 주전 735-32년경이다.

시리아-이스라엘은 자신들이 원하는 것을 하나도 얻지 못한 채 오히려 그들의 멸망을 재촉하는 결과를 초래했다. 아하스가 아시리아에 많은 돈을 보내어 도움을 요청하였고, 아시리아는 아하스의 요청에 따라 주전 732년에 시리아를 쳐서 자치권을 빼앗고 아시리아의 한 주로 편입시켰다. 아시리아의 입장에서는 "꿩 먹고 알 먹는" 일이었다. 뿐만 아니라, 이 연합군의 침략은 10년 후에 북 왕국 이스라엘이 아시리아의 손에 멸망하는 계기를 마련하는 결과도 초래했다. 본 예언의 초점은 그들이 여호와를 의지하지 못해서 얻은 결과에 있다(cf. 7-11절). 이 "믿음/신뢰" 테마는 아하스 이야기의 주제이기도 하다.

본문을 포함하고 있는 17:1-18:7의 테마는 통일성을 유지하고 있으며 이 열방에 대한 선언(13-23장)의 중간 위치에서 다시 한 번 주요 이슈를 상기시키고 있다. 여호와를 의지하기를 거부하는 일은 어리석은 처사

일 뿐만 아니라 열방을 통하여 그 대가(심판)를 치러야 하는 자멸 행위라는 것이다. 다행히 여호와가 열방의 통치자이므로 열방이 주님의 백성을 완전히 파괴하도록 허락하지는 않으실 것이다.

에티오피아(18장)에 대한 경고는 내용적으로 볼 때 17:12-14과 흡사하다. 다만 약간 다르게 표현할 뿐이다. 이런 이유에서 많은 학자들이 이 텍스트를 17:12-14과 함께 묶는다(Sweeney; Seitz). 본 텍스트는 다음과 같이 구분될 수 있다.

A. 멸망을 부른 동맹(17:1-3)
B. 시들어 버린 야곱의 영화(17:4-6)
C. 회복(17:7-8)
B'. 야곱이 파괴된 이유(17:9-11)
A'. 세상 권세의 현실(17:12-14)
A''. 에티오피아(18:1-7)

1. 멸망을 부른 동맹(17:1-3)

1 다메섹에 관한 경고라
보라 다메섹이 장차 성읍을 이루지 못하고
무너진 무더기가 될 것이라
2 아로엘의 성읍들이 버림을 당하리니
양 무리를 치는 곳이 되어 양이 눕되
놀라게 할 자가 없을 것이며
3 에브라임의 요새와 다메섹 나라와 아람의 남은 자가 멸절하여
이스라엘 자손의 영광같이 되리라
만군의 여호와의 말씀이니라

다마스크스(דַּמֶּשֶׂק)(1절)는 시리아의 수도였으며 군사 전략상, 상업상 매우 중요한 위치에 있었다. 도시의 북쪽에는 헤르몬 산(Mount Hermon)이 있었고 남쪽에는 바위들로 구성된 고원이 형성되어 있었다. 이런 주변 환경으로 인해 메소포타미아와 이집트 사이에 오갔던 모든 상업적 교류 행렬이 다마스크스를 통과했다. 따라서 이 도시는 당시의 정치와 경제에 엄청난 영향력을 발휘하였다.

그러나 선지자는 이 도시가 더 이상 도시로 존재하지 못할 정도로 파괴당할 것을 예언한다. 세상의 권세가 영원히 존재하지 못하는 것 같이 시리아의 권세도 드디어 막을 내리게 된 것이다. 아로엘(עֲרֹעֵר)(2절)의 성읍들에 대하여는 알려진 바가 없다.

에브라임과 다마스크스가 황무지로 변한다(2-3절). 다마스크스와 아로엘의 성읍들 자리에 양 떼가 거하게 되며 이들을 몰아낼 사람이 하나도 없다. 사람들이 귀하게 될 것이라는 뜻이다. 그러므로 철저한 파괴와 살육이 있을 것을 의미한다. 에브라임은 자신을 방어할 만한 능력이 없다(3절). 다마스크스 또한 자치권을 잃는다(3절). 더 이상 다른 나라에게 영향력을 미치지 못하는 모습이다.

이스라엘의 영광이 사라지듯이, 시리아의 남은 백성도 수치를 당할 것이다(3절). 비록 심판이 철저한 파괴와 살육을 동반하지만 완전히 망하는 것은 아니다. 북 왕국이 망한 주전 722년 이후 사마리아에 어느 정도의 과거 이스라엘의 흔적이 남은 것처럼 시리아에도 희미한 그림자는 남을 것이다. 여호와께서 이스라엘에 남은 자를 남긴 것같이 시리아에도 그렇게 하실 것이라는 뜻이다. 이 예언은 주전 732년 아시리아의 살만(Shalmaneser) 왕을 통하여 성취되었다(Smith).

2. 시들어 버린 야곱의 영화(17:4-6)

4 그 날에 야곱의 영광이 쇠하고
그의 살진 몸이 파리하리니
5 마치 추수하는 자가 곡식을 거두어 가지고
그의 손으로 이삭을 벤 것 같고
르바임 골짜기에서 이삭을 주운 것 같으리라
6 그러나 그 안에 주울 것이 남으리니
감람나무를 흔들 때에 가장 높은 가지 꼭대기에 과일 두세 개가 남음 같겠고
무성한 나무의 가장 먼 가지에 네다섯 개가 남음 같으리라
이스라엘의 하나님 여호와의 말씀이니라

선지자는 3절에서 시리아의 영화가 야곱의 영화같이 될 것을 선언했다. 본문은 야곱의 영화가 어느 정도로 보잘것없이 될 것인가를 잘 설명하고 있다. 이사야는 시들한 야곱의 영화를 세 가지 비유로 설명한다. 첫 번째 비유는, 뚱뚱한 사람이 가죽만 남도록 쇠약해진 모습이다(4절). 여기에서 묘사된 사람은 평소에 잘 먹어서 피둥피둥하던 사람이 마를 대로 말라서 가죽만 남은 모습이다. 이 이미지에서 강조되는 것은 피둥피둥하던 사람이 병과 같은 내부적인 문제 때문에 쇠약해진 것같이 이스라엘의 영화가 내부적인 요소 때문에 쇠약해질 것이라는 점이다.

두 번째 비유는, 추수하는 자들이 곡식을 다 거두어 버린 들판의 모습이다(5절). 온갖 곡식으로 풍성했던 들판이 수확이 끝나면서 허허벌판으로 변해 버린 모습이다. 그나마 남은 것이라고는 가난한 자들의 몫이 되는 떨어진 이삭들뿐인데(cf. 룻기), 이것마저도 주워 가 버린 황량한 벌판을 그리고 있다. 첫 번째 이미지가 내부적인 요소를 강조한다면, 두 번째 이미지는 외부적인 요소를 강조하고 있다. 르바임 골짜기

는 예루살렘의 남쪽에 위치한 곳이며 이 예언에 현실감을 더하기 위하여 언급되고 있다.

세 번째 비유는 열매를 따고 난 올리브 나무다(6절). 당시 농부들이 올리브를 수확할 때는 막대기로 나뭇가지를 쳐서 열매가 떨어지게 했다. 오직 적은 양의 올리브를 가난한 사람들을 위하여 남겨 두었다(신 24:20). 선지자는 아주 극소수의 열매만 남아 있는 앙상한 과실나무를 묘사하고 있는 것이다.

이 세 가지 비유는 하나같이 극소수의 보잘것없는 숫자만 남을 것이며 나머지는 모두 멸망할 것을 선포하고 있다. 그러나 다행히 남은 자들이 있을 것이라는 사실이 소망으로 암시된다. 비록 극소수지만 이스라엘에 남은 자들이 있을 것이라는 사실을 이스라엘의 하나님이 보장하신다. 선지자는 이 모든 것에 "그 날이 오면"이라며 종말론적인 요소를 첨부한다(Childs).

II. 열방 심판(13:1–23:18)
4장. 시리아와 에티오피아(17:1–18:7)

3. 회복(17:7-8)

7 그 날에 사람이 자기를 지으신 이를 바라보겠으며
그의 눈이 이스라엘의 거룩하신 이를 뵙겠고
8 자기 손으로 만든 제단을 바라보지 아니하며
자기 손가락으로 지은 아세라나 태양상을 보지 아니할 것이며

본문에서 "신뢰/믿음"이 다시 이슈로 제시되고 있다. 그날이 되면 온 인류는 모두 자신들이 섬겼던 우상들은 거들떠보지도 않고 그들의 창조주 여호와, 곧 이스라엘의 거룩하신 이에게만 눈길을 돌릴 것이다. 아세라와 태양상은 모두 다산(多産)과 연관된 우상들이다(Tucker). 그날이 되면 사람들은 여호와만 "바라보겠고"(7절), 자신들이 만든 우상들은 "바라보지 아니한다"(8절). "자기를 지으신 이", "사람" 등의 단어는 선지자가 이 회복 예언을 이스라엘이나 시리아에 제한하지 않고 범세계적으로 적용하고 있음을 암시한다(Motyer).

선지자가 8절에서 다시 한 번 강조하는 것은 이 모든 우상들은 인간이 만든 것에 불과하다는 사실이다. 우상은 스스로 존재하는 것이 아니라, 인간들이 의지하기 위하여 만든 것이다. "자기 손으로… 자기 손가락으로…" 이사야는 2:23에서 우상에 대하여 말하면서 "인생을 의지하지 말라"고 경고했다. 우상은 사람의 손에 의하며 만들어진 것이기 때문이다. 그러므로 인간의 손에 의하여 만들어진 우상은 어떠한 신비한 능력도 가지고 있지 않다. 그런데도 우상을 만들어 놓고 그 앞에 절하는 사람들을 보면 안타깝다. 그들도 진리를 알아야 할 텐데!

4. 야곱이 파괴된 이유(17:9-11)

9 그 날에 그 견고한 성읍들이
옛적에 이스라엘 자손 앞에서 버린 바 된
수풀 속의 처소와 작은 산 꼭대기의 처소 같아서 황폐하리니
10 이는 네가 네 구원의 하나님을 잊어버리며
네 능력의 반석을 마음에 두지 아니한 까닭이라
그러므로 네가 기뻐하는 나무를 심으며
이방의 나무 가지도 이종하는도다
11 네가 심는 날에 울타리를 두르고
아침에 네 씨가 잘 발육하도록 하였으나
근심과 심한 슬픔의 날에 농작물이 없어지리라

시리아의 OAN에서 "그 날에"(בַּיּוֹם הַהוּא)(9절)라는 표현이 세 번째 사용되고 있다. 그러나 그 다음 부분(עָרֵי מָעֻזּוֹ כַּעֲזוּבַת הַחֹרֶשׁ וְהָאָמִיר)의 해석에 대하여 번역본들은 현저하게 견해 차이를 보이고 있다. 개역과 개역개정은 "그 견고한 성읍들이 옛적에 이스라엘 자손 앞에서 버린 바 된 수풀 속의 처소와 작은 산 꼭대기의 처소 같아서 황폐하리니"으로 번역하고 있으며, 영어 번역본들 중에서는 NIV, NAS가 이 해석과 맥을 같이한다. 반면에 새번역은 "그 견고한 성읍들이 폐허가 될 것이다. 마치 이스라엘 자손 앞에서 도망친 히위 족과 아모리 족의 성읍들처럼, 황폐하게 될 것이다"라고 한다(cf. 공동; NRS). 후자는 본문을 출애굽 사건과 연결하려는 의도를 가지고 이렇게 해석하고 있으나, 성경에서 이 족속들을 히위(הַחִוִּי)와 아모리(הָאֱמֹרִי)로 표기하는 것을 감안하면 개정개역, NIV, NAS 등의 해석이 더 설득력 있다고 볼 수 있다.

그렇다면 "버린 바 된 수풀 속의 처소와 산 꼭대기의 처소"는 이스라엘이 가나안에 입성하여 황폐하게 만들어 방치한 이방 신들의 산당과 신전들을 의미한다. 그날이 오면 이스라엘은 심판을 받아 버려진 신전들과 산당들처럼 될 것이다. 하나의 아이러니가 형성되고 있다. 과거에는 이방 신들의 산당과 신전이 이스라엘의 눈앞에서 파괴되고 버려졌다. 그러나 앞으로 이스라엘이 그렇게 될 것이다.

그들은 그들의 구원자 되시고, 피할 견고한 반석이신 하나님을 잊어버렸다(10절). 구약에서 "잊다/기억하다"는 우리의 사고력을 훨씬 초월한 의미를 지녔다. 이 표현은 근본적으로 행동 혹은 생활과 연결되어 있다. 만약에 그들의 행동이 여호와의 성품과 관계없이 진행된다면 그들은 여호와를 "기억하고 있다"고 말할 수 없다. "잊다" 역시 이런 면모를 부정적으로 나타낸다. "피할 견고한 반석"은 단순히 힘을 나타내는 표현이 아니라 구원을 의미한다. 출애굽기 17장에 언급된 생수를 내는 반석을 연상시킨다. 이스라엘이 비록 다른 신들을 섬기면서도 여호와의 이름을 계속 불렀을지는 모르지만, 그들은 결코 하나님을 "기억하지 못했던" 것이다.

아도니스 종교는 꽃나무를 가져다가 빨리 꽃피게 하여 말려 죽이는 의식을 치렀다. 이 종교는 바빌론의 다무즈 종교(cf. 겔 8장)를 모방한 헬라 종교였으며 자연의 삶과 죽음을 반복함으로 많은 수확을 기대할 수 있다고 생각했다. 본문이 정확하게 이 종교를 염두에 두고 있는지는 확실치 않으나, 한 가지 확실한 것은 이들이 행동을 통하여 필요를 채우려는 노력을 하고 있다는 점이다.

"네가 심는 날에 울타리를 두르고 아침에 네 씨가 잘 발육하도록 하였으나"(11절)는 인간이 아무리 놀라운 기술로 자신의 필요를 채우려고 노력해도, 결과는 매우 실망적일 것이라는 경고다. 선지자는 이들의 필요를 채우실 분은 다른 분이라는 것을 끊임없이 강조하고 있다. 이 예언은 주전 722년에 성취되었다.

5. 세상 권세의 현실(17:12-14)

12 슬프다 많은 민족이 소동하였으되
바다 파도가 치는 소리 같이 그들이 소동하였고
열방이 충돌하였으되
큰 물이 몰려옴 같이 그들도 충돌하였도다
13 열방이 충돌하기를 많은 물이 몰려옴과 같이 하나
주께서 그들을 꾸짖으시리니
그들이 멀리 도망함이
산에서 겨가 바람 앞에 흩어짐 같겠고
폭풍 앞에 떠도는 티끌 같을 것이라
14 보라 저녁에 두려움을 당하고

아침이 오기 전에 그들이 없어졌나니
이는 우리를 노략한 자들의 몫이요
우리를 강탈한 자들의 보응이니라

열방이 성난 바다같이 요동한다. 마치 모든 것을 삼킬 것 같은 기세로 달려든다. 이런 여호와를 대적하는 열방의 모습은 시편 여러 곳에서 언급되고 있다(시 27:1; 46; 48; 51:9; 76; 93; 104:6-7 등). 그러나 성난 물결 같은 열방의 세력도 여호와 앞에서는 물거품이 되어버린다. 하나님이 그들을 꾸짖으실 때 그들은 "바람 앞에 흩어짐 같겠고, 폭풍 앞에 떠도는 티끌"(13절)같이 된다. 겨와 티끌은 둘 다 생명력이 없을 뿐만 아니라 외부의 힘에 의하여 움직임이 결정되는 것들이다. 또한 이것들은 어떤 가치도 지니지 않았다. 힘없이 허물어지는 열방의 세력을 보라. 선지자는 40장에서도 비슷한 내용을 언급한다.

하나님이 이들을 물리치시는 데 어떠한 어려움도 없고, 시간도 걸리지 않는다. 단숨에 해 내신다(14절). 밤이 시작될 때(viz., 하루가 시작될 때), 그들은 공포의 존재였지만, 아침이 오기 전에 그들이 없어져 버려 이제 더 이상 위협 요소가 되지 않는다. 선지자가 시리아-북 왕국 동맹군의 침략을 묘사한다고 생각하는 주석가도 있지만(Tucker), 이 일은 주전 701년에 아시리아가 유다를 침범했던 사건을 상기시킨다. 산헤립은 유다를 향해 무섭게 돌진했지만, 여호와는 하룻밤 사이에 18만 5천 명을 살해해서 그를 비참한 꼴로 "바람에 날리게" 하셨다(36-37장).

6. 에티오피아(18:1-7)

1 슬프다 구스의 강 건너편 날개 치는 소리 나는 땅이여

2 갈대 배를 물에 띄우고 그 사자를 수로로 보내며 이르기를
민첩한 사절들아 너희는 강들이 흘러 나누인 나라로 가되
장대하고 준수한 백성 곧 시초부터 두려움이 되며
강성하여 대적을 밟는 백성에게로 가라 하는도다
3 세상의 모든 거민,
지상에 사는 너희여 산들 위에 기치를 세우거든
너희는 보고 나팔을 불거든 너희는 들을지니라
4 여호와께서 내게 이르시되
내가 나의 처소에서 조용히 감찰함이
쬐이는 일광 같고 가을 더위에 운무 같도다
5 추수하기 전에 꽃이 떨어지고
포도가 맺혀 익어갈 때에
내가 낫으로 그 연한 가지를 베며
퍼진 가지를 찍어 버려서
6 산의 독수리들과 땅의 들짐승들에게 던져 주리니
산의 독수리들이 그것으로 여름을 지내며
땅의 들짐승들이 다 그것으로 겨울을 지내리라 하셨음이라
7 그 때에 강들이 흘러 나누인 나라의 장대하고 준수한 백성
곧 시초부터 두려움이 되며 강성하여 대적을 밟는 백성이
만군의 여호와께 드릴 예물을 가지고
만군의 여호와의 이름을 두신 곳 시온 산에 이르리라

본 텍스트는 내용적으로 볼 때 17:12-14과 흡사하다. 다만 다르게 표현하고 있을 뿐이다. 이런 이유에서 많은 학자들이 본문을 17:12-14과 함께 묶는다. 지형적으로는 유다의 북쪽 이웃들(시리아와 이스라엘)로부터 남쪽의 이웃들(구스와 이집트)로 옮겨가고 있다.

구스(에티오피아)는 나일 강 상류 쪽에 위치했으며 이스라엘에게는

남쪽 "땅끝"을 상징하는 나라였다. 그러므로 구스에 대한 이 예언은 메시지가 "땅끝까지" 전달되어야 한다는 의미를 지니고 있는 듯하다(Oswalt). 구스의 피안키(Piankhi)는 주전 721년부터 이집트의 남쪽에 영향력을 행사하다가, 드디어 715년에 이집트를 정복해서 이집트의 25대 왕조를 시작하였으며 국제적인 세력이 되고자 했다. 그의 사절단은 국제 무대에서 이집트의 경쟁자라 할 수 있는 아시리아를 견제하고 반(反)아시리아 분위기를 조성하기 위하여 팔레스타인에 자주 드나들었다(cf. 왕하 17:4). 아마도 이 예언이 선포된 때에도 이집트의 사절단이 예루살렘에 머물고 있었을 가능성이 크다.

"날개 치는 소리 나는 땅"(אֶרֶץ צִלְצַל כְּנָפָיִם)(18:1)은 학자들 사이에 3가지로 해석된다. 첫 번째, 구스는 옛적부터 벌레가 많은 지역으로 알려졌다. 여기서 날개 치는 소리는 벌레들의 웅웅거리는 소리다(Childs). 두 번째, 날개보다는 "그림자"로 해석하여 이 땅은 그림자가 둘로 나타나는(적도 선상에 있는 땅에서는 이런 현상이 종종 일어나는 것으로 알려졌다) 지역을 뜻한다(cf. Oswalt). 세 번째, 구스의 상선들이 분주하게 강을 오르내리는 것을 마치 벌레들이 날아다니는 것으로 묘사한 것이다(NEB). 세 번째 것이 전통적인 해석이며, 가장 설득력 있는 것으로 생각된다. 본문이 에티오피아에 대한 긍정적인 묘사로 시작되는 정황에 가장 잘 어울리기 때문이다.

구스의 상선들이 분주하게 움직이는 것(1절)과 "민첩한 사절들… 장대하고 준수한… 강성하여 대적을 밟는 백성"(2절) 등은 인간이 드러낼 수 있는 최고의 능력을 나타낸다. 이들은 갈대 배를 타고 왕래한다(2a절). "갈대"(גֹּמֶא)는 파피루스(papyrus)를 뜻하는 말이다(HALOT; NAS; NIV). 고대 사람들은 파피루스를 엮어 배를 만들어 먼 길을 다닌 것으로 알려졌다(Smith). 그런데 누가 누구에게 사절단을 보내는가? 2a절에서는 에티오피아가 유다에게, 2b절에서는 유다가 답례로 에티오피아에게 사절단을 보내는 모습이다(Sweeney; Childs).

세상의 모든 사람들이 산들 위에 기치를 세우고 나팔을 분다(3절). 즉, 인간이 최고의 모습으로 열광하면서 여호와를 대적하는 것이다. 하나님은 이 같은 인간들의 소란스러운 공격에 어떻게 대항하시는가? 하나님은 아무 조치도 취하지 않으시고 묵묵히 바라보고만 계시지만(4절), 모든 것이 망하게 되어 들짐승들의 먹이로 버려진다(5-6절). 원수들의 시체가 들판 전역에 펼쳐져 있는 모습은 에스겔 39:11-16에 잘 묘사되어 있으며, 산헤립의 침략 때 죽은 18만 5천 명의 시체가 흩어짐을 연상시키고 있다. 그러므로 이 대조적인 이미지는 세차게 넘치는 유프라테스의 강물과 실로의 잔잔한 물이 대조되었던 장면을 상기시킨다(cf. 8장).

다행히 모든 것이 절망적인 것은 아니다. 선지자는 7절에서 다른 종류의 사절단이 있을 것을 예언한다. 이사야는 2절에서 사용한 언어를 반복적으로 사용하여 두 사절단의 공통점과 차이를 강조하고 있다. "장대하고 준수하며 시초부터 두려움이 되며 강성하여 대적을 밟는 백성"(cf. 2절), 전쟁을 잘하는 용감무쌍한 족속(viz., 온 세상의 권세를 지닌 자들)이 여호와가 계신 시온으로 사절단을 보낸다. 그러나 그들은 전쟁을 하러 오는 것이 아니라 여호와께 드릴 예물들을 가지고 온다. 여호와의 권위에 머리를 숙이고 있는 것이다. 선지자가 2:2에서 선언했던 것이 현실화되고 있다. 또한 이사야가 이곳에서 구상하고 있는 이미지는 학자들이 흔히 "시온 사상"이라고 부르는 테마(motif)의 반전이다(cf. Wildberger).

5장. 이집트(19:1-20:6)

이사야 30-31장의 내용을 살펴보면 8세기가 끝나 가면서 아시리아의 위협이 날로 커가는 것에 위협을 느낀 유다의 지도자들이 이집트와 동맹을 맺으려 했던 것이 확실하다. 북 왕국과 시리아가 주전 730-720년대에 아시리아의 손에 멸망하면서 팔레스타인 지역 국가들의 반(反)아시리아 정서는 강화되었고, 결과적으로 그들은 남쪽에 있는 이집트의 보호를 갈망하게 되었다. 게다가 에티오피아의 피안키(Piankhi)가 주전 715년에 이집트를 정복해서 25대 왕조를 시작하면서 고대 근동의 국제 정치 무대에서 이집트의 위상을 높이려 하자 가나안 국가들의 이집트를 향한 러브콜(love call)은 더욱 바빠졌다.

이러한 정황에서 유다는 고민에 빠졌다. 이집트와 손잡고 아시리아에 반역해서 성공한다면, 유다는 정치적으로 다시 독립 국가의 면모를 갖출 수 있다. 그러나 실패할 경우 유다의 운명은 풍전등화(風前燈火)일 수밖에 없다. 이 상황에서 유다는 과연 어떤 정책을 택해야 하는가?

선지자를 통한 여호와의 제안은 단호하다. 선지자는 본문을 통하여 "왜 유다에 무익한 이집트를 의지하려 하는가?"라고 질문한다. 하나님은 오래 전에 "이스라엘은 결코 이집트로 가거나 그들을 우방으로 맞이해서는 안 된다"는 것을 말씀하신 적이 있다(신 17:16). 저자는 유다에게 이집트는 백해무익(百害無益)한 존재라는 것을 다시 한 번 상기시키고 있다. 이집트에 대한 OAN을 형성하는 본문은 다음과 같은 구조로 이루어졌다.

A. 하나님이 이집트와 신들을 치심(19:1-15)
B. 하나님이 이집트를 구원하심(19:16-25)
A'. 이집트 파멸의 징조(20:1-6)

1. 하나님이 이집트와 신들을 치심(19:1-15)

출애굽 이후로 이집트는 끊임없이 이스라엘을 포함한 가나안 지역 국가들에 영향을 미쳐왔다. 특히 북쪽에 큰 국가가 형성되면 이집트와 그 국가 사이에 완충 역할을 하는 가나안에 끊임없이 사절단을 보내 가나안 지역을 친(親)이집트화하려고 노력했다. 때때로 온갖 보호와 원조를 약속하며 가나안 국가들이 친이집트 정책을 수립하도록 했지만, 북쪽의 경쟁 국가가 가나안에 원정을 오면 발뺌하기 일쑤였다.

이사야 역시 이 같은 이집트의 정책에 대하여 잘 알고 있었다. 그래서 선지자는 이집트는 남을 돕기는커녕 자신의 문제도 해결할 수 없는 "영양가 없는" 나라라고 선언한다. 또한 이 예언은 이집트뿐만 아니라, 때와 장소를 초월해서 어느 사회이든 사회적, 경제적, 정치적 어려움은 영적인 부패에서 시작된다는 사실을 강조한다. 이 섹션은 다음과 같이 세 부분으로 구분될 수 있다. (1) 사회적 붕괴(19:1-4), (2) 경제적 붕괴(19:5-10), (3) 정치적 붕괴(19:11-15).

(1) 사회적 붕괴(19:1-4)

1 애굽에 관한 경고라
보라 여호와께서 빠른 구름을 타고 애굽에 임하시리니

애굽의 우상들이 그 앞에서 떨겠고
애굽인의 마음이 그 속에서 녹으리로다
2 내가 애굽인을 격동하여 애굽인을 치리니
그들이 각기 형제를 치며 각기 이웃을 칠 것이요
성읍이 성읍을 치며 나라가 나라를 칠 것이며
3 애굽인의 정신이 그 속에서 쇠약할 것이요
그의 계획을 내가 깨뜨리리니
그들이 우상과 마술사와 신접한 자와 요술객에게 물으리로다
4 그가 애굽인을 잔인한 주인의 손에 붙이리니
포학한 왕이 그들을 다스리리라
주 만군의 여호와의 말씀이니라

"여호와께서 빠른 구름을 타고"(1절) 오신다는 것은 하나님이 자연을 다스리시는 분이란 점을 잘 드러내는 표현이다. 이와 비슷한 표현이 신명기 33:26; 시편 18:10; 68:33; 104:3 등에서도 사용되었다. 하나님이 이집트로 가시니 그들의 종교가 파괴된다. 드디어 진짜 앞에서 가짜의 본질이 드러나고 있는 것이다. 또한 이집트의 신들이 하나님 앞에서 "떠는 것"(נוע)은 출애굽 사건의 중요한 테마다(출 12:12).

이집트 신들만 떠는 것이 아니라 이집트 사람들의 마음도 "녹아 내린다"(מסס)(1절). 완전히 사기와 의욕을 상실한 모습이다(cf. 10:18). 이집트는 "빛 좋은 개살구"만도 못하다는 것이다. 영적으로나, 현실적으로 그들은 유다에 도움을 줄 만한 상황이 아닌데, 왜 이들을 의지하려 하는가? 주의 백성이라고 자부하는 이스라엘이 그들을 가장 잘 도와주실 수 있는 하나님을 의지하려고 하지 않고, 오히려 전혀 힘이 되지 못할 나라, 그것도 한때 자신들을 종으로 부렸던 나라를 바라보고 있다. 선지자는 현실을 직시하지 못하는 유다가 안타까울 뿐이다.

선지자는 이어 이집트 사회의 붕괴 과정을 2-4절에서 언급한다. 사회

붕괴의 과정은 다음과 같다.

1	사회의 질서가 파괴된다(2절)
2	좌절감이 온다(3a절)
3	모든 계획이 수포로 돌아간다(3b절)
4	엉터리 영적 해결책을 찾는다(3c절)
5	온 나라가 독재자의 통치를 받는다(4절)

"내가 이집트 사람들로 이집트 사람들을 대적하게 하리라"(2절)는 말씀은 앞으로 이집트가 경험할 내부적인 갈등이 얼마나 클 것인가를 잘 표현하고 있다. 갈등의 순서가 작은 것에서 큰 것으로 옮겨가고 있다. "형제와 형제가, 이웃과 이웃이, 성읍과 성읍이, 왕권과 왕권이." 우리는 큰 것이 망하기 전에 그 징조가 작은 것의 몰락에서 나타난다는 것을 의식해야 한다. 오늘날 사람들이 우리 사회가 처한 위기를 말할 때, 흔히 붕괴되는 가정을 언급한다. 당연한 일이다. 가정이 파괴되는 것을 방관하면 머지않아 사회가 파괴될 것이다. 그러므로 우리는 사회의 가장 작은 단위라고 할 수 있는 가정이 파괴되는 것에 대하여 위기의식을 느끼고 대처해야 한다.

이집트는 역사적으로 이런 붕괴를 자주 경험했던 나라다. 처음 6개의 왕조(주전 3000-2200년)는 800여 년 동안 확실한 중앙 집권제를 펼쳐 나갔다. 그러나 그후 약 200년 동안은 중앙 체제가 완전히 붕괴되고 42개의 독립 도시국가들이 존립했다. 매우 혼란한 시대를 경험했던 것이다. 그후 12번째 왕조가 200여 년 동안(주전 1990-1785년) 다시 강력한 중앙 집권제를 펼쳐 나갔다. 그러나 이 왕조가 무너지면서 중앙 체제가 붕괴되었고 혼란한 상태에서 다시 200년이 지속되었다. 이와 같은 붕괴가 역사 속에서 계속 반복되었다(cf. ABD).

"애굽인의 정신이 그 속에서 쇠약할 것이요"(3절)보다 더 적절한 표현은 "이집트 사람들의 기를 죽여 놓겠다"(새번역)이다. 이집트의 중앙 체제가 무너질 때마다 백성들은 진통을 겪어야 했다. 각 도시 국가들마다 섬기는 신들이 달랐기 때문에 온 나라를 통치하는 중앙 집권제하에서 "신의 아들"(왕)이 없을 때는 각 지방 자치 정부가 자신들의 신을 내세워 서로를 학살하는 일이 자주 있었다. 이에 정부가 무너지면 사람들은 낙담할 수밖에 없었다.

이집트 사람들이 세운 계획이 모두 실패로 돌아간다(3b). 사회 분열의 위기감과 피해 의식/패배감에 젖어 있는 상태에서 제대로 계획이 실행될 리가 없다. 당연히 모든 것이 실패한다. 그런데 문제는 실패하면 실패할수록 더욱더 좌절하게 된다는 점이다. "실패는 성공의 어머니"란 말은 건강한 정신을 가진 사람들에게나 통하는 말이다.

"그들이 우상과 마술사와 신접한 자와 요술객에게 물으리로다"(3c절)는 8:19-20을 연상케 하는 말씀이다. 상황이 악화될수록 "영적인/기적적인" 해결책을 추구하는 것이 인간의 본능이다. 하나님이 이런 징계를 내리시지만, 그들이 여호와께 돌아오는 것이 아니라 오히려 자신들의 우상과 신들을 통하여 해결책을 찾으려 한다. 결과는 더 악화될 수밖에 없다. 사울이 바로 이런 경험을 했다. 하나님이 그에게 응답하지 않으시자, 그는 엔돌의 점쟁이를 찾아갔다. 결국 그는 사무엘을 가장한 귀신에게 책망만 듣고 곧바로 길보아 산에서 전사하게 되었다(cf. 삼상 28장).

사회가 혼란에 빠지면서 독재자의 군림이 시작된다. 몇몇 학자들은 이사야가 이집트의 특별한 왕의 출현을 예언한다고 해석하지만, 대부분은 한 특정한 인물이 아니라 광범위한 면에서 하나의 원리를 제시한다고 생각한다. 사실 그렇지 않은가? 안정되고 평안한 사회에서 독재자가 나오는 것은 흔하지 않다. 보통 사회가 혼란하고 혼돈에 빠져 있을 때 독재자가 나타난다. 사람들은 무정부보다는 독재 정권을 선호하기 때문이다. 이집트가 확실히 파괴될 것을 나타내기 위하여 네 절(4 verses)의 짧은 문장 속에 "이집트"(מִצְרַיִם)가 7차례나 언급되고 있다.

(2) 경제적 붕괴(19:5–10)

5 바닷물이 없어지겠고
강이 잦아서 마르겠고
6 강들에서는 악취가 나겠고
애굽의 강물은 줄어들고
마르므로 갈대와 부들이 시들겠으며
7 나일 가까운 곳 나일 언덕의 초장과
나일 강 가까운 곡식 밭이
다 말라서 날려가 없어질 것이며
8 어부들은 탄식하며
나일 강에 낚시를 던지는 자마다 슬퍼하며
물 위에 그물을 치는 자는 피곤할 것이며
9 세마포를 만드는 자와 베 짜는 자들이 수치를 당할 것이며
10 그의 기둥이 부숴지고
품꾼들이 다 마음에 근심하리라

본문에서 나일 강은 직접적으로 5차례, 간접적으로 4차례 언급되고 있다. 나일 강은 이집트의 생명줄이었다. 나일 강의 물이 없으면 이집트는 사막일 따름이다. 이집트의 땅 대부분은 비가 전혀 혹은 거의 오지 않는 곳이다. 이 상황에서 나일 강에 대한 이집트의 의존도는 그들의 생사와 연결되어 있었다. 광대한 나일 강의 물을 수로를 통하여 끌어다가 농산물을 가꾸어 생계를 유지했다.

또한 강이 바다를 만나는 지역에서부터 1,600킬로미터의 강줄기를 거슬러 올라가는 동안에 합류하는 강이 없었기 때문에 나일 강의 흐름은 쉽게 감지될 수 있었다. 강어귀에는 매년 홍수 철이면 강물에 떠내

려오는 기름진 흙이 나일 델타를 매우 좋은 농경지로 만들어 주었다. 이런 나일 강이 말랐다. 이집트 사람들은 있을 수 없는 일이라고 주장할 것이다. 본문을 실제적인 예언으로, 아니면 상징적으로(viz., 나일 강을 이집트 경제의 상징으로) 해석할 것이냐는 논란이 있을 수 있지만 결과는 마찬가지다. 나일 강을 믿고 자만에 빠졌던 이집트의 경제가 완전히 파괴된다. 이사야의 관점에서 중요한 것은 이집트가 이렇게 치명적인 경제의 붕괴를 맞게 된 동기가 영적-도덕적 타락에 있다는 점이다(cf. 1-3절). 오늘날도 우리는 이런 모습을 자주 목격하지 않는가?

"바닷물이 없어지겠고 강이 잦아서"(5절)에서, 바닷물은 홍수 때 불어난 나일 강의 물을 표현하는 것이며 강은 나일 강에서 비롯된 여러 수로를 의미한다. 강물이 말랐으니 그 강물에서 시작되는 수로도 모두 마를 수밖에 없다. 즉, 총체적인 위기가 온 것이다. "강들에서는 악취가 나겠고"(6절)는 생명력으로 가득 찼던 물줄기에 더 이상 새로운 물이 공급되지 않으니, 그 안에 있던 물고기 등이 죽어서 썩기 시작할 것을 뜻한다. 결국 강이 완전히 마를 때까지 악취가 진동한다.

"애굽의 시냇물은… 달과 같이 시들겠으며"(6절, 개역)라는 말씀 역시 강들을 언급한다. 강의 기력이 과거에는 "태양"같이 빛났다면 이제는 "달"(그것도 저물어 가는 초승달) 정도밖에 되지 않는다. 이집트는 시냇물 주변에 파피루스(papyrus)를 심어 종이를 만드는 원료로 사용하였다. 강물의 "기력이 쇠하면" 이 파피루스의 재배에 제일 먼저 치명타를 입혔을 것이다.

선지자는 이어 나일 가까운 곳 나일 언덕의 초장과 나일강 가까운 곡식 밭이 다 말라서 날려가 없어질 것이라고 한다(7절). 이집트는 많은 곡물을 수출하는 나라였다. 그러나 나일 강이 마르니 상황이 달라졌다. 나일 강에서 가장 가까운 지역(viz., 물에서 가장 가까운 지역)들이 이 모양이니 강에서 멀리 있는 내륙 지방은 어떠할지 상상이 가지 않는가? 작물이 문제가 아니라 아예 흙이 바람에 날리고 있다. "말라, 날려, 없어짐"은 완전한 황폐를 묘사한다.

농부들뿐만 아니라 어부들도 탄식한다(8절). 이집트의 산업 중 중요한 자리를 차지했던 것이 어업이다(cf. 민 11:5; 겔 29:4). 그러나 나일 강이 마르니 그들이 일자리를 잃게 되었다. 농업뿐만 아니라 어업까지 망가진 것이다. 수공업자들도 탄식한다(9절). 이집트의 대표적인 수공업은 아마(亞麻)(flax)를 재배하고 가공하여 옷감을 생산하는 것이었다. 아마 재배와 그것을 가공해서 섬유를 만드는 과정은 많은 물을 필요로 했다.

개역개정은 "애굽의 기둥이 부숴지고 품꾼들이 다 마음에 근심하리라"(10절; cf. NAS; TNK)라고 하는데, 칠십인역(LXX) 등을 기초로 해서 "기둥"을 "옷감 짜는 자"로 바꾸어 해석하는 사람들이 많다(새번역; 공동; NIV; NRS). 그러나 그대로 놓아도 별 문제는 없다. 여기서 "기둥"은 이집트의 주요 산업들(경제의 기둥들)이 무너짐을 말하고 있기 때문이다. 주요 산업들만 무너진 것이 아니라 하루하루 살아가는 품꾼들까지도 타격을 받게 되는 엄청난 경제적 붕괴를 뜻하고 있다.

이사야는 이집트에 대하여 높은 수준의 지식을 소유하고 있다. 그는 이집트의 주요 산업에 대하여 익히 알고 있으며, 이 모든 산업이 나일 강에 의존하고 있음을 안다. 그런데 강물의 근원은 무엇인가? 비구름이다. 이 비구름은 누가 주시는가? 즉, 저자는 이집트 사람들은 의식하지 못할지라도 그들이 나일 강의 물을 활용해서 살아갈 수 있었던 것은 여호와의 은혜였다는 것을 암시한다. 학자들은 이러한 것을 하나님의 일반 은총이라 한다.

II. 열방 심판(13:1–23:18)
5장. 이집트(19:1–20:6)
1. 하나님이 이집트와 신들을 치심(19:1–15)

(3) 정치적 붕괴(19:11-15)

11 소안의 방백은 어리석었고
바로의 가장 지혜로운 모사의 책략은 우둔하여졌으니

너희가 어떻게 바로에게 이르기를
나는 지혜로운 자들의 자손이라
나는 옛 왕들의 후예라 할 수 있으랴
12 너의 지혜로운 자가 어디 있느냐
그들이 만군의 여호와께서 애굽에 대하여 정하신 뜻을 알 것이요
곧 네게 말할 것이니라
13 소안의 방백들은 어리석었고
놉의 방백들은 미혹되었도다
그들은 애굽 종족들의 모퉁잇돌이거늘
애굽을 그릇 가게 하였도다
14 여호와께서 그 가운데 어지러운 마음을 섞으셨으므로
그들이 애굽을 매사에 잘못 가게 함이
취한 자가 토하면서 비틀거림 같게 하였으니
15 애굽에서 머리나 꼬리며 종려나무 가지나 갈대가 아무 할 일이 없으리라

이집트는 전통적으로 지혜로 유명했다. 그들의 지혜 문학은 고대 근동의 그 어느 사회의 것보다도 방대했고 오늘날까지 가장 잘 보존되었다. 이집트의 자연에 대한 이해 수준에 있어서도 경쟁 대상이 없었다. 그러나 그들의 뛰어난 지혜도 여호와 앞에서는 아무런 의미가 없다. 여호와께서 "그들의 계획은 그가 깨뜨리신 바"(3절)가 되게 하시지만, 이집트의 지혜로운 자들도 여호와의 계획을 아예 의식하지도 못한다(12절). 이집트의 정부 각료들 사이에 "어리석음"이 팽배해 있는 것이다. 선지자는 이 같은 사실을 11-13절에서 여러 주요 단어를 반복적으로 사용하여 묘사한다. "지혜"(×3), "방백"(×3), "이집트"(×4), "어리석음"(×2).

이집트 지도자들의 자신감은 근거 없는 행위다(11절). "소안의 방백들"은 나일 델타의 동쪽에 위치한 타니스(Tanis)라는 지역에서 정치하는 자들을 일컫는다. 이 도시는 청동기 중기 시대(middle bronze age)부터

이집트 정치의 중심으로 자리잡았다. 소안은 팔레스타인에서 이집트로 가자면 맨 먼저 거치게 되는 큰 도시였다. 이집트가 두 나라로 나뉠 때마다 이 도시는 하이집트(Lower Egypt)의 수도 역할을 했다. 그러므로 이 도시에 거하는 방백들과 전략가들은 이집트의 그 어떤 도시에 거하는 사람들보다도 정확한 판단력과 통찰력을 가졌을 것을 기대할 수 있다. 이들의 지혜와 통찰력은 이집트가 지니고 있는 최고의 것이다. 그런데 이사야는 단호히 선언한다. "너희들의 지혜는 어리석음으로 가득 차 있다."

책략은 "우둔하여졌으니"(בִּעֵר)는 진정한 지혜의 영향을 전혀 받지 않은 상태를 나타낸다(Motyer). 도대체 "지혜의 냄새도 나지 않는다"는 의미다. 그들은 시대의 흐름(signs of the times)을 파악하지 못한다(12절). 스스로 지혜롭다 하고, 스스로 이집트의 가장 지혜로운 자들의 후손이라 하지만, 실제로 이들은 현실을 제대로 파악하는 능력이 없다. 11절 후반과 이 절의 언어는 훗날 이사야가 우상들의 어리석음을 드러내는 데 사용하는 언어와 같은 성향을 띠고 있다(43:8; 44:6; 45:20). 선지자는 출애굽 시대를 연상시키며 바로에게 직접 묻는다. "너의 지혜로운 자가 어디 있느냐?"

어리석은 이집트 지도자들은 백성들을 잘못 인도할 뿐이다(13절). 이집트의 비극은 나라를 이끌어 나가야 할 자들이 백성을 잘못 인도하고 있다는 사실이다. 놉(Memphis)은 과거에 통일 이집트의 수도였을 뿐만 아니라 타니스와 쌍벽을 이루는 하이집트(Lower Egypt)의 주요 도시였다. "미혹되다(נשׂא)"(13절)는 창세기 3:13에서 뱀이 인간들을 현혹시킨 것을 표현하는 데 사용된 단어다. "모퉁잇돌"(13절)은 방백/지도자 등을 상징하는 표현법이다(삿 20:2; 삼상 14:38). 저자는 이 세상의 지식은 어리석음에 불과하고 결코 생명력이 없음을 꾸준히 지적해 왔다(5:20-21). 하나님을 인정하지 않고 하나님의 지혜를 수혈받지 않은 세상의 지혜는 고여 썩은 물과 마찬가지다.

선지자는 이어 이집트는 영적으로, 군사적으로 남을 도울 수 없다고 선언한다(14-15절). 1절의 내용이 다른 이미지로 표현되고 있다. 여호와께서 "사특한 마음"(viz., 어지러운 영)을 섞으셨으니 사리판단을 전혀 하지 못한다. 여기서 제시되는 이미지는 술에 취해 몸을 가누지 못하는 자가 자신이 토해 놓은 오물을 밟고 다니며 우왕좌왕하는 모습이다.

이런 선지자의 통찰력은 이집트의 아픈 곳을 그대로 찌르고 있다. 주전 1200년 이후의 이집트 역사는 매우 보잘것없었다. 과거의 영화로운 모습을 다시는 회복하지 못했고 여러 외부 세력에 의해 통치되었다. 이사야 시대에는 에티오피아 사람들이 이집트를 통치하고 있었다. 이 시대 이후에도 계속 외국 사람들의 통치를 받게 된다. 이런 이집트의 모습은 자신의 젊음이 다 쇠한 줄 모르고 계속 날뛰는 늙은 창녀(9:14)와 다를 바 없다.

이집트는 머리도 아니요, 꼬리 역할도 못한다. 종려나무 가지도 아니요 갈대 역할도 감당하지 못한다(14절). 즉, 무용지물이다. 동맹을 맺어 보았자 짐만 된다. 이것이 이집트의 실제 모습이건만 유다는 지금 이집트와 동맹을 맺으려고 노력하고 있다. 우리의 삶에서도 종종 이런 일을 범하고 있지는 않는가? 전혀 영양가 없는 일인데 명예와 평안의 이름으로 이런 것을 구하고 있지는 않는지 돌아보아야 할 것이다.

II. 열방 심판(13:1–23:18)
5장. 이집트(19:1–20:6)

2. 하나님이 이집트를 구원하심(19:16-25)

선지자는 지금까지 유다에게 "이집트로 가지 말라"(viz., 이집트와 동맹을 맺지 마라)고 경고해 왔다. 여호와께서 이집트를 비참하게 심판하실 것이기 때문이었다. 이제는 이미지를 바꾸어 이집트가 오히려 유다에게 나아올 것을 선언한다. 여호와께서 이집트 사람들을 회복시키실 것이기 때문이다. 그러므로 이집트가 유다에게 나오는 목적은 정치적이 아니라 종교적이다. 그들이 하나님을 찾아 유다로 올 것이다. 본문은 다섯 번 반복되는 "그 날에"(16, 18, 19, 23, 24절)로 이루어져 있으나 분명히 발전 단계를 보이는 듯하다. 처음에는 유다의 하나님에 대한 두려움만으로 가득 차 있던 이집트가 결국에는 즐거이 여호와를 경배하게 된다. 이 같은 이집트의 모습은 선지자가 열방이 시온으로 나아올 것이라고 예언했던 2:2-4과 맥을 같이한다.

한 주석가는 본문과 1-15절 사이에 다음과 같은 공통점들을 찾아내 두 섹션의 연관성을 논한다(Motyer). 여호와의 이집트 심판(1-15절)은 리더십 부재와 공포가 지배하는 사회인 반면에, 하나님의 이집트 회복(16-25절)은 여호와 숭배와 통치를 통해 갖가지 축복이 이집트 사람들에게 임한다.

치리(1–15절)	치유(16–25절)
두려운 여호와(1)	두려운 여호와(16–17)
혼돈, 불화(2)	한 언어, 한 주(主)(18)
	화해(19–22)
"엉터리 신들"을 찾음(3)	여호와께 울부짖음(20)
혹독한 독재자 왕(4)	치유하시는 주(22)
	조화를 이룬 예배(23)
심판받아 마른 나일 강(5)	화합을 위한 대로(23)
황당한 영(14)	여호와 안에서 동등 자격(24–25)
	하나님의 축복

본문은 다음과 같은 구조를 보인다.

A. 새로이 시작된 여호와 경외(19:16-17)

B. 이집트가 여호와를 섬김(19:18-22)

A'. 원수 관계가 회복됨(19:23-25)

(1) 새로이 시작된 여호와 경외(19:16-17)

16 그 날에 애굽이 부녀와 같을 것이라
그들이 만군의 여호와께서 흔드시는 손이
그들 위에 흔들림으로 말미암아 떨며 두려워할 것이며
17 유다의 땅은 애굽의 두려움이 되리니
이는 만군의 여호와께서 애굽에 대하여
정하신 계획으로 말미암음이라
그 소문을 듣는 자마다 떨리라

여호와께 실컷 두들겨맞은 이집트(cf. 1-15절)가 드디어 여호와께 돌아오기 시작한다. 이사야서는 회개와 치유는 징계와 심판 이후에 오는 것이라는 점을 계속 강조하고 있다(cf. 22절; 1-5장; 6:10-13; 17:7-11; 42:18-43:7; 59:1-21). 이 이집트에 대한 예언도 이러한 사실을 강조하는 것이다. 우리 주변을 살펴보면 오늘날에도 이런 현상이 자주 반복된다. 죄를 짓고 나서 그 결과의 심각성을 의식한 사람들은 자신이 죄인임을 쉽게 고백한다. 그러나 죄의 파탄을 경험해 보지 않은 사람들은 자신들이 죄인이라는 것까지도 부인하기 쉽다. 심각한 죄를 범했으나 자신의 죄를 뉘우치고 하나님께 돌아오는 사람과, 큰 죄는 짓지 않았지만 자신이 하나님의 용서가 필요한 죄인이라는 것을 인정하지 않고 살아가는 사람, 이 둘 중 누구의 형편이 더 나은가? 가장 형편이 좋은 사람은 큰 죄를 짓지 않고도 주님이 필요하다고 고백하는 죄인이다.

막강했던 이집트와 볼품없었던 유다의 관계를 감안하면 유다 땅이 이집트의 두려움이 될 것이라는 말씀(17절)은 가히 충격적이다. 출애굽 이후로 이스라엘은 항상 이집트가 짓밟는 나라였지, 한 번도 이집트를 짓밟은 기억이 없기 때문이다. 그러나 과거에 이스라엘이 이집트의 두려움이 된 적이 딱 한 번 있었다. 출애굽 때 일이다. 선지자는 그때와 같이 이집트는 다시 한 번 유다 때문에 두려움에 떨게 될 것이라고 한다.

이집트가 유다 때문에 두려워 떠는 것은 여호와께서 세우신 "계획/모략"(עֵצָה)에 대하여 알게 될 것이기 때문이다(17절). 정확히 무엇을 의미하는 것인가? 두 가지 해석이 가능하다. 첫째, 훗날 유다가 이집트보다 더 위대한 나라가 될 것을 뜻한다(Alexander). 둘째, 산헤립이 유다를 침략했을 때(주전 701년), 이집트는 유다를 도우려 나섰으나 아스돗의 북쪽에 위치한 엘테케(Eltekeh)에서 산헤립에 의하여 큰 패배를 맛보았다. 그러나 산헤립의 군대는 거의 자멸하다시피 한다(cf. 37:36-38). 자멸하게 된 이유가 그의 여호와에 대한 망언 때문이라는 것이 알려지자 옛적에 출애굽 일로 두려움에 떨었던 이집트가 또 한 번 여호와로 인하여 두려움에 떨게 될 것을 의미한다(Mauchline).

위 두 가지의 해석을 배합하는 것이 좋을 듯싶다. 현실적으로는 가능성이 없어 보이나, 언젠가는 유다가 이집트보다 더 위대한 나라가 될 것을 예언하고 있다. 인류 역사가 끝나기 전에 이러한 상황이 여러 번 실현될 가능성을 배제할 수 없는 것이다. 실제로 주후 20세기 후반에 들어서는 이집트와 이스라엘의 군사적 충돌에서 이스라엘이 승리하여 이집트에 두려움을 안겨준 사례도 있다. 이런 상황에서 주전 701년에 예루살렘을 포위하고 있던 산헤립 군인들 중 하루 아침에 18만 5천 명이 시체로 발견되었다는 사실은 이집트를 두려움에 넣고도 남았을 것이다.

장기적인 안목에서 이 "두려움"은 바람직한 것이요, 소망적인 것이다. 여호와께서 이집트에게 펼칠 계획이 18절부터 드러나고 있는데 모두 좋은 것이기 때문이다. 그러므로 이집트 사람들은 죽음을 두려워할 필요는 없다. 다만 여호와가 어떤 분이라는 것을 인식하는 자체가 그들을 두렵게 만들고 있다.

II. 열방 심판(13:1–23:18)
5장. 이집트(19:1–20:6)
2. 하나님이 이집트를 구원하심(19:16–25)

(2) 이집트가 여호와를 섬김(19:18-22)

18 그 날에 애굽 땅에 가나안 방언을 말하며
만군의 여호와를 가리켜 맹세하는 다섯 성읍이 있을 것이며
그 중 하나를 멸망의 성읍이라 칭하리라
19 그 날에 애굽 땅 중앙에는 여호와를 위하여 제단이 있겠고
그 변경에는 여호와를 위하여 기둥이 있을 것이요
20 이것이 애굽 땅에서 만군의 여호와를 위하여 징조와 증거가 되리니
이는 그들이 그 압박하는 자들로 말미암아 여호와께 부르짖겠고
여호와께서는 그들에게 한 구원자이자 보호자를 보내사
그들을 건지실 것임이라
21 여호와께서 자기를 애굽에 알게 하시리니
그 날에 애굽이 여호와를 알고
제물과 예물을 그에게 드리고 경배할 것이요
여호와께 서원하고 그대로 행하리라
22 여호와께서 애굽을 치실지라도
치시고는 고치실 것이므로
그들이 여호와께로 돌아올 것이라
여호와께서 그들의 간구함을 들으시고 그들을 고쳐 주시리라

거의 모든 학자들은 "가나안 방언"(שְׂפַת כְּנַעַן)(18절)이 히브리어를 의미한다고 해석한다. 여호와의 언어는 근본적으로 히브리어이기 때문이다. 이집트 사람들이 여호와를 경배할 때 얼마나 확실히 하고 싶은지 유다의 말을 배우고 유다의 언어로 그분을 경배하는 모습이다.

당시 이집트에는 3만 개 이상의 성읍이 있었다. 그러므로 "다섯 성읍"(18절)은 많은 숫자가 아니다. 그래서 이 다섯 성읍에 대한 학자들

의 해석이 분분하다. 첫째, 이사야는 이집트의 성읍들 중에서 "여섯 개 중 다섯 개"가 하나님을 경배할 것이며, 나머지 한 도시는 끝까지 여호와를 따르지 않아 멸망에 이르게 될 것이라 한다. 즉, 이집트의 거의 모든 국토와 사람들이 "여호와화"될 것을 상징하는 것이다(Calvin). 그러나 본문에서 이 같은 해석을 유추하기에는 다소 무리가 있어 보인다. 둘째, 여호수아가 가나안을 정복할 때, 처음 무너진 다섯 도시를 뜻한다(Kissane; cf. 수 10:22-43). 그러나 이 해석은 여호수아가 정복한 가나안 도시 5개와 이집트가 무슨 연관이 있는지를 설명하지 못한다. 셋째, 다섯은 여럿을 의미한다(Oswalt). 이 해석은 성경적인 증거로 "다섯이 백명을 내쫓을 것이다"(cf. 레 26:8; 창 43:34, 삼상 17:40, 왕하 7:13, 사 30:17)라는 표현을 제시한다. 그러나 이 표현에서도 다섯은 많은 숫자가 될 수 없다. 이 말씀은 지극히 작은 숫자로 많은 사람을 상대로 승리할 것을 뜻하며, 많은 사람으로 100명을 상대로 승리할 것을 말하는 것이 아니다. 앞으로 전개되는 내용을 감안할 때, 이집트 곳곳에서 많은 사람이 하나님을 경배하게 될 것이 확실하다. 그러므로 "다섯"은 이집트 전체 영토를 상징하는 숫자로 생각된다.

"멸망의 성읍"(עִיר הַהֶרֶס)(18절)을 문자적으로 풀이하면 "파괴의 도시"(city of destruction)라는 뜻이다. 그러나 이 성읍이 어디이며 무엇을 상징하는지 정확하지 않다. 그래서 많은 학자들이 탈굼, 불가타, 그리고 일부 헬라어 번역본을 근거로 "태양의 도시"(עִיר הַחֶרֶס)로 바꿀 것을 제안한다(cf. NRSV).[7] 태양의 도시는 헬리오폴리스(Heliopolis)를 뜻하며 이집트의 태양신 레(Re) 숭배의 중심지였다. 즉, 그날에 이집트 사람들이 얼마나 철저하게 여호와께 마음을 주는가 하면, 그들 종교의 가장 중요한 신인 태양신을 섬기는 도시까지 여호와께 돌아온다.

이집트 사람들이 여호와를 섬기는 것은 처음부터 큰 규모로 이루어

---

7 우리말 성경 중에서 공동번역은 히브리어 소리를 음역하여 "하헤레스"라고 번역했고, 리빙바이블과 아가페 성경은 "태양의 성"으로 번역했다.

진 것이 아니고 작은 숫자에서 시작되었을 것이다. 게다가 이집트 사람들이 "광야에 거하는 야만인들"의 언어를 사용한다는 것은 대단히 획기적인 일이다. 또한 여호와를 섬기는 이집트 사람들의 열정이 얼마나 뜨거운지 그들은 "여호와 종교의 모국어"인 히브리어로 그분을 경배하며, 이집트 종교의 구심점인 "태양의 도시"에서 여호와를 섬긴다. 선지자는 믿기 어려운 비전을 제시하고 있다. 그러나 역사를 보면 이런 일이 세계 곳곳에서 반복되지 않았는가? 우리나라도 우리가 유다의 언어(히브리어)를 배우고 그들의 하나님 여호와를 섬기게 될 것을 누가 상상이나 했겠는가?

이집트 땅 중앙에 여호와를 위하여 제단이 세워질 것이다(19절). 아브라함은 하나님께 감사와 충성을 표시할 때 제단을 쌓았다(cf. 창 12:8). 야곱도 그랬다(cf. 창 28:22). 이와 같이 이집트도 여호와 앞에 감사의 제단을 쌓는다. 제단은 인간과 하나님 사이를 회복시키는 일을 한다. 즉, 감사의 제단이 관계 회복으로 연결되었던 것이다. 여기서도 이런 결과를 기대할 수 있다. 그들이 감사해서 쌓은 제단이 그들을 치유할 것이다. "기둥"(מַצֵּבָה)은 여호와의 거처를 상징한다(cf. 창 28:16-19). 야곱이 벧엘에서 하나님을 보고 세운 것이 기둥이었다. 율법은 기둥이 이방 종교와 연관되어 있다 해서 여호와 제단 근처에 기둥을 세우는 것을 금하지만(신 16:21), 이 구절은 율법이 주어지기 전인 창세기 시대에 초점을 맞추고 있기 때문에 하나님을 위한 기둥을 언급하고 있다.

이집트 사람들은 압박하는 사람들로 인해 여호와께 부르짖고, 여호와께서는 한 구원자, 보호자를 보내셔서 그들을 구원하실 것이다(20절). 하나님이 마치 주의 백성을 대하시듯 이집트 사람들을 대하신다. 선지자는 19절에서 창세기의 이미지들을 상기시켰다. 이제 20절에서는 사사 시대를 연상시킨다. 이스라엘이 압박자 때문에 여호와께 부르짖을 때마다 구원자를 보내셨다(삿 3:9, 15; 6:7; 10:10). 선지자가 예언하는 것은 이때가 되면 여호와께서 이집트를 보호하시기를 이스라엘을 보호하신 것같이 하실 것이라는 사실이다. 이사야는 이방인과 이스라엘 사이의 차별이 없어질 날을 꿈꾸고 있다.

선지자는 "여호와께서 자기를 애굽에 알게 하시리니… 제물과 예물을 그에게 드리고 경배할 것"(21절)이라고 하는데, 이 같은 이미지는 출애굽 사건을 연상시킨다. 그때 이집트는 여호와를 알았다(출 7:5; 9:29; 14:4). 그리고 두려움 속에서 선물을 여호와의 백성에게 주었다. 그러나 여기서는 그들이 여호와를 자신들의 구세주로 알고 자발적으로 그의 백성이 아닌 하나님께 제물을 가지고 와서 경배한다. 역시, 이스라엘에게 주어졌던 특권이 이집트 사람들에게도 주어질 것을 선언하고 있다.

선지자는 백성이 하나님께 바치는 예물을 어떻게 생각하는가? 1:10-15에 의하면 매우 부정적으로 평가하는 것으로 보였다. 그러나 본문에서는 매우 긍정적으로 간주된다. 어떤 차이인가? 예물과 예배가 윤리적인 삶을 대체하게 된다면 이는 분명 문제가 있다. 그러나 윤리적인 삶과 동행한다면 예물은 아름다운 것이다. 그러므로 백성들은 여호와께 서원하고 그대로 행할 것이며(21절), 하나님은 이런 백성들을 귀하게 여기실 것이다.

하나님이 이집트 대하시기를 이스라엘을 대하시는 것처럼 하신다. 자기 백성 이스라엘을 연단하고 훈련하시는 것처럼 이집트도 그렇게 하실 것이기 때문이다(22절). 하나님이 이스라엘을 자기 백성으로 받아들이셨을 때, 그들에게 축복만 약속하신 것이 아니라 "부모의 징계"도 약속하셨다. 이집트를 "아들 삼겠다"는 하나님의 의도가 본문에서 역력하게 드러난다. 하나님은 이집트가 잘못하면 치실 것이다. 그러나 그들이 회복하도록 치시는, 아버지가 아들 잘 되라고 훈계하는 것같이 하신다.

치리의 순서가 인상적이다. (1) 주께서 그들을 치시고… (2) 고치시고(치료하시고)… (3) 그들이 돌아온다. 하나님이 이집트 사람들을 "치료하신다"(רפא)고 하는데 무엇을 치료하시는가? 죄인을 용서하는 것이 아니라 치료한다는 것은 어떤 의미를 가지고 있는가? 구약은 하나님이 인간의 죄를 치료하신다(רפא)는 말을 자주 사용한다. 이 표현에서 우리는 죄의 본질을 엿볼 수 있다. 죄는 사람이 창조될 때부터 지닌 본성의 일부가 아니라, 타락 이후로 앓게 된 질병이라는 뜻이다. 원래 하나님은 인간을 죄에 오염되지 않은 상태로 지으셨다. 그런데 인간이 죄를 앓게 된 것이다. 그러므로 죄는 교육과 징계로만 해결될 수 있는 것이 아니다. 근본적인 치료가 필요하다. 오직 치료하시는 하나님이신 여호와 라파만이 우리의 죄를 해결하실 수 있다.

본문에서 신앙생활의 확실한 순서를 포착할 수 있다. 먼저 감사의 제단이 있고(19절), 여호와를 갈망하는 기도가 있다(20절). 응답하시는 여호와께서 자신에 대한 계시를 예배자들에게 주시며(21a절), 예배자들은 더욱더 하나님을 예배한다(21b절). 드디어 여호와는 그들을 자녀로 삼으신다(22절).

II. 열방 심판(13:1–23:18)
5장. 이집트(19:1–20:6)
2. 하나님이 이집트를 구원하심(19:16–25)

(3) 원수 관계가 회복됨(19:23-25)

23 그 날에 애굽에서 앗수르로 통하는 대로가 있어
앗수르 사람은 애굽으로 가겠고
애굽 사람은 앗수르로 갈 것이며
애굽 사람이 앗수르 사람과 함께 경배하리라
24 그 날에 이스라엘이 애굽 및 앗수르와 더불어
셋이 세계 중에 복이 되리니
25 이는 만군의 여호와께서 복 주시며 이르시되
내 백성 애굽이여,
내 손으로 지은 앗수르여,
나의 기업 이스라엘이여,
복이 있을지어다 하실 것임이라

이집트에 대한 예언의 절정이다. 이사야 시대에 이집트의 원수는 아시리아였다. 그런데 그들의 관계가 완전히 회복되고 있다. 선지자가 11장에서 예언한 "이리가 어린 양과 함께 살며 사자가 소처럼 풀을 뜯는 일"이 실현되고 있는 것이다. 여호와의 말씀의 능력은 이와 같다. 도저히 같이할 수 없는 원수들을 하나로 만든다. 예수님의 제자들 중에도 도저히 함께 있을 수 없는 사람들이 있었다. 바로 열심파 시몬(Simon the Zealot)과 세리 마태(Matthew the Tax-collector)였다. 그러나 주님은 오직 하나님만이 주실 수 있는 참 평화로 이들의 관계를 치료하셨다. 우리가 기억해야 할 것은 죄가 이 세상에 처음 들어왔을 때 맨 먼저 깨진 것이 관계라는 사실이다. 죄는 인간과 하나님의 관계와 인간과 인간의 관계를 깨뜨렸다(cf. 창 3-4장). 또한 복음의 능력은 파괴된 관계 회복에 있다. 복음을 통해 우리와 하나님의 관계가 회복되고, 이웃과의 관계가 회복된다. 우리 교회와 우리의 삶 속에서도 관계가 회복되고 있는가?

선지자는 적대적인, 파괴된 관계를 회복시키는 표현으로 "대로"(מְסִלָּה)를 자주 사용한다(11:16; 33:8; 35:8; 40:3; 49:11; 62:10). 본문에서도 이집트에서 아시리아로 통하는 "대로"(מְסִלָּה)가 있을 것을 예언한다(23절). 하나님은 온 세상의 사람들과 대화 채널을 유지하기를 원하신다. 하나님은 또한 온 세상 사람들끼리 서로 대화의 채널을 유지하기를 원하신다.

그날에는 이스라엘, 아시리아, 이집트가 차별을 받지 않는다(24절). 모두 하나님 앞에 동등한 자격을 갖고 서로를 대한다. 이 세 나라가 "세계 중에 복"이 된다는 것은 아브라함에게 내려진 축복을 상기시킨다. 아브라함의 축복이 지금 온 열방에게도 주어지는 것이다. 또한 이들은 아브라함의 축복을 받는 자들로 머무는 것이 아니라, 아브라함의 축복을 세상에 전하는 축복의 통로들이 되었다.

"내 백성 애굽이여"(עַמִּי מִצְרַיִם)(25절)는 이스라엘에게 자주 사용되던 표현이다(cf. 10:24; 43:6-7; 호 1:10; 2:23; 렘 11:4). 또한 "내 손으로 지은 아시리아여"(מַעֲשֵׂה יָדַי אַשּׁוּר) 역시 이스라엘에게 사용되던 표현이다(cf. 60:21;

64:8; 시 119:73; 138:8). "나의 기업 이스라엘이여"(נַחֲלָתִי יִשְׂרָאֵל) 역시 과거 이스라엘에게 사용된 표현이다(cf. 신 32:9). 이 모두 하나님과 이스라엘의 특별한 관계에서 사용된 표현들이다. 하나님이 이스라엘뿐만 아니라 아시리아와 이집트도 자기 백성으로 삼으실 것을 선언하고 있으신 것이다(Clements). 선지자가 전하고자 하는 메시지는 확실하다. 그 날이 오면 여호와께서 열방이나 이스라엘을 구별하지 않으시고 동등한 자격과 특권을 주어 대하시겠다는 것이다. 훗날 이러한 일은 예수 그리스도를 통하여 성취되었다.

II. 열방 심판(13:1–23:18)
5장. 이집트(19:1–20:6)

3. 이집트 파멸의 징조(20:1-6)

1 앗수르의 사르곤 왕이 다르단을 아스돗으로 보내매 그가 와서 아스돗을 쳐서 취하
던 해니라 2 그 때에 여호와께서 아모스의 아들 이사야에게 말씀하여 이르시되 갈지
어다 네 허리에서 베를 끄르고 네 발에서 신을 벗을지니라 하시매 그가 그대로 하여
벗은 몸과 벗은 발로 다니니라 3 여호와께서 이르시되 나의 종 이사야가 삼 년 동안
벗은 몸과 벗은 발로 다니며 애굽과 구스에 대하여 징조와 예표가 되었느니라 4 이
와 같이 애굽의 포로와 구스의 사로잡힌 자가 앗수르 왕에게 끌려갈 때에 젊은 자나
늙은 자가 다 벗은 몸과 벗은 발로 볼기까지 드러내어 애굽의 수치를 보이리니 5 그
들이 바라던 구스와 자랑하던 애굽으로 말미암아 그들이 놀라고 부끄러워할 것이라
6 그 날에 이 해변 주민이 말하기를 우리가 믿던 나라 곧 우리가 앗수르 왕에게서 벗
어나기를 바라고 달려가서 도움을 구하던 나라가 이같이 되었은즉 우리가 어찌 능히
피하리요 하리라

선지자가 앞 섹션에서 제시한 회복된 이집트에 대한 비전은 미래에 있을 일이다. 반면에 이집트의 현실은 매우 암담하고 암울할 뿐이다.

그들은 결코 다른 나라를 도울 여유가 없다. 그러므로 유다가 이집트와 동맹을 맺으려는 것은 꿈도 꾸지 말아야 한다. 아시리아의 능력 앞에서 그들은 무능하기 때문이다. 이사야는 이런 현실을 행동적 예언(acted out prophecy)으로 표현한다.

아스돗(1절)은 예루살렘에서 서쪽으로 50킬로미터 지점, 지중해 해안에서 내륙 쪽으로 약 5킬로미터 지점에 위치했으며 블레셋의 5대 도시 중 가장 북쪽에 위치한 도시였다. 아스돗은 주전 711년에 아시리아 왕 사르곤(Sargon II)에 의하여 파괴되었다. 그 후로 아스돗은 아시리아의 한 주(province)로 편입되었다. 이 일이 있기 3-4년 전부터 이집트는 팔레스타인 지역의 나라들이 아시리아를 반역하도록 선동했다.

하나님이 이사야에게 허리에서 베를 끄르고, 신을 벗으라고 하신다(2절). 이사야가 평소에 베옷을 입고 다녔다는 것을 암시한다. 선지자들은 흔히 베옷을 입고 다녔다(왕하 1:8). 자신들의 예언이 심판에 집중되어 있다 보니 슬픔을 표현하기 위하여 베옷을 입고 생활했던 것이다.

하나님의 명령에 선지자는 그나마 입었던 상복을 벗어 버리고 맨몸으로 돌아다닌다. 이사야가 완전히 벗었는가, 아니면 부분적으로 벗었는가에 대하여 다소 논란이 있다(cf. Motyer; Oswalt). "벗은 몸"(עָרוֹם)은 때로는 완전히 벗은 모습을 의미하고(cf. 창 2:25), 어떤 때는 부분적으로 벗은 모습을 뜻한다(cf. 58:7; 삼상 19:24; 미 1:8). 어찌 되었든 벗은 모습이 강조하는 것은 포로민의 모습이다. 당시 포로민은 흔히 발가벗겨져 끌려갔기 때문이다(cf. 4절). 단정할 수는 없지만, 이사야는 속옷은 입었을 것이다. 이집트의 멸망을 행동으로 상징하기 위하여 선지자는 이런 모습으로 3년을 살았다(3절).

이집트와 에티오피아를 의지했던 해변 민족들(viz., 유다 사람들을 포함)이 큰 충격을 받는다(5-6절). 자신들의 "구세주들"이 발가벗겨져 포로로 끌려가고 있으니 그들이 이 나라들로부터 기대했던 모든 것이 무너진 것이다. 이사야는 20장에서 유다가 이집트와 동맹을 맺으려 하는 것에 대하여 자신은 어떻게 생각하고 있는가를 매우 극적으로 묘사한다. 또한 역사적으로 생각할 때 이집트는 지속적으로 동맹 국가를 배신해 왔다. 도와 주어야 할 때 돕지 않고, 오겠다고 해 놓고 오지 않아 고통을 당하게 된 민족이 많았다. 유다가 이런 나라와 동맹을 맺겠다고 하니, 선지자의 눈에 얼마나 한심한 일이었겠는가!

6장. 해변 광야(21:1-10)

이제부터 또 한 차례의 예언 사이클이 시작된다. 내용은 첫 번째 사이클보다 비밀스러운(cryptic) 면모들을 지니고 있다. 이런 비밀스러운 면모는 24장부터 전개될 더 비밀스러운 예언들을 위하여 독자의 마음을 준비해 주는 듯하다. 대상은 첫 번째 사이클에 나온 국가들이 주류를 이루며 특별히 더해지는 것은 없다. 그러므로 이 사이클은 자세하게 주해하지 않겠다. 새로이 시작되는 사이클의 첫 번째 대상은 바빌론이다(cf. 9절). 학자들은 이 예언이 이사야서에서 가장 해석하기 어려운 텍스트 중 하나라고 한다(cf. Tucker; Childs). 그러나 전반적인 의미는 어느 정도 쉽게 파악할 수 있다.

"해변 광야에 관한 경고라"로 시작하는 이 예언은 9절에 가서야 구체적으로 이 해변 광야가 바빌론을 뜻하고 있음을 밝힌다. 그러나 이 같은 해석이 모든 학자들을 만족시키는 것은 아니다. 주석가들 중에는 1-5절이 바빌론이 아닌 유다에 대하여 언급하고 있다는 사람들도 있다(Penna; Kissane). 그러나 대부분 주석가들은 본문이 바빌론에 관한 것이며, 이 예언이 지닌 조건들 중 여러 개가 주전 539년에 있었던 페르시아의 고레스(Cyrus)의 바빌론 정복을 통해 성취되었다고 생각한다. 다음 사항들을 생각해 보자.

선지자는 2절에서 엘람과 메대(2절)를 언급하고 있는데, 이 민족들은 고레스가 이끄는 페르시아 군대와 함께 바빌론을 공략했다. 또한 본문이 언급하고 있는 바빌론의 방탕(5절)은 패망할 때의 바빌론의 모습과 잘 어울린다(cf. 단 5장의 벨사살의 잔치). 바빌론 사람들도 얼마나 왕족의 부패에 신물이 났는지 고레스가 바빌론을 침략했을 때, 침략자들을 상대로 싸우기는커녕 오히려 성문을 활짝 열어 그를 "구세주"로 맞았다는 기록이 남아 있다.

그러나 모든 것이 일치하는 것은 아니다. 2절에 묘사된 내용은 결코 주전 539년의 상황이 될 수 없다. 뿐만 아니라 9절의 "그들이 조각한 신상들이 다 부서져 땅에 떨어졌도다"도 이 시대와 잘 맞지 않는다. 반면에 산헤립은 주전 689년에 바빌론을 정복하고 다음과 같은 기록을 남겼다. "나는 바빌론을 시체로 가득 메웠다. 내 군인들은 그들이 섬기던 신들을 모두 모아 부숴버렸다"(cf. Erlandsson). 그리고 산헤립은 이 도시를 완전히 불태웠으며 마지막으로 도시의 잔해를 씻어내기 위하여 온 도시에 많은 물을 끼얹졌다고 기록하고 있다(Erlandsson). 이와 같은 기록에 근거하여 본문이 주전 710, 702 혹은 689년에 있었던 일을 기록하고 있다고 생각하는 학자들이 있다(Cheyne; Smith). 이 섹션은 다음과 같이 두 파트로 나뉜다. (1) 바빌론에 임할 혹독한 심판(21:1-4), (2) 파수꾼의 보고(21:5-10).

1. 바빌론에 임할 혹독한 심판(21:1-4)

1 해변 광야에 관한 경고라
적병이 광야에서, 두려운 땅에서
네겝 회오리바람같이 몰려왔도다
2 혹독한 묵시가 내게 보였도다
속이는 자는 속이고 약탈하는 자는 약탈하도다
엘람이여 올라가고 메대여 에워싸라
그의 모든 탄식을 내가 그치게 하였노라 하시도다
3 이러므로 나의 요통이 심하여

해산이 임박한 여인의 고통 같은 고통이 나를 엄습하였으므로
내가 괴로워서 듣지 못하며 놀라서 보지 못하도다
4 내 마음이 어지럽고 두려움이 나를 놀라게 하며
희망의 서광이 변하여 내게 떨림이 되도다

"해변〔바다〕 광야"(מִדְבַּר־יָם)는 해석하기가 상당히 난해한 표현이다. 칠십인역(LXX)에는 "해변"이란 말이 빠져 있다. 그래서 많은 학자들은 본문이 잘 보존되지 못하고 변질되었다고 생각한다. 그러나 만약에 이 "해변 광야"라는 표현이 원래 선지자가 사용한 표현이라면, 바빌론 왕 므로닥발라단(Merodach-Baladan)이 거하던 페르시아만(Persian Gulf) 주변을 의미한다고 할 수 있다(Oswalt; Motyer; Sweeney). 그렇다면 이 문구는 바빌론을 비꼬는 말이다. 바빌론은 다른 나라를 돕는 능력에서 자신이 무한한 생명을 지닌 "바다"라고 주장하지만 실제로는 메마른 "광야"에 불과하다고 선지자는 평가하는 것이다.

"네겝 회오리바람같이"(כְּסוּפוֹת בַּנֶּגֶב)(1절)는 선지자가 유다의 기후에 대하여 잘 알고 있음을 드러내는 표현이다. 팔레스타인 지역의 겨울은 광야(남, 남동쪽)에서 갑자기 들이닥치는 강한 바람으로 유명했다(cf. 욥 1:19; 렘 4:11; 13:24; 호 13:15; 슥 9:14). 이사야는 여기서 이런 바람의 이미지를 사용함으로 앞으로 이 "해변 광야"에 닥칠 시험이 순간적으로, 혹독하게 임할 것을 선언하고 있다. 많은 학자들이 본문이 아시리아 왕들이 여러 차례 바빌론을 공격했던 일을 묘사하고 있는 것이라고 생각한다(Sweeney; Clements). 개역성경은 "적병"(새번역: 침략자; NIV: invader)이 쳐들어왔다고 하는데(1절), 히브리어 텍스트(MT)에는 없는 말이다. 히브리어 성경은 단순히 "무언가〔그것〕가 온다"로 매우 애매하게 표현하고 있다. 이 예언의 "비밀스러운 성향"을 잘 나타내 주고 있는 것이다.

선지자로서 이사야의 임무는 자신이 본 이상을 그대로 전하기만 하면 된다. 그러나 그의 임무가 그의 감정을 결코 가만히 놔두지 않는다.

여기서 그가 본 이상은 자신이 전하기는커녕 보았다는 자체만으로도 부담스러운 것이었다(2절). 환상을 보는 순간 그의 허리는 끊어지는 것처럼 아팠다(3절). 그는 "아기를 낳는 산모의 고통이 이런 것일까?"(3절, 새번역)라고 자신에게 물어 본다. 산모의 고통은 첫 바빌론 예언에서도 사용된 적이 있다(13:7-8).

선지자가 2절에서 엘람과 메대를 언급하는데, 엘람은 페르시아만(Persian Gulf)의 동쪽 지역이자, 오늘날 이라크의 남쪽 지역에 위치한 나라로, 훗날 이 지역을 중심으로 페르시아 제국이 탄생하게 되었다. 메대는 오늘의 이란의 북쪽 지역을 중심으로 형성된 나라였다. 이 두 지역이 중심이 되어 주전 539년에 바빌론을 쳐서 승리하였다. 그러나 이사야가 사역하던 때인 주전 700년경에 이 두 나라는 모두 바빌론과 우호적인 관계를 유지하고 있던 동맹국들이었다. 그러므로 이사야 시대에 선포된 이 예언은 하나의 아이러니를 형성하고 있다. "바빌론아, 오늘의 너의 아군이 내일의 적군이 될 것이다." 우리는 역사에서 오늘의 아군이 내일의 적이 되고, 오늘의 적이 내일의 아군이 되는 일을 몇 번씩이나 확인할 수 있다. 선지자가 아하스에게 아시리아에 대하여 경고한 것도 그랬고, 이사야가 바빌론에 대하여 히스기야에게 경고한 것도 같은 맥락의 것이었다.

선지자는 육체적 고통을 느낄 뿐만 아니라 마음은 공포로 가득 차 있다. 모든 것이 어두움 속에서 이루어지는 것 같은 느낌에서 날이 새기를 기다렸더니(viz., 하나님의 개입), 새벽빛은 도리어 그를 무서워 떨게 만들었다(4절).

"속이는 자는 속이고, 약탈하는 자는 약탈하도다"(2절)라는 표현은 훗날 아시리아에게도 사용된다(33:1). 이 표현은 도덕적으로 타락한 세상의 전반적인 현실을 나타내는 것으로 해석될 수도 있고(Motyer), 무시무시한 전쟁의 모습을 표현하는 것으로 풀이될 수도 있다(Oswalt). 만약 단순히 도덕적으로 타락한 세상의 모습을 나타낸다면 이사야가 두려워

떨 필요가 있을까? 그가 심한 고통을 경험하는 것을 보면 잔인한 전쟁의 모습을 본 듯하다.

2. 파수꾼의 보고(21:5-10)

5 그들이 식탁을 베풀고 파수꾼을 세우고 먹고 마시도다
너희 고관들아 일어나 방패에 기름을 바를지어다
6 주께서 내게 이르시되 가서 파수꾼을 세우고
그가 보는 것을 보고하게 하되
7 마병대가 쌍쌍이 오는 것과 나귀 떼와 낙타 떼를 보거든
귀 기울여 자세히 들으라 하셨더니
8 파수꾼이 사자 같이 부르짖기를
주여 내가 낮에 늘 망대에 서 있었고
밤이 새도록 파수하는 곳에 있었더니
9 보소서 마병대가 쌍쌍이 오나이다 하니
그가 대답하여 이르시되
함락되었도다 함락되었도다 바벨론이여
그들이 조각한 신상들이 다 부서져 땅에 떨어졌도다 하시도다
10 내가 짓밟은 너여,
내가 타작한 너여,
내가 이스라엘의 하나님 만군의 여호와께 들은 대로 너희에게 전하였노라

본문에 기록된 상황은 다니엘 5장에 묘사된 벨사살(Belshazzar)의 잔치와 잘 어울린다. 선지자는 네 개의 부정사(infinitives)를 사용하여 만족감과 자만으로 가득 찬 바벨론 사람들의 모습을 묘사하고 있다. 그들은

식탁을 베풀고(עָרֹךְ הַשֻּׁלְחָן), 양탄자를 깔고(צָפֹה הַצָּפִית)(개역개정은 "파수꾼"이라고 하는데, 잘못된 번역이다.; cf. 공동; 새번역; NIV; NRS; NAS), 먹고(אָכוֹל), 마신다(שָׁתֹה). 흥청망청하는 모습이다.

그런데 누가 "너희 고관들아 일어나 방패에 기름을 바를 지어다"(5절)라고 말하는가? 술기운이 오른 바빌론의 지도자들이 어떤 나라를 상대로 성전(holy war)을 선언하는 것인가(Motyer), 아니면 술을 마시던 바빌론의 지도자들이 적군의 침략을 뒤늦게 의식하고 군인들을 준비시키는 것인가(Oswalt)? 혹은 성을 포위하고 있던 적군의 두목이 그 부하들에게 공격 태세를 갖추라는 명령일 수도 있고, 여호와께서 침략군을 준비시키시는 명령일 수도 있다. 마지막 해석이 가장 설득력 있는 것 같다. 5절과 6절이 "그러므로"(כִּי)로 연결되어 있기 때문이다.

6절에 접어들면서 무대가 바빌론에서 유다로 바뀌고 있다. 유다 주변에 파수꾼을 세워 바빌론의 멸망을 보는 대로 보고하라는 것이다. 파수꾼(הַמְצַפֶּה)은 그 어느 것도 과장하지 않고 있는 그대로, 본 그대로 전하는 믿을 만한 자를 의미한다(Motyer). 대부분의 학자들이 여기에서 파수꾼으로 세워진 자는 이사야라고 해석한다. 또한 하나님은 이사야에게 파수꾼을 세우라고 하신다. 그러므로 여기서 이사야는 자신이 파수꾼이자 파수꾼을 세우고 메시지를 듣는 자이기도 하다. 어떻게 이런 일이 가능한가? 여러 가지 복잡한 가설이 제시되지만 간단하게 이 모든 것이 환상 속에서 일어나는 일이라고 생각한다면 큰 문제는 없다.

파수꾼의 임무는 "마병대가 쌍쌍이 오는 것과 나귀 떼와 낙타 떼를 보거든" 알리는 것이다. 아라비아의 유목민들은 싸움터에 나갈 때 나귀 떼든 낙타 떼든 하나만 타고 줄을 지어 나갔다고 한다(Seale). 이런 행렬이 오면 관심 있게 지켜보고 알리는 것이 파수꾼의 임무이다.

파수꾼은 밤낮으로 자기의 임무를 잘 감당하기 위하여 열심히 보초를 서고 있다고 말한다(8절). "사자 같이 부르짖음"(8절)은 파수꾼이 사자 같은 힘과 각오로 흔들림 없이 신실하게 보고하는 모습을 의미하는 것으로 해석될 수 있다. 드디어 파수꾼이 바빌론 쪽 지평선을 바라보다가 변화를 포착하고 외친다. 마병대가 오고 있다는 것이다.

"마병대"(פָּרָשִׁים)(9절)는 전쟁을 하러 오는 자들이 아니라 좋은 소식을 알리러 오는 자들이다(Motyer). 이들은 바빌론과 그의 우상들이 모두 무너졌음을 전한다(9절). 한 민족이 망하면 그들의 우상들도 당연히 무너진다. 우상들은 근본적으로 인간들이 자신들의 가치관과 세계관에 의하여 만드는 것이므로 그 우상을 섬기는 자들이 망하면 저절로 우상들도 망하게 되어 있는 것이다. 역사적으로 이 사건은 여러 번 성취되었다고 볼 수 있다. 그리고 아직도 성취를 기다리고 있다(cf. 계시록의 바빌론).

"내가 짓밟은 너여, 내가 타작한 너여"(10절)는 곡식을 타작할 때 알곡을 줄기에서 떼어내기 위하여 밟고 부스러뜨리는 이미지를 묘사하고 있다. 이스라엘이 이렇다는 것이다. 이런 고통과 아픔이 결코 절망적이지만은 않은 것은 이 과정이 끝나면 알곡은 분류되어 창고에 따로 보관되기 때문이다.

이 예언은 이스라엘을 안타깝고 측은한 모습으로 바라본다. 그들이 그렇게 기대하고 도움을 요청했던 바빌론은 훗날 이렇게 처참하게 파괴될 것이다. 하나님 외에 그 무엇을 의존해도 결과는 같다. 누구를 의지할 것인가? 절대로 바빌론을 의지해서는 안 된다고 선지자는 주장한다.

7장. 두마(21:11-12)

11 두마에 관한 경고라
사람이 세일에서 나를 부르되
파수꾼이여 밤이 어떻게 되었느냐
파수꾼이여 밤이 어떻게 되었느냐
12 파수꾼이 이르되
아침이 오나니 밤도 오리라
네가 물으려거든 물으라
너희는 돌아올지니라 하더라

선지자는 이 말씀을 두마에 대한 경고라고 하는데, 두마(דּוּמָה)는 정확히 어디에 있으며 또 무엇인가? 두마가 실제적인 장소가 아니라고 주장하는 학자도 있다(Watts). 두마는 북아라비아에 있었던 오아시스 지역이며 오늘날에는 두멧에즈엔델(Dumet ej-Jendel)이라고 불리는 곳이다(Oswalt; cf. Smith). 이곳은 에돔의 매우 큰 관심사였다(cf. ABD). 만약에 이 도시가 원수들의 손에 넘어가면 에돔은 매우 중요한 무역 상대를 잃게 되기 때문이었다.

그러나 두마는 에돔의 일부가 아니었는데, 왜 두마에 선포된 이 메시지를 에돔에 대한 것이라고 하는가? 먼저 "두마"라는 단어의 문자적 의미는 "침묵"이다. 그러므로 고유명사 "두마"가 아니라 일반명사 "침묵" 혹은 "침묵의 나라"로 번역될 수도 있는 것이다. 또한 일부 히브리어 사본과 칠십인역(LXX)은 "두마"를 "에돔"으로 대체했다. 그래서 대부분 번역본들이 두마를 에돔으로 간주한다(NIV; NRSV; NASV; 새번역).

본문에 언급된 "세일"(שֵׂעִיר)(11절) 역시 에돔의 다른 이름이다(cf. 창 32:3). 그래서 두마를 에돔으로 이해하는 해석이 더 설득력을 얻게 되었다.

에돔에 대한 경고는 바로 앞에서 언급되었던 바빌론에 대한 예언과도 연결점이 많다. 첫째, 파수꾼(שֹׁמֵר)(11절)과 파수꾼(מְצַפֶּה)(6-9절)은 히브리어 단어는 다르지만 개념은 같다. 둘째, 밤에 부르짖는 소리(12절)와 석양에 부르짖는 소리(4절) 역시 맥을 같이하고 있다. 셋째, 낮과 밤(12절)의 순서도 파수꾼의 낮과 밤의 사역(8절)과 같다. 실제로 두마는 바빌론과 연합 전선을 펼치며 아시리아에 대항하다가 주전 690년경에 아시리아의 침략을 받았다(Sweeney).

에돔에 임한 "어두움"(viz. 심판)이 언제까지 지속될 것인가. 에돔이 어두운 시간(어려운 시대)을 지나가면서 묻는다. "언제까지 이렇게 힘든 시간이 계속될 것인가?" 이에 대하여 파수꾼은 말한다. "아직 멀었다. 비록 아침이 오고 있지만 곧 밤이 다시 온다." 파수꾼은 앞으로도 한동안은 현재 상태가 별다른 변화 없이 지속될 것이라고 한다. 오랜 시간 고통이 계속될 것을 뜻한다.

8장. 아라비아(21:13-17)

13 아라비아에 관한 경고라
드단 대상들이여
너희가 아라비아 수풀에서 유숙하리라
14 데마 땅의 주민들아
물을 가져다가 목마른 자에게 주고
떡을 가지고 도피하는 자를 영접하라
15 그들이 칼날을 피하며
빼 칼과 당긴 활과 전쟁의 어려움에서 도망하였음이니라
16 주께서 이같이 내게 이르시되
품꾼의 정한 기한같이
일 년 내에 게달의 영광이 다 쇠멸하리니
17 게달 자손 중 활 가진 용사의 남은 수가 적으리라 하시니라
이스라엘의 하나님 여호와의 말씀이니라

데마는 홍해에서 동쪽으로 300킬로미터 떨어진 오아시스 도시였다. 앞에서 언급된 두마에서 300킬로미터 남동쪽에 위치했던 도시였다. 데마는 바빌론의 나보니두스(Nabonidus)가 주전 552년에 자청한 망명(self-imposed exile) 때의 수도였다. 그가 왜 이쪽으로 옮겨갔는지 확실히 밝혀지지는 않았지만 대부분 학자들은 갈수록 커져가는 메대와 페르시아에 대항하기 위하여 아라비아 지역의 나라들과 동맹을 맺어 자신의 세력을 구축해 나가려는 의도였을 것이라고 추측한다. 드단은 데마에서 남쪽으로 160킬로미터 떨어진 곳에 위치했다(Smith; cf. Oswalt). 이 두 도시

는 게달이란 지역에 포함되어 있었다.

이 지역은 아시리아의 손에 많은 시달림을 당했다. 그러므로 바빌론과 아시리아의 대립이 있을 때 자연히 친바빌론 세력이 되었다. 그러나 여기서 제시되는 상황은 전쟁에서 피해오는 자들을 맞을 준비를 하라는 것이다. 물론 이 피난민들 중에는 바빌론에서 도망쳐 나오는 자들을 포함하고 있다. 이들은 도망자를 돕는다는 이유로 인해 자신들도 커다란 혼란과 위험을 맞게 된다.

선지자는 또한 짧은 시간 내에 아라비아의 영화도 모두 사라질 것을 예언한다. 살아 남을 사람은 많지 않을 것이다(17절). 그러나 역사적으로 이 일이 언제 성취되었는가는 확실치 않다. 그러나 이 일이 분명히 이루어질 것을 확신할 수 있는 것은 "이스라엘의 하나님 여호와"가 말씀하셨기 때문이다. 하나님의 말씀 외에 그 무엇이 필요하겠는가?

9장. 환상의 골짜기(22:1-25)

선지자는 13장에서부터 계속 OAN을 선포하는 중이다. 그런데 여기서 갑자기 하나님의 백성 유다를 상징하는 예루살렘에 대하여 메시지를 선포하는 것은 무엇 때문인가? 예루살렘을 "환상의 골짜기"로 부르는 것은 일종의 비아냥거리는 표현이다. 22장에 소개되는 백성의 특징은 "이상이 지극히 부족하다"는 것이다. 흥분 가운데 있는 백성은 다가오는 파괴를 보지 못한다. 그들의 지도자들은 창조주 하나님이 이 세상의 그 어떤 요새나 군대보다도 믿을 만하다는 사실을 깨닫지 못한다. 셉나는 용기와 책임감이 그 어떤 건축보다도 힘이 있다는 것을 보지 못한다. 즉, 이스라엘은 세상의 다른 민족들과 비교해서 하나도 잘난 것이 없다. 그러므로 이들의 종말 역시 열방의 종말과 다를 바 없음을 드러내기 위하여 여기서 예루살렘에 관한 예언이 선포되고 있다.

본문 주해에서 학자들의 의견이 모아지지 않는 이슈는 이 신탁이 미래에 관한 것인가, 아니면 과거를 회상하면서 정리해 놓은 것인가이다. 또한 어떤 학자들은 이 말씀의 한 부분(예, 1-4절)을 예언으로, 나머지를 과거에 대한 회상으로 간주하기도 한다. 이 이슈에 대한 학자들의 입장 정리는 3-7절에서 사용되는 완료형들을 어떻게 이해하느냐에 좌우된다. 만약에 단순한 과거 시제를 표기하고 있다면, 이 예언의 상당 부분이 과거에 대한 회상일 것이다. 그러나 "예언적 완료형"(prophetic perfect)으로 해석한다면 이사야가 선포하는 이 예언은 미래에 관한 것이지만, 본문에 언급된 일들이 실제로 현실화될 것이 너무나도 확실하기 때문에 여기서 예언적 완료형을 사용하고 있다고 이해될 수 있다. 예언적 완료형은 미래에 대한 확신의 언어인 것이다.

예루살렘에 대한 이 말씀은 바로 앞 장에서 언급된 바빌론에 대한 신탁과 공통점을 지니고 있다. 둘 다 선지자 이사야의 시대에 일차적으로 적용되고 있지만, 미래의 구체적이고 세부적인 성취를 기다린다. 두 예언의 이 같은 양면성이 이들을 한곳에 위치시킨다. 본문은 다음과 같이 세 파트로 구분될 수 있다.

A. 자부심으로 가득 찬 도성(22:1-14)
B. 총책임자 셉나(22:15-19)
C. 사람들이 의지하는 엘리아김(22:20-25)

이 세 섹션의 공통점은 모두 다 이 세상의 것을 의지하고 신뢰하는 것을 비난한다는 점이다. 예루살렘은 안전을 추구하다가 자신을 좀먹게 되는 도시로 묘사되었다. 셉나는 자신의 세속적인 영광만을 추구하는 속물이다. 엘리아김은 사람들이 안전을 생각할 때 떠올리는 자이지만, 이것이 자신과 다른 사람들의 멸망을 가져오고 있음을 시사한다.

1. 자부심으로 가득 찬 도성(22:1-14)

이 예언의 역사적 정황에 대하여는 아직도 많은 논쟁이 있다. 그러나 대부분의 학자들은 산헤립의 주전 701년 사건이 본 텍스트의 역사적 배경이 되고 있는 것으로 생각한다(Childs; Tucker). 선지자가 9-11절에서 언급하고 있는 물은 히스기야가 건축한 수로와 연관이 있는 것으로 보며, 선지자의 통곡(4, 14절)은, 선지자가 주전 701년 여호와의 기적적인 보호하심을 체험한 유다가 영적인 대각성에 이르기를 바랐지만 그렇게 하지 않은 것에 대한 실망을 표현하고 있는 것으로 이해한다(Motyer). 또한 본문이 바빌론에 대한 언급 바로 뒤에 나오는 것은 주전 701년 사건을 마무리짓는 39장과 같은 역할을 하고 있기 때문이다. "하나님을 의지하지 않고 바빌론을 의존하는 것은 멸망에 이르는 길이다."

그러나 세부 사항에 있어서 다른 점들도 있다. 히스기야는 여호와를 의지했다. 본문은 예루살렘 성읍이 포위된 것을 언급하지 않는다. 선지자가 2-3절에서 언급하는 도주와 잡힘은 여호야김(왕하 24:10-17)이나 시드기야(왕하 25:4-7) 시대에 더 잘 어울린다. 그리고 주전 701년에는 셉나가 아니라 엘리아김이 국고를 관리하고 있었다(왕하 18:37). 이러한 사실을 바탕으로 본문의 역사적 배경을 아시리아가 711년에 블레셋의 성읍 아스돗을 공격한 사건으로 간주하는 학자들도 있다(Oswalt).

아시리아의 기록에 의하면 이때 그들은 아세가(Azekah)를 점령했다가 철수했다. 아세가는 유다에 속한 요새였으며, 유다의 마지막 방어막이었다(cf. 렘 34:7). 이 요새가 점령당한 것은 매우 불길한 뉴스였지만, 일단은 아시리아 침략군이 그곳에서 철수했다는 소식은 그들에게 대단한 희소식이었을 것이다. 한 주석가는 이런 분위기가 2절의 "소란하며 떠들던 성, 즐거워하던 고을"의 배경에 깔려 있다고 생각한다(Oswalt). 본 텍스트는 다음과 같은 구조를 보인다(Motyer). 이 신탁에는 분명한 움직임(movement)이 있다. 현재의 기쁨(1-2a절)에서 다가오는 환난(2b-4절)으로 이어지며, 과거의 선택들(8-11절)이 현재의 석연치 않은 기쁨을 초래한다(12-14).

A. 의심스러운 기쁨(22:1-2a)
  B. 다가오는 환란(22:2b-4)
    C. 설명: 여호와의 날이 준비되었다(22:5-8a)
  B'. 과거의 선택(22:8b-11)
A'. 자멸을 초래하는 기쁨(22:12-14)

(1) 의심스러운 기쁨(22:1-2a)

[1] 환상의 골짜기에 관한 경고라
네가 지붕에 올라감은 어찌함인고
[2] 소란하며 떠들던 성,
즐거워하던 고을이여

"환상의 골짜기"(גֵּיא חִזָּיוֹן)(1절)는 "해변 광야"(21:1)와 같이 비밀스러운 면모를 지니고 있다. 성경에서 예루살렘은 시온 산으로 자주 묘사된다. 시온 산은 북방 산들 중 으뜸 산이며 먼 곳에서도 이 산을 보고 열방이 모여드는 산이다. 그러나 이 예언에서 예루살렘은 "골짜기"에 불과하다. 그것도 전혀 보이지 않는 골짜기다. 아마도 우뚝 솟은 예루살렘 주변에 위치한 기드론 계곡, 힌놈 계곡 등을 연상케 하는 듯하다(Smith). 또한 성경에서 "골짜기"는 인생의 어려운 순간을 묘사하기도 한다(cf. 시 23:4).

"네가 지붕에 올라감은 어찌함인고"(1절)의 "네"는 2인칭 여성단수로 예루살렘 도성을 의미한다. 15:3에서 지붕은 애통하는 장소였다. 그러나 여기서는 기쁨의 장소로 변했다. 아마도 예루살렘 주민들이 철수하는 적군을 바라보기 위하여 지붕에 모였던 것 같다(Oswalt).

"소란하며 떠들던 성, 즐거워하던 고을"(2절)은 생기와 기쁨으로 가득 차 있는 중동의 도시를 잘 표현한다. "소란하며"(תְּשֻׁאָה)는 기쁨에 찬 소리가 가득하다는 뜻이다(cf. 왕상 1:40-41). "떠들던"(הוֹמִיָּה)은 분주하게 움직이는 도시의 표정을 묘사한다(cf. 욥 39:7). 그 외에도 "즐거워하던"(עַלִּיזָה) 역시 도시의 긍정적인 분위기를 뜻한다. 이 세 단어는 예루살렘의 흥분된 분위기를 묘사하고 있다.

사실 국가적 위기를 맞은 유다 사람들은 이 순간 골방에 들어가 기도하고 금식해야 한다. 그런데 잠시 침략자들이 물러나는 것을 보고 이처럼 흥분하고 좋아하는 예루살렘 사람들의 태도가 이사야를 당혹스럽게 한다. 자신들이 처한 상황을 분별하지 못하고 일시적인 안도감에 기뻐하는 것은 어리석은 일이다.

II. 열방 심판(13:1–23:18)
9장. 환상의 골짜기(22:1–25)
1. 자부심으로 가득 찬 도성(22:1–14)

(2) 다가오는 환난(22:2b-4)

2b 너의 죽임을 당한 자들은
칼에 죽은 것도 아니요
전쟁에 사망한 것도 아니라
3 너의 관원들도 다 함께 도망하였다가
활을 버리고 결박을 당하였고
너의 멀리 도망한 자들도 발견되어
다 함께 결박을 당하였도다
4 그러므로 내가 말하노니
돌이켜 나를 보지 말지어다
나는 슬피 통곡하겠노라
내 딸 백성이 패망하였음으로 말미암아
나를 위로하려고 힘쓰지 말지니라

백성들은 환희에 찬 함성을 지르고 있지만 이사야는 다른 현실을 직시한다. 그가 본 이상은 너무나도 무시무시하다. 이사야가 본 것에 의하면 예루살렘의 벽은 허물어졌고, 거리는 성이 포위된 상황에서 굶어 죽은 시체로 가득 차 있다. 그들의 지도자들은 성을 방어하다가 영웅같이 죽은 것이 아니라, 우왕좌왕하다가(נָֽדְדוּ־יָחַד) 싸워보지도 못하고 적군에게 잡히는 비참한 종말을 맞고 있다. 이사야가 계속 비난했던 지도자의 모습이다(1:23; 3:2-3; 5:13; 7:2; 28:7, 14; 29:15).

자기 백성이 지도층부터 평민에 이르기까지 모두 비참하게 무너진 환상을 보면서 선지자는 비통해한다(4절). 그의 아픔을 생각해 보라. “돌이켜 나를 보지 말지어다. 나는 슬피 통곡하겠노라 내 딸 백성이 패망하였음으로 말미암아 나를 위로하려고 힘쓰지 말지니라.” 또한 선지자의 눈물은 곧 하나님의 눈물이다. 하나님이 이스라엘이 처한 상황을 보시고 눈물지으시는 것이다. 우리가 선지자의 사역을 잘 감당하려면, 먼저 주의 백성을 생각하며 통곡할 수 있어야 한다.

(3) 설명: 여호와의 날이 준비되었다(22:5-8a)

5 환상의 골짜기에 주 만군의 여호와께로부터 이르는
소란과 밟힘과 혼란의 날이여
성벽의 무너뜨림과 산악에 사무쳐 부르짖는 소리로다
6 엘람 사람은 화살통을 메었고
병거 탄 자와 마병이 함께 하였고
기르 사람은 방패를 드러냈으니
7 병거는 네 아름다운 골짜기에 가득하였고
마병은 성문에 정렬되었도다
8 그가 유다에게 덮였던 것을 벗기매

선지자가 5절에서 사용하는 소리를 살펴보면 그의 창의성이 드러난다. “소란과 밟힘과 혼란의 날”(יוֹם מְהוּמָה וּמְבוּסָה וּמְבוּכָה)의 소리(yom mehumah umebusah umebukah)를 생각해 보라. 또한 이사야는 “성벽의 무너뜨림”(מְקַרְקַר קִר)에서 두 단어의 소리의 유사성(meqarqar qir)을 위하여 무너뜨림(מְקַרְקַר)이란 단어를 만들어 낸 것으로 생각된다(Motyer). 이 단어가 구약에서 여기에서만 사용되고 있기 때문이다. 이날 예루살렘에 임한 고통이 얼마나 큰지 주민들이 지르는 고통 소리가 주변에 있는 산에 메아리치고 있다.

본문을 채우고 있는 신음 소리는 이 환상을 시작했던 첫 부분과 매우 대조적인 분위기를 조성하고 있다. 선지자는 22:1-2에서 예루살렘을 침략자들의 후퇴로 인하여 흥분하고 열광하는 도성으로 묘사했다. 반면에 이곳에 묘사된 예루살렘의 모습은 비통과 탄식으로 가득 찬 절망의 도시다. 소망과 흥분이 순식간에 온 것같이 슬픔과 애통도 한순간에 이들을 찾아왔다.

엘람(עֵילָם)(6절)에 대하여는 21:2을 참고하라. 아직까지 기르(קִיר)의 정확한 위치는 밝혀지지 않았다. 본문에서 언급하는 기르는 모압의 기르(15:1)와 구분되어야 한다. 선지자가 여기서 묘사하고자 하는 것은 확실하다. 유다의 적들이 자신을 방어할 수 없는 유다를 지켜보고 있다. 만약에 이 환상이 주전 586년 사건을 배경으로 하고 있다면, 본문은 이때 느부갓네살의 바빌론 군대에 엘람과 기르에서 징집된 군인들이 많이 섞여 있었던 상황을 뜻한다. 엘람과 기르 사람들이 앞장선 바빌론의 군대가 유다와 예루살렘을 완전히 파괴하는 모습이다. 이들의 군대는 유다를 완전히 장악하고 예루살렘을 포위하고 있다. 그러나 이 환상은 어떤 특정한 사건을 언급하는 것이 아니라, 일반적인 유다의 파괴를 염두에 두고 제시되었다는 것이 많은 학자들의 주장이다.

II. 열방 심판(13:1–23:18)
  9장. 환상의 골짜기(22:1–25)
    1. 자부심으로 가득 찬 도성(22:1–14)

(4) 과거의 선택(22:8b-11)

8b 그 날에야 네가 수풀 곳간의 병기를 바라보았고

9 너희가 다윗 성의 무너진 곳이 많은 것도 보며

너희가 아랫못의 물도 모으며

[10] 또 예루살렘의 가옥을 계수하며
그 가옥을 헐어 성벽을 견고하게도 하며
[11] 너희가 또 옛 못의 물을 위하여
두 성벽 사이에 저수지를 만들었느니라
그러나 너희가 이를 행하신 이를 앙망하지 아니하였고
이 일을 옛적부터 경영하신 이를 공경하지 아니하였느니라

이 예언이 역사적으로 처음 적용된 때는 히스기야 왕 때로 이해된다(Oswalt). 그는 눈앞으로 다가온 아시리아의 공격에 대비하여 여러 가지를 준비했다. 그는 먼저 소유하고 있던 무기들을 점검했다(8b절). 그리고 성벽을 점검했다(9a, 10절). 또한 식수 공급을 확인했다(9b, 11절). 전쟁에 대한 그의 철저한 대비는 하나도 나무랄 데가 없다.

선지자는 이런 히스기야의 준비성을 비난하고 있는 것이 아니다. 다만 이런 일들을 하기 전에 먼저 하나님의 자문을 구하며 영적인 준비를 했어야 한다는 것이다(11b절). 하나님은 결코 인간이 할 수 있는 최선을 무시하고 역사하시는 분이 아니다. 인간의 최선을 항상 요구하신다. 다만, 이 과정에서 우리의 우선권이 어디에 가 있는가가 문제인 것이다. 최선을 다하고 주님께 기도하는 것이 아니라, 먼저 기도하고 주님의 인도하심에 따라 최선을 다해야 한다. 본문에서 주제는 물이다. 예루살렘은 천연적 요새였다. 그러나 문제는 식수 공급이었다. 성내에 이렇다 할 샘이 없었기 때문에 물은 예루살렘 성의 아킬레스건(Achilles heel)이었다. 예루살렘의 식수는 기혼 샘에서 끌어왔는데 문제는 이 샘이 성 밖에 있었다는 점이다. 적군이 성을 둘러싸면 예루살렘은 식수 때문에 위기를 맞이하고는 했다. 그러므로 예루살렘에서 사는 일은 대단한 믿음을 요구했다.

여부스 족이 예루살렘에 거주할 때는 일종의 수구(water shaft)가 있었다(삼하 5:6-8). 훗날 지상에 노출된 수로가 건축되었으며(cf. 7:3) 본문에

서 말하는 "옛 못"을 채웠던 것 같다. 이 수로는 솔로몬 시대에 완공되었을 것으로 추정되며 평소에는 별로 문제가 없었으나, 전쟁 시에는 도시의 식수 공급에 치명타를 입힐 수 있었던 것은 당연했다(cf. 7:3ff.). 히스기야가 예루살렘의 이런 취약점을 의식하고 터널을 건축했다(cf. 왕하 20:20; 대하 32:2-4). 히스기야는 터널을 건설한 후 기혼 샘을 매장함으로써 예루살렘의 취약점을 해소했다. 11절에 언급된 "저수지"는 9절에 언급된 "아랫못"일 가능성이 크다.

히스기야는 많은 벽을 건축한 것으로 알려졌다. 그는 예루살렘을 요새화하는 데 많은 기여를 했으며 11절의 "두 성벽 사이"는 그가 새로 세운 벽과 과거의 다윗 성을 보호했던 벽과의 사이일 것이다(Motyer). 그러나 역시 본문이 강조하는 것은 예루살렘 성에 드디어 보호된 물의 출처가 생겼다는 점이다. 그러나 여호와께서 예루살렘의 취약점을 아시고도 이 성읍을 그의 거처지로 삼으셨다면(cf. 신 12:5; 왕상 8:29), 히스기야의 행동은 어떻게 이해될 수 있겠는가?

선지자는 여호와를 "이를 행하신 이… 옛적부터 경영(계획)하신 이"로 표현하며 이 점을 강조하고 있다(11절). 이 도시의 취약점은 오히려 거민들로 하여금 여호와를 의존하도록 구상된 것이었다. 그런데 이런 취약점이 없어지면서 사람들은 더 이상 여호와를 의지하지 않게 되었던 것이다. 취약점을 없앴다는 것이 나쁘다는 의미가 아니다. 그것이 초래한 결과가 문제인 것이다. 아무리 좋은 해결책이라도 그 일로 인하여 우리가 여호와를 덜 의존하게 되는 것은 잘못된 일이다. 주변에서 좋은 의도에서 시작된 프로젝트가 나쁜 결과를 초래하는 것을 본 경험이 있을 것이다.

(5) 자멸을 초래하는 기쁨(22:12-14)

12 그 날에 주 만군의 여호와께서 명령하사
통곡하며 애곡하며 머리 털을 뜯으며 굵은 베를 띠라 하셨거늘
13 너희가 기뻐하며 즐거워하여
소를 죽이고 양을 잡아
고기를 먹고 포도주를 마시면서
내일 죽으리니 먹고 마시자 하는도다
14 만군의 여호와께서 친히 내 귀에 들려 이르시되
진실로 이 죄악은 너희가 죽기까지 용서하지 못하리라
하셨느니라 주 만군의 여호와의 말씀이니라

본문에서 그려지는 잔치는 6:9-10에서 이사야에게 주어진 소명이 어떻게 이 백성에게 적용될 수 있는가를 잘 보여주고 있다. 인간이 얼만큼 하나님으로부터 멀어질 수 있는가? 즉, 인간의 영적 귀와 눈이 얼마나 둔해지고 무뎌질 수 있는가? 심판이 임한 날(viz., 예루살렘이 포위된 날), 여호와께서는 이들이 금식하고 기도하기를 원했다. 나라가 위태로울 때 백성이 그들의 신에게 울부짖는 것은 당연한 일이기 때문이다.

그러나 13절에 비추어진 유다의 모습을 보라. 그들은 회개와 탄식은 커녕 오히려 소를 잡고 양을 잡아 큰 잔치를 벌인다. 포위된 성읍은 대개 짐승들 잡는 것을 아낀다. 포위가 지속될 경우를 대비하여 비상 식량으로 남겨 두기 때문이다. 포위가 지속되어 곡식이 다 떨어지면 그때 양이나 소를 잡는다. 또한 포위가 장기화될 것 같으면 풀이나 먹이가 부족하게 될 것을 대비해서 양들과 소를 잡기도 했다.

그러나 지금 이들이 보인 위기 대처 방식은 이와 다르다. 금식하고 탄식하면서 생각한 최선의 준비가 아니다. 이들은 "내일의 죽음"을 내

다보며 "내일은 소망이 없으니 오늘만이라도 흥청망청 즐기자"라는 자세를 취하고 있다. "소를 죽이고 양을 잡아"(13절)라는 표현은 이들의 지나침을 드러내고 있다. 우리의 삶이 죽음의 이편에서 다 끝난다면 충분히 있을 수 있는 일이다. 그러나 죽음의 저편에서도 우리가 존재하기 때문에 헌신, 희생, 자기부인, 연단/훈련이 모두 의미가 있는 것이다. 어떤 면에서 우리의 이 세상에서의 삶은 죽음 다음에 있을 세상에 대한 준비라고 할 수 있다.

하나님은 분명히 경고하신다. "이 죄는 결코 너희들이 죽는 날까지 용서받지 못한다"(14절). 선지자는 5장의 포도원 비유의 결론, 6장의 "회개치 못하게 하라"를 다시 한 번 확인하면서 왜 이렇게 되어야만 하는가를 설명하고 있는 것이다.

II. 열방 심판(13:1-23:18)
9장. 환상의 골짜기(22:1-25)

2. 총책임자 셉나(22:15-19)

15 주 만군의 여호와께서 이르시되
너는 가서 그 국고를 맡고
왕궁 맡은 자 셉나를 보고 이르기를
16 네가 여기와 무슨 관계가 있느냐
여기에 누가 있기에
여기서 너를 위하여 묘실을 팠느냐
높은 곳에 자기를 위하여 묘실을 팠고
반석에 자기를 위하여 처소를 쪼아내었도다
17 나 여호와가 너를 단단히 결박하고
장사 같이 세게 던지되
18 반드시 너를 모질게 감싸서

공같이 광막한 곳에 던질 것이라
주인의 집에 수치를 끼치는 너여
네가 그 곳에서 죽겠고
네 영광의 수레도 거기에 있으리라
19 내가 너를 네 관직에서 쫓아내며
네 지위에서 낮추리니

선지자는 13장 이후부터 지금까지 각 나라에 대하여 경고했다. 그러므로 여기의 셉나에 대한 예언과 다음 섹션의 엘리아김에 대한 예언은 매우 독특한 위치에 있다. 그동안 선지자가 한 개인을 두고 비난을 한 적은 없기 때문이다. 이들에 대한 예언은 중요한 의미를 지니고 있다. 하나님은 각 나라와 민족을 형성하고 있는 공동체의 죄와 책임을 물으실 뿐만 아니라, 각 개인의 선택과 죄에 대하여도 분명히 책임을 물으실 것을 암시한다.

이 예언은 이사야 시대에 성취된다. 히스기야 통치 14년째를 묘사하고 있는 36:3을 관찰해 보면 엘리야김은 이미 셉나의 자리를 차지하고 있었음을 알게 된다. 이사야의 예언이 그대로 성취된 일을 통하여 그가 진정한 여호와의 선지자임을 입증하고 있는 것이다.

셉나는 어떻게 강등을 당했고, 반면 엘리야김은 왜 승진했을까? 본문은 이런 변화의 정치적 배경을 언급하지 않지만, 유다의 외교정책이 바뀐 것을 의미한다고 생각하는 학자들이 있다. 셉나는 친이집트 파였고 엘리야김은 이런 셉나를 경계했던 정치 세력의 상징이었다는 것이다. 그래서 학자들은 시간이 흐름에 따라 히스기야가 이사야의 주장과 비슷한 논리를 펴는 엘리아김을 승진시키고 셉나를 강등시킨 것으로 본다.

"국고를 맡고 왕궁 맡은 자"라는 뜻을 지닌 히브리어 단어(סֹכֵן)(15절)는 성경에서 단 한 번 이곳에서 사용된다. 그러나 주변 언어에서 이 단어의 용도를 살펴보면 매우 높은 자리를 뜻한다. 정치적 위치에서 말한다면 왕 다음의 자리일 가능성이 높다(Oswalt). 셉나를 책망하는 질문(16절)의 리듬을 생각해 보라.

מַה־לְּךָ פֹה (ma leka poh)

וּמִי לְךָ פֹה (umi leka poh)

כִּי־חָצַבְתָּ לְּךָ פֹּה (ki-khatzabta-leka-poh)

선지자는 "여기"와 "너를 위하여"를 세 번 반복함으로써 셉나가 여기에〔viz., 그의 위치〕 어울리지 않다는 것과 자신의 이기적인 욕심을 채우고 있음을 지적하고 있다. 경건하지 못한 방법으로 영광을 구하는 자는 수치를 당한다는 것이 성경의 가르침이다(Oswalt). 이러한 하나님의 지적은 우리에게 경각심을 불러일으켜야 한다. 우리는 지금 있는 이 자리에 잘 어울리는가? 혹시 우리의 욕심을 채우기 위하여 이곳에 있지는 않은가? 교회가 목회자를 위해서 존재하는가? 목회자가 교회를 위하여 존재하는가?

셉나의 문제는 자신의 업적을 기념하기 위하여 사업을 추진하고 있는 것에 있다. 그는 자신의 묘지를 조성하고 있다. 당시 그 지역에 살았던 사람들은 굴을 파서 묘지를 삼았다. 대개 한 집안은 자손대대로 같은 묘지에 안치되었다. 묘지로 사용되었던 굴들도 그 집안의 신분과 지위에 따라 규모와 모습이 달랐던 것으로 알려져 있다. 셉나는 그의 집안에서 오랜만에 출세한 인물이었는지(상당수의 학자들은 그가 평민 신분이었던 것으로 추측한다. 학자들의 이런 추측은 여기에서도, 36:3에서도 다른 사람들은 모두 "누구의 아들"임을 밝히고 있지만 셉나는 단순히 그의 이름만 밝히고 있음에 근거를 두고 있다), 졸부의 모습을 그대로 드러내고 있는 것이다.

사실 "성공한" 사람이 자신과 조상의 묘에 대하여 관심을 갖는 것은 셉나의 문제만은 아니다. 오늘날 우리 나라에도 "성공하면" 제일 먼저 조상의 묘를 손질하는 사람들이 있지 않은가? 별 볼 일 없는 집안 사람이 조상의 묘지를 손보는 것은 자신을 "뼈대 있는 집안" 출신이라고 포장하기 위해서다. 돈을 의미 있는 일에 사용한다면 이 사회는 조금 더 행복하고 따뜻한 사회가 될 수 있을 텐데….

하나님은 이런 셉나에게 분명히 말씀하신다. "너를 공 같이 말아서 멀리 던져 버릴 것이다." 그리고 그는 "거기서"(שָׁם) 죽을 것이라고 하신다(18절). 하나의 아이러니가 형성되고 있다. 셉나는 "여기"에 있고, "여기"에 남기 위하여 기념 사업을 추진하고 있다. 그러나 하나님은 "너는 '여기'에는 거하지 못한다. 너는 '거기'에 버려질 것이다"라고 선언하신다. 셉나는 곧 그의 자리에서 쫓겨날 것이다(19절). 이 예언이 성취된 것을 우리는 36:3에서 확인할 수 있다.

3. 사람들이 의지하는 엘리아김(22:20-25)

20 그 날에 내가 힐기야의 아들 내 종 엘리아김을 불러 21 네 옷을 그에게 입히며 네 띠
를 그에게 띠워 힘 있게 하고 네 정권을 그의 손에 맡기리니 그가 예루살렘 주민과
유다의 집의 아버지가 될 것이며 22 내가 또 다윗의 집의 열쇠를 그의 어깨에 두리니
그가 열면 닫을 자가 없겠고 닫으면 열 자가 없으리라 23 못이 단단한 곳에 박힘 같이
그를 견고하게 하리니 그가 그의 아버지 집에 영광의 보좌가 될 것이요 24 그의 아버
지 집의 모든 영광이 그 위에 걸리리니 그 후손과 족속 되는 각 작은 그릇 곧 종지로
부터 모든 항아리까지니라 25 만군의 여호와께서 이르시되 그 날에는 단단한 곳에 박
혔던 못이 삭으리니 그 못이 부러져 떨어지므로 그 위에 걸린 물건이 부서지리라 하
셨다 하라 나 여호와의 말이니라

본문은 19절의 예언이 어떻게 이루어질 것인가를 자세하게 설명하는 보충 설명이다. 선지자는 셉나의 자리를 엘리아김이란 자가 차지할 것을 선포한다. "네〔셉나〕 옷을 그에게 입히며, 네 띠를 그에게 띠워 힘

있게 하며"(21절). 하나님은 엘리아김을 "내 종"(עַבְדִּי)이라 부르신다(20절). 이 호칭은 이사야서 안에서 상당히 중요한 뉘앙스를 지니고 있다. 이사야가 종으로 불려지고(cf. 20:3), 40-55장에서는 고통당하는 종을, 65-66장에서는 이스라엘을 칭하는 표현으로 사용된다. 또한 페르시아의 고레스 왕도 종으로 불린다. "종"은 상당한 책임 소재를 지닌 개념이지만, 책임보다 더 많은 특권을 가졌다.

"그〔엘리야김〕가 예루살렘 주민과 유다의 집의 아버지가 될 것이며"(21절)라는 말씀은 엘리아김이 어떤 태도로 자기의 임무를 수행할 것인가를 말하는 동시에 셉나가 잘못했던 점을 지적하고 있다. 아마도 셉나는 "아비의 마음"으로 정치했던 사람이 아니었을 것이다. 성경의 다른 곳에서 "옷"(כֻּתֹּנֶת)과 "띠"(אַבְנֵט)(21절)는 제사장이 입었던 것들이다. 물론 궁에서 일하던 자들이 제사장 역할을 했다는 것은 아니다. 다만 궁에 드나드는 사람들도 제사장처럼 예복을 입었던 것을 의미한다. "다윗의 집의 열쇠"(מַפְתֵּחַ בֵּית־דָּוִד)(22절)는 엘리아김의 위치가 그만큼 중요하고 영향력이 있다는 것을 말한다.

본문에서 해석하기가 가장 어려운 부분은 25절이다. "단단한 곳에 잘 박힌 못이 삭아서 부러져 떨어질 것이니, 그 위에 걸어 둔 것들이 산산조각이 날 것이다"(새번역). 내용은 매우 부정적이다. 사람들이 믿고 의지하는—영구적으로 그들에게 의지가 되고 힘이 되어주는—대상이 썩은 못이 힘없이 부러지듯 부러질 것이라는 뜻이다. 그런데 여기서 "단단한 못"은 누구를 의미하는가? 셉나인가 아니면 엘리아김인가? 셉나를 의미한다면 특별한 문제는 없다. 그러나 23절을 감안하면 "단단한 못"은 분명히 엘리아김이다. 지금까지 엘리아김에 대하여 갖가지 칭찬을 다하다가 갑자기 좋지 못한 예언이 나오는 것은 무엇 때문인가? 가장 설득력 있는 해석은 사람들이 엘리아김의 능력을 과대평가해서 그에게 많은 것을 기대하고 맡겼지만 역부족이었다는 점을 드러내는 것이라 생각된다.

10장. 두로(23:1-18)

바빌론에 대한 경고(13장)로 시작된 OAN이 두로에 대한 예언으로 막을 내린다. 지형면에서 볼 때, 동쪽 끝(바빌론)에서 서쪽 끝(페니키아)까지 펼쳐진 열방의 주권자가 여호와라는 것을 드러내고자 한다. 요한계시록 18:11-24에 언급된 바빌론에 대한 예언을 잘 살펴보면 13장의 바빌론에 대한 예언보다 여기에 제시된 두로에 대한 예언과 더 비슷하다.

페니키아는 항구들을 중심으로 한 상업 도시들로 형성되었다. 페니키아인들은 어디든지 여건만 허락하면 식민지를 개척했다. 그들의 이러한 노력은 두 가지 결과를 낳았다. 첫째, 지중해의 해상권을 장악할 수 있었다. 둘째, 대단한 부를 축적할 수 있게 되었다.

정치적으로는 이스라엘의 남 · 북 왕국뿐만 아니라 모든 나라가 하나님 앞에 동일함을 의미한다. 상징적으로는 인간이 이루어 놓은 최고의 영화(바빌론)나 부귀(페니키아)도 모두 하나님의 심판을 피할 수 없다는 것을 강조한다. 관계적으로는 이스라엘의 지속적인 적(viz., 바빌론)으로부터 지속적인 아군(viz., 페니키아)에 이르기까지 모두 하나님의 심판의 대상임을 밝히고 있다.

페니키아는 이스라엘에게 영적으로 좋지 않은 영향을 미쳤다. 솔로몬은 페니키아인 아내들을 맞았으며, 시돈의 아스다롯(Ashtoreth) 종교를 수입했다(왕상 11:1, 5). 이 종교의 신전은 오랫동안 이스라엘 영토에 남아 있었다(cf. 왕하 23:13), 이사야는 두로가 어떻게 솔로몬(그리고 온 이스라엘)을 영적으로 부패시켰는가를 의식했던 것이다.

페니키아는 북 왕국에도 직접적으로 많은 영향을 미쳤다. 아합이 아내로 맞이한 페니키아의 공주 이세벨은 여호와 종교를 핍박하고 바알과 아세라 종교를 국교화시켜 한때는 시돈의 신 바알이 거의 여호와를 대체하다시피 했다(cf. 왕상 16, 18장). 이런 문제들 때문에 선지자들은 페니키아 지역을 달갑게 보지 않았다(렘 47:4; 암 1:9ff ; 요엘 4:4; 슥 9:2-4).

두로는 페니키아 지역의 최남단 도시로 뒤로는 레바논의 울창한 숲, 앞으로는 지중해를 바라보던 항구였다. 이 도시는 뭍에 도시의 한 부분을 건설했고 조금 떨어진 바다에 있는 섬에 도시의 나머지 부분을 구축했다. 만일 뭍에 있는 도시가 파괴되면 주민들은 섬으로 옮겨가 외부 세력에 대항하는 매우 효과적이고 전략적인 위치를 구축하고 있었던 것이다. 두로는 주전 5세기 전까지 페니키아의 가장 중요한 도시였다. 시돈은 두로와 쌍벽을 이루었던 도시로 주전 5세기 이후로는 페니키아의 가장 중요한 도시로 자리를 굳혔다.

다윗과 솔로몬 시대 이후로 두로와 이스라엘은 긴밀한 우호 관계를 유지했다. 두로 왕 히람(Hiram)은 "항상 다윗을 사랑했다"(왕상 5:1). 그는 다윗의 아들 솔로몬과 언약을 맺었으며(왕상 5:12), 솔로몬이 성전을 짓는 데 많은 도움을 준 사람이었다(cf. 왕상 5:6ff). 유일한 갈등은 솔로몬이 성전 건축에 쓰인 자재 값을 지불하는 과정에서 지나치게 야박하게 굴어 두로 왕 히람의 감정을 상하게 했던 일이다(왕상 9:10ff). 이 섹션은 다음과 같이 세 파트로 구분될 수 있다.

A. 두로의 멸망(23:1-7)

B. 하나님과 두로의 멸망(23:8-14)

A'. 두로의 회복(23:15-18)

1. 두로의 멸망(23:1-7)

1 두로에 관한 경고라
다시스의 배들아 너희는 슬피 부르짖을지어다
두로가 황무하여 집이 없고 들어갈 곳도 없음이요
이 소식이 깃딤 땅에서부터 그들에게 전파되었음이라
2 바다에 왕래하는 시돈 상인들로 말미암아
부요하게 된 너희 해변 주민들아 잠잠하라
3 시홀의 곡식 곧 나일의 추수를
큰 물로 수송하여 들였으니
열국의 시장이 되었도다
4 시돈이여 너는 부끄러워할지어다
대저 바다 곧 바다의 요새가 말하기를
나는 산고를 겪지 못하였으며
출산하지 못하였으며
청년들을 양육하지도 못하였으며
처녀들을 생육하지도 못하였다 하였음이라
5 그 소식이 애굽에 이르면
그들이 두로의 소식으로 말미암아 고통 받으리로다
6 너희는 다시스로 건너갈지어다
해변 주민아 너희는 슬피 부르짖을지어다
7 이것이 옛날에 건설된 너희 희락의 성
곧 그 백성이 자기 발로 먼 지방까지 가서 머물던 성읍이냐

두로의 멸망이 전해지는 과정이 분명한 순서를 지니고 있다. 본항(mother port)인 두로로 향한 배들에게 먼저 선포되고(1절), 온 페니키아

지역에(2-4절), 다음 이집트에(5절), 그리고 마지막으로 온 세상에(6-7절) 알려진다.

두로의 멸망 소식이 제일 먼저 그곳으로 향한 배들에게 전달된다(1절). 두로에 대한 예언은 13-27장에 등장하는 예언 중에서 특수한 위치를 차지한다. 다른 예언들은 신비스럽고 불확실한 타이틀(title)로 시작하지만, 이 예언만은 유일하게 구체적인 도시의 이름으로 시작한다. 물론 이사야는 그 이유를 설명하지 않는다. 다만 우리가 추측할 수 있는 것은 이사야가 자신의 예언이 세상에 실제로 존재하는 나라에 대한 것임을 강조하기 위해서라는 것이다. 그의 예언이 신비스럽고, 비밀스러운 호칭들로 시작된다 하여 청중들이 이 예언들을 "현실과는 동떨어진 이야기들"로 단정해 버리는 것을 막으려는 의도인 것이다. 특히 24장부터는 더욱더 비밀스럽고 종말론적인 예언이 주어진다. 이런 전환점에서 자신의 예언이 "이 세상에 속한 자들"과 연관이 있음을 강조하는 것이다.

"다시스(תַּרְשִׁישׁ)의 배들"(1절)은 바다를 항해할 수 있는 큰 배들을 뜻한다(cf. 왕상 10:22; 22:48; 시 48:7; 사 2:16; 60:9; 겔 27:25; 욘 1:3). 다시스의 정확한 위치는 알 수 없으나, 대부분의 학자들은 오늘날의 스페인의 한 도시였을 것으로 추정한다. 유력한 가능성으로 떠오르는 곳은 구아달퀴비르(Guadalquivir) 강에 위치한 타르테수스(Tartessus)이다. 이 지역에 페니키아의 식민지가 있었던 증거는 주전 12세기까지 거슬러 올라간다(ABD).

이 예언은 역사적으로 어느 시대를 의미하는가? 예언 전체가 상당한 보편성/일반성을 띠고 있기 때문에 정확한 역사적 상황을 지목하기는 어렵다. 이사야 시대 이후부터 주전 332년에 이르기까지 두로는 다섯 번이나 외부의 침략을 받았다. 본문은 그중 하나를 염두에 둔 것이라는 것이 학자들의 추측이다. 그러나 이 다섯 번의 침략 중 본문이 어떤 것을 배경으로 하고 있는가에 대하여는 의견이 분분하다. 첫째, 아시리아의 산헤립(Sennacherib)이 주전 705-701년에 두로를 침략한 일이다(Erlandson; Rudolph; Sweeney). 둘째, 아시리아의 에살하돈(Esarhaddon)이 주전 681-678년에 침략한 일이다(Wildberger; Vermeylen; Clements). 셋째, 바빌론의 느부갓네살(Nebuchadnezzar)의 침략이다. 이 침략은 주전 585-573년에 있었다. 넷째, 페르시아의 아하수에로(Artaxerxes III Ochus)가 주전 343년에 침략한 일이다(Duhm; Marti; Kaiser). 다섯째, 그리스의 알렉산더(Alexander) 대왕이 주전 332년에 두로를 함락시킨 일이다(Procksch; Fohrer; Lindblom).

그중 알렉산더 대왕만이 두로 정복을 성공적으로 마칠 수 있었다. 가장 큰 이유는 위에 언급된 대로 이 도시의 독특한 형태 때문이었다. 해군을 동원하지 않는 한 이 도시의 완전 정복은 어려웠으며, 바다에서는 두로의 배들과 견줄 배들이 없었다. 알렉산더 대왕이 뭍에 있는 도시의 반은 쉽게 정복해 버렸지만, 섬으로 옮겨간 두로 사람들은 버젓이 배를 타고 아프리카에서 유럽을 왕래했다. 자존심이 상한 알렉산더는 뭍에 있는 도시를 완전히 파괴한 다음 거기서 나온 흙, 돌, 건축 폐기물 등으로 섬까지 둑길(causeway)을 만들었다. 그리고 그 길을 이용하여 육지에서 싸우 듯하여 주전 332년에 이 도시를 정복한 것이다.

이때 두로에 사는 사람들은 대단한 대가를 치렀다. 알렉산더 대왕이 2천 명을 십자가에 못박아 죽이고 3만 명을 노예로 판 것으로 알려졌다. 이 일이 있은 후 두로는 다시 회복하지 못했으며 오늘날 그 도시에는 6천 명 정도가 살고 있다(cf. ABD).

개역개정이 "잠잠하다"(2절; NIV; NRS)로 번역하고 있는 히브리어 동사(דמם)의 의미는 "슬퍼하다"가 더 정확하다(공동; TNK; cf. HALOT). 또한 1절의 "다시스의 배들아, 너희는 슬피 부르짖을지어다"와 평행을 이룬다. 두로의 멸망 소식이 온 페니키아에 전파되고 있다. 지역의 주요 도시가 넘어졌으니 당연히 온 지역에 큰 경제적인 파동이 올 수밖에 없다.

이집트의 시홀과 나일이 언급되고 있다. 시홀(שִׁחֹר)과 나일(יְאֹר)은 비슷한 말이다(수 13:3; 대상 13:5; 렘 2:18). 이집트는 주요 곡식 수출국이었으며 이집트 사람들은 두로의 배들을 고용하여 유럽까지 곡물을 수출했다. 그러므로 지형적으로 멀리 떨어진 곳에 있는 나라가 두로의 멸망과 연결되어 먼저 언급되는 데는 충분한 이유가 있었던 것이다. 그 당시 지중해 무역의 중심지였던 두로가 망하고 나면 세상의 모든 나라가 영향을 받을 수밖에 없다. 선지자는 이집트를 언급함으로 이 같은 세계적인 여파를 잘 묘사하고 있다. "바다 곧 바다의 요새"(יָם מָעוֹז הַיָּם)(4절)의 정확한 의미가 논란이 되고 있다. 첫 번째 '바다'(יָם)에 정관사가 없는 것을 고유명사를 의미한다고 생각하는 학자들이 있다. 이 경우 본문은 "얌"이라는 가나안의 바다 신을 의미한다. 그리고 "바다의 요새"(מָעוֹז הַיָּם)는 그의 호칭일 수 있다. 그렇다면 본문은 다음과 같은 의미를 가지고 있다. "시돈아 너는 두로를 믿은 것이 잘못이다. 두로의 아버지 얌은 너를 돕기는커녕 두로의 죽음을 애통해하고 있다"(Oswalt).

두로의 멸망은 두 가지 이유 때문에 이집트에게는 충격적으로 들리게 된다(5절). 첫째, 두로가 망하면 이집트의 무역도 어려움을 겪게 된다. 역사적으로 이집트는 두로의 배에 의존해서 세상의 다른 나라들과 교역했다. 이제는 발이 묶였으니 경제적인 파탄이 상상할 만하다. 둘째, 두로는 이집트의 동맹국이었다. 두로를 파괴한 나라가 이집트를 다음 표적으로 삼으리라는 것은 충분히 예측 가능하다.

두로의 멸망이 그들이 식민지로 개발한 스페인의 다시스까지 전해진다(5절). 즉, 땅끝까지 퍼져 나가는 것이다. 이 소식을 들은 세상이 믿을 수 없다는 반응을 보인다. "두로가 어떤 도시인데 망한단 말인가?"(cf. 7절) 두로의 멸망은 세 가지의 이유 때문에 더욱더 믿기 어려웠다. 첫째, 두로는 매우 활력이 넘치는 도시였다. "희락의 성"(개역) 혹은 "너희가 그렇게 좋아하던 도성"(새번역)은 두로가 어떤 도시였는가를 잘 보여 준다. 두로의 주민들은 온 세계에서 몰려든 이민자들의 사회였을 것으로 생각된다. 오늘날로 말하면 뉴욕, LA정도였던 것 같다. 둘째, 두로는 전통/역사의 도시였다. "고대에 건설된"(개역) 혹은 "그토록 오랜 역사를 가진"(새번역) 도시국가였다. 오랜 역사를 가지고 있고, 앞으로도 계속 존재할 줄 알았던 도시가 하루 아침에 없어졌으니 충격이 얼마나 크겠는가? 셋째, 두로는 의욕이 강한 나라였다. 두로 사람들은 위험을 무릅쓰고 "자기 발로 먼 지방까지 가서 유하던"(개역) 혹은 "저 먼 곳에까지 가서 식민지를 세우던"(새번역) 나라였다. 그러므로 두로 사람들은 세상에서 못할 일이 없을 것이라고 믿었는데 오히려 정복을 당했다는 것이 모두 믿기지가 않는 것이다. 하나님이 하시면 이처럼 인간적으로 불가능해 보이는 일이 일어난다.

2. 두로의 멸망과 하나님(23:8-14)

8 면류관을 씌우던 자요 그 상인들은 고관들이요
그 무역상들은 세상에 존귀한 자들이었던
두로에 대하여 누가 이 일을 정하였느냐
9 만군의 여호와께서 그것을 정하신 것이라
모든 누리던 영화를 욕되게 하시며
세상의 모든 교만하던 자가 멸시를 받게 하려 하심이라
10 딸 다시스여 나일 같이 너희 땅에 넘칠지어다
너를 속박함이 다시는 없으리라
11 여호와께서 바다 위에 그의 손을 펴사 열방을 흔드시며
여호와께서 가나안에 대하여 명령을 내려
그 견고한 성들을 무너뜨리게 하시고
12 이르시되 너 학대 받은 처녀 딸 시돈아
네게 다시는 희락이 없으리니 일어나 깃딤으로 건너가라

거기에서도 네가 평안을 얻지 못하리라 하셨느니라
13 갈대아 사람의 땅을 보라 그 백성이 없어졌나니
곧 앗수르 사람이 그 곳을 들짐승이 사는 곳이 되게 하였으되
그들이 망대를 세우고 궁전을 헐어 황무하게 하였느니라
14 다시스의 배들아 너희는 슬피 부르짖으라
너희의 견고한 성이 파괴되었느니라

선지자가 부각시키는 주제가 "무슨 일이 일어났는가?"(1-7절)에서 "왜 일어났는가?"(8-14절)로 바뀌고 있다. 두로가 함락된 것은 우연이 아니다. 하나님이 계획하셨다(9절). 인류 역사의 모든 것이 그분의 계획에 따라 이루어진다. 사람이 그분을 입으로 시인하든 믿지 않든 간에 상관없이 온 세상의 일은 그분의 계획에 의하여 진행된다는 것이 선지자의 가르침이다.

"면류관을 씌우던 자"(הַמַּעֲטִירָה)(8절)는 두로가 많은 식민지를 개발했던 나라였던 것과 연관 있다. 두로는 식민지를 개발하면 먼저 그 지역을 통치할 왕들을 세웠다. 그리고 이들을 통하여 그 지역을 다스렸다. 그러므로 두로는 "면류관을 씌우던 자"였다. 또한 두로의 세력이 성장해 감에 따라 많은 권력자들이 이 도시와 유대 관계를 유지하려고 노력했을 것이다. 바로 "세상에 존귀한 자들"(8절)이다. 절대적이었던 두로의 정치력을 잘 나타내고 있다.

두로가 바빌론과 같이 상징적으로 언급되고 있음을 9절에서 뚜렷이 드러내고 있다. 하나님이 두로를 심판하시기로 계획하신 목적은 "교만한 자들을 비천하게, 유명한 자들을 볼품없이" 하기 위하여 이런 계획을 세우셨다는 것이다. 그렇다면 두로에 임한 심판은 오늘날도 교만과 자만이 있는 곳에 임할 수 있음을 의식해야 한다. 하나님이 교만을 심판하시는 것은 단순히 그분의 절대적인 영광을 가려서가 아니다. 인간들이 교만을 지니고 있는 한 예수님 안에 있는 그들의 진정한 영광을

찾을 수 없기 때문이다.

"딸 다시스여 나일 같이 너희 땅에 넘칠지어다. 너를 속박함이 다시는 없으리라"(10절)는 속박자가 멸망했으니 식민지가 자유로워질 것을 뜻한다. 다시스는 두로의 모든 식민지를 대표하고 있다. 그들에게 자유가 온다. 이 일을 포함한 모든 일들이 여호와의 계획대로 이루어진다. 여호와께서 바다와 땅의 요새들을 모두 심판하시고 무너뜨리신다(11절).

선지자는 두로에게 이런 종말이 올 것이 믿어지지 않으면 바빌론을 보라고 말한다(13절). 선지자 시대에 아시리아의 손에 비참하게 파괴되었던 바빌론의 잔해가 하나의 산 증거로서 두로의 종말이 그렇게 될 것을 확인하고 있다. 아마도 주전 710년에 있었던 사르곤(Sargon)의 침략이나 주전 689년에 있었던 산헤립의 침략을 언급하고 있는 것으로 생각된다. 산헤립이 바빌론을 침략했을 때에 많은 파괴가 있었던 것으로 알려졌다. 14절은 이 예언이 시작하던 부분(1절)을 다시 반복함으로 일종의 수미쌍관(inclusion) 구조를 형성하고 있다. 선지자는 다시스의 배들에게 슬피 울라고 말한다. 이 모든 일들은 여호와께서 개입하셔서 이루신 일이다.

3. 두로의 회복(23:15-18)

15 그 날부터 두로가 한 왕의 연한 같이
칠십 년 동안 잊어버린 바 되었다가
칠십 년이 찬 후에
두로는 기생의 노래 같이 될 것이라
16 잊어버린 바 되었던 너 음녀여
수금을 가지고 성읍에 두루 다니며

기묘한 곡조로 많은 노래를 불러서
너를 다시 기억하게 하라 하였느니라
17 칠십 년이 찬 후에
여호와께서 두로를 돌보시리니
그가 다시 값을 받고 지면에 있는
열방과 음란을 행할 것이며
18 그 무역한 것과 이익을 거룩히 여호와께 돌리고
간직하거나 쌓아 두지 아니하리니
그 무역한 것이 여호와 앞에 사는 자가
배불리 먹을 양식, 잘 입을 옷감이 되리라

본문이 묘사하고 있는 창녀 이미지는 학자들에게 해석상 많은 어려움을 준다. 특히 여호와께서 "창녀의 수입"을 받는 것은 많은 혼돈을 야기한다. 학자들 사이에 두 가지 가능성이 주목받고 있다. 첫째, 여호와께서 창녀의 돈을 헌금으로 받으신다. 둘째, "변화된 창녀"를 의미한다. 여기서 이 명칭은 두로의 과거를 상기시키는 단어이지 그의 새로운 정체는 아니라는 것이다. 그러나 둘 다 만족스럽지 못한 설명이다.

하나씩 살펴보면 해석의 실마리가 풀린다. 첫째, 창녀 이미지는 두로에게 적용되고 있다. 한 인간이 아니라 도시에게 적용되는 것은 실제로 "성을 파는 것"과는 다른 일이다. 즉, 이 언어는 비유(metaphor)로 끝나야 한다. 둘째, 그렇다면 선지자는 두로의 어떤 성향을 창녀에 비유하고 있는가? 두로는 이익을 위해서라면 어디든지 가고, 어떤 일이든지 했던 것 같다(cf. 암 1:9). 이렇게 이익을 위해서는 물불을 가리지 않는 두로의 모습을 비꼬는 듯하다. 창녀와 같은 두로의 노력과 수고의 열매가 미래에는 여호와의 백성들에게 주어질 것이다. 즉, "재주는 곰이 부리고, 돈은 사람이 갖는다"가 그대로 실현될 것이라는 뜻이다.

유다가 70년 동안 종살이를 한 것같이 두로도 70년 동안 원래의 기능을 회복하지 못한 상태로 있어야 한다. 학자들은 70년을 산헤립이 두로를 침략했던 주전 701년부터 아시리아의 영향력에서 완전히 벗어난 630년까지로 간주하거나(Erlandsson), 느부갓네살 시대(Delitzsch), 톨레미(Ptolemies) 시대(Kaiser) 등, 다양한 해석을 내놓았다. 그러나 다른 학자들은 70년을 완성(completeness)을 나타내는 하나의 고정된 표현 방식으로 이해하기도 한다(cf. 렘 29:10; 단 9:24 참고).

선지자가 선포하고자 하는 메시지는 확실하다. 결국은 모든 열방이 여호와의 백성을 위하여 존재할 것이다. 두로를 비롯한 모든 열방의 노력과 노동의 열매가 여호와 앞에 거하는 사람들을 위하여 사용될 것이라는 뜻이다. 그러므로 저자는 다시 한 번 유다에게 권면한다. "열방에게 가지 말라(열방을 의존하지 말라). 여호와의 계획에 따라 열방이 너희에게 올 것이다(그들이 너희를 의존할 것이다)." 이런 결론은 13-23장에서 전개된 열방에 대한 심판 선포의 적절한 결론이다.

EXPOSIMENTARY

Isaiah

Ⅲ. 이사야의 종말 환상

(24:1-27:13)

이 섹션의 내용이 세상의 모든 것이 끝나고 난 후 온 우주에 일어날 일을 묵시적으로 보여주고 있다고 해서 학자들은 19세기 이후로 본문을 "작은 묵시 책"(Little Book of Apocalypse) 혹은 "이사야의 묵시"(The Isaiah Apocalypse)라 불러왔다(Duhm; cf. Tucker; Wildberger). 또한 이사야의 묵시는 부분적으로나마 이스라엘의 묵시 문학에 토양을 마련해준 것으로 여겨졌다. 그러나 최근에 들어서는 본 텍스트가 묵시라기보다는 세상의 종말 때 있을 범우주적인 하나님의 심판에 관한 것이라는 해석이 제시되면서 이사야 24-27장은 묵시보다는 종말에 관한 예언으로 간주되기도 하고(Rudolph; Lindblom), 내용과 분위기가 묵시책보다 훨씬 더 어둡다고 하여 "원시 형태의 묵시"(proto-Apocalyptic)로도 간주된다(Hanson; cf. Sweeney). 이 외에도 이 섹션이 고대 근동에서 사용되었던 "신적 전사 찬양"(Divine Warrior Hymn) 양식을 취하고 있다는 견해도 있다(Millar; cf. Hanson; Lindblom). 사실 이 섹션은 이사야서 텍스트 중 학자들 사이에 가장 많이 논란이 된 텍스트에 속한다(cf. Childs). 본문이 이렇다 할 역사적 배경을 제시하지 않고 있다는 사실이 이 텍스트의 장르를 묵시와 종말론적 예언의 복합체로 간주하게 한다. 가장 간단하게 말하자면 본 섹션은 앞으로 온 세상에 임할 "여호와의 날"에 관한 예언인 것이다.

이사야서 전체의 구조를 감안할 때 본 텍스트에서도 아주 자연스러운 문맥의 흐름이 진행되고 있다(cf. Smith). 선지자는 1-12장에서 하나님의 백성 이스라엘을 향한 여호와의 심판과 회복에 대한 메시지를 선포했다. 이어 13-23장에서는 열방을 향한 여호와의 심판과 희미하나마 그들에게 임할 축복의 약속을 선언했다. 이사야는 이제 24-27장에서 창조주 하나님의 세상의 모든 악의 세력에 대한 범우주적이고 결정적인 심판과 주의 백성에 대한 구원과 자비를 선언하고 있다. 본 텍트스는 책의 앞부분과 다음과 같은 구체적인 연결 고리들을 지니고 있다. 첫째, 긍정적인 메시지를 담고 있는 "포도원의 노래"(27:2-6)가 심판을 중심으로 선포되었던 "포도원의 노래"(5:1-7)를 반전시키고 있다. 둘째, 여호와의 날이 임하면 사람의 모든 교만이 심판을 받을 것이라던 2:6-21의 메시지가 25:11-13, 26:5, 24:23 등에서 재확인 되고 있다. 셋째, 24-27장이 묘사하는 파괴 이미지가 13-23장에 언급된 내용과 비슷하다(Sweeney; Day; Polaski; cf. 13:1-16). 넷째, 24:1-23과 13:1-16 두 텍스트 모두 파괴된 세상을 묘사하며, 사람들의 고통이 엄청날 것을 경고한다(cf. 13:8; 26:17-18). 다섯째, 권능의 하나님이 이 땅에 임하실 때(13:9; 24:23), 해와 달은 빛을 잃을 것이며(13:10; 24:23), 땅은 요동할 것이다(13:13; 24:18-20).

세상의 마지막 날, 세상을 지배하는 악이 가장 강력한 무기로 사용하고 있는 죽음에 대한 공포가 이 섹션에서 사라지게 된다. 이런 차원에서 25:6-10과 26:19이 매우 의미심장하다. 둘 다 구약의 그 어느 부분에서도 찾아볼 수 없는 확신을 가지고 하나님이 죽음의 권세를 완전히 꺾으실 것을 노래하고 있기 때문이다. 25:6-9에서는 죽음이 완전히 삼킴을 당한다. 26:19에서는 죽은 사람들이 더 이상 죽음의 권세에 묶여 있지 않고 부활하는 일이 비전으로 제시되고 있다. 이 예언은 하나님이 자기 원수들과 싸워 승리하실 뿐만 아니라, 자기 백성을 위하여서도 싸우시는 분이라는 점을 선포하고 있다. 이 과정에서 하나님은 주의 백성이 가장 두려워하던 죽음의 권세도 꺾으신 것이다.

시대적 배경 전개에서 24-27장은 13장에서부터 시작된 이사야의 가르침이 절정에 이른다. 선지자는 13-20장을 통해 역사 속에 존재했던 나라들을 구체적으로 언급함으로써 확실한 역사적 배경을 제시했다. 그러나 21-23장에서 그는 상당히 흐릿하지만 그래도 윤곽이 희미하게나마 드러나는 나라들에 대하여 말씀을 선포함으로써 그의 예언에 어느 정도 미스터리한 분위기를 더했다. 이제 24-27장에서 선지자는 마지막 시대를 배경으로 삼고 있으며, 더 이상 희미한 윤곽마저 드러나지 않는 상황에서 온 세상을 배경 삼아 이 메시지를 전한다.

본문은 이러한 사실을 "세상"이란 단어를 17차례나 사용함으로써 강조한다. 그러나 이곳에서도 13-23장의 주요 내용이 그대로 부각되고 있다. (1) 파괴되는 세상 속에서도 보존되는 하나님의 백성(24:1-20), (2) 때로는 하나님의 약속이 보류되는 듯하지만 꼭 성취될 것이라는 확신(24:21-23), (3) 온 세상이 시온에서 만족을 얻게 되는 날이 올 것(25:1-12), (4) 세상에서 환난을 당하고 있는 듯한 하나님의 백성이 실제는 이미 하나님의 보호를 받고 있다는 사실(26:1-20), (5) 최종적인 거두심(27:1-13).

본 텍스트를 큰 섹션으로 구분하면 다음과 같이 정리될 수 있다.

A. 범우주적 심판(24:1-23)
B. 생명과 구원 예찬(25:1-12)
C. 하나님의 개입과 찬양(26:1-21)
D. 그 날(27:1-13)

그러나 더 세부적으로 분류하면 다음과 같은 구조를 갖고 있다(Motyer).

A. 이미 파괴된 세상으로부터 행해지는 하나님의 추수(24:1-13)
　파괴(24:1-12)
　추수(24:13)
　B. 세상 사람들 중 남은 자들의 노래(24:14-16a)
　　C. 악한 세상이 파괴됨(24:16b-20)
　　　D. 기다리는 세상(24:21-23)
　　　　E. 파괴된 도시의 노래(25:1-5)
　　　　　F. 시온 산(25:6-12)
　　　　E'. 강건한 도시의 노래(26:1-6)
　　　D'. 기다리는 하나님의 백성(26:7-21)
　　C'. 악한 영의 세력이 파괴됨(27:1)
　B'. 백성들 중 남은 자들의 노래(27:2-6)
A'. 이미 파괴된 백성으로부터 행해지는 하나님의 추수(27:7-13)
　파괴(27:7-11)
　추수(27:12-13)

위 구조를 염두에 두고 생각해볼 것은 A-E(24-25장)는 세상을 주제로 삼고 있는 것에 반해, E'-A'(26-27장)은 하나님의 백성들을 주제로 택하고 있다는 점이다. 반면에 F는 "모든 백성들"(25:6-7), "모든 나라들"(25:7), "모든 얼굴(인종)들"(25:8)과 "온 세상"(25:8)을 사용함으로써 메시지의 범우주적인 배경을 강조하고 있다. 또한 온 세상이 시온으로 가지만 (A-E), 하나님의 백성들은 그곳을 출발점으로 삼는다(E').

1장. 세상에서 진행되는 하나님의 추수(24:1-13)

24장의 주요 테마는 하나님의 세상을 향한 계획 가운데 그의 백성들이 매우 중요한 자리를 차지하고 있다는 사실이다. 그렇기 때문에 비록 세상에 종말이 와도 그의 백성들은 흔들림 없이 보존될 것이라는 확신을 가질 수 있다. 하나님의 최종 심판이 이 세상에 임할 때 세상의 노래는 멈추지만, 주님의 남은 자들은 노래하게 될 것이다. 모티어(Motyer)는 본 텍스트를 (1) 파괴(24:1-12)와 (2) 추수(24:13) 두 부분으로 나누지만, 다음과 같이 세 섹션으로 나누는 것이 더 바람직하다.

A. 완전히 파괴된 세상(24:1-3)
B. 인간의 죄로 인해 메마른 세상(24:4-6)
A'. 노래가 사라진 세상(24:7-13)

1. 완전히 파괴된 세상(24:1-3)

1 보라 여호와께서 땅을 공허하게 하시며 황폐하게 하시며
지면을 뒤집어엎으시고 그 주민을 흩으시리니
2 백성과 제사장이 같을 것이며
종과 상전이 같을 것이며
여종과 여주인이 같을 것이며
사는 자와 파는 자가 같을 것이며

빌려 주는 자와 빌리는 자가 같을 것이며
이자를 받는 자와 이자를 내는 자가 같을 것이라
3 땅이 온전히 공허하게 되고
온전히 황무하게 되리라
여호와께서 이 말씀을 하셨느니라

선지자는 앞으로 세상이 얼마나 황폐하게 될 것인가를 강조하기 위하여 "〔텅〕비다"(בקק)라는 어원을 1, 3절에서 반복적으로 사용하고 있다. 또한 이사야는 3절에서 파괴를 의미하는 동사들과 함께 부정사(infinitive)를 두 개나 사용함으로써 완벽한 파괴를 예고한다. 개역한글이 "'온전히'(הִבּוֹק) 공허하게 되고… '온전히'(הִבּוֹז) 황무하게"라고 말한 3절에서 선지자가 구상하는 이미지는 아주 커다란 물이 온 땅을 휩쓸고 갔던 노아의 홍수를 방불케 한다. 노아 시대에 임했던 혹독한 심판을 연상케 하는 것이다. 드디어 온 인류의 종말이 오고 있다고 선지자는 경고하는 것이다.

이 파괴는 세상의 모든 생명을 파멸에 이르게 할 뿐만 아니라 신분의 귀천을 막론하고 세상에 사는 모든 사람들에게 똑같이 적용된다. 이 점을 강조하기 위하여 선지자는 여섯 쌍의 대조되는 개념을 사용하고 있다. "백성과 제사장", "종과 상전", "여종과 여주인", "사는 자와 파는 자", "빌려주는 자와 빌리는 자", "이자를 받는 자와 이자를 내는 자"(2절). 이 대조 쌍들은 하나님의 심판이 종교적(백성과 제사장), 사회적/가정적(종과 상전; 여종과 여주인), 경제적(빌려주는 자와 빌리는 자; 이자를 받는 자와 이자를 내는 자) 신분의 차이를 초월하여 모든 사람에게 공평하게 임할 것이라 한다. 하나님 앞에 인간의 직위, 권세, 부귀는 아무런 의미가 없다는 것이다. 하나님 앞에는 오직 벌거벗은 인간만이 있을 뿐이다.

그런데 자연이 왜 파괴되어야 하는가? 세상에 사는 인간들의 죄 때문이다. 만물의 영장이자 창조된 세계를 가꾸고 다스려야 할 리더인 인간이 잘못함에 따라 자연이 또 한 번 신음해야 한다. 창세기는 이미 인간의 죄 때문에 저주받은 자연에 대하여 3차례나 언급했다. 아담 시대(3장), 가인 시대(4장), 노아 시대(6-9장). 종말에 대한 경고를 선언하고 있는 본문은 자연이 한 번 더 파괴될 것을 선언한다. 세상이 잘못된 리더의 지배 아래 있기 때문에 파멸에 이르고 있다.

"보라 여호와께서"(הִנֵּה יְהוָה)(1절)는 이 일이 결코 막연한 미래가 아니라 이들의 코앞으로 다가온 일이라는 것을 강조하고 있다(Oswalt). 종말에 대한 경고는 최종적인 성취에 앞서 몇 번이나 부분적으로/모형적으로 성취될 수 있는 것이다. 뿐만 아니라 이 일은 지체될 수는 있어도 취소될 가능성은 전혀 없다. 반드시 현실로 드러날 것이다. "주께서 그렇게 된다고 선언하셨기 때문이다"(כִּי יְהוָה דִּבֶּר אֶת־הַדָּבָר הַזֶּה)(새번역). 이사야는 하나님의 말씀에 자신의 절대적인 신뢰를 표하고 있다.

Ⅲ. 이사야의 종말 환상(24:1–27:13)
1장. 세상에서 진행되는 하나님의 추수(24:1–13)

2. 인간의 죄로 인해 메마른 세상(24:4-6)

4 땅이 슬퍼하고 쇠잔하며
세계가 쇠약하고 쇠잔하며
세상 백성 중에 높은 자가 쇠약하며
5 땅이 또한 그 주민 아래서 더럽게 되었으니
이는 그들이 율법을 범하며
율례를 어기며
영원한 언약을 깨뜨렸음이라
6 그러므로 저주가 땅을 삼켰고
그 중에 사는 자들이 정죄함을 당하였고
땅의 주민이 불타서 남은 자가 적도다

선지자는 더 구체적으로 세상의 파멸을 묘사할 뿐만 아니라 왜 세상이 파괴되게 되었는가에 대한 이유를 말한다. 사람들의 죄 때문에 세상은 파괴될 것이며, 이 파멸은 마치 극심한 가뭄처럼 온 세상에 임할 것이다. 땅이 슬퍼하니(4절), 살아남는 자가 얼마 되지 않는다(6절). 그나마 살아남은 자들도 쇠약하다(4절).

가뭄/기근 이미지는 1절에서 마치 하나님의 심판이 거대한 파도가 되어 온 땅을 휩쓸 것처럼 묘사한 것과 큰 대조를 이룬다. 우리가 의식해야 할 것은 온 땅을 휩쓰는 "홍수/파도"(1절)가 하나님의 역사인 것처럼 온 땅을 말라 비틀어지게 하는 "가뭄"(4절)도 하나님이 하시는 일이라는 것이다. "메마른 땅" 이미지는 이미 1:28-31에 묘사된 이스라엘이 즐겼던 다산(多産) 종교의 종말을 연상케 한다.

세상이 하나님의 심판을 받게 된 것은 그 땅에 사는 사람들이 세 가지 행위로 땅을 더럽혔기 때문이다(5절).

첫째, 그들은 "율법을 범했다"(עָבְרוּ תוֹרֹת). 여기에서 "율법"(תּוֹרָה)은 시내 산에서 모세를 통하여 이스라엘에게 주신 말씀을 뜻하는 것이 아니다. 단순히 하나님이 인간을 포함한 온 세상 만물들에게 주신 삶의 원리를 의미한다. 자연의 이치가 이것에 속한다. 이러한 차원에서 이스라엘의 선조 아브라함도 모든 율법을 잘 지켰다(cf. 창 26:5). 그러므로 이러한 차원에서 선지자는 세상 사람들이 율법을 어겨서 심판이 왔다고 선언함으로써 인류 사회의 도덕과 윤리적 몰락이 가장 중요한 문제라는 사실을 지적하고 있다(Watts). 안타깝게도 인간은 오늘도 끊임없이 자연의 이치를 어기며 온갖 죄를 짓고 있다. 동성연애는 이러한 현실의 한 예가 된다.

둘째, 그들은 "율례를 어겼다"(חָלְפוּ חֹק). 이 말씀은 이미 "선포된 것"(חֹק)을 새로운 것으로 대체한다는 뜻을 지니고 있다(Motyer). 인간의 죄는 하나님의 뜻을 거역하는 데서 멈추지 않고 한 걸음 더 나아가 영원히 지켜져야 할 윤리를 인간 자신의 지혜로 만들어 경건치 못한 "새로운 윤리"로 대체한 것이다. 선지자는 인류가 양심을 저버리는 짓들을 하고 있다고 비난하고 있는 것이다(Johnson). 역시 인간은 오늘도 끊임없이 이러한 일을 행하고 있다. 그 한 예가 바로 돈으로 모든 것이 평가되는 사회를 만들고 있다는 것이다. 돈이 새로운 윤리의 기초가 되고 있는 것이다.

셋째, 그들은 "영원한 언약을 깼다"(הֵפֵרוּ בְּרִית עוֹלָם). "깬다"(פרר)는 개념은 거스르거나(חלף) 어기는 것(עבר)보다 더 강하고 반역적인 뉘앙스를 지니고 있다. 다른 개념들이 어느 정도 본의가 아닌 과실적 면모를 지니고 있다면, 이 개념은 의도적으로 삶의 원리와 언약을 거부하는 행위를 강조한다. 구약에서 "영원한 언약"(בְּרִית עוֹלָם)은 노아 언약(창 9:16), 아브라함 언약(시 105:10), 모세 언약(레 24:8), 그리고 다윗 언약(삼하 23:5)과 그 언약이 미래에 메시아를 통하여 현실화되는 것(사 55:3; 61:8)을 가리키면서 사용되었다. 이 언약들 중 선지자가 정확히 어느 것을 지목하는지 알 수는 없다. 학자들 중에는 노아 언약이라고 하는 사람도 있지만(Seitz), 대체로 시내 산에서 맺어진 모세 언약을 의미하거나(Kissane; Johnson), 노아 언약과 시내 산 언약을 동시에 하나로 언급하는 것으로 생각한다(Wildberger; Smith). 본문이 이스라엘 사람들만 문제 삼는 것이 아니라, 온 인류를 문제 삼고 있음을 감안할 때, 시내 산 언약보다는 노아 언약이 더 설득력이 있다. 그러나 이 섹션이 신명기 27-28장에 언급된 언약적 저주(viz., 시내 산 언약을 위반했을 경우에 내려지는 재앙)와 밀접한 관계가 있다는 점을 감안할 때(cf. 다음 문단) 시내 산 언약과도 연관이 있는 것이 확실하다. 그러므로 "영원한 언약"은 노아 언약과 시내 산 언약을 동시에 상기시키는 것으로 간주하는 것이 바람직하다. 영원한 언약을 깬다는 것은 각 개인이 자신의 책임을 등한시하는 것을 의미한다. 예를 들면 남자 여자는 결혼하면 죽는 순간까지 서로에게 진실해야 하는 책임이 있다. 이것이 하나의 영원한 언약이다. 그러므로 이혼은 이 같은 영원한 언약을 파괴하는 행위가 되는 것이다.

인류는 하나님과의 언약을 저버림으로써 기근 외에도 두 가지 재앙을 초래한다(6절). (1) 저주가 땅을 삼킴, (2) 땅에 남은 사람이 극소수로 줄어듦. 이사야의 메시지를 듣고 있던 사람들은 이 같은 사실이 신명기 27-28장에 기록된 대로 하나님이 그들에게 내리신 저주의 결과임을 즉각적으로 깨달았을 것이다. 본문이 묘사하는 상황과 신명기의 저주가 비슷한 점이 많기 때문이다(Polaski). (1) 사람들이 흩어짐(신 28:36, 63-64; 사 24:1), (2) 혼란스러운 관계(신 28:44; 사 24:2), (3) 기근(신 28:22-24; 신 24:4, 7), (4) 생존자들이 많지 않음(신 28:62; 사 24:6, 13), (5) 포도주가 바닥남(신 28:39, 51; 사 24:7, 9, 11), (6) 파괴된 성읍(신 28:52; 사 24:16), (7) 빈 집(신 28:24; 사 24:16), (8) 억압과 잔인함(신 28:24; 사 24:16), (9) 하늘로부터 임한 파괴(신 28:12; 사 24:17)(cf. Biddle).

3. 노래가 사라진 세상(24:7-13)

7 새 포도즙이 슬퍼하고
포도나무가 쇠잔하며
마음이 즐겁던 자가 다 탄식하며
8 소고 치는 기쁨이 그치고
즐거워하는 자의 소리가 끊어지고
수금 타는 기쁨이 그쳤으며
9 노래하면서 포도주를 마시지 못하고
독주는 그 마시는 자에게 쓰게 될 것이라
10 약탈을 당한 성읍이 허물어지고
집마다 닫혀서 들어가는 자가 없으며
11 포도주가 없으므로

거리에서 부르짖으며
모든 즐거움이 사라졌으며
땅의 기쁨이 소멸되었도다
12 성읍이 황무하고
성문이 파괴되었느니라
13 세계 민족 중에 이러한 일이 있으리니
곧 감람나무를 흔듦 같고
포도를 거둔 후에 그 남은 것을 주움 같을 것이니라

이 단락은 반복적으로 언급되는 술과 추수 이미지(7, 8, 9, 11, 13절)를 통하여 하나로 묶여 있다. 전통적으로 포도를 수확하는 시간은 즐겁고 행복한 시간이었다. 그러나 작물이 좋지 않은 해는 아쉬움과 슬픔의 시간이었다(cf. 욜 1장). 이사야는 여기서 이런 이미지를 구상하며 미래에 대하여 예언한다. 세상의 모든 파티와 즐거움이 멈추고 탄식과 슬픔만이 그 자리를 채울 뿐이다.

본문은 4-6절을 통해 묘사되었던 가뭄의 자연적인 결과이기도 하다. 뿐만 아니라 4-6절이 인간의 죄가 이 세상에 어떤 초자연적인 저주와 심판을 가져왔는가를 설명하고 있다면, 본문은 인간의 죄가 어떻게 삶의 즐거움을 파괴하고(7절), 쾌락의 체험을 앗아갔으며(8-9절), 환희 자체를 없애버렸고(11절), 오직 좌절과 슬픔만 남게 하는가(10, 12, 13절)를 묘사한다.

가뭄이 얼마나 혹독한지 포도 알갱이마저 말라버려 틀에 넣고 즙을 짜도 별로 나오는 것이 없다(7절). 뿐만 아니라 나무 자체도 말라 비틀어지고 있다. 만일 열매만 말랐다면 다음 수확에 대한 소망이라도 가져보겠지만, 나무 자체가 말라 비틀어져 죽어가고 있으니 미래도 암울하고 절망적이다. 그러므로 한때 포도 수확철만 되면 사람들 마음에 가득 찼던 기쁨이 순식간에 사라져 버렸다. 포도를 거두어들이는 것이 기쁨의 시간이 아니라 비관과 슬픔의 시간이 되어버린 것이다.

수확이 없으니 모든 것이 멈춘다. "소고 치는 기쁨이 그치고(שָׁבַת), 즐거워하는 자의 소리가 끊어지고(חָדַל), 수금 타는 기쁨도 그친다(שָׁבַת)"(8절). 하나님의 심판이 시작되면 세상의 모든 축제와 즐거움이 멈추는 것이다. 인간은 세상이 주는 기쁨과 즐거움이 영원할 것이라는 착각 속에 살아가고 있지만 선지자는 분명히 경고하고 있다. 이 모든 "기쁨"이 사라질 날이 올 것이라는 점을. 어떤 사람들은 살아서 이러한 심판을 체험하겠고, 어떤 사람들은 죽어서 이러한 체험을 하게 될 것이다.

비록 포도주가 남아 있어 마시더라도 다시는 노래하면서 마시지는 못할 것이다(9절). 선지자는 약탈당할 성읍에 대하여 예언하는데(10절), 어느 도시를 두고 하는 말인가? 학자들은 이 사건이 크세르크세스(Xerxes I, 주전 519-465?)가 주전 485년에 바빌론을 공격한 것이라고 하기도 하고(Eissfeldt; Rudolph; Lindblom), 고레스가 주전 539년에 바빌론을 공격한 것이라고 풀이하기도 한다(Blenkinsopp). 그러나 선지자가 구체적으로 역사의 어느 때의 사건과 도시를 염두에 두고 하는 말이 아니라, 말일에 세상 모든 도시들에 임할 범세계적인 심판을 상징하는 것으로 보는 것이 옳다(Wildberger; Oswalt; Tucker).

환난을 당한 백성들이 술을 찾지만, 그들에게는 더 이상 마실 술도 없다(11절). 설령 그들이 술을 얻어 마신다 해도 술은 더 이상 그들에게 기쁨을 주지 못할 것이다. 술은 감당하기 어려운 환난을 맞이하여 어찌할 바를 모르는 그들에게 하나님의 심판의 '쓴맛'을 직접 맛보게 할 뿐이기 때문이다. 그러므로 그들은 더 이상 즐기기 위해서 술을 마시는 것이 아니라 슬픈 일을 잊기 위해서 마시게 될 것이지만, 그들이 당한 재앙이 얼마나 큰지 잊을 수가 없다. 술이 도움이 되지 않는다.

하나님의 심판을 받은 도시가 황폐한 모습으로 방치되어 있다(10, 12절). 집들의 문은 닫혀 있고 왕래하는 사람들이 없다. 살아남은 자들이 너무나도 무서워서 문을 굳게 잠그고 안에서 조용히 도사리고 있다. 도시는 파괴되었을 뿐만 아니라, 더 이상 방어할 능력도 없다(12절). 이러한 도시의 모습은 천지창조 때 혼돈 가운데 있던(תֹהוּ) 땅에 비교될 만하다고 선지자는 주장한다(10절).

선지자가 이제 그 창조를 원상태로 돌릴 때가 임한 것을 강조하기 위해서 일부러 천지창조를 연상케 하는 것일까? 한 가지 의미심장한 것은 도시는 인류 문명의 최대 업적이라고 간주될 수 있는데, 이러한 도시가 완전히 폐허가 되어 있다는 것이다. 역시 하나님의 영광과 인간의 교만은 공존할 수 없는 것이다.

본문에 언급된 일은 분명히 일어날 것이다. 이러한 확신을 가지고 선지자는 그동안 선지적 완료형(prophetic perfect)으로 예언을 선언해 왔다. 이제 13절은 이 일이 앞으로 있을 일이라는 점을 강조하기 위하여 선지적 미완료형(prophetic imperfect)을 사용한다(Oswalt). 그날이 임하면 마치 사람이 올리브 나무를 추수하듯, 포도원에서 포도를 수확하듯 하나님이 이 세상을 추수하실 것이다.

그러나 올리브 나무를 흔든 다음에도 몇 개는 가지에 남고, 포도나무에 몇 개의 열매라도 남게 되는 것처럼, 하나님의 심판 후에도 남은 자들은 있을 것이다. 물론 많지는 않다. 비록 소수지만, 이 남은 자들은 하나님의 심판을 기뻐하며 즐거워할 것이다(14-16절).

2장. 세상 사람들 중 남은 자들의 노래(24:14-16a)

14 무리가 소리를 높여 부를 것이며
여호와의 위엄으로 말미암아
바다에서부터 크게 외치리니
15 그러므로 너희가 동방에서
여호와를 영화롭게 하며
바다 모든 섬에서
이스라엘의 하나님 여호와의 이름을 영화롭게 할 것이라
16 땅 끝에서부터
노래하는 소리가 우리에게 들리기를
의로우신 이에게 영광을 돌리세 하도다

비록 하나님의 심판으로 인해 세상에서 노래가 사라지지만, 이 심판 때문에 노래하는 자들도 있다. 방탕과 술취함으로 얼룩졌던 세상의 노래는 멀리 사라지고, 새로운 종류의 노래가 피어 오르고 있다. 바로 남은 자들의 노래이다. 이들은 세상에서 억압받으며 살다가 그들을 억압하던 도시가—세상의 권위와 위상의 상징이었던 도시가—폐허가 되었다는 소식을 듣고 즐거워하고 있는 듯하다(Oswalt). 그들은 이 일로 인하여 자신들이 체험하는 자유의 기쁨이 여호와께서 주신 일이라는 점을 인식하고 있다.

"무리"(הֵמָּה)(14절)는 히브리어 텍스트(MT)에서 강조형이다. 그렇다면 누구를 의미하는가? 이 구절을 13절과 연결하여 해석하는 사람들은 남은 자들로 이해한다(Scott; Young; Motyer). 또는 페르시아 시대

(Wildberger), 혹은 헬라 시대(Johnson)에 세상 곳곳에 흩어졌던 유대인 디아스포라이거나 알 수 없는 민족들이라는 해석도 있다(Sweeney). 그러나 확실하지 않으며, 강조점은 "누가" 노래하는 것에 있지 않고 "새로운" 노래가 있다는 사실에 있다(Oswalt). 즉, 세상에서 방탕과 교만의 노래는 사라졌지만, 새로운 종류의 노래가 곳곳에서 피어 오르고 있음을 강조한다.

여호와를 찬양하는 새 노래는 동서양을 막론하고 세상 곳곳에서 울려 퍼지고 있다. 서쪽에서는 주의 크신 위엄(גְּאוֹן)을 노래하고, 동쪽에서(בָּאֻרִים)는 주의 영광(כבד)을 노래하며, 섬에서는 하나님의 이름을 찬양한다(14-15절). 여기에서 사용되는 "위엄"(גְּאוֹן)이란 단어는 선지자가 이미 사람들의 교만을 비난하면서 여러 차례 사용했던 것이다(13:11, 19; 14:11; 16:6; 23:9; 28:1, 3). 즉, 이 개념은 오직 하나님께만 적합하다. 그러므로 그들은 하나님의 위엄 앞에서 창피를 당하는 것이다(2:10, 19, 21). 그러나 인간이 이러한 사실을 의식할 때, 하나님은 그의 영광을 인간들과 함께 나누실 것이다(60:15). "동방에서"(בָּאֻרִים)란 문자 그대로 해석하면 누가 "빛 안에서"가 되며 "빛의 땅"이란 의미를 지니고 있다. 그러므로 동방으로 해석되고 있는 것이다. 그러나 동방을 이렇게 부르는 것은 매우 특이한 일이며 성경에서 유일하게 이곳에서만 이러한 형태를 취한다. 이름을 찬양한다는 것은 곧 그의 인격을 찬양한다는 의미다. 남은 자들이 그들의 구원자이신 하나님의 인품을 찬양하는 것은 당연한 일이다.

온 세상이 주를 찬양한다는 것은 "땅 끝에서부터(מִכְּנַף הָאָרֶץ) 노래하는 소리"(16절)의 언급으로 절정에 이르고 있다. 이 소리는 "의로우신 분(צַדִּיק)께 영광(צְבִי) 돌리세"라고 노래하고 있다. "의로우신 분"으로 해석되는 히브리어 단어(צַדִּיק)는 이스라엘을 의미하는 것으로 해석되기도 한다(Delitzsch; Skinner; Kissane). 이 해석의 근거는 이 단어와 같이 사용되고 있는 영광(צְבִי)이 가끔 여호와께서 이스라엘에게 선물로 주시는 것이라는 점이다(4:2; 28:5). 그러나 본문이 이미 14절부터 하나님을 찬양하고 있다는 점을 감안할 때 이 해석은 설득력이 없어 보인다. 또한 하나님의 구원의 대상이 되고 있는 남은 자들이 어떻게 자신들을 칭찬하며 자축할 수 있겠는가?

3장. 악한 세상이 파괴됨(24:16b-20)

16b 그러나 나는 이르기를
나는 쇠잔하였고 나는 쇠잔하였으니
내게 화가 있도다
배신자들은 배신하고 배신자들이 크게 배신하였도다
17 땅의 주민아
두려움과 함정과 올무가 네게 이르렀나니
18 두려운 소리로 말미암아
도망하는 자는 함정에 빠지겠고
함정 속에서 올라오는 자는 올무에 걸리리니
이는 위에 있는 문이 열리고
땅의 기초가 진동함이라
19 땅이 깨지고 깨지며
땅이 갈라지고 갈라지며
땅이 흔들리고 흔들리며
20 땅이 취한 자 같이 비틀비틀하며
원두막 같이 흔들리며
그 위의 죄악이 중하므로
떨어져서 다시는 일어나지 못하리라

온 세상에 거주하는 남은 자들이 새 노래로 여호와를 찬양하는 순간 이사야는 깊은 시름에 빠졌다. 하나님의 심판으로 멸망해 가는 사람들의 아픔이 그의 아픔이 되고, 그들의 신음 소리가 선지자의 탄식 소리가 된 것이다. 그는 자신의 소명 환상에서 천사들이 "거룩"을 세 차례나 외치는 것을 들었다. 이번에는 선지자가 세 차례나 같은 탄식 소리를 낸다. "이런 변이 있나!(רָזִי־לִי) 이런 변이 또 어디에 있단 말인가!(רָזִי־לִי) 나에게 재앙이 닥쳤구나!(אוֹי לִי)"(16b절)(새번역). 특히 마지막 표현은 그가 소명 환상에서 거룩한 보좌에 앉으신 하나님을 보고 외쳤던 절망의 소리이기도 하다(cf. 6:5).

정확히 무엇이 그를 이렇게 당혹스럽게 하는가? "배신자들은 배신하고 배신자들이 크게 배신하는 상황"(16c절)이다. 선지자는 자신의 눈앞에서 전개되는 상황의 추한 모습을 강조하기 위하여 한 어원에서 비롯된 단어 다섯 개(בֹּגְדִים בָּגָדוּ וּבֶגֶד בּוֹגְדִים בָּגָדוּ)를 사용하여 문장을 구성했다. 이러한 문장은 이사야와 같은 위대한 문필가에 의해서만 가능하다는 것이 학자들의 일반적인 평가이다.

선지자는 약탈자들을 포함한 세상 사람들에게 결코 헤어날 수 없는 함정과 올무가 그들을 노리고 있다는 사실을 경고한다(17-18절). 무서운 소리를 피해 달아나는 사람은 함정에 빠지고, 함정 속에서 기어 나온 사람은 올무에 걸릴 것이다. 선지자는 이미 올무와 덫에 대하여 언급한 적이 있다(8:14-15). 우리말로 표현하면, 대부분 사람들이 쓰레기 차에 치어 죽었고 간신히 쓰레기 차를 피한 사람들이 똥 차에 치이는 상황이 전개되고 있다!

이런 상황에서 더욱더 위기감을 더하는 것은 온 세상이 송두리째 무너져 내리는 것이다. 모든 기초가 흔들리며, 아무것도 의지할 만한 것이 없다(18b-20절). 그리고 여느 때와 달리 무너져 내린 세상은 다시 일어서지 못한다. 이 모든 일들이 사람들의 죄 때문에 일어난다. 사람이 하나님을 가장 필요로 하는 때가 바로 이때가 아닌가? 세상에서 가장 슬픈 일은 의지할 곳이 필요한데 그곳을 찾지 못하고 방황하는 때일 것이다. 환난의 때 하나님은 우리의 피난처가 되어 주실 것이라는 말씀이 실감난다.

4장. 기다리는 세상(24:21-23)

[21] 그 날에 여호와께서
높은 데에서 높은 군대를 벌하시며
땅에서 땅의 왕들을 벌하시리니
[22] 그들이 죄수가 깊은 옥에 모임같이 모이게 되고
옥에 갇혔다가 여러 날 후에 형벌을 받을 것이라
[23] 그 때에 달이 수치를 당하고
해가 부끄러워하리니
이는 만군의 여호와께서 시온 산과 예루살렘에서
왕이 되시고 그 장로들 앞에서
영광을 나타내실 것임이라

이 모든 일이 "그 날에"(בַּיּוֹם הַהוּא) 일어날 것이다(21절). "그 날"이란 표현은 24-27장에서 7차례 사용된다(24:21; 25:9; 26:1; 27:1, 2, 12, 13). 이 표현은 주의 날을 의미하는 것으로 이해된다. 바로 의인은 복을 받고 악인은 가혹한 형벌을 받는 날인 것이다. 이 날, 하나님은 높은 곳에 있는 높은 군대를 벌하실 것이다(21a절). 이 말씀은 하늘에 있는 별들과 행성들을 멸하신다는 뜻으로 풀이되거나(cf. 40:26; 45:12; 시 33:6), 이 별들을 근거로 한 우상들을 멸하시는 것으로 이해될 수도 있지만(Johnson), 하나님을 대적하는 존재들을 지목하는 듯하다(Gray; cf. 왕하 22:19; 욥 1:6; 단 4:32; 8:10; 10:13). 하늘에 있는 악한 세력이 심판을 받자 세상에서 그들과 동맹하여 하나님을 대적하던 인간 왕들도 심판을 받는다(21b절). 그러나 이들을 즉결 심판에 회부하지는 않으시고, 한동안 감옥에 가두어 두

었다가 벌하실 것이다(22절). 하나님이 이들을 최종적으로 심판하실 때까지 어느 정도의 시간이 흐를 것을 뜻한다. 이러한 사실은 악의 세력에 의하여 고난을 당하는 주의 백성에게 언젠가는 하나님이 그들을 괴롭히는 악의 세력을 꼭 심판하실 것이니 주님을 믿고 기다리라고 권면하고 있다(Johnson).

이날 하나님은 하늘과 땅에 있는 모든 악한 권세들을 벌하심으로써 자신의 권위와 위상을 온 우주에 우뚝 세우실 것이다. 그동안 선지자는 끊임없이 이스라엘의 리더들을 비난해 왔다. 이제 그는 하나님이 온 세상의 리더들을 심판하실 것을 선언한다. 또한 이스라엘 리더들의 자리를 하나님이 직접 차지하실 것을 예언했던 것처럼 선지자는 여호와께서 온 열방의 왕들의 자리를 차지하여 세상을 통치하실 것을 선언하고 있다.

선지자에 의하면 여호와의 세상 통치는 시온에서 비롯되며 장로들을 포함한 모든 사람들이 그의 영광을 보게 될 것이다(23절). 한 학자는 장로들이 천상 어전 회의에 참석하는 신적 존재라고 하지만(Willis), 본문이 시온에 임할 하나님의 영광을 언급하는 것으로 보아 주의 백성을 대표하는 인간 장로들로 보는 것이 바람직하다. 하나님의 영광이 얼마나 눈이 부시고 밝은지 해와 달의 위력이 그의 영광 앞에서 제구실을 못하게 될 것이다(Kaiser). 달은 볼 낯이 없어 하고, 해는 부끄러워한다. 고대 근동에서 해와 달이 우상들로 숭배되었던 점을 감안하여 이 말씀이 우상들이 수치를 당할 것을 뜻하는 것으로 해석되기도 한다(Sweeney).

5장. 파괴된 도시의 노래(25:1-5)

1 여호와여 주는 나의 하나님이시라
내가 주를 높이고 주의 이름을 찬송하오리니
주는 기사를 옛적에 정하신 뜻대로
성실함과 진실함으로 행하셨음이라
2 주께서 성읍을 돌무더기로 만드시며
견고한 성읍을 황폐하게 하시며
외인의 궁성을 성읍이 되지 못하게 하사
영원히 건설되지 못하게 하셨으므로
3 강한 민족이 주를 영화롭게 하며
포학한 나라들의 성읍이 주를 경외하리이다
4 주는 포학자의 기세가 성벽을 치는 폭풍과 같을 때에
빈궁한 자의 요새이시며
환난 당한 가난한 자의 요새이시며
폭풍 중의 피난처시며
폭양을 피하는 그늘이 되셨사오니
5 마른 땅에 폭양을 제함 같이
주께서 이방인의 소란을 그치게 하시며
폭양을 구름으로 가림 같이
포학한 자의 노래를 낮추시리이다

일부 학자들은 이 말씀의 역사적 배경으로 바빌론이 멸망한 때(주전 539년)를 제안한다. 선지자가 악한 바빌론의 멸망과 바빌론에 포로로 끌려

갔던 이스라엘을 그동안 보존해 주신 것에 대한 감사 찬송을 드리고 있다는 것이다(Rudolph; Lindblom; Sweeney). 그러나 이 노래는 종말에 관한 것으로서 이들의 주장을 입증할 만한 단서가 전혀 없다. 세상이 끝나는 때에 있을 일로 간주하는 것이 가장 바람직하다(Kaiser; Wildberger).

이 노래는 하나님이 모든 악의 세력을 꺾으실 것을 확언하는 24장에 대한 자연스러운 반응이자(Oswalt), 이미 24:16이 언급한 "의로우신 이에게 영광을 돌리세"라는 찬송의 내용으로 풀이되기도 한다(Motyer). 중심 주제는 놀라운 은혜를 베푸신 하나님을 찬양하자는 것이다. 1-5절은 한 개인의 입술을 통하여 불려지는 찬양이며, 9-10절은 공동체가 부르는 찬양이다. 이러한 인칭 변화는 이미 12장에서 경험한 바 있다.

선지자는 먼저 주 안에서의 기쁨을 노래한다(1-5절). 이사야가 10-11장에 언급된 원수들의 파괴에 감격해서 12장에 기록된 찬송을 하나님께 드렸던 것처럼, 본문은 24장에서 선포된 하나님 백성의 원수들이 멸망한 것에 대한 감사 찬송이다. 저자는 매우 개인적인 언어를 구사하면서 주님의 구원을 노래하고 있다. 많은 사람들이 그리스도인은 "원수들의 멸망을 기뻐하지 않아야 한다"고 주장하지만 그들의 파멸이 주체할 수 없는 기쁨을 가져오는 것은 당연한 일이다. 특히 그들로부터 압제받고 핍박당했던 사람들은 쉽게 말해서 '한'을 풀 수 있는 순간이 아닌가! 본문에 기록된 찬송의 내용을 살펴보자.

"여호와여 주는 나의 하나님이시라"(יְהוָה אֱלֹהַי אַתָּה)(1절). 매우 개인적인 신앙고백이 이 노래의 전체적인 분위기를 조성하고 있다. 저자는 오직 여호와 안에서만 진정으로 자유할 수 있는 원리를 터득하고 그에게 이러한 고백을 하고 있다. 그리스도인은 하나님께 드리는 전적인 헌신에서 비롯되는 참자유의 비밀을 터득하고 삶에 적용하면서 살아야 한다. 시인은 그에게 진정한 섬김의 자유를 허락하신 하나님을 높이고 그의 이름을 찬양하고자 한다.

여호와는 "놀라운 일들을 이루시는"(עָשִׂיתָ פֶּלֶא) 분이시다(1절). 저자는 하나님이 행하신 구원의 기적을 염두에 두고 그를 찬양한다. 하나님의 능력의 한계는 어디까지인가? 성경은 하나님은 무한한 능력을 가지셨으며, 지금도 이 사실에는 변함이 없다는 것을 강조한다. 다만 우리의 믿음의 한계가 그분의 능력을 제한할 뿐이다.

1절의 "옛적에 정하신 뜻대로 성실함과 진실함으로 행하셨습니다"(עֵצוֹת מֵרָחוֹק אֱמוּנָה אֹמֶן)라는 이 고백에서 우리는 이사야의 역사관을 엿보게 된다. 역사는 우연의 연속이 아니다. 역사는 하나님이 처음부터 계획하신 대로 모든 일이 진행되어 가는 무대에 불과하다. 그러므로 하나님의 백성들은 아무리 암울한 순간에도 좌절할 필요가 없다. 역사의 주인이신 여호와가 그들의 주님이시기 때문이다. 또한 이 고백은 사람이 아무리 계획을 세워도 결국 하나님의 계획대로 모든 일이 전개된다는 사실을 강조하고 있다.

하나님이 옛적에 바벨탑을 무너뜨리셨던 것처럼, 인간들이 이룩해 놓은 업적의 상징인 도시들을 파괴시키신다(2절). 인간의 자만과 교만이 심판을 받은 것이다. 선지자는 2장에서부터 하나님이 이 세상을 심판하시는 날, 우뚝 서 있는 모든 것들이 무너져 내릴 것이라고 꾸준히 경고했다. 드디어 그날이 임한 것이다.

하나님이 도시를 파괴하신 일은 어떤 결과를 초래하는가? 모든 민족이 여호와를 두려워하게 된다(3절). 드디어 그들이 하나님의 능력을 인정하게 된 것이다. 하나님이 왜 성읍들을 심판하셔야 하는가에 대한 답이 바로 이것이다. 힘과 능력을 가장 중요한 것들로 생각하고 지향하는 사회를 깨닫게 하는 유일한 방법은 더 큰 힘과 능력을 지닌 자가 그들을 굴복시키는 것이다. 그러므로 하나님은 세상의 힘있는 자들의 기세를 힘으로 꺾으시는 것이다. 인간이 하나님 앞에서 교만하고 업적을 과시하는 것은 곧 자신의 종말을 부추기는 일이다.

그러나 하나님의 파괴는 다른 부류의 사람들의 찬송의 대상이 된다(4절). 사회에서 소외당하고 억압당했던 사람들이 드디어 속박의 굴레를 벗어나게 된 것이다. 그들은 흉악하고 포악한 자들의 기세에 눌려 숨을 죽이고 살아왔다. 그러나 그들의 기세는 하나님에 의하여 완전히 꺾인다. 모든 풀을 순식간에 말려 버리는 사막의 열기와 같고, 성벽을 무너뜨리는 폭풍과 같은 악한 자들의 폭행이 하나님 앞에서 잠잠하게 되었다(4b-5절). 그러므로 하나님은 악한 자들의 세력을 꺾으시므로 간접적으로 약한 자들의 요새가 되시는 것이다. 흉악한 자들의 폭풍우에서 피할 수 있는 피난처가 되시고, 생기를 마르게 하는 악인들의 뙤약볕을 막는 그늘이 되어 주신다. 이사야는 이미 이러한 개념을 4장에서 사용했다.

6장. 시온 산(25:6-12)

6 만군의 여호와께서 이 산에서
만민을 위하여 기름진 것과
오래 저장하였던 포도주로 연회를 베푸시리니
곧 골수가 가득한 기름진 것과
오래 저장하였던 맑은 포도주로 하실 것이며
7 또 이 산에서 모든 민족의 얼굴을 가린
가리개와 열방 위에 덮인 덮개를 제하시며
8 사망을 영원히 멸하실 것이라
주 여호와께서 모든 얼굴에서 눈물을 씻기시며
자기 백성의 수치를 온 천하에서 제하시리라
여호와께서 이같이 말씀하셨느니라
9 그 날에 말하기를
이는 우리의 하나님이시라
우리가 그를 기다렸으니
그가 우리를 구원하시리로다
이는 여호와시라
우리가 그를 기다렸으니
우리는 그의 구원을 기뻐하며 즐거워하리라 할 것이며
10 여호와의 손이 이 산에 나타나시리니
모압이 거름물 속에서 초개가 밟힘 같이
자기 처소에서 밟힐 것인즉
11 그가 헤엄치는 자가 헤엄치려고 손을 폄 같이

그 속에서 그의 손을 펼 것이나
여호와께서 그의 교만으로 인하여
그 손이 능숙함에도 불구하고 그를 누르실 것이라
12 네 성벽의 높은 요새를 헐어
땅에 내리시되 진토에 미치게 하시리라

세상의 악인들은 하나님의 심판을 받아 사라지지만, 여호와께서 시온 산 위에 성대하게 베푸신 잔치에 참석하여 가장 좋은 음식을 즐기며 기뻐하는 사람들이 있다. 학자들은 이 잔치를 여호와께서 왕으로 취임하신 것을 기념하는 것으로(Gray; cf. Oswalt), 혹은 하나님이 시온으로 순례 온 열방을 위하여 베푸시는 잔치(Clements)로 간주한다. 이 둘 중 어떤 유형의 잔치인가는 별로 중요하지 않다. 중요한 것은 하나님이 주의 백성을 위하여 큰 잔치를 베푸셔서 그들을 위로하신다는 사실이다. 오랫동안 이 세상에서 모든 수모와 고통을 당하면서도 묵묵히 여호와의 임재를 기다리던 사람들을 위한 잔치다. 하나님은 잔치에 임한 이들을 위하여 세 가지를 행하신다.

첫째, 하나님이 가장 좋은 음식을 넉넉히 준비하셔서 이들을 풍요롭게 먹이신다(6절). 세상에는 더 이상 마실 포도주가 남아 있지 않지만(24:7), 하나님의 산에는 질 좋은 포도주가 넘쳐 흐르고, 제일 좋은 살코기가 쌓여 있다. 인간적인 가치관이 세상을 지배했을 때는 권세자들이 이 음식을 즐겼는데, 이제는 하나님의 백성들이 즐기고 있다.

둘째, 하나님이 백성들의 모든 슬픔과 수치를 말끔히 씻어 주신다(7-8절). 백성들이 입고 있는 수모의 옷을 찢어 벗기시고, 그들의 얼굴에서 눈물을 말끔히 닦아 주신다. 사람의 눈에서 흘러내리는 눈물을 닦아 주시는 하나님의 이미지를 상상해 보라. 슬퍼하는 아이의 눈물을 자신의 손수건으로 닦아 주는 따스한 어머니의 모습이 아닌가! 그리고 그들이 당했던 수모도 더 이상 기억되지 않을 것이다. 한 학자는 하나님이 슬픔과 수치를 씻어 주시는 백성을 유다 사람들로 제한하지만(Johnson), 본문이 종말에 대하여 노래하고 있음을 감안할 때 온 세상 사람들로 간주하는 것이 바람직하다.

셋째, 무엇보다도 감격스러운 것은 죽음이 더 이상 이들을 지배하지 못하도록 하나님이 죽음을 멸하시는 것이다(8절). 인간을 가장 두렵게 만드는 것이 죽음이다. 특히 내세에 대하여 아는 바가 없었던 고대 사회에서 죽음의 권세는 한마디로 압도적이었다. 그러나 하나님이 이들을 죽음의 공포에서 자유하게 하신 것이다. 그러므로 이들은 하나님의 특별한 대접을 받게 될 뿐만 아니라 죽음의 굴레에서 벗어나는 참자유를 누리게 된다.

이와 같이 극진한 대우를 받고 죽음의 속박에서 자유하게 된 백성들이 감격의 노래를 부른다(9절). 그들의 노래의 주제는 자신들이 어떻게 여호와를 의지하며 그분을 기다렸는가이며, 하나님은 그 반응으로 어떻게 적절한 구원을 베푸셨는가이다. 이 구절이 강조하는 것은 하나님의 구원을 입은 사람들은 매우 오랫동안 주님만을 바라며 구원을 기다려 왔다는 사실이다(Oswalt). 모든 것이 순식간에 진행되는 것에 익숙해진 세대에게는 매우 도전적인 사실이다. 우리는 천국에서 하나님을 만나는 순간 어떤 노래를 부르게 될까?

선지자는 이미 1-5절에서 언급된 내용을 10-12절에서 다시 한 번 확인한다. 하나님은 자기 백성의 원수를 모조리 심판하실 것이다. 이스라엘의 오랜 앙숙이었던 모압이 원수들의 대표로 언급되고 있다. 이 같은 사실은 유다가 얼마나 모압을 싫어했는지를 암시한다(Clements). 또한 저자는 그의 시대에 존재하던 나라 모압을 지명함으로써 그가 예언하고 있는 종말적인 심판이 실제로 존재하는 세상의 나라들에 임할 것을 경고한다. 선지자가 비록 묵시적으로 예언을 전개해 나가지만, 이 모든 일들은 실제로 인류의 역사 안에서 일어날 일들이라는 것을 강조하고자 하는 것이다. 이 일이 일어나는 날, 모압은 물에 빠져 죽은 사람같이 되지만, 시온 산은 하나님의 철저한 보호를 받는다(10절). 여호와께서 보호하신다면 누가 그 땅을 넘보겠는가!

7장. 강건한 도시의 노래(26:1-27:1)

내용에 있어서 26-27장은 24-25장에서 시작된 주제의 연속이다. 주석가들은 26장이 24-25장의 내용을 다시 말하고(retelling) 있다고 생각한다(Polaski; cf Childs; Sweeney). 다만 초점이 조금 바뀌었을 뿐이다. 24-25장의 초점은 하나님의 승리와 그 승리를 축하하는 잔치에 맞추어져 있었다. 이제 26-27장은 이 하나님의 승리가 주의 백성에게 과연 무엇을 의미하는가에 초점을 맞추고 있다. 앞에서 제시된 대로 이 장을 (1) 강건한 도시의 노래(26:1-6)와 (2) 기다리는 하나님의 백성(26:7-21) 두 파트로 나누는 모티어(Motyer)와는 달리 필자는 27:1도 이 섹션에 포함시켜 다음과 같이 세 파트로 나누어 주해하고자 한다.

A. 신뢰의 노래(26:1-6)
  B. 공동체의 기도(26:7-18)
A'. 구원의 신탁(26:19-27:1)

Ⅲ. 이사야의 종말 환상(24:1–27:13)
7장. 강건한 도시의 노래(26:1–21)

1. 신뢰의 노래(26:1-6)

1 그 날에 유다 땅에서 이 노래를 부르리라
우리에게 견고한 성읍이 있음이여
여호와께서 구원을 성벽과 외벽으로 삼으시리로다
2 너희는 문들을 열고

신의를 지키는 의로운 나라가 들어오게 할지어다
3 주께서 심지가 견고한 자를
평강하고 평강하도록 지키시리니
이는 그가 주를 신뢰함이니이다
4 너희는 여호와를 영원히 신뢰하라
주 여호와는 영원한 반석이심이로다
5 높은 데에 거주하는 자를 낮추시며
솟은 성을 헐어 땅에 엎으시되
진토에 미치게 하셨도다
6 발이 그것을 밟으리니
곧 빈궁한 자의 발과
곤핍한 자의 걸음이리로다

구원받은 자들이 여호와께 찬양을 드리고 있다. 일부 학자들은 이 노래가 주전 711년에 사르곤이 유다를 침략해온 일을 배경으로 하고 있다고 한다(Johnson; Hayes & Irvine). 그러나 이것은 "그 날"에 유다 땅에서 부르는 노래이다. 그들의 노래는 "찬양"(classical song of praise) 양식을 취하고 있으며(Wildberger; Oswalt), (1) 주님의 구원 사역 찬양(1-3절), (2) 여호와에 대한 가르침과 권면(4-6절)의 두 부분으로 구분되어 있다.

이사야는 하나님이 친히 그들의 방어벽이 되셔서 그들을 구원하신 것을 찬양한다(1절). 물질적인 방어벽과 상관없이 하나님이 보이지 않는 보호막을 치셔서 그의 남은 자들을 보호하셨다는 고백이다. 구원은 인간의 노력이나 방어력에 있는 것이 아니라, 오직 하나님의 보이지 않는 보호막에 의한 것임을 시인하는 것이다. 선지자가 자신들 성의 견고함으로 노래를 시작하여 하나님 방어벽의 견고함 때문에 구원을 받았다고 노래하는 것은 조금은 모순이라고 생각된다. 체인(Cheyne)은 이러한 현실을 "행복한 모순"(happy inconsistency)이라고 부른다.

이사야는 또한 이 구원의 방어벽의 문들을 활짝 열어 세상의 모든 의로운 사람들을 들여보내라고 노래한다. 하나님의 보호벽의 문들을 활짝 열라는 것이 조금 이상하게 들릴지는 모르지만, 대가 없이 공짜로 그의 구원을 제시하라는 의미다(Oswalt). 본문이 구상하는 이미지는 마치 순례시들(시 15, 24, 118)을 연상시키고 있다. 이 시들도 본문과 같이 여호와의 전에 들어갈 수 있는 조건이 의식적 순결(cultic/ritual purity)이 아니라 도덕적 삶이라는 것을 강조한다. 하나님은 의롭거나 의롭게 살려고 노력하는 자들을 품으시는 것이다.

그러므로 시인은 하나님께 이런 의인들에게 "완전한 평강"(שָׁלוֹם שָׁלוֹם)를 달라고 기도한다(3절). 이 세상의 그 무엇도 줄 수 없는 진정한 평화를 강조하기 위하여 그는 "평강 평강"을 외치고 있는 것이다. 중요한 것은 이사야는 이러한 평강을 받게 될 사람들을 믿음 뒤에 숨기고 있다는 것이다. 하나님을 전적으로 의지하는 사람들만이 이러한 평강을 누릴 수 있다.

하나님께 찬양과 간구를 드린 다음 시인은 그와 함께한 사람들을 향하여 외치기 시작한다. 오직 여호와만이 그들을 보호할 수 있는 영원한 반석이시니 그분만을 의지할 것(4절)과 하나님은 교만한 자들을 낮추시는 분이시니 항상 겸손할 것을 권면하고 있다(5절). 하나님의 구원은 결코 우리를 기쁘게 하는 것에 목적이 있는 것이 아니다. 우리로 하여금 더욱더 확고한 신뢰와 믿음을 갖게 하는 데 있다. 은혜를 체험한 사람들은 결코 옛날처럼 살 수 없다.

인간의 그 어떤 업적도 하나님 앞에서는 무의미한 것이요, 특히 인간의 교만이 쌓아 올린 것들은 모두 주저앉게 하신다(5절). 그리고 이 교만한 자들이 그들이 억압했던 자들의 멸시와 조롱거리가 되도록 만드신다(6절). 바로 앞 구절의 운명과 대조해 보라. 하나님을 의지하는 겸손한 자들은 완전한 평화를 누리겠지만, 교만한 자들은 기대고 서 있을 벽이 없다. 권세를 누리는 교만한 자들과 함께하지 않고 가난하지만 하나님을 의지하는 자들과 함께하는 자들은 복이 있다.

III. 이사야의 종말 환상(24:1–27:13)
7장. 강건한 도시의 노래(26:1–21)

2. 공동체의 기도(26:7-18)

7 의인의 길은 정직함이여
정직하신 주께서 의인의 첩경을 평탄하게 하시도다
8 여호와여
주께서 심판하시는 길에서
우리가 주를 기다렸사오며
주의 이름을 위하여 또 주를 기억하려고
우리 영혼이 사모하나이다
9 밤에 내 영혼이 주를 사모하였사온즉
내 중심이 주를 간절히 구하오리니
이는 주께서 땅에서 심판하시는 때에
세계의 거민이 의를 배움이니이다
10 악인은 은총을 입을지라도
의를 배우지 아니하며
정직한 자의 땅에서 불의를 행하고
여호와의 위엄을 돌아보지 아니하는도다
11 여호와여
주의 손이 높이 들릴지라도 그들이 보지 아니하오나
백성을 위하시는 주의 열성을 보면 부끄러워할 것이라
불이 주의 대적들을 사르리이다
12 여호와여
주께서 우리를 위하여 평강을 베푸시오리니
주께서 우리의 모든 일도
우리를 위하여 이루심이니이다
13 여호와 우리 하나님이시여

주 외에 다른 주들이 우리를 관할하였사오나
우리는 주만 의지하고 주의 이름을 부르리이다
14 그들은 죽었은즉 다시 살지 못하겠고
사망하였은즉 일어나지 못할 것이니
이는 주께서 벌하여 그들을 멸하사
그들의 모든 기억을 없이하셨음이니이다
15 여호와여
주께서 이 나라를 더 크게 하셨고
이 나라를 더 크게 하셨나이다
스스로 영광을 얻으시고
이 땅의 모든 경계를 확장하셨나이다
16 여호와여
그들이 환난 중에 주를 앙모하였사오며
주의 징벌이 그들에게 임할 때에
그들이 간절히 주께 기도하였나이다
17 여호와여
잉태한 여인이 산기가 임박하여
산고를 겪으며 부르짖음 같이
우리가 주 앞에서 그와 같으니이다
18 우리가 잉태하고 산고를 당하였을지라도
바람을 낳은 것 같아서
땅에 구원을 베풀지 못하였고
세계의 거민을 출산하지 못하였나이다

한 주석가는 본문이 순례자의 노래라고 하지만(Watts), 순례자의 노래라고 하기에는 탄식과 아픔이 너무 많이 서려 있다(cf. Westermann). 이 텍스트는 곤경에 처해 있는 사람들의 기도문이다(Kissane; Oswalt). 의인과 악인을 대조하고 있는 7-15절은 의인의 삶—악인의 운명—의인의 각오 등 A—B—A 패턴으로 구성되어 있다. 선지자는 바로 앞에서 하나님은 주를 의지하는 사람들을 보호하신다고 선포했다. 이제 이사야는 하나님을 의지하며 살아가는 것이 어떤 도덕적인 책임을 지니고 있는지를 강조한다.

먼저 선지자는 의인의 삶에 대한 각오를 논한다(7-9절). 하나님이 의인들에게 은혜를 베푸셔서 그들의 길을 열고 평탄케 하시니, 의로운 사람들은 하나님의 은혜에 감사하여 새로운 각오로 살아갈 것을 다시 한 번 다짐한다(7절). 먼저 그들은 하나의 공동체로서 하나님의 율법을 준수하며 하나님만 그들의 소망으로 삼고 그에게 희망을 걸 것임을 밝히고 있다(8절). 그리고 나서 공동체의 각오가 개인화된다(9절). "밤에 내 영혼이 주를 사모하였사온즉(אוה), 내 중심이 주를 간절히 구할(שׁחר) 것"을 확인하고 있는 것이다. "사모하고 구한다"는 것은 매우 강력한 의지를 표현하는 것이다. 상황이 아무리 암울하고 절망적일지라도 결코 좌절하지 않을 것이며, 오히려 이러한 순간에 하나님을 더욱더 찾을 것을 확신하고 있다. 그들이 바라고 사모하는 것은 구원이 아니라 그 구원의 저자이신 하나님이라는 것을 우리는 기억해야 한다.

우리가 체험하는 하나님의 은혜는 단순히 한 개인의 경험이나, 공동체의 경험이 아니다. 하나님의 은혜는 공동체에 속한 모든 사람들이 공유하는 것이다. 뿐만 아니라 각 개인의 삶에서 이 은혜가 실제로 적용되어야 한다. 하나님의 은혜는 우리로 하여금 죄 많은 이 세상에서 더욱더 각오를 새롭게 하여 의인의 길을 갈 수 있도록 권면한다. 우리가 의롭게 살려고 노력하면, 하나님이 세상을 심판하실 때 비로소 세상 사람들은 진정한 의가 무엇인지를 깨닫게 된다(9절). 하나님이 세상을 심판하시는 날, 그들은 심판을 당하지만 우리는 심판을 당하지 않는 것을 보고 비로소 우리의 삶이 의인의 삶이었다는 것을 인정하게 될 것이라는 논리다. 그러므로 하나님의 백성들은 끊임없이 이 세상에 "의"의 모습을 보여 주어야 한다.

이어서 선지자는 악인들의 어리석음에 대하여 논한다(10-11절). 의인들은 하나님의 은혜를 체험하면 새로운 각오로 삶에 임하겠다는 결심을 하지만, 악인들은 하나님의 은혜를 체험하고도 악행을 그치지 못한다. 그들은 선을 배우려 하지도 않고, 옳지 않은 일만 한다. 사실 교회 안에서도 이러한 자세로 신앙생활을 하는 자들이 상당수에 이른다. 그들에게 하나님은 무한한 용서와 은혜를 베푸는 분이실 뿐이지, 결코 삶의 변화를 요구하시는 분이 아니신 것이다. 또한 그들은 하나님을 두려워하지 않는다.

하나님이 이런 사람들에게 은혜를 베푸는 것은 마치 돼지에게 진주를 주는 것과 같다. 결국 하나님은 이런 사람들을 심판하시려고 팔을 높이 들어 올리시지만 그들은 전혀 의식하지 못한다. 그들은 하나님의 진노의 불에 심판을 받아 죽게 되는 것이다. 이처럼 악인들은 평소에 하나님께 돌아올 기회가 주어져도 그 기회를 사용하지 않는다. 선지자는 이미 1장에서 사람이 하나님의 은혜를 배반하는 것은 짐승들도 하지 않는 자연의 이치에 어긋나는 일이라고 선포했다.

반면에 의인들은 하나님의 인도와 보호하심을 고백하고 확신한다(12-15절). 위에서 언급한 것처럼 악인들의 종말은 비참하게 끝나지만, 의인들은 계속 여호와를 찬양할 이유가 있고 명분이 있다. 의인들은 자신들이 이룩한 모든 것들이 하나님의 은혜요 역사였음을 고백한다(12절). 모든 영광을 하나님께 돌리는 것이다. 그리고 그들은 다시 한 번 각오를 새롭게 한다. 옛적에는 비록 자신들이 세상의 권세자들의 지배를 받았지만, 이제는 주님만을 바라보겠다는 각오다(13절). 쉽게 말해서 세속화된 가치관과 원리들을 버리고 이제는 하나님의 지배를 받아 하나님의 방식대로 살아가겠다는 뜻이다. 이것이 바로 제자도다! 제자의 삶은 어디에서 살든지 은혜를 체험한 사람답게 하나님의 지배를 받으면서 살아가는 것을 말한다. 설령 그것이 이 세상에서 고통과 핍박을 동반하더라도 말이다.

구원을 체험한 백성들이 이미 고백한 것처럼 그들이 행했던 모든 선한 일들이 하나님의 역사하심이었다는 내용의 고백이 다시 반복되고 있다(16-18절). 환난을 당한 그들은 해산하는 여인처럼 부르짖으며 안간힘을 쓰며 하나님 앞에서 괴로워하며 노력해 보았지만, 아무것도 생산하지 못했다(17절). 결국 그들은 모두 무의미하게 죽어가야 했다(18절). 모든 것이 절망적인 상황으로 치닫고 있다.

III. 이사야의 종말 환상(24:1–27:13)
7장. 강건한 도시의 노래(26:1–21)

3. 구원의 신탁(26:19-27:1)

19 주의 죽은 자들은 살아나고
그들의 시체들은 일어나리이다
티끌에 누운 자들아
너희는 깨어 노래하라
주의 이슬은 빛난 이슬이니
땅이 죽은 자들을 내놓으리로다
20 내 백성아 갈지어다
네 밀실에 들어가서 네 문을 닫고
분노가 지나기까지 잠깐 숨을지어다
21 보라 여호와께서 그의 처소에서 나오사
땅의 거민의 죄악을 벌하실 것이라
땅이 그 위에 잦았던 피를 드러내고
그 살해 당한 자를 다시는 덮지 아니하리라
27:1 그 날에 여호와께서 그의 견고하고
크고 강한 칼로 날랜 뱀 리워야단

곧 꼬불꼬불한 뱀 리워야단을 벌하시며

바다에 있는 용을 죽이시리라

다행히 앞 섹션에서 시작된 절망의 이야기는 절망으로 끝나지 않는다. 하나님이 죽은 백성들을 부활시키신 것이다! 선지자는 이미 그날이 되면 하나님이 시온 산에 큰 잔치를 베푸시고 세상의 모든 의인들을 초청하실 것이라고 선언했다(25:6). 선지자의 선포를 들으며 우리는 그렇다면 이미 죽은 자들은 어떻게 될 것인가라는 질문을 해야 했다. 이제 선지자는 그 질문에 대한 답을 제시하고 있다. 하나님이 이미 죽은 자들을 모두 부활시키실 것이다(19절).

구약은 좀처럼 부활에 대하여 언급하지 않는다. 그러나 이미 살펴보았던 25:8과 함께 이 구절은 성도의 부활에 대하여 가르치고 있다. 물론 이 부활이 개인적인 의미를 지닌 것이 아니라 단순히 이스라엘이 한 나라로 거듭날 것을 예언하고 있을 뿐이라고 해석하는 사람들도 있다(Wildberger; Johnson; Clements). 그러나 본문의 의미는 명백하게 각 개인의 부활에 관해서(Hasel; Smith; Motyer; Oswalt; Young) 말하는 것이다.

정확히 사람들은 어떤 모습으로 부활하는가? 본문은 죽은 사람들이 다시 살아날 것과 그들이 마치 잠자다 깨어나는 것처럼 부활할 것을 말하고 있다. 더 이상의 자세한 사항은 언급하지 않는다. 다만 그들은 묻혔던 땅에서 일어날 것이다. 선지자는 성도들이 말일에 가서 부활할 것을 확신하고 있다. 그러나 어떤 모습을 취할 것인가에 대하여는 본인도 희미하게 보고 있는 것이다.

선지자는 이 노래를 시작할 때 "문을 열라"라고 했다(26:2). 이제 그는 "문을 닫으라"는 권면으로 노래를 마무리한다(20절). 또한 1-4절이 진정한 평화가 주의 백성들에게 임할 것을 노래했다면 이제 20-21절은 환난 속에서도 그들은 보호받게 될 것을 노래한다. 또한 19절이 부활을 노래한 것에 이어 본문에서 혹독한 심판을 선언하는 것은 대환난 이전에 휴거(pre-tribulation rapture)가 있다고 주장하는 사람들의 논리를 생각나게 한다.

하나님이 드디어 세상에 그의 진노의 잔을 부으실 것이니 그의 백성들은 진노를 피하도록 숨어 있으라고 권면하신다(20절). 인자하고 자비로운 하나님의 모습이다. 이사야 선지자는 이러한 하나님의 모습을 이미 수차례 제시했다. 특히 본문의 이미지는 출애굽 때 이집트 사람들에게 내려진 마지막 재앙을 방불케 한다.

하나님이 이 세상에 임하실 때 인간의 모든 죄악이 드러난다(21절). 심지어 오래 전에 살해당했던 사람들의 억울함도 하나님 앞에 드러난다. 이 날은 하나님이 모든 사람의 죄에 대하여 심판하시는 날인 것이다. 하나님의 심판이 지체될 수는 있지만 결코 악을 묵인하시는 일은 없을 것이라는 경고다.

드디어 악한 영의 세력이 파괴된다(27:1). 이 구절이 26장의 마지막 부분, 혹은 27장의 첫 부분과 함께 다뤄져야 하는가에 대하여는 상당한 논란이 있다. 이야기의 흐름을 감안하면 27:1이 26장과 더 잘 어울린다는 것을 알 수 있다. 그러나 이곳에서 언급되는 내용들이 매우 특수하고 범우주적인 정황을 배경으로 하기 때문에 아예 독립적인 부분으로 간주해도 괜찮을 듯하다(cf. Motyer).

그날이 되면 하나님이 그의 백성의 원수를 "견고하고, 크고, 강한 칼"(בְּחַרְבּוֹ הַקָּשָׁה וְהַגְּדוֹלָה וְהַחֲזָקָה)로 벌하실 것이다. 하나님이 사용하실 무기에 대한 세 가지 설명에 균형을 맞추듯 원수에 대한 언급이 세 단어로 구성되어 있다. 뱀—뱀—악어(נָחָשׁ נָחָשׁ הַתַּנִּין). 개역개정은 첫 번째와 두 번째 언급된 "뱀"은 리워야단(לִוְיָתָן)으로, 세 번째 괴물은 "바다에 사는 용"(הַתַּנִּין אֲשֶׁר בַּיָּם)으로 번역하고 있다.

리워야단(לִוְיָתָן)은 물에 사는 괴물로 성경에 간혹 언급된다(욥 41:1; 시 104:26). 시편 74:14에서는 이집트를 상징하는 괴물의 이름으로 불리어진다. 또한 욥기 3:8은 리워야단을 세상의 창조 질서를 위협하는 괴물로 묘사한다. 리워야단을 매끄럽다고 하는 것은 그만큼 날렵하게 움직인다는(viz., 적들에게 잔인할 정도로 확실하고 민첩하게 행하는 것) 의미이고, 꼬불꼬불하다고 하는 것은 그만큼 모든 것(도덕성 등)을 비틀고 꼬는 능력을 지녔다고 해석되기도 한다(Motyer).

성경에서 용/악어(הַתַּנִּין)는 하나님이 창조하신 바다 짐승(cf. 창 1:21), 뱀 또는 악어(출 7:9; 시 91:13), 혹은 무서운 파괴력을 가진 힘(렘 51:34)을 상징한다. 바빌론, 우가릿, 히타이트 신화들이 발굴되면서 이것들은 세상의 창조 질서를 꾸준히 위협하는 전설적인 동물들로 해석되었다(cf. Tucker). 그렇다면 선지자는 여기서 신화들을 사실로 인정한다는 말인가? 결코 아니다. 선지자는 단순히 고대 근동 사람들(이스라엘 사람들도 포함)이 가장 쉽게 떠올릴 수 있는 이미지들을 사용하여 청중들의 이해를 돕고 있는 것뿐이다.

선지자는 언젠가는 하나님이 무질서와 파괴의 상징인 리워야단과 바다 괴물을 물리치실 것이라는 선언을 통해 하나님의 창조 질서는 결코 무너지지 않을 것이며, 때가 되면 하나님이 질서를 위협하는 악의 세력을 완전히 벌하실 것을 선포하고 있다. 즉, 리워야단과 바다 괴물은 세상을 지배하는 악의 상징이다(McGuire; Kline).

8장. 백성들 중 남은 자들의 노래(27:2-6)

2 그 날에 너희는 아름다운 포도원을 두고
노래를 부를지어다
3 나 여호와는 포도원지기가 됨이여
때때로 물을 주며 밤낮으로 간수하여
아무든지 이를 해치지 못하게 하리로다
4 나는 포도원에 대하여 노함이 없나니
찔레와 가시가 나를 대적하여 싸운다 하자
내가 그것을 밟고 모아 불사르리라
5 그리하지 아니하면 내 힘을 의지하고
나와 화친하며 나와 화친할 것이니라
6 후일에는 야곱의 뿌리가 박히며
이스라엘의 움이 돋고 꽃이 필 것이라
그들이 그 결실로 지면을 채우리로다

이제 하나님이 그날이 오면 백성들이 부를 노래를 주신다. 내용을 살펴보면 5:1-7의 포도원 노래를 연상시키고 있다. 그곳에서 선지자는 이스라엘을 포도원으로, 하나님을 농부로 묘사했다. 불행하게도 포도원은 농부의 정성을 무시한 채 들포도만 생산했다. 그 대가로 이스라엘은 심판을 피할 수 없게 되었다는 사실이 선포되었다. 그 이후로 이스라엘은 다시는 자신들을 하나님의 포도원이라 자랑할 수 없었다. 이제 하나님이 그의 백성들에게 그 포도원에 대하여 자신 있게 노래할 수 있도록 허락하신다. 그러므로 이 포도원의 노래는 이스라엘의 운명이 180도로 바뀔 것을 선언하고 있는 것이다.

선지자는 이미 24장에서 세상 사람들의 포도원은 모두 폐허가 되었음을 선언했다. 세상의 모든 포도원이 더 이상 포도즙을 생산할 수 없게 되었던 것이다. 그러나 여기에 다른 포도원이 있다. 이 포도원은 아주 생산성이 높은 포도원이다. 바로 여호와의 포도원이다. 세상의 포도원은 모두 망해도 하나님의 포도원에는 풍요로움이 있을 것이라는 대조가 인상적이다.

이사야의 첫 포도원 노래(5:1-7)와는 달리 이 포도원 노래는 포도나무의 책임에 대하여 전혀 언급하지 않는다. 처음부터 끝까지 하나님이 이 포도원을 어떻게 돌보시는가에만 초점이 맞추어져 있기 때문이다. 하나님이 밤낮으로 애지중지하며 포도원을 돌보신다(3절). 그러므로 아무도 이 포도원을 해치지 못한다. 한 주석가는 하나님의 포도원인 이스라엘을 해치려고 하는 사람들은 포로기 이후 시대의 사마리아 사람들이라고 하지만(Wildberger), 근거 없는 해석이다. 뿐만 아니라 하나님이 포도원에게 노여워할 일이 전혀 없다고 선포하신다(4절). 이 말은 이 일은 먼 미래, 즉 이스라엘의 죄성이 근본적으로 해결된 후의 상황이라는 것을 암시한다. 그러므로 이 포도원은 하나님이 처음에 계획하시고 기대하신 대로 좋은 포도를 맺고 있다. 좋은 포도가 무엇인가? 5장에 의하면 의로움과 신실함이었다.

하나님이 포도원을 해칠 수 있는 적들—찔레와 가시—에게 분명히 경고하신다. "나와 화친하는 것이 좋을 것이다"(5절). 결코 이스라엘을 해하는 그 어떤 무리도 용납하지 않으시겠다는 하나님의 다짐이다. 그러나 동시에 이 말씀은 누구든지 하나님께 나오면 받아 주시겠다는 것을 암시한다. 비록 찔레와 가시 같은 존재들이라도 하나님과 화친하겠다는 각오로 그를 찾으면 하나님은 그들을 환영하실 것이다. 온 인류를 향한 구원의 가능성을 노래하고 있다.

지난 날은 하나님이 직접 이스라엘의 뿌리를 뽑으셨지만(cf. 5:1-7), 이

제 그의 백성이 뿌리를 내리고 싹을 내고 꽃을 피운다. 그리고 그 꽃들이 열매로 변하여 온 땅 위에 가득하다(6절). 뿌리, 싹, 꽃, 열매는 나무의 모든 부분을 칭하는 것이다. 하나님이 이스라엘의 모든 것을 즐거워하시고 인정하실 것을 상징한다. 신약의 관점에서 생각할 때 야곱과 이스라엘은 이방인들을 포함한 모든 사람들을 의미하는 것으로 이해되어야 한다(Oswalt).

9장. 백성 중에서 진행되는 하나님의 추수(27:7-13)

7 주께서 그 백성을 치셨던들
그 백성을 친 자들을 치심과 같았겠으며
백성이 죽임을 당하였던들
백성을 죽인 자가 죽임을 당함과 같았겠느냐
8 주께서 백성을 적당하게 견책하사 쫓아내실 때에
동풍 부는 날에 폭풍으로 그들을 옮기셨느니라
9 야곱의 불의가 속함을 얻으며
그의 죄 없이함을 받을 결과는 이로 말미암나니
곧 그가 제단의 모든 돌을 부서진 횟돌 같게 하며
아세라와 태양상이 다시 서지 못하게 함에 있는 것이라
10 대저 견고한 성읍은 적막하고
거처가 황무하며
버림 받아 광야와 같은즉
송아지가 거기에서 먹고 거기에 누우며
그 나무 가지를 먹어 없이하리라
11 가지가 마르면 꺾이나니
여인들이 와서 그것을 불사를 것이라
백성이 지각이 없으므로
그들을 지으신 이가 불쌍히 여기지 아니하시며
그들을 조성하신 이가
은혜를 베풀지 아니하시리라
12 너희 이스라엘 자손들아

그 날에 여호와께서 창일하는 하수에서부터 애굽 시내에까지
과실을 떠는 것 같이 너희를 하나하나 모으시리라
13 그 날에 큰 나팔을 불리니
앗수르 땅에서 멸망하는 자들과
애굽 땅으로 쫓겨난 자들이 돌아와서
예루살렘 성산에서 여호와께 예배하리라

어떻게 하나님 백성의 완전한 회복이 가능한가? 저자는 본 텍스트에서 그 답을 제시한다. 하나님이 이스라엘에게 분노하신 것은 사실이지만, 망하게 하시려고 그런 것은 아니다. 또한 주님이 그들에게 혹독하게 하셨다 하더라도, 하나님이 이스라엘을 징벌하실 때 사용했던 도구에 임할 심판에 비하면 아무것도 아니다.

하나님이 이스라엘을 징계하신 것은 사실이다. 그러나 이스라엘이 좌절할 만큼 혹독한 정도는 아니었다(7절). 선지자는 말한다. "주께서 야곱을 친 자들을 치신 것처럼 그렇게 혹독하게 야곱을 치셨겠느냐?" 우리의 삶도 마찬가지 아닌가? 때로는 너무나도 아프다고 소리쳐 보지만, 하나님의 징계는 훈계에 불과하다. 징계가 끝나면 우리를 징계하는 과정에서 주께서 사용하신 도구는 더욱더 혹독한 심판을 받게 된다. 선지자는 이러한 사실을 이미 10:5-18, 24-27 등에서 밝힌 바 있다. 하나님은 결코 그의 백성을 망하게 하는 분이 아니시며, 그들에 대한 징계가 끝나면 그 징계의 도구들을 심판하시는 것이다. 그의 백성들을 징계하신 것보다 훨씬 더 혹독하게 질책하실 것이다.

하나님이 이스라엘을 징계하실 때 사용하셨던 방법은 파멸이 아니라 흩으심이다(8절). 이스라엘 사람들은 이런 하나님의 행위에 놀랄 필요는 없다. 이미 하나님은 모세를 통하여 신명기 28장에서 이스라엘의 최후 징계 방법은 약속의 땅에서 그들을 몰아내는 것이며, 때가 되어 그들이 회개하면 다시 그들을 가나안 땅으로 거두겠다고 하셨다. 그러므

로 하나님이 이스라엘을 흩으시는 것으로 심판하셨다면, 우리가 기대할 수 있는 것은 징계가 모두 끝나면, 다시 그들을 모으실 것이라는 사실이다. 선지자들은 이 부분에 대하여 수없이 많은 예언을 했다.

열방에 흩어진 이스라엘은 드디어 이방 땅에서 자신들이 얼마나 여호와께 잘못했는가에 대하여 깨닫게 된다. 드디어 자신들의 발목을 잡고 있던 우상 숭배의 굴레를 벗어나며 그 신들을 증오한다(9절). 학자들은 본문이 북 왕국 이스라엘에 관한 것이라고 하며(Johnson; Vermeylen), 더 나아가 10절이 벧엘에 대한 것이라며(Sweeney), 이 텍스트가 북 왕국의 멸망을 묘사하고 있다고 하지만, 본문은 먼 미래에 임할 심판과 회복을 주제로 하고 있다(cf. Polaski).

사람들은 우상들에게 바쳐졌던 제단들을 모두 헐어내며 신상들을 제거한다. 이것이 바로 하나님이 이스라엘을 징계하신 목적이다. 역사적으로 이 사실은 바빌론에서 돌아온 포로민들에 의하여 성취되었다. 세스바살, 스룹바벨, 에스라, 느헤미야 등을 중심으로 돌아온 귀향민들은 다시는 우상을 거들떠보지 않았다. 바빌론 포로생활이 그들의 우상 문제를 확실하게 치료했던 것이다. 그러므로 그들에게 포로생활은 진정한 약이 되었다고 할 수 있다. 한 가지 분명하게 인식해야 할 것은 하나님이 그들을 용서하실 때, 그들이 이 모든 것들을 제거할 각오를 할 수 있었다는 사실이다. 역시 하나님의 은혜가 이들로 하여금 적절한 삶의 변화를 유도하고 있다.

선지자가 선언한 것처럼 이스라엘은 열방에서 돌아와 새로운 국가를 형성하며 더 이상 우상을 섬기지 않고 오직 여호와만을 섬기며 살게 될 것이다. 그러나 하나님의 백성을 괴롭혔던 성읍들의 형편은 다르다. 이미 선지자는 성읍들의 폐허를 여러 차례 언급했다(24장). 그는 다시 한번 이 성읍들의 파괴를 선언한다. 사람들로 북적거리던 성읍은 사막과 같이 적막해졌다(10절). 뿐만 아니라 그곳은 송아지들이 풀을 뜯어먹기에 적절한 곳으로 변한다(10절). 그리고 그 성읍의 터에 무성하게 자란 나무들은 땔감으로 쓰기에나 적당하다(11절).

공평하신 하나님이 왜 이스라엘에게는 은혜를 베푸시지만, 망해가는 이 성읍들에 사는 사람들에게는 은혜를 베푸시지 않는가? 그들이 진정한 창조주가 누구인지를 깨닫지 못하고 있기 때문이다(11절). 그렇게 지각 없는 백성을 살려두어서 무엇을 어떻게 하겠느냐는 논리가 형성되고 있다.

때가 되면 하나님이 흩어진 백성들을 온 열방에서 알곡을 모으듯이 모으실 것이다. 마치 쭉정이에서 알곡을 구분하는 것처럼 말이다(Clements). 본문에서 이스라엘을 괴롭히던 강대국 이집트와 아시리아가 언급되고 있다(12절). 모든 속박과 구속에서 자유하게 될 것이라는 예언이다. 이미 언급한 것처럼 이 말씀은 북 왕국 사람들을 대상으로 주어진 예언이라고 주장하는 사람들도 있다. 그러나 본문의 전체적인 분위기가 범세계적/우주적인 것을 감안할 때 이 말씀은 어느 특정한 나라를 염두에 두고 하시는 말씀이 아니라 전반적인 원리를 나타내는 것으로 이해되어야 한다. 비록 본문이 이스라엘을 언급하고, 그들을 괴롭혔던 나라들을 지명하지만, 여호와의 구원을 받을 대상이 이스라엘에 국한되어 있지 않고 온 세상 사람들을 포함하고 있는 것이다(Jenner; Motyer).

그날이 되면 하나님의 백성은 구원을 경험할 것이며 하나님과 함께 거하게 될 것이다. 그러나 그들을 괴롭히던 원수들, 세상의 권세자들은 하나님의 진노로 인해 사라지게 된다. 얼마나 대조적인 운명인가? 그렇다면 그날이 올 때까지 하나님의 백성들은 어떻게 살아야 하는가? 선지자는 백성들에게 자신의 삶을 하나님께 맡기라고 권면한다. 이제는 더 이상 세상 권세자들의 통치를 받지 말고(viz., 그들의 세속화되고 비윤리적인 가치관을 따르지 말고) 오직 하나님이 그들의 삶을 지배하도록 해야 하는 것이다(viz., 하나님의 기준과 가르침이 백성들의 삶을 주관해야 한다).

Ⅳ. 아시리아 침략 전야(前夜)

(28:1-33:24)

선지자는 OAN(13-23장)을 통해 이스라엘을 괴롭히는 나라들에는 심판을, 주의 백성에게는 회복을 선언했다. 이사야는 묵시적인 예언(24-27장)을 통해 하나님의 범우주적인 악의 세력에 대한 심판뿐만 아니라 악인들의 비참한 종말과 하나님 백성의 밝은 미래를 대조하는 메시지를 선포했다. 이제 그는 신탁의 초점을 다시 이스라엘의 현실에 맞추며 그들의 부패를 지적한다. 이 섹션에서 선지자는 인간 리더십이 가지고 올 죽음과 부패를 그들이 하나님께 돌아오면 누리게 될 구원과 평안에 비김으로써 사람들에게 올바른 선택을 하도록 권면하고 있다.

선지자의 집중적인 비난을 받는 사람들은 다름 아닌 리더들이다. 선지자는 특별히 그들의 윤리적 타락과 강대국들을 의존하려는 외교정책을 신랄하게 비난한다. 이사야는 실망과 무능함만 보여주고 있는 이스라엘과 유다의 지도자들을 대신해서 정의와 공평으로 이들을 통치하게 될 하나님이 인정하시고 세우시는 지도자가 올 것이라고 선언한다. 본 텍스트는 다음과 같이 섹션화할 수 있다.

A. 이스라엘과 유다 비유(28:1-29)

B. 예루살렘의 위기(29:1-14)

C. 인간과 하나님의 계획(29:15-24)

D. 어리석은 동맹과 하나님의 심판(30:1-33)

E. 예루살렘 보호(31:1-9)

F. 약속과 경고(32:1-20)

G. 소망(33:1-24)

1장. 이스라엘과 유다 비유(28:1-29)

선지자는 앞으로 28-33장을 통해 앞에서 했던 것처럼 여러 개의 재앙 신탁(woe-oracles)을 선언하게 될 것이다. 그러나 이번에는 다소 다른 형식으로 진행된다. 전에 선지자가 선포한 재앙 신탁은 비난과 저주로 끝이 나기 일쑤였는데, 이제부터는 재앙 신탁 후에 구원 신탁(salvation-oracles)이 뒤를 잇는다. 또한 전반적인 흐름이 가면 갈수록 재앙 신탁의 길이는 짧아지는 것에 반해, 구원 신탁의 길이는 점차적으로 길어지는 양상을 보인다. 다음을 참고하라.

	재앙(woe)	구원(salvation)
1	28:1–4	28:5–6
2	29:1–4	29:5–8
3	29:15–16	29:17–24
4	30:1–17	30:18–26
5	31:1–5	31:6–9
6	33:1–4	33:5–24

본문은 이 같은 현상 중 첫 번째 사례를 포함하고 있다. 선지자는 이스라엘의 어둡고 죄로 가득 찬 현실을 보면서도 언젠가는 주께서 주의 백성을 불쌍히 여기시어 구원의 날이 그들에게 임할 것을 꿈꾸고 있는 것이다. 이 섹션은 다음과 같이 세 파트로 구분될 수 있다.

A. 북 왕국에 대한 선포(28:1-6)

A'. 남 왕국에 대한 선포(28:7-22)

B. 여호와의 지혜(28:23-29)

Ⅳ. 아시리아 침략 전야(前夜)(28:1–33:24)
1장. 이스라엘과 유다 비유(28:1–29)

1. 북 왕국에 대한 선포(28:1-6)

1 에브라임의 술취한 자들의 교만한 면류관은
화 있을진저
술에 빠진 자의 성 곧 영화로운 관 같이
기름진 골짜기 꼭대기에 세운 성이여
쇠잔해 가는 꽃 같으니
화 있을진저
2 보라 주께 있는 강하고 힘 있는 자가
쏟아지는 우박 같이,
파괴하는 광풍 같이,
큰 물이 넘침 같이
손으로 그 면류관을 땅에 던지리니
3 에브라임의 술취한 자들의 교만한 면류관이
발에 밟힐 것이라
4 그 기름진 골짜기 꼭대기에 있는
그의 영화가 쇠잔해 가는 꽃이
여름 전에 처음 익은 무화과와 같으리니
보는 자가 그것을 보고 얼른 따서 먹으리로다
5 그 날에 만군의 여호와께서 자기 백성의 남은 자에게
영화로운 면류관이 되시며
아름다운 화관이 되실 것이라
6 재판석에 앉은 자에게는
판결하는 영이 되시며
성문에서 싸움을 물리치는 자에게는
힘이 되시리로다

북 왕국에 대한 선지자의 선포는 두 파트로 구성되어 있다. 먼저 지도자들에 대한 비난(1-4절), 그 다음 하나님이 이 나라에 베푸실 은혜에 대한 예언(5-6절)으로 이어지고 있다. 먼저, 선지자는 사마리아를 화려한 꽃의 면류관에 비유한다(1절). 사마리아의 위치가 주변의 평지 가운데 우뚝 솟아 지중해를 바라보는 장엄함을 염두에 두고 이 도시를 "화려한 왕관"에 비교하는 듯하다. 그러나 문제는 이 화려한 면류관의 꽃이 시들어가고 있다는 사실이다. 북 왕국 이스라엘의 전성시대가 막을 내리고 이제는 마치 시들어 버린 꽃 면류관을 버려야 하듯 이 나라의 운명이 막을 내리게 될 것이다. 한 학자는 이사야가 1절에서 장례식 잔치 이미지를 사용하고 있다고 하지만(Asen), 고대 근동 장례식에서 본문이 언급하고 있는 면류관을 사용했다는 기록이 없다. 그러나 선지자가 일종의 파티를 배경으로 메시지를 선포하고 있는 것은 확실하다(Oswalt).

하나님은 북 왕국의 운명을 마감하기 위하여 강하고 힘있는 자를 보내실 것이다(2절). 물론 역사적인 자료를 감안할 때 이 사람은 주전 722년에 북 왕국을 멸망시켰던 아시리아 왕 살만에셀(Shalmaneser)이다(cf. Beuken; 왕하 18:9-10). 그러나 선지자는 이 파괴자의 이름을 직접 언급하지는 않는다. 누구에 의하여 사마리아가 멸망하는가보다 멸망하게 될 것이라는 기정사실에 강조점을 두고자 해서다. 살만에셀의 파괴가 얼마나 무시무시할 것인지 선지자는 그의 침략을 "쏟아지는 우박, 파괴하는 광풍, 넘치는 큰 물" 등에 비교한다. 자연재해를 매우 두려운 것으로 생각했던 고대 사회에서 공포를 자아낼 만한 비유다.

선지자는 3-4절에서 다시 한 번 1-2절의 메시지를 같은 단어들을 사용하며 반복한다(cf. Exum). 사마리아는 에브라임의 면류관이며, 기름진 평야의 제일 윗자리에 화려하게 피어 있는 꽃과 같다. 모든 것이 평안할 때에는 사람들의 선망의 대상으로서 하나도 부족함이 없다. 그러나 문제는 그들의 리더들은 술 취한 자들과 같아서 사마리아는 시들어가는 꽃 같은 처지가 되었다는 것이다. 그러므로 그들은 약탈의 대상이 될 뿐이다. 마치 여름이 오기 전에 맨 먼저 익은 무화과 같아서 보는 사람들이 마구 대들어 따먹는다. 그렇게 쉽게 약탈당할 것이라 경고하고 있는 것이다.

이어 선지자는 5-6절에서 미래에 있을 하나님의 통치에 대하여 선포한다. 하나님 백성의 면류관 사마리아가 망하고 나면 어떻게 될까? 주의 백성이 쓰고 있는 왕관 사마리아가 약탈당한 다음에는 무슨 일이 일어날까? 선지자는 오히려 좋은 일이 있을 것이라고 선언한다. 하나님이 직접 이 백성(하나님의 남은 자들)의 왕관과 면류관이 되실 것이기 때문이다. 이제는 더 이상 세상 리더들의 통제를 받는 것이 아니라, 하나님의 통치를 받게 될 것이다. 뿐만 아니라 이들의 자랑거리는 썩어 없어질, 시들어만 가는 세상의 꽃 사마리아가 아니라, 영원한 영광 하나님이시다. 주님이 오셔서 이들의 재판관이 되어 주시고 모든 사람들에게 "판결하는 영"(רוּחַ מִשְׁפָּט)과 "힘"(גְבוּרָה)을 주신다(6절). 그래서 정의와 공평이 주도하는 사회가 이룩될 것이다.

IV. 아시리아 침략 전야(前夜)(28:1–33:24)
1장. 이스라엘과 유다 비유(28:1–29)

2. 남 왕국에 대한 선포(28:7-22)

북 왕국 이스라엘의 리더들에게 비난을 퍼분 후 선지자는 이제 그 초점을 남 왕국 유다로 돌리고 있다. 이사야는 유다 지도자들의 부패와 방종을 폭로하고 난 후 먼 훗날 있을 이 나라의 회복에 대하여 선언한다. 구조적으로 북 왕국에 대한 선포와 같은 형태를 취하고 있다.

선지자는 북 왕국에 대한 신탁에서 그들의 정치적 지도자들을 비난했었다. 이제 그는 남 왕국의 부패성을 드러내면서 종교 지도자들의 타락과 방탕에 초점을 맞춘다. 선지자는 남 · 북 왕국을 하나로 취급하면서 정치뿐만 아니라 종교적으로 완전히 타락한 나라임을 강조하고 있는 것이다. 북 왕국의 종교 지도자들에 대하여는 언급할 필요가 없다. 주전 931년에 이스라엘이 두 나라로 나뉜 이후 그들은 끊임없이 반역의 길을 걷고 있었기 때문이다. 본 텍스트는 다음과 같이 세분화될 수 있다.

A. 술 취한 종교 지도자들(28:7-8)
B. 교만한 제사장들(28:9-10)
C. 하나님의 가르침(28:11-13)
D. 지도자들의 권모술수(28:14-15)
E. 하나님의 모퉁잇돌(28:16-19)
F. 다가오는 하나님의 심판(28:20-22)

(1) 술 취한 종교 지도자들(28:7-8)

7 그리하여도 이들은
포도주로 말미암아 옆 걸음 치며
독주로 말미암아 비틀거리며
제사장과 선지자도 독주로 말미암아 옆 걸음 치며
포도주에 빠지며
독주로 말미암아 비틀거리며
환상을 잘못 풀며
재판할 때에 실수하나니
8 모든 상에는 토한 것,
더러운 것이 가득하고 깨끗한 곳이 없도다

선지자는 술에 취해 몸을 가누지 못하는 종교 지도자들을 비난하고 있다(7절). 많은 학자들이 장례식 잔치가 본문의 배경이 되고 있다고 하지만(Jackson; Halpern; Asen), 본문에 이렇게 단정할 만한 증거는 없다. 시인은 "술"과 "비틀거림"을 수차 반복함으로써 제사장, 선지자를 포함한 유다의 종교 지도자들의 무기력을 충격적으로, 적나라하게 묘사한다. 이사야는 이들을 아예 "독주로 말미암아 옆으로 〔게〕 걸음 치는 자"(שָׁגוּ בַשֵּׁכָר)들이라며 비난한다. 술에 취한 제사장이 어떻게 제대로 된 예식을 행할 수 있겠는가? 곤드레만드레 된 선지자가 어떻게 예언을 듣고 하나님의 말씀을 선포하겠는가? 주석가들은 본문이 유다 지도자들이 판단을 잘못하여 아시리아에게 반역하기로 결정한 일을 배경으로 하고 있다고 한다(Hayes & Irvine). 그러나 본문은 어떤 특정한 사건이라기보다는 부패한 리더십의 전반적인 상황을 말하고 있을 뿐이다(Wildberger). 더 나아가 이 말씀은 이스라엘 국가 정체성의 구심점인 종교마저도 완전히 몰락해 있음을 암시한다.

제사장들과 선지자들이 지나간 발자취에는 오직 토한 것으로 가득한 잔칫상이 있을 뿐이다(8절). 상의 구석구석을 살펴보아도 깨끗한 곳이 없다. 이사야가 제사장들과 연관된 상을 언급하고 있으므로 이 상이 성전에 있는 실제 상으로 해석되기도 한다(Wildberger). 그러나 선지자가 술 취한 사람이 토해 놓은 것이 역겨운 이미지를 비유로 사용하고 있을 뿐이므로 문자적으로 해석할 필요는 없다. 머리끝에서 발끝까지 성한 곳이 없던 사람의 모습을 떠올리게 한다(cf. 1장). 자신의 몸도 가누지 못할 정도로 취해 있는 자들에게 도움을 청하고 하나님의 뜻을 구하는 백성이 가련할 뿐이다. 지도자들이 자신의 본분을 다하지 못하면 그들을 바라보는 백성이 가엽게 된다.

IV. 아시리아 침략 전야(前夜)(28:1–33:24)
1장. 이스라엘과 유다 비유(28:1–29)
2. 남 왕국에 대한 선포(28:7–22)

(2) 교만한 제사장들(28:9-10)

9 그들이 이르기를

그가 누구에게 지식을 가르치며
누구에게 도를 전하여 깨닫게 하려는가
젖 떨어져 품을 떠난 자들에게 하려는가
10 대저 경계에 경계를 더하며
경계에 경계를 더하며
교훈에 교훈을 더하며
교훈에 교훈을 더하되
여기서도 조금,
저기서도 조금 하는구나 하는도다

유다의 영적 지도자들이 방종과 방탕의 길을 갈 뿐만 아니라 이사야 선지자를 향해서도 비난과 멸시의 말을 던진다. 선지자가 그들에게 비난의 말씀을 선포하자 그들은 들으려고 하기는커녕 오히려 "네가 뭔데 우리를 가르치려 하느냐?"라며 교만을 떤다. "우리가 누군데 감히 네가 어린애 가르치듯 우리를 가르치려 하느냐?"라는 뜻이다(Beuken). 그들이 선지자에게 비아냥거리며 "경계에 경계를 더하며, 교훈에 교훈을 더한다"고 하는데, 새번역의 "한 자 한 자, 한 절 한 절, 한 장 한 장 가르치려 한다"는 번역이 의미를 더 정확하게 전달한다. 이 번역의 배경이 되고 있는 히브리어 문구(צַו לָצָו צַו לָצָו קַו לָקָו קַו לָקָו)는 쉽게 말해서 어린아이들에게 말과 글을 가르칠 때 "가 갸, 거 겨" 따라하듯이 하는 상황을 묘사하는 듯하다(cf. Childs).[1] 제사장들과 선지자들이 이사야가 자기들을 마치 어린애에게 하듯이 가르치려 든다고 빈정대고 있는 것이다. 똑같은 표현이 13절에서도 사용된다.

왜 이들이 이처럼 교만하게 되었을까? 가장 큰 요인 중 하나는 시온

---

1 이사야가 제사장들과 선지자들이 지껄이는 알아들을 수 없는 말을 빗대어 말한 것이라는 주장도 있다(Smith). 그러나 이 사람들이 선지자의 말을 조롱하고 있다는 해석이 문맥에 더 잘 어울린다.

은 절대로 망하지 않는다는 잘못된 신학 때문이었을 것이다(Seitz; Hayes & Irvine). 특히 유다가 주전 701년에 있었던 산헤립의 침략을 통해 경험한 일이 이 같은 어리석은 생각을 더욱더 가중시켰을 것이다(cf. Seitz). 이들의 반응을 읽어내려 가면서 아무리 나이가 많아도 배우려는 마음을 가지고 있는 것이 얼마나 귀한 것인가를 새삼 생각하게 된다. 하나님은 이런저런 모양의 다양한 사람들을 사용하신다. 그러나 교만하여 배우려 들지 않는 사람은 사용하지 않으신다. 사역자는 평생 배우는 학생이어야 한다. 사역은 전문가답게 하되, 마음은 항상 배움을 갈구하는 아마추어여야 한다.

제사장들의 반응은 또한 웃지 못할 비극적인 상황을 연출하고 있다. 진정 어리석고 몸을 가누지 못하는 자가 누구인가? 자신들이 비약하고 있는 어린아이일까? 아니면 몸을 지탱할 수 없이 술에 취해 만신창이가 되어 있는 자신들일까? 진정 누가 누구를 비웃을 수 있는가? 영적으로 교만해지면 이러한 일이 일어난다. 아무것도 아니면서, 자신보다 더 능력 있는 사람들을 얕잡아 보는 경우가 허다하다. 능력도 없으면서 허세로 가득 차 남을 우습게 보는 경우도 있다. 이 제사장들의 꼴이 바로 그 격이다.

이미 서론에서 언급한 것처럼 제사장들의 비방에서 우리는 이사야 선지자의 본직을 추정할 수 있다. 아마도 이들의 말이 결코 아무런 근거 없는 말은 아닐 것이라는 것이 많은 학자들의 생각이다. 그러므로 그들은 이사야의 본직이 아이들을 가르치는 선생이었을 가능성이 높다고 결론을 내린다. 그렇다면 이 사실에 이사야 선지자가 웃시야 왕의 역대기를 기록했다는 정보(대하 26:22)를 더하면 그가 서기관이었을 가능성은 더욱 높아진다(Robinson). 왕궁 서기관들의 주 임무가 왕의 역대기를 맡아 기록하는 것과 왕족의 자녀들을 교육하는 것이었기 때문이다.

(3) 하나님의 가르침(28:11-13)

11 그러므로 더듬는 입술과 다른 방언으로
그가 이 백성에게 말씀하시리라
12 전에 그들에게 이르시기를
이것이 너희 안식이요
이것이 너희 상쾌함이니
너희는 곤비한 자에게 안식을 주라 하셨으나
그들이 듣지 아니하였으므로
13 여호와께서 그들에게 말씀하시되
경계에 경계를 더하며
경계에 경계를 더하며
교훈에 교훈을 더하며
교훈에 교훈을 더하고
여기서도 조금, 저기서도 조금 하사
그들이 가다가 뒤로 넘어져
부러지며 걸리며 붙잡히게 하시리라

온갖 교만과 방종에 빠져 있는 종교 지도자들에게 하나님의 심판이 선언된다. 지난날 이들은 하나님이 보내신 선지자의 메시지를 귀담아듣기는커녕 오히려 핀잔과 조롱만 하였으니(9-10절), 앞으로 그들은 본문이 묘사하고 있는 대가를 치러야 한다(Clements; Young). 그들은 말을 알아듣지 못하는 나라로 끌려갈 것이다(11절). 이들이 열방으로 갈 수밖에 없는 이유는 이 땅에서 안 되니 그곳에 가서라도 깨달음을 얻게 될까 해서다. 그들이 떠나야 하는 이 땅은 과연 어떤 땅인가? 하나님은 가나안 땅이 고달픈 영혼들이 평안히 쉬는 안식처라고 말씀하신다(12

절). 그러나 이 땅은 평안히 쉬는 땅이 아니라, 방탕과 타락의 아지트가 되어버렸다. 그러므로 이들은 이 땅을 떠나 알아들을 수 없는 말을 하는 땅으로 가야 한다. 그들이 하나님의 은혜를 잘못 사용하니 그 은혜가 그들을 꽁꽁 묶어 타향으로 끌고 가는 새끼줄이 되어 버린 것이다.

13절의 문자적인 의미를 해석하는 것은 거의 불가능하다. "경계에 경계를 더하며 경계에 경계를 더하며, 교훈에 교훈을 더하며 교훈에 교훈을 더하며, 여기서도 조금 저기서도 조금"으로 해석되기도 하지만(개역개정), 단순히 의미도 없고 알아들을 수 없는 소리일 수도 있다. 새번역은 이러한 입장을 취하여 히브리어의 소리대로 음차하여 "차브 라차브, 차브 라차브, 카브 라카브, 카브 라카브, 제에르 샴, 제에르 샴"(צַו לָצָו צַו לָצָו קַו לָקָו קַו לָקָו זְעֵיר שָׁם זְעֵיר שָׁם)으로 음역했다. 전자를 따르면 제사장들이 쓸데없는 규제와 요구 사항 등으로 사람들의 신앙생활을 속박했다는 뜻이 되고, 후자에 의하면 하나님이 이들에게 알아들을 수 없는 전혀 생소한 언어로 말씀하실 것이라는 선언일 수도 있다. 이렇게 간주할 경우 이들이 다른 나라로 끌려갈 것을 의미한다.

그러나 가장 간단한 의미는 이 표현이 10절에서 사용된 점에서 찾을 수 있다. 제사장들과 선지자들은 이사야를 비아냥거리면서 "네가 우리를 어린애들 가르치듯이 하느냐?"면서 이 문장을 사용하였다. 마치 어린아이들에게 "가 갸, 거 겨" 말을 가르치듯이 자신들을 대한다는 것이다. 이사야의 "가 갸, 거 겨"를 받아들이기를 거부한 그들에게 하나님이 직접 "가 갸, 거 겨"를 가르치실 것을 선언하는 말씀이다(Motyer).

IV. 아시리아 침략 전야(前夜)(28:1-33:24)
1장. 이스라엘과 유다 비유(28:1-29)
2. 남 왕국에 대한 선포(28:7-22)

(4) 지도자들의 권모술수(28:14-15)

14 이러므로 예루살렘에서
이 백성을 다스리는 너희 오만한 자여

여호와의 말씀을 들을지어다
15 너희가 말하기를
우리는 사망과 언약하였고
스올과 맹약하였은즉
넘치는 재앙이 밀려올지라도
우리에게 미치지 못하리니
우리는 거짓을 우리의 피난처로 삼았고
허위 아래에 우리를 숨겼음이라 하는도다

이 말씀이 선포될 무렵, 유다는 이집트와 동맹을 맺고 아시리아의 속박에서 벗어난다고 좋아했다. 그들은 생존을 위해서는 정치적 수단과 방법을 가리지 않겠다는 각오를 하고 있었다. 그러나 하나님이 이사야 선지자를 통하여 그들의 어리석은 생존 방법을 비난하신다. 이사야는 이집트를 직접적으로 언급하고 있지는 않다. 유다의 실제적인 외교 파트너 이집트보다는 원리를 강조하고자 하기 때문이다. 이스라엘이 언약의 대상으로 삼은 나라가 어디인가는 30-31장을 살펴보면 쉽게 드러난다. 바로 이집트다.

아시리아의 통제가 지긋지긋해서인지 유다의 정치인들은 이집트와 손을 잡고 아시리아의 손아귀에서 벗어나기를 원했다. 이 일을 위하여 그들은 수단과 방법을 가리지 않을 결심을 했다(15절). 필요에 따라서는 속임수도 쓰고, 거짓말도 할 작정이었다. 아주 대단한 정치적 야심이라 할 수 있다. 그러나 선지자의 눈에는 이집트와의 동맹은 죽음과의 언약에 불과했다. 요즘 표현으로 "죽음이었다." 학자들은 선지자가 사용하고 있는 이미지가 이집트에서 죽음의 신으로 숭배되었던 오시리스(Osiris)(Kissane), 혹은 가나안의 죽음의 신 모트(Mot)(Blenkinsopp)와 언약을 체결한 것으로, 혹은 몰렉(Molech) 숭배와 연관된 것으로 풀이한다(Day). 그러나 본문은 어떠한 구체적인 우상을 염두에 두고 있는 것이 아니라, 지도자들의 결정이 초래하는 결과를 죽음으로 묘사할 뿐이다. 스스로 지혜롭다고 생각하며 이런 결정을 내린 유다 정치인들은 성경이 정의하고 있는 어리석은 자의 전형이라 할 수 있다(Oswalt).

이집트는 결코 이스라엘을 도울 수 없는 나라다. 고대 근동의 역사는 이집트가 결코 동맹국으로서는 의지하지 않는 것이 좋은 나라임을 증명한다. 그들은 수없이 "도와 주겠다"는 약속을 했었지만 모두 공수표에 불과했다. 랍사게가 히스기야에게 이집트에 대하여 이런 말을 한 적이 있다. "너는 부러진 갈대 지팡이 같은 이 이집트를 의지한다고 하지만, 그것을 믿고 붙드는 자는 손만 찔리게 될 것이다. 이집트 왕 바로를 신뢰하는 자는 누구나 이와 같이 될 것이다"(36:6; 새번역). 아주 정확한 평가였다. 그러므로 이런 이집트를 믿고 아시리아에 반역을 도모하는 것은 스스로 죽음의 길을 택하는 행위인 것이다.

이집트와 동맹을 맺는 것은 또한 신학적인 문제를 동반하고 있다. 이집트는 이스라엘이 노예로 살았던 땅이다. 이집트는 속박의 땅이요 고난의 땅이었다. 그러므로 하나님은 이집트를 떠나온 이스라엘에게 다시는 이집트 쪽으로는 뒤도 돌아보지 말라고 말씀하셨다. 그런데 그들은 지금 이집트에 도움을 청하고 있다. 죽음과 속박을 자청하고 있는 행위로밖에 해석될 수가 없는 것이다.

IV. 아시리아 침략 전야(前夜)(28:1-33:24)
1장. 이스라엘과 유다 비유(28:1-29)
2. 남 왕국에 대한 선포(28:7-22)

(5) 하나님의 기촛돌(28:16-19)

16 그러므로 주 여호와께서 이같이 이르시되
보라 내가 한 돌을 시온에 두어 기초를 삼았노니
곧 시험한 돌이요
귀하고 견고한 기촛돌이라
그것을 믿는 이는 다급하게 되지 아니하리로다

17 나는 정의를 측량줄로 삼고
공의를 저울추로 삼으니
우박이 거짓의 피난처를 소탕하며
물이 그 숨는 곳에 넘칠 것인즉
18 너희가 사망과 더불어 세운 언약이 폐하며
스올과 더불어 맺은 맹약이 서지 못하여
넘치는 재앙이 밀려올 때에
너희가 그것에게 밟힘을 당할 것이라
19 그것이 지나갈 때마다
너희를 잡을 것이니
아침마다 지나가며
주야로 지나가리니
소식을 깨닫는 것이 오직 두려움이라

그렇다면 이스라엘이 진정으로 의지해야 할 곳이 어디/무엇인가? 선지자는 시온의 "귀하고 견고한 기촛돌"(אֶבֶן פִּנַּת יִקְרַת)이 바로 그들이 의존해야 할 것이라고 한다(16절). 정확히 선지자는 누구/무엇을 염두에 두고 기촛돌이라 말하는 것일까? 학자들의 추측은 매우 다양하다(cf. Kaiser). 율법(Eichhorn), 성전(Ewald), 여호와의 구원 사역(Feldmann), 여호와와 백성과의 관계(Duhm), 다윗 왕조(Delitzsch; Motyer), 참 성도들(Eichrodt), 시온(Childs), 남은 자(Donner), 여호와의 약속(König), 믿음(Kaiser; Wildberger, Marti; Fohrer), 여호와(Cheyne), 여호와가 시온을 자신의 거처로 삼으신 일(Beuken). 각 제안마다 나름대로 장점이 있다. 선지자가 정확히 무엇을 의미했는가를 규명하는 것은 현재로는 불가능하다.

이 기촛돌이 무엇을 의미하는지 알 수는 없지만, 기촛돌을 중심으로 일어날 일들은 정확하게 알 수 있다. 이 기촛돌을 의지하는 사람들은 모두 불안하지 않을 것이다(16절). 뿐만 아니라 기촛돌을 의지하는 사람들에게는 공평과 공의가 판단의 기준이 된다. 그러므로 유다의 리더들이 정치적인 수단으로 도입한 거짓말과 속임수가 심판을 받는다(17절). 결국 그들의 죽음과의 언약은 아무런 의미가 없게 된다. 살아보려고 이집트와 협정을 맺었지만, 하나님의 심판에 의하여 죽임을 당하기 때문이다.

하나님은 그의 백성이 윤리적인 삶을 살아가기를 원하신다. 믿지 않는 사람들과의 관계에서도 진실하기를 요구하신다. 기독교 가치관 안에서는 결코 결과가 그 과정을 합리화시킬 수는 없는 것이다. 물론 여기서 하나님의 심판을 받아 죽어가는 유다의 정치인들은 "이 방법만이 유다의 유일한 살 길이었다"라고 주장할 수 있다. 선지자는 이러한 주장에 대하여 자신의 입장에서 단호히 반박한다. "여호와를 의존했어야 한다. 그분에게 매달렸어야 한다. 그분은 구원의 주이실 뿐만 아니라, 이스라엘의 통치자이시기 때문이다. 결국 너희들이 행한 일은 그의 이러한 주권을 인정하지 않은 것에 불과한 것이다." 우리가 사역하면서도 그 사역 안에서 하나님의 주권을 자주 고백해야 할 필요가 있다.

(6) 다가오는 하나님의 심판(28:20-22)

20 침상이 짧아서 능히 몸을 펴지 못하며
이불이 좁아서 능히 몸을 싸지 못함 같으리라 하셨느니라
21 대저 여호와께서 브라심 산에서와 같이 일어나시며
기브온 골짜기에서와 같이 진노하사
자기의 일을 행하시리니
그의 일이 비상할 것이며
자기의 사역을 이루시리니
그의 사역이 기이할 것임이라

> 22 그러므로 너희는 오만한 자가 되지 말라
> 너희 결박이 단단해질까 하노라
> 대저 온 땅을 멸망시키기로 작정하신 것을
> 내가 만군의 주 여호와께로부터 들었느니라

선지자는 이어 하나님이 계획하신 일, 곧 신기한 일을 하시려고 그를 의지하지 않은 자들을 심판하실 것을 선포한다(21-22절). 하나님이 이들을 대적해서 싸우는 것이 마치 옛적 브라심 산에서 싸우신 것 같고, 기브온 골짜기에서 진노하신 것같이 진노하실 것이다(21절).

브라심 산은 다윗이 통일 왕국의 왕이 된 다음 블레셋 사람들을 맞이하여 싸웠던 곳이다(cf. 삼하 5:17-20). 블레셋은 아주 오랫동안 이스라엘을 괴롭혀왔던 민족이며 사무엘도, 사울도 그들에게 치명타를 가할 수 없었다. 그러나 블레셋은 다윗과의 전투에서의 패배를 계기로 다시는 이스라엘을 괴롭히지 못했다. 이스라엘이 결정적인 치명타를 가했던 것이다. 겉으로 보기에는 마치 다윗의 작전 능력이 이 일을 이룬 것 같지만, 선지자는 분명히 그 승리의 출처를 밝히고 있다. 바로 여호와께서 하신 일이다. 전쟁은 여호와께 속한 것이다.

기브온 골짜기는 여호수아가 아말렉 족을 대적해서 싸울 때 해와 달이 멈추어 섰던 곳이다(수 10:12). 이날 역시 이스라엘 사람들은 놀라운 하나님의 역사를 체험했다. 성경 기자는 기록하기를 그날 여호와의 우박에 맞아 죽은 적군이 이스라엘의 칼에 맞아 죽은 자들보다 더 많았다고 한다(수 10:11).

이처럼 이 두 장소는 이스라엘 역사에서 길이 기념되고 있는 여호와의 승리를 연상케 한다. 하나님이 그때처럼 다시 한 번 아주 격렬하게 싸우실 것이다. 다만 문제는 싸움의 대상이다. 더 이상 하나님의 백성의 적이 아니라, 하나님을 거역하는 그의 백성이다. 혹시 우리도 이러한 위험에 처해 있지 않나 항상 근신해야 할 것이다. 주석가들은 본문의 배경이 되고 있는 역사적 사건은 산헤립의 군대 18만 5천 명이 한순간에 죽임을 당했던 주전 701년 사건(37:36)이라 하기도 하고(Smith), 느부갓네살의 세 차례 가나안 원정이라고 하기도 한다(Watts).

3. 여호와의 지혜(28:23-29)

23 너희는 귀를 기울여 내 목소리를 들으라
자세히 내 말을 들으라
24 파종하려고 가는 자가 어찌 쉬지 않고 갈기만 하겠느냐
자기 땅을 개간하며 고르게만 하겠느냐
25 지면을 이미 평평히 하였으면
소회향을 뿌리며 대회향을 뿌리며
소맥을 줄줄이 심으며 대맥을 정한 곳에 심으며
귀리를 그 가에 심지 아니하겠느냐
26 이는 그의 하나님이
그에게 적당한 방법을 보이사 가르치셨음이며
27 소회향은 도리깨로 떨지 아니하며
대회향에는 수레 바퀴를 굴리지 아니하고
소회향은 작대기로 떨고
대회향은 막대기로 떨며
28 곡식은 부수는가,
아니라 늘 떨기만 하지 아니하고
그것에 수레바퀴를 굴리고
그것을 말굽으로 밟게 할지라도
부수지는 아니하나니

[29] 이도 만군의 여호와께로부터 난 것이라
그의 경영은 기묘하며 지혜는 광대하니라

이스라엘이 무시하고 인정하기를 거부하는 하나님은 과연 어떤 분이신가? 선지자는 그분은 세상 사람들에게 살 수 있는 지혜를 주시는 분이라고 정의한다. 앞부분의 격앙된 언어와 이미지와는 달리 선지자는 여기서 매우 평화스럽고 풍요로운 농촌의 분위기를 묘사하면서 하나님에 대하여 가르치고 있다. 학자들은 본문을 풍유(allegory)라고 하기도 하고(Sweeney), 논쟁이라고 하기도 하지만(Fohrer), 비유로 보는 것이 옳다(Clements; Goldingay).

그는 두 개의 비유를 사용하고 있다. 씨 뿌리는 비유(23-25절)와 추수비유(27-28절)이다. 선지자의 포인트는 바로 여기에 있다. "누가 농부에게 효율적으로 씨 뿌리는 것과 추수하는 지혜를 주셨는가?" 바로 여호와가 주셨다는 것이다. 고대 근동 신화에서 신(들)이 인간에게 농사법을 가르쳐 주는 것은 흔히 있는 일이다(Kramer). 선지자는 신들이 아니라 창조주 하나님이 농부들에게 농사를 가르쳤다는 사실을 두 차례나 강조하고 있다(26, 29절).

하나님이 농부들에게 지혜를 주신 것은 문맥 안에서 어떤 의미가 있는가? 선지자는 독자들을 설득하고자 한다. "시온의 기촛돌 여호와를 의지하라. 그분에게서 살 수 있는 지혜를 얻어라. 그분은 이해하기가 쉬우면서도 매우 생산성 있는 지혜를 너희에게 주실 것이다. 죽음을 자청하지 말라."

2장. 예루살렘의 위기(29:1-14)

선지자가 28장에서 남 · 북 왕국을 동시에 비난하며 그들을 함께 취급했다면 29장에서는 유다의 운명에 대해서만 언급한다. 안타깝게도 유다를 기다리고 있는 것은 결코 밝은 미래가 아니다. 죄의 대가로 그들에게 임하게 될 심판의 혹독함만이 그들을 기다리고 있을 뿐이다.

한 주석가는 본문이 요시야 왕 때로부터 유래된 것이라고 하지만(Clements), 본 텍스트에 묘사된 파괴는 주전 701년에 있었던 산헤립의 예루살렘 포위를 예고하는 것이 확실하다(Motyer). 물론 선지자는 아시리아를 지명하지 않으며, 예루살렘을 "아리엘"이라는 가명(假名)으로 부르고 있다. 그러나 내용을 살펴보면 36장에 소개될 사건에 대하여 경고하고 있음이 확실하다. 선지자는 미리 그 사건을 위하여 독자들을 준비시키고 있는 것이다. 본문은 다음과 같이 두 파트로 구분될 수 있다. (1) 하나님의 징계와 구속(29:1-8), (2) 겉치레만 번지르르한 하나님의 백성(29:9-14).

Ⅳ. 아시리아 침략 전야(前夜)(28:1-33:24) 2장. 예루살렘의 위기(29:1-14)

1. 주님의 징계와 구속(29:1-8)

1 슬프다 아리엘이여 아리엘이여
다윗이 진 친 성읍이여
해마다 절기가 돌아오려니와
2 내가 아리엘을 괴롭게 하리니

그가 슬퍼하고 애곡하며 내게 아리엘과 같이 되리라
3 내가 너를 사면으로 둘러 진을 치며
너를 에워 대를 쌓아 너를 치리니
4 네가 낮아져서 땅에서 말하며
네 말소리가 나직이 티끌에서 날 것이라
네 목소리가 신접한 자의 목소리 같이 땅에서 나며
네 말소리가 티끌에서 지껄이리라
5 그럴지라도 네 대적의 무리는 세미한 티끌 같겠고
강포한 자의 무리는 날려 가는 겨 같으리니
그 일이 순식간에 갑자기 일어날 것이라
6 만군의 여호와께서 우레와 지진과
큰 소리와 회오리바람과 폭풍과 맹렬한 불꽃으로
그들을 징벌하실 것인즉
7 아리엘을 치는 열방의 무리
곧 아리엘과 그 요새를 쳐서
그를 곤고하게 하는 모든 자는 꿈 같이,
밤의 환상 같이 되리니
8 주린 자가 꿈에 먹었을지라도
깨면 그 속은 여전히 비고
목마른 자가 꿈에 마셨을지라도
깨면 곤비하며 그 속에 갈증이 있는 것 같이
시온 산을 치는 열방의 무리가 그와 같으리라

선지자는 하나님이 직접 예루살렘을 치심으로써 그의 백성을 징계하여 그들로 하여금 수모를 당하게 할 것이나, 곧 자비를 베풀어 그들을 구속하실 것을 선언하고 있다. 이 노래는 하나님이 그의 백성이 당할 고통을 생각하면서 부르신 애가(哀歌)다. 애가를 시작하는 전문용어 "슬프다/아이고"(הוֹי)로 노래가 시작된다.

하나님이 예루살렘을 "아리엘"(אֲרִיאֵל)이라 부르신다(1절). 아리엘은 "하나님의 암사자"라는 뜻을 지녔다(cf. 창 49:9). 또한 동음이어(同音異語)로 "번제단" 이란 의미를 지니고 있다. 조금은 비밀스러운 이름이지만 의미는 확실하다. 아리엘은 처음에는 "다윗이 진 친 성읍"(1절), "아리엘(번제단)"(2절), 급기야는 "시온"(8절)으로 확인되고 있기 때문이다.

이 성읍에서는 끊임없이 제물이 바쳐지고 있다. "해마다 절기가 돌아오려니와"(1절)는 이 점을 강조한다(Oswalt). 문제는 끊임없이 드려지는 제물에도 불구하고 하나님이 이 성읍을 직접 치시겠다는 것이다(2절). 제물은 결코 하나님의 환심을 살 수 없다. 오직 의로운 삶만이 그의 마음을 기쁘게 할 수 있는 것이다.

선지자의 메시지는 시온은 하나님의 도성이기에 결코 망하지 않을 것이라고 굳게 믿고 있던 사람들에게는 매우 충격적이었을 것이다. 또한 제물만 제대로 드리면 율법의 요구를 충분히 충족시킬 수 있다고 생각했던 사람들에게는 더 큰 충격이었을 것이다. 신앙생활에서의 방심은 항상 이렇게 위험한 결과를 초래할 수 있다.

하나님이 직접 자기 도성을 치시니 그 도성에 살던 사람들의 슬픔은 이루 말할 수 없다(2절). 그러나 하나님이 이들의 통곡 소리를 들으시는지 듣지 못하시는지, 예루살렘을 더 강하게 치실 뿐이다(3절). 성벽을 넘는 탑을 세우시고, 둘레에 흙더미를 쌓아 침략자들이 별로 어려움 없이 탈환할 수 있는 여건을 만드신다. 물론 모든 것이 노래 속에서 묘사되는 것이지만, 그만큼 확실하게 이 성읍을 적군에게 내주시겠다는 것이다.

"우리는 결코 무너지지 않는다"고 확신하던 예루살렘의 자존심은 완전히 추락하게 될 것이다. 뿐만 아니라 인기척 한 번 제대로 내지 못하고 땅바닥에 엎드려 개미 소리처럼 작은 목소리로 속삭일 뿐이다(4절). 땅바닥에서 들려오는 소리가 얼마나 작고 희미한지 마치 "유령의 소리"(새번역)같이 들릴 뿐이다. 침략군 앞에서 형편없이 망가지는 예루살렘 거주민들의 모습을 상상해보라. 목에 힘주고 다니던 사람들이 정말 스타일 구기게 되었다.

이와 같이 가장 절망적인 순간에—이스라엘 사람들이 죽은 자들처럼 되었을 때—하나님이 그들을 침략한 자들을 흩으실 것이다(5-8절). 한 학자는 티끌과 겨(5절)가 적의 강인함(먼지가 일어 온 땅을 뒤덮는 것처럼)을 상징한다고 하지만(Kaiser), 성경에서 티끌과 겨는 힘없이 흩어지는 것을 상징한다. 그러므로 당장이라도 예루살렘을 점령할 기세로 달려들던 자들이 마치 바람에 날리는 먼지처럼, 겨처럼 흩어져 버리는 것이다(5절). 이 하나님의 역사가 더욱더 빛나고 감격스러운 것은 가장 절망적이고 전혀 예기치 못한 순간(5절), 즉 모든 것을 체험한 순간에 임하기 때문이다. 하나님의 구원은 간혹 이렇게 극적일 때가 있다.

하나님은 초자연적인 현상을—우레, 지진, (큰소리)회오리바람, 폭풍, 불꽃을—동반하고 오심으로써 모든 침략자들을 단숨에 제압하실 것이다(6절). 이러한 압도적인 천재지변 앞에 "겨와 먼지" 같은 침략자들(5절)이 소리나 제대로 한 번 지를 수 있겠는가! 하나님이 이렇게 극적으로 예루살렘의 일에 개입하시니 침략자들의 모든 노력이 허사가 된다(7절). 그들의 모든 계획과 노력이 일장춘몽(一場春夢)이 되어버린 것이다.

선지자는 상황을 이렇게 묘사한다. "마치 굶주린 자가 꿈에 먹기는 하나, 깨어나면 더욱 허기를 느끼듯이, 목마른 자가 꿈에 마시기는 하나, 깨어나면 더욱 지쳐서 갈증을 느끼듯이, 시온 산을 치는 모든 나라의 무리가 그러할 것이다"(8절, 새번역). 침략자의 입장에서는 일이 잘되다가 엉뚱하게 급변해 버린 것이다. 마치 잘 나가다가 삼천포로 빠져버린 것처럼! 산헤립의 침략이 바로 이러한 상황을 유발하지 않았는가? 하나님의 주권을 무시한 인간의 계획의 끝은 이렇다. 하나님의 주권을 무시한 인간의 계획은 하나의 악몽일 뿐이다(Exum).

Ⅳ. 아시리아 침략 전야(前夜)(28:1–33:24)
2장. 예루살렘의 위기(29:1–14)

2. 겉치레만 번지르르한 주님의 백성(29:9-14)

9 너희는 놀라고 놀라라
너희는 맹인이 되고 맹인이 되라
그들의 취함이 포도주로 말미암음이 아니며
그들의 비틀거림이 독주로 말미암음이 아니니라
10 대저 여호와께서
깊이 잠들게 하는 영을 너희에게 부어 주사
너희의 눈을 감기셨음이니
그가 선지자들과 너희의 지도자인 선견자들을 덮으셨음이라
11 그러므로 모든 계시가
너희에게는 봉한 책의 말처럼 되었으니
그것을 글 아는 자에게 주며 이르기를
그대에게 청하노니 이를 읽으라 하면
그가 대답하기를 그것이 봉해졌으니
나는 못 읽겠노라 할 것이요
12 또 그 책을 글 모르는 자에게 주며 이르기를
그대에게 청하노니 이를 읽으라 하면
그가 대답하기를 나는 글을 모른다 할 것이니라
13 주께서 이르시되
이 백성이 입으로는 나를 가까이 하며
입술로는 나를 공경하나
그들의 마음은 내게서 멀리 떠났나니
그들이 나를 경외함은
사람의 계명으로 가르침을 받았을 뿐이라
14 그러므로 내가 이 백성 중에 기이한 일

곧 기이하고 가장 기이한 일을 다시 행하리니
그들 중에서 지혜자의 지혜가 없어지고
명철자의 총명이 가려지리라

선지자는 본문에서 5-8절에 언급된 하나님의 개입이 결코 백성이 당연히 받을 만한 축복이 아니고, 하나님의 일방적인 은혜일 뿐이라는 사실을 강조한다. 이스라엘은 전혀 기능을 발휘하지 못하는 영적 분별력을 가지고 있기 때문이다. 또한 이 텍스트는 선지자의 소명(6장)과 깊은 연관이 있으며, 28:7-13과도 평행을 이룬다.

이스라엘 백성은 영적인 맹인들이 되어 있다(9절). 그러므로 그들은 영적으로 비틀거리며 몸을 가누지 못한다(9절). 지팡이가 없고 특별히 인도할 사람이 없는 상황에서 맹인들이 비틀거리는 것은 당연한 일이다. 그러므로 그들은 보고도 깨닫지 못한다.

이스라엘은 영적인 통찰력도 없다(11절). 하나님의 모든 계시가 그들에게는 마치 봉한 책처럼 되어 버렸다. 글을 아는 자들에게 하나님의 말씀의 책을 주고 설명을 부탁해도 능히 해낼 자가 없다. 읽어도 무슨 뜻인지 알지 못하는 것이다. 일부 학자들은 이 말씀이 실제로 봉인된 것을 말하고 있다고 해석하여 본 텍스트가 포로기 이후 시대에 삽입된 것이라고 주장한다(Wildberger). 그러나 본문은 실제로 봉인된 글의 존재를 전제하는 것이 아니라, 이스라엘의 깨달음 없음을 이렇게 비유할 뿐이다.

또한 이스라엘은 무지하다(12절). 글을 아는 사람들은 통찰력이 없어 하나님의 말씀을 이해하지 못하고, 글을 모르는 사람들은 글을 모르니 아예 읽을 수도 없다. 사람이 아예 읽을 줄을 모른다는 것은 해석 역시 불가능하다는 것을 전제하고 있다.

자신들은 이 세상에서 그 누구보다도 하나님을 잘 알고 사랑하며, 하나님의 뜻을 잘 분별할 줄 안다고 자부했던 사람들이 왜 이렇게 되었는가? 이 일 역시 하나님이 하신 일이다(10절). 여호와께서 직접 이들을 깊은 영적인 잠에 취하게 하셨다. 하나님이 그들의 눈을 감기셨고, 그들의 종교적 지도자들인 선견자들의 눈도 보지 못하게 하신 것이다. 하나님이 이스라엘의 영안을 의도적으로 흐리게 하셨던 것이다.

이러한 하나님의 행위는 이사야 선지자의 소명(6:9-10)에 대한 현실적인 적용이다. "너희가 듣기는 들어도 깨닫지 못할 것이요 보기는 보아도 알지 못하리라 하여 이 백성의 마음을 둔하게 하며 그들의 귀가 막히고 그들의 눈이 감기게 하라 염려하건대 그들이 눈으로 보고 귀로 듣고 마음으로 깨닫고 다시 돌아와 고침을 받을까 하노라." 하나님이 이미 이스라엘을 심판하시기로 결정하셨고 이 결정은 결코 번복될 수 없다는 확고한 의지의 현실적 적용였던 것이다. 그만큼 심판이 이스라엘을 향해 가까이 와 있음을 경고하고 있다.

그렇다면 하나님이 왜 이스라엘에게 이 같은 극단적인 처방, 곧 회개를 불허하기 위하여 그들에게서 영적인 분별력을 완전히 제거해버리는 일을 해야만 하셨는가? 하나님의 탄식에서 그 이유가 밝혀진다. "이 백성이 입으로는 나를 가까이 하며 입술로는 나를 공경하나 그들의 마음은 내게서 멀리 떠났나니 그들이 나를 경외함은 사람의 계명으로 가르침을 받았을 뿐이라"(13절). 이스라엘 공동체에는 종교의 외형(형식)은 남아 있지만 본질은 더 이상 없었던 것이다. 선지자는 이미 1장에서부터 이스라엘의 이중성/위선을 수차례 언급해왔다. 1장의 예만 생각하더라도 그들은 하나님을 잘 섬긴다는 것은 제때 예배와 헌금을 잘 드리는 것이라고 생각했다(1:11-15). 그들은 종교적인 의무만 완수하면 그 다음부터 자신들이 어떻게 살든 상관 없고 심지어 다른 신들을 함께 섬겨도 별 탈이 없을 것으로 생각했다(1:28-31). 그러므로 하나님은 그들이 "입으로만 나를 섬긴다"고 한탄하시는 것이다.

만일 하나님이 이렇게 위선적으로 신앙생활하는 자들을 용서하신다면, 하나님의 인격에 문제가 있는 것이다. 우리는 어떠한가? 혹시 하나님이 우리를 바라보시면서도 이렇게 한탄을 하시지 않을까 두렵기만 하다(cf. Childs). 어떤 사람들은 기독교를 일종의 “해야 할 일, 해서는 안될 일”(Do’s & Don’ts) 목록으로 정의하려 든다. 물론 이러한 목록은 우리의 삶에 한 지침으로서 도움이 될 수 있다. 그러나 이것이 기독교의 모든 것이라 생각하면 절대 오산이다. 뿐만 아니라 이러한 행위는 자칫 잘못하면 하나님을 인간이 만들어 놓은 틀에 가두게 된다. 하나님은 모든 것에서, 심지어 그의 백성으로부터도 참으로 자유하신 분이다. 또한 하나님과의 인격적인 관계는 그 무엇으로도 대치될 수 없다. 심지어 “도덕적인 삶”으로도 대치될 수 없다.

그렇다면 이스라엘의 위선적인 신앙생활의 근본적인 해결책은 무엇일까? 하나님의 기이한 일뿐이다(14절). 하나님은 이 구절에서 “기이한 일”(פלא)을 하실 것을 세 차례 강조하신다. 여기서 “기이한 일”이란 것은 매우 긍정적인 뉘앙스를 지니고 있다는 것이 학자들의 일반적인 견해다. 구약에서는 하나님이 옛적에 이스라엘을 이집트에서 이끌어 내신 일이 기이한 일의 대표적인 사례이다(Oswalt). 그러므로 이스라엘의 문제는 상상을 초월할 놀라운 하나님의 은혜로만 해결이 가능하다는 것이다.

그렇다면 하나님이 이스라엘에게 행하실 기이한 일은 정작 무엇을 뜻하는가? 책 곳곳에서 암시되어 왔던 것처럼 바빌론에서 다시 “출애굽”하게 될 것을 의미한다. 선지자는 책의 후반부에서 이 일을 하나님이 곧 하실 “새 일”로 부르고 있다. 그때가 되면 이스라엘의 위선이 완전히 해결될 것이다. 실제로 포로생활에서 돌아온 이스라엘은 다시는 우상 숭배를 하지 않는다. 이러한 놀라운 은혜를 세상 사람들은 그들의 지혜로 통찰은 고사하고 감히 상상도 못할 것이다(14절).

3장. 인간과 하나님의 계획(29:15-24)

하나님이 계획하신 "새 일"은 과연 어떤 변화를 가져올까? 선지자는 크게 온 세상(17-21절)과 이스라엘의 운명(22-24절) 등 두 가지가 바뀔 것이라고 선언한다. 그러나 이러한 변화가 임하기 전에 먼저, 교만하고 하나님의 사역에 냉소적인 인간의 마음 자세가 바뀌어야 한다고 주장한다(15-16절). 사람들의 마음 자세가 바뀌지 않고는 하나님의 은혜를 체험할 수 없다는 뜻이다. 이 섹션은 다음과 같이 세 파트로 구분될 수 있다.

A. 재앙 선언(29:15-16)
 B. 세상의 변화(29:17-21)
 B'. 이스라엘의 변화(29:22-24)

1. 재앙 선언(29:15-16)

15 자기의 계획을 여호와께 깊이 숨기려 하는 자들은
화 있을진저
그들의 일을 어두운 데에서 행하며 이르기를
누가 우리를 보랴 누가 우리를 알랴 하니
16 너희의 패역함이 심하도다
토기장이를 어찌 진흙 같이 여기겠느냐

지음을 받은 물건이 어찌 자기를 지은 이에게 대하여 이르기를
그가 나를 짓지 아니하였다 하겠으며
빚음을 받은 물건이 자기를 빚은 이에게 대하여 이르기를
그가 총명이 없다 하겠느냐

본문은 29-33장에 등장하는 세 번째 "화"(הוֹי)(woe) 신탁이다. 첫 번째는 북 왕국의 술 취한 자들(28:1), 두 번째는 다윗의 도성(29:1)에 선포되었다. 이 세 번째 "화" 신탁은 처음 두 신탁의 테마를 확고하게 강조한다. 이 신탁의 대상은 유다의 정치적 지도자들이다(Childs). 이 지도자들이 비난을 받아야 하는 이유는 그들이 토기장이보다 더 똑똑하다고 자부하는 옹기그릇의 어리석음을 지녔기 때문이다.

하나님이 이스라엘 백성을 포함한 세상의 모든 사람들을 만드셨다. 그러나 그들은 자신을 창조하신 분의 지혜와 능력을 인정하지 않는다. 오히려 "어찌 나를 이렇게 만들었는가?"라고 비난한다. 그들의 비난은 자신들의 오만을 드러낼 뿐만 아니라 하나님이 그들에게 베풀고자 하시는 은혜를 거부하는 행위에 불과한 것이다. 그러므로 하나님의 치유로 말미암아 이스라엘의 새로운 시대가 열리기 전에 그들의 교만이 해결되어야 한다는 것이 본문에 암시되어 있다.

2. 세상의 변화(29:17-21)

17 오래지 아니하여
레바논이 기름진 밭으로 변하지 아니하겠으며
기름진 밭이 숲으로 여겨지지 아니하겠느냐
18 그 날에 못 듣는 사람이 책의 말을 들을 것이며

어둡고 캄캄한 데에서 맹인의 눈이 볼 것이며
19 겸손한 자에게 여호와로 말미암아 기쁨이 더하겠고
사람 중 가난한 자가 이스라엘의 거룩하신 이로 말미암아 즐거워하리니
20 이는 강포한 자가 소멸되었으며
오만한 자가 그쳤으며
죄악의 기회를 엿보던 자가 다 끊어졌음이라
21 그들은 송사로 사람에게 죄를 씌우며
성문에서 판단하는 자를 올무로 잡듯 하며
헛된 일로 의인을 억울하게 하느니라

인간의 강퍅한, 특히 하나님 백성의 교만한 마음이 치유된 후에(cf. 15-16절) 이 세상에 임할 변화는 과연 어떤 것일까? 선지자는 먼저 변화의 가능성에 대하여 17절에서 선언한다. 하나님이 이들에게 허락하실 변화의 가능성은 마치 울창하기로 유명했던 레바논의 숲이 기름진 밭으로 변하고, 그 기름진 밭이 순식간에 울창한 숲으로 변하는 것과 같다는 것이다. 즉, 하나님의 능력은 한계가 없기 때문에 마음만 먹으면 언제든지 기적을 행하실 수 있다. 그렇다면 하나님이 자신의 능력을 힘껏 발휘하여 이 세상에 이루실 변화는 어떤 것일까? 선지자는 세 가지로 구분하고 있다. 육체적 변화(18절), 영적인 변화(19절), 그리고 사회적 변화(20-21절)이다.

첫째, 육체적 변화에 대하여 생각해보자(18절). 하나님이 구원을 베푸시는 날, 제일 먼저 그동안 신체적인 결함으로 고통받았던 사람들이 육체적인 제한에서 자유를 얻게 된다. 이곳에 제시된 예는 귀머거리가 듣게 될 것과 맹인이 눈을 떠서 보게 될 것이다. 이 말씀은 9-12절에서 언급한 상황의 변화를 의미하기도 한다. 또한 선지자의 소명(6:9-11)을 회상케 하기도 한다.

귀머거리가 듣고 맹인이 본다는 이 말씀의 중요성은 무엇보다도 이

두 가지가 진정한 메시아의 시대를 예고하고 있다는 점이다. 이스라엘 사람들은 메시아의 시대가 열리면 그 증거로 맹인이 보게 되고 귀머거리가 듣게 될 것이라고 생각했다. 그들의 생각에는 죽은 사람을 살리는 것은 선지자들도 할 수 있는 "쉬운" 일이었다. 그러므로 선지자 엘리야와 엘리사도 죽은 사람을 살릴 수 있었다(cf. 왕상 17장; 왕하 4장). 그러나 구약의 그 어디에도 선지자가 귀머거리를 듣게 하고, 맹인을 보게 한 적은 없다. 그러므로 메시아가 오시면 그가 이런 일을 하심으로써 자신의 정체성을 입증할 것이라고 생각했던 것이다.

복음서에 기록된 예수님의 사역이 맹인들의 눈을 열고 귀머거리들의 귀를 열었던 것은 우연이 아니다. 뿐만 아니라 세례 요한이 예수님께 제자들을 보내 "당신이 진정 오실 그분이십니까?"하고 물었을 때 예수님이 "가서 귀머거리가 듣고, 맹인이 보고, 가난한 사람들에게 복음이 전해지고 있다"고 전하라고 말씀하셨던 데에는 이러한 역사적인 배경이 있었다(cf. 마 11장; 눅 7장). 메시아가 오신다면 이 세상에서 고칠 수 없는 질병이 있을까? 없다!

둘째, 영적인 변화가 임할 것이다(19절). 모든 육체적인 고통에서 자유하게 되니 사람들의 영도 하나님 안에서 진정한 기쁨을 누리게 된다. 신분이 천하고 가난한 사람들이 하나님 안에서 즐거워하게 될 것이다. 천하고 가난한 사람들이라면 세상에서 가장 의지할 곳이 없고 착취당하기 쉬운 위치에 있는 자들이다. 삶에 찌들고 병들어 있는 몸 때문에 모든 것을 체념했을 이들에게 육체적인 자유가 임하더니 이제는 여호와 안에서 더 없는 기쁨이 그들을 찾아온 것이다. 그러므로 그들의 영이 한없이 즐거워한다.

셋째, 사회적인 변화가 올 것이다(20-21절). 사회에서 천대받고 소외당하던 사람들이 하나님 안에서 즐거워하고 육체적인 자유를 얻었으니 그들을 착취하고 핍박하던 자들은 자연히 코너로 몰리게 된다. 또한 하나님의 진노가 그들에게 임하니 더 이상 이 세상에 그들이 발붙일 틈이 없다. 그러므로 연약한 자들을 괴롭히던 자들이 이제는 괴롭힘을 당하게 될 것이다. 입장이 완전히 바뀌는 것이다. 억눌림을 당하던 자들은 멍에에서 자유할 것이요 억압하던 자들은 사회에서 배척당하게 될 것이다.

IV. 아시리아 침략 전야(前夜)(28:1–33:24)
3장. 인간과 하나님의 계획(29:15–24)

3. 이스라엘의 변화(29:22-24)

22 그러므로 아브라함을 구속하신 여호와께서
야곱 족속에 대하여 이같이 말씀하시되
야곱이 이제는 부끄러워하지 아니하겠고
그의 얼굴이 이제는 창백해지지 아니할 것이며
23 그의 자손은 내 손이 그 가운데에서 행한 것을 볼 때에
내 이름을 거룩하다 하며
야곱의 거룩한 이를 거룩하다 하며
이스라엘의 하나님을 경외할 것이며
24 마음이 혼미하던 자들도 총명하게 되며
원망하던 자들도 교훈을 받으리라 하셨느니라

위에 예고된 사회의 전반적인 변화는 곧 이스라엘의 운명의 변화로 연결된다. 하나님이 사역하시는 목적은 그의 백성에게 축복이 임하게 하기 위함이다. 그러므로 하나님의 정의와 공의가 세상을 다시 통치하는 날, 이스라엘은 하나님의 선민으로서 세상에서 자리를 굳히게 되기 때문에 모든 수치와 비천함의 때를 벗게 될 것이다. 더 나아가 그들은 온 세상의 선망의 대상이 될 것이다. 이러한 일이 있을 때, 세상 사람들은 하나님이 이스라엘을 위하여 하시는 일을 보면서 매우 기이히 여기게 될 것이다. 선지자가 아브라함과 야곱을 함께 언급하는 것은(22절) 이

스라엘과 유다는 하나님의 한 백성임을 강조하기 위해서다(Childs).

이스라엘의 하나님은 진정 이해할 수 없을 정도로 그의 백성을 사랑하실 뿐만 아니라 이 보잘것없는 나라의 신은 진정 "왕들 중의 왕, 신들 중의 신"이라는 점을 인정하게 될 것이다. 하나님의 능력에 놀란 그들은 야곱의 거룩하신 분을 거룩하게 받들며, 이스라엘의 하나님을 경외하며 섬길 것이다(23절). 또한 하나님의 능력과 사역의 놀라움을 인정하고 그분을 섬기는 사람들은 총명함을 얻고 교훈을 받을 것이다(24절). 하나님을 경외하는 것이 참지식을 가져오는 순간이다. 이 순서는 매우 중요하다(Oswalt). 참지식은 하나님을 경외하는 것에서 비롯되기 때문이다.

4장. 어리석은 동맹과 심판(30:1-33)

선지자는 28-29장에서 열방과 이스라엘의 대조되는 운명에 대하여 전반적인 것을 선언했다. 이제 그는 이집트와 이스라엘의 정치적 동맹에 대하여 구체적인 비난을 선포한다. 이어 다시 약속을 선언한다. 정치적 동맹에 대한 비난이 이미 선포된 예언들보다 더 구체적인 것처럼, 아시리아에서 이 백성을 구하시겠다는 하나님의 약속도 더 구체적이다.

선지자가 본문에서 이스라엘에게 선포하는 메시지의 내용은 이미 선포된 것과 같다. "너희들이 아무리 인간적으로 노력해도 자신을 구원할 수 없다. 너희의 유일한 희망은 하나님이시다. 그리고 좋은 소식은 바로 주님이 너희들을 구원하기를 원하신다는 것이다. 그러므로 외국(이집트)에 의존하지 마라." 본 텍스트는 다음과 같이 네 부분으로 나뉠 수 있다.

A. 이집트와의 동맹 비난(30:1-7)
  B. 이스라엘의 반역(30:8-18)
  B'. 이스라엘의 구원(30:19-26)
A'. 아시리아에 대한 심판(30:27-33)

1. 이집트와의 동맹 비난(30:1-7)

선지자의 관점에서 볼 때 유다가 이집트와 동맹을 맺는 것은 단순한 정치적 행위가 아니라 여호와께 반역하는 행위였다(2-4, 20, 23절). 어떻게 해서 이집트와 동맹을 맺는 것이 반역 행위에 해당하는가? 하나님은 이스라엘을 이집트에서 이끌어 내실 때 분명히 이집트 쪽은 뒤도 돌아보지 말라고 당부하셨다(신 17:16; 출 13:17).

물론 약소국가 이스라엘이 국제 무대에서 여러 가지 어려운 일을 많이 당했으므로 강대국에 의존해서 문제를 해결하려고 하는 노력은 충분히 이해가 된다. 그럼에도 불구하고 이집트와의 동맹은 신앙적인 차원에서 고려할 때 여호와께 대한 반역에 해당한다. 이스라엘은 세상의 나라들 중 선택을 받아 하나님과 특별한 관계를 즐길 수 있는 특권을 가졌다. 그러므로 그들의 모든 문제는 하나님을 통해서 해결책을 찾아야 하는 것이다. 이스라엘은 종교를 중심으로 형성된 공동체였다. 그리고 이 공동체의 주인은 하나님이셨던 것이다. 그러므로 이스라엘은 위기를 맞게 될 때 강대국을 찾을 것이 아니라 그들의 하나님 여호와를 찾아야 한다.

본문이 요시야 시대를 역사적 배경으로 하고 있다고 주장하는 사람도 있지만(Watts), 대부분의 학자들은 이 비난이 히스기야 시대를 배경으로 하고 있거나(Young; Wildberger; Seitz; cf. Childs; Smith), 북 왕국의 마지막 왕 호세아가 아시리아의 침략에서 살아남으려고 안간힘을 쓰던 시대를 배경으로 한다고 생각한다(Hoffmeier; Hayes & Irvine). 비록 선지자가 히스기야의 이름을 직접 언급하지는 않지만, 그의 시대가 확실하다(Seitz). 36장에서부터 전개될 이야기에서 거의 메시아처럼 묘사되는 사람이 본문에서는 이렇게 형편없는 짓을 했다는 것이 어이가 없지만, 구약에 기록된 히스기야에 대한 여러 기록을 바탕으로 한 학자들의 추측은 그가 젊었을 때는 하나님을 의지하지 않다가, 한 선지자의 메시지를 듣고 회심하여 훌륭한 믿음의 왕이 된 것으로 생각한다. 그에게 하나님의 말씀을 전한 선지자는 미가였을 것이라는 추측이 많은 설득력을 얻는다. 이 섹션은 다음과 같이 두 파트로 구분할 수 있다. (1) 비난 신탁(30:1-2), (2) 이집트가 수치가 됨(30:3-7).

II. 열방 심판(13:1-23:18)
4장. 어리석은 동맹과 심판(30:1-33)
1. 서론: 하나님이 교만을 심판하심(13:1-16)

(1) 비난 신탁(30:1-2)

1 여호와께서 이르시되
패역한 자식들은 화 있을진저
그들이 계교를 베푸나 나로 말미암지 아니하며
맹약을 맺으나 나의 영으로 말미암지 아니하고
죄에 죄를 더하도다
2 그들이 바로의 세력 안에서 스스로 강하려 하며
애굽의 그늘에 피하려 하여
애굽으로 내려갔으되
나의 입에 묻지 아니하였도다

이집트와 동맹을 맺는 것 자체가 불신적인 행위인데, 그나마 이스라엘은 그들의 왕이신 하나님의 뜻을 구하지도 않고 이 일을 행한다. "너희가 계획을 추진하지만, 그것들은 나에게서 나온 것이 아니며, 동맹을 맺지만, 나의 뜻을 따라 한 것이 아니다"(1절, 새번역)라는 말씀은 아마도 정치인들이 사람들의 정서를 고려해서 자신들의 동맹 결정을 종교적으로 합리화했던 것을 암시하는 듯하다. 그들은 백성들에게 여호와께서 이 일을 허락하셨다고 떠들고 다녔던 것이다.

아합 왕 시대에 북 왕국을 강타했던 거짓 선지자 병이 유다에도 돌고 있다(cf. 왕상 22장). 하나님의 뜻과는 상관없이 무조건 정부의 정책을 축복해주고 하나님의 뜻이라고 정당성을 부여해 주었던 종교인들이 있었던 것이다. 물론 무언가 이익이 있어서 하는 짓이었으리라. 거짓 선지자들은 하나님의 이름을 빌어 정권의 정당성을 인정해 주고, 정권은 이 거짓 선지자들에게 많은 선물과 특혜를 주었을 것이다.

이스라엘이 여호와의 날개 밑에 숨기를 거부하고 이집트의 그늘 아래 숨으려는 것에 분노하신 하나님이 이집트의 "보호"를 오히려 그들의 수치로 바꾸어 놓으실 것이다(2절).

(2) 이집트가 수치가 됨(30:3-7)

3 그러므로 바로의 세력이 너희의 수치가 되며
애굽의 그늘에 피함이 너희의 수욕이 될 것이라
4 그 고관들이 소안에 있고
그 사신들이 하네스에 이르렀으나
5 그들이 다 자기를 유익하게 하지 못하는
민족으로 말미암아 수치를 당하리니
그 민족이 돕지도 못하며 유익하게도 못하고
수치가 되게 하며 수욕이 되게 할 뿐임이니라
6 네겝 짐승들에 관한 경고라
사신들이 그들의 재물을 어린 나귀 등에 싣고
그들의 보물을 낙타 안장에 얹고
암사자와 수사자와 독사와 및 날아다니는
불뱀이 나오는 위험하고 곤고한 땅을 지나
자기에게 무익한 민족에게로 갔으나
7 애굽의 도움은 헛되고 무익하니라
그러므로 내가 애굽을 가만히 앉은 라합이라 일컬었느니라

하나님의 뜻을 알아보지도 않고 사절단을 이집트의 소안과 하네스 등으로 보내보지만 오히려 그들은 이집트를 통하여 수치를 당하게 될 것이다. 소안은 나일 델타 지역에 위치한 도시로서 이집트를 다스렸던 에티오피아인 바로 샤바코(Shabako)가 수도로 삼은 도시였다(ABD). 하

네스의 위치는 확실하지 않다. 학자들은 이 도시가 나일 델타 지역에 위치했다고도 하고(Wildberger), 훨씬 더 남쪽에 위치했다고 하기도 한다(Smith). 이집트는 그들에게 아무런 도움도 되지 못할 것이다. 이 일로 인해 이스라엘은 오히려 수치와 치욕만 얻게 된다. 선지자는 이러한 이스라엘의 정치적 행위를 짐승들에게 선물을 잔뜩 싣고 무시무시한 위험이 도사리고 있는 광야를 지나 아무런 도움도 주지 못할 백성을 찾아가 그들과 정략을 맺는 것으로 묘사하고 있다.

정말 어이가 없는 것은 암사자와 수사자가 으르렁거리는 땅, 독사가 날아다니고 불뱀이 날뛰는 땅을 지날 능력이 있는 자들이 이 험난한 땅을 지나 "맥 못쓰는 라합"(רַהַב הֵם שָׁבֶת, 새번역)과 같은 이집트에 도움을 요청한다는 사실이다. "라합"(רַהַב)은 고대 근동의 신화에 등장하는 바다 괴물이다. 이 괴물은 본능적으로 세상의 질서를 파괴하는 무시무시한 짐승으로, 신들은 이 괴물과 끊임없는 갈등을 빚었다(Wildberger; Tucker). 이집트가 바로 이 괴물이란 것이다.

그러나 본문에서 라합은 어떤 상태의 괴물인가? 무기력하고 형편없는 무용지물에 불과한 괴물이다. 과거의 무서운 파괴력을 가진 괴물이 아니라, 따뜻한 햇볕을 받으며 졸고 있는 노인처럼 되어 버린 존재다(Oswalt). 혹은 아무 힘을 발휘하지 못하는 "종이 호랑이"(paper tiger)에 불과하다(Childs). 또한 "라합"이란 단어는 "교만/자만"이란 뜻도 지니고 있다. 즉, 이집트는 과거의 영화는 온데간데없는 추락한 "자만심"만 남은 것에 불과하다는 것이다.

고대 근동의 역사를 감안할 때 이 말씀은 이집트에 대한 정확한 평가라 할 수 있다. 이집트는 팔레스타인 지역의 국가들에게 자주 "공수표"를 남발했지만 실제로 이들이 도움을 필요로 할 때는 도움이 되지 못했다(Hayes & Irvine; cf. Beuken). 어려운 상황에서는 도움이 안 되는 동맹국이었던 이집트가 맥 못쓰는 "라합"이었던 것이 확실하다. 선지자는 이 모든 일은 바로 하나님이 하신 일이라고 강조한다.

2. 이스라엘의 반역(30:8-18)

선지자는 이미 이스라엘이 외교적으로 하나님을 거역했다고 선언했다(1-7절). 이제 그는 이스라엘의 반역이 어디서 시작되는가를 밝히고자 한다. 바로 그들이 여호와를 형식적으로 믿는 데서 이런 문제들이 비롯되고 있다는 것이 선지자의 주장이다. 어떻게 보면 그들은 바리새인들의 병을 앓고 있다. 예수님 시대에 유대교의 중심 세력이었던 바리새인들은 우리가 하나님 앞에 갖추어야 할 격식을 잘 갖추고 그 격식대로 그분을 섬기면 모든 것이 잘 된다고 가르쳤다. 그러나 예수님은 이들의 신학의 허점을 강력하게 비난하셨다. 이들은 선지자들의 가르침에서 교훈을 얻지 못했던 것이다. 이 섹션은 다음과 같이 세 파트로 구분된다. (1) 말씀 거부(30:8-11), (2) 말씀 거부의 결과(30:12-14), (3) 구원과 기다림(30:15-18).

(1) 말씀 거부(30:8-11)

8 이제 가서 백성 앞에서 서판에 기록하며
책에 써서 후세에 영원히 있게 하라
9 대저 이는 패역한 백성이요
거짓말 하는 자식들이요
여호와의 법을 듣기 싫어하는 자식들이라
10 그들이 선견자들에게 이르기를 선견하지 말라
선견자들에게 이르기를 우리에게 바른 것을 보이지 말라
우리에게 부드러운 말을 하라
거짓된 것을 보이라

> [11] 너희는 바른 길을 버리며 첩경에서 돌이키라
> 이스라엘의 거룩하신 이를 우리 앞에서 떠나시게 하라 하는도다

하나님이 선지자에게 서판에 기록하라고 명하신다(8절). 정확히 무엇을 기록하라는 것인가? 라합의 이름(Delitzsch; Kaiser)인가, 아니면 이집트에 대한 경고(Scott; Skinner; Oswalt)인가? 아마도 이집트에 대한 경고를 기록하라는 뜻일 것이다. 이집트가 이들에게 도움이 못 될 것이라는 점을 하나님이 이미 선언하셨음을 기록했다가, 훗날 그것이 실제로 드러나면 증거로 제시하라는 뜻이다.

선지자는 이어 이스라엘의 불손한 신앙생활을 고발한다(9-11절). 하나님의 백성들은 여호와를 섬긴다고 말은 하지만 그들의 신앙생활을 살펴보면 진정으로 하나님을 섬긴다고 하기가 어렵다. 그래서 하나님은 이미 그들은 반역하는 백성이요, 거짓말을 하는 자손들이라고 선포하시고 말씀을 시작하신다(8절). 도대체 그들이 어떤 행동을 했기에 하나님이 이들을 거짓말쟁이들이라고 비난하시는 것인가? 선지자는 노골적으로 그들의 영적 오만을 지적한다.

그들은 하나님을 섬긴다고 하면서도 "여호와의 법"(תּוֹרַת יְהוָה)은 전혀 들으려 하지 않는 자들이다(9절). 이미 1장에서 선지자는 이들에게 "우리 하나님의 법"을 들으라고 선언한 적이 있다. 아직도 문제가 해결되지 않았던 것이다. 하나님을 섬긴다는 자들이 율법을 배우고 듣기를 거부하는 것처럼 모순되는 것이 있을까? 우리는 하나님의 말씀을 열심히 읽고 묵상하여 제대로 알아야 하는 책임이 있다.

이들은 또한 선견자들에게 "선견하지 말라," 예언자들에게 "바른 것을 보이지 말라"라고 요구한다(10절). 그리고는 오히려 "부드러운 말을 하라. 거짓된 것을 보이라. 바른 길을 버려라. 첩경에서 돌이키라. 이스라엘의 거룩하신 이를 우리 앞에서 떠나시게 하라"고 요구한다. 물론 그들이 실제로 이런 말로 선지자들을 우롱했을 리 없다. 다만 그들이

선지자들을 통하여 임하는 하나님의 계시와 가르침을 대하는 태도가 결국 이들에게 이러한 요구를 하는 것과 같았다는 것이다. 이 상황에서 거짓 선지자들은 백성들의 요구를 수용한다. 학자들은 이런 현상을 "청중들이 듣고자 하는 메시지를 선포하는 것"(*vox populi*)이라고 한다.

(2) 말씀 거부의 결과(30:12-14)

12 이러므로 이스라엘의 거룩하신 이가 이같이 말씀하시되
너희가 이 말을 업신여기고
압박과 허망을 믿어 그것을 의지하니
13 이 죄악이 너희에게 마치 무너지려고 터진 담이
불쑥 나와 순식간에 무너짐 같게 되리라 하셨은즉
14 그가 이 나라를 무너뜨리시되
토기장이가 그릇을 깨뜨림 같이
아낌이 없이 부수시리니 그 조각 중에서,
아궁이에서 불을 붙이거나 물 웅덩이에서
물을 뜰 것도 얻지 못하리라

하나님의 말씀을 우습게 여기는 자들은 어떻게 될 것인가? 선지자는 그들이 하나님의 진노를 사서 산산이 부서질 것이라 경고하고 있다. 이스라엘이 이집트를 의지하는 것은 마치 담을 무너뜨리는 압박과 허망을 믿는 것과 같다(12절). 금이 갈대로 간 높은 성벽, 그것도 중간 부분이 불룩해져 있는 성벽이다. 순식간에 일어날 완전한 파괴를 연상시키는 이미지다.

안타깝게도 벽(이스라엘)을 보존하기 위하여 그 벽을 허물 압박을 믿고 의지했으니, 결과는 뻔한 것 아닌가? 담이 무너지기 바로 전에 한

부위가 불쑥 튀어나왔다가 완전히 허물어지는 것처럼, 유다도 순식간에 무너질 것이다(13절). 도움을 청했던 이집트가 오히려 그들을 무너뜨리는 결과를 초래한 것이다. 인간과 하나님의 관점이 극명한 대조를 이루고 있다. 사람들은 이집트를 도움을 줄 수 있는 벽으로 생각하지만, 하나님은 이집트를 유다를 무너뜨리는 압력으로 보신다(cf. Oswalt; Beuken). 이집트를 믿고 의지했던 유다는 씻을 수 없는 수치를 당하게 되었다(Childs).

이 모든 일을 주관하시는 분은 그들이 의존하기를 거부했던 하나님이시다(14절). 선지자는 이스라엘이 의존하는 이집트가 유다를 무너뜨릴 것이라고 했는데(13절), 과거에 하나님이 아시리아를 진노의 막대기로 사용하셔서 이스라엘을 치신 것처럼(cf. 8장), 이번에는 이집트를 사용하여 이스라엘을 치신 것이다. 이스라엘은 하나님 외에 그 무엇도, 누구도 의지하지 않아야 하는데, 이집트를 의지했으니 하나님이 오히려 그들이 의지한 이집트를 사용하셔서 이스라엘을 실망시키신 것이다.

그래서 토기장이가 마음에 들지 않는 토기를 산산조각 내듯이 하나님이 이스라엘을 산산조각 내실 것이라고 한다(14절). 얼마나 확실하게 박살이 나는가 하면, 다른 용도로 쓸 만한 조각(viz., 불을 붙이는 데 사용하거나, 간단한 글을 쓸 만한 크기의 조각) 하나 건지지 못할 것이라고 한다. 그들의 왕이신 하나님을 의지하지 않고 강대국에게 도움을 청한 결과이다.

(3) 구원과 기다림(30:15-18)

15 주 여호와 이스라엘의 거룩하신 이가 이같이 말씀하시되
너희가 돌이켜 조용히 있어야 구원을 얻을 것이요
잠잠하고 신뢰하여야 힘을 얻을 것이거늘

너희가 원하지 아니하고
16 이르기를 아니라
우리가 말 타고 도망하리라 하였으므로
너희가 도망할 것이요
또 이르기를 우리가 빠른 짐승을 타리라 하였으므로
너희를 쫓는 자들이 빠르리니
17 한 사람이 꾸짖은즉 천 사람이 도망하겠고
다섯이 꾸짖은즉 너희가 다 도망하고
너희 남은 자는 겨우 산 꼭대기의 깃대 같겠고
산마루 위의 기치 같으리라 하셨느니라
하나님을 기다리는 자는 복이 있도다
18 그러나 여호와께서 기다리시나니
이는 너희에게 은혜를 베풀려 하심이요
일어나시리니 이는 너희를 긍휼히 여기려 하심이라
대저 여호와는 정의의 하나님이심이라
그를 기다리는 자마다 복이 있도다

그렇다면 이스라엘 백성이 하나님의 심판을 피할 수 있는 길은 없는가? 선지자는 잠잠히 여호와를 바라며 그분을 신뢰하여 힘을 얻는 것만이 살 길임을 밝히고 있다(15절). 그러나 문제는 이들이 그 방식을 따르는 것을 원하지 않는 데 있다. 그들은 잔잔한 물과 같은 하나님의 품을 마다하고 스스로의 해결책을 선호했다. 결국 그들은 스스로 생각해 낼 수 있는 최고의 인위적인 방법을 취했다. 말을 타고 도망가기로 한 것이다.

문제는 그것으로 자신들의 문제가 해결될 수 없다는 데 있다. 하나님이 그들의 뒤에 추격하는 군대를 붙여서 쫓게 하셨기 때문이다. 그들은 더 빠른 말을 타고 도망가는 사람들의 뒤를 쫓는다. 겁에 질린 도망자들은 적군 하나만 보아도 싸우려는 마음은 아예 먹어보지도 못하고 안간힘을 쓰며 도망한다(16-17절). 선지자는 역시 이미지를 구상하며 이스라엘의 처절한 운명을 전하고 있다. 하나님을 신뢰하기를 거부하는 백성의 비참한 모습이다. 그들이 도망간 뒤에는 그들이 남기고 간 깃발만이 외롭게 휘날리고 있는 것이다.

다행히 아직도 그들에게는 은혜를 체험할 수 있는 기회가 남아 있다는 것이 선지자의 외침이다. 그렇다면 이들이 과연 어떻게 하나님의 은혜를 체험할 수 있는가? 주를 기다리라는 것이다(18절). 하나님은 아직도 이들에게 은혜 베풀기를 원하시며, 그들을 불쌍히 여기시기를 원하시니 잠잠히 그를 바라는 자는 복이 있다는 것이 이사야의 외침이다.

그렇다면 과연 주를 "기다린다"(חכה)는 것은 무엇을 의미하는가? 비록 세상일이 우리가 계획하는 대로, 혹은 기대하는 대로 이루어지지 않더라도 낙심하지 않고 언젠가는 주님의 공의와 정의가 이 세상을 지배할 것이라는 확신 아래 잠잠히 하나님의 때가 도래할 것을 갈망하는 것이다. 물론 말처럼 쉬운 것은 아니다. 그러나 하나님의 백성이라면 세상의 일이 어떻게 돌아가든 역사는 하나님의 손 안에 있으며 언젠가는 그분의 정의가 승리할 것이라는 확신을 가져야 하지 않는가!

이런 사람은 복이 있다고 하신다(17d절). 하나님의 구원을 보게 될 것이기 때문이다. 이러한 논리는 선지자가 자신의 책에서 거듭 강조하고 있는 메시지이기도 하다. 2장에서 그는 여호와만이 유일하게 온 세상에서 높임을 받는 분이라고 했다. 앞으로 선지자는 오직 여호와만이 그들의 필요를 충족시킬 수 있다고 주장할 것이다(40:27-31). 그러므로 하나님을 의지하는 것은 당연한 것이며, 그분을 기다리는 것은 모든 백성들의 의무인 것이다.

3. 이스라엘의 구원(30:19-26)

선지자는 18절에서 여호와를 기다리는 자들은 복이 있다고 했다. 그렇다면 하나님을 기다리는 자들이 여호와의 은혜를 입으면 과연 어느 정도의 축복을 기대할 수 있는가? 선지자는 본 텍스트를 통해 그들이 기대할 수 있는 것은 단순한 회복이 아니라 그 범위를 훨씬 초월한 놀랍고 특별한 축복이라고 강조한다. 이사야는 구체적으로 세 가지로 하나님의 축복을 논한다. 깨달음, 우상 문제 해결, 풍요. 본 텍스트는 다음과 같은 구조를 보인다.

A. 깨달음을 주심(30:19-21)
　B. 우상 문제가 해결됨(30:22)
A'. 풍요로움을 주심(30:23-26)

(1) 깨달음을 주심(30:19-21)

19 시온에 거주하며 예루살렘에 거주하는 백성아
너는 다시 통곡하지 아니할 것이라
그가 네 부르짖는 소리로 말미암아 네게 은혜를 베푸시되
그가 들으실 때에 네게 응답하시리라
20 주께서 너희에게 환난의 떡과 고생의 물을 주시나
네 스승은 다시 숨기지 아니하시리니
네 눈이 네 스승을 볼 것이며
21 너희가 오른쪽으로 치우치든지 왼쪽으로 치우치든지
네 뒤에서 말 소리가 네 귀에 들려 이르기를
이것이 바른 길이니 너희는 이리로 가라 할 것이며

그때가 되면 어려울 때마다 부르짖는 백성의 음성을 하나님이 들으시고 응답하실 것이다. 들으시는 대로 지체하지 않고 곧장 응답하신다(19절). 또한 하나님이 그의 백성들에게 환난의 빵과 고난의 물은 주셔도 결코 거룩한 "스승/지도자"(מוֹרֶה)는 없애지 않으실 것이다(20절). 이 단어는 단수 혹은 복수형으로 해석될 수 있다. 복수일 경우 박해 때문에 몸을 숨긴 선지자들을 의미하며, 단수일 경우에는 하나님 자신을 뜻한다. 동사가 단수인 점과 문맥의 흐름을 감안할 때 단수로 간주하는 것이 옳을 것이다(Smith; cf. Motyer; Oswalt). NAS, NRS 등 주요 번역들은 모두 단수로 해석하여 하나님을 뜻하는 것으로 번역하고 있다. 이 스승은 선지자가 후반부에서 자주 언급하는 "여호와의 종"이라고 하는 주장도 있다(Beuken).

이 말씀은 경우에 따라서는 하나님이 사랑의 징계를 하시겠지만 결코 인도자 없는 양 무리처럼, 고아처럼 버려 두시지는 않을 것이라는 선언이다. 또한 하나님의 직접적인 가르침이 있다. 결정의 기로에 서 있는 백성들에게 올바른 길을 가도록 가르쳐주시는 것이다(21절). 그렇다면 하나님의 백성들은 다시는 잘못될 걱정을 할 필요가 없다. 하나님의 직접적인 인도하심이 그들과 함께할 것이기 때문이다.

물론 선지자는 이미 1장에서 고집불통인 이스라엘은 짐승들만도 못하다고 비난했다(1:2-3). 그러나 이 문제는 이 시점에서는 이미 해결된 이슈다. 이스라엘 사람들의 염원이었던 하나님과의 이상적인 관계인 "부르짖음-응답" 공식이 회복되고 있기 때문이다. 시내 산에서 언약을 맺으실 때 하나님은 그의 백성이 부르짖으면 응답하실 것이라고 했다. 그 후 시내 산에서 맺어진 하나님과 이스라엘의 관계는 "부르짖음-응답"으로 상징될 수 있다. 이제 하나님은 그 같은 관계를 다시 회복하실 것이다.

(2) 우상 문제가 해결됨(30:22)

22 또 너희가 너희 조각한 우상에 입힌 은과
부어 만든 우상에 올린 금을 더럽게 하여
불결한 물건을 던짐 같이 던지며
이르기를 나가라 하리라

이사야는 이미 2장에서 환난이 닥치면 주의 백성들이 그들이 섬기고 있던 우상들을 박쥐에게 내던질 것을 선언했다. 그들의 현실에 도움은 커녕 오히려 부담만 되기 때문이다. 아마도 속았다는 느낌이 들었을 것이다. 인간이 신을 숭배하는 가장 큰 이유는 환난 날에 조금이나마 덕을 보기 위해서일 것이다. 그런데 실제로 환난 날이 그들에게 임하니 우상은 무용지물이라는 사실이 드러난 것이다.

주의 백성이 속았다는 사실을 깨닫는 순간, 그들은 누구를 원망할 것인가? 과연 그들은 누구에게 속았다는 말인가? 우상을 탓하거나, 그 누구를 탓할 필요가 없다. 바로 자신들이 스스로를 속인 것이기 때문이다. 선지자는 이미 2장에서 우상이 인간을 타락시키는 것이 아니라 타락한 인간이 우상을 만드는 것이라고 선언했다(cf. 2:22 주해). 이제 그 말씀의 성취가 이루어지고 있다. 백성들이 스스로 우상들을 버리고 있다. 그리고는 우상들에게 소리친다. "내 눈 앞에서 사라져라!" 우리가 꿈꾸는 날이 바로 이 날이다. 세상 사람들이 모두 그들이 숭배하는 신들에게 "영양가 없는 것들아 꺼져라!"라고 외치며 유일한 신이신 하나님께 돌아오는 날! 생각만해도 가슴이 벅차다.

II. 열방 심판(13:1–23:18)
4장. 어리석은 동맹과 심판(30:1–33)
3. 이스라엘의 구원(30:19–26)

(3) 풍요로움을 주심(30:23-26)

23 네가 땅에 뿌린 종자에 주께서 비를 주사
땅이 먹을 것을 내며 곡식이 풍성하고 기름지게 하실 것이며
그 날에 네 가축이 광활한 목장에서 먹을 것이요
24 밭 가는 소와 어린 나귀도 키와 쇠스랑으로 까부르고
맛있게 한 먹이를 먹을 것이며
25 크게 살륙하는 날 망대가 무너질 때에
고산마다 준령마다 그 뒤에 개울과 시냇물이 흐를 것이며
26 여호와께서 자기 백성의 상처를 싸매시며
그들의 맞은 자리를 고치시는 날에는
달빛은 햇빛 같겠고
햇빛은 일곱 배가 되어 일곱 날의 빛과 같으리라

학자들은 본문이 초기 형태의 묵시라고 한다(Beuken). 주의 백성은 그동안 우상들을 통하여 풍요로움을 얻으려 했다. 특히 이스라엘 사람들은 본문에 묘사되어 있는 것들이 모두 다산(多産) 신들이 주는 것으로 착각하고 그 신들을 찾았다. 선지자들은 백성들이 다산 신들을 찾는 것은 오히려 궁핍을 초래할 것이라고 경고했다(왕상 17:1; 18:1, 45; 호 2:8, 9, 21-23; 9:2; 14:8; 암 4:7-9; 9:13-15). 그러나 백성들은 선지자들의 외침에 귀를 기울이려 하지 않았다.

하나님과의 관계가 회복되는 날, 이스라엘은 그들이 우상들을 통하여 얻으려 했던 모든 것이 여호와로부터 온다는 것을 깨닫게 될 것이다. 땅의 풍요로움도, 가축들의 번성도 모두 여호와께서 내리시는 축복인 것이다. 이 사실을 의식하는 순간, 그들의 여호와에 대한 죄송함과 감격이 극치에 이를 것이다. 반면에 우상을 찾았던 자신들의 어리석음

에 대한 후회도 극에 달할 것이다. 이런 날이 우리에게 임하는 날에 우리는 혹시 후회할 것이 없는지 항상 근신하면서 살아야 한다.

주목할 만한 것은 심지어 가축들도 "키와 쇠스랑으로 까부르고 맛있게 한 먹이"를 먹게 될 것이라는 사실이다(24절). 이 말씀은 온 땅의 풍성함을 강조할 뿐만 아니라, 이 짐승들의 주인이 하나님의 은혜에 마음이 녹아 키우는 짐승들에게까지 자비를 베풀게 될 것이라는 점을 강조하고 있다. 세상에는 두 가지 악인이 있다. 마음 자세가 처음부터 악한 사람들, 그리고 삶에 찌들다 보니 강퍅해지는 사람들이다. 두 번째 부류의 사람은 더 이상 존재하지 않을 것이다. 그들의 마음에 쌓인 모든 상처와 분노가 사르르 녹아 내릴 것이기 때문이다. 사랑으로 사람의 마음을 녹이고 치유하는 것도 매우 효율적인 사역이다.

이 모든 일은 세상의 교만한 자들과 악인들의 성이 무너지고 큰 살육이 있을 때 일어날 일이다(25절). 선지자가 25절에서 망대가 무너지는 것과 시냇물이 흐르는 것을 함께 언급하는 것은 결코 우연이 아니다(Oswalt). 선지자는 여러 차례 망대와 물이 없어 메마르게 되는 것을 인간의 교만과 연결해 왔다. 반면에 풍요로움과 물은 하나님을 의지할 때 주어지는 것들이다. 또한 이 말씀은 이미 2장에서 선포된 여호와의 날이 임박한 것을 의미한다. 그날이 되면 세상의 모든 교만한 자가 죽임을 당한다. 반면에 이미 낮아질 대로 낮아져서 더 이상 낮출 수 없는 사람들은 하나님의 위로를 받게 된다. 한쪽은 죽고, 한쪽은 생수의 생명력을 경험하는 극명한 대조를 보이고 있다. 그러므로 하나님의 백성들은 환난에 대해서 특별히 걱정할 필요가 없다. 하나님이 이 세상을 심판하시는 날, 그의 백성들에게는 특별한 은혜를 베푸실 것이기 때문이다.

하나님이 그의 백성을 구원하시는 날에—백성의 상처를 싸매어 주시고, 매 맞아 생긴 그들의 상처를 고치시는 날에—빛이 세상을 통치한다. 어두움이 더 이상 세상을 장악하지 못한다. "달빛은 마치 햇빛처럼 밝아지고, 햇빛은 일곱 배나 밝아져서 마치 일곱 날을 한데 모은 것

같이 밝아질 것이다"(26절, 새번역). 역시 과장법이다. 이날과 같이 해와 달이 밝아 보이는 날은 없을 것이라는 뜻이다. 우리가 예수 그리스도를 처음 믿었던 순간을 되새겨보면 얼마나 감격스러웠으며, 세상 만물이 얼마나 사랑스러웠던가! 그날을 회상해 보면 앞으로 임할 하나님의 치유의 날이 얼마나 밝고 아름답게 느껴질 것인가가 상상되지 않는가? 하나님의 치유의 해(日)가 그를 갈망하고 기다리던 자들 머리 위에 크게 떠 있다.

IV. 아시리아 침략 전야(前夜)(28:1–33:24)
4장. 어리석은 동맹과 심판(30:1–33)

4. 아시리아에 대한 심판(30:27-33)

27 보라 여호와의 이름이 원방에서부터 오되
그의 진노가 불 붙듯 하며
빽빽한 연기가 일어나듯 하며
그의 입술에는 분노가 찼으며
그의 혀는 맹렬한 불 같으며
28 그의 호흡은 마치 창일하여 목에까지 미치는 하수 같은즉
그가 멸하는 키로 열방을 까부르며
여러 민족의 입에 미혹하는 재갈을 물리시리니
29 너희가 거룩한 절기를 지키는 밤에 하듯이 노래할 것이며
피리를 불며 여호와의 산으로 가서
이스라엘의 반석에게로 나아가는 자같이
마음에 즐거워할 것이라
30 여호와께서 그의 장엄한 목소리를 듣게 하시며
혁혁한 진노로 그의 팔의 치심을 보이시되
맹렬한 화염과 폭풍과 폭우와 우박으로 하시리니

31 여호와의 목소리에 앗수르가 낙담할 것이며
주께서는 막대기로 치실 것이라
32 여호와께서 예정하신 몽둥이를 앗수르 위에 더하실 때마다
소고를 치며 수금을 탈 것이며
그는 전쟁 때에 팔을 들어 그들을 치시리라
33 대저 도벳은 이미 세워졌고
또 왕을 위하여 예비된 것이라
깊고 넓게 하였고 거기에 불과 많은 나무가 있은즉
여호와의 호흡이 유황 개천 같아서 이를 사르시리라

하나님의 백성은 은혜를 입지만 그들을 괴롭히던 나라들은 어떻게 되는가? 특히 하나님이 징계의 도구로 사용하셨던 나라의 운명은 어떻게 될 것인가? 선지자는 아시리아를 예로 이스라엘을 괴롭힌 모든 나라들이—하나님이 이스라엘을 징계하기 위하여 도구로 사용하신 나라를 포함한 모든 나라들이—어떻게 될 것인가를 선포한다.

제일 먼저 선지자는 이스라엘의 외교 정책과는 상관없이 구원은 오직 여호와께로부터 올 것이라는 사실을 상기시키고 있다. 이집트가 그들을 구원하는 것이 아니라 그들의 하나님이 자비를 베푸시는 것이다. 하나님이 구원을 베푸시기 위하여 무시무시한 위력으로—구약에서 하나님의 임재를 묘사할 때 자주 사용되는 위협적인 위엄으로—그들을 찾아오신다. "보라 여호와의 이름이 원방에서부터 오되 그의 진노가 불붙듯 하며 빽빽한 연기가 일어나듯 하며 그의 입술에는 분노가 찼으며 그의 혀는 맹렬한 불 같으며…"(27절; cf. 시 18:7-15; 50:3; 나 1:3-8; 합 3:3-15).

하나님이 이런 기세로 달려든다면 그 누가 살아남겠는가! 놀라운 것은 하나님의 백성에게는 이 모습이 그들을 보호하려는 여호와의 열심을 나타내는 것이요, 그들의 적에게는 공포의 심판이 시작될 것을 뜻하는 "쌍검"이라는 것이다. 여호와의 날이 주의 백성에게는 보호의 날이

자 잔치의 날이나, 주를 대적하는 자들에게는 공포와 심판의 날이다. 선지자는 29절에서 종교적 절기를 언급하는데, 학자들은 이 절기를 신년 축제(New Year Festival), 혹은 히스기야의 유월절(대하 30장), 혹은 장막절과 연관시킨다(cf. Wildberger).

여호와의 구원을 체험한 이스라엘 백성들은 다시 한 번 하나님 앞에 고개를 숙이게 될 것이다. 그들은 여호와께서 자신들을 구원하실 수 없다고 생각해서 그에게서 등을 돌렸다. 그러나 하나님은 주님을 배신한 그들을 버리지 않으셨다. 하나님이 배신한 이스라엘을 징계하기 위하여 하나님이 아시리아를 불러들이신 것은 사실이지만, 이 일이 결코 여호와께서 그들을 버렸다는 증거가 될 수는 없다. 오히려 모든 징계가 끝난 후에 아시리아에 임할 일을 살펴보면 여호와께서 그의 백성들을 얼마나 끔찍하게 사랑하고 있으신가를 알게 될 것이라는 점이 선지자의 가르침이다. 아시리아가 성 밖에서 멸망하는 날, 성 안에 있는 여호와의 백성들은 하나님의 사랑을 새롭게 실감하게 될 것이다.

하나님은 아시리아의 종말을 위하여 이미 오래 전부터 준비하고 계셨다(33절). 도벳(תָּפְתֶּה)(cf. 왕하 23:10; 렘 19:6)은 예루살렘 성 밖에 위치했으며 몰렉에게 사람들을 불살라 제물로 바치던 곳이다(Tucker). 하나님은 아시리아의 왕과 군사들을 이곳에서 불사르기 위하여 오래 전부터 이곳에 많은 나무를 준비해 놓으셨다고 하신다. 그날, 하나님의 호흡이 아시리아의 왕과 군사들에게 유황 개천처럼 임할 것이다. 역사는 하나님의 주권 아래, 그분의 철저한 준비와 통제에 의하여 진행되고 있는 것이다.

선지자는 이집트를 의존하고자 하는 백성들에게 왜 이 메시지를 전하는가? 첫째는 그들의 계획이 얼마나 어리석은 것인가를 드러내고, 둘째는 그들의 신앙을 바로잡고자 하는 바람에서였을 것이다. 오직 여호와만이 그들을 구원할 수 있다는 교훈을 강조함으로써 잠잠히 그분의 구원을 갈망하라고 권면하는 것이다(18절). 그러나 가장 값진 교훈은 바로 여기에 있다. "너희의 모든 수단과 방법을 버리고 여호와만을 사모할 때 진정한 구원이 가능하다." 우리는 하나님의 축복이 스스로의 모든 노력을 온전히 버리고 오직 하나님만을 바라볼 때 기대할 수 있다는 사실을 깨달아야 한다(Oswalt). 그러므로 선지자는 지금 그의 백성들에게 모든 정치적/인간적 수단과 방법을 버리라고 권면한다. 모든 인간적인 방법을 내려놓고 잠잠히 여호와의 구원을 바라보는 것만이 그들의 살 길이라는 것이다. 우리의 살 길도 바로 여기에 있다.

5장. 예루살렘 보호(31:1-9)

선지자는 이미 30장에서 선포한 자신의 메시지를 요약해서 다시 한 번 그의 청중들을 설득하고자 한다(cf. Tucker). 구체적으로 그는 다시 이집트를 의존하는 것은 어리석은 일인 것(1-3절)과 이스라엘의 외교 정책과는 상관없이 하나님이 직접 예루살렘을 아시리아의 손에서 보호하실 것(4-9절)을 선언한다. 본 텍스트의 이슈는 주의 백성이 과연 누구를 의지할 것인가이다. 이스라엘에게 강대국을 의지하거나 두려워하지 말고 오직 그들의 구원자이신 여호와를 바라보라는 이 텍스트는 다음과 같이 구분될 수 있다.

A. 재앙 선언: 이집트를 의존하는 어리석음(31:1-3)

B. 여호와의 구원 약속(31:4-5)

B'. 여호와께 돌아오라(31:6-7)

A'. 아시리아는 멸망할 것(31:8-9)

1. 재앙 선언: 이집트를 의존하는 어리석음(31:1-3)

1 도움을 구하러 애굽으로 내려가는 자들은 화 있을진저
그들은 말을 의지하며
병거의 많음과 마병의 심히 강함을 의지하고
이스라엘의 거룩하신 이를 앙모하지 아니하며
여호와를 구하지 아니하나니

2 여호와께서도 지혜로우신즉 재앙을 내리실 것이라
그의 말씀들을 변하게 하지 아니하시고
일어나사 악행하는 자들의 집을 치시며
행악을 돕는 자들을 치시리니
3 애굽은 사람이요 신이 아니며
그들의 말들은 육체요 영이 아니라
여호와께서 그의 손을 펴시면 돕는 자도 넘어지며
도움을 받는 자도 엎드러져서 다 함께 멸망하리라

하나님의 백성으로서 이스라엘은 어려운 일을 당하면 당연히 그들의 하나님 여호와를 앙모하고 구해야 할 것이다. 그러나 그들은 이집트로 내려가 이집트의 말과 병거와 마병을 의지한다(1절). 말은 강인한 힘을, 병거는 군사력을, 마병은 훈련된 인력을 상징한다(Motyer). 인간의 눈에는 이것들이 세상에서 상상할 수 있는 최선의 것들이다. 고대 근동에서 말을 전쟁에 투입하기 시작한 것은 주전 1800년 즈음의 일이다. 말이 전쟁에 투입되면서부터 전쟁의 양상이 달라졌다. 무시무시한 기동력과 마차를 동반한 파괴력은 군사들의 선망이었고 적군의 공포를 자아냈다. 그러므로 이스라엘이 이러한 이집트의 기동력과 파괴력에 매료되는 것은 당연한 것인지도 모른다.

그러나 이스라엘에게는 여호와가 있지 않은가! 특히 하나님은 그들에게 어려울 때마다 하나님만을 바라볼 것을 요구하셨다. 그런데 이들이 하나님의 요구를 등한시하고 있는 것이다. 그러므로 하나님이 결코 잠잠히 있지 않으실 것이다. 하나님께 범죄하는 자들과 그들을 돕는 자들을 모조리 치실 것이다(2절). 선지자는 누구를 "악행하는 자들"(2절)이라고 하는가? 선지자가 이집트를 지목하는 것이라는 해석이 있지만(Wildberger), 문맥을 고려하면 분명 유다 사람들이다(Oswalt; Smith). 이스라엘이 하나님을 의지하지 않고 이집트를 의존한 것은 분명 악행이라는 것이다.

이집트를 의지한 어리석음은 그들이 영(רוּחַ)/신(אֵל)이 아니요 육체(בָּשָׂר)/사람(אָדָם)에 불과하다는 데에 있다(3절). 반면에 여호와는 어떤 분이신가? 영/신이 아닌가! 영이신 하나님이 손만 펴시면 돕는 자와 도움을 받는 자가 함께 엎드러져서 멸망하게 된다. 영을 택할 것인가, 아니면 육을 택할 것인가? 논리적인 선택은 당연한 것이다. 영을 택해야 한다. 그러나 그렇지만은 않은 것이 우리의 현실이 아닌가? 영이 좋은 줄 알면서도 육을 택하는 어리석음이 결코 이스라엘의 문제만은 아닐 것이다. 우리는 영을 택하고 있는가, 아니면 육을 택하고 있는가?

IV. 아시리아 침략 전야(前夜)(28:1–33:24)
5장. 예루살렘 보호(31:1–9)

2. 여호와의 구원 약속(31:4-5)

4 여호와께서 이같이 내게 이르시되
큰 사자나 젊은 사자가 자기의 먹이를 움키고 으르렁거릴 때에
그것을 치려고 여러 목자를 불러 왔다 할지라도
그것이 그들의 소리로 말미암아 놀라지 아니할 것이요
그들의 떠듦으로 말미암아 굴복하지 아니할 것이라
이와 같이 나 만군의 여호와가 강림하여
시온 산과 그 언덕에서 싸울 것이라
5 새가 날개 치며 그 새끼를 보호함같이
나 만군의 여호와가 예루살렘을 보호할 것이라
그것을 호위하며 건지며 뛰어넘어 구원하리라 하셨느니라

선지자는 두 가지의 은유를 사용하여 하나님이 예루살렘을 보호하실 것을 선언한다. (1) 먹이를 움켜쥔 사자(4절), (2) 새끼를 보호하는 새

(5절; cf 신 32:11-12). 일부 주석가들은 사자의 이미지가 성경에서 부정적으로 사용된다 하여 사자로 묘사된 하나님이 시온을 물어뜯는 것이라고 하지만(Clements; cf. Young), 두 이미지 모두 확고한 방어 의지를 잘 묘사하고 있다(Wildberger). 먹이를 움켜쥔 사자가 어찌 그 먹이를 쉽게 양보하겠는가! 선지자는 아무리 많은 목자들이 와서 사자를 먹이에서 떼어놓으려고 해도 결코 그렇게 하지 못할 것이라고 한다. 이와 같이 하나님이 사자가 먹이를 빼앗기지 않기 위하여 필사적으로 싸우는 것처럼 시온을 지키실 것이다(4절).

어미 새가 새끼들이 위험에 처했다고 생각할 때, 위험을 무릅쓰고 달려드는 모습을 상상해 보라. 어미 새는 새끼를 보호하기 위하여 죽음을 감수하면서 필사적으로 달려들 것이다. 하나님이 이와 같이 강력한 의지로 이스라엘을 보호하실 것이다. 즉, 하나님 백성의 구원은 여호와께 있는 것이다. 멀리서 구원을 추구할 필요가 없다.

Ⅳ. 아시리아 침략 전야(前夜)(28:1-33:24)
5장. 예루살렘 보호(31:1-9)

3. 여호와께 돌아오라(31:6-7)

6 이스라엘 자손들아
너희는 심히 거역하던 자에게로 돌아오라
7 너희가 자기 손으로 만들어
범죄한 은 우상, 금 우상을
그 날에는 각 사람이 던져 버릴 것이며

그러므로 선지자는 이스라엘 백성들에게 외치고 있다. "돌아오라, 너희가 거역하던 자에게 돌아오라"(6절). 그러나 돌아오는 것은 우상을 버리는 것을 전제로 한다(7절). 더 이상 잡신을 섬기지 않겠다는 다짐과 각오가 필요한 것이다. 하나님께 돌아온다는 것은 우리가 의지하던 모든 것을 버린다는 것을 의미한다. 결코 이것들을 하나님과 함께 섬길 수 없기 때문이다. 매일 반복하는 우리의 회개(viz., 하나님께 돌아옴)도 이러한 근신과 결단을 요구한다. 그러므로 근신과 결단이 없는 회개는 무의미한 것이다.

하나님이 큰 재앙으로 세상을 심판하시는 그날이 오면 사람들은 스스로 우상들을 던져버릴 것이다. 우상은 환난 때 아무 도움이 되지 못한다는 것을 비로소 깨달았기 때문이다. 이 같은 일은 선지자가 이미 2장에서 선언했다(2:20). 그날에 가서야 비로소 우상들이 도움이 되지 않는다는 사실을 깨닫고 후회하는 것보다, 미리 이 같은 사실을 알고 오직 하나님만을 의지하는 사람이 지혜롭다.

IV. 아시리아 침략 전야(前夜)(28:1-33:24)
5장. 예루살렘 보호(31:1-9)

4. 아시리아는 멸망할 것(31:8-9)

8 앗수르는 칼에 엎드러질 것이나
사람의 칼로 말미암음이 아니겠고
칼에 삼켜질 것이나
사람의 칼로 말미암음이 아닐 것이며
그는 칼 앞에서 도망할 것이요
그의 장정들은 복역하는 자가 될 것이라
9 그의 반석은 두려움으로 말미암아 물러가겠고
그의 고관들은 기치로 말미암아 놀라리라
이는 여호와의 말씀이라
여호와의 불은 시온에 있고
여호와의 풀무는 예루살렘에 있느니라

이스라엘이 우상을 버리고 돌아오기만 하면 그들이 심히 두려워하는 아시리아가 하나님의 손에 망하는 것을 직접 목격할 것이다(8절). 아시리아가 망하는 것은 결코 사람의 칼로 말미암음이 아니다(8절). 하나님이 하시는 일이다. 뿐만 아니라 아시리아는 다시는 일어설 수 없을 정도의 치명타를 입게 될 것이다(9절).

그(아시리아)의 반석이 두려움으로 말미암아 물러간다. 아시리아의 위엄을 지탱하는 힘이 그 근원째 흔들린다는 것이다. 이스라엘이 이집트에 사절단을 보낸 이유도 아시리아에 대한 두려움 때문이다. 그러므로 이스라엘이 하나님께 돌아오기만 하면 그들의 두려움의 원인이 말끔히 제거될 것이라는 것이 선지자의 가르침이다.

6장. 약속과 경고(32:1-20)

선지자는 24-27장을 통하여 앞으로 도래할 종말에 대하여 선언했다. 마지막 날이 임하면 범세계적인 심판이 있을 것이다. 의인은 위로를 받을 것이요 악인은 심판을 받아 죽게 된다. 이사야는 28-29장을 통하여 이스라엘과 유다의 죄, 특히 그들의 지도자들이 범하고 있는 죄를 노골적으로 비난했다. 이어서 30-31장에서는 유다가 외교적인 정략을 통하여 이집트를 의존하는 것이 얼마나 어리석은 일이며 부질없는 일인가를 선언했다.

그래서 선지자는 28장 이후부터 주로 지도자들의 비행과 어리석음을 지적해 왔다. 그렇다면 리더들이 이 모양이라면 백성들은 도대체 누구를 의존해야 하는가? 선지자는 공의로 그들을 다스려 주실 왕을 바라보라고 한다. 그는 하나님의 통치를 갈망하는 백성들에게 의의 왕이 오실 것을 예언하고 있는 것이다. 그러므로 선지자는 본문을 통해 30-31장에 대조되는 상황을 제시함으로써 청중들에게 소망을 잃지 말 것을 당부한다. 본 텍스트는 다음과 같이 두 섹션으로 구분할 수 있다. (1) 새 왕과 새 사회(32:1-8), (2) 새 사회와 하나님의 영(32:9-20).

IV. 아시리아 침략 전야(前夜)(28:1-33:24)
6장. 약속과 경고(32:1-20)

1. 새 왕과 새 사회(32:1-8)

이 텍스트는 지혜 사상의 용어들을 사용하여 어리석음과 슬기로움을 비교하고 있다. 이미 선지자는 여러 차례 이스라엘 리더들의 어리석음을 지적한 바 있다. 이제 그는 새 시대가 열리면 이스라엘의 온 백성이 그들의 상상을 초월하는 통찰력과 슬기로움을 지니게 될 것을 예언하고 있다. 즉, 새 시대의 아침은 지혜의 강물이 온 세상을 뒤덮는 것으로 시작되고 있는 것이다.

이사야 시대의 이스라엘이 당면하고 있던 가장 근본적인 문제는 리더십에 있었다. 능률적이지도, 경건하지도 못한 지도자들이 온 나라를 말아먹고 있었다(3:13-15). 그러므로 선지자는 이미 새로운 시대의 도약을 여호와의 직접적인 리더십 발휘와 연관시켰다(1:25-26). 이제 그 시대가 열리고 있다. 한 학자는 32장 전체를 "왕족 구원자에 대한 선지적 선언"(Prophetic Announcement of a Royal Savior)이라고 한다(Sweeney). 본 텍스트는 세 파트로 세분화할 수 있다.

A. 의로운 왕의 통치(32:1-2)

B. 맹인이 보게 됨(32:3-4)

C. 어리석은 자들의 한계가 드러남(32:5-8)

Ⅱ. 열방 심판(13:1-23:18)
6장. 약속과 경고(32:1-20)
1. 새 왕과 새 사회(32:1-8)

(1) 의로운 왕의 통치(32:1-2)

1 보라 장차 한 왕이 공의로 통치할 것이요
방백들이 정의로 다스릴 것이며
2 또 그 사람은 광풍을 피하는 곳,
폭우를 가리는 곳 같을 것이며
마른 땅에 냇물 같을 것이며
곤비한 땅에 큰 바위 그늘 같으리니

새로운 지도력을 가지고 시작되는 이 시대를 통치할 지도자들은 하나같이 정의와 공의를 통치 철학의 기초로 삼을 것이다(1절). 본문이 언급하는 왕이 요시야라고 주장하는 학자도 있지만(Sweeney), 장차 오실 메시아 왕이 확실하다(Wegner; Motyer). 이사야는 9:1-7과 11:1-5에서 메시아에 대한 신탁을 선언하면서 사용했던 이미지와 용어들을 이곳에서도 사용하고 있기 때문이다(cf. Smith). 이 새 정권의 구심점인 왕과 그를 돕는 모든 리더들이 한마음이 되어 공의를 추구한다. 또한 새로운 정권을 구상하는 리더들은 "정의와 공평"으로 백성들을 다스릴 것이다. 이사야는 보통 "공평(מִשְׁפָּט)과 정의"(צֶדֶק) 순서로 말하는데, 여기서는 순서를 바꾸었다(Williamson). 하나님이 세우신 리더들은 정의와 공평만 추구하는 것이 아니라 매우 인간적으로 백성들을 보살필 것이다(2절). 선지자는 그들의 사역을 네 가지 비유를 들어 묘사하고 있다.

첫째, 통치자들마다 백성들이 광풍을 피하는 피난처와 같이 된다. 리더들은 마치 폭풍을 만난 배가 항구에 들어와 험한 파도로부터 보호를 받으며 안식을 취하는 것처럼 백성들을 그들의 날개 밑에 보호할 것이다. 백성들을 보호하기는커녕 마치 험난한 세상의 파도에 휩쓸리도록 내주었던 이스라엘의 리더들과는 매우 큰 대조를 이루고 있다.

둘째, 그들은 폭우를 막는 곳과 같게 될 것이다. 광풍을 피해 들어온 선박을 위험에서 구할 뿐만 아니라, 필요에 따라서는 방파제가 되어 그 배의 파괴를 막을 것이다. 얼마나 아름다운 리더십 이미지인가! 백성들을 등쳐 먹고 착취하던 이스라엘의 리더들과는 본질적으로 다르다.

셋째, 그들은 메마른 땅에 흐르는 냇물과 같을 것이다. 모든 시냇물까지 말라붙어 생기라고는 전혀 보이지 않는 광야에 흐르는 생수의 강을 상상해 보라. 좋은 리더십은 바로 이렇게 백성들에게 활력소를 더할 뿐만 아니라 불모지와 같은 곳에 생명을 더하는 것이다. 이스라엘의 지도자들은 백성들로 하여금 황무지처럼 말라붙게 했다. 새롭게 흐르는 메마른 광야를 적시는 시냇물과도 같이 강퍅해진 이스라엘의 마음을 촉촉하게 녹일 것이다.

넷째, 리더들은 백성들이 한낮 더위를 피해 찾아드는 큰 바위 그늘처럼 될 것이다. 뙤약볕을 받으며 사막을 지나는 사람이 그 햇볕을 피할 수 있는 큰 바위의 그늘을 만나는 것처럼 신나고 안도의 숨을 쉬게 하는 일은 없을 것이다. 삶의 생기를 말려 버리는 혹독한 인생 여로의 햇볕으로부터 기진맥진한 몸을 이끌고 찾을 수 있는 그늘 역할을 감당하는 것이다. 정말 이상적인 지도자들이다. 메시아 왕의 통치가 시작되면 이 같은 일이 가능하다. 그의 통치가 자연(nature)과 우주적 질서(cosmic order)의 하모니를 이루고 있기 때문이다(Beuken). 메시아는 사람만 다스리는 것이 아니라 자연도 다스리셔서 모든 것을 가장 이상적으로 조화를 이루도록 하신다.

(2) 맹인이 보게 됨(32:3-4)

3 보는 자의 눈이 감기지 아니할 것이요
듣는 자가 귀를 기울일 것이며
4 조급한 자의 마음이 지식을 깨닫고
어눌한 자의 혀가 민첩하여 말을 분명히 할 것이라

리더들이 이와 같이 이상적인 지도력을 발휘하는 사회는 결코 잘못될 수 없다. 그들의 노력과 수고가 새로운 백성을 형성할 것이다. 새번역은 마치 3-4절을 1-2절의 연속으로 해석해서 이 부분을 리더들에 대한 언급으로 묘사하고 있으나, 대부분의 주석가들과 번역본들은 이 부분을 그들의 통치가 백성들에게 미치는 영향으로 이해한다(NIV; NAS; NRS; JPS; Motyer; Oswalt).

선지자는 그의 소명에서 하나님께로부터 백성들의 귀와 눈을 막으라는 명령을 받았다(cf. 6장). 이제 메시아의 통치가 시작되는 순간에 드디어 "막혔던" 그들의 귀가 뚫리며 "보지 못했던" 눈이 보게 된다(3절).

본문은 구체적으로 네 가지의 회복을 언급하고 있다. 눈, 귀, 마음, 입. 이것들은 선지자의 소명과 직접적인 연관이 있는 듯하다(cf. 6:9-10).

한때 하나님의 진노의 대상이 되어 눈이 가려지고 귀가 막혔던 자들이 이제는 그분의 은혜의 대상이 되는 것이다. 그러므로 이 백성은 더 이상 경솔하게 행동하지 않고 사리 깊고 신중하게 모든 것을 결정하고 행할 것이다. 신중한 책임감이 그들과 함께하게 된다. 그리고 그들은 본인들의 입장을 정확히 말하게 될 것이다(4절).

II. 열방 심판(13:1–23:18)
6장. 약속과 경고(32:1–20)
1. 새 왕과 새 사회(32:1–8)

(3) 어리석은 자들의 한계가 드러남(32:5-8)

5 어리석은 자를 다시 존귀하다 부르지 아니하겠고
우둔한 자를 다시 존귀한 자라 말하지 아니하리니
6 이는 어리석은 자는 어리석은 것을 말하며
그 마음에 불의를 품어 간사를 행하며
패역한 말로 여호와를 거스르며
주린 자의 속을 비게 하며
목마른 자에게서 마실 것을 없어지게 함이며
7 악한 자는 그 그릇이 악하여 악한 계획을 세워
거짓말로 가련한 자를 멸하며
가난한 자가 말을 바르게 할지라도 그리함이거니와
8 존귀한 자는 존귀한 일을 계획하나니
그는 항상 존귀한 일에 서리라

사람들의 귀와 눈이 열리니 사회의 가치관이 다시 옛 모습을 찾는다. 선지자는 3장에서 이스라엘의 사회가 혼란에 접어들면서 어리석은 자들이 지혜로운 척하고 천한 자가 존귀한 자를 우습게 여기는 현상이 일어날 것을 선언했다(3:4-5). 이제 더 이상 어리석은 자들이 지혜로운 자로 취급받지 않을 것이며, 천한 자들이 존귀한 자들로 여겨지지 않을 것이다. 어리석은 자들이 자신들의 말에서 본인의 어리석음을 드러내는 세상이 된다.

선지자는 정확히 어떤 사람을 두고 "어리석은 자"(נָבָל)라고 부르는가? 그들은 행실이 바르지 못한 사람들이라고 정의한다(6절). 경건하지 못한 일을 하고(יַעֲשֶׂה־אָוֶן), 함부로 말하고(נְבָלָה יְדַבֵּר), 약한 사람들에게 선을 베풀지 않는 자들이며 잔꾀나 꾸미는 사람들이다(6-7절). 반면에 고귀한 자(נָדִיב)는 고귀한 일을 계획하고(נְדִיבוֹת יָעָץ) 행할 뿐이다(8절). 근본적으로 어리석음과 지혜로움을 구분하는 것은 행실에 달려 있다는 것이다.

2. 새 사회와 하나님의 영(32:9-20)

이 말씀은 1년 농사를 추수하며 즐거움에 가득 차 흥겨워하는 여인들에게 선포된 말씀이다(Oswalt). 그저 한치 앞도 내다보지 못하고, 무슨 일이 임박했는지 전혀 의식하지 못하면서 단순히 눈에 보이는 인생의 모든 것에 만족해하며 안일하게 살아가는 자들에게 주어지는 경고다. 특별히 여인들을 대상으로 이 말씀이 선포되는 것은 여자들이 남자들보다 안일하게 사는 것에 익숙해지기 쉽기 때문이라고 주장하는 사람도 있지만(Smith), 선지자가 지적하고 있는 삶의 자세는 단순히 여인들의 문제만이 아니라 온 나라의 문제다. 이 섹션은 다음과 같이 두 파트로 나뉜다. (1) 자아도취에 빠져 있는 사회(32:9-14), (2) 하나님의 영이 사회를 변혁함(32:15-20).

Ⅱ. 열방 심판(13:1–23:18)
6장. 약속과 경고(32:1–20)
2. 새 사회와 하나님의 영(32:9–20)

(1) 자아도취에 빠져 있는 사회(32:9-14)

9 너희 안일한 여인들아
일어나 내 목소리를 들을지어다
너희 염려 없는 딸들아
내 말에 귀를 기울일지어다
10 너희 염려 없는 여자들아
일 년 남짓 지나면 너희가 당황하리니
포도 수확이 없으며 열매 거두는 일이 이르지 않을 것임이라
11 너희 안일한 여자들아 떨지어다
너희 염려 없는 자들아 당황할지어다
옷을 벗어 몸을 드러내고 베로 허리를 동일지어다
12 그들은 좋은 밭으로 인하여
열매 많은 포도나무로 인하여
가슴을 치게 될 것이니라
13 내 백성의 땅에 가시와 찔레가 나며
희락의 성읍, 기뻐하는 모든 집에 나리니
14 대저 궁전이 폐한 바 되며
인구 많던 성읍이 적막하며
오벨과 망대가 영원히 굴혈이 되며
들나귀가 즐기는 곳과 양 떼의 초장이 되려니와

선지자가 비난하는 것처럼 하나님의 백성들이, 그것도 위기를 맞으면서 삶에 대한 긴장은 전혀 없고 오히려 안일한 생각에만 젖어 있는 것은 무슨 연고인가? 만일 이러한 마음 자세가 여호와를 신뢰함에서 비롯되었다면 선지자가 이렇게 혹독하게 비난하지는 않았을 것이다.

아마도 이러한 태도는 여호와를 신뢰하기보다는 자신들이 하나님을 조종할 수 있다는 생각에서 비롯되었을 것이다(Oswalt). 여호와께서 자신의 명예를 위하여 그의 백성에게 은혜를 베풀어 주시기 때문에 안심하는 것과, 하나님의 백성들이 그의 마음을 완전히 사로잡았기 때문에 그가 보호해 줄 것이라는 생각은 천지 차이다.

선지자가 바로 앞부분(32:1-8)에서 하나님의 놀라운 구속의 은혜가 메시아와 그를 돕는 자들의 의로운 통치로 임할 것이라는 선포를 한 후, 바로 이러한 비난을 하는 것은 어떤 의도인가? 아마도 그는 앞부분에 언급된 하나님의 은혜로 인해 이들이 방심하거나 자만해서는 안 되며, 또한 결코 미래에 대해서도 안일한 생각에 빠져들어서는 안 된다는 점을 강조하고자 하는 듯하다. 결국 이 경고 역시 백성들에게 "너희가 무엇/누구를 의지하느냐?"라는 질문을 담고 있는 것이다.

선지자는 다음 수확기가 되기 전에 아주 혹독한 일이 이들에게 닥칠 것을 경고하고 있다(10절). 모든 농사는 망치게 될 것이며, 이 상황을 지켜보는 여인들은 실의에 빠지지 않을 수 없다. 그들은 젖가슴을 드러내놓고 베로 허리를 동여맬 것이다(11절). 전형적인 고대 근동의 슬픔의 표현이다. 과연 무엇이 이러한 일을 초래하는가? 14절은 전쟁의 결과를 보여준다.

선지자는 이처럼 회복에 대한 메시지를 전하면서도 동시에 이것 때문에 결코 방심하거나 안일한 생각에 젖어들어서는 안 된다는 것을 거듭 강조하고 있다. 하나님이 미래에 은혜를 베풀어 주실거라는 기대 때문에 현재 생활을 불성실하게 보내면 안 된다는 것이다. 이 원리는 오늘을 살아가고 있는 우리에게도 매우 심각하게 받아들여져야 할 것이다. 미래에 대한 분명한 확신이 결코 현실을 기피하거나 진실한 삶을 살지 못하게 하는 요소가 되어서는 안 된다.

Ⅱ. 열방 심판(13:1–23:18)
6장. 약속과 경고(32:1–20)
2. 새 사회와 하나님의 영(32:9–20)

(2) 하나님의 영이 사회를 변혁함(32:15-20)

15 마침내 위에서부터 영을 우리에게 부어 주시리니
광야가 아름다운 밭이 되며
아름다운 밭을 숲으로 여기게 되리라
16 그 때에 정의가 광야에 거하며
공의가 아름다운 밭에 거하리니
17 공의의 열매는 화평이요
공의의 결과는 영원한 평안과 안전이라
18 내 백성이 화평한 집과 안전한 거처와
조용히 쉬는 곳에 있으려니와
19 그 숲은 우박에 상하고
성읍은 파괴되리라
20 모든 물 가에 씨를 뿌리고
소와 나귀를 그리로 모는 너희는 복이 있느니라

그렇다면 이스라엘의 고통은 언제까지 지속되는가? 이방인들의 손에 파괴된 나라는 언제나 회복될 것인가? 선지자는 바로 높은 곳에 계신 하나님으로부터 영이 올 때(עַד־יֵעָרֶה עָלֵינוּ רוּחַ מִמָּרוֹם)라고 선언한다(15절). 여호와의 영이 메마른 황무지가 되어버린 그들의 영혼과 그들의 땅을 촉촉히 적셔주실 때, 비로소 그들의 고통은 막을 내릴 것이다. 선지자는 이미 29:17에서 사용했던 이미지를 여기서 다시 사용하고 있다. 이사야는 종말에 대하여 언급하고 있는 29:17의 내용을 이곳에서 반복함으로써 32:15-20이 종말에 임할 메시아 시대에 관한 것으로 해석되기를 원한다(Childs). 선지자는 32:1에서 언급된 왕이 메시아임을 확인하고 있는 것이다(Smith).

선지자는 하나님의 영이 이들에게 임할 때 구체적으로 두 가지가 회복될 것을 예고하고 있다. 첫째, 그들의 땅이 다시 기름진 옥토로 변하여 많은 소산을 낼 것이다(15, 19-20절). 둘째, 정의와 공의(מִשְׁפָּט וּצְדָקָה)가 온 세상에 가득할 것이다(16-18절). 풍요로운 땅과 함께 정의와 공의가 가득한 세상은 모든 사람들이 갈망하는 것이며, 특히 땅의 풍요로움은 이스라엘이 이방 신들을 섬김으로써 찾으려고 했던 것이다. 즉, 그날이 되면 사람들은 오직 여호와께서 진정한 풍요의 신이요, 공평의 신이시라는 사실을 깨닫게 될 것이다. 여호와의 의가 그땅에 거하니 참 평화(שָׁלוֹם)와 평안(הַשְׁקֵט)과 안전(בֶּטַח)이 그땅에 임한다(17절). 또한 이것들은 잠시 이곳에 있다가 사라지는 것이 아니라, 영원히(עַד־עוֹלָם) 그땅에 거할 것이다.

세상 사람들은 여러 가지 방법을 동원하여 세상에 평화를 가져오려 하지만, 결국 하나님만이 세상에 참 평화를 주실 수 있다는 것을 의식하게 될 것이다. 결코 UN도, 미국도 이 세상에 평화를 가져다 줄 수 없다. 이것은 온 세상이 여호와의 말씀으로 가득할 때만 가능한 일이다. 그러므로 만일 우리가 이 세상에 참 평화가 오기를 소망한다면 열심히 하나님의 말씀을 가르치고 전파해야 할 것이다.

7장. 소망(33:1-24)

이 장(章)은 이사야서 전반부의 대단원을 마무리한다. 선지자는 본 텍스트에서 그가 전반부에서 강조했던 여러 가지 테마를 한 번 더 정리한다. 또한 앞에서 이스라엘의 여인들을 상대로 경고를 선포했던 선지자가 이번에는 이스라엘을 약탈하는 아시리아를 대상으로 하나님의 진노를 선포하고 있다. 앞으로 아시리아가 유다를 위협하게 될 것을(cf. 36-37장) 감안할 때, 본문은 앞으로 전개될 메시지를 준비하는 역할도 하고 있다고 할 수 있다.

아시리아를 향한 경고가 포함된 이 메시지는 아시리아의 손에 고통을 당하던 자들, 특히 하나님의 남은 자들에게는 더없는 위로를 동반한다. 괴롭히는 자와 괴롭힘을 당하는 자들이 대조되는 종말이 선포되고 있기 때문이다. 하나님이 괴롭히는 자는 멸하시고 괴롭힘을 당하는 자들은 위로하실 것이다. 본문은 말씀이 선포된 역사적 시점에 대하여 확실한 힌트를 주고 있지 않지만, 말씀은 아시리아 왕 산헤립이 유다로부터 조공을 받은 때(왕하 18:13-16)와 그가 마지막으로 예루살렘을 공략한 때(주전 701년) 사이에 선포된 신탁으로 여겨지기도 한다(Smith). 책의 전반부를 마무리하는 본문은 다양한 주제를 다루고 있다. 또한 다양한 주제를 언급한다는 것은 섹션화하거나 구조를 파악하기가 쉽지 않음을 뜻한다(cf. Tucker). 본 텍스트는 다음과 같이 섹션화할 수 있다.

A. 재앙 신탁(33:1)
B. 기도와 확신과 찬양(33:2-6)
C. 이 땅의 황폐함(33:7-9)

D. 심판과 의로운 삶(33:10-16)

E. 왕이 전쟁을 끝내심(33:17-19)

F. 왕이 예루살렘을 안전하게 하심(33:20-24)

IV. 아시리아 침략 전야(前夜)(28:1–33:24)
7장. 소망(33:1–24)

1. 재앙 신탁(33:1)

[1] 너 학대를 당하지 아니하고도 학대하며
속이고도 속임을 당하지 아니하는 자여
화 있을진저
네가 학대하기를 그치면 네가 학대를 당할 것이며
네가 속이기를 그치면 사람이 너를 속이리라

"화 있을 진저"(הוֹי)로 시작하는 재앙 신탁(Woe Oracle)이다. 선지자는 이미 28장 이후 다섯 개의 재앙 신탁을 선포했다(28:1; 29:1, 15; 30:1; 31:1). 처음 5개는 유다를 대상으로 선포된 것들이지만, 이번에는 유다를 침략하는 이방인들에게 선포되는 경고다. 유다를 대상으로 선포된 화를 참고해 보면 하나같이 여호와를 의지하지 않고 인간적인 방법과 수단을 동원해서 문제를 해결하려는 노력들을 비난했다. 즉, 누구를 믿느냐는 것이 주요 논제였던 것이다.

본문도 마찬가지다. 다만 이제는 하나님이 아시리아를 향하여 "누구/무엇을 믿고 까부느냐"고 반문하신다. 이스라엘을 약탈하는 약탈자(שׁוֹדֵד)이자 남을 배반만 하는 배반자(בּוֹגֵד)가 오히려 약탈을 당하고(תוּשַּׁד) 배반을 당할 것이다(יִבְגְּדוּ־בָךְ). 아시리아 왕들의 역대 기록을 살펴보면 이들은 그 어느 나라 왕들보다도 자신들의 파괴력과 잔인성에 대하여 자부심을 느꼈던 자들임을 알 수 있다.

선지자는 아시리아의 약탈이 끝나면 그들이 오히려 약탈을 당하게 될 것이라고 한다. 이사야는 이 말씀을 선포함으로써 때로는 악한 세력이 영원히 이 땅을 누리고 통치할 것 같지만, 악한 세력은 영원히 존재할 수 없다는 사실을 선언하고 있다. 오직 여호와의 권세만이 영원할 수 있기 때문이며, 거룩하신 하나님이 결코 악의 세력이 세상을 영원히 지배하는 것을 허락하지 않으시기 때문이다.

2. 기도와 확신과 찬양(33:2-6)

2 여호와여 우리에게 은혜를 베푸소서
우리가 주를 앙망하오니
주는 아침마다 우리의 팔이 되시며
환난 때에 우리의 구원이 되소서
3 요란한 소리로 말미암아 민족들이 도망하며
주께서 일어나심으로 말미암아 나라들이 흩어졌나이다
4 황충의 떼같이 사람이 너희의 노략물을 모을 것이며
메뚜기가 뛰어오름같이 그들이 그 위로 뛰어오르리라
5 여호와께서는 지극히 존귀하시니
그는 높은 곳에 거하심이요
정의와 공의를 시온에 충만하게 하심이라
6 네 시대에 평안함이 있으며
구원과 지혜와 지식이 풍성할 것이니
여호와를 경외함이 네 보배니라

아시리아의 멸망을 바라보면서 하나님께 자비를 구하는 무리가 있다.

바로 주님을 “기다리던 자들”(קִוִּינוּ)이다(2절). 드디어 하나님이 통치하시는 세상이 펼쳐지고 있다는 것을 의식한 그들이 하나님께 자비를 구하는 것이다. 그들은 하나님께 자신들의 “능력”이 되어 주시고 “구원”이 되어 달라고 간구한다.

이어서 그들은 하나님의 능력을 찬양한다(3-6절). 하나님의 우렁찬 소리에 그들을 괴롭히던 적들이 순식간에 도망하고, 도망하는 적들의 물건을 사람들이 약탈하는데, 마치 황충이 떼로 몰려들어서 메뚜기 떼가 휩쓸고 간 것처럼 하나도 남김 없이 쓸어버린다는 이미지를 사용하고 있다. 메뚜기 떼는 근동 지역에 자주 등장하는 재해였다. 큰 떼는 1,000제곱킬로미터에 이르렀으며 메뚜기의 숫자는 1제곱킬로미터당 4천만 마리에 달했다. 메뚜기는 매일 자신의 몸무게만큼 먹어 치우는 공포의 존재였으며 그들이 지나간 자리에는 남는 것이 거의 없었다. 앞으로 이스라엘을 노략하던 자들이 이렇게 철저하게 노략을 당하게 될 것이다. 남은 자들은 확신을 가지고 여호와의 능력을 찬양하고 있다.

더 놀라운 것은 하나님이 얼마나 위대하시고 능력이 충만하신지 직접 이 땅에 내려오시지도 않고 자신의 거처지인 “저 높은 곳”에서 이 일을 이루신다는 사실이다(5절). 인간이 무엇을 하기 위해서 분주히 움직여야 하는 것과 강한 대조를 형성하고 있다. 하나님은 그곳에서 시온에 “정의와 공의”(מִשְׁפָּט וּצְדָקָה)로 충만케 하신다(5절). 이미 32:15에서 강조된 것이 다시 한 번 언급되고 있다.

하나님이 정의와 공의로 충만케 하시니 안정된 사회가 형성되고 지혜와 지식이 충만하게 된다. 물론 여호와를 경외하는 지식이다. 남은 자들의 유일한 즐거움이자 미래에 대한 소망의 기초는 바로 여호와를 경외하는 지식인 것이다. 그러므로 그들에게 평안함이 있고 구원과 지혜와 지식이 풍성하게 임한다. 이 지식, 곧 여호와를 경외함이 그들의 보배다(6절).

IV. 아시리아 침략 전야(前夜)(28:1-33:24)
7장. 소망(33:1-24)

3. 이 땅의 황폐함(33:7-9)

7 보라
그들의 용사가 밖에서 부르짖으며
평화의 사신들이 슬피 곡하며
8 대로가 황폐하여 행인이 끊어지며
대적이 조약을 파하고
성읍들을 멸시하며 사람을 생각하지 아니하며
9 땅이 슬퍼하고 쇠잔하며
레바논은 부끄러워하고 마르며
사론은 사막과 같고
바산과 갈멜은 나뭇잎을 떨어뜨리는도다

선지자는 다시 아시리아의 침략 이야기로 돌아가서 이스라엘이 얼마나 혹독한 어려움을 당하고 있는가를 묘사하고 있다(Motyer). 이사야는 근본적으로 이스라엘의 모든 노력과 자구책은 결코 그들을 아시리아의 손에서 구원하지 못할 것을 선언한다. 아시리아가 침략하면 이스라엘의 용사들(אֶרְאֶלָּם)은 적군에게 일방적으로 당하여 성 밖에서 부르짖는 소리가 들릴 것이며, 모든 도로와 땅이 적군의 손에 넘어가 황폐하게 될 것이다(8-9절).

용사들로 번역되는 히브리어 단어(אֶרְאֶלָּם)를 "아리엘 사람들"(TNK)로 해석하기도 한다. 29:1에 근거를 둔 해석이며 아리엘 사람들은 다름 아닌 예루살렘 사람들이다. 그러나 문맥을 고려할 때 적을 맞아 싸우러 나간 군인들로 이해하는 것이 가장 바람직할 것이다.

땅이 얼마나 황폐하게 될 것인지 이스라엘에서 가장 울창하게 우거졌던 숲들로 알려졌던 레바논, 사론, 바산과 갈멜 등이 하나같이 제 모습을 잃고 황폐한 모습을 하고 있다. 이 절망적인 상황에서 이스라엘을 구원할 자는 있는가? 있다면 누구인가? 선지자는 오직 여호와만이 이러한 황폐에서 이스라엘을 구할 수 있다고, 다음 섹션에서 이 질문에 답하고 있다.

4. 심판과 의로운 삶(33:10-16)

10 여호와께서 이르시되
내가 이제 일어나며
내가 이제 나를 높이며
내가 이제 지극히 높아지리니
11 너희가 겨를 잉태하고 짚을 해산할 것이며
너희의 호흡은 불이 되어 너희를 삼킬 것이며
12 민족들은 불에 굽는 횟돌 같겠고
잘라서 불에 사르는 가시나무 같으리로다
13 너희 먼 데에 있는 자들아
내가 행한 것을 들으라
너희 가까이에 있는 자들아
나의 권능을 알라
14 시온의 죄인들이 두려워하며
경건하지 아니한 자들이 떨며 이르기를
우리 중에 누가 삼키는 불과 함께 거하겠으며
우리 중에 누가 영영히 타는 것과 함께 거하리요 하도다
15 오직 공의롭게 행하는 자,
정직히 말하는 자,

토색한 재물을 가증히 여기는 자,
손을 흔들어 뇌물을 받지 아니하는 자,
귀를 막아 피 흘리려는 꾀를 듣지 아니하는 자,
눈을 감아 악을 보지 아니하는 자,
16 그는 높은 곳에 거하리니
견고한 바위가 그의 요새가 되며
그의 양식은 공급되고
그의 물은 끊어지지 아니하리라

인간의 처절함을 보시고 하나님이 움직이신다(10절). 하나님의 사역은 놀라운 구원을 이루시지만, 그 과정에서 죄로 찌들고, 한때 하나님께 반역했던 이스라엘은 한없이 부끄러움을 느낄 수밖에 없다. 하나님이 일어서시자 두 가지 일이 동시에 일어나고 있다.

첫째, 과거의 행위들이 초래한 결과가 드러난다(11절). 과거에 그들이 "겨"를 잉태하였으므로 "짚"을 해산한다. 이 말씀은 아주 형편없는 것을 심었으니 뻔한 결과를 거두게 될 것이라는 뜻이다. 이스라엘은 아시리아 군에 대항하기 위하여 갖은 노력을 다했다. 그러나 이 모든 노력은 결국 "겨"를 잉태하는 행위밖에 되지 않았던 것이다. 그러므로 이제 "짚"을 해산할 수밖에 없다(11a절). 그들이 아시리아 문제를 해결하려고 온갖 인간적인 지혜를 사용했지만, 정작 하나님의 역할은 배제했기 때문이다(Motyer).

둘째, 죄에 대한 심판이 있다(11b-12절). 백성들이 해산한 "짚"이 불에 붙는다. 아울러 민족들도 불살라지는 가시나무와 같은 형편이 된다. 모두 다 자신들의 과거에 대하여 책임을 져야 하는 것이다. 이 심판은 하나님이 하시는 일이다. 하나님의 정의가 활활 타올라서 마른 나무와 같은 백성들을 심판하시는 것이다.

하나님이 일어나시자 무서운 심판이 진행된다. 그렇다면 살아남은 자는 없다는 말인가? 하나님의 역사를 온 세상에 알리라는 선지자의 권면(13절)이 있은 후, 그는 다시 한 번 죄인들은 망할 것이라고 경고한다. 비록 시온에 있는 자들이라도 죄인들은 모두 두려워 떨며 그들이 결코 하나님과 함께할 수 없음을 고백한다(14절).

이사야는 계속해서 하나님의 심판을 두려워할 필요가 없는 자들이 있다고 선언한다(15절). 대체로 학자들은 15절을 성도들이 성전에 들어가면서 불렀던 입성시(entrance liturgy)의 일부로 간주한다(cf. 시 15: 24). 즉, 하나님을 예배하기에 합당한 자들을 정의하는 노래인 것이다. 과연 어떤 자들이 여호와의 심판을 두려워할 필요가 없으며 그를 예배하기에 합당한가?

"공의롭게 행하는 자"(הֹלֵךְ צְדָקוֹת)는 매우 포괄적인 표현이지만 특히 가는 길의 곧음을 강조한다(Motyer). 즉, 삶의 순수함이 드러나는 자를 말하는 것이다. 사람이 살다 보면 실수는 당연한 일인지도 모른다. 그러나 중요한 것은 그 실수를 범할 때의 자신의 모습이다. "정직히 말하는 자"(דֹבֵר מֵישָׁרִים)는 진실을 가장 소중히 여기는 자의 모습이다. 거짓 증언과 입발림으로 남에게 피해를 입히거나 속여서는 안 된다.

"토색한 재물을 가증히 여기는 자"(מֹאֵס בְּבֶצַע מַעֲשַׁקּוֹת)와 "손을 흔들어 뇌물을 받지 아니하는 자"(נֹעֵר כַּפָּיו מִתְּמֹךְ בַּשֹּׁחַד)는 모두 경건한 사람의 모습이다. 성경은 결코 정직하게 이룬 부를 비난하지 않는다. 다만 부를 모으기 위하여 수단과 방법을 가리지 않는 것을 비난할 뿐이다. 부당하게 얻은 재물은 단순히 부정한 것이 아니라 가증스러운 것이다.

"귀를 막아 피 흘리려는 꾀를 듣지 아니하는 자"(אֹטֵם אָזְנוֹ מִשְּׁמֹעַ דָּמִים)와 "눈을 감아 악을 보지 아니하는 자"(עֹצֵם עֵינָיו מֵרְאוֹת בְּרָע)는 아예 악은 옆에도 가지 않는 자를 뜻한다. 행동이 선할 뿐만 아니라, 생각과 묵상 등 모든 것이 경건한 자는 당연히 나쁜 것을 들으려고도, 보려고도 하지 않는 것이다.

이와 같은 자는 단순히 하나님의 진노를 피하게 될 뿐만 아니라, 하나님의 존귀함을 입는다. 그는 반석으로 형성된 요새에 거하는 자와 같으며 양식과 물의 공급이 끊이지 않을 것이다. 즉, 어떤 환난이 와도 결코 끄떡없이 견딜 수 있게 된다. 하나님이 그의 모든 필요를 채우실 것이기 때문이다. 선지자가 다시 한 번 확인하는 것은 하나님이 남은 자들의 필요를 충족시키시고 안전을 보장하실 것이라는 점이다.

IV. 아시리아 침략 전야(前夜)(28:1–33:24)
7장. 소망(33:1–24)

5. 왕이 전쟁을 끝내심(33:17-19)

17 네 눈은 왕을 그의 아름다운 가운데에서 보며
광활한 땅을 눈으로 보겠고
18 네 마음은 두려워하던 것을 생각해 내리라
계산하던 자가 어디 있느냐
공세를 계량하던 자가 어디 있느냐
망대를 계수하던 자가 어디 있느냐
19 네가 강포한 백성을 보지 아니하리라
그 백성은 방언이 어려워 네가 알아듣지 못하며
말이 이상하여 네가 깨닫지 못하는 자니라

선지자가 17절에서 언급하는 왕은 누구인가? 학자들은 히스기야라고도 하고(Hayes & Irvine; Calvin), 메시아라고 하기도 한다(Childs; Young). 또한 본문은 요시야 시대에 편집된 것으로서 왕은 회복된 다윗 왕조를 뜻하며, 다윗 계열 왕들이 다스리게 될 "광활한 땅"은 아브라함에게 약속된 땅을 뜻한다는 해석도 있다(Clements). 그러나 선지자가 마음에 둔 왕은 여호와가 확실하다(cf. 33:22)(Wildberger). 본문은 하나님이 직접 통치하실 시대를 노래하고 있는 것이다.

하나님이 그의 백성을 위로하시고 통치하시는 세상은 어떠하며 어떻게 시작될 것인가? 먼저 그의 백성들을 괴롭히던 원수들이 제거된다(18절). 그들은 이스라엘을 억압하고 온갖 착취를 일삼던 이방인들이다(Blenkinsopp). 그 다음 하나님의 백성이 그토록 염원하던 영원한 도성 시온에서 살게 된다(cf. 20-21절). 그곳에서 영원한 하나님의 통치가 펼쳐질 것이며, 백성들은 영육간에 풍족함을 누리게 될 것이다(cf. 22-24절). 이 시점에서 인식해야 할 중요한 한 가지는 바로 이러한 영화로운 세상은 의인들의 탄식과 자신들의 무능함을 인정하고 고백한 일에서 비롯된다는 점이다.

이사야는 본 텍스트에서 하나님의 원대한 백성 회복 계획 중 첫 단계인 주의 백성을 괴롭히던 자들이 사라지는 세상을 노래한다. 이사야 시대를 살아가던 이스라엘 사람들을 가장 힘들게 했던 것은 그들의 삶을 통제하고 간섭하던 이방인들이었다. 약소국가로서 많은 서러움을 안고 살았던 민족이었던 것이다. 지속된 이집트, 아시리아, 바빌론의 영향력과 착취는 그들의 삶을 그만큼 어렵게 했다.

이제 그러한 세상이 막을 내린다. 더 이상 이방인들에게 조공을 바칠 필요도 없고, 그들의 폭력에 울어야 할 필요도 없다. 하나님이 그 포악한 자들을 제거하실 것이기 때문이다. 때와 장소를 초월하여 언제 어디서든 고통당하던 사람들에게 이 자유의 소식은 매우 파격적인 것이다. 만일 갖은 수모와 구타를 당하며 백인들의 목화밭에서 목화를 채취하던 흑인들이 이 말씀을 들었다면 어떤 감격이 그들을 엄습했을까? 상상해 보라.

IV. 아시리아 침략 전야(前夜)(28:1-33:24)
7장. 소망(33:1-24)

6. 왕이 예루살렘을 안전하게 하심(33:20-24)

20 우리 절기의 시온 성을 보라
네 눈이 안정된 처소인 예루살렘을 보리니
그것은 옮겨지지 아니할 장막이라
그 말뚝이 영영히 뽑히지 아니할 것이요
그 줄이 하나도 끊어지지 아니할 것이며
21 여호와는 거기에 위엄 중에 우리와 함께 계시리니
그 곳에는 여러 강과 큰 호수가 있으나
노 젓는 배나 큰 배가 통행하지 못하리라
22 대저 여호와는 우리 재판장이시요
여호와는 우리에게 율법을 세우신 이요
여호와는 우리의 왕이시니
그가 우리를 구원하실 것임이라
23 네 돛대 줄이 풀렸으니
돛대의 밑을 튼튼히 하지 못하였고
돛을 달지 못하였느니라
때가 되면 많은 재물을 탈취하여 나누리니
저는 자도 그 재물을 취할 것이며
24 그 거주민은 내가 병들었노라 하지 아니할 것이라
거기에 사는 백성이 사죄함을 받으리라

위협 요소들을 제거하는 것은 앞으로 이스라엘에게 임할 하나님의 축복 중에서 극히 제한된 부분에 불과했다. 그들에게 더 큰 축복이 기다리고 있었던 것이다. 그들은 꿈에 그리던 하나님의 도성 시온에서 영원히 살게 되는 것이다. 예루살렘은 결코 요동하지 않는 하나님의 장막

역할을 감당하며 그를 경배하는 자들을 포근하게 감싼다. 우리말 성경본에서는 세 차례지만 원문에서 선지자는 예루살렘이 요동하지 아니할 것을 20절에서 네 차례나 반복한다. "옮겨지지 않을 장막… 절대로 옮겨지지 아니할 장막… 그 말뚝이 영영히 뽑히지 않을 것이다… 그 줄이 하나도 끊어지지 않을 것이다." 미래에 대한 확신이 없고 현실에 대한 불안감에 휩싸여 있던 사람들에게는 더욱더 의미 있는 말씀이었을 것이다. 어떻게 이 일이 가능한가? 하나님이 그곳에서 백성들과 함께하시기 때문이다(21절).

하나님이 예루살렘에서 그의 백성들과 함께하시니 시온은 마치 넓은 강과 같고 흐르는 시내와 같지만 원수들의 함대가 감히 넘보지 못한다. 풍요로운 물 이미지는 시온 사상의 일부일 뿐만 아니라 예루살렘에서 살아가는 데 가장 큰 믿음을 요구하는 부분이었다. 예루살렘은 천연요새로서 작은 숫자로 큰 군대를 물리치는 데 어려움이 없었지만 물과 식량이 항상 문제가 되었던 것이다. 그러므로 시온 사상은 마치 이러한 백성들의 고민을 의식이나 한 듯 그곳에는 영원히 흐르는 생수의 강이 있다는 개념을 포함시켰다. 이제 예루살렘에 생수가 흐른다. 그것도 엄청난 양의 물이! 모두들 하나같이 외쳤을 것이다. "이보다 더 좋을 수는 없다!"

하나님의 통치가 시온에서 시작된다(22-24절). 하나님의 통치는 곧장 이스라엘의 구원으로 연결된다(22절). 하나님의 통치가 시작되자 시온에 "배"가 들어온다. 그러나 침략하는 배가 아니라, 이스라엘 백성들로 하여금 약탈하도록 하는 배들이다. 이스라엘이 그동안 당했던 것을 그대로 갚아 줄 수 있는 절호의 기회를 맞이한 것이다. 그들은 많은 것을 탈취할 것이며, 심지어 장애인도 많은 것을 탈취할 것이다. 한때 이스라엘을 착취하던 자들이 이제는 이스라엘의 "봉"이 된 것이다. 대부분 학자들은 본문에서 이스라엘을 착취하다가 오히려 착취를 당하게 된 나라는 다름 아닌 아시리아라고 한다(Kissane; Beuken).

뿐만 아니라 모든 사람들이 신체적인 어려움에서 해방된다(24절). 그러므로 더 이상 병이 없다. 그러나 가장 좋은 것은 바로 주의 백성들이 죄를 용서받게 될 것이라는 사실이다. 하나님과 그의 백성을 갈라놓았던 죄의 벽이 무너져 내리는 순간이다. 이처럼 하나님의 통치가 시온에 시작되는 순간 주의 백성은 영육간에 치유와 안식을 누리게 된다. 우리는 이런 날이 빨리 임하기를 기도해야 할 것이다.

이렇게 해서 주의 백성에게 "시온에 임하신 너희의 왕을 보라!"는 선지자의 외침이 막을 내리고 있다. 왕이 오실 때, 그의 백성들의 눈물은 그칠 것이요, 그들의 고통은 과거의 일로 추억될 것이다. 하나님이 그들과 함께 영원히 거하시면서 그들을 통치하실 것이기 때문이다. 그리고 그들의 죄가 용서함을 받는다. 하나님이 오시는 날 좋은 일이 그의 백성들에게 임할 것이다. 그러므로 하나님을 사랑하는 자들은 다가올 미래에 대하여 두려워할 필요가 전혀 없다고 선지자는 권면하고 있다. 노찾사의 "그 날이 오면"이란 노래가 생각난다.

한밤의 꿈은 아니리 오랜 고통 다한 후에
내 형제 빛나는 두 눈에 뜨거운 눈물들
한줄기 강물로 흘러 고된 땀방울 함께 흘러
드넓은 평화의 바다에 정의의 물결 넘치는 꿈
그 날이 오면, 그 날이 오면
내 형제 그리운 얼굴들 그 아픈 추억도
아 짧았던 내 젊음도 헛된 꿈이 아니었으리
아 피맺힌 그 기다림도 헛된 꿈이 아니었으리
그 날이 오면 그 날이 오면